개정판

컴퓨터 활용 2010 제대로 배우기

김성호 · 홍석미 · 정경용 지음

생능출판

국립중앙도서관 출판시도서목록(CIP)

컴퓨터활용 2010 제대로 배우기 / 김성호, 홍석미, 정경용
공저. -- 파주 : 생능출판사, 2013
p. ; cm

ISBN 978-89-7050-786-6 93000 : ₩23000

컴퓨터 활용[--活用]

004-KDC5
004-DDC21
CIP2013014778

머리말

PREFACE

정보의 중요성이 더욱더 부각되어지고 있는 현재 정보화 사회에서 컴퓨터 활용의 중요성은 누구나 잘 알고 있고 생활의 큰 필수품이 되어 가고 있습니다. 아무리 좋은 성능의 컴퓨터를 소유하고 있다 하더라도 생활에 유익하게 잘 활용하지 않으면 그 컴퓨터는 무용지물이 될 것입니다. 따라서 정보화 사회는 컴퓨터를 전공하는 전공자뿐만 아니라 비전공자에게도 컴퓨터를 다룰 수 있는 초급과정에서 중급과정까지 다양한 컴퓨터 활용과 관련된 지식을 원하게 되었으며, 대학 및 대학교 등과 같은 각급 교육기관에서도『컴퓨터 개론』이나『컴퓨터 활용』등의 제목으로 컴퓨터 활용의 전반적인 지식들을 가르치고 있습니다.

그러나 기존 컴퓨터 활용의 기본적인 지식들을 가르치기 위한 교재들의 대부분은 컴퓨터 전반에 대한 너무 많은 지식들을 전달해주려고 노력하거나 너무 이론적인 부분에 치우쳐서 단편적인 사실들의 전달에 그치는 안타까운 면들이 많이 있어왔습니다. 또한 급속도로 발전하고 있는 현재 생활에서는 거의 쓰이지 않는 아주 오래된 역사적인 지식들만을 반복적으로 전달하려는 교재들도 매우 많았습니다.

이러한 상황에서 저희들은 수년간 각 대학에서 전공자이든 비전공자이든 수많은 학생들에게 컴퓨터의 기본 지식들을 강의해 오면서, 컴퓨터의 기본적인 지식을 전달하기 위해서는 구시대적인 지식보다는 현실적으로 많이 사용되고 있는 지식을, 컴퓨터 활용에 사용되는 소프트웨어의 구 버전보다는 최신 버전에 맞춘 컴퓨터 활용 방법을, 이론적인 부분보다는 실용적인 부분을 강조해야 하며 실생활에 큰 도움이 되는 실제적인 지식을 전달해줄 수 있는 교재가 필요하다고 느껴 이 책을 집필하게 되었습니다.

이 책을 집필하면서 우리 저자들은 다음과 같은 특징을 고수하도록 최선을

다하였습니다.

첫째, 이 책이 학부 초년생을 대상으로 교육되는 만큼 컴퓨터 기본 교육의 가장 중요한 목표는 학부생 스스로가 컴퓨터를 실생활에 유용하게 잘 활용할 수 있도록 하기 위해서 필요한 실무적인 기본 지식을 활용하는데 있다고 생각합니다. 그러므로 한글 2010과 엑셀 2010 및 파워포인트 2010에 대한 기본 사용법 및 실무 활용성을 강조하였습니다.

둘째, 이 책은 전공자이든 비전공자이든 대학교 생활 중이거나 혹은 대학교 졸업 후에도 컴퓨터로 다양한 작업을 수행할 때 실무에 바로 활용할 수 있도록 실제적인 지식을 수록하였으며, 초보자라도 쉽게 따라 배울 수 있도록 그림과 함께 간결하게 구성하였습니다.

셋째, 이 책은 기본적인 이론과 함께 실습을 필수적으로 다루고 있습니다. 따라서 이 책을 사용하여 학습할 독자들은 각 주제별 실습을 통하여 한글 2010, 엑셀 2010, 파워포인트 2010에 관한 지식을 활용할 수 있도록 해주는 진정한 실습이 되도록 노력하였습니다.

이 책은 전체적으로 3부, 13장으로 구성되어져 있으며 각 부와 각 장의 내용은 다음과 같습니다. 1부는 한글 2010으로서 1장부터 5장까지 한글 2010에 대하여 다양한 주제별로 다루고 있습니다. 2부는 엑셀 2010으로서 6장부터 9장까지 엑셀 2010에 대하여 다양한 주제별로 기술하고 있습니다. 3부는 파워포인트 2010으로서 10장부터 13장까지 파워포인트 2010에 대하여 각 주제별로 기술하고 있습니다. 특히 각 장의 마지막에 제시된 연습 문제는 컴퓨터 활용을 공부하는 독자들이 응용력을 키울 수 있도록 구성하였으니 반드시 풀어보고 지나갈 것을 권하고 싶습니다.

이 책은 대학 및 대학교의 강의 교재로 뿐만 아니라 컴퓨터를 실생활에 잘 활용하기 원하는 모든 이에게 매우 효과적으로 사용될 수 있을 것으로 생각됩니

PREFACE

다. 그러므로 정보화 사회를 살아가는 독자들에게 컴퓨터의 기본 지식과 활용법을 배우는데 본 교재가 많은 도움이 되었으면 하는 바램입니다.

마지막으로 이 책의 편집 및 출판을 위하여 적극적으로 후원하여 주신 생능출판사 사장님 및 임직원 일동에게 감사의 말씀을 전합니다.

컴퓨터 활용의 1인자를 기대하며…
2013년 8월

차 례

머리말 3

PART 01 한글 2010

CHAPTER 01 기본 문서 제작 및 편집 기능 11

1.1 기본 편집 기능을 이용한 학과 소개서 작성하기 12
1.2 A+ 받기 위한 보고서 형식 잘 만들기 39
1.3 교수님께 드릴 협조문 작성하기 48
■ 연습문제 55

CHAPTER 02 표 만들기로 실생활에 사용할 수 있는 것 57

2.1 한 학기 시간표 작성하기 58
2.2 취업에 필요한 이력서 미리 잘 만들어 놓기 68
2.3 세금계산서 만들기 85
■ 연습문제 97

CHAPTER 03 세련된 문서 편집을 위한 고급 기능 101

3.1 다단을 이용한 홍보용 팸플릿 만들기 102
3.2 글맵시를 이용한 세미나 초대장 만들기 110
3.3 메일 머지를 활용한 안내장 만들기 124
■ 연습문제 137

CHAPTER 04 그림, 사진 삽입 및 그래픽스 기능 139

4.1 그림과 사진을 이용한 돌잔치 초대장 만들기 140
4.2 잃어버린 애완견 찾는 광고 전단지 만들기 147
4.3 데이터를 기반으로 차트 만들기 155

4.4 그리기 개체와 그리기 마당을 이용한 약도 그리기 162

■ 연습문제 176

CHAPTER 05 **특별한 용도로 사용될 특수 기능** **179**

5.1 수식 입력이 필요한 수학 시험지 만들기 180

5.2 블로그(Blog)로 올리기 188

■ 연습문제 194

PART 02 엑셀 2010

CHAPTER 06 **엑셀을 이용한 여러 가지 문서 만들기** **197**

6.1 도서 매출 현황표 그리기 200

6.2 물품 견적서 그리기 230

6.3 모의 토익 점수표 만들기 254

■ 연습문제 264

CHAPTER 07 **함수 사용을 통해 엑셀 정복하기** **267**

7.1 성적표 만들기 269

7.2 인사 기록표 만들기 290

■ 연습문제 310

CHAPTER 08 **차트 다루기** **313**

8.1 급여 지급 현황 차트 만들기 315

8.2 간트 차트 만들기 333

■ 연습문제 346

CHAPTER 09 **손쉬운 데이터 입력부터 간단한 관리까지** **349**

9.1 데이터베이스의 레코드 관리하기 350

9.2 필터링 기능으로 데이터 검색하기 355

9.3 부분합으로 직책별 기본급 산출하기 365

9.4 시나리오 관리자를 이용한 대출금 상환액 알아보기 368

9.5 목표값을 이용하여 상환액에 따른 대출액 계산하기 373

9.6 유효성 검사 376
9.7 피벗 테이블 보고서 381
9.8 메모를 이용한 셀 설명 붙이기 386
■ 연습문제 392

PART 03 파워포인트 2010

CHAPTER 10 파워포인트 배워보기 397
10.1 파워포인트 첫걸음 398
10.2 슬라이드 작성의 기본, 텍스트 407
10.3 여러가지 방법으로 인쇄하기 425
■ 연습문제 430

CHAPTER 11 멀티미디어와 디자인이 살아나는 프레젠테이션 433
11.1 디자인 서식 파일 434
11.2 슬라이드 마스터 편집하기 437
11.3 그리기 도구 모음으로 입체감있는 슬라이드 만들기 443
■ 연습문제 482

CHAPTER 12 강력한 슬라이드 쇼는 애니메이션으로 485
12.1 화면 전환, 애니메이션의 기본 486
12.2 멀티미디어로 만드는 생동감 있는 슬라이드 502
12.3 메뉴를 사용한 슬라이드 쇼 보기 510
■ 연습문제 521

CHAPTER 13 파워포인트 마무리하기 523
13.1 파워포인트의 다양한 저장 방법 524
13.2 파워포인트의 다양한 인쇄 방법 배우기 543
13.3 프레젠테이션 암호 설정과 제거하기 551
■ 연습문제 557

■ 찾아보기 558

PART 01

한글 2010

01 기본 문서 제작 및 편집 기능

02 표 만들기로 실생활에서 사용할 수 있는 것

03 세련된 문서 편집을 위한 고급 기능

04 그림, 사진 삽입 및 그래픽스 기능

05 특별한 용도로 사용될 특수 기능

CHAPTER

01

기본 문서 제작 및 편집 기능

1.1 기본 편집 기능을 이용한 학과 소개서 작성하기

1.2 A+ 받기 위한 보고서 형식 잘 만들기

1.3 교수님께 드릴 협조문 작성하기

01 CHAPTER 기본 문서 제작 및 편집 기능

1.1 기본 편집 기능을 이용한 학과 소개서 작성하기

1.1.1 새 문서 만들기

단계 1 한글 실행하기

윈도우 7에서 아이콘 '시작( )'을 마우스로 클릭하면, 윈도우의 주 메뉴들이 나타나는데, 여기서 [▶ 모든 프로그램]을 선택하면 PC에 설치된 모든 프로그램들의 목록을 볼 수 있다.

PC에 설치된 모든 프로그램들의 목록에서 [한컴오피스 한글 2010]을 찾아 마우스로 클릭하면 한글 2010이 실행된다.

단계 2 새 문서 만들기(Alt+N)

단계 1 을 실행하면 새 문서(빈 문서)가 자동적으로 만들어지는데, 새 문서를 추가적으로 만들 필요가 있을 경우에는 주 메뉴 [파일(F)]-[새 문서(N)]를 선택하거나 단축키 〈Alt+N〉을 사용한다. 또한 한글 2007, MS 워드 문서 등과의 호환을 위한 새 문서를 만들기 위해서는 주 메뉴 [파일(F)]-[새 문서(N)]-[한글 2010 문서(H)], 주 메뉴 [파일(F)]-[새 문서(N)]-[한글 2007 호환 문서(Q)] 및 주 메뉴 [파일(F)]-[새 문서(N)]-[MS 워드 호환 문서(A)] 등과 같이 세분화된 메뉴를 사용할 수 있다.

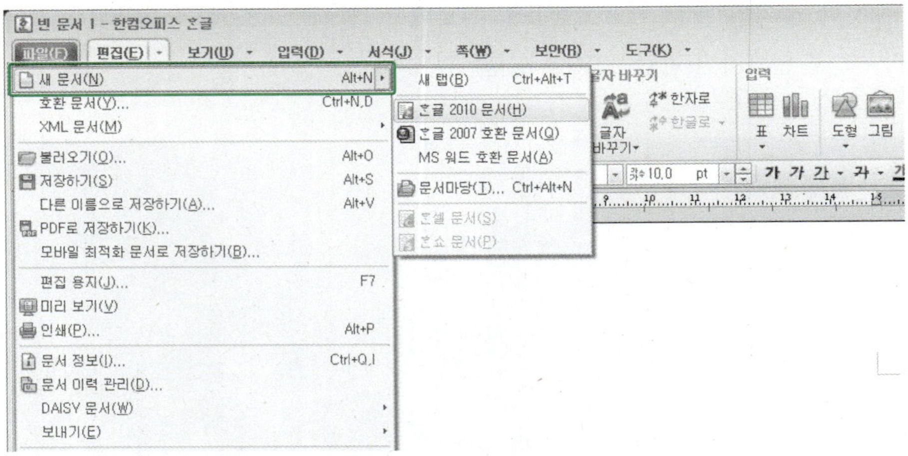

단계 3 편집 용지(F7) 설정하기

한글의 편집 용지는 문서 제작을 위해 가장 기본적으로 필요한 용지의 종류, 방향, 여백 등과 관련된 설정을 하는 기능이다. 본 절에서는 이와 같은 편집 용지 설정에 대하여 살펴보기로 한다.

단계 3-1 주 메뉴 [파일(F)]-[편집 용지(J)] 메뉴를 클릭하거나 단축키 〈F7〉을 사용하여 대화상자 [편집 용지]가 나타나게 한다.

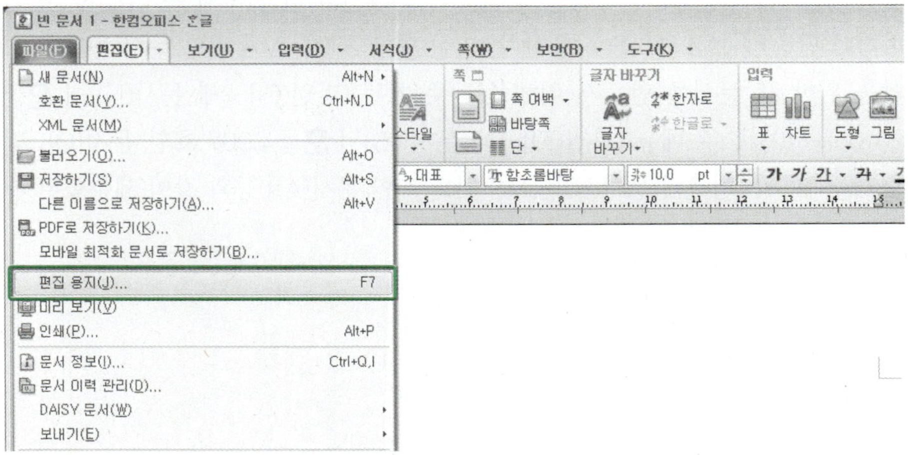

단계 3-2 대화상자 [편집 용지]에서는 탭 메뉴 [기본]과 [줄 격자]로 구분되어지는데, 탭 메뉴 [기본]에는 [용지 종류], [용지 방향], [제본], [용지 여백] 및 [적용 범위] 등으로 구분되어져 있다.

- [용지 종류]는 '프린트 132', '레터', 'B5(46배판)', 'B4(타블로이드판)', 'A4(국배판)', 'A3(국배배판)', '리갈', 'A6(문고판)', 'A5(국판)', '신국판', '크라운판', 'Executive', 'Envelope', '사용자 정의' 등으로 구분되어지는데, 일반적으로 'A4(국배판)'을 표준적인 용지 크기로 설정하여 사용한다.
- [용지 방향]은 [용지 종류]에서 선택한 용지에 인쇄될 문자들이 어떠한 형식으로 인쇄되기를 원하는지 설정하는 것으로서 기본적으로는 '좁게'로 설정되어져 있다. 우리가 일반적으로 인쇄하는 거의 모든 방향이 바로 '좁게'라고 보면 된다.
- [제본]은 인쇄 후 제본을 할 경우 어떠한 형식으로 제본을 할 것인가를 미리 설정해줌으로서 제본의 형식에 맞게 인쇄를 할 수 있도록 해주며, '한쪽', '맞쪽', '위쪽' 등으로 구분되어진다.
- [용지 여백]은 [용지 종류]에서 선택한 용지의 위쪽/아래쪽/안쪽/바깥쪽 및 머리말/꼬리말/제본 등에 여백을 삽입하는 것으로서 작성하고자 하는 문서의 종류에 따라 적절히 조정하여 사용할 필요가 많은 부분이기도 하다. 기타 항목들은 필요한 경우에 사용하면 되지만 특별한 경우를 제외하고는 거의 사용되지 않기 때문에 설명을 생략하도록 하겠다. 모든 설정이 끝나면 [설정] 버튼을 클릭하여 대화상자를 빠져나간다.

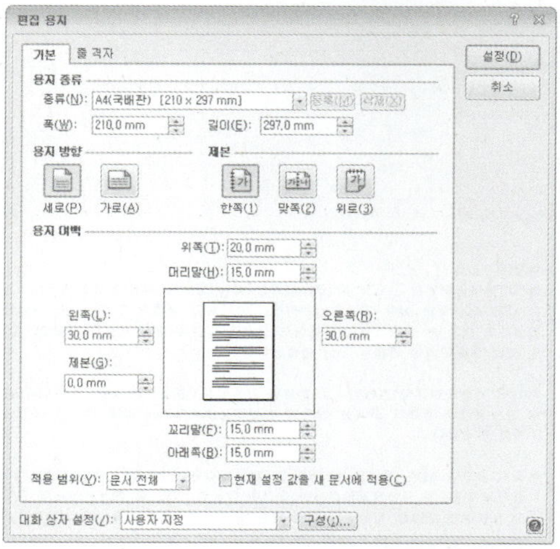

단계 3-3 대화상자 [편집 용지]의 탭 메뉴 [줄 격자]는 격자 설정 유무에 대한 선택과 격자 설정 시에 사용되는 '줄 수 지정', '글자 수 지정' 등으로 구성되어져 있다. 일반적으로는 격자를 설정하지 않고 사용하는데, 필요한 경우 적당히 격자와 관련된 속성 값들을 설정하여 사용할 수 있다.

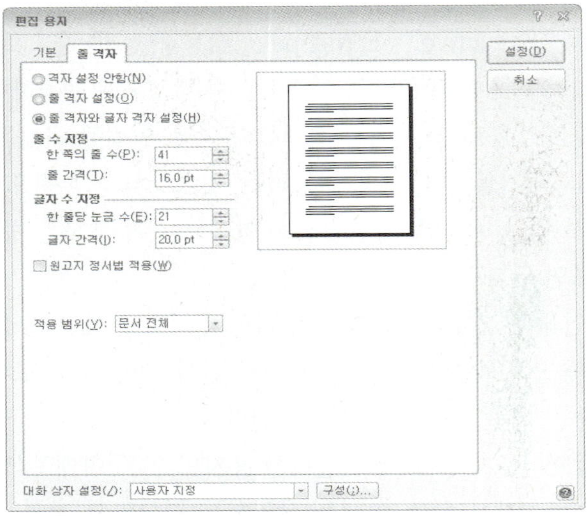

단계 4 문서 작성하기

편집 영역에서 문자나 기호를 이용하여 우리 학과(학부)의 소개 내용을 모두 입력한다. 이때 문자와 관련된 속성, 즉 글꼴, 글자 크기, 글자 색 등은 미리 설정하여 사용할 수도 있고 문자를 모두 입력한 다음 나중에 설정하여도 된다.

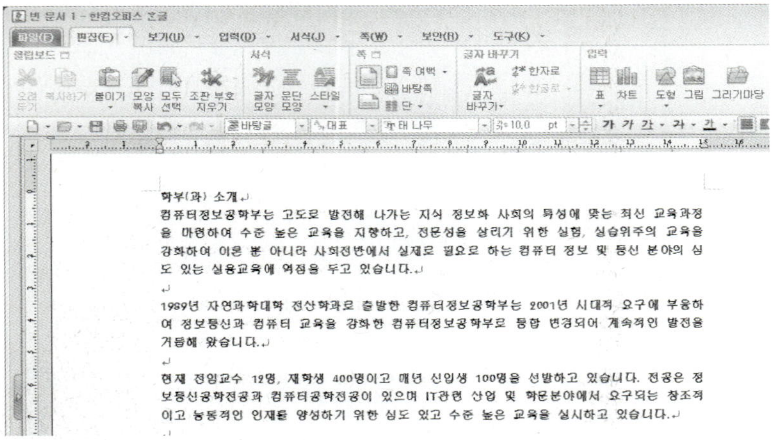

1.1.2 글자 모양(Alt+L) 변경하기

본 기능은 입력할 내용이나 블록으로 설정한 내용의 글자 모양을 일괄적으로 바꿔주는 역할을 하기 때문에 다양한 글자 모양 속성을 적용하여 문자에 적합한 형태로 글자를 꾸밀 수 있다. 글자 모양의 변경을 위해서는 대화상자 [글자 모양] 또는 도구상자 서식 메뉴를 이용한다.

단계 1 한글 문서에서 글자 모양을 변경할 부분을 마우스로 클릭 및 드래그하여 블록으로 설정하고, 주 메뉴 [서식(J)]-[글자 모양(L)]을 선택하거나 단축키 〈Alt+L〉을 사용하여 대화상자 [글자 모양]이 나타나게 하거나 주 메뉴 [서식(J)]의 열림상자 기본 메뉴 [글자]를 그대로 사용하면 된다.

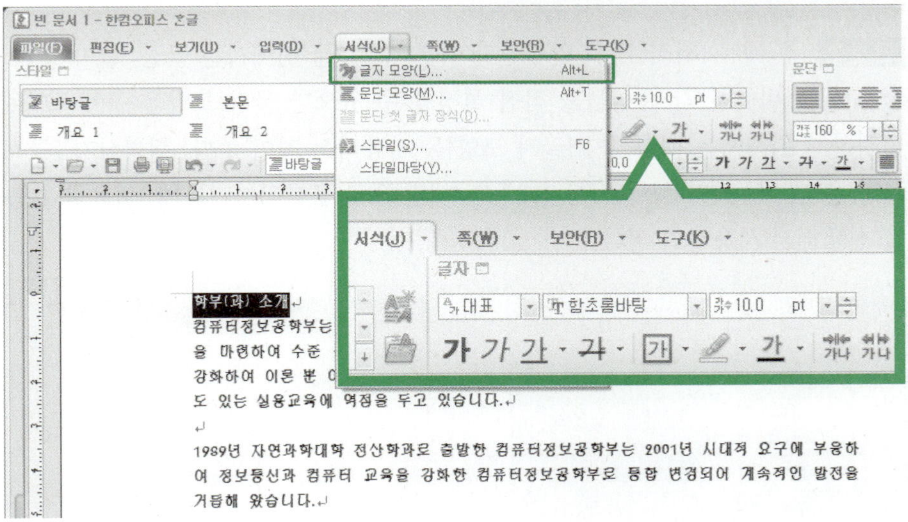

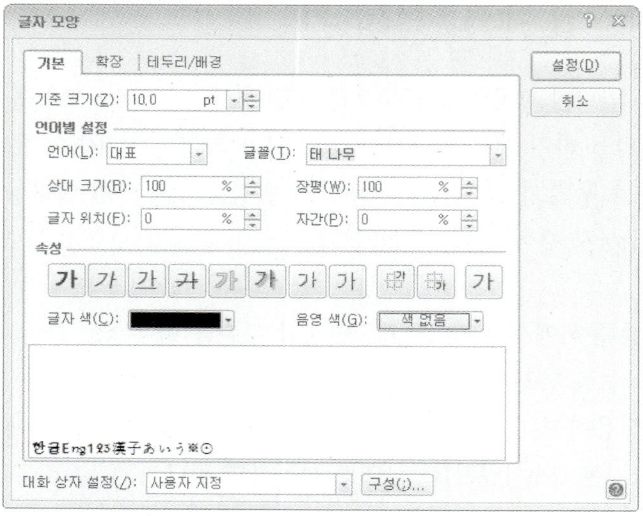

단계 2 주 메뉴 [서식(J)]의 열림상자 기본 메뉴 [글자]에서는 글꼴, 글자 크기, 글자 색을 비롯한 각 속성들을 직접 설정할 수 있으나 글자 모양을 구체적으로 설정하기 위해서는 대화상자 [글자 모양]을 사용하는 것이 좋다. 대화상자 [글자 모양]은 탭 메뉴 [기본], [확장], [테두리/배경]으로 구분되어지는데, 필요한 기능을 선택해서 사용하면 된다.

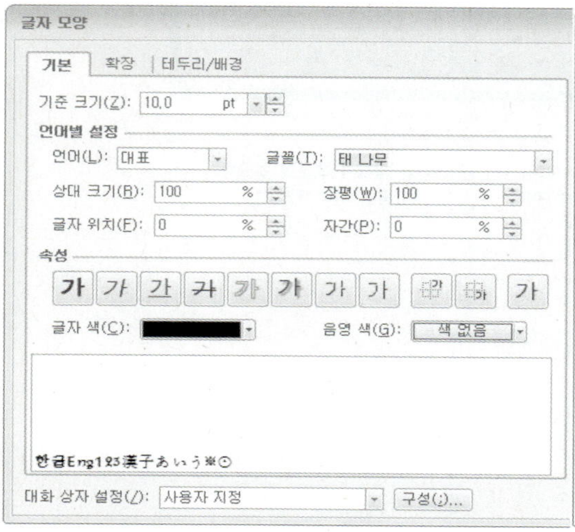

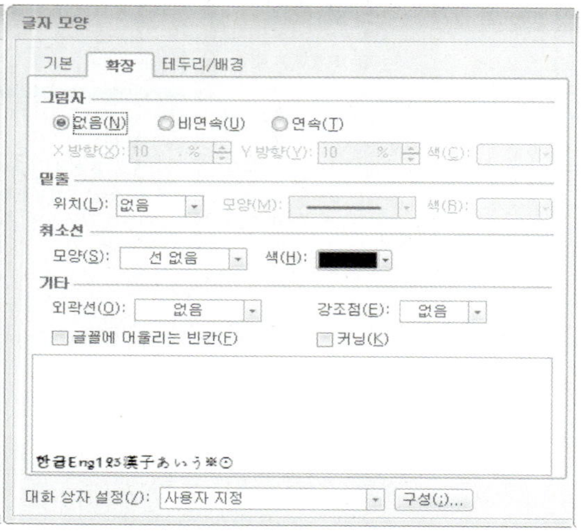

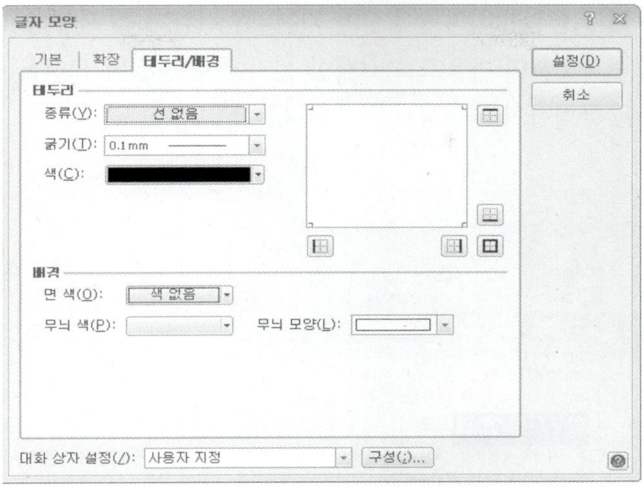

Tip **대화상자 [글자 모양]의 탭 메뉴 [기본] 속성**

탭 메뉴			내 용
기 본	기준 크기(Z)		글자의 크기를 설정한다.
	언어별 설정	언 어(L)	대표, 한글, 영문, 한자, 일어 등 언어를 선택한다.
		글 꼴(T)	글자의 모양을 설정한다.
		상대 크기(R)	기준 크기에 대하여 각 언어별 글자 크기를 지정한다.
		장평(W)	글자의 크기를 그대로 두고 글자의 가로 폭을 늘리거나 줄인다.
		글자 위치(F)	글자의 베이스 라인을 기준으로 글자를 위나 아래로 움직인다.
		자간(P)	글자와 글자간의 간격을 조절한다.
기 본	속 성	진하게	두꺼운 글씨
		기울임	오른쪽으로 기운 글씨
		밑 줄	실선 모양의 밑줄이 있는 글씨
		외곽선	글자 테두리만 있고 속은 빈 글씨
		그림자	글자의 오른쪽 아래에 비연속 그림자가 있는 글씨
		양 각	글자가 돌출된 양각 모양의 글씨
		음 각	글자가 파인 음각 모양의 글씨
		위첨자	보통 글자의 어깨에 작게 나오는 글씨
		아래첨자	보통 글자의 아래에 작게 나오는 글씨
		보통모양	글자의 속성을 모두 해제한 글씨
	글 자 색		글자의 색을 지정한다.
	음 영 색		글자 배경으로 넣을 음영색을 지정한다.

단계 3 주 메뉴 [서식(J)]의 열림상자 기본 메뉴 [글자]를 사용하거나 대화상자 [글자 모양]을 사용하여 마우스로 선택한 문자에 대한 글자 모양을 선택하고 [설정(D)] 버튼을 클릭하여 대화상자를 빠져나간다.

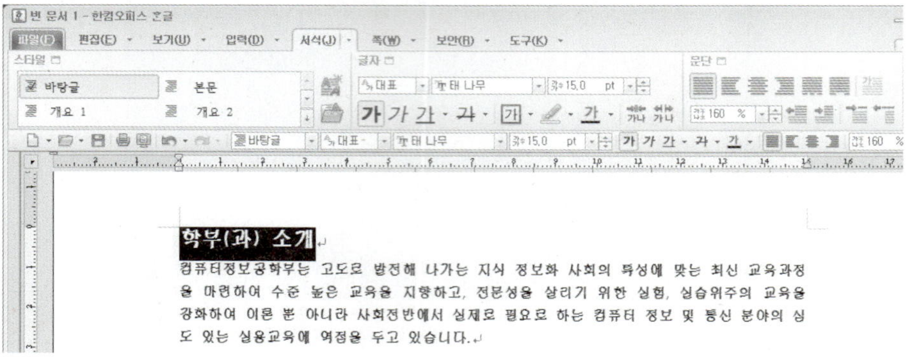

1.1.3 문단 모양(Alt+T)

문서에서 문맥에 따라 줄이 바뀌는 부분이 있는데 이것을 '문단' 이라 부른다. 한글에서는 글자를 입력하는 과정에서 〈Enter〉 키로 행을 바꾸기 전까지를 하나의 문단으로 간주한다. 즉, 〈Enter〉 키를 누르면 문단이 나누어지게 되는데, 문단 모양 기능을 이용해서 문단에 여러 가지 모양을 지정할 수 있다.

단계 1 한글 문서에서 문단 모양을 변경할 부분을 마우스로 클릭 및 드래그하여 블록을 설정하고, 주 메뉴 [서식(J)]-[문단 모양(M)]을 선택하거나 단축키 〈Alt+T〉을 사용하여 대화상자 [문단 모양]이 나타나게 하거나 주 메뉴 [서식(J)]의 열림상자 기본 메뉴 [문단]을 그대로 사용하면 된다.

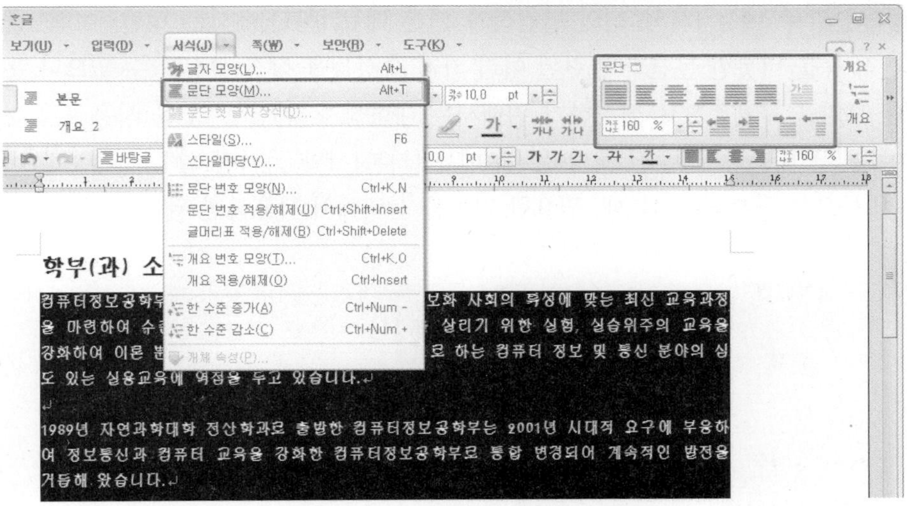

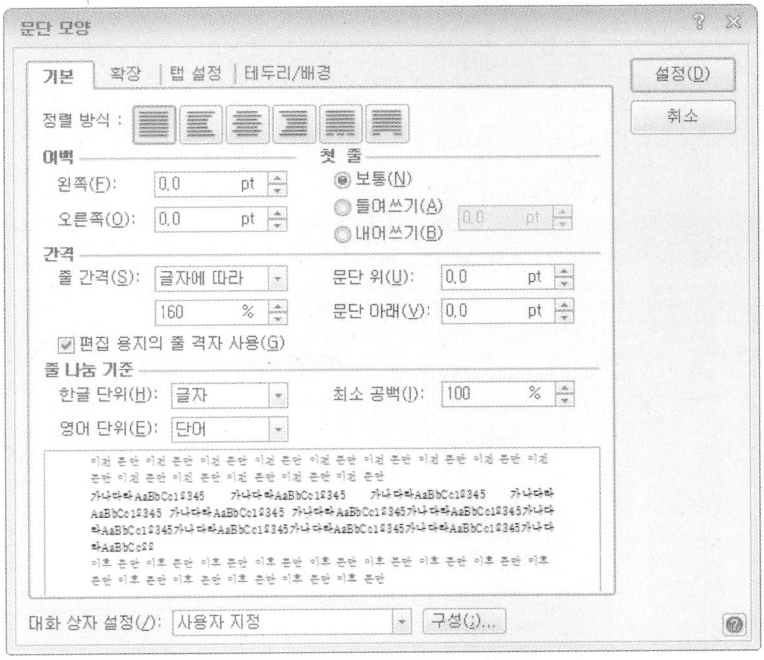

단계 2 주 메뉴 [서식(J)]의 열림상자 기본 메뉴 [문단]에서는 정렬, 여백, 줄 간격 등을 비롯한 문단과 관련된 여러 가지 속성들을 직접 설정할 수 있으나 문단 모양을 구체적으로 설정하기 위해서는 대화상자 [문단 모양]을 사용하는 것이 좋다. 대화상자 [문단 모양]은 탭 메뉴 [기본], [확장], [탭 설정], [테두리/배경] 등으로 구분되어지는데, 필요한 기능을 선택해서 사용하면 된다.

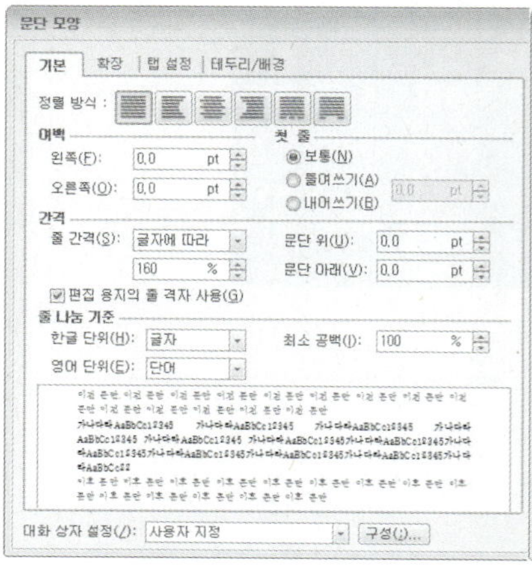

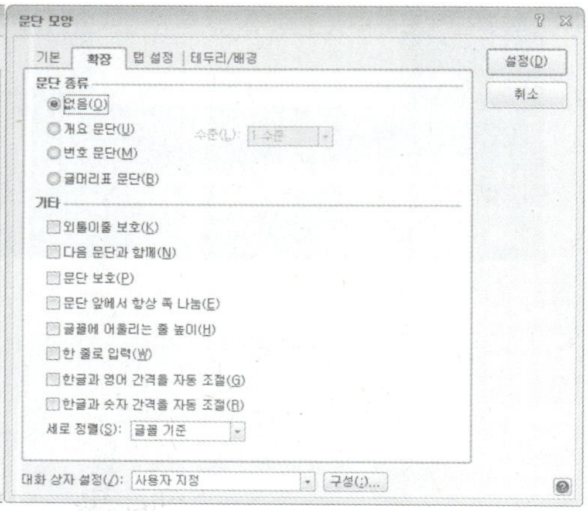

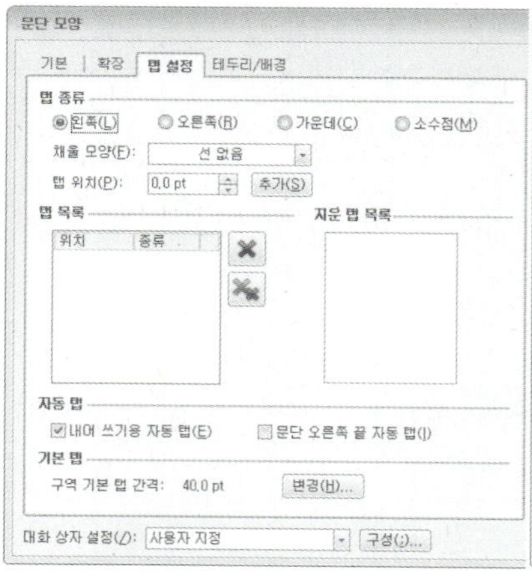

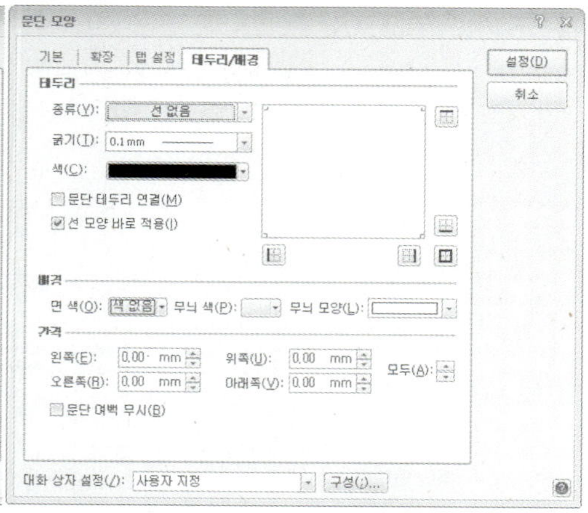

Tip 대화상자 [문단 모양]의 탭 메뉴 [기본] 속성

기 본	정렬 방식	양쪽 정렬	양쪽을 가지런히 맞추는 기능으로 가장 널리 쓰이는 방식이다.
		왼쪽 정렬	왼쪽을 가지런히 맞춘다.
		오른쪽 정렬	오른쪽을 가지런히 맞춘다.
		가운데 정렬	글자를 가운데로 모은다.
		배분 정렬	양쪽 맞춤을 하되 글자 사이를 일정하게 띄운다.
		나눔 정렬	양쪽 맞춤을 하되 어절 사이를 일정하게 띄운다.
	여 백		현재 문단의 왼쪽과 오른쪽 여백을 지정한다.
	첫 줄		문단의 첫 줄 모양을 어떤 방식으로 사용할지 지정한다.
	간 격	줄 간격	현재 줄의 시작 부분과 바로 아랫줄의 첫 부분까지의 간격을 지정한다.
		문단 위	현재 문단과 바로 위 문단 사이의 간격을 줄 간격과 별도로 지정한다.
		문단 아래	현재 문단과 바로 다음 문단 사이의 간격을 줄 간격과 별도로 지정한다.
	줄 나눔 기준		한 낱말의 일부분이 오른쪽 여백에 걸리는 경우, 각 줄의 마지막을 나누는 기준을 설정한다.

단계 3 본 단계에서는 마우스로 설정한 블록에 왼쪽 여백을 설정('10pt')하고, 제목("학부(과) 소개")을 가운데 정렬로 변경하였다.

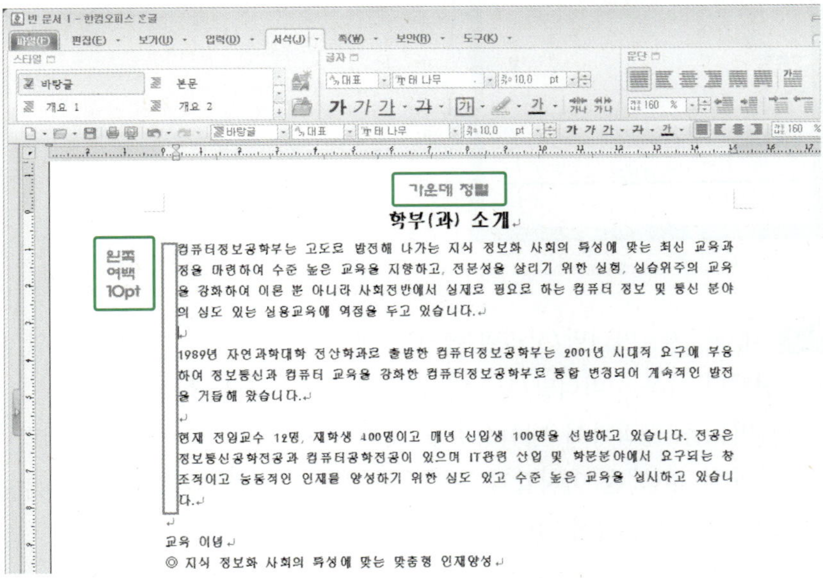

1.1.4 머리말/꼬리말 달기(Ctrl+N, H)

페이지의 상단과 하단에 한두 줄의 내용이 쪽마다 고정적으로 반복되는 것이 있는데, 이것을 '머리말/꼬리말' 이라고 한다. 머리말과 꼬리말에는 보통 책의 제목, 그 장의 제목, 쪽 번호 등을 넣는데 사용한다.

단계 1 주 메뉴 [쪽(W)]-[머리말/꼬리말(H)]을 선택하거나 단축키 〈Ctrl+N, H〉를 실행하여 대화상자 [머리말/꼬리말]이 나타나게 한다. 혹은 주 메뉴 [쪽(W)]의 열림상자 기본 메뉴 [쪽 모양]의 아이콘 '머리말( )' 이나 '꼬리말( )' 을 선택하여 속성 값을 바로 설정해줄 수 있다. 이때 '머리말/꼬리말마당' 의 내용들 위로 마우스를 이동시키면 미리 보기가 실행되므로 머리말과 꼬리말의 결과를 직접 확인하면서 선택할 수 있다.

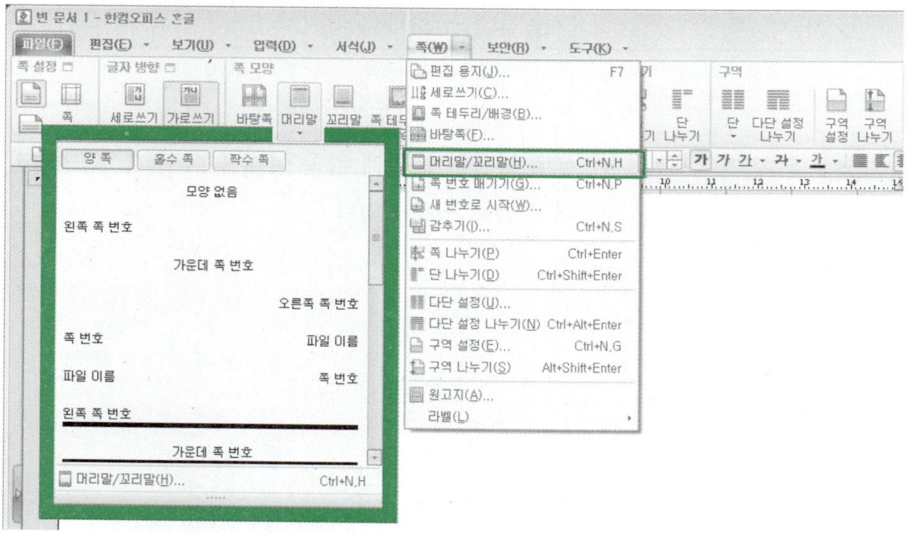

단계 2 대화상자 [머리말/꼬리말]에서는 머리말/꼬리말의 '종류' 와 '위치' 를 적절히 선택한 다음, '머리말/꼬리말마당(S)' 에서 원하는 항목을 선택하고 [만들기(D)] 버튼을 클릭하여 대화상자를 빠져나가면 된다. '머리말/꼬리말마당(S)' 에서 "모양 없음" 은 머리말과 꼬리말에 대하여 미리 설정된 내용이 없음을 의미하므로 사용자가 직접 입력할 수 있는 경우이다.

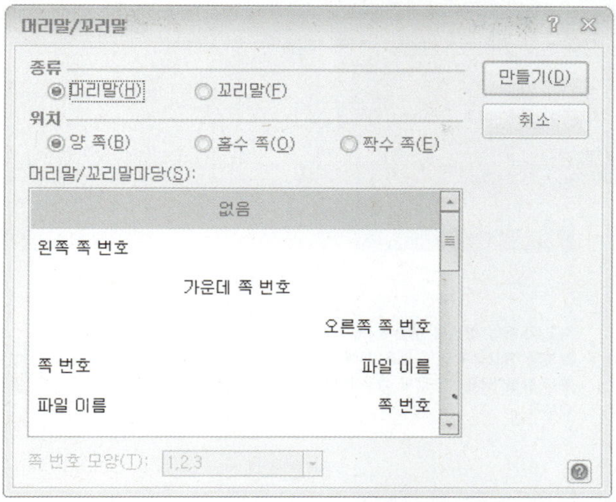

단계 3 '머리말/꼬리말마당(S)' 에서 "모양 없음"을 선택할 경우 머리말을 직접 입력하고, 새로 표시된 주 메뉴 [머리말/꼬리말]의 열림상자 기본 메뉴 [닫기]의 아이콘 '닫기( )' 를 선택하여 머리말/꼬리말을 빠져나간다.

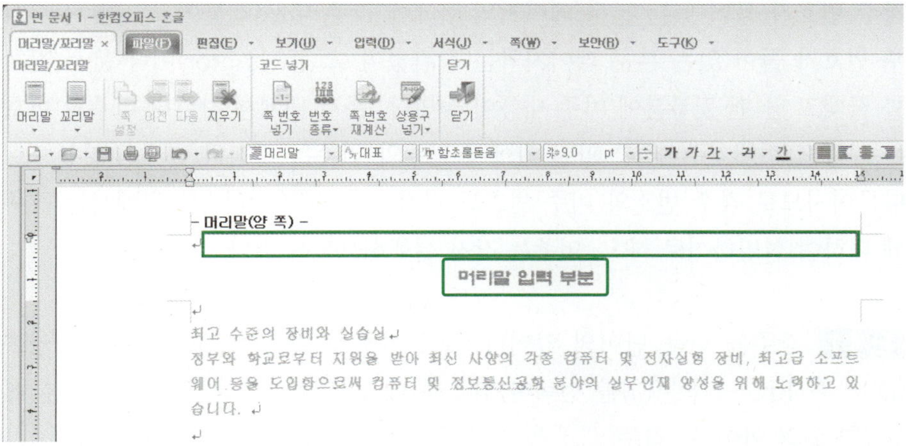

'머리말/꼬리말마당(S)' 에는 다양한 종류의 머리말/꼬리말의 형식이 있는데 본 절에서는 " 쪽 번호　　　　파일 이름 "을 선택해 보았다.

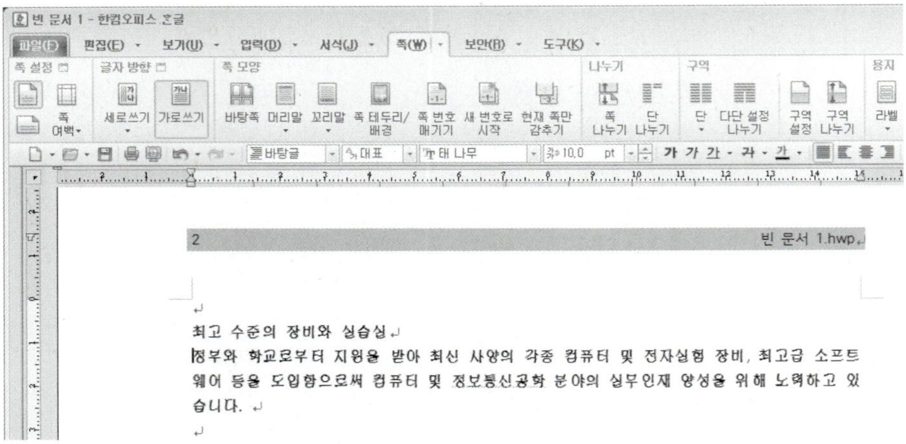

1.1.5 주석 달기(Ctrl+N, N / Ctrl+N, E)

문서의 용어나 문장에 인용한 자료의 출처를 밝히거나 언급한 내용에 대한 보충 자료를 구체적으로 제시할 필요가 있을 때에는 주석을 사용한다. 주석은 [각주]와 [미주]로 나뉘는데, 그 내용이 놓이는 위치에 따라 구분된다. [각주]는 각주 번호가 들어 있는 본문 페이지의 아래에 각주 내용이 놓이고, [미주]는 미주 번호가 들어 있는 본문 페이지와는 상관없이 그 장(chapter)이나 문서 전체를 끝맺고 난 맨 뒷부분에 미주 내용이 놓인다. 문서 내에서 각주나 미주의 번호는 자동으로 매겨주며, 한 파일 안에서 각주와 미주는 완전히 별개의 부분으로 다루어지므로 각주 번호와 미주 번호도 각각 따로 매겨진다. 본 절에서는 각주에 대하여 설명하기로 하고, 미주는 각자 실행해보도록 한다.

단계 1 각주를 넣을 단어의 앞이나 뒤로 커서를 위치시키고, 주 메뉴 [입력(D)]–[주석(K)]–[각주(F)]를 선택하거나 주 메뉴 [입력(D)]의 열림상자 기본 메뉴 [참조]의 아이콘 '각주( )'을 선택해준다. 혹은 단축키 〈Ctrl+N, N〉을 사용하여 실행할 수도 있다.

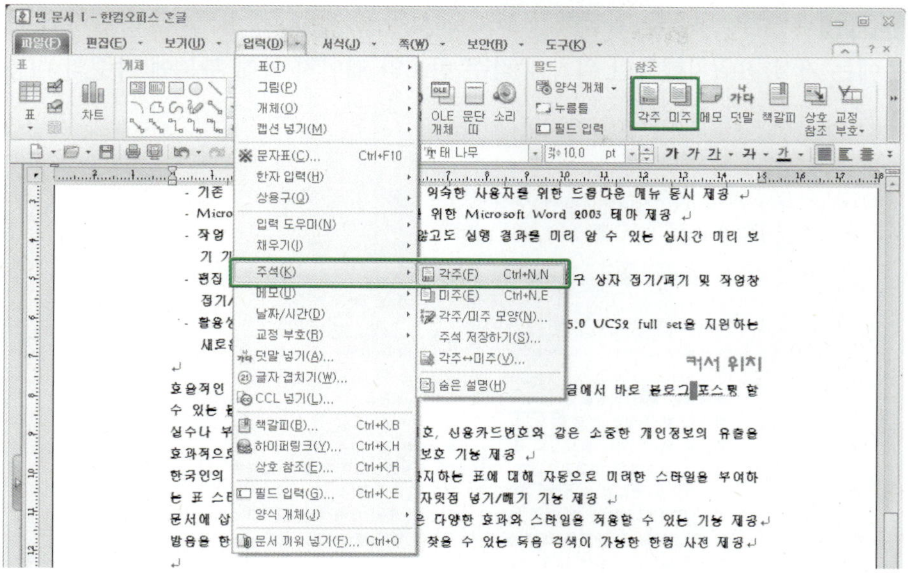

단계 2 새로 표시된 주 메뉴 [주석]과 함께 각주를 입력할 수 있는 위치로 커서가 이동하는데, 여기에 각주 내용을 입력한 후 새로 표시된 주 메뉴 [주석]의 열림상자 기본 메뉴 [닫기]에서 아이콘 '닫기( )'를 클릭하면, 새로 표시된 주 메뉴 [주석]이 사라지고 주석이 추가된 원래 문장으로 되돌아간다.

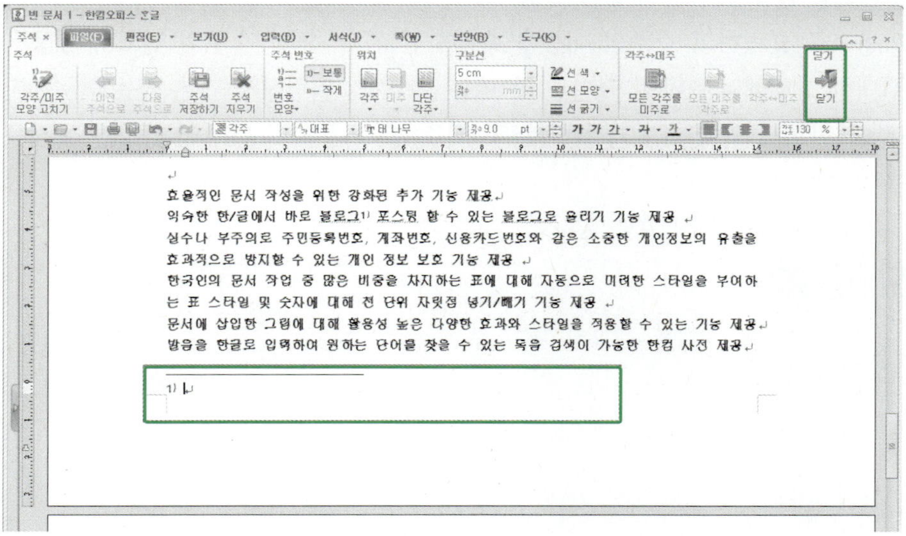

단계 3 각주의 내용을 입력하고 새로 표시된 주 메뉴 [주석]을 닫고 나가면 본문에는 커서가 위치했었던 위치에 각주 번호와 페이지 아래 부분에 각주의 내용이 추가되었음을 확인할 수 있다.

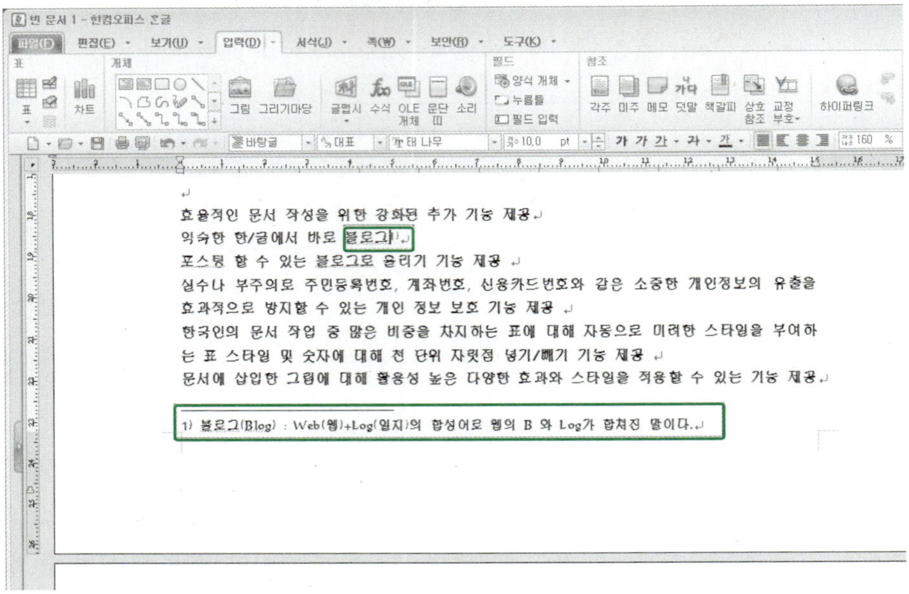

단계 4 만약 각주의 내용을 변경하고자 할 경우에는 각주 번호나 각주 내용을 마우스로 클릭하고 각주의 내용을 수정하면 된다. 또한 각주의 번호나 내용을 선택한 상태에서는 새로 표시된 주 메뉴 [주석]의 열림상자 기본 메뉴들([주석], [주석 번호], [위치], [구분선], [각주↔미주])을 사용하여 각주의 다양한 속성들을 변경할 수도 있다.

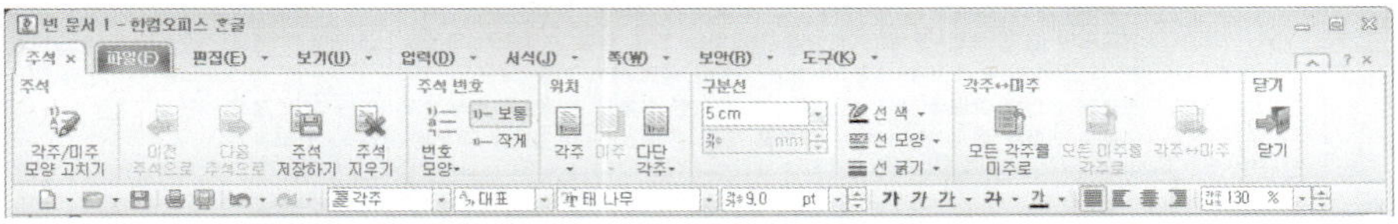

단계 5 만약 각주를 지우고자 한다면 **단계 1** 에서 각주를 처음 만들 때 커서의 위치에 보면 각주 번호(‘블로그[1]’)가 붙어 있는데, 이 각주 번호를 지우면 각주 번호에 해당하는 각주 내용도 모두 함께 지워진다. 각주 번호를 지우기 위해서는 각주 번호 앞에 커서를 위치한 다음 키보드의 〈Del〉을 사용하거나 각주 번호 뒤에 커서를 두고 백스페이스 〈←〉를 사용하면 되며, 대화상자 [지우기]에서 ‘지움’ 을 선택해주면 된다.

1.1.6 쪽 테두리/배경 넣기

작성된 문서에 대하여 쪽 테두리를 두르거나 배경에 다양한 그림을 넣어 문서를 보다 화려하게 꾸며보기 위한 방법을 알아본다.

단계 1 작성된 문서에 쪽 테두리나 배경을 넣기 위해서는 주 메뉴 [쪽(W)]-[쪽 테두리/배경(B)]를 선택하거나 주 메뉴 [쪽(W)]의 열림상자 기본 메뉴 [쪽 모양]의 아이콘 ‘쪽 테두리/배경(쪽 테두리/배경)’ 을 선택하여 대화상자 [쪽 테두리/배경]이 나타나게 한다.

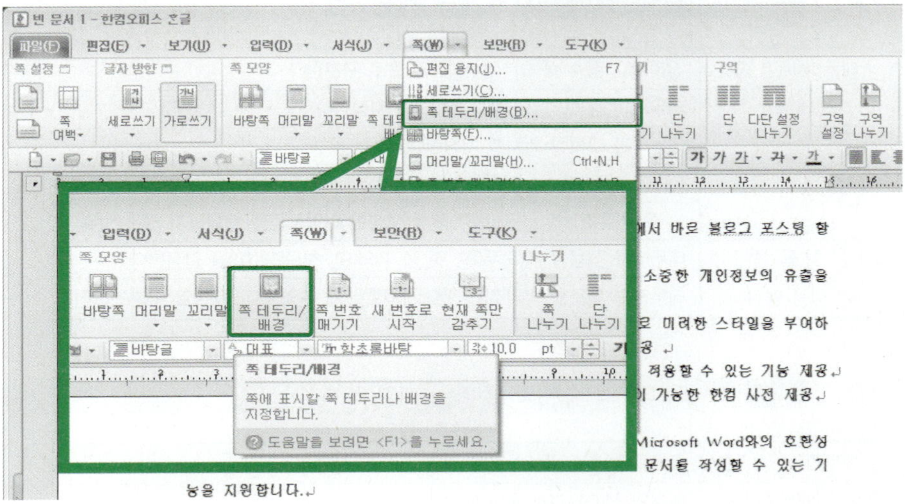

단계 2 대화상자 [쪽 테두리/배경]은 탭 메뉴 [테두리]와 [배경]으로 나누어지는데, 탭 메뉴 [테두리]는 '테두리/배경 종류', '테두리', '위치', '적용 쪽' 등으로 구분되어지며, 탭 메뉴 [배경]은 '테두리/배경 종류', '채우기', '적용 쪽' 등으로 구분되어진다. 이들 각각의 메뉴들을 자세히 살펴보고 적용하고자 하는 기능들을 선택하여 본문에 쪽 테두리와 배경을 넣도록 한다.

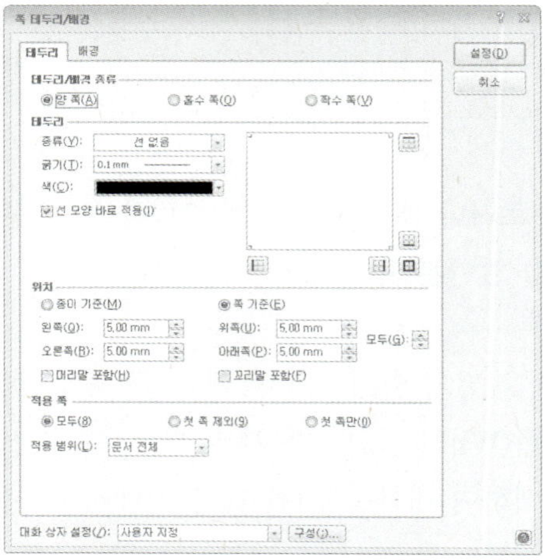

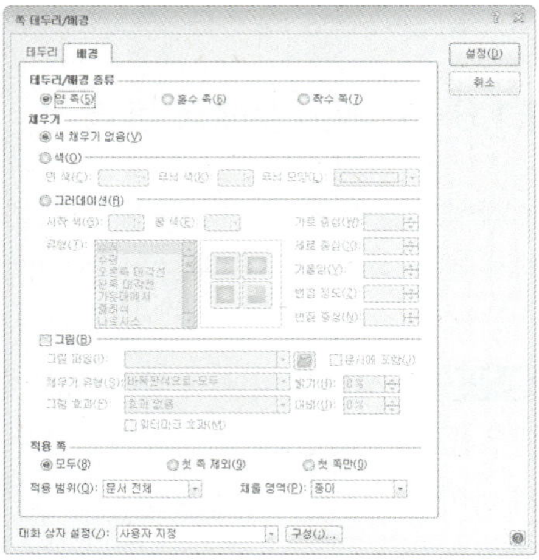

Tip **대화상자 [쪽 테두리/배경]의 탭 메뉴 [테두리]의 속성**

<table>
<tr><td>테두리/배경 종류</td><td colspan="2">'양쪽(A), 홀수 쪽(O), 짝수 쪽(V)'으로 구분한다.</td></tr>
<tr><td>테두리</td><td colspan="2">테두리의 종류(Y), 굵기(T), 색(C)을 지정한다.</td></tr>
<tr><td rowspan="3">위 치</td><td colspan="2">테두리가 그려질 위치를 지정한다.</td></tr>
<tr><td>종이 기준(M)</td><td>편집용지에서 설정한 여백공간을 포함한 범위</td></tr>
<tr><td>쪽 기준(E)</td><td>편집용지에서 설정한 여백공간을 포함하지 않은 범위</td></tr>
<tr><td>적 용 쪽</td><td colspan="2">테두리를 적용할 쪽(모두(8), 첫 쪽 제외(9), 첫 쪽만(0))을 결정한다.</td></tr>
<tr><td>적용 범위</td><td colspan="2">테두리를 적용할 범위로서 '문서 전체', '새 구역으로' 등으로 구분되어진다.</td></tr>
</table>

Tip **대화상자 [쪽 테두리/배경]의 탭 메뉴 [배경]의 속성**

테두리/배경 종류	'양쪽(A), 홀수 쪽(O), 짝수 쪽(V)'으로 구분한다.
채우기	배경의 색(O), 그러데이션(R), 그림(B) 등을 설정한다.
적용 쪽	배경을 적용할 쪽(모두(8), 첫 쪽 제외(9), 첫 쪽만(0))을 결정한다.
적용 범위(Q)	배경을 적용할 범위로서 '문서 전체', '새 구역으로' 등으로 구분되어진다.
채울 영역(P)	배경을 채울 영역을 '종이', '쪽', '테두리' 등으로 구분하여 설정한다.

단계 3 대화상자 [쪽 테두리/배경]의 탭 메뉴 [테두리]의 각 속성들을 적절히 설정하여 본문에 쪽 테두리를 넣는다.

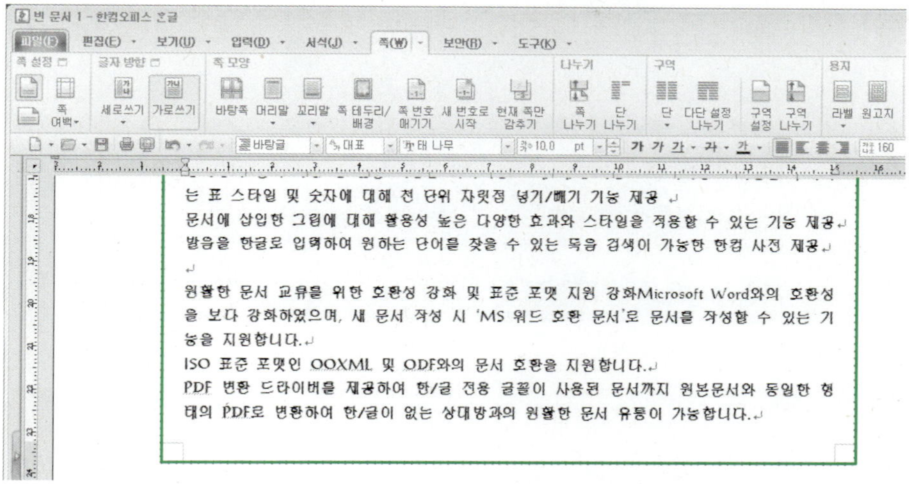

단계 4 대화상자 [쪽 테두리/배경]의 탭 메뉴 [배경]의 각 속성들을 적절히 설정하여 본문에 배경을 넣는다. 특히 [채우기]에서 '색(O)', '그러데이션(R)', '그림(B)' 중 하나를 선택하여 문서의 내용에 잘 맞는 배경을 넣으면 보다 돋보이는 문서가 될 수 있음을 확인할 수 있을 것이다. 여기서 한 가지 주의할 점은 배경이 너무 화려하여 본문의 내용이 제대로 보이지 않는다면 차라리 배경을 넣지 않는 것이 낫다.

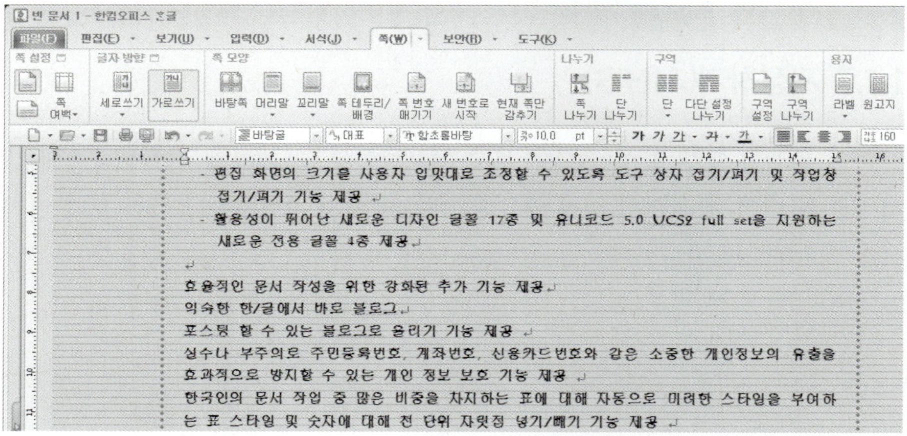

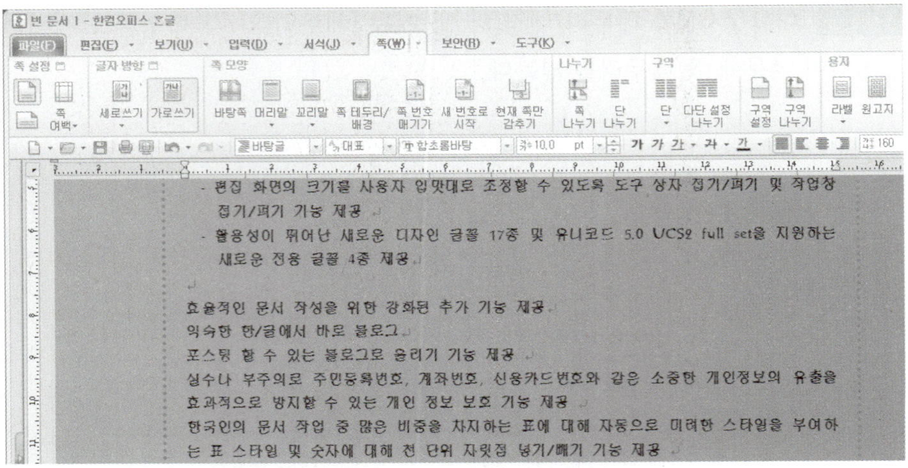

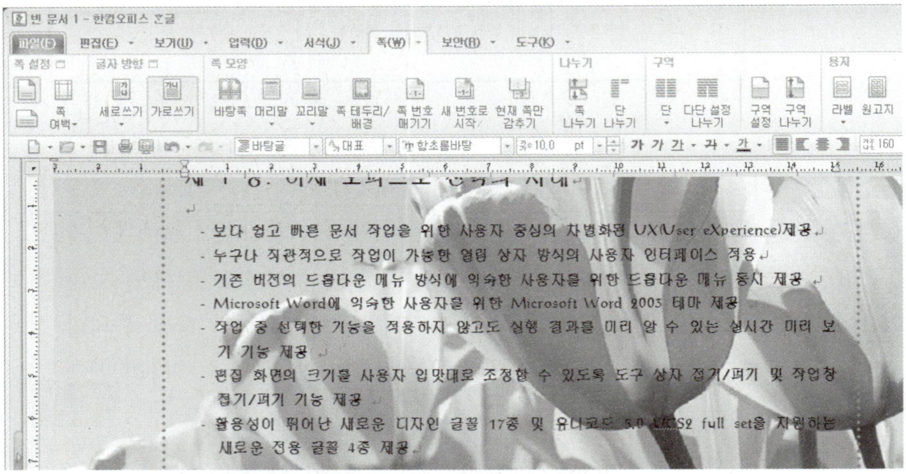

1.1.7 저장하기(Alt+S)

한글 문서가 모두 작성이 되면 보고서를 파일로 잘 저장해두어야 나중에 다시 보거나 수정 및 보완할 수가 있는데, 다양한 저장 방법을 이용하여 보다 편리하게 관리하도록 한다.

단계 1 작성한 한글 문서를 한글 파일로 저장하기 위해서는 주 메뉴 [파일(F)]-[저장하기(S)]를 선택하거나 단축키 〈Alt+S〉를 수행하여 대화상자 [다른 이름으로 저장하기]가 나타나게 한다.

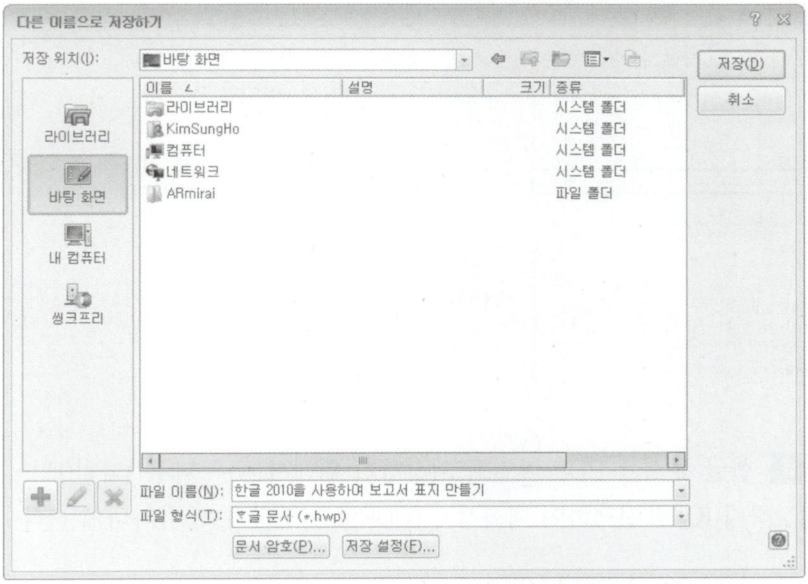

단계 2 대화상자 [다른 이름으로 저장하기]의 '저장 위치(I)' 에서 한글 파일로 저장하기 위한 위치를 검색하여 설정하고, '파일 형식(T)' 이 '한글 문서(*.hwp)' 인지 확인한 다음, '파일 이름(N)' 을 적당하게 입력한다. 그리고 한글 문서에 암호를 입력하고 싶으면 '문서 암호(P)' 를 클릭하여 암호를 입력할 수도 있다. 한글 문서에 암호를 입력하게 되면 누구든지 간에 암호를 알지 못할 경우 본 한글 파일을 읽을 수가 없게 된다.

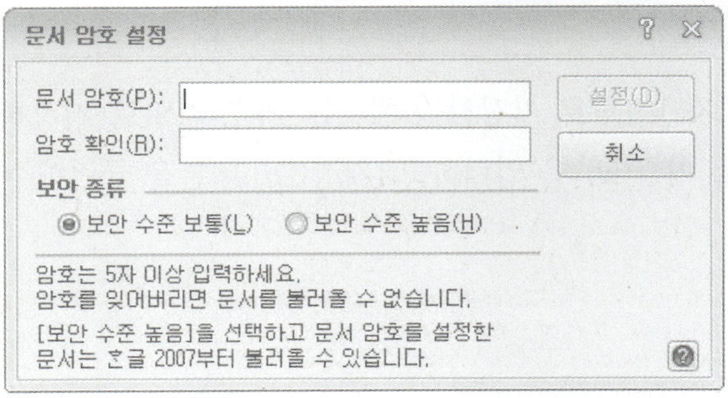

단계 3 한글 문서의 내용을 일부분이나 상당 부분을 수정하거나 보완하여 다른 이름으로 저장하고자 할 경우에는 주 메뉴 [파일(F)]-[다른 이름으로 저장하기(A)]를 선택하거나 단축키 〈Alt+V〉를 사용하면 된다.

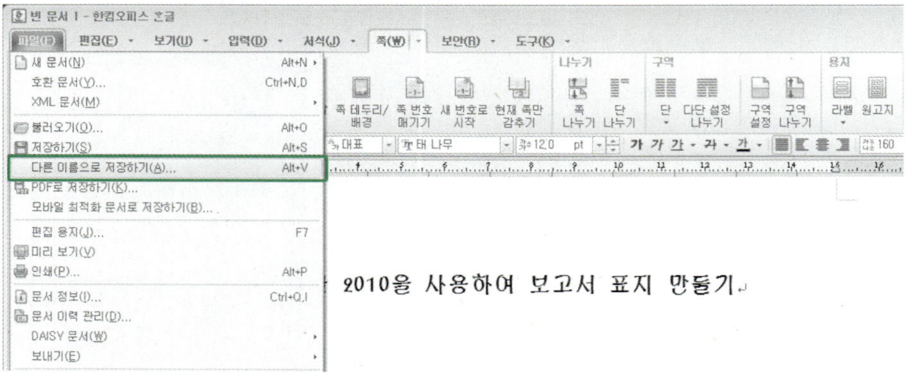

단계 4 한글 문서를 PDF 파일로 저장하기 위해서는 주 메뉴 [파일(F)]-[PDF로 저장하기(K)]를 선택하여 대화상자 [PDF로 저장하기]가 나타나게 한다.

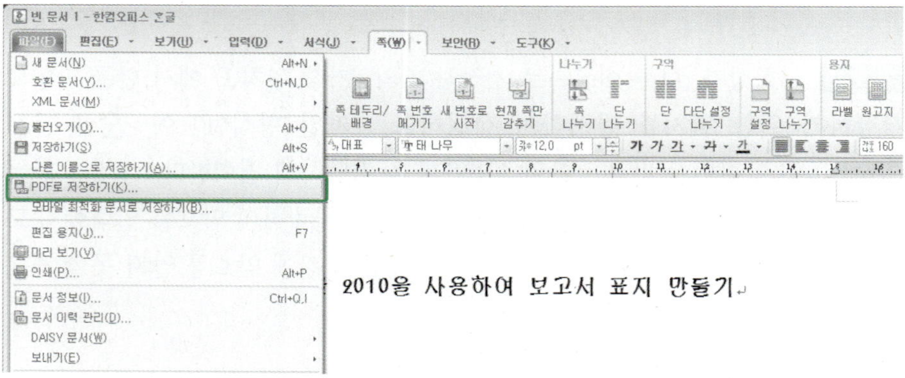

단계 5 대화상자 [PDF로 저장하기]에서는 PDF 파일로 저장하기 위한 '저장 위치(I)'와 '파일 이름(N)'을 입력하고 [저장(D)] 버튼을 클릭해주면 된다.

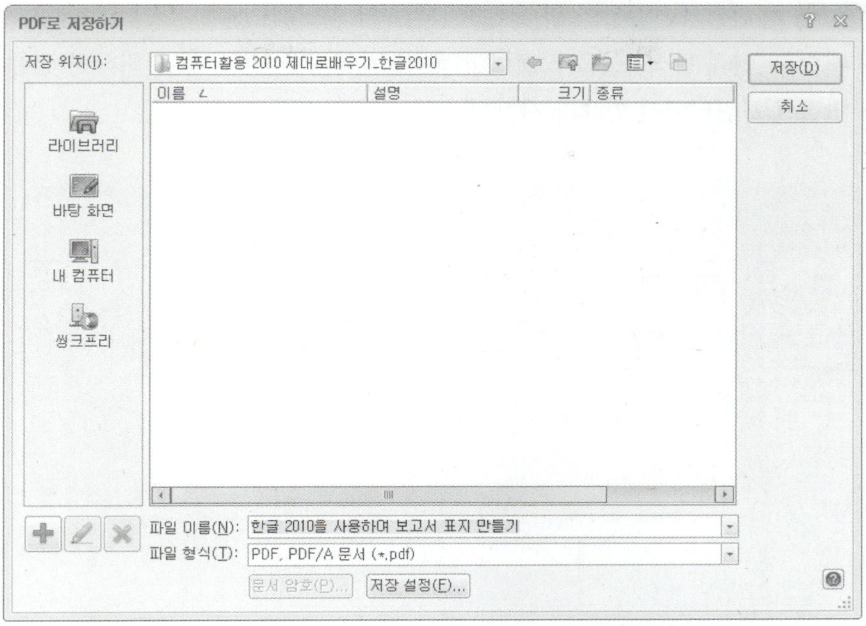

1.1.8 인쇄하기(Alt+P)

한글 문서가 다 작성이 되면 보고서를 제출하기 위하여 인쇄(프린트)를 하여야 한다. 다양한 인쇄 옵션을 이용하여 보다 편리하게 인쇄해보도록 한다.

단계 1 작성한 한글 문서를 인쇄하기 위해서는 주 메뉴 [파일(F)]-[인쇄(P)]를 선택하거나 단축키 〈Alt+P〉를 실행하여 대화상자 [인쇄]가 나타나게 한다.

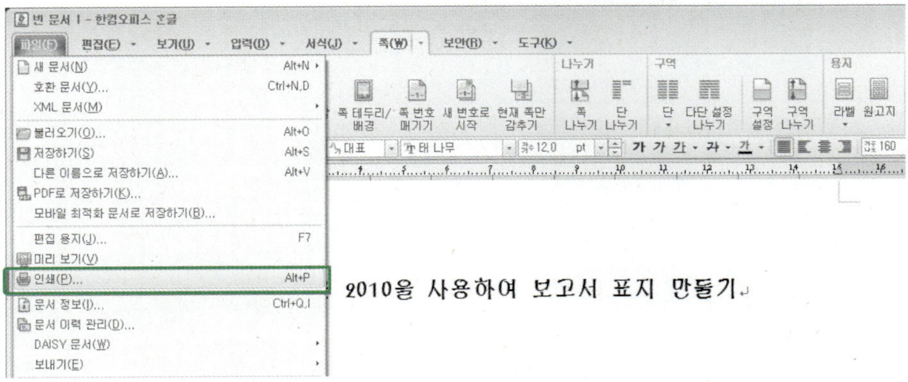

단계 2 대화상자 [인쇄]의 탭 메뉴 [기본]에서 '프린터 선택', '인쇄 범위', '인쇄 매수', '인쇄 방식' 등을 적절히 선택하고 [인쇄(D)] 버튼을 클릭하면 컴퓨터에 연결된 프린터에서 인쇄가 시작된다.

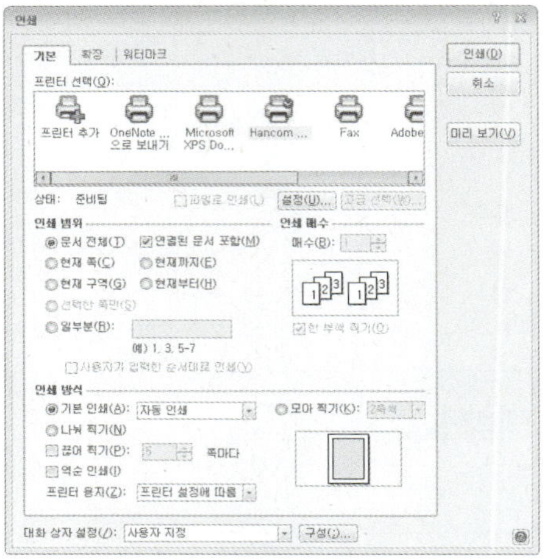

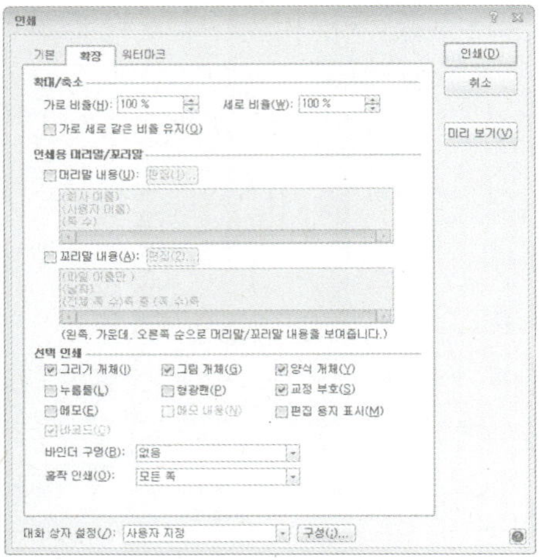

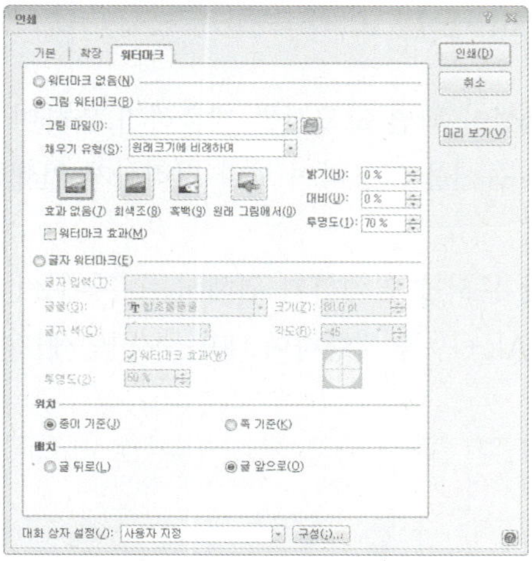

Tip 대화상자 [인쇄] – 탭 메뉴 [기본]의 속성

구 분		내 용
인쇄 범위	문서 전체(T)	문서 전체를 한꺼번에 인쇄
	현재 쪽(C)	현재 커서가 위치하고 있는 쪽만 인쇄
	현재까지(E)	문서 전체의 첫 쪽부터 현재 커서가 위치한 쪽까지 인쇄
	현재 구역(G)	특정 구역을 선택하고 인쇄
	현재부터(H)	현재 커서가 위치한 쪽부터 끝 쪽까지 인쇄
	일부분(R)	시작 쪽과 끝 쪽 번호를 설정하여 문서의 일부분을 인쇄
인쇄 방식	기본 인쇄(A)	'자동 인쇄'와 '공급 용지에 맞추어 인쇄' 등으로 구분
	나눠 찍기(N)	큰 문서를 여러 장의 종이에 나눠 찍을 때 사용하며, 프린터에서 인쇄할 수 없는 큰 용지 크기의 인쇄물일 경우 A4 용지 여러 장에 나눠 찍은 다음 모두 붙여서 원하는 크기의 인쇄물을 얻을 수 있는 기능
	끊어 찍기(P)	일정한 페이지 수만큼 인쇄를 한 다음, 사용자에게 다음 인쇄를 위한 준비가 되었는지를 확인하므로 사용자는 인쇄를 계속 진행하거나 도중에 중지 가능
	역순 인쇄(I)	설정된 인쇄 범위에서 가장 끝 페이지를 먼저 인쇄하기 시작하여 문서의 첫 번째 페이지를 마지막으로 인쇄
	모아 찍기(K)	한 장의 종이에 여러 쪽(2, 3, 4, 6, 8, 9, 16)을 모아서 인쇄
	프린터 용지(Z)	프린터에서 공급되는 공급 용지의 크기에 따라 편집된 문서를 종이에 어떻게 배치하여 인쇄할 것인지 지정
인쇄 매수	매수(B)	인쇄할 매수를 설정하여 지정된 매수에 맞게 인쇄
	한 부씩 찍기(O)	여러 매 인쇄할 때 1-2-3, 1-2-3 페이지의 순으로 인쇄 이 옵션을 선택하지 않으면 1-1-1, 2-2-2 페이지 순으로 인쇄

Tip 대화상자 [인쇄] – 탭 메뉴 [확장]의 속성

구 분	내 용
확대/축소	가로 비율(H)와 세로 비율(W)을 각각 설정하거나 가로 및 세로 비율을 같은 비율로 유지하여 인쇄
인쇄용 머리말/꼬리말	인쇄용지에 머리말과 꼬리말을 왼쪽, 가운데, 오른쪽 순으로 삽입
선택 인쇄	그리기 개체(I), 그림 개체(G), 양식 개체(Y), 누름틀(L), 형광펜(P), 교정부호(S), 메모(E), 편집 용지 표시(M), 바인더 구멍(B), 홀짝 인쇄(O) 등을 선택하여 인쇄

Tip 대화상자 [인쇄] – 탭 메뉴 [워터마크]의 속성

구 분	내 용
워터마크 없음(N)	워터마크는 소유자의 저작권과 소유권을 보호하기 위해 문서에 특정한 코드나 유형 등을 삽입하는 기술로서 문서의 보안성 향상이 목적 인쇄 시에 이러한 워터마크 삽입을 하지 않음
그림 워터마크(B)	인쇄 시에 그림으로 된 워터마크를 삽입
글자 워터마크(E)	인쇄 시에 글자로 된 워터마크를 삽입
위치	종이 기준(J), 쪽 기준(K)
배치	글 뒤로(L), 글 앞으로(O)

단계 3 문서를 인쇄하기 전에 인쇄를 하였을 때의 모습을 미리 보기 함으로서 인쇄 전에 잘못된 부분이나 부족한 부분을 수정하거나 보완할 수가 있는데, 주 메뉴 [파일(F)]-[미리 보기(V)]를 선택하여 대화상자 [미리 보기]가 나타나게 한다.

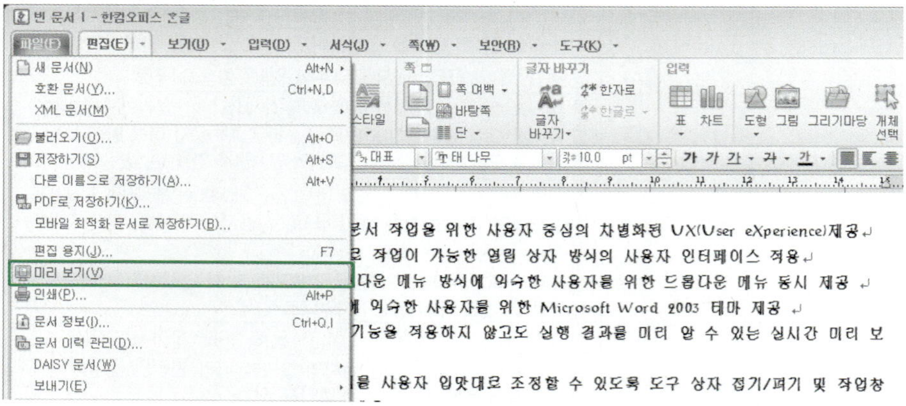

단계 4 대화상자 [미리 보기]의 열림상자 기본 메뉴 [쪽 이동], [인쇄], [용지 방향], [설정], [보기], [확대/축소], [편집] 등을 사용하여 인쇄에 필요한 모든 정보를 모두 미리 확인하고 수정 및 보완할 수 있으며, [인쇄]를 사용하여 현 상태에서 인쇄도 가능하다. 그리고 미리 보기가 끝나면 [닫기]를 사용하여 대화상자를 빠져나간다.

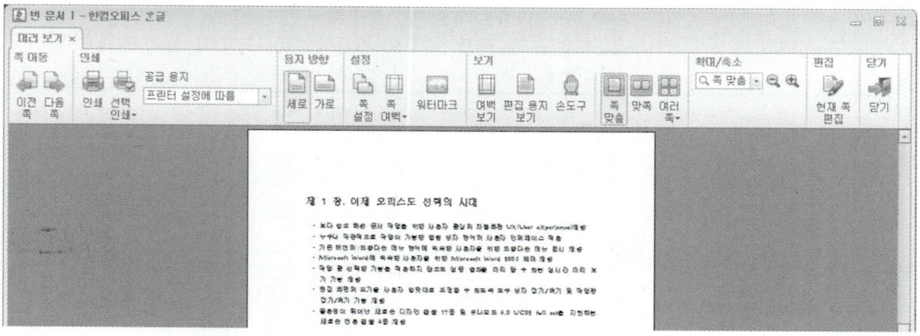

1.2 A+ 받기 위한 보고서 형식 잘 만들기

대학교 재학생이라면 꼭 한 번 이상은 제출해본 적이 있는 교과목별 보고서는 내용 못지않게 보고서의 형식도 중요하다. 그러나 훌륭하고 좋은 내용의 보고서를 작성하고도 문서를 깔끔하게 정리하지 못하여 좋은 점수를 받지 못한다면 너무 안타까울 것이다. 그러므로 본 절에서는 다양한 문서 편집 기능들 중 '쪽 나누기', '쪽 번호 매기기', '감추기', '새 번호로 시작' 등의 기능들을 이용하여 보고서 형식을 잘 만들기 위한 방법을 학습하도록 한다.

1.2.1 쪽 나누기(Ctrl+Enter)를 이용하여 보고서 표지 만들기

보고서의 내용 작성이 끝나고 보고서의 표지를 만들려고 하는 경우, 문서의 맨 앞장에 어떻게 새로운 페이지를 넣어야 할지 난감한 경우가 있다. 이러한 경우는 [쪽 나누기(P)] 기능을 이용하여 해결할 수 있다. [쪽 나누기(P)]는 내용을 입력하다가 페이지가 다 차지 않았더라도 다음 페이지의 첫 줄로 커서를 넘기고 싶거나 하나의 단을 다 채우지 않고도 다음 단으로 커서를 넘기고 싶을 때, 새로운 조판 모양을 정의하기 위하여 구역을 나누고 싶을 때 이용한다.

단계 1 보고서 본문을 작성한 한글 파일을 읽어온 다음, 새로운 쪽으로 시작하고 싶은 곳에 마우스를 클릭하여 커서를 위치시키고 주 메뉴 [쪽(W)]-[쪽 나누기(P)]를 선택하거나 주 메뉴 [쪽(W)]의 열림상자 기본 메뉴 [나누기]의 아이콘 '쪽 나누기(쪽 나누기)' 을 클릭한다. 혹은 단축키 〈Ctrl+Enter〉를 사용할 수도 있다. 문서의 첫 번째 페이지의 맨 앞에 커서를 두고 [쪽 나누기(P)]를 실행했기 때문에 현재 페이지의 첫 번째 문장이 새로운 페이지의 첫 번째 문장이 된다. 즉, 기존의 첫 번째 페이지는 문서의 표지를 작성할 수 있는 빈 페이지 공간을 확보한다.

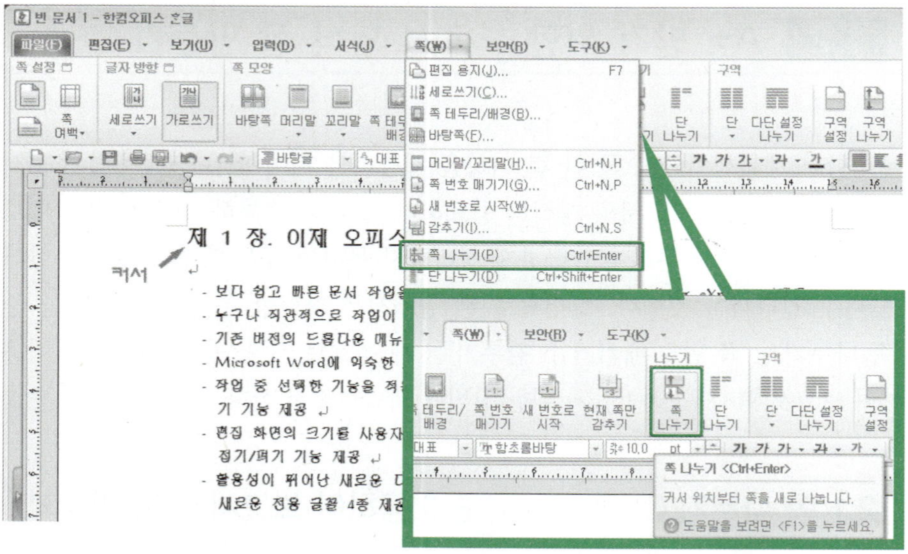

Tip 대화상자 [쪽 나누기]의 속성

나누기의 종류	내 용
쪽 나누기(P) (Ctrl+Enter)	한 페이지에서 현재 커서의 위치를 기준으로 커서 이전과 커서 이후를 페이지로 나누어 쪽을 분리할 때 사용한다.
단 나누기(D) (Ctrl+Shift+Enter)	신문이나 잡지와 같이 한 페이지를 여러 개의 단으로 나누었을 경우, 하나의 단이 채워지지 않은 상태에서 커서 이후의 내용을 다음 단으로 넘기고자 할 때 사용한다.
다단 설정 나누기 (N) (Ctrl+Alt+Enter)	한 페이지나 하나의 문서에서 여러 개의 단 모양을 사용하여 문서를 편집할 수 있다. 이때 [다단 설정 나누기(N)]를 이용하면 앞단과 관계없이 독립적인 새로운 단 모양을 정의할 수 있어서 한 페이지 안에서 단 수를 몇 번이고 다르게 지정할 수 있다.
구역 나누기(S) (Alt+Shift+Enter)	하나의 문서를 여러 개의 구역으로 쪼개어 구역마다 편집 용지를 다르게 설정하거나 새 개요 번호 모양을 만들 수 있다.

단계 2 페이지가 나뉘면서 원래 문서에서 커서 이후의 내용은 다음 페이지로 넘기고 커서 이전의 내용은 새로 생성된 페이지에 분리되어 있음을 확인할 수 있다.

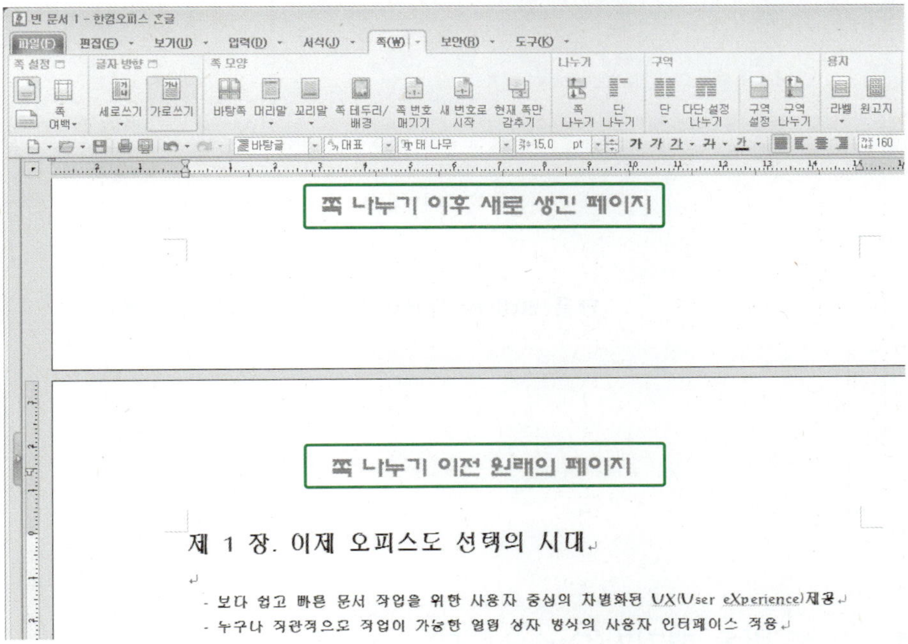

단계 3 새로 생성된 빈 페이지를 이용하여 보고서 표지를 만들면, 쪽 나누기 기능을 이용한 보고서 표지 만들기가 끝난다.

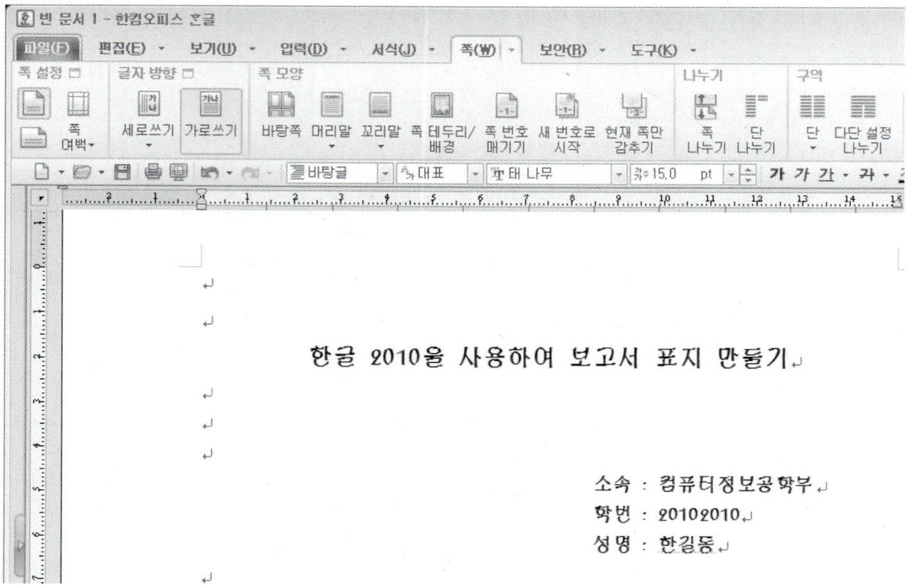

1.2.2 쪽 번호 매기기(Ctrl+N, P)

문서에 페이지 번호를 자동으로 매겨주는 기능으로 작성된 문서에 페이지 번호, 즉 쪽 번호를 나타내기 위해 사용한다.

단계 1 쪽 번호를 매기고자 하는 문서에서 주 메뉴 [쪽(W)]-[쪽 번호 매기기(G)]를 선택하거나 주 메뉴 [쪽(W)]의 열림상자 기본 메뉴 [쪽 모양]의 아이콘 '쪽 번호 매기기( )' 를 클릭하여 대화상자 [쪽 번호 매기기]가 나타나게 한다. 혹은 단축키 〈Ctrl+N, P〉를 사용할 수도 있다.

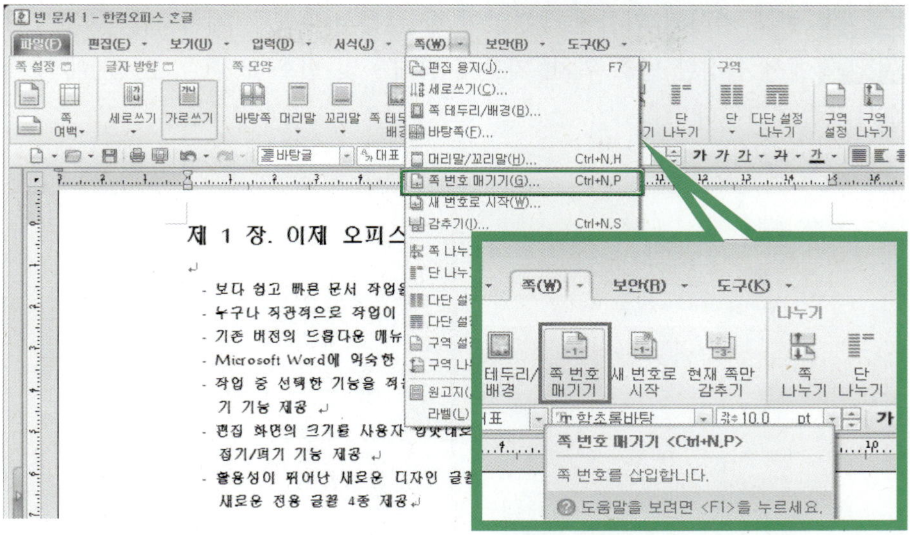

단계 2 대화상자 [쪽 번호 매기기]에서 번호를 넣을 '번호 위치'와 '번호 모양'을 선택하고 [넣기(D)] 버튼을 클릭한다.

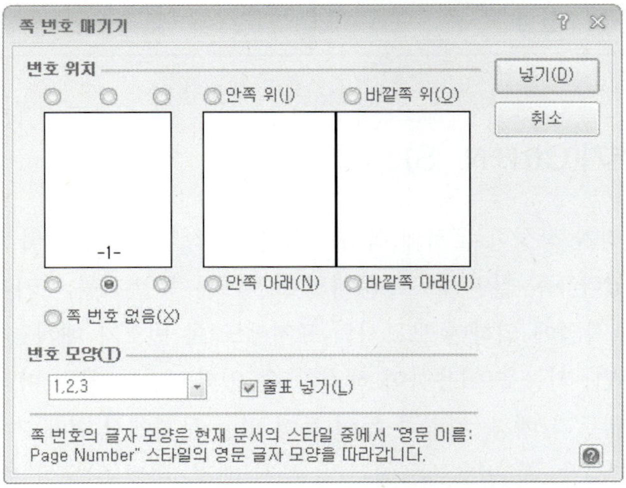

단계 3 현재 커서의 위치에 상관없이 한글 문서의 모든 페이지에 쪽 번호가 **단계 2** 에서 설정한 번호 위치('가운데 아래') 및 번호 모양('1, 2, 3')에 맞게 순서대로 매겨진다.

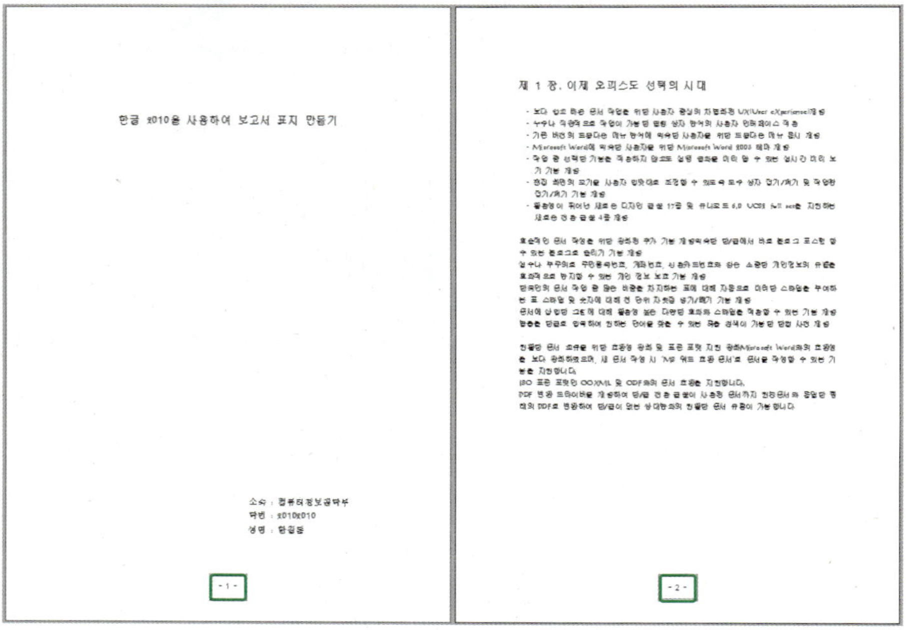

1.2.3 감추기(Ctrl+N, S)

앞에서 우리가 작성한 문서에 쪽 번호를 넣는 작업을 하였으나 한 가지 문제점이 발생하였다. 즉, 일반적으로 문서의 표지에는 쪽 번호를 매기지 않는데 [쪽 번호 매기기] 작업에 의하여 보고서의 표지에도 쪽 번호가 매겨졌다는 것이다. 이것은 [감추기] 기능을 이용하여 해결할 수 있다. [감추기]는 머리말, 꼬리말, 쪽 번호, 쪽 테두리/배경, 바탕쪽 등이 들어 있는 문서에서 현재 커서가 있는 쪽의 머리말, 꼬리말, 쪽 번호, 쪽 테두리, 문서 배경, 바탕쪽 등이 보이지 않도록 지정하는 기능이다.

단계 1 감출 내용(쪽 번호 등)이 있는 쪽(보고서 표지) 임의의 위치에 커서를 놓고 주 메뉴 [쪽(W)]-[감추기(I)]를 선택하거나 주 메뉴 [쪽(W)]의 열림상자 기본 메뉴 [쪽 모양]의 아이콘 '현재 쪽만 감추기( )'를 클릭하여 대화상자 [감추기]가 나타나게 한다. 혹은 단축키 〈Ctrl+N, S〉를 사용할 수도 있다.

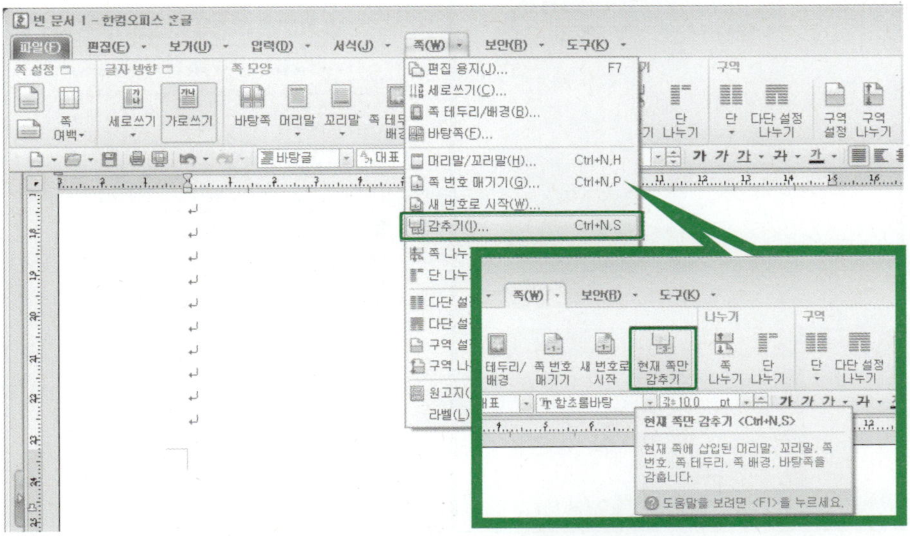

단계 2 대화상자 [감추기]의 [감출 내용]에서 '쪽 번호(N)'를 선택하고 [설정(D)] 버튼을 클릭하여 대화상자를 빠져나간다. 만약 한글 문서에서 머리말, 꼬리말, 쪽 테두리와 같은 항목에 대해서도 감추기를 수행할 경우, 이와 같은 방법으로 감추기를 수행할 수 있다.

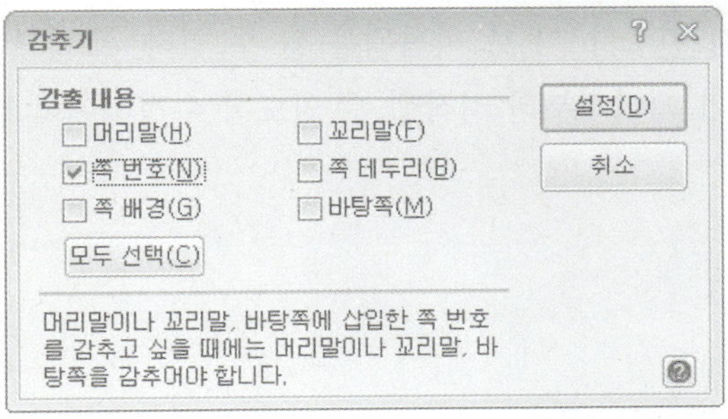

단계 3 현재 페이지의 쪽 번호를 감추기 한 결과는 다음과 같으며, 편집 화면에서나 인쇄를 했을 때 [감추기]를 실행한 쪽에는 쪽 번호가 나타나지 않는다.

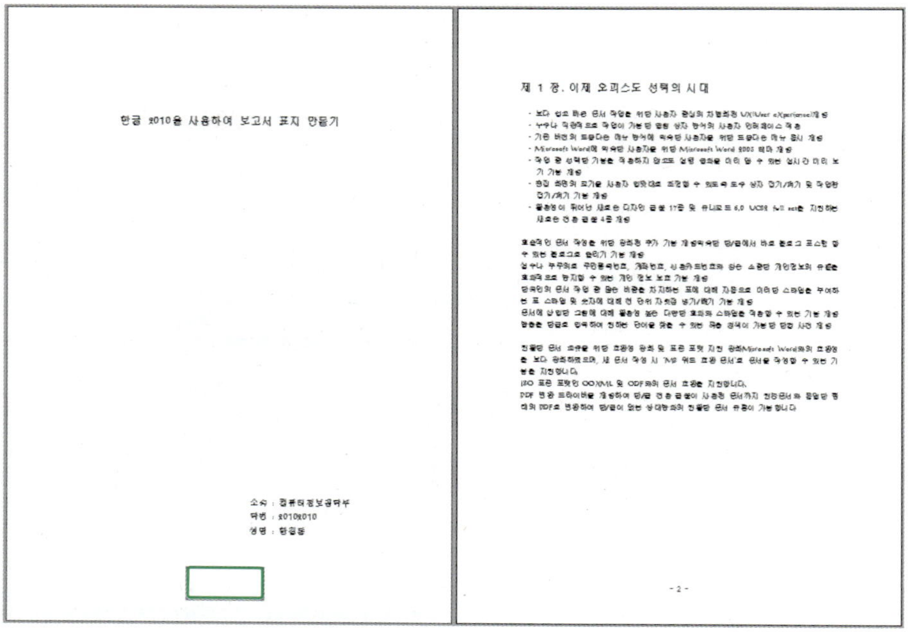

1.2.4 새 번호로 시작

앞 절에서는 [감추기] 기능을 수행하여 보고서 표지에서 쪽 번호를 제거하였다. 그러나 실제 내용이 시작되는 한글 문서의 시작 페이지 번호는 1페이지부터 시작이 되어져야 하는데 감추어진 페이지를 포함하여 쪽 번호가 매겨져 있기 때문에 첫 번째 페이지 번호가 '2'로 시작됨을 볼 수 있다. 그러므로 본문이 시작되는 페이지는 다시 1 페이지부터 시작될 수 있도록 수정하여야 한다.

단계 1 현재 문서에서 새 번호로 시작할 페이지(보고서의 표지를 제외한 두 번째 페이지)로 커서를 이동하고, 주 메뉴 [쪽(W)]-[새 번호로 시작(W)]을 실행하거나 주 메뉴 [쪽(W)]의 열림상자 기본 메뉴 [쪽 모양]의 아이콘 '

'을 클릭하여 대화상자 [새 번호로 시작]이 나타나게 한다.

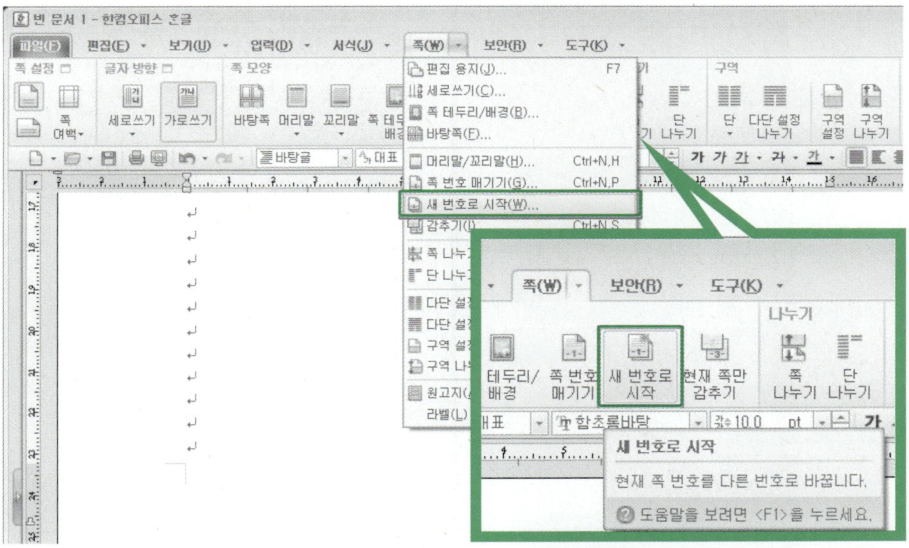

단계 2 대화상자 [새 번호로 시작]의 '번호 종류'에서 '쪽 번호(P)'를 선택하고, '시작번호(S)' 입력상자에 '1'을 입력한 다음 [넣기(D)] 버튼을 클릭하여 대화상자를 빠져나간다.

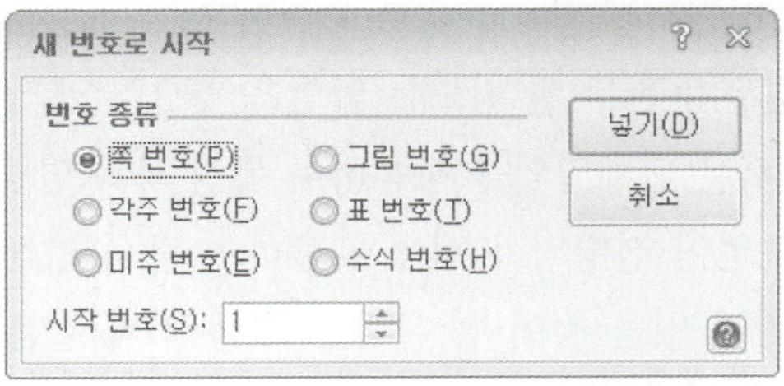

단계 3 보고서의 표지를 제외한 본문의 첫 페이지 시작 번호가 '2'에서 '1'로 바뀌어져 있는 것을 확인할 수 있다.

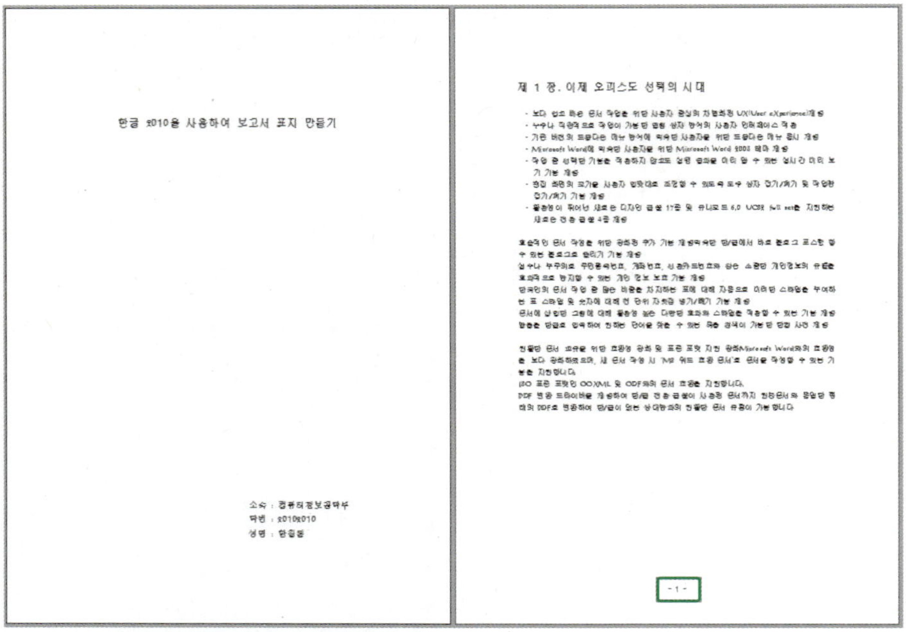

1.3 교수님께 드릴 협조문 작성하기

대학교 재학시절 개인적이거나 단체로 특별한 사유 때문에 특정 교수님의 수업을 불참해야 할 경우가 한두 번 정도는 있었을 것으로 생각된다. 이럴 경우 여러분은 개인적으로 혹은 단체명의를 사용하여 특정 과목 담당 교수님께 드릴 협조문을 작성하고, 수업이 진행되기 전에 제출하여 출석 인정을 받는 등의 행정적인 처리를 해본 적이 있을 것이다. 본 절에서는 이와 같은 경우에 사용할 수 있는 협조문을 다음 그림과 같은 형식으로 작성해보도록 한다.

협 조 문

______________ 교수님께 도움을 요청합니다.

안녕하세요! ______________ 교수님

오는 20___년 ___월 ___일부터 ___월 ___일까지 20___학년도 ___________ 행사가 아래와 같이 진행될 예정입니다. 이로 인하여 저희 ___________ 에서는 교수님의 수업에 부득이 참석할 수 없게 되었습니다. 교수님의 넓은 아량으로 20___학년도 _______________ 행사를 원활이 수행할 수 있도록 양해해 주시면 감사하겠습니다.

- 아 래 -

행사명 : ______________________________________

일 시 : 20__년 __월 __일(O요일) ~ __월 __일(O요일)

장 소 : ______________________________________

수업명 : _______________________

학 과 : _______________________

학 년 : _______________________

학 번 : _______________________

성 명 : _______________________

OO대학교 컴퓨터정보공학부 (인)

단계 1 주 메뉴 [파일(F)]-[새 문서(N)]-[한글 2010 문서(H)]를 실행하거나 단축키 〈Alt+N〉을 실행하여 새 문서를 작성할 준비를 한다. 그리고 주 메뉴 [입력(D)]-[표(T)]-[표 만들기(T)] 혹은 주 메뉴 [입력(D)]의 열림상자 기본 메뉴 [표]의 아이콘 '표( )' 를 사용하거나 단축키 〈Ctrl+N, T〉를 사용하여 1×1 크기의 표를 생성한다. 특히 주 메뉴 [입력(D)]의 열림상자 기본 메뉴 [표]의 아이콘 '표( )' 를 사용할 경우에는 표의 줄 수와 칸 수를 마우스로 드래그하면서 지정하는 순간 실시간으로 문서에 표가 생성되기 때문에 당황하지 말고 차분하게 확인하여야 한다.

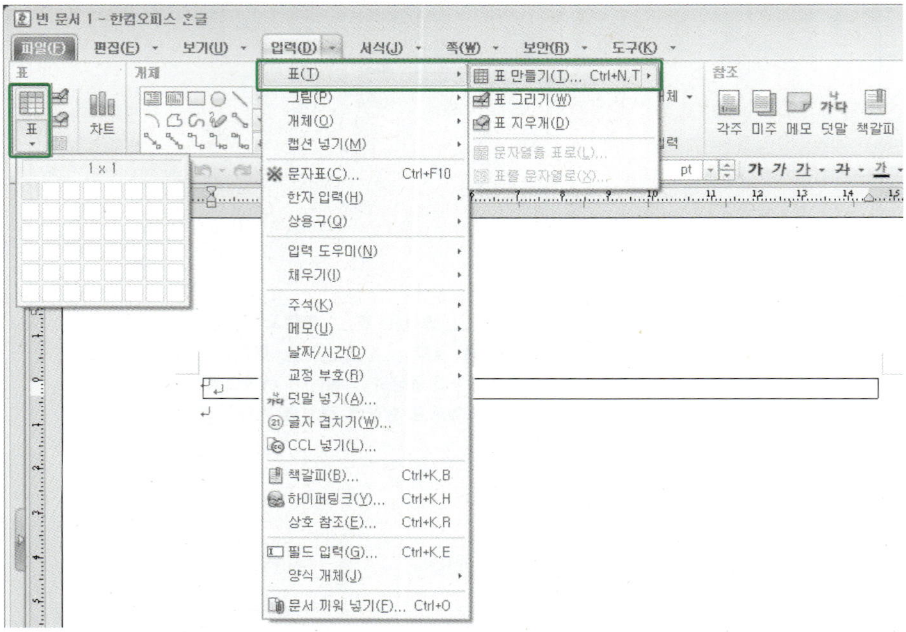

단계 2 생성된 표 안에 협조문 양식에 맞는 내용들을 순서대로 입력한다. 이때 특정 교수님의 성함과 날짜가 들어갈 부분은 밑줄('__')을 입력하거나 공백(' ')을 사용하여 칸을 채운다. 그리고 글꼴, 글자 크기, 글자 색 및 각종 속성들은 미리 정해서 입력하거나 문자들을 모두 입력한 다음 특정 문자들을 마우스로 클릭 및 드래그하여 선택해서 설정한다.

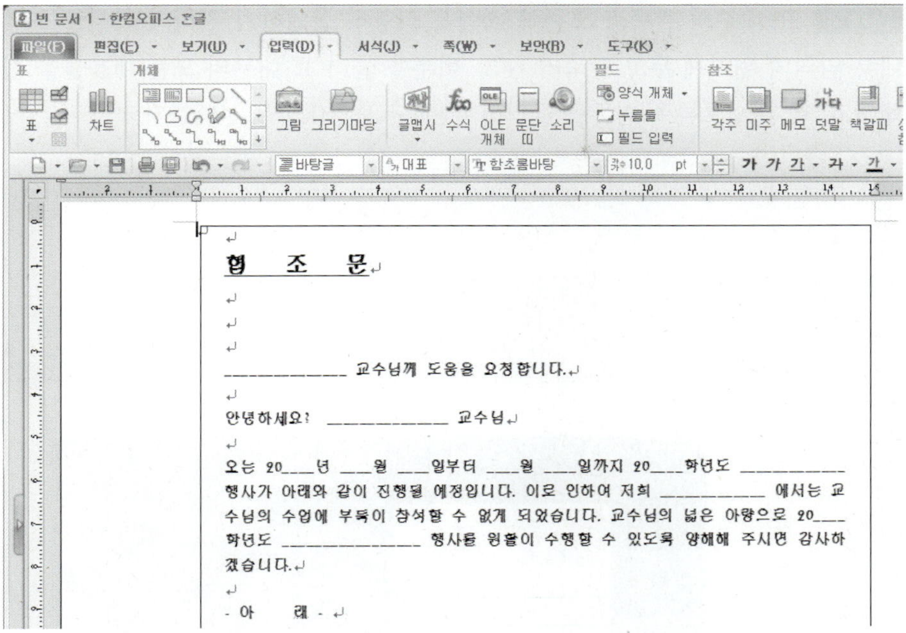

단계 3 협조문의 내용들 중 가운데로 정렬할 문장들을 마우스로 클릭 및 드래그 하여 선택한 다음, 도구상자 서식 메뉴에서 아이콘 '가운데 정렬(≣)'을 선택하여 선택된 문장들이 가운데 정렬이 되게 한다.

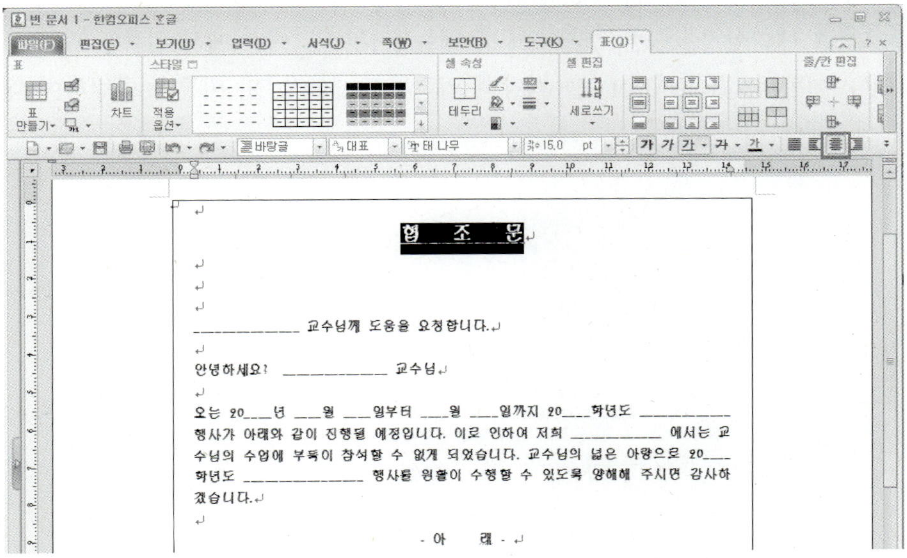

단계 4 표 내부의 왼쪽과 오른쪽 여백을 적당히 삽입하기 위하여 커서를 표의 내부 임의의 위치에 두고 단축키 〈F5〉 버튼을 눌러 표 내부의 모든 내용들을 선택하고, 마우스 오른쪽 버튼을 클릭하여 [문단 모양(M)]을 선택한다.

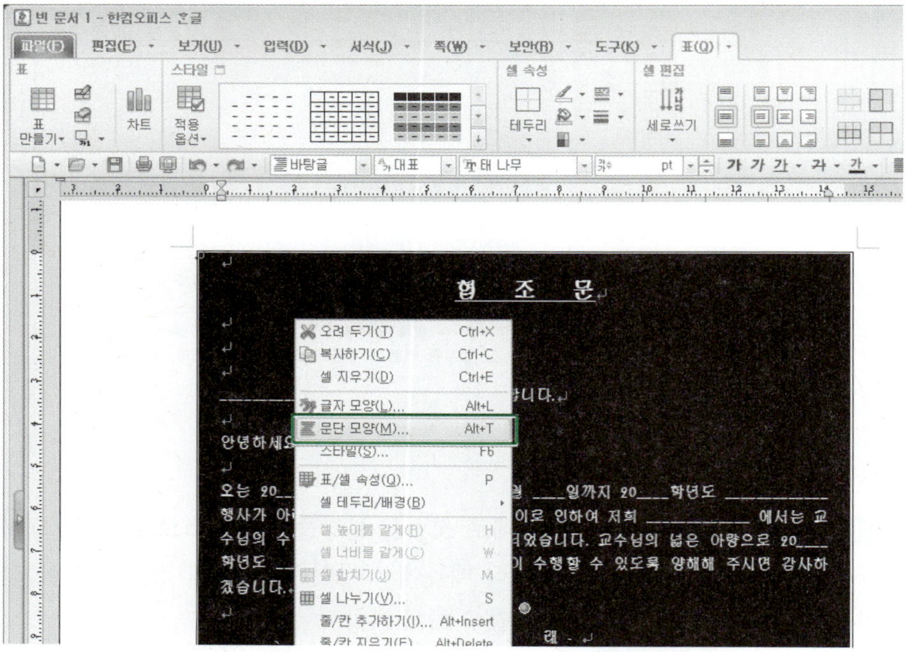

단계 5 대화상자 [문단 모양]에서 탭 메뉴 [기본]의 [여백]에서 왼쪽(F)과 오른쪽(O) 여백의 값('10.0 pt')을 적당히 입력하고, [설정(D)] 버튼을 클릭하여 대화상자를 빠져나간다.

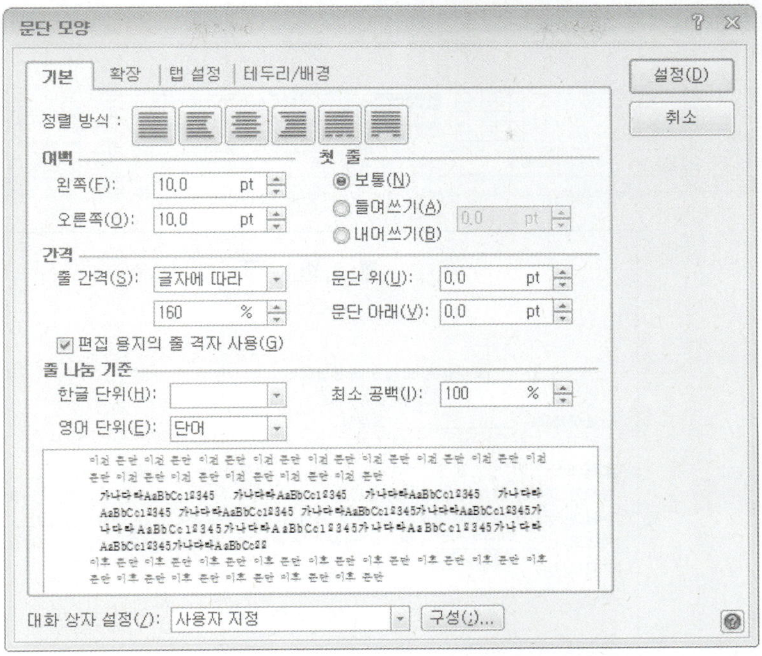

단계 6 협조문 내용의 왼쪽과 오른쪽에 적당한 여백이 삽입되어 보다 깔끔한 형식의 협조문이 되었다. 협조문의 본문 내용은 상황에 맞게 각자 수정하기 바라며, 추가적인 편집은 각자의 몫으로 남긴다.

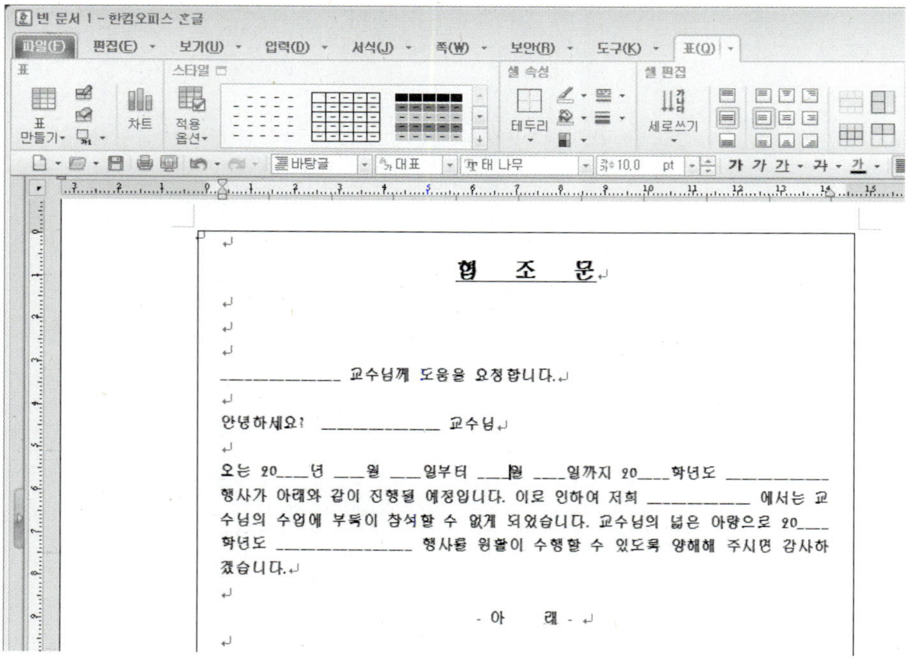
빈 문서 1 - 한컴오피스 한글
파일(F) 편집(E) 보기(U) 입력(D) 서식(J) 쪽(W) 보안(R) 도구(K) 표(Q)
표 만들기 차트 적용 옵션 스타일 셀 속성 테두리 셀 편집 세로쓰기
바탕글 대표 태 나무 10.0 pt
협 조 문
____________ 교수님께 도움을 요청합니다.
안녕하세요! ____________ 교수님
오는 20___년 ___월 ___일부터 ___월 ___일까지 20___학년도 __________ 행사가 아래와 같이 진행될 예정입니다. 이로 인하여 저희 __________ 에서는 교수님의 수업에 부득이 참석할 수 없게 되었습니다. 교수님의 넓은 아량으로 20___학년도 ______________ 행사를 원활이 수행할 수 있도록 양해해 주시면 감사하겠습니다.
- 아 래 -

연 습 문 제

01 한글 문서 작성을 위한 기본적인 기능들을 최대한 이용하여 취업에 필요한 자기소개서를 A4 용지 3매 이내로 작성하고, 파일명을 '자기소개서.hwp' 로 저장하시오.

02 본인이 작성한 "자기소개서.hwp" 파일에 주 메뉴 [보안(R)]-[문서 암호 설정(W)]을 사용하여 다음 그림과 같은 대화상자 [문서 암호 설정]이 나타나게 하고, 이 대화상자를 이용하여 문서에 암호를 설정한 다음 다시 저장하시오. 그리고 한글 2010을 종료한 다음, 다시 한글 2010을 실행시켜 "자기소개서.hwp" 파일을 읽어오시오.

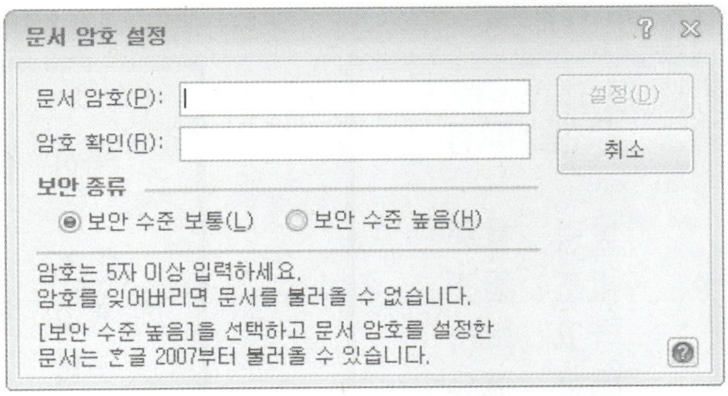

03 임의의 한글 문서 하나를 불러오고, 주 메뉴 [파일(F)]-[인쇄(P)]에서 [인쇄 방식]을 사용하여 A4 용지 한 장에 4페이지가 한꺼번에 인쇄되도록 해 보시오.

04 경조사 방문 시에 사용하기 위해 필요한 축의금 및 조의금 봉투와 단자를 갑자기 찾으려면 기억이 나지 않거나 미리 제작해둔 것이 없어서 당황하셨던 경우가 있었을 것이다. 이런 경우를 대비하여 결혼식 축의금에 넣을 단자를 다음 그림과 같이 만들어 보시오. 단, 기본 글쓰기는 '가로쓰기' 로 되어져 있는데, '세로쓰기' 와 한자를 사용하시오.

祝華婚

一金 五萬 圓

二〇一〇年 〇月 〇日

김영수 謹正

홍길동 貴下

05 '표 만들기'와 '세로쓰기' 및 '한자 변환' 등의 기능을 이용하여 제례의식에 사용하는 지방을 다음과 같이 제작해보시오.

증조부모

顯현 曾증 祖조 妣비 孺유 人인 海해 州주 吳오 氏씨 神신 位위

顯현 曾증 祖조 考고 學학 生생 府부 君군 神신 位위

조부모

顯현 祖조 妣비 孺유 人인 安안 東동 金김 氏씨 神신 位위

顯현 祖조 考고 學학 生생 府부 君군 神신 位위

CHAPTER 02

표 만들기로 실생활에 사용할 수 있는 것

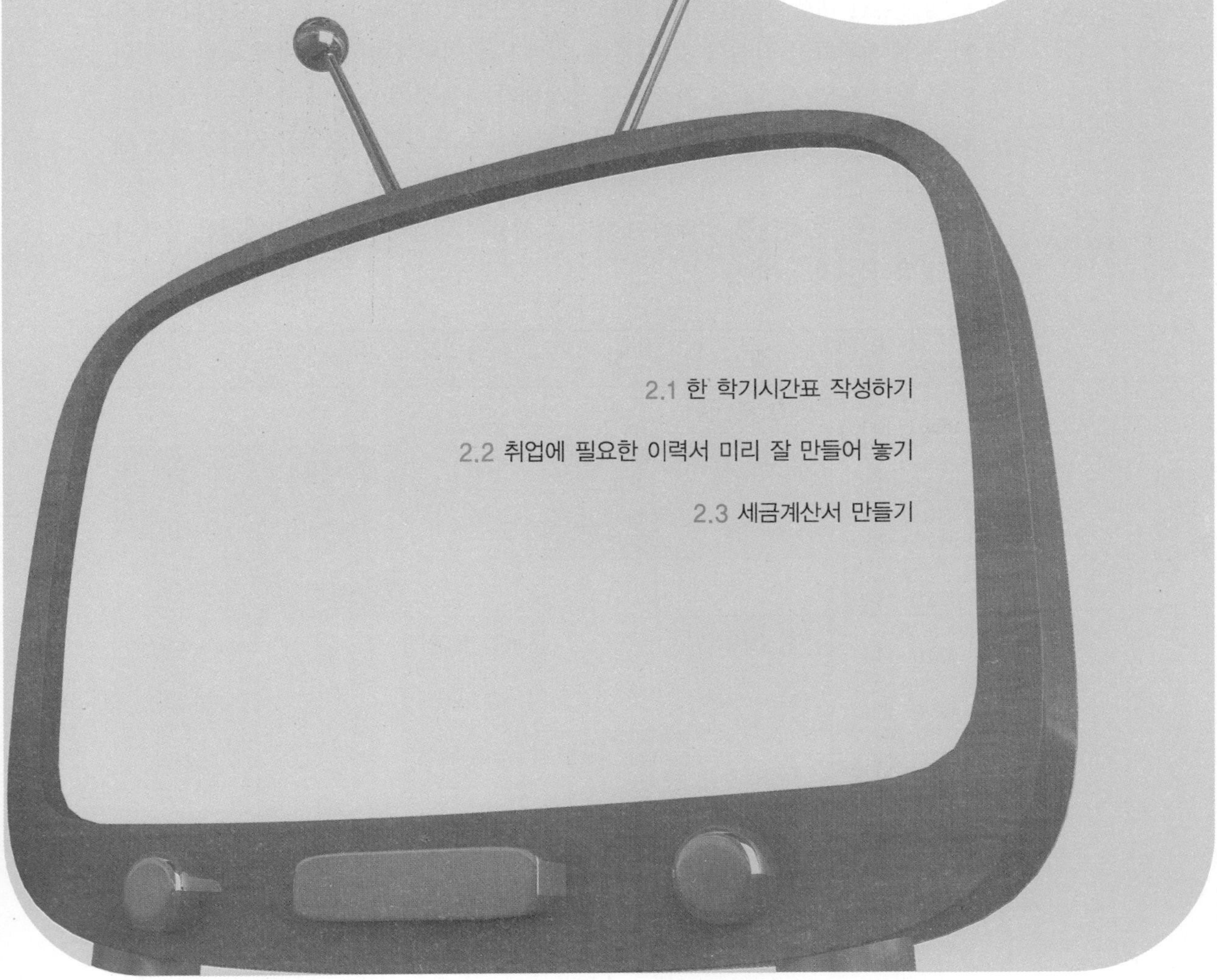

2.1 한 학기시간표 작성하기

2.2 취업에 필요한 이력서 미리 잘 만들어 놓기

2.3 세금계산서 만들기

02 CHAPTER

표 만들기로 실생활에 사용할 수 있는 것

2.1 한 학기 시간표 작성하기

정상적인 대학생활을 하고 있는 대학생이라면 매 학기 초반에 자신의 한 학기 수업 시간표를 작성할 것이다. 본 절에서는 이와 같이 우리대학교 한 학생의 이번 학기 수업 시간표를 가상으로 작성해가는 과정에 대하여 학습하기로 한다. 물론 한 학기 동안의 수업 시간표이기 때문에 토요일과 일요일은 시간표에서 제외하기로 한다. 본 절에서 학습할 내용 중 가장 중점적인 것은 표를 만들고 필요한 셀(줄, 행 등)들만을 선택하여 합치고 사용하지 않는 셀들의 경계선은 투명하게 설정하는 것 등이다.

<table>
<tr><th>요 일
시 간</th><th>월</th><th>화</th><th>수</th><th>목</th><th>금</th></tr>
<tr><td>1
09:20~10:10</td><td rowspan="3">컴퓨터공학입문
이론강의실
교양선택</td><td></td><td rowspan="4"></td><td></td><td></td></tr>
<tr><td>2
10:20~11:10</td><td rowspan="2">글쓰기의
이론과실제
이론강의실
교양선택</td><td rowspan="3">영양과생체
이론강의실
교양선택</td><td rowspan="3">기초프로그래밍
II
컴퓨터실습실
학부기초</td></tr>
<tr><td>3
11:20~12:10</td></tr>
<tr><td>4
12:20~13:10</td><td></td><td rowspan="3"></td></tr>
<tr><td>5
13:20~14:10</td><td rowspan="2">인성교육
지도교수연구실</td><td rowspan="3">미술의이해
이론강의실
교양선택</td><td rowspan="5"></td><td rowspan="3">생활속의유전학
이론강의실
교양선택</td></tr>
<tr><td>6
14:20~15:10</td></tr>
<tr><td>7
15:20~16:10</td><td rowspan="3"></td><td rowspan="3">기초불어회화
이론강의실
교양선택</td></tr>
<tr><td>8
16:20~17:10</td><td rowspan="2"></td><td rowspan="2"></td></tr>
<tr><td>9
17:20~18:10</td></tr>
</table>

단계 1 주 메뉴 [파일(F)]-[새 문서(N)]-[한글 2010 문서(H)]를 실행하거나 단축키 〈Alt+N〉을 실행하여 새 문서를 작성할 준비를 한다. 그리고 주 메뉴 [입력(D)]-[표(T)]-[표 만들기(T)] 혹은 주 메뉴 [입력]의 열림상자 기본 메뉴 아이콘 '표( )' 를 사용하거나 단축키 〈Ctrl+N, T〉를 사용하여 10×6 크기의 표를 생성한다. 특히 주 메뉴 [입력(D)]의 열림상자 기본 메뉴 아이콘 '표( )' 를 사용할 경우에는 표의 줄 수와 칸 수를 마우스로 드래그하면서 지정하는 순간 실시간으로 문서에 표가 생성되기 때문에 당황하지 말고 차분하게 확인하여야 한다.

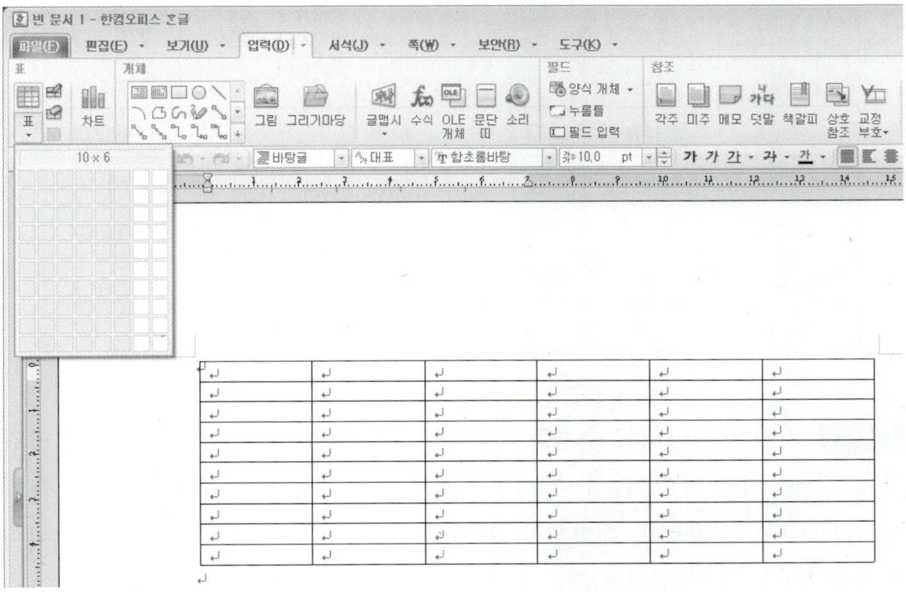

단계 2 표 내부의 각 셀에 해당하는 문자들을 순서대로 입력한다. 이때 문자들의 띄어쓰기 등은 무시하여도 무관하다. 또한 문자의 속성, 즉 글꼴, 글자 크기, 글자 색 등은 사용자가 적당히 미리 설정한 이후에 문자를 입력하거나 문자를 모두 입력한 다음 마우스로 표 내부 전체를 선택한 상태에서 한꺼번에 설정하여도 된다.

요 일↵ 시 간↵	월↵	화↵	수↵	목↵	금↵
1↵ 09:20~10:10↵	컴퓨터공학입문↵	↵	↵	↵	↵
2↵ 10:20~11:10↵	이룡강의실↵	글쓰기의↵ 이론과실제↵	↵	영양과생체↵	기초프로그래밍Ⅱ↵
3↵ 11:20~12:10↵	교양선택↵	이룡강의실↵ 교양선택↵	↵	이룡강의실↵	컴퓨터실습실↵
4↵ 12:20~13:10↵	↵	↵	↵	교양선택↵	학부기초↵
5↵ 13:20~14:10↵	인성교육↵	↵	미술의이해↵	↵	생활속의유전학↵
6↵ 14:20~15:10↵	지도교수연구실↵	↵	이룡강의실↵	↵	이룡강의실↵
7↵ 15:20~16:10↵	↵	기초불어회화↵	교양선택↵	↵	교양선택↵
8↵ 16:20~17:10↵	↵	이룡강의실↵	↵	↵	↵
9↵ 17:20~18:10↵	↵	교양선택↵	↵	↵	↵

단계 3 시간을 나타내는 숫자들 사이의 문자('~')는 주 메뉴 [편집(E)]의 열림상자 기본 메뉴 [입력]의 아이콘 '문자표(※)'를 선택하거나 단축키 〈Ctrl+F10〉을 사용하여 대화상자 [문자표 입력]이 나타나게 하고, 탭 메뉴 [사용자 문자표]-[문자 영역(T)]의 '※ 기호1'을 선택하면 찾을 수 있다.

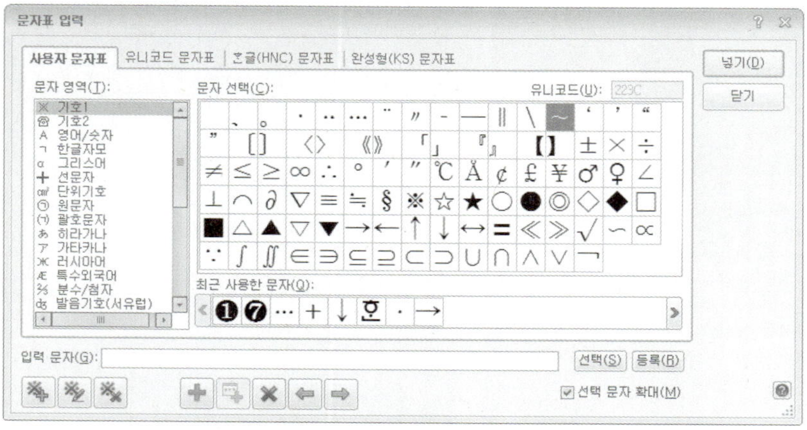

단계 4 시간표의 첫 셀에는 문자 '요일'과 '시간'이 입력되어져 있는데, 대각선 기호를 넣어 구분하고자 한다. 이를 위해서는 단축키 〈F5〉 버튼을 사용하여 표의 첫 번째 셀을 선택하고 마우스 오른쪽 버튼을 클릭하여 [셀 테두리/배경(B)]–[각 셀마다 적용(E)]을 선택하도록 한다.

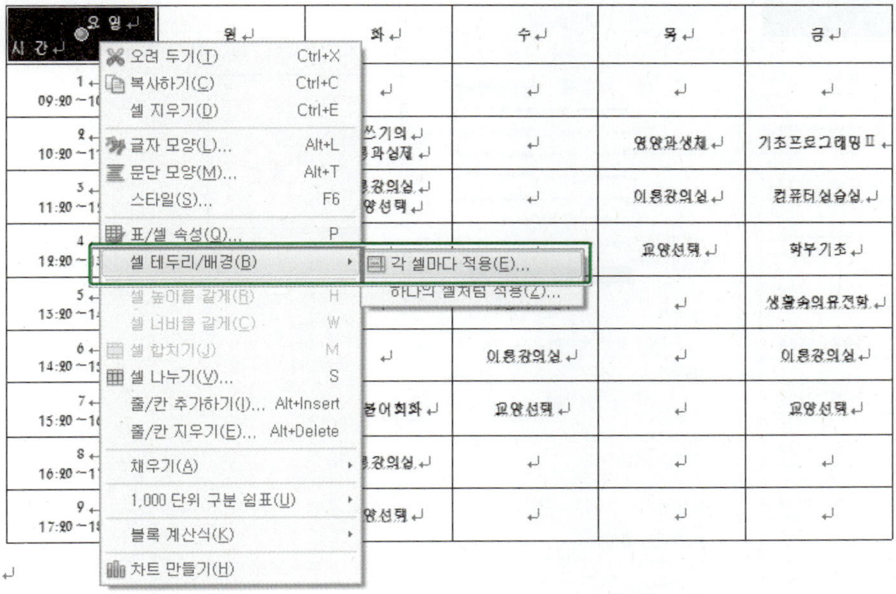

단계 5 대화상자 [셀 테두리/배경]에서 탭 메뉴 [대각선]을 선택하고 대각선의 속성을 확인한 다음, 대각선의 형태('')를 선택하고 [설정] 버튼을 클릭하여 대화상자를 빠져나간다.

단계 6 표의 제일 위쪽 셀들을 마우스로 클릭 및 드래그하여 모두 선택한 다음, 마우스 오른쪽 버튼을 클릭하여 [셀 테두리/배경(B)]-[각 셀마다 적용(E)]을 클릭하여 대화상자 [셀 테두리/배경]이 나타나게 한다. 그리고 탭 메뉴 [배경]을 선택하고 [채우기]-[색]-[면 색]에서 적당한 색상을 선택해준다. 그런 다음 [설정] 버튼을 클릭하여 대화상자를 빠져나간다.

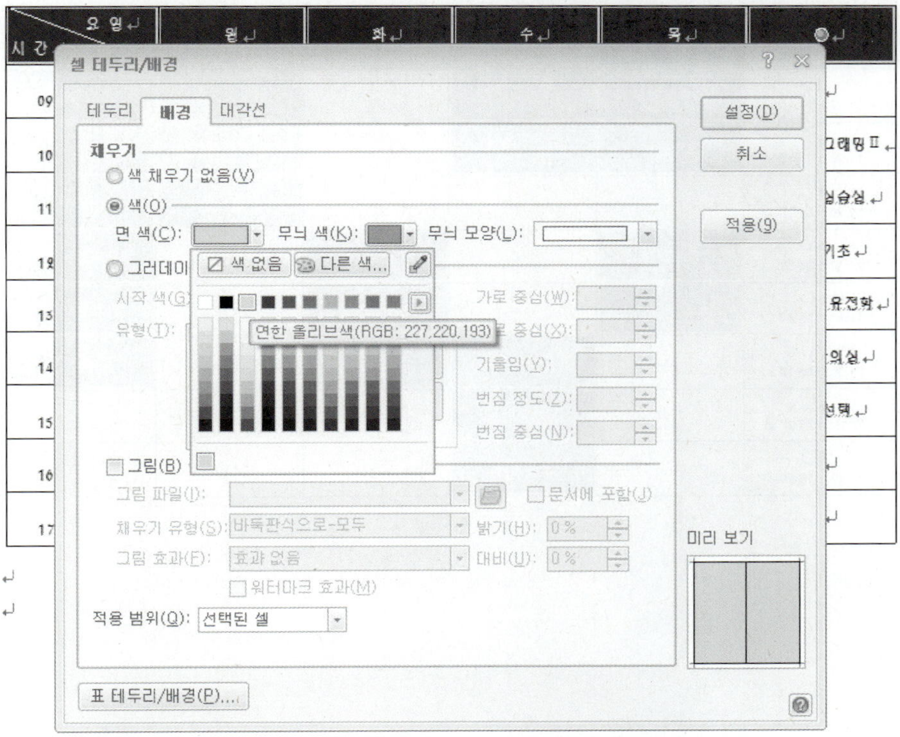

단계 7 모든 교과목에 해당하는 부분을 〈Ctrl〉 + '마우스 클릭' 으로 모두 선택하여 준다. 왜냐하면 교과목들마다 배경에 색상을 삽입하여 돋보이게 하기 위해서이다. 만약 선택하다가 잘못 선택하였을 경우에는 잘못 선택된 셀을 다시 클릭해주면 선택 해제된다.

요일 시간	월	화	수	목	금
1 09:20~10:10	컴퓨터공학입문				
2 10:20~11:10	이룸강의실	글쓰기의 이론과실제		영양과생체	기초프로그래밍 II
3 11:20~12:10	교양선택	이룸강의실 교양선택		이룸강의실	컴퓨터실습실
4 12:20~13:10				교양선택	화부기초
5 13:20~14:10	인성교육		미술의이해		생활속의유전학
6 14:20~15:10	지도교수연구실		이룸강의실		이룸강의실
7 15:20~16:10		기초불어회화	교양선택		교양선택
8 16:20~17:10		이룸강의실			
9 17:20~18:10		교양선택			

단계 8 선택된 영역 위에서 마우스 오른쪽 버튼을 클릭, [셀 테두리/배경(B)]-[각 셀마다 적용(E)]을 클릭하여 대화상자 [셀 테두리/배경]이 나타나게 한다. 그리고 탭 메뉴 [배경]을 선택하고 [채우기]-[색]-[면 색]에서 적당한 색상을 선택해준다. 그런 다음 [설정] 버튼을 클릭하여 대화상자를 빠져나간다.

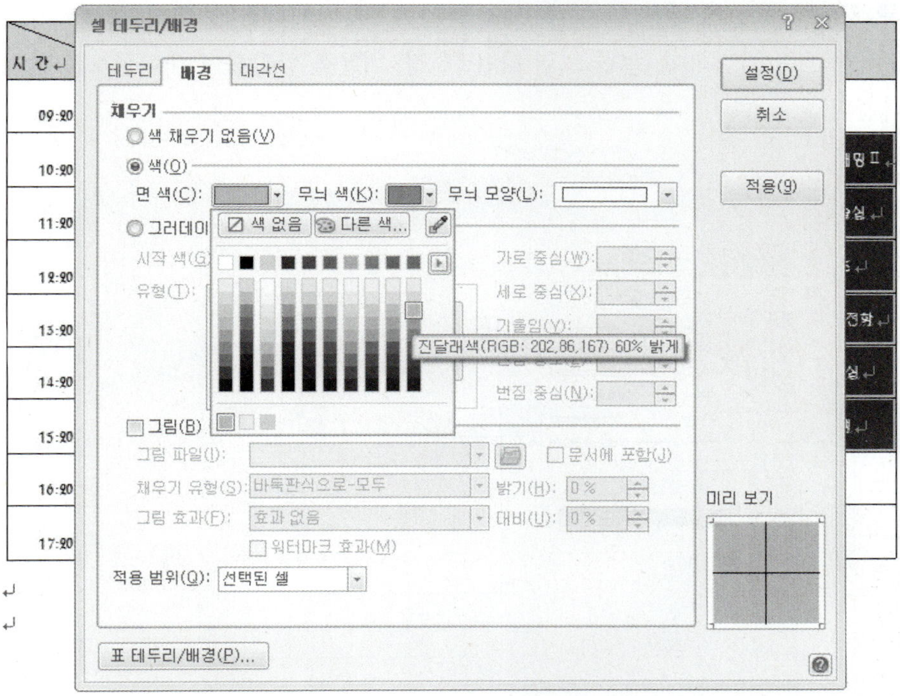

단계 9 시간표에서 교과목명이 없는 빈 셀들 중 세로 방향으로 두 칸 이상의 셀들이 비어 있는 셀들을 〈Ctrl〉+ '마우스 클릭 및 드래그' 로 선택(세로 방향)하여 준다. 선택된 상태에서는 선택된 셀들 위에서 마우스 오른쪽 버튼을 클릭하여 [셀 테두리/배경(B)]–[각 셀마다 적용(E)]을 클릭하여 대화상자 [셀 테두리/배경]이 나타나게 한다. 그리고 탭 메뉴 [테두리]에서 [테두리]–[테두리]–[종류]를 '선 없음' 으로 선택하여 주고 오른쪽 아이콘 메뉴들 중에서 '안쪽 가로(H)(⊟)' 를 클릭하여 준다. 그런 다음 [설정] 버튼을 클릭하여 대화상자를 빠져 나간다.

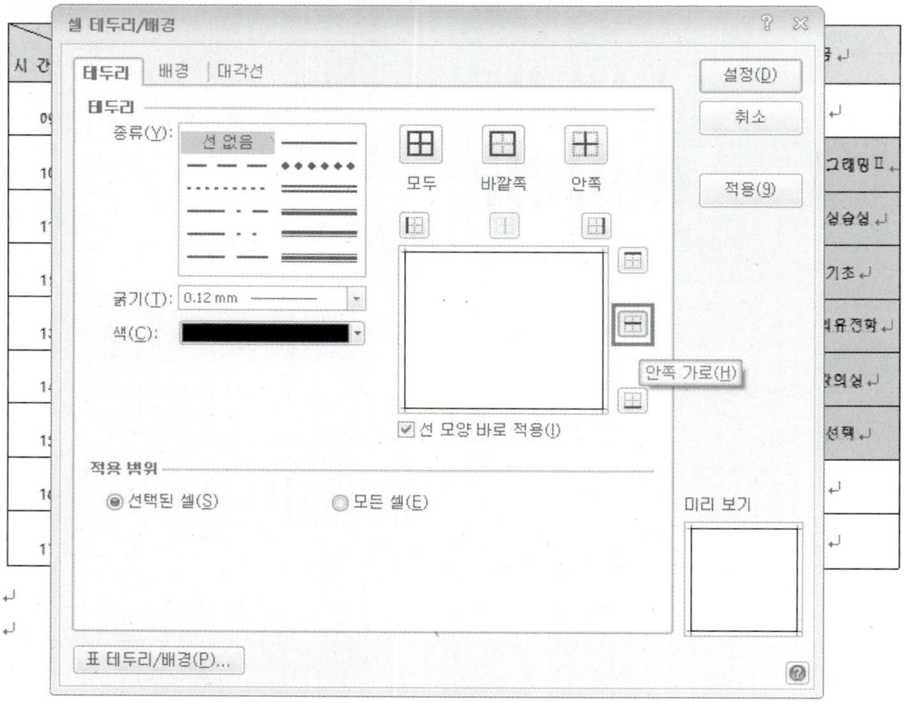

단계 10 **단계 9** 와 같은 방법으로 교과목명이 없는 빈 셀들 중 세로 방향으로 두 칸 이상의 비어 있는 셀들 모두에 대하여 수행한다.

요 일↵ 시 간↵	월↵	화↵	수↵	목↵	금↵
1↵ 09:20~10:10↵	컴퓨터공학입문↵	↵	↵	↵	↵
2↵ 10:20~11:10↵	이용강의실↵	글쓰기의↵ 이용과실제↵	↵	영양과생체↵	기초프로그래밍 Ⅱ↵
3↵ 11:20~12:10↵	교양선택↵	이용강의실↵ 교양선택↵	↵	이용강의실↵	컴퓨터실습실↵
4↵ 12:20~13:10↵	↵	↵	↵	교양선택↵	학부기초↵
5↵ 13:20~14:10↵	인성교육↵	↵	미술의이해↵	↵	생활속의유전학↵
6↵ 14:20~15:10↵	지도교수연구실↵	↵	이용강의실↵	↵	이용강의실↵
7↵ 15:20~16:10↵	↵	기초불어회화↵	교양선택↵	↵	교양선택↵
8↵ 16:20~17:10↵	↵	이용강의실↵	↵	↵	↵
9↵ 17:20~18:10↵	↵	교양선택↵	↵	↵	↵

단계 11 **단계 9** 와 같은 방법으로 이번에는 교과목명이 있는 부분을 선택하여 교과목 영역의 내부 테두리를 '선 없음' 으로 모두 변경해준다. 이것으로 한 학생의 한 학기 수업 시간표 제작이 모두 끝났다. 이제 여러분들의 개인 시간표를 직접 제작해보기 바란다.

요 일 시 간	월	화	수	목	금
1 09:20~10:10	컴퓨터공학입문				
2 10:20~11:10	이용강의실	글쓰기의 이용과실제		영양과생체	기초프로그래밍 Ⅱ
3 11:20~12:10	교양선택	이용강의실 교양선택		이용강의실	컴퓨터실습실
4 12:20~13:10				교양선택	학부기초
5 13:20~14:10	인성교육		미술의이해		생활속의유전학
6 14:20~15:10	지도교수연구실		이용강의실		이용강의실
7 15:20~16:10		기초불어회화	교양선택		교양선택
8 16:20~17:10		이용강의실			
9 17:20~18:10		교양선택			

2.2 취업에 필요한 이력서 미리 잘 만들어놓기

한글 2010에서는 주 메뉴 [파일(F)]-[새 문서(N)]-[문서마당(T)]을 이용하여 자주 사용하는 문서의 모양을 미리 만들어 놓고, 필요할 때 읽어와 문서의 빈 부분만 채우면 문서를 완성할 수 있도록 여러 가지 서식 파일들을 제공하고 있다. 이와 같은 [문서마당]을 이용하면 문서 작성에 들어가는 많은 시간과 노력을 절약하여 멋진 문서를 쉽고 빠르게 만들 수 있다. 본 절에서는 [문서마당]에서 제공해주는 다양한 서식들 중 이력서 양식을 이용하여 취업 및 아르바이트 등에 필요한 멋진 나만의 이력서를 미리 잘 만들어 보자.

2.2.1 이력서 파일 불러오기

주 메뉴 [파일(F)]-[새 문서(N)]-[문서마당(T)]을 실행하거나 단축키 〈Ctrl+Alt+N〉을 사용하여 대화상자 [문서마당]을 읽어온다.

단계 1 **원하는 파일 찾기** – 다음 두 가지 방법 중 하나를 선택하여 실행

① 대화상자 [문서마당]에서 탭 메뉴 [문서마당 꾸러미]를 선택하고, [업무 문서] 항목의 [서식 파일] 부분에서 '이력서(한글)'을 선택한다.

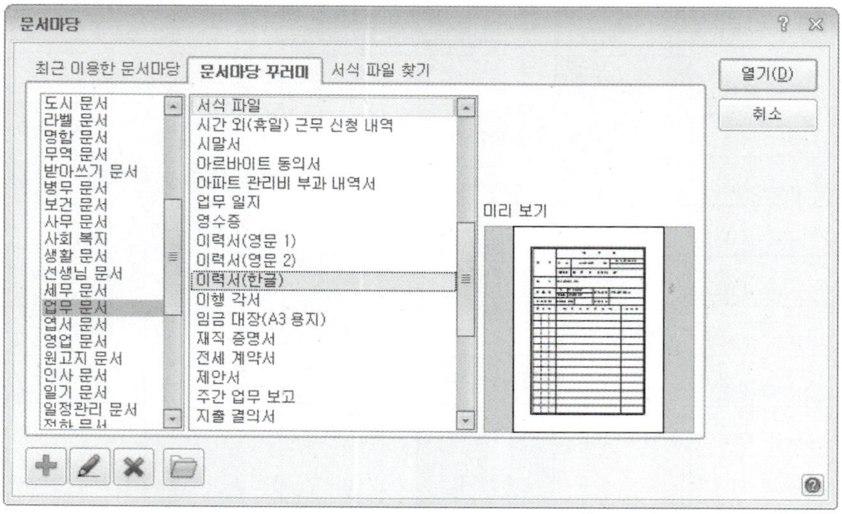

단계 2 대화상자 [문서마당]에서 탭 메뉴 [서식 파일 찾기] 이용 : 직접 원하는 문서의 이름('이력서')을 입력하여 서식 파일을 검색하고, 검색된 결과에서 [업무 문서]의 '이력서(한글)' 을 선택한다.

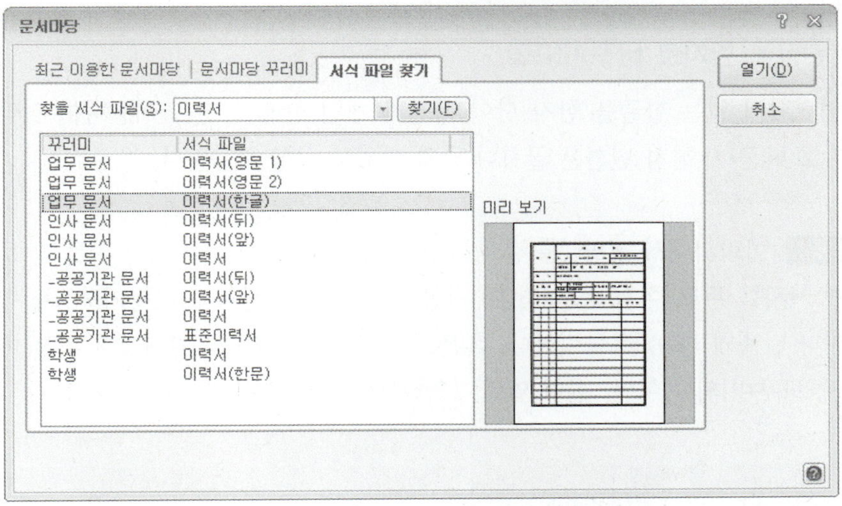

단계 3 **단계 2**에서 [열기] 버튼을 클릭하면 선택한 문서('이력서(한글)')가 열린다.

사 진	이 력 서				
	성 명	㉑		주 민 등 록 번 호	
	생년월일	19 년 월 일생 (만 세)			
주 소					
연 락 처	집		전 자 우 편		
	핸드폰				
호 적 관 계	호주와의 관계		호 주 성 명		
년 월 일	학 력 및 경 력 사 항				발 령 청

2.2.2 한자 입력하기

각종 한글 문서를 작성하다보면 종종 한자를 입력해야 하는 경우들이 발생한다. 이때 다양한 한자 입력 방법을 통하여 문서에 한자 입력이 가능하다.

(1) 한글을 한자로 바꾸기(F9)

입력되어 있는 한글을 한자 단어 사전과 개인 한자 사전을 이용하여 알맞은 한자로 바꾼다. 한자 변환은 글자나 낱말 단위로 실행 가능하다.

단계 1 이력서에서 성명('홍 길 동')을 입력한 뒤, 한자로 바꾸기 위한 각 문자 끝에 커서를 두고 주 메뉴 [입력(D)]–[한자 입력(H)]–[한자로 바꾸기(H)]를 실행하거나 단축키 〈F9〉를 클릭한다. 혹은 주 메뉴 [입력(D)]의 열림상자 기본 메뉴 [입력 도우미]의 아이콘 '한자 입력' – '한자로 바꾸기(H)' 를 선택한다.

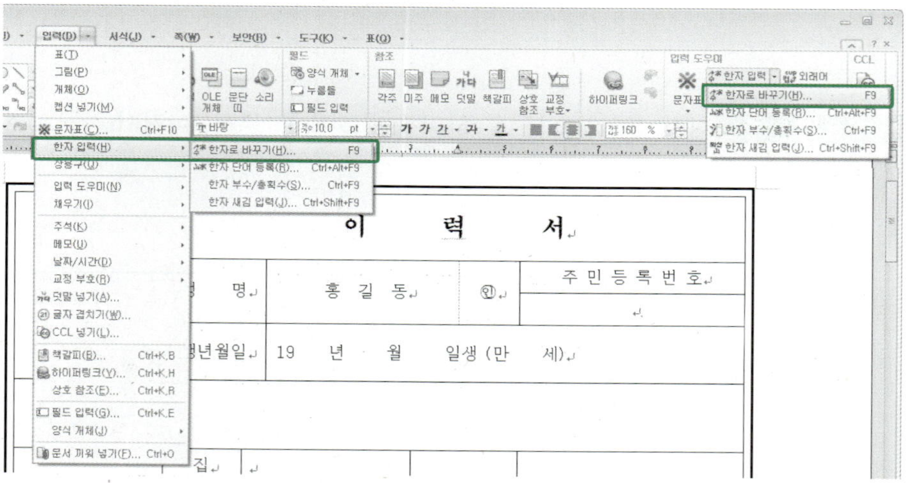

단계 2 대화상자 [한자로 바꾸기]의 [한자 목록(L)]에서 바꾸고자 하는 음과 뜻에 알맞은 한자('홍(洪)')를 선택하고, [입력 형식]에서 '漢字(R)' 을 선택한 다음 [바꾸기(D)] 버튼을 클릭한다.

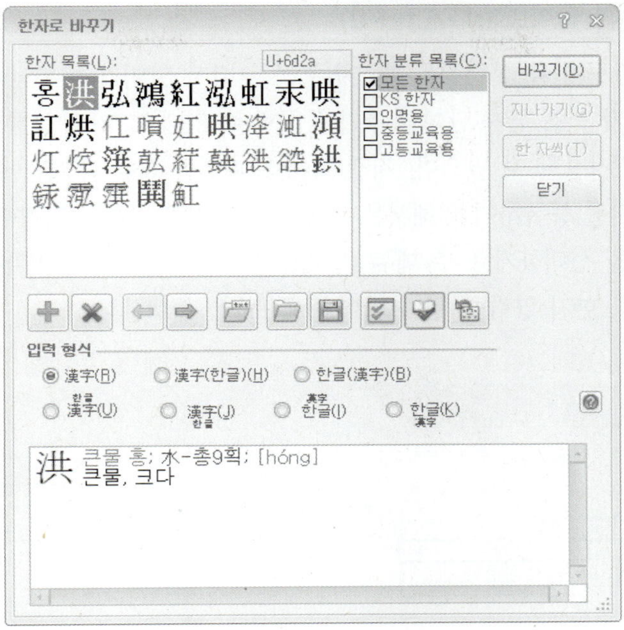

단계 3 한자로 바꾸고자 하는 모든 문자들에 대하여 **단계 1** 에서 **단계 2** 까지 과정을 동일하게 적용한다.

사　진	이　력　서				
	성　명	洪 吉 童	㉿	주민등록번호	
	생년월일	19　년　월　일생 (만　세)			
주　소					
연 락 처	집		전 자 우 편		
	핸드폰				

단계 4 한자를 한글로 바꾸기

한자로 바꾸어 입력한 글자에 커서를 두고 다시 한 번 단축키 〈F9〉를 실행하면, 한자가 다시 한글로 바뀐다.

(2) 한자 단어 등록(Ctrl+Alt+F9)

[한자로 바꾸기]를 실행했을 때, 자주 쓰는 한자 단어가 등록되어 있지 않은 경우 사용자가 직접 한자 단어를 추가 등록할 수 있다. 그리고 등록한 한자는 별도의 파일로 저장할 수 있으며, 저장된 사전 파일은 다른 시스템에서도 활용할 수 있다. 한자를 등록하기 위해서는 주 메뉴 [입력(D)]-[한자 입력(H)]-[한자 단어 등록(R)]을 선택하거나 주 메뉴 [입력(D)]의 열림상자 기본 메뉴 [입력 도우미]의 아이콘 '한자 입력' – '한자 단어 등록(R)' 을 선택한다.

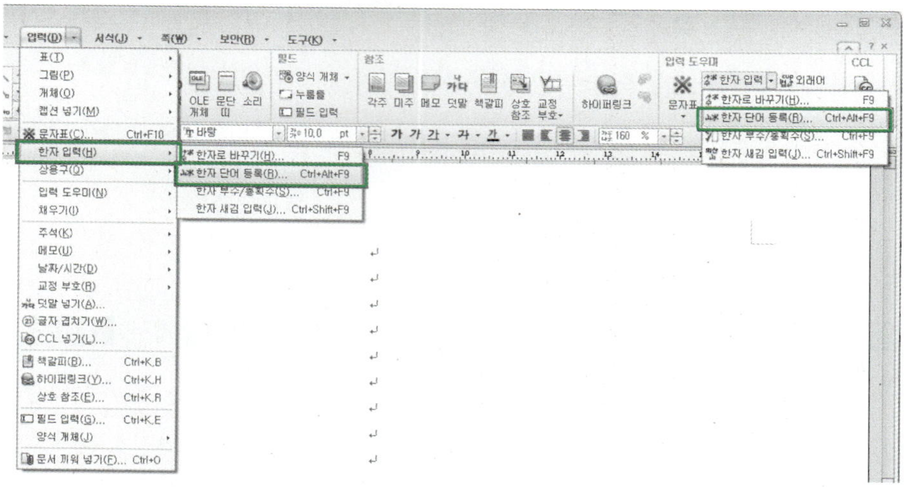

대화상자 [한자 단어 등록]에서 [등록할 한자 단어]의 '한글(K)' 에 등록하고자 하는 한글 문자를 입력한 뒤 [한자로(V)] 버튼을 누르면 대화상자 [한자로 바꾸기]를 볼 수 있고 여기서 한 문자씩 한자로 바꾼다.

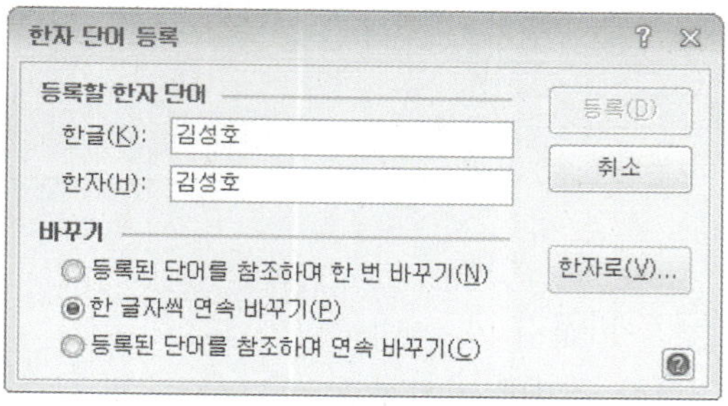

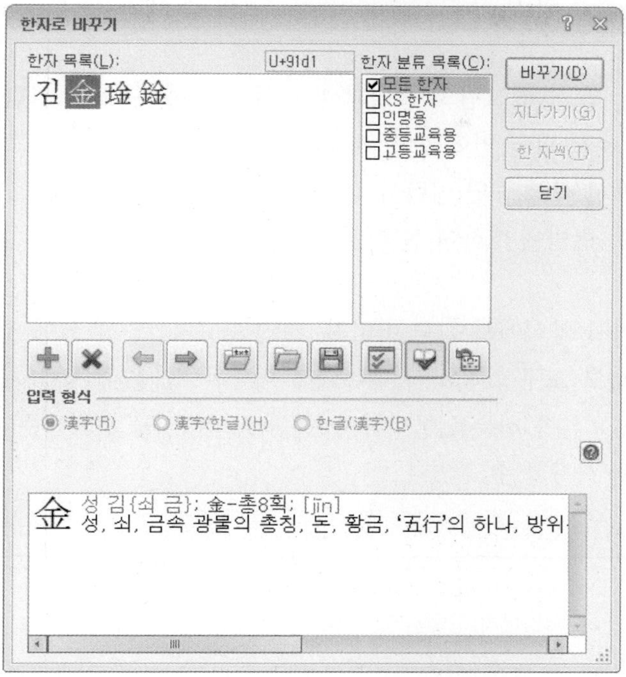

대화상자 [한자 단어 등록]의 [바꾸기]는 3가지의 옵션이 준비되어있는데, 등록하려는 한자 단어에 따라 해당하는 옵션을 선택하면 되지만 일반적으로 '한 글자씩 연속 바꾸기(P)' 를 기본적으로 사용하고 있다. 등록할 한자 단어가 완성되면 [등록(D)] 버튼을 클릭하여 한자 단어 등록 과정을 마친다.

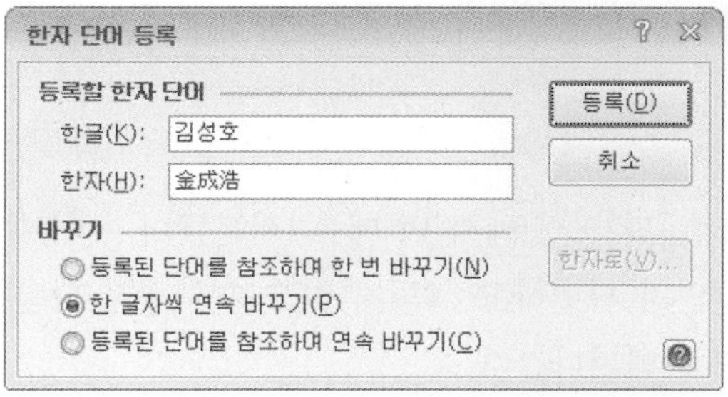

2.2.3 사진 삽입하기

한글에서는 문서에 그림의 삽입과 편집이 가능하다. 또한 그림을 삽입하면 그림 파일이 문서 파일 안에 함께 저장되므로 그림 파일을 따로 보관하지 않아도 된다. 위에서 작성 중인 이력서 양식에 그림(이미지, 사진 등)을 삽입하고 속성을 적용하는 방법에 대하여 설명한다.

단계 1 이력서 양식에서 그림(이미지, 사진 등)을 삽입할 셀에 있는 문자('사진')를 삭제하고 도구상자 서식 메뉴에서 아이콘 '가운데 정렬(≡)'로 변경한 다음, 마우스 오른쪽 버튼을 클릭하여 [문단 모양(M)]을 선택해준다. 혹은 단축키 〈Alt+T〉를 사용할 수도 있다.

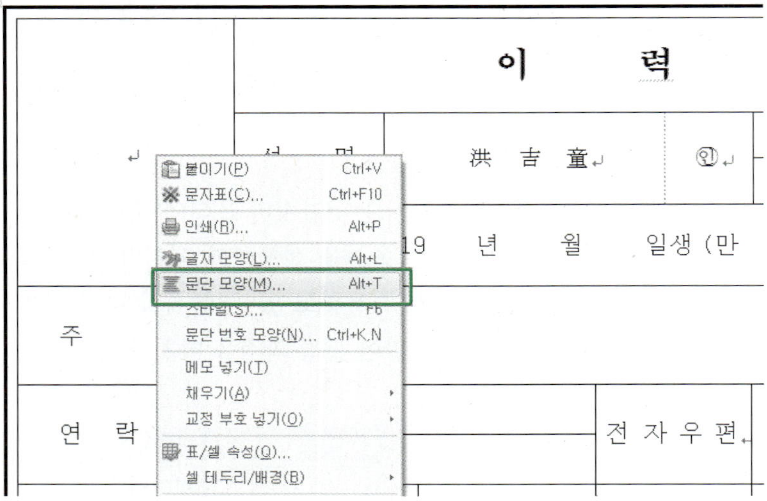

단계 2 대화상자 [문단 모양]에서 탭 메뉴 [기본]의 [여백]이 왼쪽(F)과 오른쪽(O) 모두 '0.0 pt' 인지 확인하고 그렇지 않으면 수정한 다음 [설정(D)] 버튼을 클릭하여 대화상자를 빠져나간다.

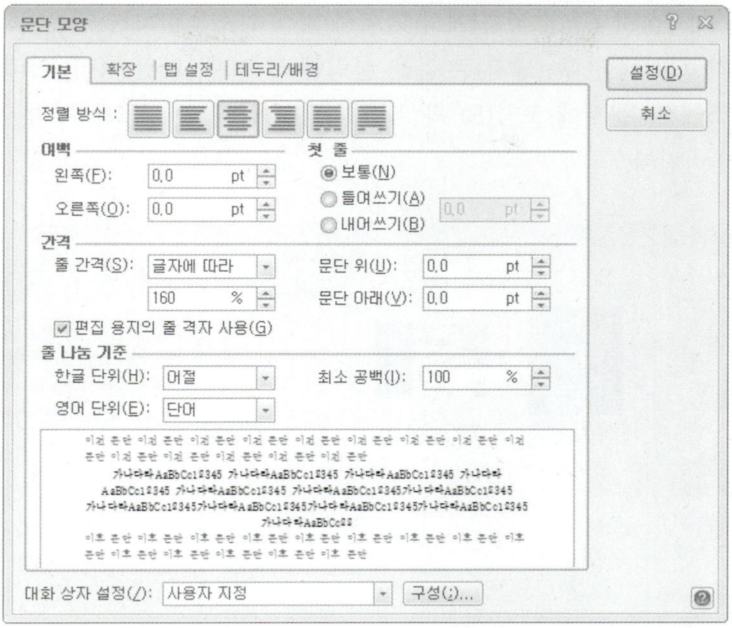

단계 3 주 메뉴 [입력(D)]–[그림(P)]–[그림(I)]을 선택하거나 주 메뉴 [입력(D)]의 열림상자 기본 메뉴 [개체]의 아이콘 ‘그림( )’을 클릭하여 삽입할 그림을 찾을 준비를 한다. 혹은 단축키 〈Ctrl+N, I〉를 사용할 수도 있다.

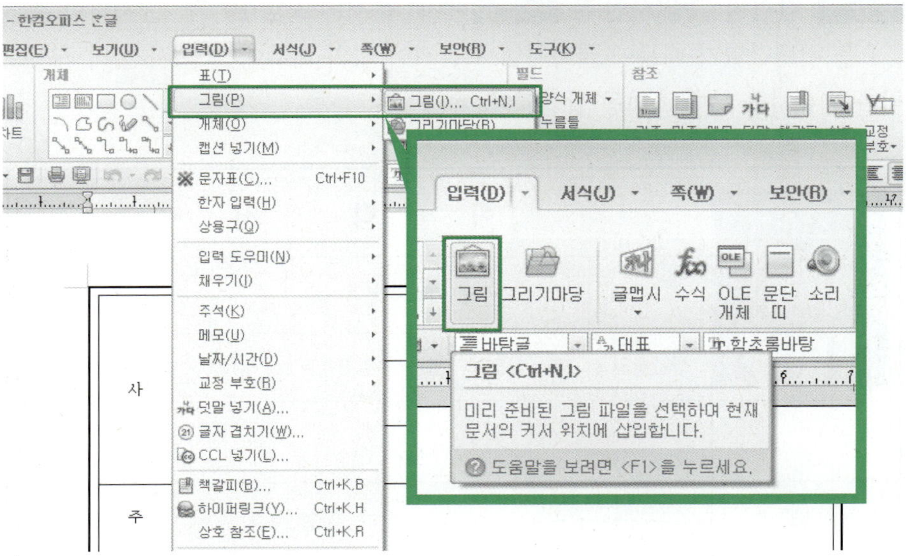

단계 4 대화상자 [그림 넣기]에서 이력서 양식에 삽입하고자 하는 그림(사진) 파일을 찾고 선택한 후 [넣기] 버튼을 클릭한다. 이때 [파일 형식] 아래에 있는 체크 박스에서 '문서에 포함(B)' 과 '글자처럼 취급(C)' 이 체크되어져 있는지를 확인하기 바란다.

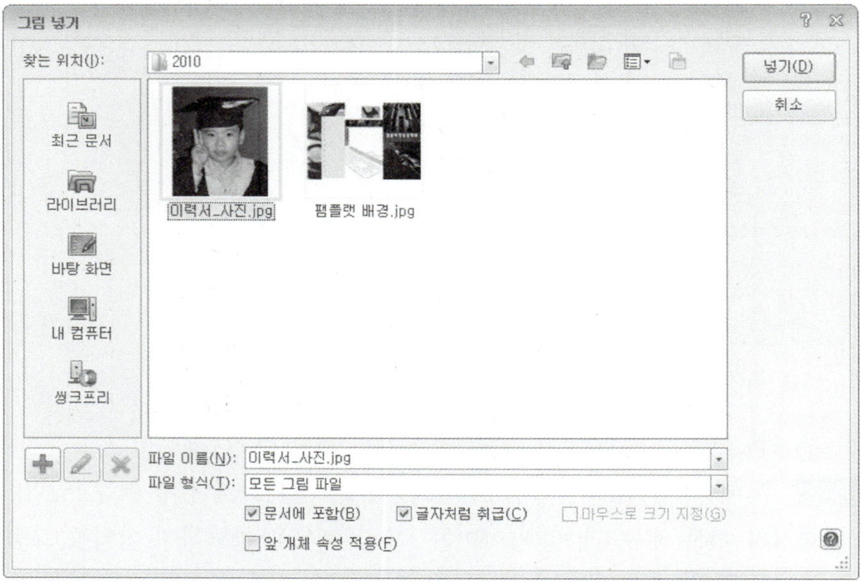

단계 5 삽입된 그림(사진)은 **단계 4** 에서 '문서에 포함(B)' 과 '글자처럼 취급(C)' 을 선택하였기 때문에 글자처럼 취급되어 셀의 내부에 그림(사진)의 해상도 비율을 유지한 그대로 자동 삽입된다.

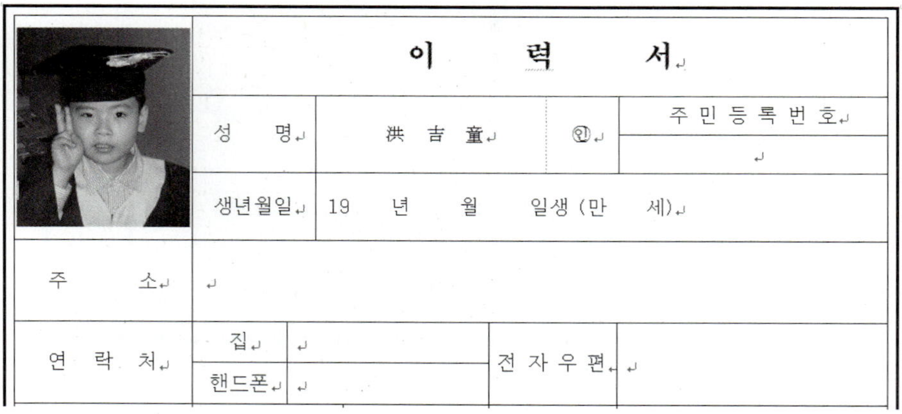

	이 력 서				
	성 명	洪 吉 童	㊞	주 민 등 록 번 호	
	생년월일	19 년 월 일생 (만 세)			
주 소					
연 락 처	집		전 자 우 편		
	핸드폰				

Tip

● 대화상자 [개체 속성] 살펴보기 – 기본

삽입된 그림(사진)의 속성을 변경하기 위해서는 그림(사진)을 더블클릭하거나 그림(사진)을 선택하고 마우스 오른쪽 버튼을 누르고 단축 메뉴에서 [개체 속성(P)]을 선택한다. 대화상자 [개체 속성]은 한글에서 개체로 이용되는 것들, 즉 '그림', '그리기', '글상자', '글맵시', '수식', '표', '차트' 등에서 동일하게 사용되는 것으로 개체의 위치, 여백, 캡션 등의 속성을 선택할 수 있다. 그러나 선택한 개체의 종류에 따라 달라지는 속성은 고칠 수 있는 항목들을 각각의 탭으로 다르게 보여준다.

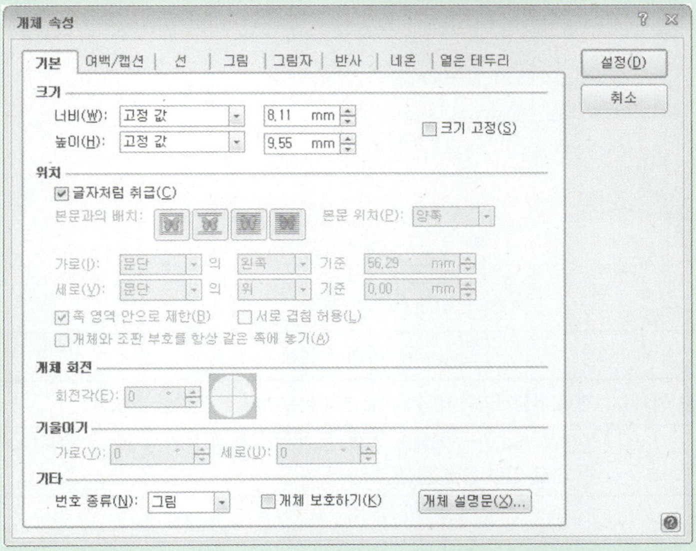

기 본 탭		
크 기	개체의 너비와 높이를 설정한다.	
위 치	개체와 본문을 어떤 방식으로 배치할 것인지를 설정한다.	
	글자처럼 취급	개체를 보통 글자와 동일하게 취급한다.
	자리차지	개체 높이만큼 본문에서 자리를 차지한다.
	어울림	개체의 양옆으로 글자가 쓰일 수 있도록 한다.
	글 앞으로/글 뒤로	개체를 투명하게 만들어 글과 겹치게 만든다.
개체 회전	선택한 개체를 사용자가 원하는 방향으로 회전각을 변경할 수 있다.	
기울이기	선택한 개체의 기울이기 값을 변경한다.	
기 타	번호 종류, 개체 보호하기 여부 등을 판단한다.	

● 대화상자 [개체 속성] 살펴보기 – 여백/캡션

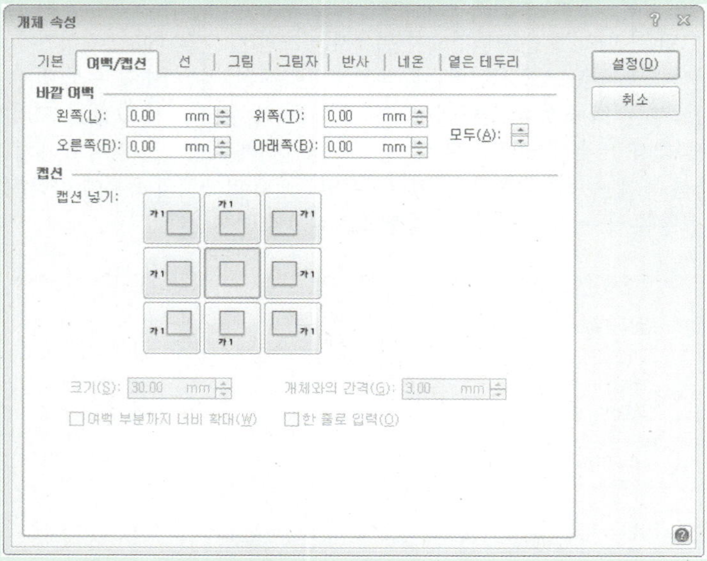

여백 / 캡션	
바깥 여백	개체 가장자리의 바깥쪽으로부터 본문까지의 간격을 설정한다.
캡　　션	본문에 들어가는 개체의 위치, 크기, 개체와의 간격, 여백 부분까지 너비 확대, 한 줄로 입력 등을 설정한다.

● 대화상자 [개체 속성] 살펴보기 – 선

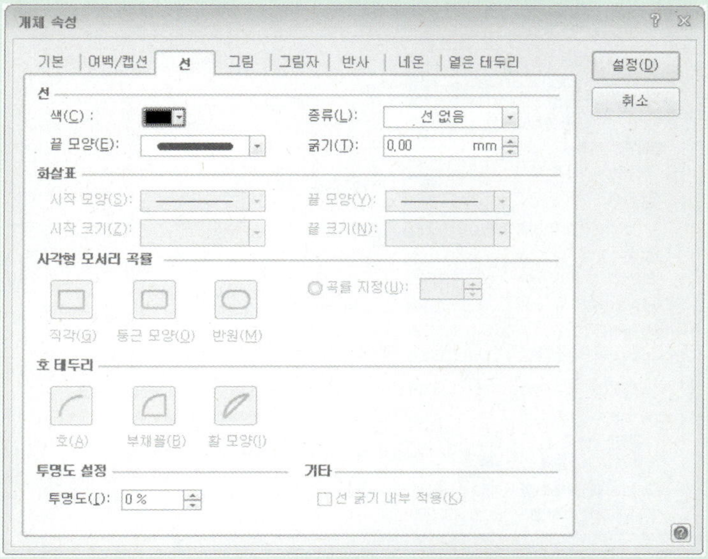

선	
선	선택한 개체의 선 모양과 색깔을 지정한다.
화살표	선택한 개체의 양 끝에 적용할 화살표 모양과 크기를 정한다.
사각형 모서리 곡률	사각형의 모서리를 둥근 모서리나 반원 모서리로 바꾸거나 곡률 값을 직접 입력하여 모서리의 둥근 정도를 지정한다.
호 테두리	호 테두리가 보이지 않도록 한다.
투명도 설정	개체의 투명도를 설정한다.
기　타	선택한 개체의 선 굵기 내부 적용 여부를 판단한다.

● 대화상자 [개체 속성] 살펴보기 – 그림

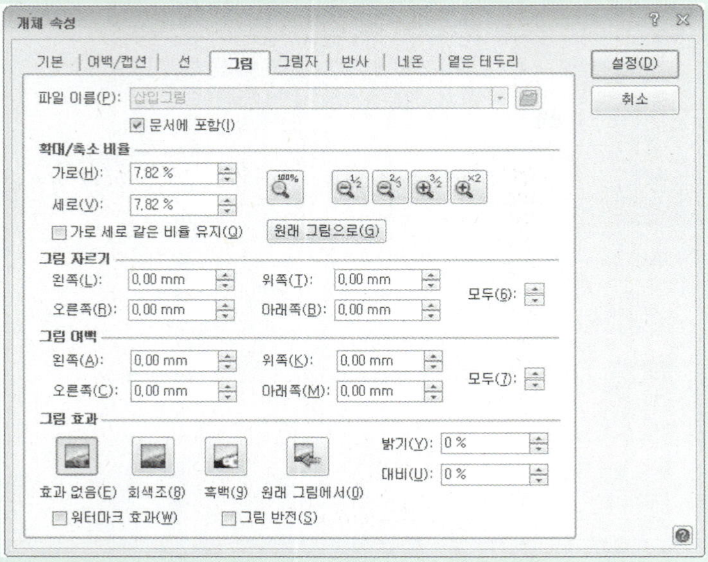

그 림	
파일 이름	문서에 삽입한 그림 파일을 선택한다.
확대/축소 비율	그림 파일을 읽어들일 때 그림을 확대/축소할 가로/세로 비율을 직접 입력하거나 '증감' 버튼을 눌러 지정한다.
그림 자르기	입력한 값만큼 그림을 원본으로부터 자를 수 있다.
그림 여백	그림과 테두리 사이에 간격을 둘 수 있다.
그림 효과	불러온 그림에 대해 그레이스케일 처리를 하거나 흑백 또는 워터마크로 바꾸는 등의 효과를 준다.

● 대화상자 [개체 속성] 살펴보기 – 그림자

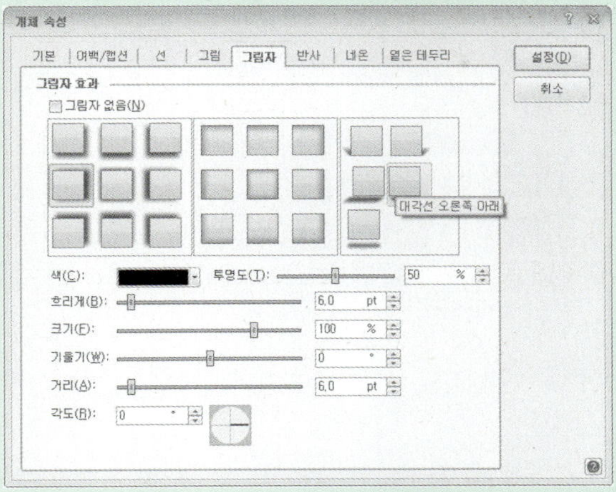

그림자	
그림자 효과	선택한 개체에 그림자 효과를 설정해준다. 즉, 그림자 방향, 그림자 색, 그림자의 투명도, 흐리게, 크기, 기울기, 거리, 각도 등을 직접 설정할 수 있다.

● 대화상자 [개체 속성] 살펴보기 – 반사

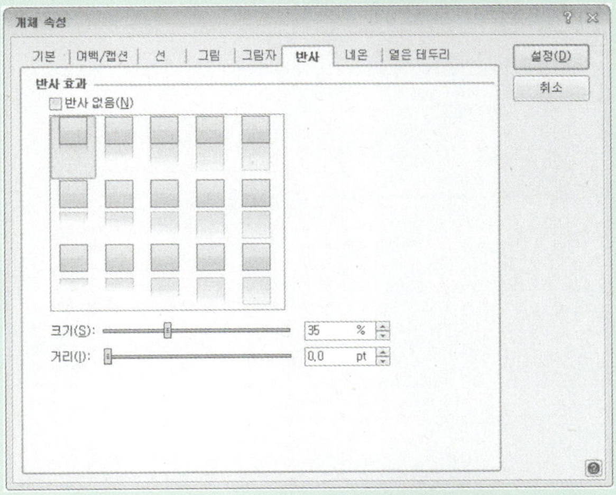

반사	
반사 효과	선택한 개체에 반사 효과를 설정해준다. 즉, 반사의 방향, 반사의 크기 및 거리 등을 조정해줌으로서 다양한 반사 효과를 줄 수 있다.

● 대화상자 [개체 속성] 살펴보기 – 네온

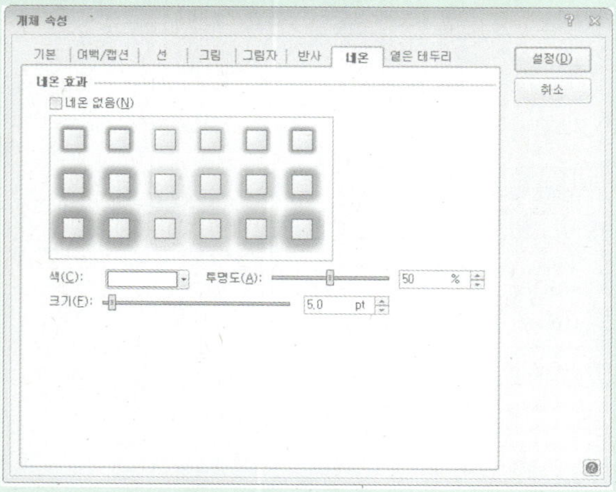

네온	
네온 효과	선택한 개체에 네온 효과를 설정해준다. 즉, 네온의 색상, 투명도 및 크기 등을 직접 제어함으로서 다양한 네온 효과를 줄 수 있다.

● 대화상자 [개체 속성] 살펴보기 – 옅은 테두리

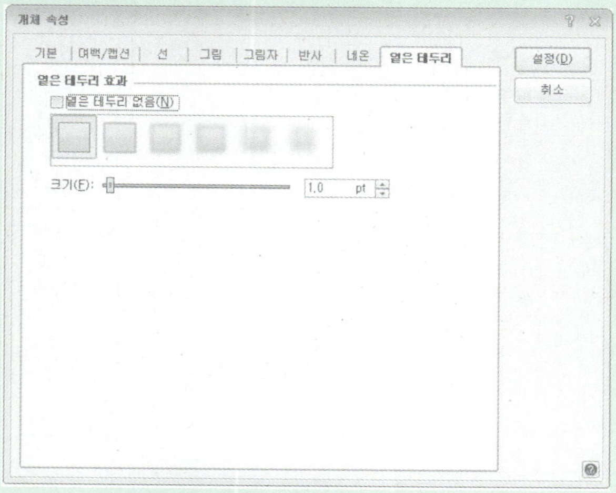

옅은 테두리	
옅은 테두리 효과	선택한 개체에 옅은 테두리 효과를 설정해준다. 옅은 테두리 효과는 옅은 테두리의 크기 값을 조정함으로서 점차적으로 확대 및 축소시킬 수 있다.

2.2.4 이력서 본문 입력하기

이력서의 본문에는 주민등록번호, 생년월일, 주소, 연락처, 전자우편, 호적관계, 호주성명 등의 인적사항에 대한 내용과 연월일에 따른 학력 및 경력사항을 순서대로 입력하게 되어있다. 이력서의 학력 및 경력사항 부분을 작성하는 방법은 개인마다 다르겠지만, 가장 대표적인 작성 방법에 대하여 기술하면 다음과 같다.

구 분	작 성 방 법	비 고
학 력	- 고등학교 졸업부터 최종 학력까지의 과정을 날짜 순서대로 작성 - OO대학교 입학 / OO대학교 졸업 등 입학과 졸업을 구분하여 작성 - 현재 OO대학교 재학 중이면 "OO대학교 OO학과(부) O학년 재학 중"이라고 작성 - 군복무를 필한 경우 해당 기간(날짜)에 맞게 "군 입대", "군 제대" 등으로 구분하여 작성	
경 력	- 아르바이트(용역), 취업, 임시직 등 자신이 지금까지 쌓은 실무적인 경력사항을 각각 구분하여 날짜 순서대로 작성 - "OO주식회사 입사", "OO주식회사 퇴사" 등 입사와 퇴사를 구분하여 작성 - 자신의 능력을 부각시킬 수 있는 사소한 것이라도 최대한 발굴하여 모두 작성	
포 상	- 자신이 학교 및 각 기관 등에서 받은 상벌 사항을 날짜 순서대로 작성 - 대학교 시절 학교에서 받은 성적 우수 장학금, 가사장학금, 각 기관에서 받은 장학금 등 상장과 상패 혹은 장학금과 관련된 모든 사항을 날짜 순서대로 작성	
자 격	- 운전면허증, 컴퓨터관련 자격증, 각종 자격증 등 취득한 날짜 순서대로 작성	

이와 같은 작성 방법을 참조하여 가상의 이력서를 작성해보면 다음과 같으며, 이를 참조하여 여러분들의 이력서를 미리 잘 만들어보도록 한다.

이 력 서

성 명	洪 吉 童 ㊞	주 민 등 록 번 호	000000-3000000
생년월일	1900 년 00 월 00 일생 (만 00 세)		
주 소	OO시 OO동 OO번지 OO아파트 OOO동-OOO호		

연 락 처	집	000-0000-0000	전 자 우 편	gildong@email.com
	휴대전화	010-0000-0000		
호적관계	호주와의 관계	장 남	호 주 성 명	홍 장 군

년 월 일			학 력 및 경 력 사 항	발 령 청
			학 력 사 항	
1999	02	15	OO고등학교 졸업	
1999	03	01	OO대학교 OO대학 OO학과 입학	
2000	04	03	군 입대	
2002	03	31	군 제대	
2006	02	14	OO대학교 OO대학 OO학과 졸업	
			경 력 사 항	
2006	02	15	OO주식회사 입사	
2007	02	23	OO주식회사 퇴사	
2007	02	28	(주)OO정보통신 OO프로젝트 개발 ~ 2007/5/31	
2007	06	01	(주)OOOOOO 홈페이지 제작 ~ 2007/7/31	
			포 상 사 항	
1999	03	07	OO대학교 입학성적 우수 장학금	OO대학교
2003	09	06	KT 성적우수 장학금	KT
2004	04	03	(주)OOOOOO 주최 UCC 공모전 우수상	(주)OOOOOO
			자 격 사 항	
2002	04	23	운전면허 1종 보통 취득	OOOO 지방경찰청장
2004	07	03	정보처리기사 자격증 취득	한국산업인력관리공단

2.3 세금계산서 만들기

세금계산서는 사업자가 재화 또는 용역을 공급하는 때에 부가가치세를 거래 징수하고 이를 증명하기 위하여 공급받는 자에게 교부하는 세금영수증이다. 이러한 세금계산서는 공급자 보관용(적색)과 공급 받는 자 보관용(청색)으로 구분되어지는데, 내용은 제목 일부분을 제외하고 모두 동일하다. 본 절에서는 표 만들기 기능을 이용하여 복잡한 세금계산서 중 '공급자 보관용' 을 직접 제작하여 봄으로서 사업자들이 주로 사용하고 있는 세금영수증에 대하여 이해할 수 있는 기회가 되길 바란다.

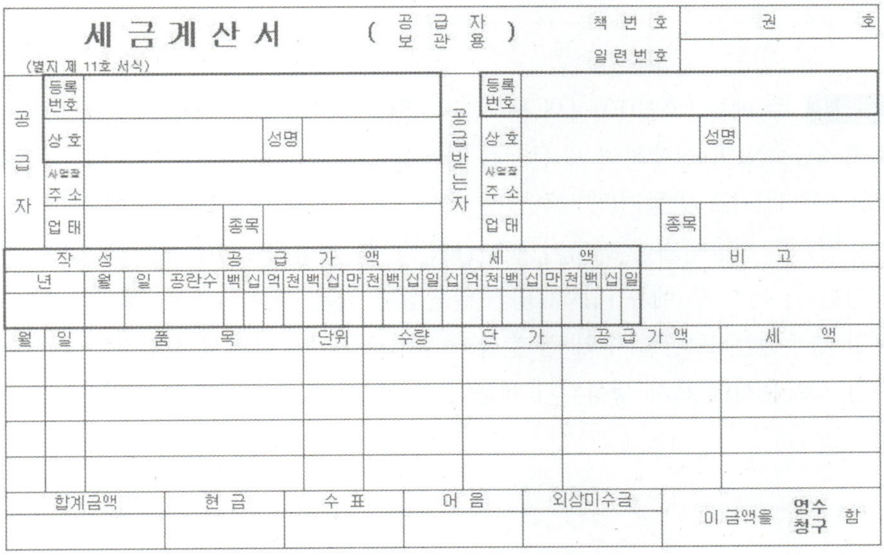

세금계산서 (공급자 보관용) | 책번호 권 호 | 일련번호

(별지 제 11호 서식)

공급자				공급받는자			
	등록번호				등록번호		
	상호		성명		상호		성명
	사업장 주소				사업장 주소		
	업태		종목		업태		종목

작성			공급가액												세액										비고
년	월	일	공란수	백	십	억	천	백	십	만	천	백	십	일	십	억	천	백	십	만	천	백	십	일	

월	일	품목	단위	수량	단가	공급가액	세액

합계금액	현금	수표	어음	외상미수금	이 금액을 영수/청구 함

세 금 계 산 서 (별지 제 11호 서식)	(공급받는자 보관용)	책 번 호	권 호
		일련번호	

공급자					공급받는자				
	등록번호					등록번호			
	상호		성명			상호		성명	
	사업장 주소					사업장 주소			
	업태		종목			업태		종목	

작성			공급가액												세액										비고
년	월	일	공란수	백	십	억	천	백	십	만	천	백	십	일	십	억	천	백	십	만	천	백	십	일	

월	일	품목	단위	수량	단가	공급가액	세액

합계금액	현 금	수 표	어 음	외상미수금	이 금액을 영수/청구 함

단계 1 주 메뉴 [파일(F)]-[새 문서(N)]-[한글 2010 문서(H)]를 실행하거나 단축키 〈Alt+N〉을 실행하여 새 문서를 작성할 준비를 한다. 그리고 주 메뉴 [입력(D)]-[표(T)]-[표 만들기(T)] 혹은 주 메뉴 [입력]의 열림상자 기본 메뉴 아이콘 '표( )' 를 사용하거나 단축키 〈Ctrl+N, T〉를 사용하여 16×30 크기의 표를 생성한다. 특히 주 메뉴 [입력(D)]의 열림상자 기본 메뉴 아이콘 '표( )' 를 사용할 경우에는 표의 줄 수와 칸 수를 마우스로 드래그하면서 지정하는 순간 실시간으로 문서에 표가 생성되기 때문에 당황하지 말고 차분하게 확인하여야 한다.

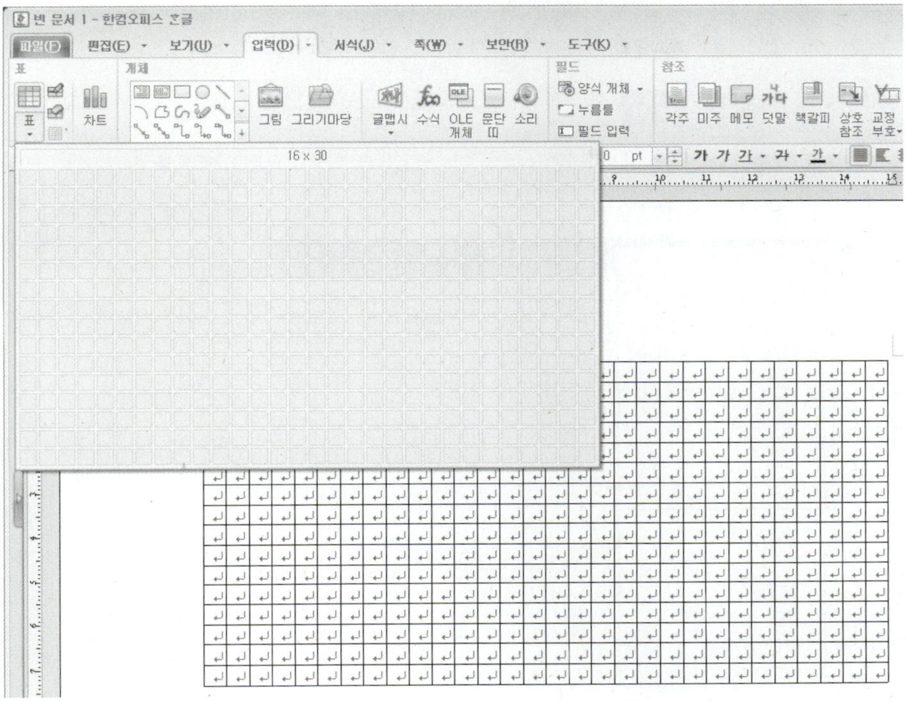

단계 2 세금계산서의 제목 문자("세금계산서")를 입력하기 위하여 표의 첫째 줄과 둘째 줄의 28칸을 모두 합한다. 이를 위해서는 마우스로 합할 셀들을 클릭 및 드래그하여 모두 선택한 다음 선택된 셀 위에서 마우스 오른쪽 버튼을 클릭하고 [셀 합치기(J)]를 선택하거나 마우스로 합할 셀들을 클릭 및 드래그하여 모두 선택하면 새로 표시되는 주 메뉴 [표(Q)]의 열림상자 기본 메뉴 [셀 편집]의 아이콘 '셀 합치기( )' 를 선택하면 된다.

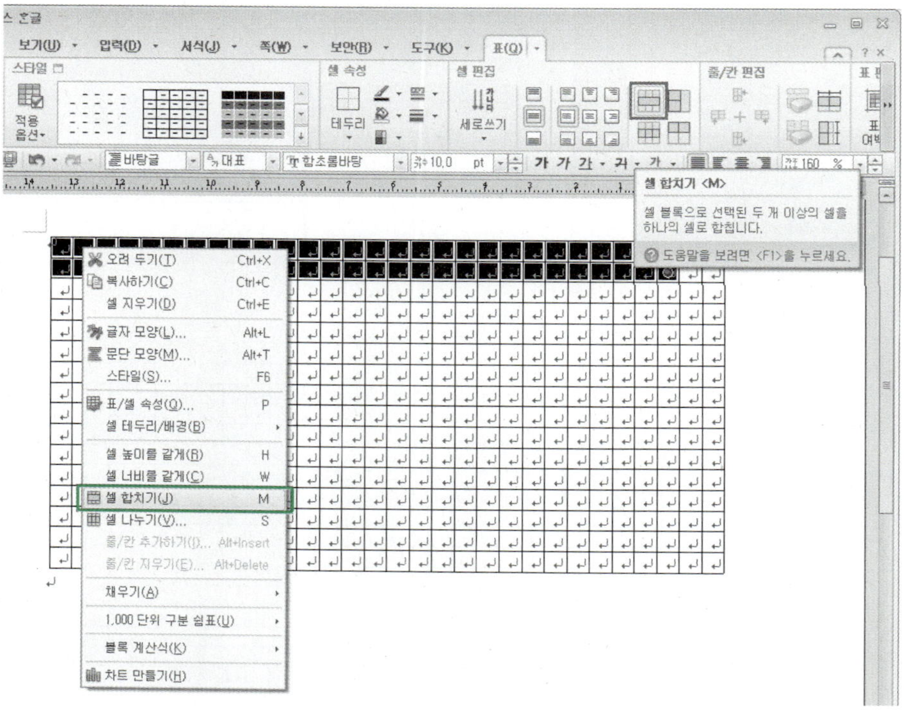

단계 3 **단계 2** 와 같은 방법으로 세금계산서에서 셀 합치기가 필요한 모든 부분에 대한 셀들을 합치도록 한다.

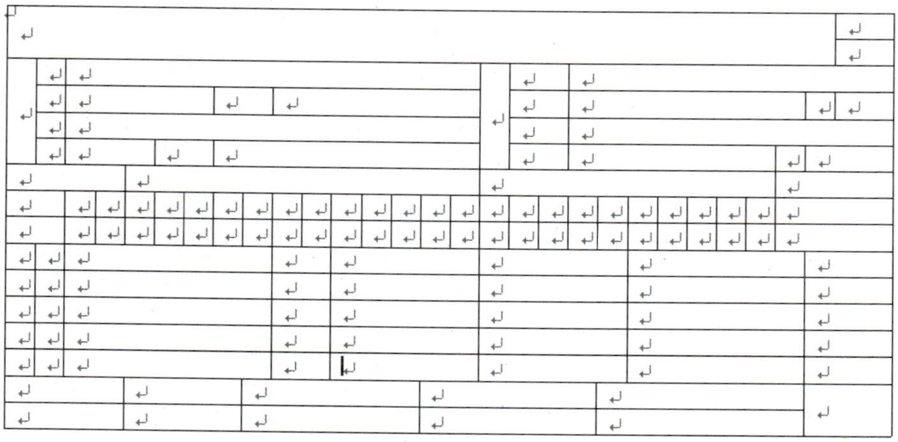

단계 4 세금계산서에 있는 모든 문자들을 입력한다. 이때 글꼴, 글자 크기, 글자 색, 정렬 등은 무시하고 일단 내용만 채우도록 한다. 특히 문자를 입력할 때 주의할 부분은 표의 첫째 줄 "세금계산서"와 마지막 줄 "이 금액을 함"인데, "세금계산서"는 "공급자"와 "보관용"의 사이에 들어가야 하고, "이 금액을 함"은 "영수"와 "청구" 사이에 들어가야 한다는 것이다. 즉, 그냥 보기에는 한 줄로 문자들이 나열되어 있지만 실제로는 3줄로 된 문자들이라는 것이고, 줄 간격을 최대한 압축하여 한 줄처럼 보이게 하였다는 것이다. 이에 대해서는 **단계 9** 에서 설명하도록 한다.

<table>
<tr><td colspan="25" rowspan="2">공급자 책번호
세금계산서
보관용
(별지 제 11호 서식) 일련번호</td><td>권
호</td></tr>
<tr><td></td></tr>
<tr><td rowspan="4">공급자</td><td>등록번호</td><td colspan="13"></td><td rowspan="4">공급받는자</td><td>등록번호</td><td colspan="9"></td></tr>
<tr><td>상호</td><td colspan="5"></td><td>성명</td><td colspan="7"></td><td>상호</td><td colspan="7"></td><td>성명</td><td></td></tr>
<tr><td>사업장주소</td><td colspan="13"></td><td>사업장주소</td><td colspan="9"></td></tr>
<tr><td>업태</td><td colspan="3"></td><td>종목</td><td colspan="9"></td><td>업태</td><td colspan="6"></td><td>종목</td><td colspan="2"></td></tr>
<tr><td colspan="3">작 성</td><td colspan="12">공 급 가 액</td><td colspan="10">세 액</td><td>비 고</td></tr>
<tr><td>년</td><td>월</td><td>일</td><td>공란수</td><td>백</td><td>십</td><td>억</td><td>천</td><td>백</td><td>십</td><td>만</td><td>천</td><td>백</td><td>십</td><td>일</td><td>십</td><td>억</td><td>천</td><td>백</td><td>십</td><td>만</td><td>천</td><td>백</td><td>십</td><td>일</td><td></td></tr>
</table>

단계 5 '마우스 클릭 및 드래그' 혹은 〈Ctrl+ '마우스 클릭 및 드래그'〉를 사용하여 표의 모든 셀들을 선택하고 표 안의 모든 문자들이 셀의 가운데로 올 수 있도록 도구상자 서식 메뉴에서 '가운데 정렬(☰)'을 클릭한다. 단, 표의 첫째 줄의 제목 부분은 그대로 둔다.

<table>
<tr><td colspan="25" rowspan="2">공급자 책번호
세금계산서
보관용
(별지 제 11호 서식) 일련번호</td><td>권호</td></tr>
<tr><td></td></tr>
<tr><td rowspan="4">공급자</td><td>등록번호</td><td colspan="13"></td><td rowspan="4">공급받는자</td><td>등록번호</td><td colspan="9"></td></tr>
<tr><td>상호</td><td colspan="5"></td><td>성명</td><td colspan="7"></td><td>상호</td><td colspan="6"></td><td>성명</td><td colspan="2"></td></tr>
<tr><td>사업장주소</td><td colspan="13"></td><td>사업장주소</td><td colspan="9"></td></tr>
<tr><td>업태</td><td colspan="3"></td><td>종목</td><td colspan="9"></td><td>업태</td><td colspan="6"></td><td>종목</td><td colspan="2"></td></tr>
<tr><td colspan="4">작 성</td><td colspan="11">공 급 가 액</td><td colspan="10">세 액</td><td>비 고</td></tr>
<tr><td>년</td><td>월</td><td>일</td><td>공란수</td><td>백</td><td>십</td><td>억</td><td>천</td><td>백</td><td>십</td><td>만</td><td>천</td><td>백</td><td>십</td><td>일</td><td>십</td><td>억</td><td>천</td><td>백</td><td>십</td><td>만</td><td>천</td><td>백</td><td>십</td><td>일</td><td></td></tr>
</table>

단계 6 표의 셀들이 문자가 제대로 자리를 잡기에는 폭이 좁은 부분들이 많이 보이고 있다. 또한 셀의 크기에 비하여 글자 크기가 너무 크기 때문에 모든 문자들의 크기를 적당히 줄여준다. 표의 모든 글자 크기('8 pt')를 줄였으면, 단축키 〈F5〉를 사용하여 특정 셀을 선택하고 키보드 〈왼쪽 Shift + '←'〉 혹은 〈왼쪽 Shift + '→'〉 등을 사용하여 셀의 폭을 적당히 넓혀준다. 이때 단순하게 마우스로 특정 셀의 경계 부분을 클릭 및 드래그하여 폭을 조정할 경우 셀의 폭이 조정은 되지만 위와 아래에 있는 같은 위치 셀의 경계 부분도 조정이 되어 전체적으로 예상치 못한 결과를 가져올 수 있으므로 마우스만을 사용한 셀의 폭 조정은 좋은 방법이 아님을 알아두기 바란다.

세금계산서 (별지 제 11호 서식)	공급자 보관용	책번호 / 일련번호	권 호

공급자	등록번호				공급받는자	등록번호			
	상호		성명			상호		성명	
	사업장주소					사업장주소			
	업태		종목			업태		종목	

작성			공급가액												세액										비고
년	월	일	공란수	백	십	억	천	백	십	만	천	백	십	일	십	억	천	백	십	만	천	백	십	일	

단계 7 글자 크기를 셀의 크기에 맞게 적당히 줄였으나 여전히 문자들이 제 자리를 찾지 못하고 있다. 그러므로 셀의 여백을 조정할 필요가 있다. 특정 셀을 마우스로 선택한 다음 새로 표시된 주 메뉴 [표(Q)]의 열림상자 기본 메뉴 [표 편집]의 아이콘 '표 여백( )' 을 선택하고 표시되는 아이콘 서브 메뉴 중 [모든 셀의 안 여백]에서 '없음' 을 선택한다. 왜냐하면 표의 셀의 크기가 너무 작기 때문에 여백이 존재하면 글자 크기를 줄여도 크게 의미가 없기 때문이다. 만약 여기서 메뉴에 없는 아주 작은 여백의 크기를 직접 설정해주고 싶을 경우, 제일 아래에 있는 '표 여백 설정(Q)' 을 선택해주면 대화 상자 [표/셀 속성]을 볼 수 있고, 여기서 탭 메뉴 [표]를 선택한 다음 [모든 셀의 안 여백] 값을 조정하면 된다.

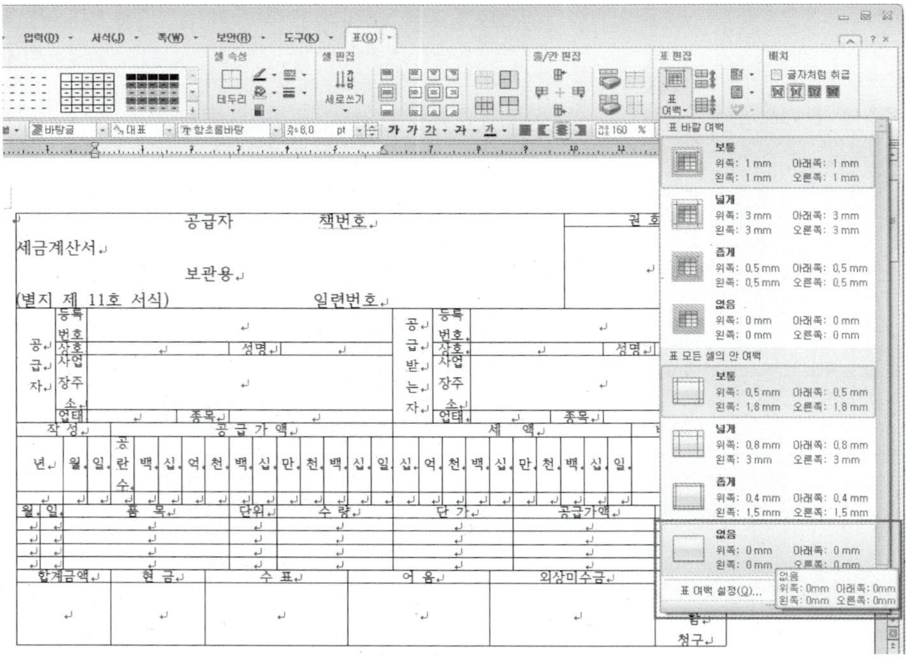

단계 8 글꼴, 글자 크기, 줄 간격 등의 속성을 이용하여 셀의 크기 및 문자들의 위치가 제대로 보일 수 있도록 수정한다. "사업장 주소" 같은 경우 작은 셀 안에 많은 문자들이 들어가 있는데, 특히 "사업장"은 "주소"보다 글자 크기가 작다. 이를 위해서는 "사업장"을 마우스로 클릭 및 드래그하여 선택하고 글자 크기를 축소('6 pt')한 다음 선택된 문자 위에서 마우스 오른쪽 버튼을 클릭하여 [글자 모양(L)]을 선택하여 대화 상자 [글자 모양]이 나타나게 한다. 탭 메뉴 [기본]의 [언어별 설정]에서 '자간(P)'을 음의 값('-20')이 되도록 적당히 수정하여 "사업장"이 한 줄에 표시되도록 수정한다. 그리고 "등록번호" 등과 같이 하나의 셀에 2줄로 입력된 문자들은 도구상자 서식 메뉴 '줄 간격(100 %)'을 적절히 축소('100%')시켜 줄 사이 공백을 최소화한다.

세 금 계 산 서 (공 급 자 보 관 용)	책 번 호	권 호
(별지 제 11호 서식)	일련번호	

공급자	등록번호				공급받는자	등록번호			
	상호		성명			상호		성명	
	사업장 주소					사업장 주소			
	업태		종목			업태		종목	

작성			공급가액												세액										비고
년	월	일	공란수	백	십	억	천	백	십	만	천	백	십	일	십	억	천	백	십	민	천	백	십	일	

월	일	품목	단위	수량	단가	공급가액	세액

합계금액	현금	수표	어음	외상미수금	이 금액을 영수/청구 함

단계 9 세금계산서의 제목 부분과 마지막 줄의 제일 오른쪽 셀("이 금액을 영수, 청구 함")은 글자 크기가 크고 작은 문자들 및 여러 줄의 조합으로 구성되어져 있는데, 문자들이 겹치지 않는 범위 내에서 줄 간격('50%')을 조정한다.

세 금 계 산 서 (공 급 자 보 관 용)	책 번 호	권 호
(별지 제 11호 서식)	일련번호	

공급자	등록번호				공급받는자	등록번호			
	상호		성명			상호		성명	
	사업장 주소					사업장 주소			
	업태		종목			업태		종목	

작성			공급가액												세액										비고
년	월	일	공란수	백	십	억	천	백	십	만	천	백	십	일	십	억	천	백	십	민	천	백	십	일	

월	일	품목	단위	수량	단가	공급가액	세액

합계금액	현금	수표	어음	외상미수금	이 금액을 영수/청구 함

단계 10 표의 모든 셀 테두리는 적색(공급자 보관용)이거나 청색(공급 받는 자 보관용)인데, 지금까지 작업한 표는 검정색으로 되어있다. 그러므로 표 전체를 마우스로 클릭 및 드래그하여 선택한 다음 새로 표시된 주 메뉴 [표(Q)]의 열림상자 기본 메뉴 [셀 속성]의 아이콘 '셀 테두리 색( )'을 클릭하고 빨강색('RGB(255, 0, 0)')을 선택해준다. 그런 다음 아이콘 '테두리( )'를 클릭하고 '모두'를 선택해준다.

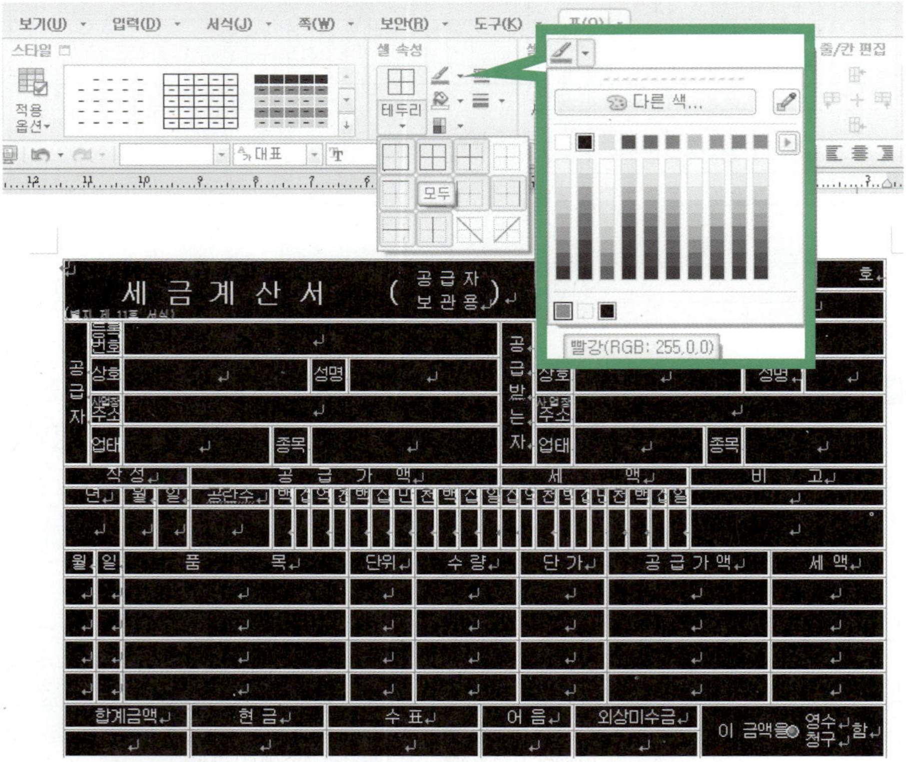

단계 11 세금계산서 중 "등록번호", "상호" 및 "성명"을 포함하는 셀들의 테두리는 다른 셀들의 테두리에 비하여 더 굵게 표시되어져 있다. 그러므로 이들 셀들을 마우스로 클릭 및 드래그하여 선택한 다음, 새로 표시된 주 메뉴 [표(Q)]의 열림상자 기본 메뉴 [셀 속성]의 아이콘 '테두리( )'를 클릭하고 '바깥쪽 모두'를 선택한다. 그리고 아이콘 '셀 테두리 굵기( )'를 클릭하여 테두리의 굵기('0.4mm')를 적당히 설정한다. 이와 같은 방법으로 "작성", "공급가액" 및

"세액"에 해당하는 셀들도 셀 테두리 굵기를 변경해준다.

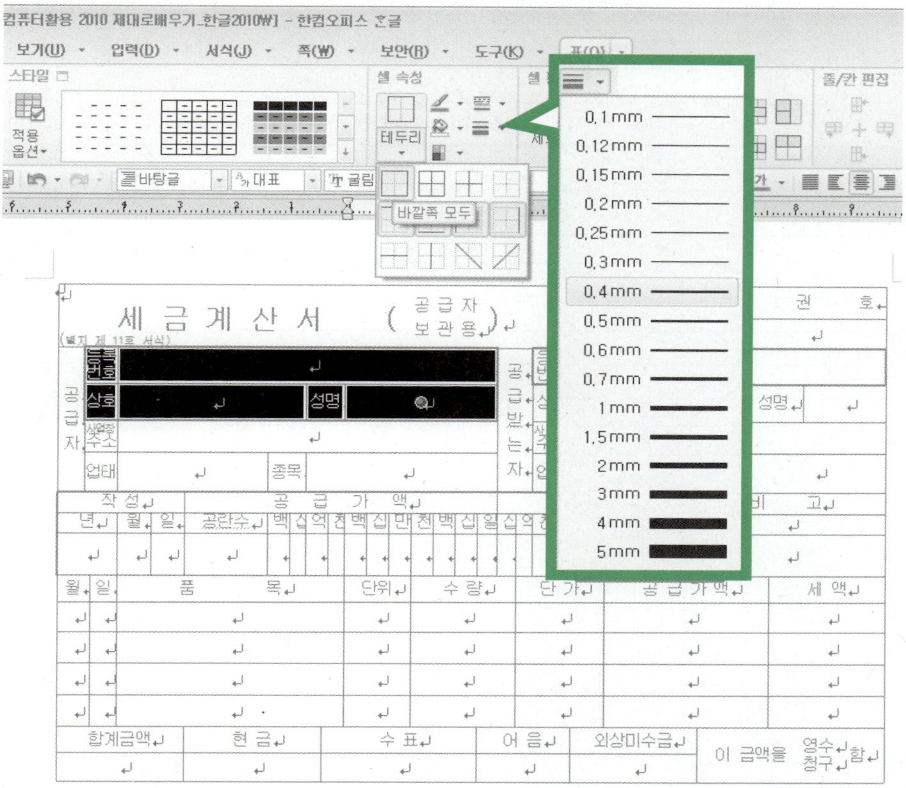

단계 12 마지막으로 제목에 해당하는 문자("세금계산서")와 마지막 셀의 문자("영수, 청구")를 도구상자 서식 메뉴 [진하게]를 클릭하여 문자를 진하게 표시한다. 물론 이 단계는 앞에서 미리 수행하였어도 된다. 이제 세금계산서를 제작하기 위한 모든 과정이 끝났다. 지금 제작한 세금계산서를 복사하여 '공급 받는 자 보관용'을 제작해보기 바란다.

세 금 계 산 서 (공급자 보관용)		책번호	권 호
(별지 제 11호 서식)		일련번호	

공급자	등록번호				공급받는자	등록번호			
	상호		성명			상호		성명	
	사업장 주소					사업장 주소			
	업태		종목			업태		종목	

작성			공급가액												세액										비고
년	월	일	공란수	백	십	억	천	백	십	만	천	백	십	일	십	억	천	백	십	만	천	백	십	일	

월	일	품목	단위	수량	단가	공급가액	세액

합계금액	현금	수표	어음	외상미수금	이 금액을 영수/청구 함

연 습 문 제

01 주 메뉴 [입력(D)]의 열림상자 기본 메뉴 [표]의 아이콘 '표(표)'를 이용하여 자신이 좋아하는 해(년)의 특정한 달(월)에 해당하는 탁상용 달력 앞면을 다음과 같은 형식으로 제작해보시오.

02 디지털카메라로 가족이나 친한 친구들과 함께 찍은 사진들을 이용하여 올해 1월부터 12월까지 나만의 탁상용 달력을 직접 만들어 보시오.

03 주 메뉴 [입력(D)]의 열림상자 기본 메뉴 [표]의 아이콘 '표(표)'를 이용하여 본인의 한 학기 시간표를 제작해 보시오.

04 취업을 준비하는 입장에서 본인의 이력서를 제대로 작성해보시오. 단, 최근에 촬영한 본인의 증명사진을 꼭 사용할 것.

05 주 메뉴 [입력(D)]의 열림상자 기본 메뉴 [표]의 아이콘 '표(표)'를 이용하여 다음과 같은 형식의 경력증명서와 재직증명서를 제작해보시오.

<table>
<tr><td colspan="6">경 력 증 명 서</td><td>처리기간
즉 시</td></tr>
<tr><td rowspan="3">인적사항</td><td rowspan="2">① 성 명</td><td>한 글</td><td></td><td rowspan="2">②주민등록번호</td><td colspan="2" rowspan="2"></td></tr>
<tr><td>한 자</td><td></td></tr>
<tr><td>③ 주 소</td><td colspan="5"></td></tr>
<tr><td rowspan="5">경력사항</td><td colspan="2">④ 근 무 기 간</td><td rowspan="2">⑤ 직 급</td><td rowspan="2">⑥ 직 위</td><td colspan="2" rowspan="2">⑦ 근 무 부 서</td></tr>
<tr><td>부 터</td><td>까 지</td></tr>
<tr><td></td><td></td><td></td><td></td><td colspan="2"></td></tr>
<tr><td></td><td></td><td></td><td></td><td colspan="2"></td></tr>
<tr><td></td><td></td><td></td><td></td><td colspan="2"></td></tr>
<tr><td>⑧
근무년한</td><td colspan="3"></td><td>⑨ 최종 학위
또는 직급</td><td colspan="2"></td></tr>
<tr><td>⑩
퇴직사유</td><td colspan="6"></td></tr>
<tr><td rowspan="3">상벌사항</td><td colspan="3">⑪ 포 상</td><td colspan="3">⑫ 징 계</td></tr>
<tr><td>년 월 일</td><td>종 류</td><td>시 행 청</td><td>년 월 일</td><td>종 류</td><td>시 행 청</td></tr>
<tr><td></td><td></td><td></td><td></td><td></td><td></td></tr>
<tr><td rowspan="3">⑬
직위해제</td><td colspan="2">년 월 일</td><td colspan="2">사 유</td><td colspan="2">처 분 청</td></tr>
<tr><td colspan="2"></td><td colspan="2"></td><td colspan="2"></td></tr>
<tr><td colspan="2"></td><td colspan="2"></td><td colspan="2"></td></tr>
<tr><td>⑭ 용 도</td><td colspan="6"></td></tr>
<tr><td colspan="6">위와 같이 경력을 증명합니다.

2000년 00월 00일

(주)0000 대표이사 0 0 0 (인)</td><td>수 수 료
없 음</td></tr>
</table>

<table>
<tr><td colspan="5">재 직 증 명 서</td></tr>
<tr><td rowspan="2">인적사항</td><td>성 명</td><td></td><td>주민등록번호</td><td></td></tr>
<tr><td>주 소</td><td colspan="3"></td></tr>
<tr><td rowspan="3">재직사항</td><td>소 속</td><td colspan="3"></td></tr>
<tr><td>직 위</td><td colspan="3"></td></tr>
<tr><td>재직기간</td><td colspan="3">20 년 월 일부터 - 20 년 월 일 현재까지</td></tr>
<tr><td>용 도</td><td colspan="4"></td></tr>
<tr><td colspan="5">위와 같이 재직하고 있음을 증명합니다.

20 년 월 일

발행인 :
직 위 :
주 소 :

(주)0000 대표이사 0 0 0 (인)</td></tr>
</table>

06 주 메뉴 [입력(D)]의 열림상자 기본 메뉴 [표]의 아이콘 '표( )'를 이용하여 다음과 같은 형식의 결석사유서를 제작해보시오.

<table>
<tr><td colspan="4">결 석 사 유 서</td></tr>
<tr><td>학 과</td><td colspan="3"></td></tr>
<tr><td>학 번</td><td></td><td>성 명</td><td>(인)</td></tr>
<tr><td>기 간</td><td colspan="3">20 년 일 일부터 20 년 일 일까지 (일간)</td></tr>
<tr><td>사 유</td><td colspan="3"></td></tr>
<tr><td colspan="4">위와 같이 결석사유서를 제출합니다.
20 년 월 일</td></tr>
</table>

07 주 메뉴 [입력(D)]의 열림상자 기본 메뉴 [표]의 아이콘 '표( )'를 이용하여 다음과 같은 형식의 가계부를 제작해보시오.

20　　년 (　　)월 가계부

날 짜	내 역	수 입	지 출	잔 액	비 고 (현금/카드)
	전월 이월 금액				
1					
2					
3					
4					
5					
6					
7					
8					
9					
10					
11					
12					
13					
14					
15					
16					
17					
18					
19					
20					
21					
22					
23					
24					
25					
26					
27					
28					
29					
30					
31					
합 계					
	월중 평균 지출				
	흑자 및 적자				

CHAPTER

03

세련된 문서 편집을 위한 고급 기능

3.1 다단을 이용한 홍보용 팸플릿 만들기

3.2 글맵시를 이용한 세미나 초대장 만들기

3.3 메일 머지를 활용한 안내장 만들기

03
CHAPTER

세련된 문서 편집을 위한 고급 기능

3.1 다단을 이용한 홍보용 팸플릿 만들기

소책자 형식의 팸플릿은 주로 회사나 사업의 전모를 소개하거나, 상품을 주제로 한 영업안내, 보고서, 요람, 편람 등이 있다. 팸플릿의 크기, 인쇄판형, 페이지 수 등은 용도에 따라 매우 다양하며, 시각 디자인의 점진적인 진보에 따라 점차 화려해지고 있다. 팸플릿의 디자인은 표지에 신경을 써서 사업계획이나 상품의 이미지를 단적으로 잘 드러내도록 설계하여야 하며, 내용면의 편집도 활자와 삽화의 적절한 선정, 명쾌한 레이아웃으로 시대적 감각을 잘 살려 처리해야 한다. 본 절에서는 다단 나누기 기능과 포토샵을 이용하여 다음 그림과 같이 3단으로 구성된 우리대학교 컴퓨터정보공학부(학과)를 홍보하기 위한 초간단 팸플릿의 내면을 제작해 보도록 한다.

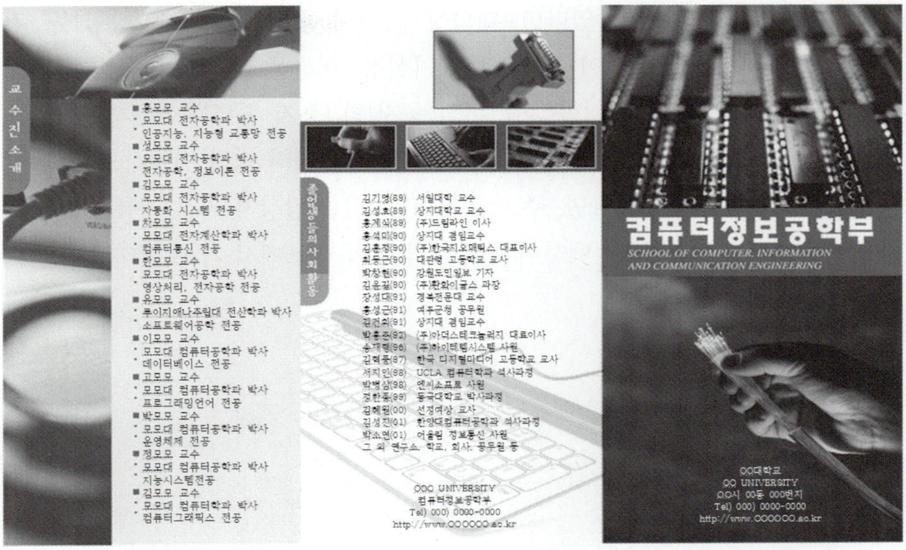

단계 1 팸플릿을 만들기 위한 용지 설정을 하기 위하여 주 메뉴 [쪽(W)]–[편집 용지(J)]를 선택하거나 단축키 〈F7〉을 실행하여 대화상자 [편집 용지]가 나타나게 한다. 만약 주 메뉴 [쪽(W)]의 열림상자 기본 메뉴를 사용하려면 단계 1 을 수행하지 않고 단계 2 로 바로 넘어간다.

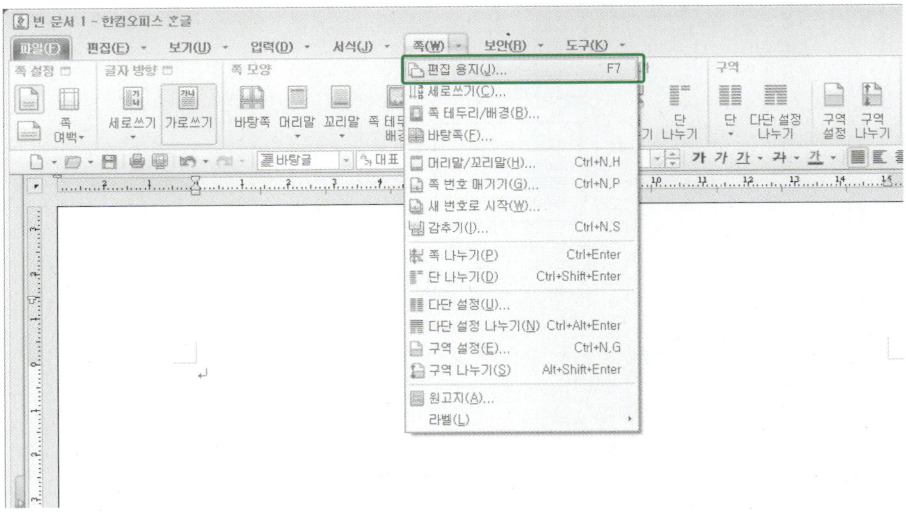

단계 2 **단계 1** 을 수행하였다면, 대화상자 [편집 용지]에서 [용지 방향]을 '가로(A)' 로 마우스를 사용하여 선택해주고, [설정] 버튼을 마우스로 클릭하여 대화상자를 닫는다. 여기서 대화상자 [편집 용지]의 [용지 종류]와 [용지 여백] 등의 메뉴는 제작하고자 하는 팸플릿의 스팩(Spec)에 따라 직접 변경하도록 한다. **단계 1** 을 수행하지 않았다면, 주 메뉴 [쪽(W)]의 열림상자 기본 메뉴 [쪽 설정]의 아이콘 '가로( )' 를 선택하여 용지의 방향이 세로에서 가로 형태로 변경되도록 한다.

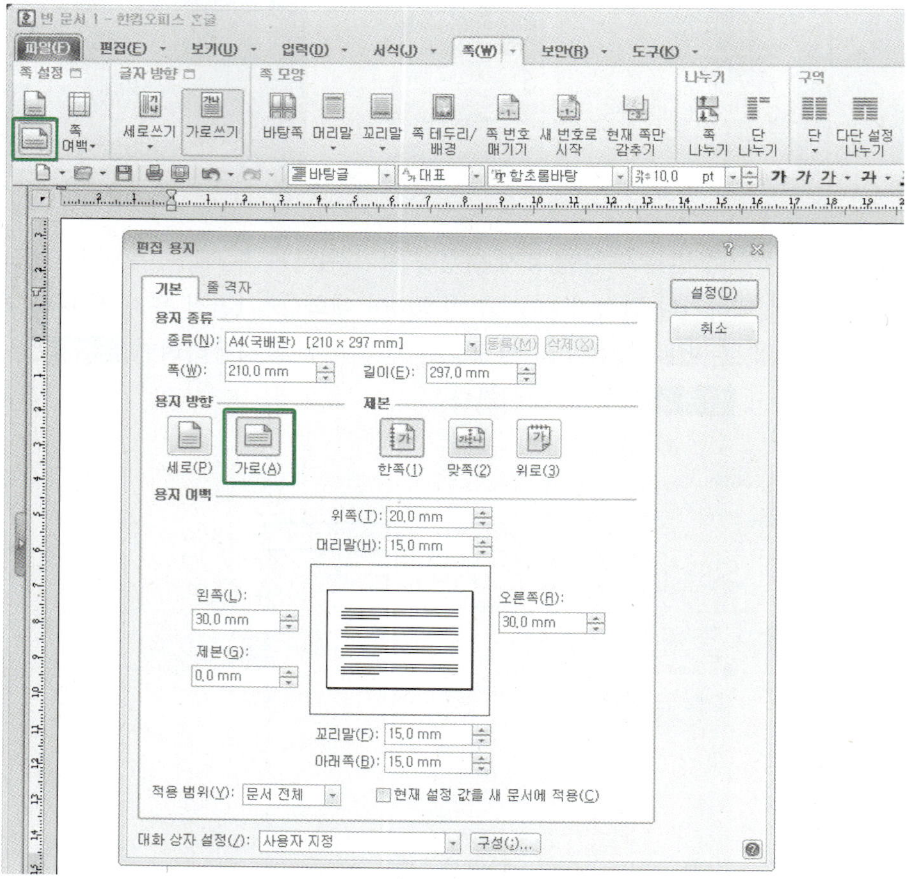

단계 3 용지 방향이 가로로 넓게 변경되었는지를 확인한 다음, 팸플릿을 만들기 위한 초기 과정으로서 다단 나누기를 수행하기 위해 주 메뉴 [쪽(W)]–[다단 설정(U)] 혹은 주 메뉴 [쪽(W)]의 열림상자 기본 메뉴 [구역]의 아이콘 '단(단)'을 마우스로 클릭하여 대화상자 [단 설정]이 나타나게 한다.

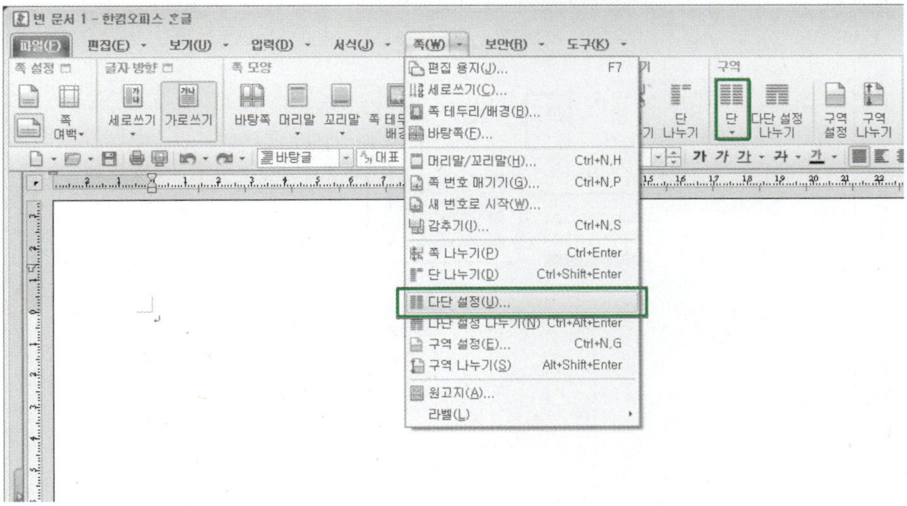

단계 4 대화상자 [단 설정]의 [자주 쓰이는 모양]에서 '셋(T)'을 마우스로 클릭하고, '구분선 넣기'를 마우스로 체크한 다음, [종류]를 마우스로 클릭하여 다단의 구분선을 '…………'으로 선택하고 [설정] 버튼을 클릭하여 대화상자를 빠져나온다. 혹은 주 메뉴 [쪽(W)]의 열림상자 기본 메뉴 [구역]의 아이콘 '단(단)'을 클릭하고 하부 메뉴에서 '셋'을 선택해준다.

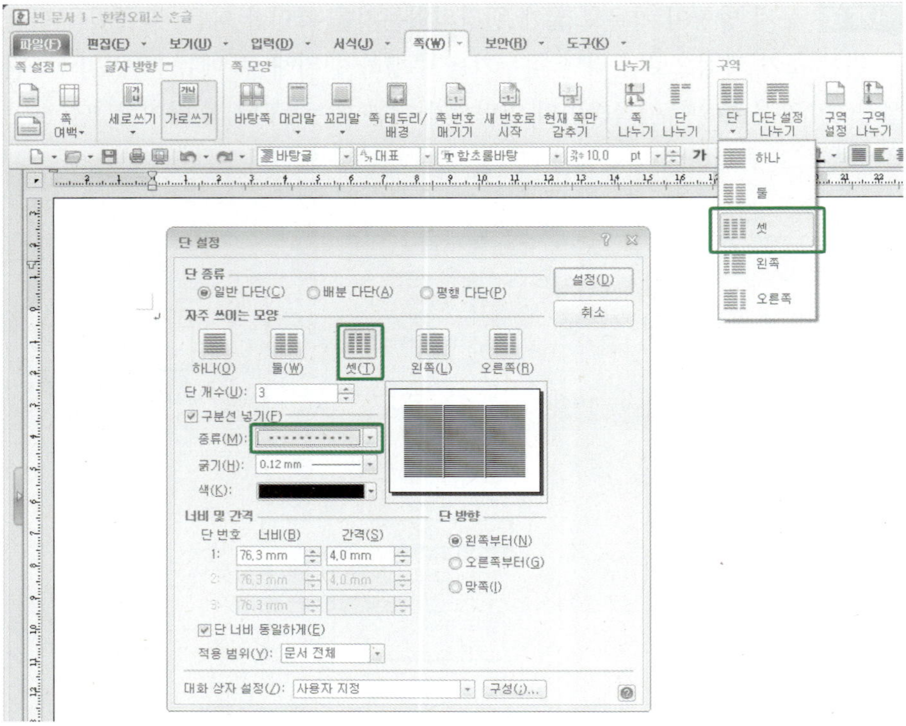

단계 5. 다단('3단')이 제대로 나누어졌는지 키보드의 〈Enter〉키를 현재 페이지의 끝까지 눌러 확인을 한다.

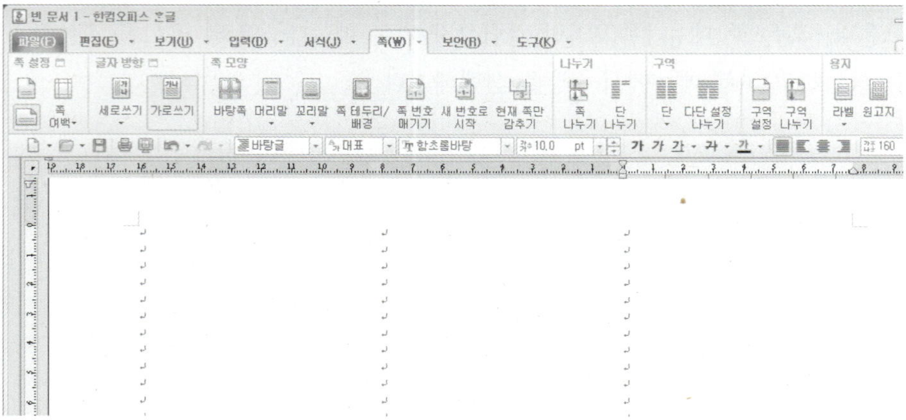

단계 6 포토샵이나 일러스트레이터 등에서 3단으로 분리하여 미리 제작한 배경 이미지를 불러와서 다단의 배경으로 붙여넣기 위한 준비를 한다.(포토샵 사용법은 본 절에서 다루지 않으며, 본 절에서 사용하기 위해서는 직접 제작해보기 바란다.) 다단에 이미지를 붙여넣기 위해서는 먼저 이미지 뷰어(ALSee 등)를 사용하여 이미지를 확인한 다음 이미지 뷰어 상태에서 복사(Ctrl+C)한다.

단계 7 다시 한글 2010의 작업 문서로 돌아와서 다단의 맨 왼쪽 시작 부분에서 붙여넣기(Ctrl+V)하면, 복사된 이미지가 다단 전체를 포함하면서 문서에 삽입이 된다. 이때 3단으로 나눈 문서의 넓이보다 붙여넣기 한 이미지가 작을 경우에는 마우스로 이미지를 클릭하여 양쪽 모서리 부분에 제어 점들이 나타나게 하고, 제어 점들을 축소/확대시켜 문서에 꽉 차게 수정한다.

단계 8 붙여넣기 한 이미지를 선택한 후 마우스 오른쪽 버튼을 클릭하여 표시되는 메뉴들 중 [본문과의 배치(J)]-[글 뒤로(T)]를 선택하거나 단축키 〈Shift+End〉를 눌러준다. 혹은 새로 표시된 주 메뉴 [그림]의 열림상자 기본 메뉴 [배치]의 아이콘 '글 뒤로( )'를 클릭하여 이미지가 글 뒤로 배치가 되게 한다.

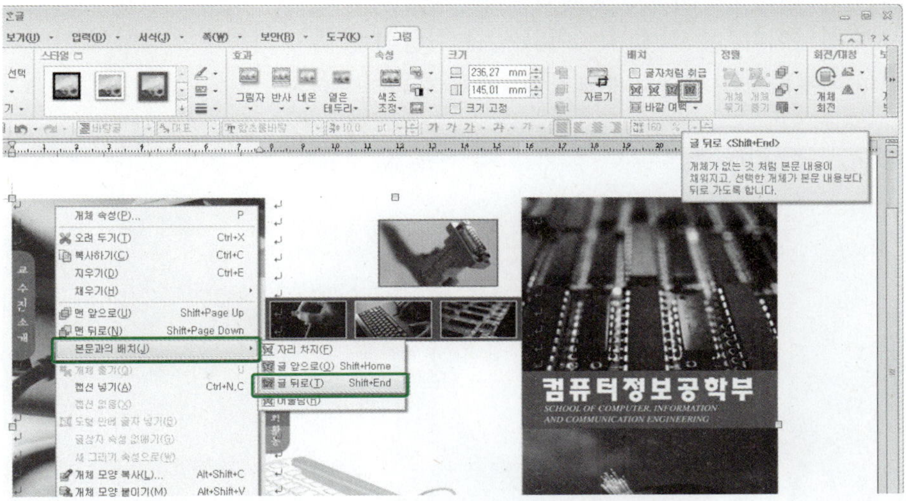

단계 9 팸플릿의 내면에 들어갈 모든 문장들을 입력하고 배경 이미지에 맞게 적당히 균형이 잡히도록 문장들의 속성(글꼴, 글자 크기, 글자 색, 줄 간격 등)을 설정한다.

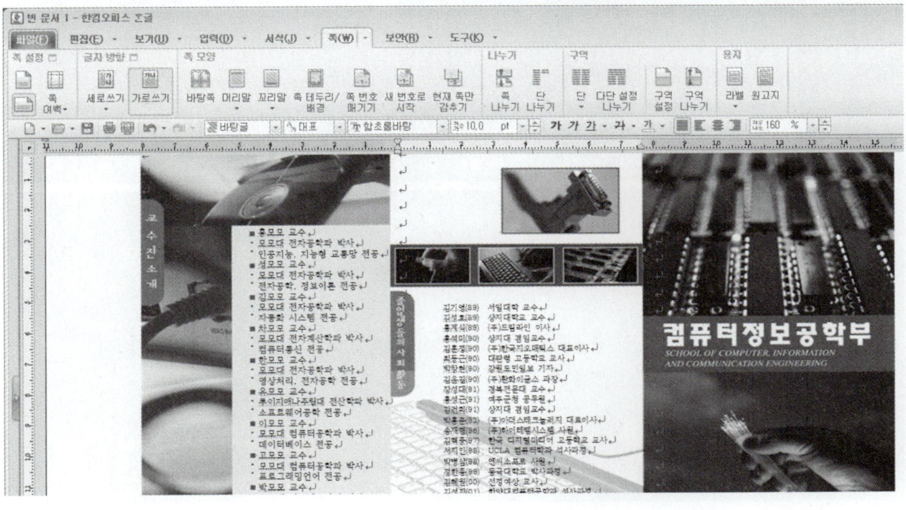

3.2 글맵시를 이용한 세미나 초대장 만들기

한글에서 글맵시를 사용한 문자 표현 기능은 매우 다양해서 표준적인 한글 형태가 아닌 다양한 유형의 문자를 표현할 수 있기 때문에 자주 사용되는 기능 중의 하나이다. 본 절에서는 이와 같은 한글의 글맵시 기능을 이용하여 가상의 세미나 초대장을 간단하게 제작해보도록 한다.

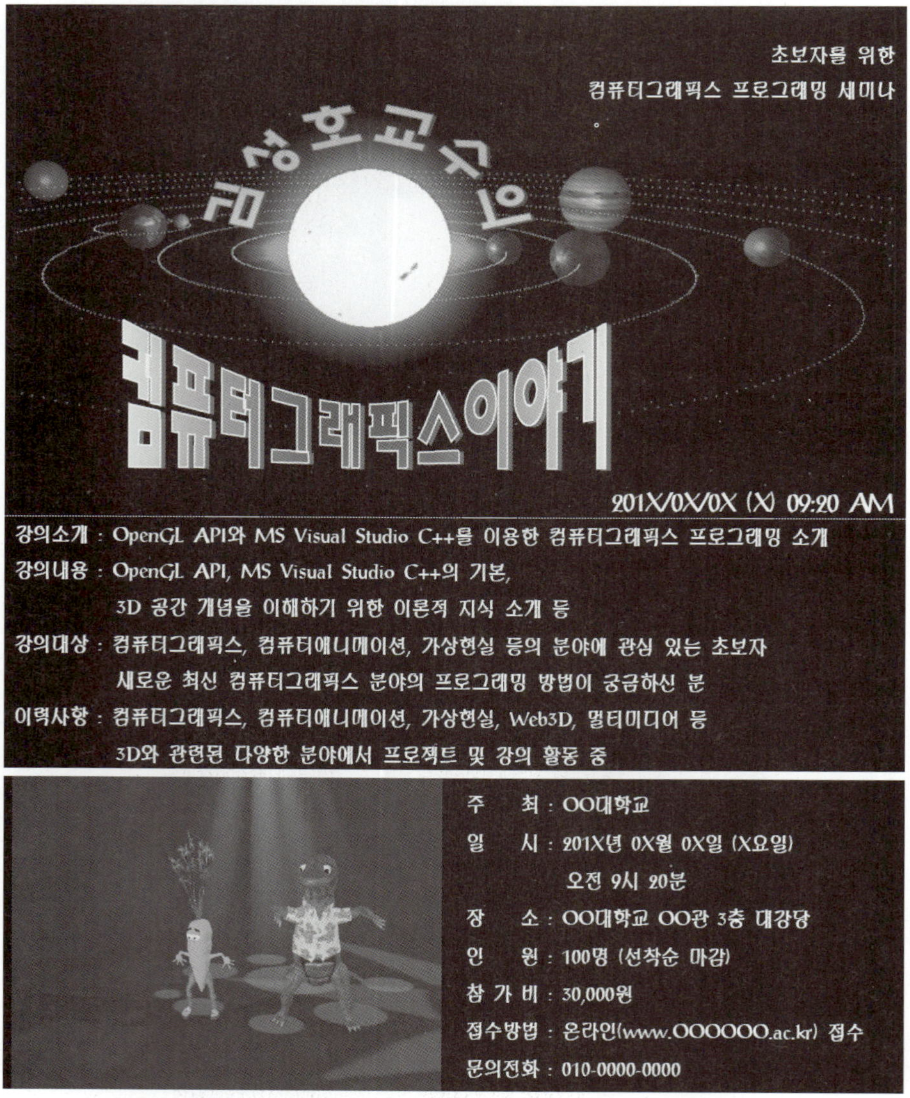

단계 1 주 메뉴 [파일(F)]-[새 문서(N)]-[한글 2010 문서(H)]를 실행하거나 단축키 〈Alt+N〉을 실행하여 새 문서를 작성할 준비를 한다. 그리고 주 메뉴 [입력(D)]-[표(T)]-[표 만들기(T)] 혹은 주 메뉴 [입력]의 열림상자 기본 메뉴 아이콘 '표( )' 를 사용하거나 단축키 〈Ctrl+N, T〉를 사용하여 3×1 크기의 표를 생성한다. 특히 주 메뉴 [입력(D)]의 열림상자 기본 메뉴 아이콘 '표( )' 를 사용할 경우에는 표의 줄 수와 칸 수를 마우스로 드래그하면서 지정하는 순간 실시간으로 문서에 표가 생성되기 때문에 당황하지 말고 차분하게 확인하여야 한다.

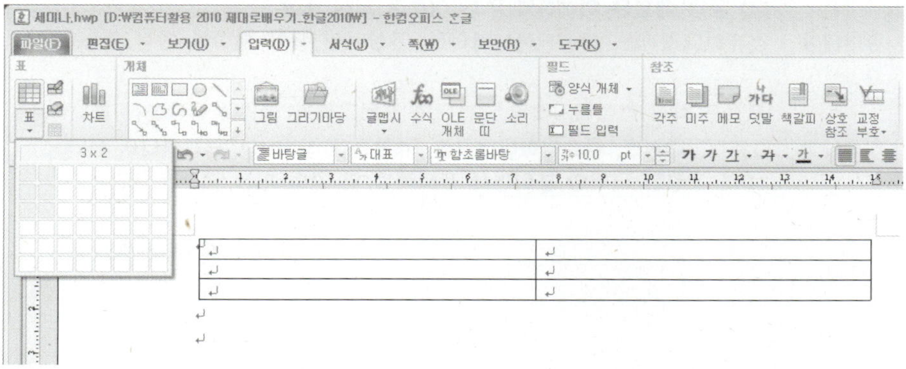

단계 2 생성된 표의 첫 번째와 두 번째 줄은 하나의 셀로 구성되어져야 하기 때문에 각 줄마다 마우스로 클릭 및 드래그하여 선택한 다음 새로 표시되는 주 메뉴 [표(Q)]의 열림상자 기본 메뉴 [셀 편집]의 아이콘 '셀 합치기( )' 를 클릭한다.

단계 3 모든 셀마다 필요한 모든 문자를 입력한다. 이때 글꼴, 글자 크기, 글자 색 등의 속성은 미리 설정하고 입력하여도 무관하다.

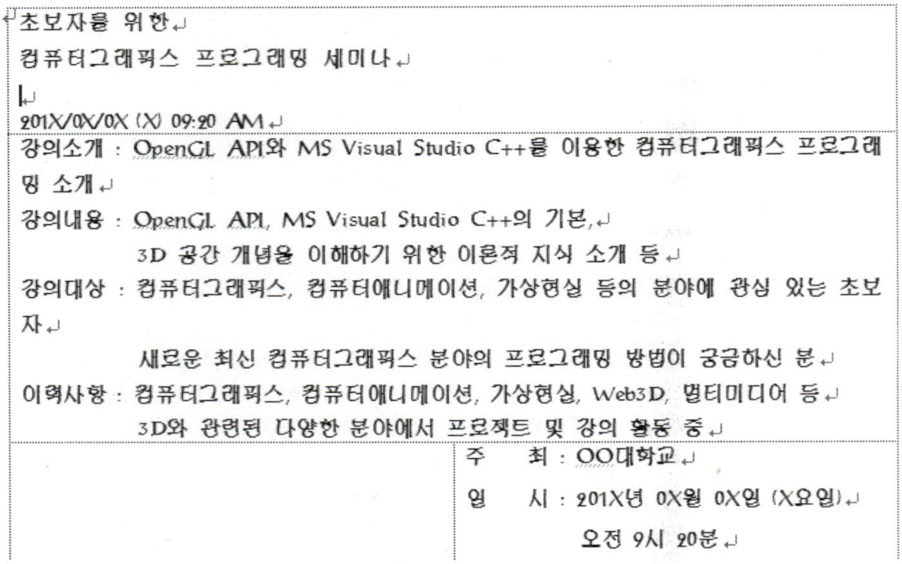

초보자를 위한
컴퓨터그래픽스 프로그래밍 세미나

201X/0X/0X (X) 09:20 AM

강의소개 : OpenGL API와 MS Visual Studio C++를 이용한 컴퓨터그래픽스 프로그래밍 소개
강의내용 : OpenGL API, MS Visual Studio C++의 기본,
3D 공간 개념을 이해하기 위한 이론적 지식 소개 등
강의대상 : 컴퓨터그래픽스, 컴퓨터애니메이션, 가상현실 등의 분야에 관심 있는 초보자
새로운 최신 컴퓨터그래픽스 분야의 프로그래밍 방법이 궁금하신 분
이력사항 : 컴퓨터그래픽스, 컴퓨터애니메이션, 가상현실, Web3D, 멀티미디어 등
3D와 관련된 다양한 분야에서 프로젝트 및 강의 활동 중

주　　최 : OO대학교
일　　시 : 201X년 0X월 0X일 (X요일)
오전 9시 20분

단계 4 표의 모든 셀을 마우스로 클릭 및 드래그하여 모두 선택한 다음, 새로 표시된 주 메뉴 [표(Q)]의 열림상자 기본 메뉴 [셀 속성]의 아이콘 '셀 배경 색( )' 을 클릭하고, 검정색(0, 0, 0)을 선택한다.

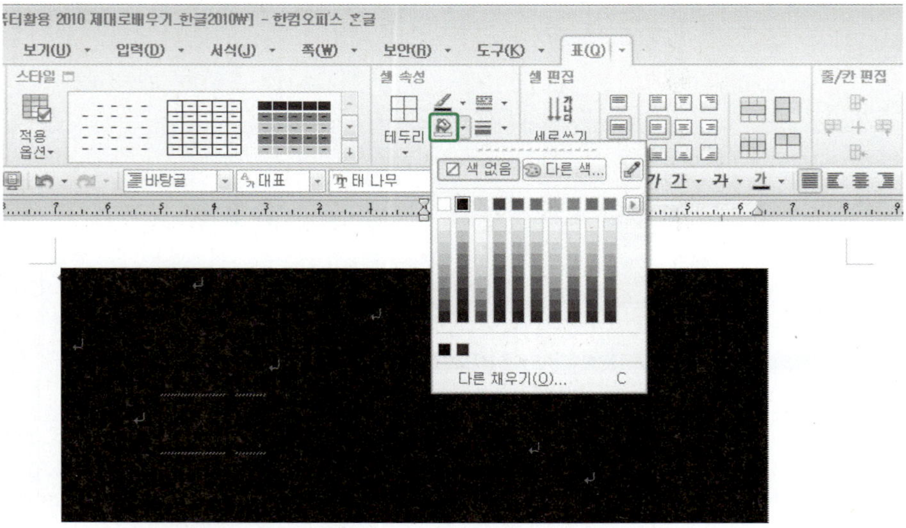

단계 5 표의 모든 셀이 선택된 상태에서 도구상자 서식 메뉴의 아이콘 '글자색(가)'을 클릭하고, 하얀색(255, 255, 255)을 선택한다.

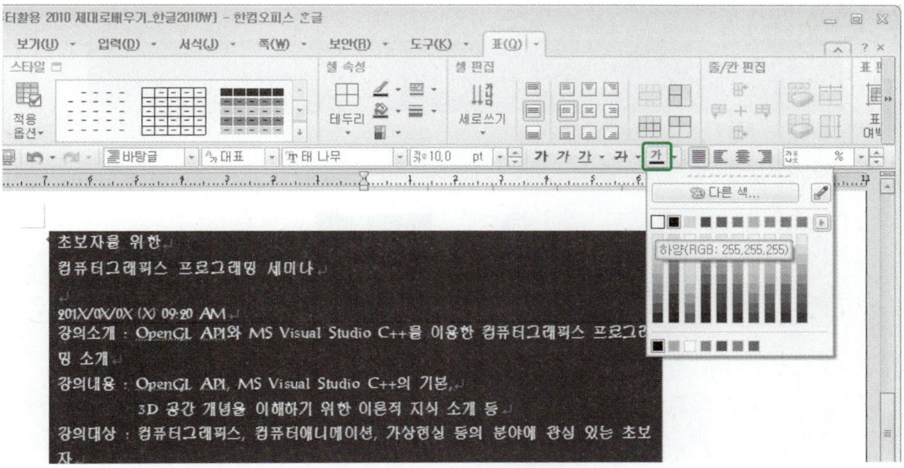

단계 6 커서를 첫 번째 줄의 셀 내부 임의의 위치에 두고 주 메뉴 [입력(D)]-[그림(P)]-[그림(I)]을 선택하거나 주 메뉴 [입력(D)]의 열림상자 기본 메뉴 아이콘 '그림(그림)'을 클릭하여 대화상자 [그림 넣기]를 표시한다.

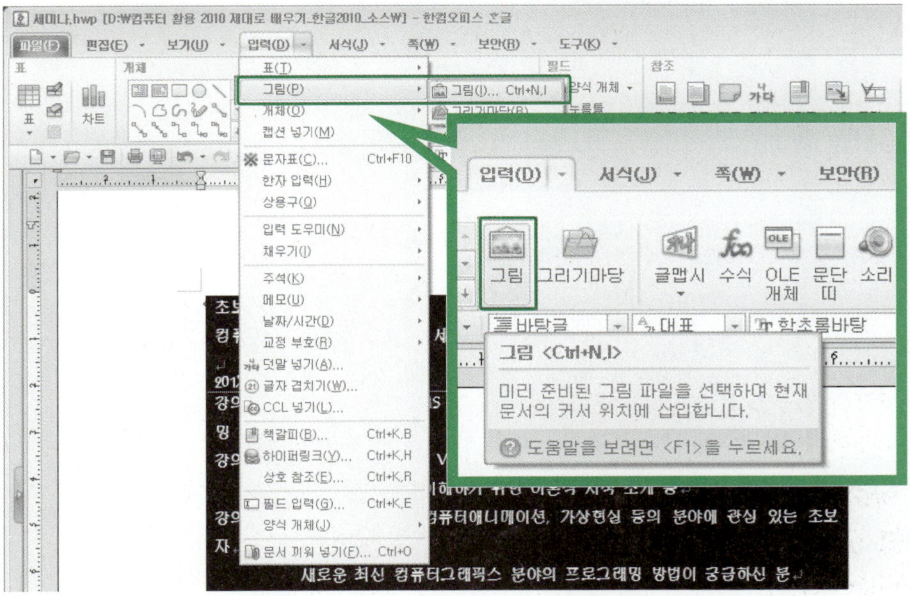

단계 7 대화상자 [그림 넣기]에서 첫 번째 줄의 셀에 입력할 그림을 읽어온다. 이때 파일 형식(T) 아래 부분의 체크박스 '문서에 포함(B)'과 '글자처럼 취급(C)'이 선택되어져 있는지 확인하기 바란다.

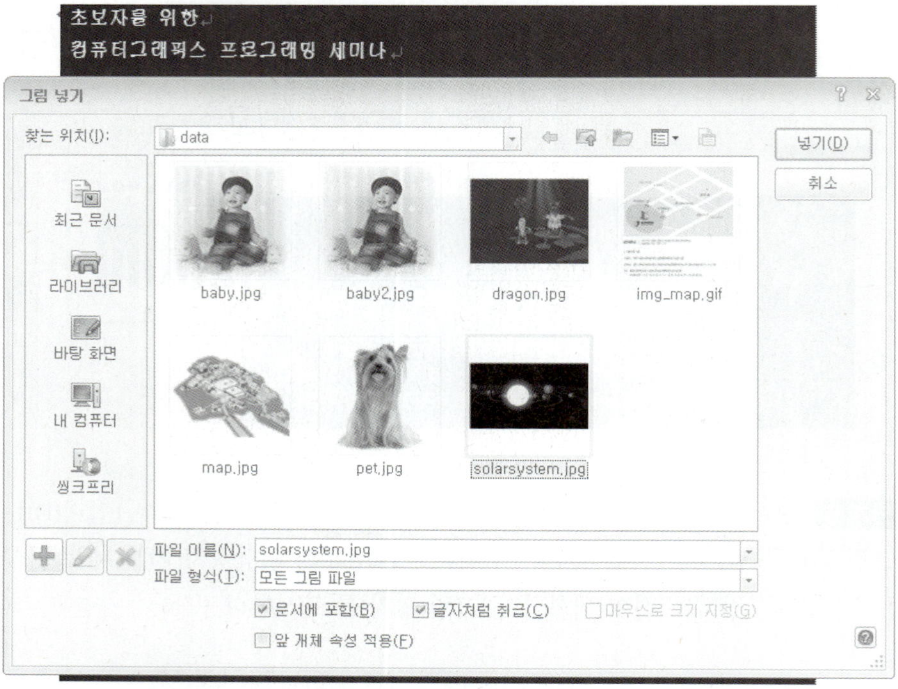

단계 8 삽입된 그림을 마우스로 클릭하여 선택한 상태에서 새로 표시된 주 메뉴 [그림]의 열림상자 기본 메뉴 [배치]의 아이콘 '글 뒤로( )'를 클릭하여 셀 안의 모든 문자들이 그림 앞으로 표시되도록 한다.

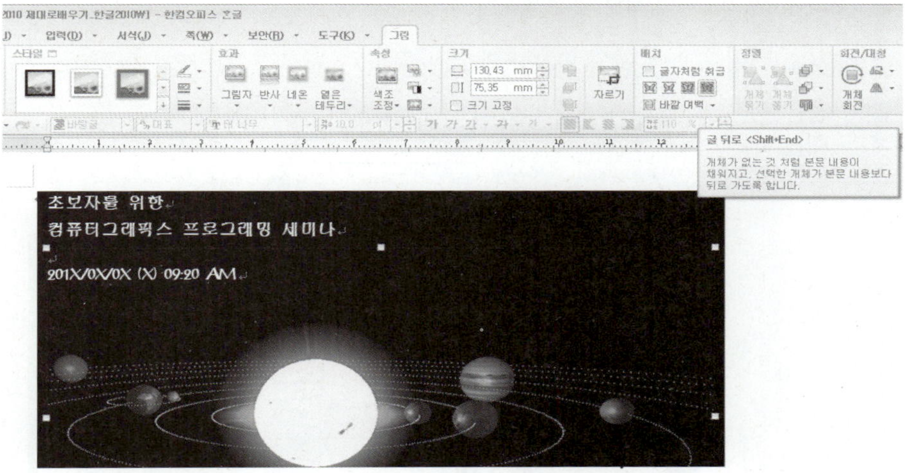

단계 9 첫 번째 줄의 모든 문자들을 마우스로 선택 및 드래그하여 선택한 다음, 도구상자 서식 메뉴의 아이콘 '오른쪽 정렬( )'을 선택하여 문자들이 셀의 오른쪽 부분으로 정렬되게 한다.

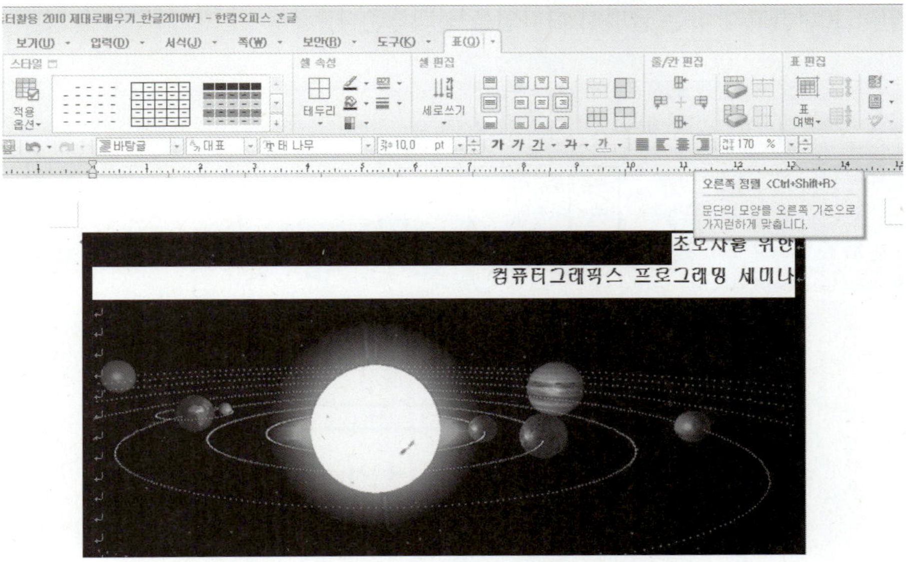

단계 10 삽입된 그림이 셀 내부의 전체적인 배경으로 잘 어울릴 수 있도록 마우스로 그림을 선택한 다음 이동 및 확대/축소시켜준다. 그리고 주 메뉴 [입력(D)]-[개체(O)]-[글맵시(X)]를 선택하거나 주 메뉴 [입력(D)]의 열림상자 기본 메뉴 [개체]의 아이콘 '글맵시( )'를 클릭한다.

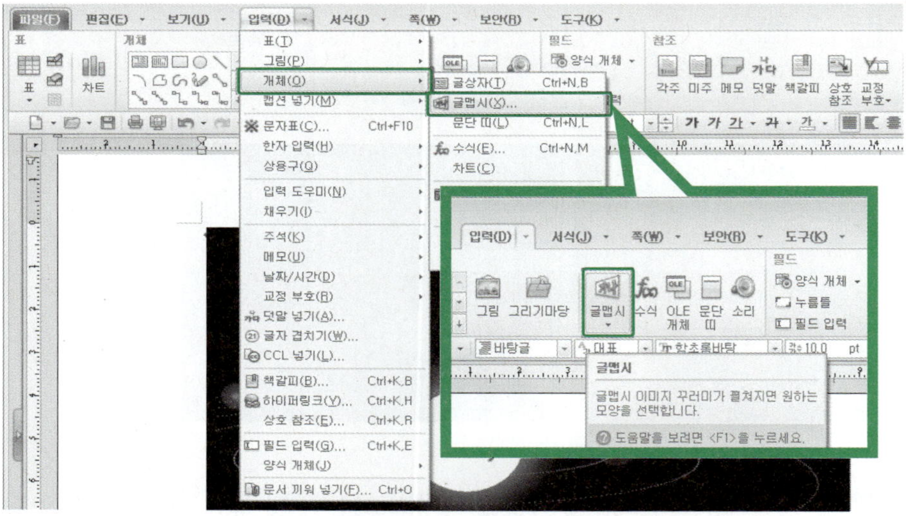

단계 11 주 메뉴 [입력(D)]의 열림상자 기본 메뉴 [개체]의 아이콘 '글맵시( )'를 선택할 경우에는 글맵시의 여러 가지 유형을 한꺼번에 보여주는데, 여기서 본인이 표현하고자 하는 글맵시 디자인을 선택해준다.

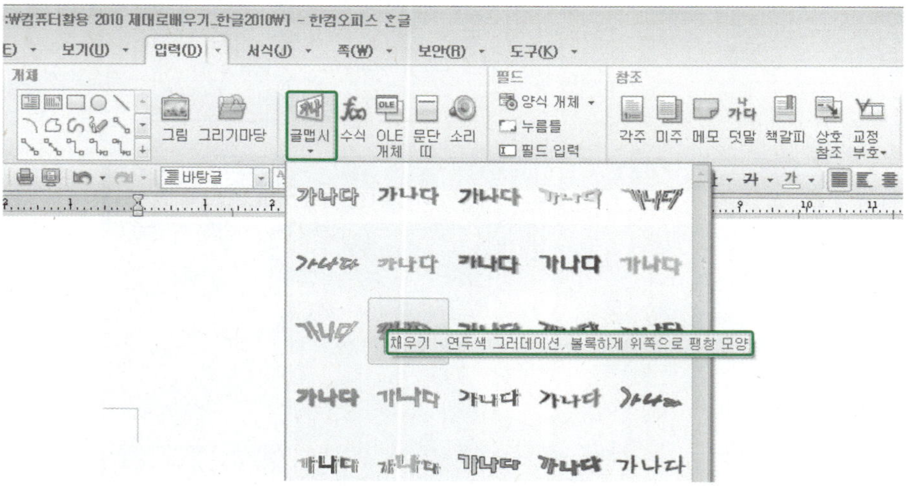

단계 12 주 메뉴 [입력(D)]-[개체(O)]-[글맵시(X)]를 선택할 경우에는 대화상자 [글맵시 만들기]가 표시되는데, [내용(T)] 부분에 글맵시로 표현할 문자("김성호교수의")를 입력하고 제일 아래 부분의 [글맵시 모양(M)]을 클릭하여 '위쪽 원호' 를 선택해준다.

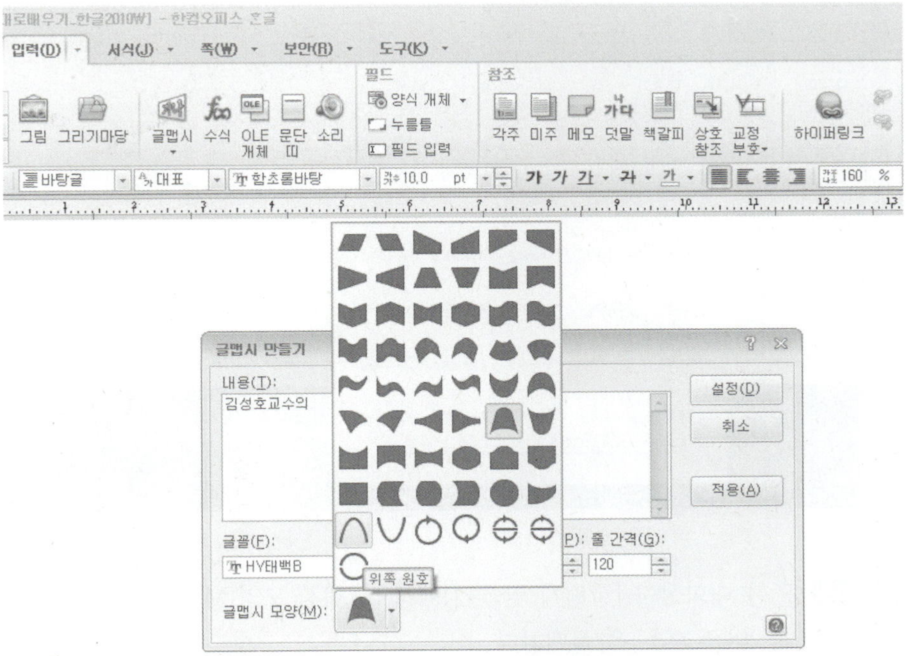

단계 13 표의 셀 내부에 글맵시가 만들어진 결과를 보고 배경에 잘 어울릴 수 있도록 글맵시를 마우스로 클릭하여 선택하고 글맵시의 위치, 크기 등을 마우스로 조정한다.

단계 14 두 번째 글맵시를 만들기 위하여 **단계 10** 에서 **단계 13** 까지 과정과 동일하게 문자('컴퓨터그래픽스이야기')에 대한 글맵시를 만든다. 단, 주 메뉴 [입력(D)]의 열림상자 기본 메뉴 [개체]의 아이콘 '글맵시( )'를 선택할 경우에는 첫 번째 글맵시 만들기에 선택한 글맵시 유형과는 다른 것을 선택하여 구별되도록 한다.

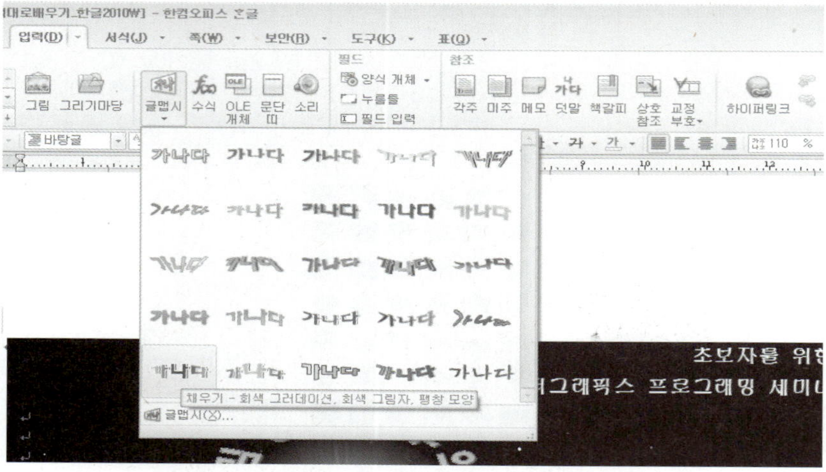

단계 15 또한 대화상자 [글맵시 만들기]에서 [글맵시 모양(M)]도 첫 번째 글맵시와 다르게 '위쪽 수축'을 선택한다.

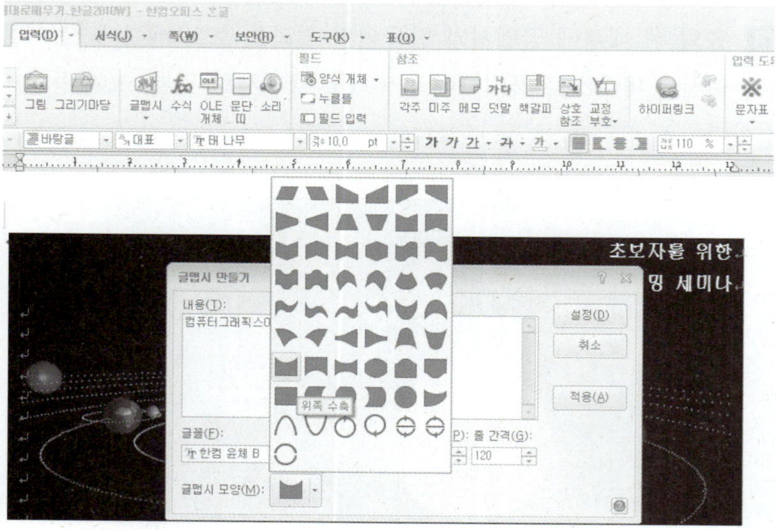

단계 16 표의 첫 번째 줄의 셀 내부의 마지막 문자("201X/0X/0X (X) 09:20 AM")를 마우스로 클릭 및 드래그하여 선택한 다음, 도구상자 서식 메뉴의 아이콘 '글자 색(가 ▾)'을 선택하여 문자 색을 변경한다. 그리고 글자 크기를 적절히 변경한다.

단계 17 표의 두 번째 줄을 단축키 〈F5〉를 사용하여 선택한 다음, 도구상자 서식 메뉴의 아이콘 '글자 크기(10.0 pt)'를 클릭하여 셀 내부에 문자들이 제대로 정렬되도록 글자 크기('9pt')를 줄여준다.

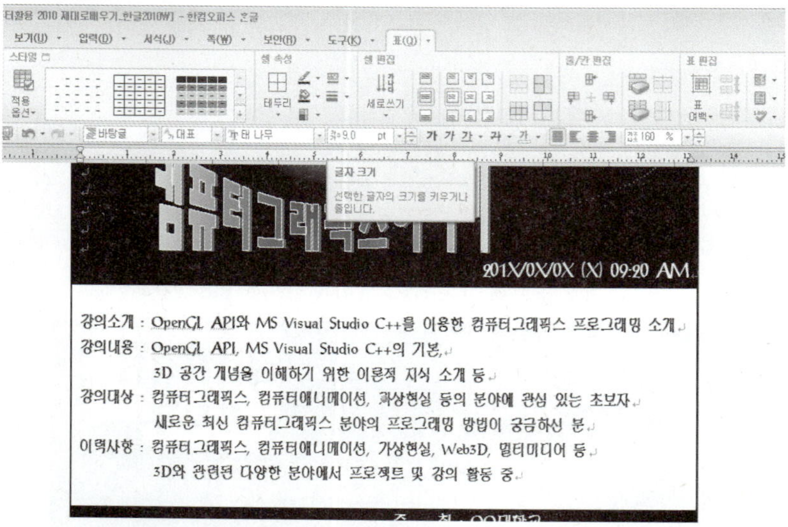

단계 18 표의 두 번째 셀이 선택된 상태에서 새로 표시된 주 메뉴 [표(Q)]의 열림상자 기본 메뉴 [셀 속성]의 아이콘 '셀 테두리 모양( )'을 클릭하여 점선('…')을 선택해준다.

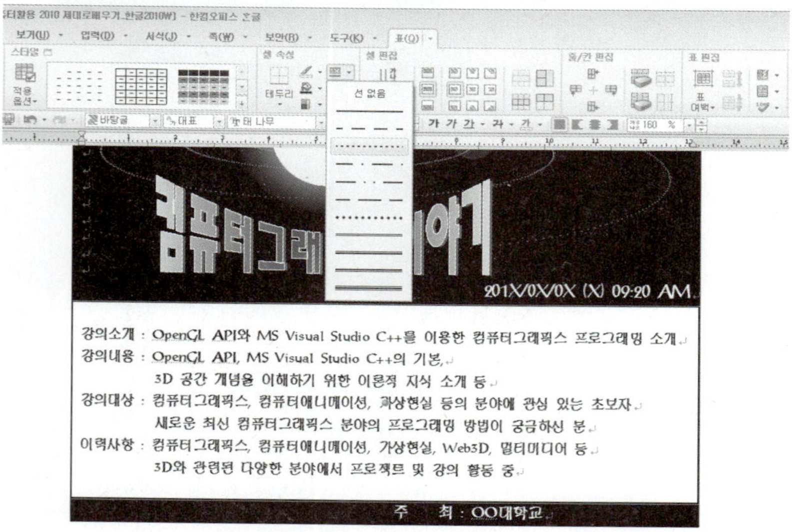

단계 19 표의 두 번째 셀이 선택된 상태에서 새로 표시된 주 메뉴 [표(Q)]의 열림상자 기본 메뉴 [셀 속성]의 아이콘 '셀 테두리 색( )'을 클릭하여 노랑('RGB:255, 255, 0')을 선택해준다.

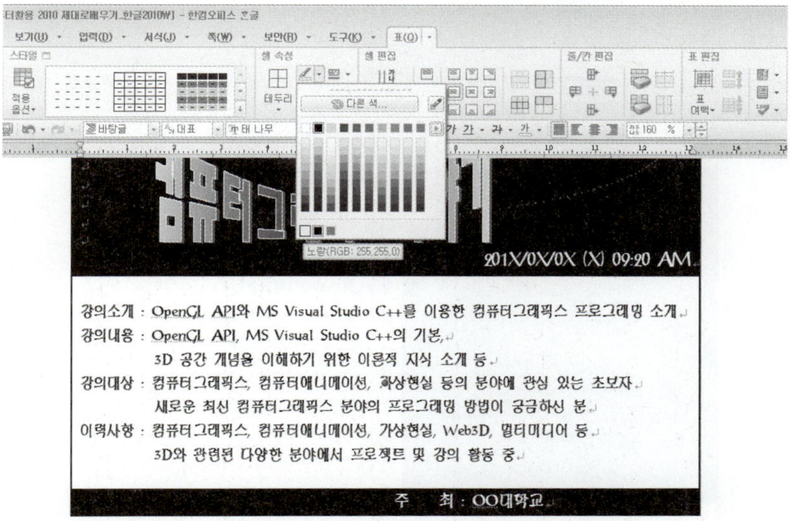

단계 20 표의 두 번째 셀이 선택된 상태에서 새로 표시된 주 메뉴 [표(Q)]의 열림상자 기본 메뉴 [셀 속성]의 아이콘 '테두리(테두리)'를 클릭하여 '위'와 '아래'를 차례대로 선택해준다.

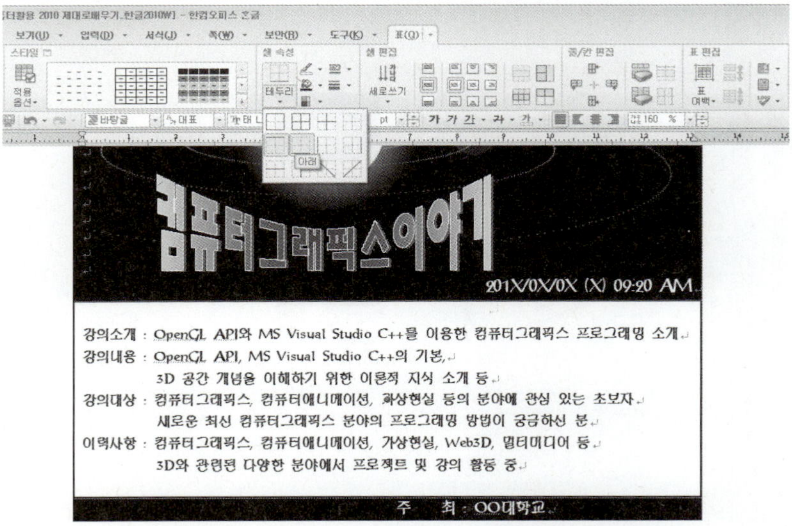

단계 21 표의 세 번째 줄의 두 번째 셀에 있는 모든 문자들을 단축키 〈F5〉를 사용하여 선택하고 도구상자 서식 메뉴의 아이콘 '글자 크기(10.0 pt)'를 선택하여 셀 내부의 문자들이 잘 정렬될 수 있도록 글자 크기('9 pt')를 줄여준다.

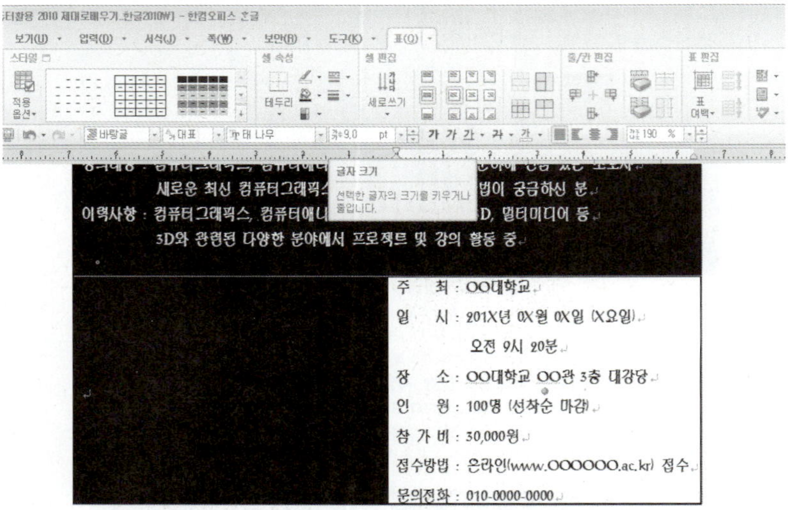

단계 22 표의 세 번째 줄의 첫 번째 셀에 입력할 그림을 넣기 위하여 주 메뉴 [입력(D)]의 열림상자 기본 메뉴 [개체]의 아이콘 '그림(그림)'을 클릭하여 대화상자 [그림 넣기]를 표시하고 삽입할 그림을 찾아온다.

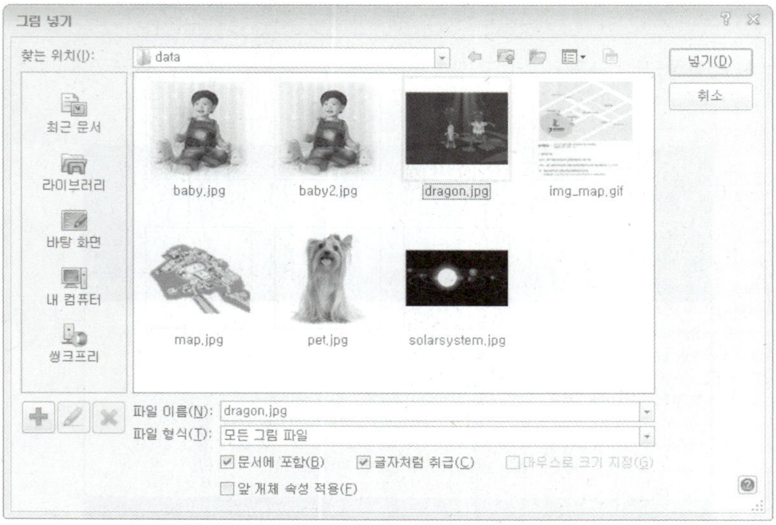

단계 23 표의 세 번째 줄의 첫 번째 셀에 입력된 그림이 셀에 적합하게 정렬되어졌는지를 확인하고 적당히 조정해준다.

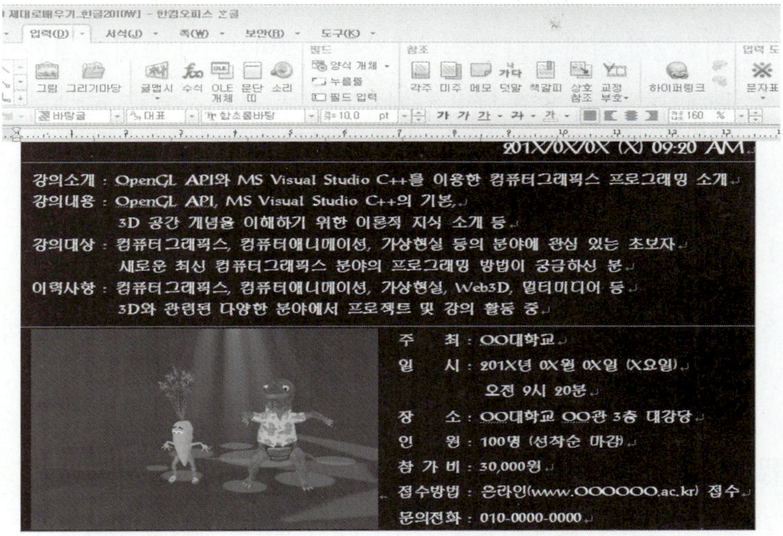

단계 24 마지막으로 표의 모든 셀에 입력된 문자들이 셀 내부에 잘 어울리도록 도구상자 서식 메뉴의 '줄 간격(160 %)'을 선택하여 적당히 변경해줌으로서 세미나 초대장 만들기의 모든 과정을 끝낸다.

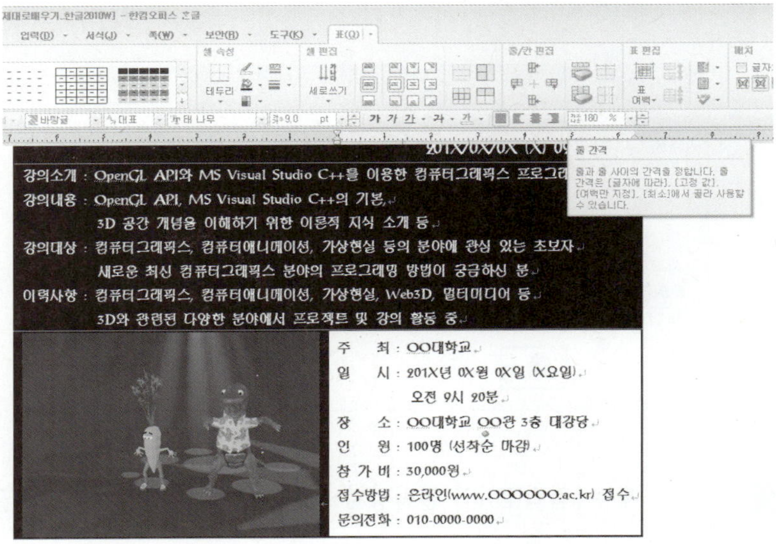

3.3 메일 머지를 활용한 안내장 만들기

우리는 사회생활 속에서 다양한 안내장들을 받아보거나 보내본 경험이 많이 있다. 본 절에서는 한글 문서 작성을 위한 다양한 고급 기능들 중 메일 머지를 활용하여 나만의 개성 있는 안내장을 만들어 보도록 한다.

3.3.1 안내장 만들기

본 절에서는 글맵시, 문자표, 글상자 등의 기능들을 사용하여 체육대회 안내장을 만들어보도록 한다.

(1) 글맵시

앞 절에서 배웠던 글맵시 기능을 이용하여 안내장의 제목을 입력한다.

단계 1 글맵시를 입력하고자 하는 곳에 마우스를 위치시키고 주 메뉴 [입력(D)]–[개체(O)]–[글맵시(X)]를 선택하여 대화상자 [글맵시 만들기]가 보이면 [내용(T)]에 "체육대회 안내장" 이라고 입력하고 각종 속성들(글꼴, 속성, 글자 간격, 줄 간격, 글맵시 모양)을 적당히 설정해주어 안내장의 제목 부분을 완성한다.

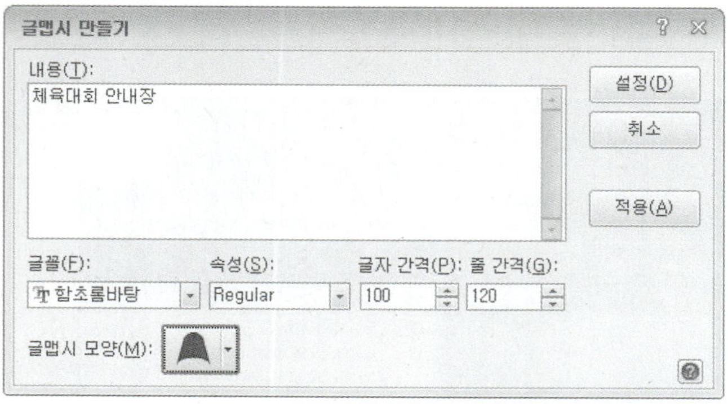

단계 2 또는 주 메뉴 [입력(D)]의 열림상자 기본 메뉴 [개체]의 아이콘 '글맵시

( )’ 를 선택하고 미리 보기로 보이는 글맵시 모양들 중 임의로 하나를 선택한다. 그리고 **단계 1** 과 같은 방법으로 대화상자 [글맵시 만들기]가 보이면 [내용(T)]에 “체육대회 안내장” 이라고 입력하고 각종 속성들(글꼴, 속성, 글자 간격, 줄 간격, 글맵시 모양)을 적당히 설정해주어 안내장의 제목 부분을 완성한다.

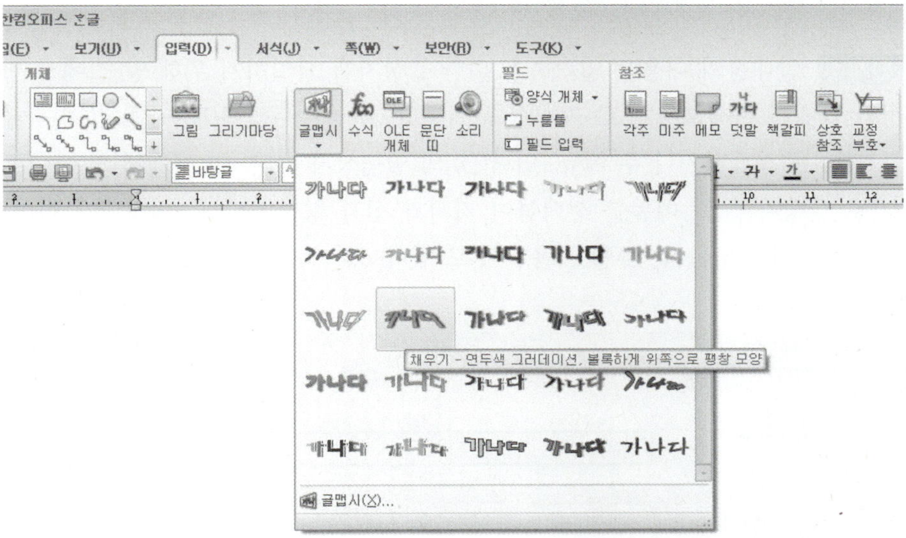

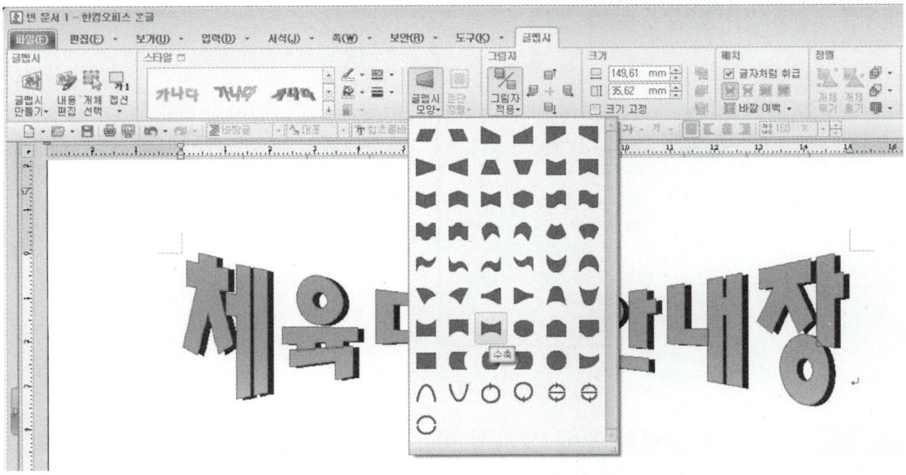

(2) 글상자(Ctrl+N, B)

글상자는 본문의 임의의 위치에 박스형 요약 글을 넣을 때나 제목 및 간단한 문자 등을 삽입할 때 이용한다. 위치와 크기 조절, 글상자 안의 채우기 효과, 테두리 모양과 색깔 바꾸기 등을 자유롭게 설정할 수 있어 쓰임새가 다양하다. 본 절에서는 글상자 기능을 이용하여 안내장의 내용을 삽입할 상자를 만든다.

단계 1 안내장의 내용을 입력하기 위한 글상자를 삽입하기 위해 앞 절에서 생성한 글맵시 아래 부분으로 커서를 옮겨놓고, 주 메뉴 [입력(D)]-[개체(O)]-[글상자(T)]를 선택하거나 주 메뉴 [입력(D)]의 열림상자 기본 메뉴 [개체]의 아이콘 '가로 글상자( )' 메뉴를 선택하여 커서가 십자 형태('+')로 변경되게 한다. 혹은 단축키 〈Ctrl+N, B〉를 사용할 수도 있다.

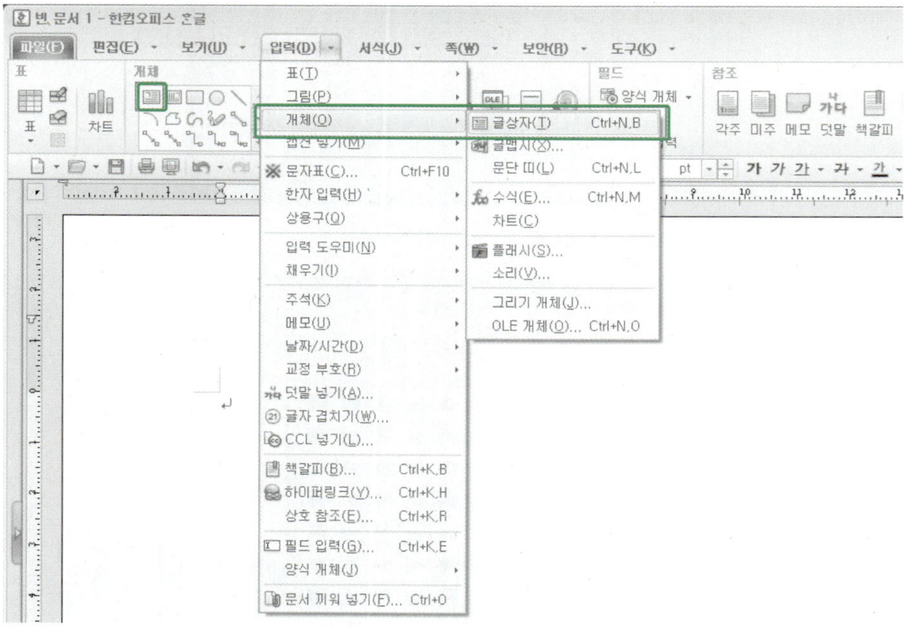

단계 2 글상자를 삽입할 곳에 십자형 마우스 커서를 옮겨놓고 클릭 및 드래그하여 원하는 크기의 글상자를 만든다.

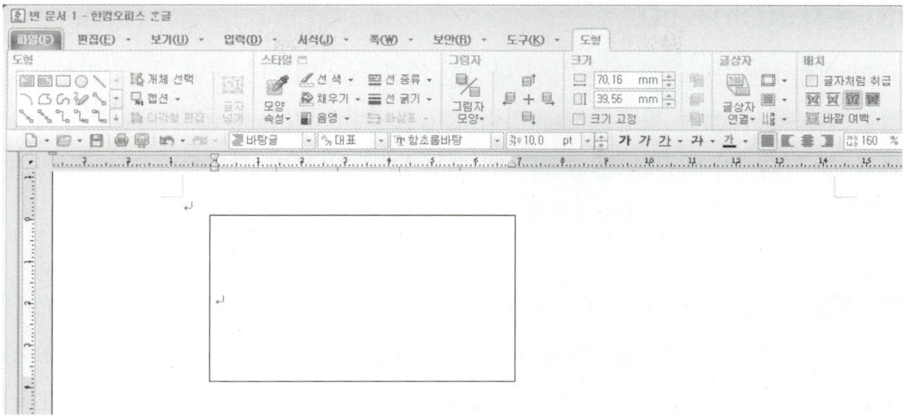

단계 3 사각형 모양의 글상자가 나타나고 글상자 안에서 커서가 깜박이면, 원하는 문자나 문장을 모두 입력한다. 사용자에 의해서 생성된 글상자의 크기보다 더 많은 문장들이 입력되면 글상자의 크기는 자동으로 늘어난다. 만약 필요한 경우 글상자와 관련된 모든 속성들의 변경은 새로 표시된 주 메뉴 [도형]의 열림 상자 기본 메뉴 [도형], [스타일], [그림자], [크기], [글상자], [배치], [정렬], [회전/대칭] 등을 사용하여 조정할 수 있다.

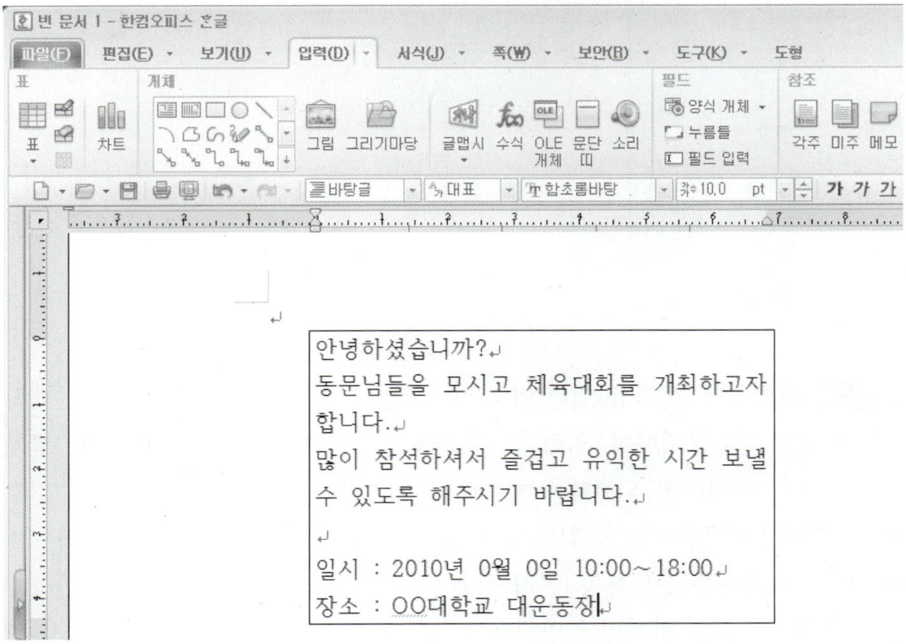

(3) 문자표(Ctrl+F10)

한글에서는 문자표를 이용하여 다양한 기호 삽입이 가능하다. 특히 키보드로 직접 입력할 수 없는 특수문자나 입력하기 불편한 문자들을 글자판을 통하여 입력할 수 있다. 이와 같은 문자표는 탭 메뉴 [사용자 문자표], [유니코드 문자표], [한글(HNC) 문자표], [완성형(KS) 문자표] 등으로 구분되어져 있다.

단계 1 특수문자를 입력하고자 하는 위치에 커서를 놓고 주 메뉴 [입력(D)]-[문자표(C)]를 선택하거나 주 메뉴 [입력(D)]의 열림상자 기본 메뉴 [입력 도우미]의 아이콘 '문자표(※ 문자표)' 의 ' 문자표... '를 선택하여 대화상자 [문자표 입력]이 나타나게 한다. 또는 특수문자를 입력하고자 하는 위치에서 마우스 오른쪽 버튼을 클릭하여 표시되는 메뉴들 중 [문자표(C)]를 선택하거나 단축키 〈Ctrl+F10〉을 사용하여 실행할 수도 있다.

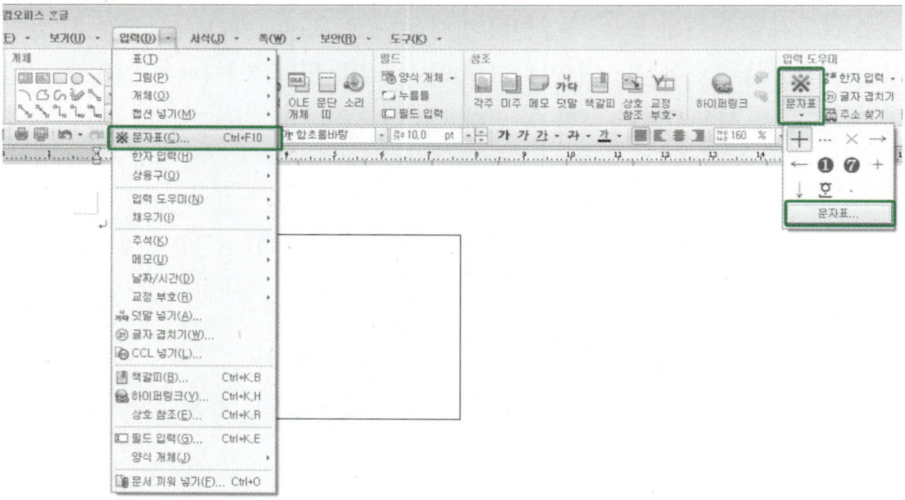

단계 2 대화상자 [문자표 입력]이 나타나면 문서에 삽입할 특수문자를 선택하고 마우스로 더블클릭하여 [입력 문자(G)]에 입력이 되었는지 확인한 다음 [넣기(D)] 버튼을 클릭하면 되는데, '체육대회 초대장' 의 일시 및 장소 앞에 기호 '▶' 를 대화상자 [문자표 입력]의 탭 메뉴 [사용자 문자표]의 [문자 영역(T)]- '☎ 기호2' 를 선택해주고 오른쪽 [문자 선택(C)]에서 찾아 문서에 삽입한다. 만약 2개 이상의 문자표를 한꺼번에 입력하고자 한다면, 입력하고자 하는 문자들을 연

속적으로 더블클릭하여 [입력 문자(G)]에 다수 개의 문자표들이 입력되었는지 확인하고 [넣기(D)] 버튼을 클릭하면 된다.

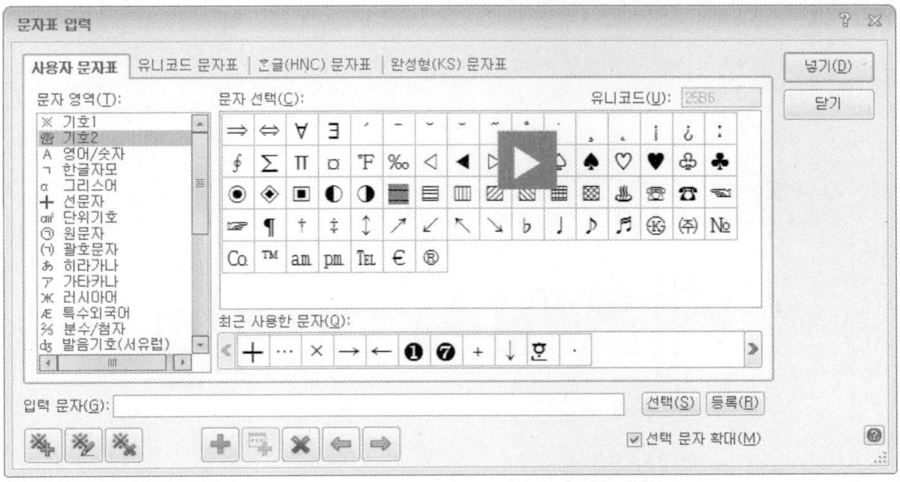

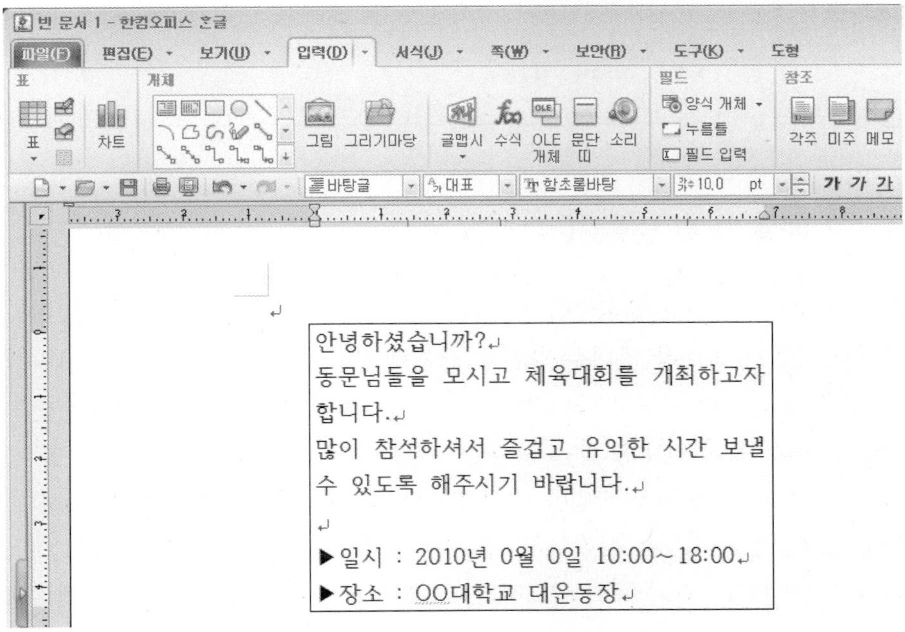

단계 3 안내장의 문장들이 완성되면 각 속성(글꼴, 글자 크기, 글자 색, 여백 및 글맵시의 크기, 위치 등)들을 잘 조정하여 마무리하고, 모든 속성들이 수정되면 '안내장안내문.hwp' 로 저장한다.

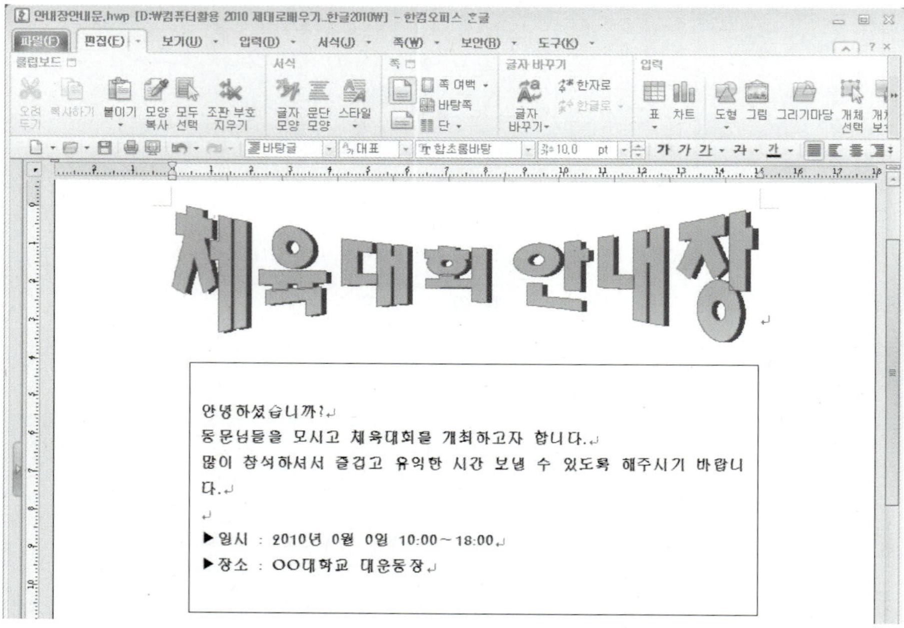

3.3.2 메일 머지 만들기

메일 머지(Mail Merge)는 여러 사람의 이름, 주소 등이 들어 있는 메일 머지 데이터 파일과 안내장 안내문 파일을 결합시킴(merging)으로써, 이름이나 직책, 주소 부분 등만 다르고 나머지 내용이 같은 여러 통의 편지를 한꺼번에 만드는 기능이다. 특히 안내장 같은 문서들을 다수에게 정기적으로 발송해야 할 경우, 많은 양의 단순 반복 작업을 대신할 수 있는 매우 유익한 기능이기도 하다. 이와 같은 [메일 머지]를 실행하기 위해서는 '안내장안내문.hwp' 파일과 '메일머지데이터.hwp' 파일 등이 필요하다. 본 절에서는 다수의 회원들에게 체육대회 행사를 알리는 안내장을 메일 머지로 만들어 보기로 한다.

단계 1 데이터 파일 만들기

① 주 메뉴 [파일(F)]-[새 문서(N)]를 선택하거나 단축키 〈Alt+N〉을 실행하여 새 문서를 만든다.

② 문서의 제일 첫 줄에 항목의 개수를 쓰고, 둘째 줄부터 한 줄에 한 항목씩 입력한다. 항목은 한 장의 안내장을 완성하기 위해 필요한 정보라고 할 수 있다. 예를 들어, 문서를 완성하기 위해 '이름', '전화번호', '주소' 등 3개의 정보가 필요하다면, 첫줄에 '3' 이라고 입력한다. 본 절에서 안내장을 만드는데 필요한 항목은 '안내장을 받을 사람의 이름' 만 필요하므로 데이터 파일의 첫줄에는 '1' 을 입력하고 안내장을 받을 사람들의 이름을 한 줄씩 작성한다. 그리고 데이터를 모두 입력하면 '메일머지데이터.hwp' 로 저장한다.

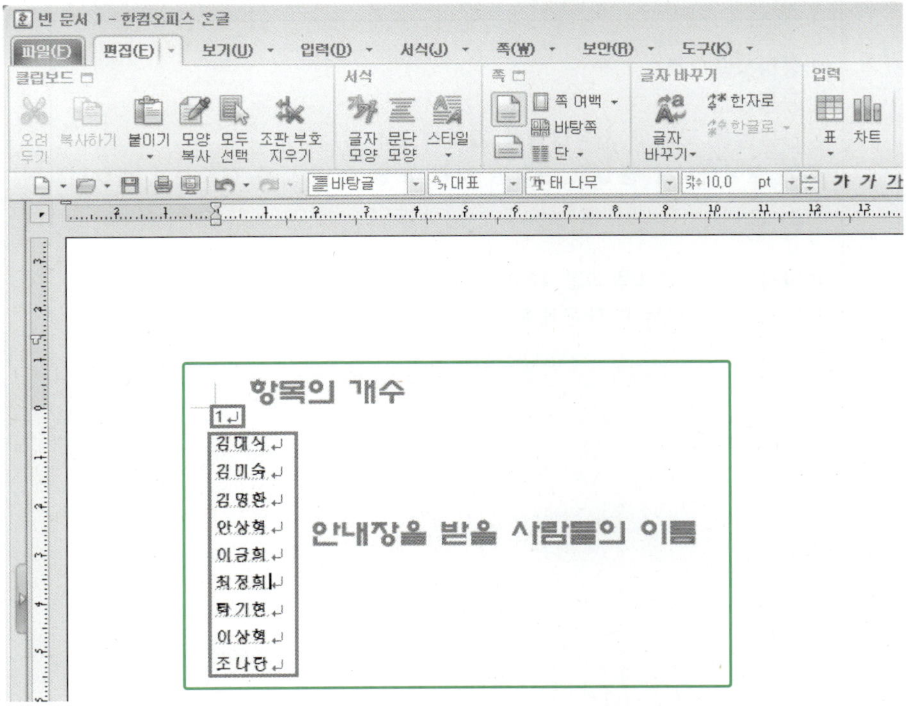

단계 2 메일 머지 표시달기

① 앞 절에서 만든 '안내장안내문.hwp' 파일을 읽어오고, '안내장안내문.hwp' 의 내용 중 둘째 줄에 " 동문님,"을 삽입시켜준다. 그리고 안내장 안내문 중

데이터 파일("메일머지데이터.hwp")에 넣은 항목들(안내장을 받을 사람들 이름)을 삽입할 곳("'동문님' 앞")에 커서를 두고 주 메뉴 [도구(K)]-[메일 머지(M)]-[메일 머지 표시 달기(K)]를 실행하거나 주 메뉴 [도구(K)]의 열림상자 기본 메뉴 [메일 머지]의 아이콘 '표시 달기(표시 달기)'를 클릭하여 대화상자 [메일 머지 표시 달기]가 나타나게 한다.

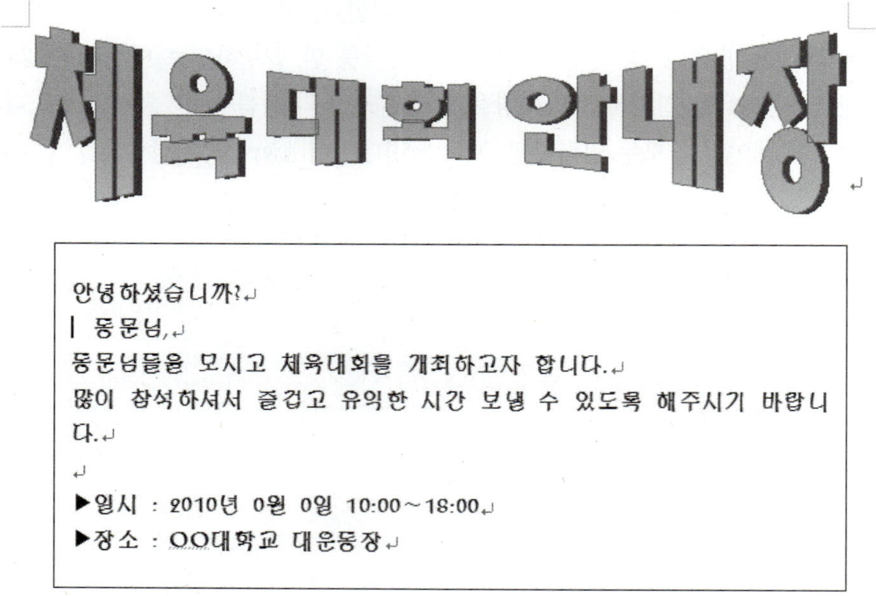
체육대회 안내장

안녕하셨습니까?
동문님,
동문님들을 모시고 체육대회를 개최하고자 합니다.
많이 참석하셔서 즐겁고 유익한 시간 보낼 수 있도록 해주시기 바랍니다.

▶일시 : 2010년 0월 0일 10:00~18:00
▶장소 : OO대학교 대운동장

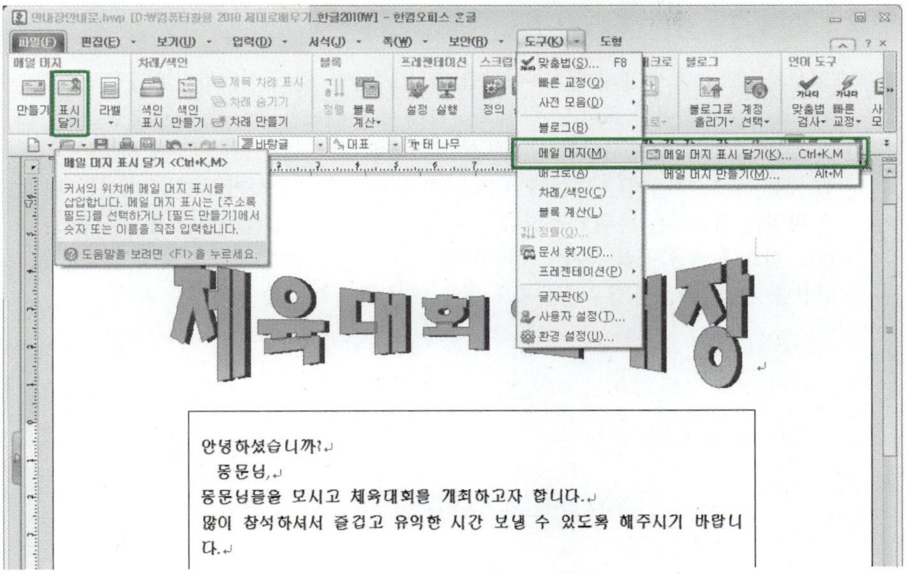

② 대화상자 [메일 머지 표시 달기]의 탭 메뉴 [필드 만들기]에서 필드 번호나 이름을 "1"로 입력하고 '넣기(D)' 버튼을 클릭하여 대화상자를 빠져나간다.

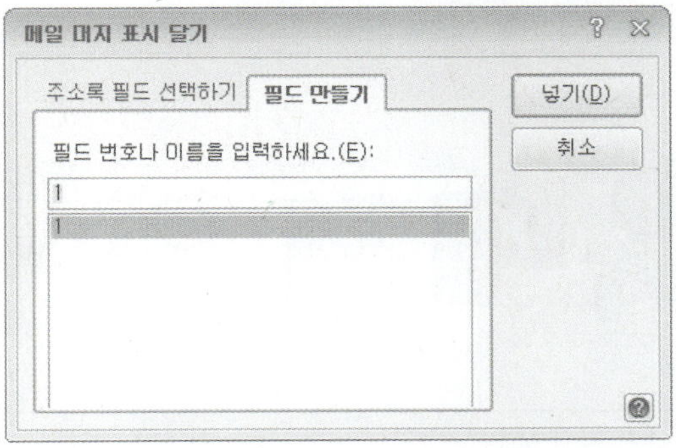

Tip

- 대화상자 [메일 머지 표시 달기]에는 탭 메뉴 [주소록 필드 선택하기]와 [필드 만들기]가 있다. [메일 머지 표시 달기] 대화상자에 대한 간단한 설명은 다음과 같다.
  - 탭 메뉴 [주소록 필드 선택하기] : 한컴 주소록에 데이터가 있는 경우에 사용한다.
  - 탭 메뉴 [필드 만들기] : 데이터 파일을 한글 문서로 작성하거나 다른 데이터베이스 파일을 이용하는 경우 사용한다.
  - 필드 번호나 이름 입력 상자 : 데이터 파일 내의 내용 중 대입할 항목의 번호를 입력한다. DBF 파일인 경우에는 필드 번호 대신 필드 이름을 입력해도 된다.

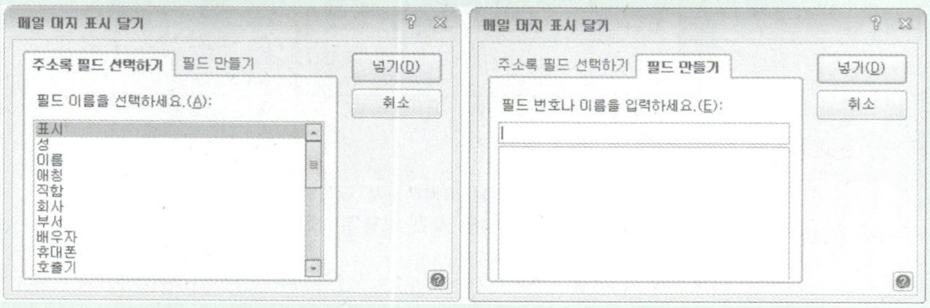

③ 안내장 안내문의 "동문님" 앞부분에 '{{1}}' 와 같은 표시가 보이면 메일 머지 표시 달기가 제대로 된 것이다. 이제 "안내장안내문.hwp" 파일을 저장한다.

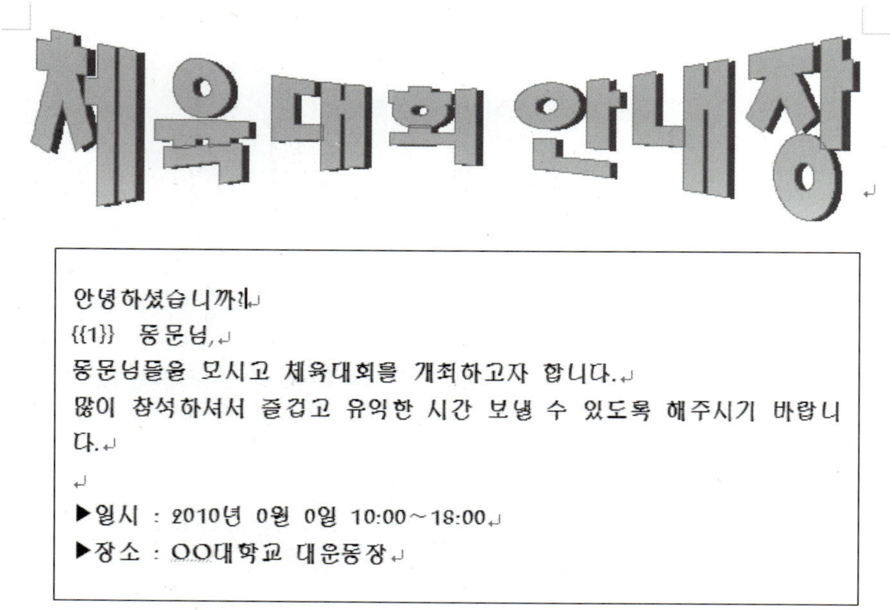
체육대회 안내장

안녕하셨습니까!

{{1}} 동문님,

동문님들을 모시고 체육대회를 개최하고자 합니다.

많이 참석하셔서 즐겁고 유익한 시간 보낼 수 있도록 해주시기 바랍니다.

▶일시 : 2010년 0월 0일 10:00~18:00

▶장소 : OO대학교 대운동장

단계 3 메일 머지 만들기

① 메일 머지에서 사용할 '메일머지데이터.hwp' 파일과 '안내장안내문.hwp' 파일을 모두 읽어 온 다음, '안내장안내문.hwp' 파일을 클릭하여 활성화시킨 상태에서 주 메뉴 [도구(K)]-[메일 머지(M)]-[메일 머지 만들기(M)]를 선택하거나 주 메뉴 [도구(K)]의 열림상자 기본 메뉴 [메일 머지]의 아이콘 '만들기(만들기)'를 클릭하여 대화상자 [메일 머지 만들기]가 나타나게 한다. 혹은 단축키 〈Alt+M〉을 사용할 수도 있다.

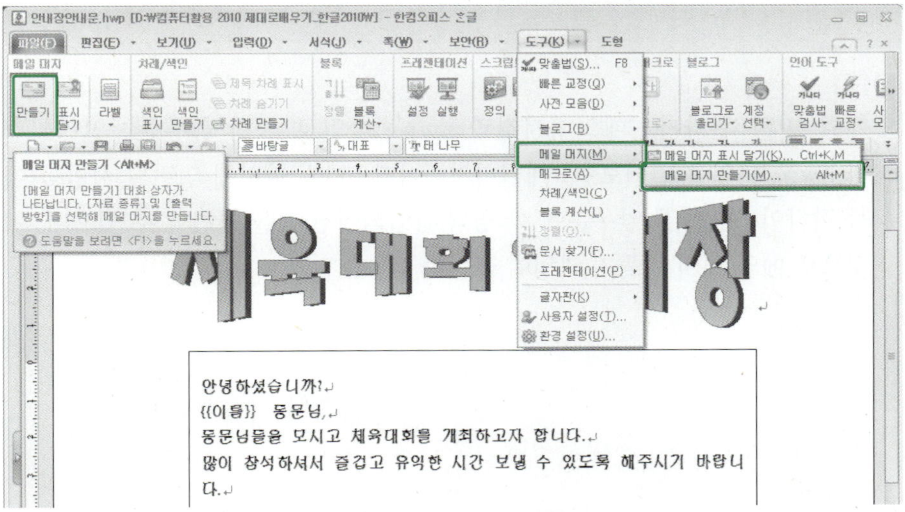

② 대화상자 [메일 머지 만들기]에서 [자료 종류]는 '한글 파일(H)'를 선택해주고, 오른쪽 아이콘 '파일 선택( )'을 클릭하여 "메일머지데이터.hwp" 파일을 불러온다. 그리고 [출력 방향]은 '파일(F)'을 선택하고 '파일 이름(N)'은 오른쪽 아이콘 '저장하기( )'를 클릭하여 저장할 폴더의 위치 및 파일명("메일머지결과.hwp")을 설정해준다.

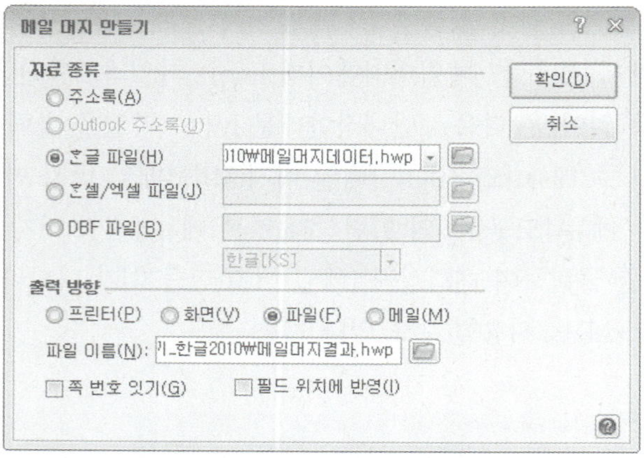

③ 메일 머지 결과가 '메일머지결과.hwp' 파일로 저장되며, '메일머지결과.hwp' 파일을 열어보면 '메일머지데이터.hwp' 파일에 입력된 사람들 이름 각각이 "동문님" 앞부분에 한 명씩 삽입되어진 것을 확인할 수 있으며, 이것으로 메일 머지 만들기 과정이 끝난다.

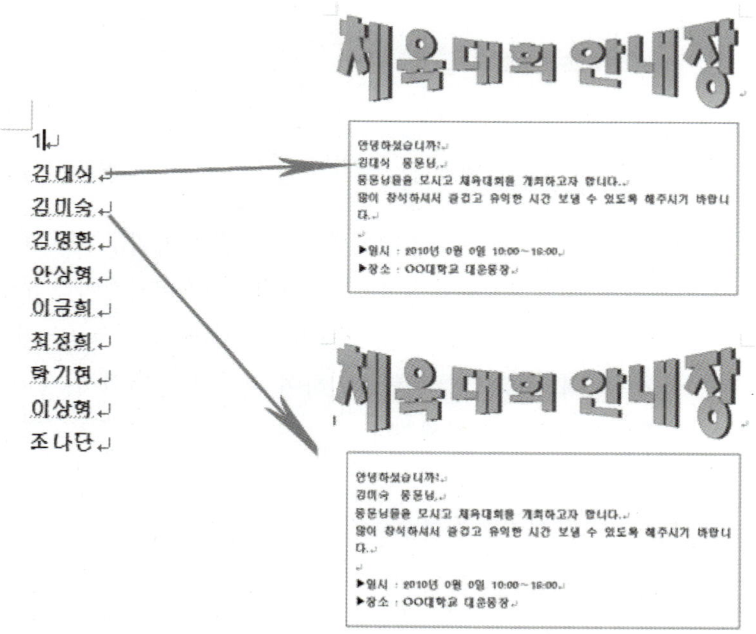

연 습 문 제

01 주 메뉴 [쪽(W)]의 '다단 나누기' 기능을 이용하여 우리 대학교의 '중앙도서관' 을 홍보하기 위한 팸플릿의 외면을 제작해 보시오.

02 우리 대학교의 신입생 입시홍보에 사용할 홍보용 팸플릿의 내외면을 모두 제작해 보시오.

03 주 메뉴 [입력(D)]의 [글맵시]와 주 메뉴 [도구(K)의 [메일 머지] 기능 등을 사용하여 우리 학과(학부) 학생들 전체에게 MT를 홍보하기 위한 안내장을 제작해 보시오.

CHAPTER

04

그림, 사진 삽입 및 그래픽스 기능

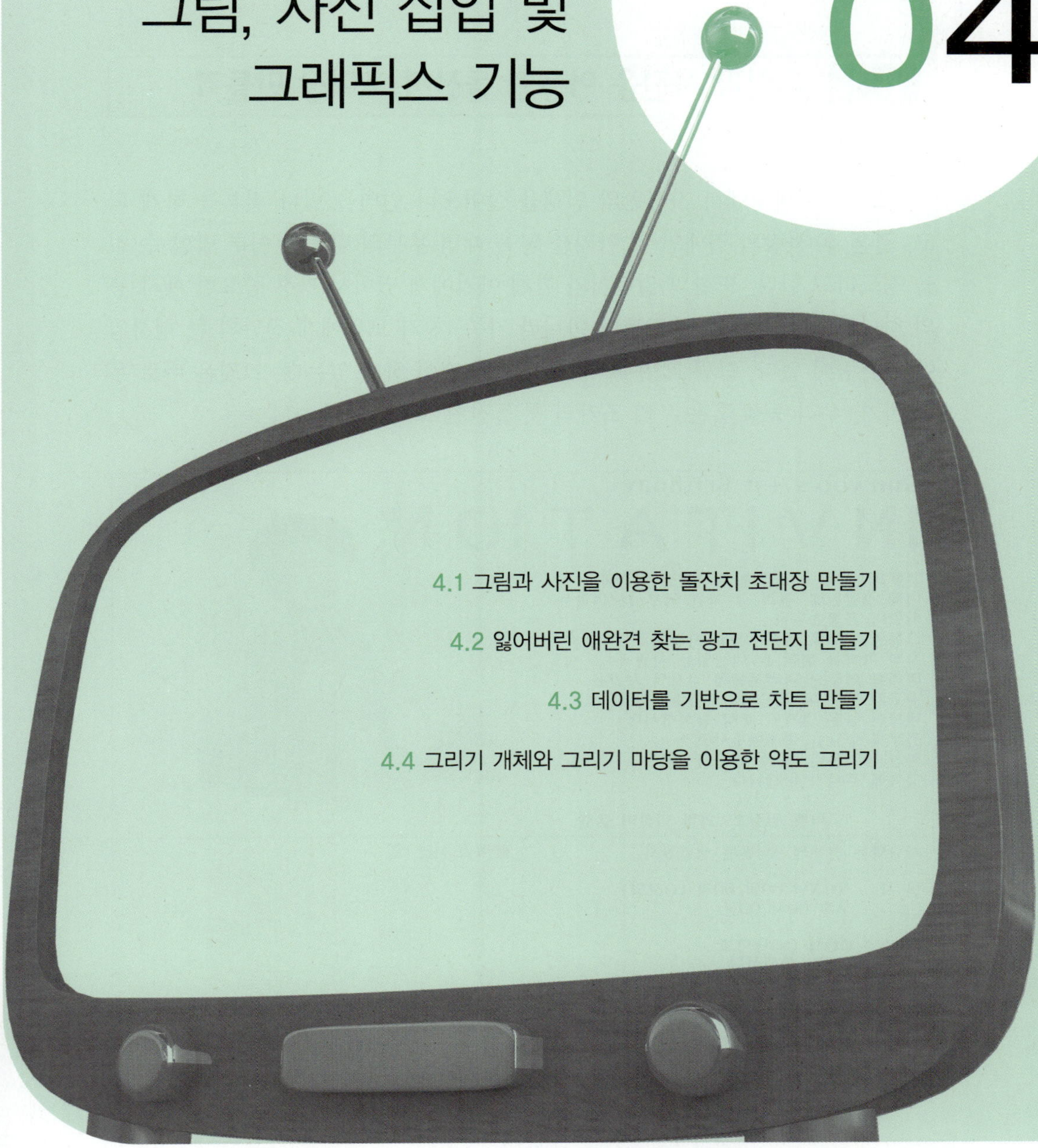

4.1 그림과 사진을 이용한 돌잔치 초대장 만들기

4.2 잃어버린 애완견 찾는 광고 전단지 만들기

4.3 데이터를 기반으로 차트 만들기

4.4 그리기 개체와 그리기 마당을 이용한 약도 그리기

04 CHAPTER

그림, 사진 삽입 및 그래픽스 기능

4.1 그림과 사진을 이용한 돌잔치 초대장 만들기

서로 다른 환경에서 자신만의 인생을 살아오다 인연을 만나 결혼을 하게 되고, 결혼 후 사랑의 열매인 첫 아기를 낳을 때면 부부의 감동은 이루 말할 수 없을 정도라고 한다. 또한 백일잔치와 함께 아기에게 있어서 가장 중요한 행사 중의 하나인 첫 돌잔치는 부모뿐만 아니라 가족, 친지 모두에게 집안의 큰 행사임에는 틀림이 없다. 그럴 때면 빠져서는 안 될 것이 하나 있는데, 그것은 바로 우리 아기, 우리 동생 혹은 우리 조카의 첫 돌잔치 초대장이다.

Gunwoo's 1st Brithday

INVITATION

건우의 첫 울음 소리에 감격했던 시간이
어제 같았는데, 벌써 그 시간 이후 1년이라는
시간이 흘렀습니다.
그동안 건우를 아껴주시고 사랑해주신
저희 가족을 위해 늘 아낌없는 사랑과
염려를 해주신 여러분들께 감사의 시간을
갖고자 작은 자리를 마련하였습니다.
바쁘신 줄은 알지만 부디 참석하시어
건우의 앞날을 축복해주시고
힘찬 발걸음이 될 수 있도록
축복해 주시기 바랍니다.

아빠 김성호, 엄마 이쁜이 올림

사랑하는 건우의 첫 번째 생일잔치

일 시 : 201X년 00월 00일 (O요일)
오후 00시 00분

장 소 : OO시 OO대학교
OO관 학생식당

문 의 : OO대학교 OO관 학생식당
010-0000-0000
아빠 (010-1111-1111)
엄마 (010-2222-2222)

찾아오시는 길

단계 1 주 메뉴 [파일(F)]-[새 문서(N)]-[한글 2010 문서(H)]를 실행하거나 단축키 〈Alt+N〉을 실행하여 새 문서를 작성할 준비를 한다. 그리고 주 메뉴 [입력(D)]-[표(T)]-[표 만들기(T)] 혹은 주 메뉴 [입력]의 열림상자 기본 메뉴 아이콘 '표( )'를 사용하거나 단축키 〈Ctrl+N, T〉를 사용하여 2×2 크기의 표를 생성한다. 특히 주 메뉴 [입력(D)]의 열림상자 기본 메뉴 아이콘 '표( )'를 사용할 경우에는 표의 줄 수와 칸 수를 마우스로 드래그하면서 지정하는 순간 실시간으로 문서에 표가 생성되기 때문에 당황하지 말고 차분하게 확인하여야 한다.

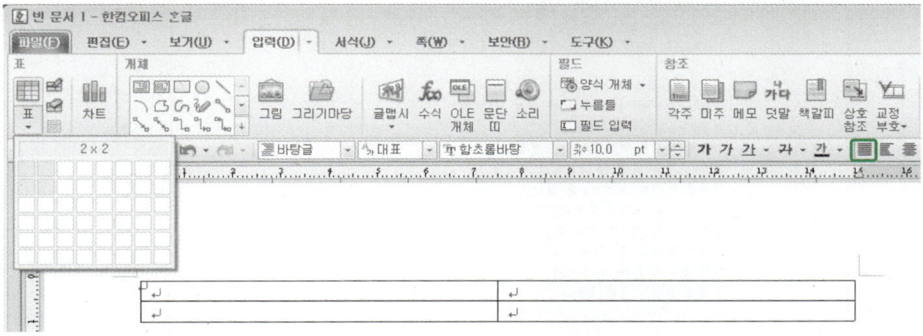

단계 2 첫째 줄 전체를 합치기 위하여 마우스로 클릭 및 드래그하여 선택하고 마우스 오른쪽 버튼을 클릭하여 [셀 합치기(J)]를 선택해주거나 새로 표시되는 주 메뉴 [표(Q)]의 열림상자 기본 메뉴 [셀 편집]의 아이콘 '셀 합치기( )'를 클릭해준다.

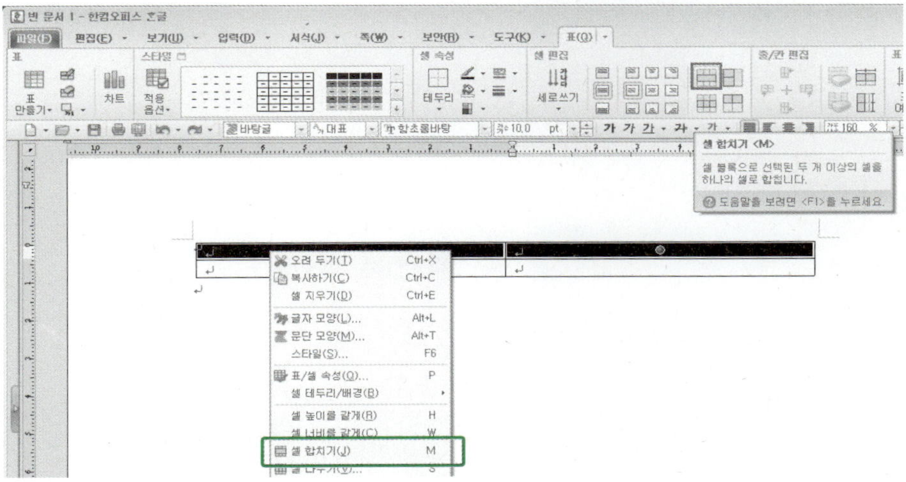

단계 3 초대장에 들어갈 문장들을 각 셀마다 적절하게 입력한다. 이때 글꼴, 글자 크기, 글자 색 등 문자에 대한 속성들은 각자 미리 설정하거나 모든 문장들을 입력한 이후 수정하면 된다.

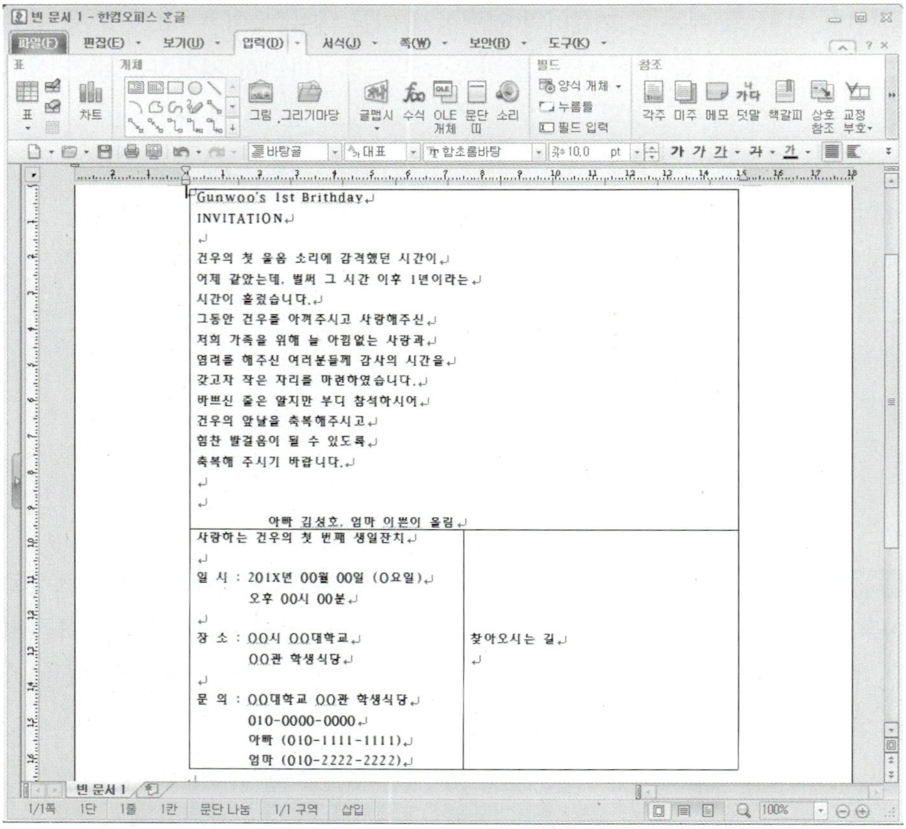

단계 4 첫 번째 셀 내부 임의의 장소에 커서를 위치시키고, 주 메뉴 [입력(D)]-[그림(P)]-[그림(I)] 혹은 주 메뉴 [입력(D)]의 열림상자 기본 메뉴 [개체]의 아이콘 ‘그림(그림)’을 선택하거나 단축키 〈Ctrl+N, I〉를 사용하여 배경에 사용할 그림을 불러올 준비를 한다.

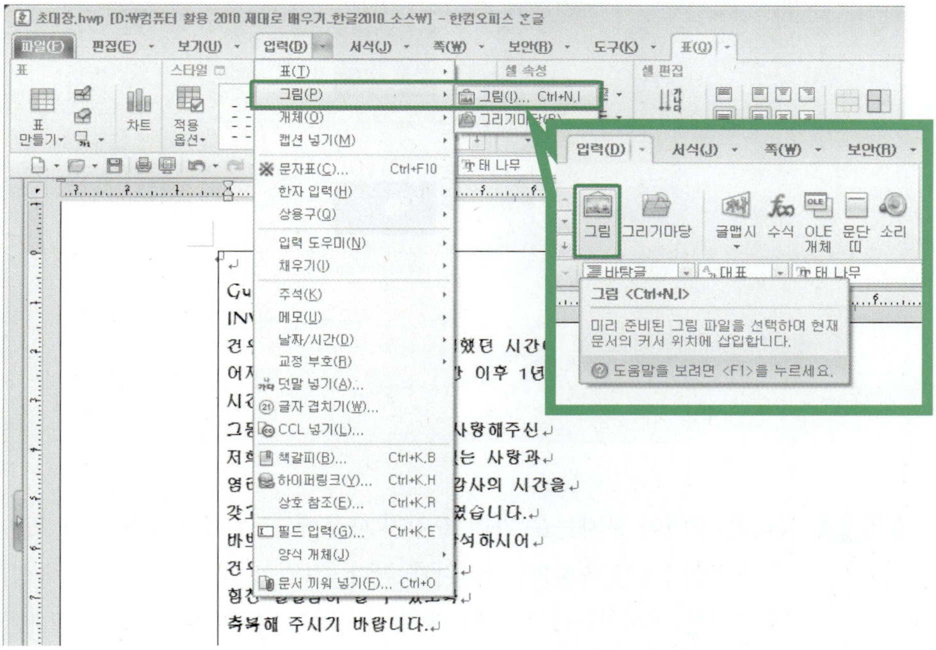

단계 5 대화상자 [그림 넣기]에서 삽입하고자 하는 그림을 찾아 선택해준 다음 [넣기] 버튼을 클릭하여 대화상자를 빠져나간다. 이때, 대화상자 제일 아래 부분에 있는 '문서에 포함' 이 체크되어있는지 확인하기 바란다.

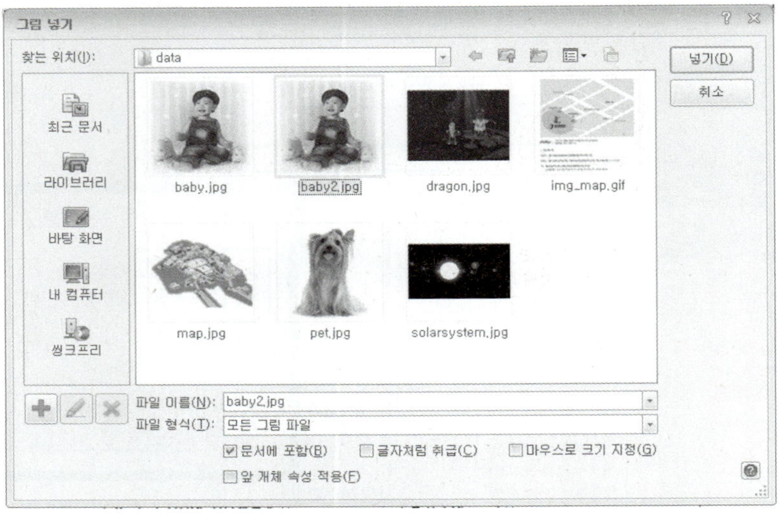

단계 6 불러온 그림이 문자들을 가리고 있기 때문에 그림 위에서 마우스 오른쪽 버튼을 클릭하여 [개체 속성]이 나타나게 한다. 그리고 대화상자 [개체 속성]에서 탭 메뉴 [기본]-[위치]-[본문과의 배치]의 '글 뒤로( )' 를 선택하고 [설정] 버튼을 클릭하거나 새로 표시되는 주 메뉴 [그림]의 열림상자 기본 메뉴 [배치]의 아이콘 '글 뒤로( )' 를 선택하거나 단축키 <Shift+End>를 사용한다.

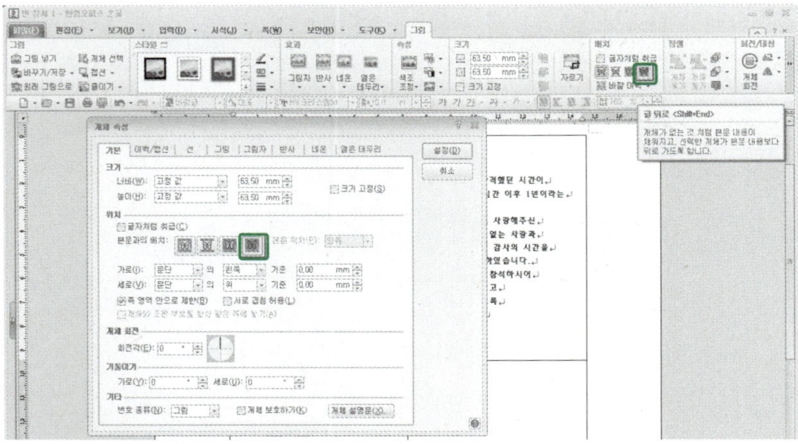

단계 7 삽입된 그림이 문자들 뒤로 배치가 되었음을 확인할 수 있을 것이다. 마우스나 키보드의 화살표 버튼 등을 사용하여 셀의 오른쪽 끝으로 그림이 배치가 되게 이동하고 셀의 크기에 맞게 그림 크기를 조정해준다.

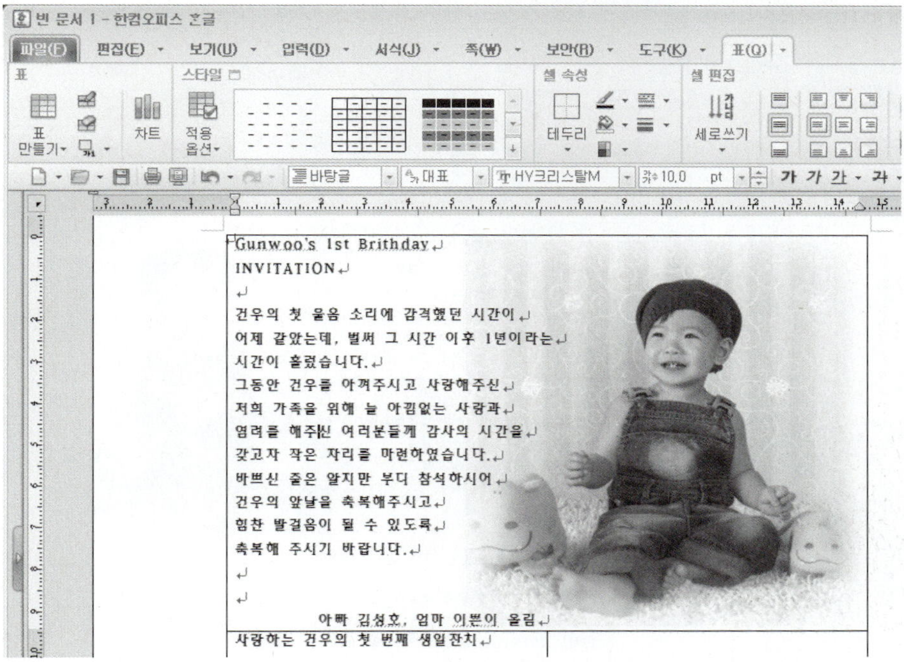

단계 8 **단계 4** 에서 **단계 6** 과 같은 과정으로 두 번째 줄의 오른쪽 셀에 들어갈 약도 그림을 불러오고 도구상자 서식 메뉴의 아이콘 '가운데 정렬( )' 을 사용하여 가운데로 배치한다. 이때 **단계 6** 과 같은 과정에서 [위치]를 '글자처럼 취급' 으로 설정해주도록 한다.

단계 9 첫 번째 셀에 있는 초대장의 제목 부분 등을 마우스로 클릭 및 드래그하여 선택하고 글꼴, 글자 크기 및 글자 색 등을 선택하여 보완하게 되면 초대장 제작이 끝난다.

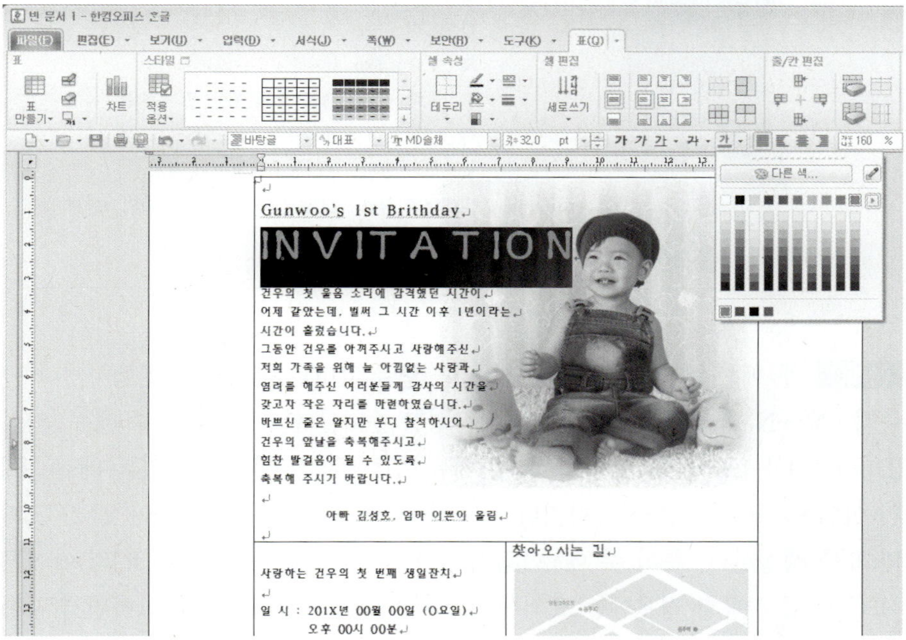

4.2 잃어버린 애완견 찾는 광고 전단지 만들기

최근 들어 애완견을 자식처럼 사랑하고 애지중지하는 사람들이 많이 늘어났으며, 애완견과 관련된 쇼핑몰 또한 매우 다양하게 활성화되어지고 있는 것도 누구나 잘 알고 있을 것이다. 그런 상황에서 자식처럼 사랑하는 애완견을 본의 아니게 잃어버리는 상황이 된다면 어떻게 할 것인가? 요즘 들어 더욱더 길거리에서 전봇대나 담장 등에 부착된 애완견을 찾는 광고 전단지를 많이 보았을 것이다. 여러분이 애완견을 잃어버렸다고 가정하고 애완견을 찾기 위한 광고 전단지를 잘 만들어 보도록 하자.

저희 애완견 "뽀삐"를 찾습니다.	
	사 례 비 : 100만원 암수구분 : 암컷 나 이 : 3세 체 중 : 5kg 털 색 : 머리 쪽은 갈색, 몸은 흰색 종류 특 징 : 예쁜 머리핀을 하고 있습니다. 잃어버린 일시 : 5월 5일 오후 3시 정도 잃어버린 장소 : 잠실 주공 아파트 5단지와 2단지 사이 연락번호 : 010-0909-0123

단계 1 주 메뉴 [파일(F)]-[새 문서(N)]-[한글 2010 문서(H)]를 실행하거나 단축키 〈Alt+N〉을 실행하여 새 문서를 작성할 준비를 한다. 그리고 주 메뉴 [입력(D)]-[표(T)]-[표 만들기(T)] 혹은 주 메뉴 [입력(D)]의 열림상자 기본 메뉴 [표]의 아이콘 '표( )'를 사용하거나 단축키 〈Ctrl+N, T〉를 사용하여 2×2 크기의 표를 생성한다. 특히 주 메뉴 [입력(D)]의 열림상자 기본 메뉴 [표]의 아이콘 '표( )'를 사용할 경우에는 표의 줄 수와 칸 수를 마우스로 드래그하면서 지정하는 순간 실시간으로 문서에 표가 생성되기 때문에 당황하지 말고 차분하게 확인하여야 한다.

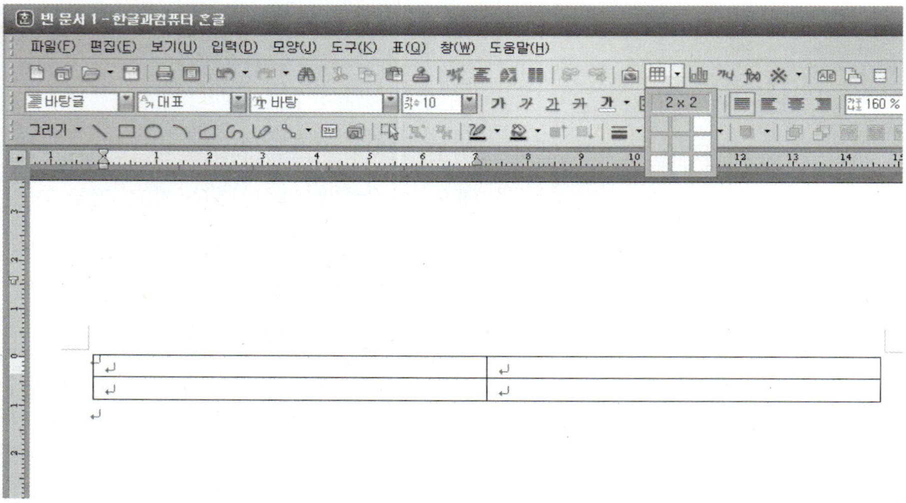

단계 2 첫째 줄 전체를 합치기 위하여 마우스로 클릭 및 드래그하여 선택하고 마우스 오른쪽 버튼을 클릭하여 [셀 합치기(J)]를 선택해주거나 새로 표시되는 주 메뉴 [표(Q)]의 열림상자 기본 메뉴 [셀 편집]의 아이콘 '셀 합치기( )'를 클릭해준다.

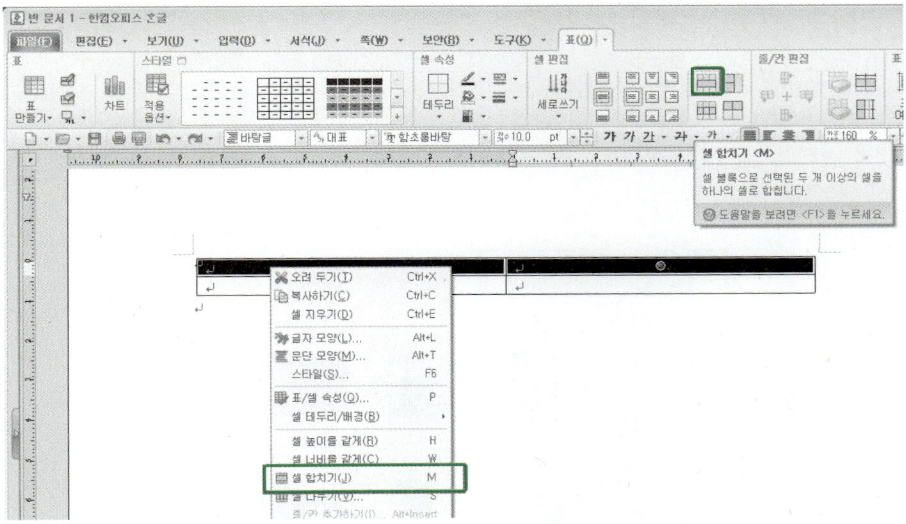

단계 3 광고 전단지에 들어갈 문장들을 각 셀마다 적절하게 입력한다.

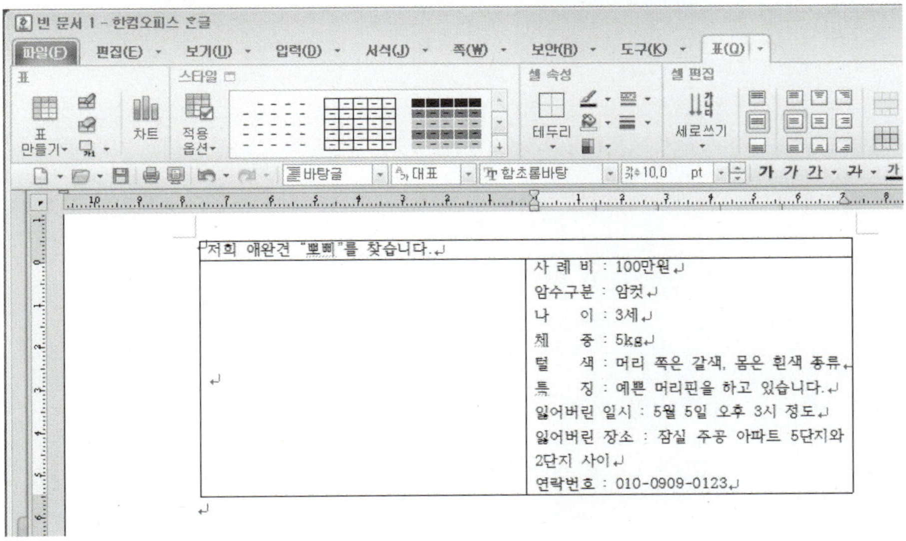

단계 4 두 번째 줄 첫 번째 셀의 내부에 커서를 위치시키고, 주 메뉴 [입력(D)]-[그림(P)]-[그림(I)] 혹은 주 메뉴 [입력(D)]의 열림상자 기본 메뉴 [개체]의 아이콘 '그림(그림)'을 선택하거나 단축키 〈Ctrl+N, I〉를 사용하여 배경에 사용할 그림이나 사진을 읽어온다. 이때 대화상자 [그림 넣기]에서 파일 형식 아래의 '문서에 포함'이 체크되어 있는지 확인하기 바란다.

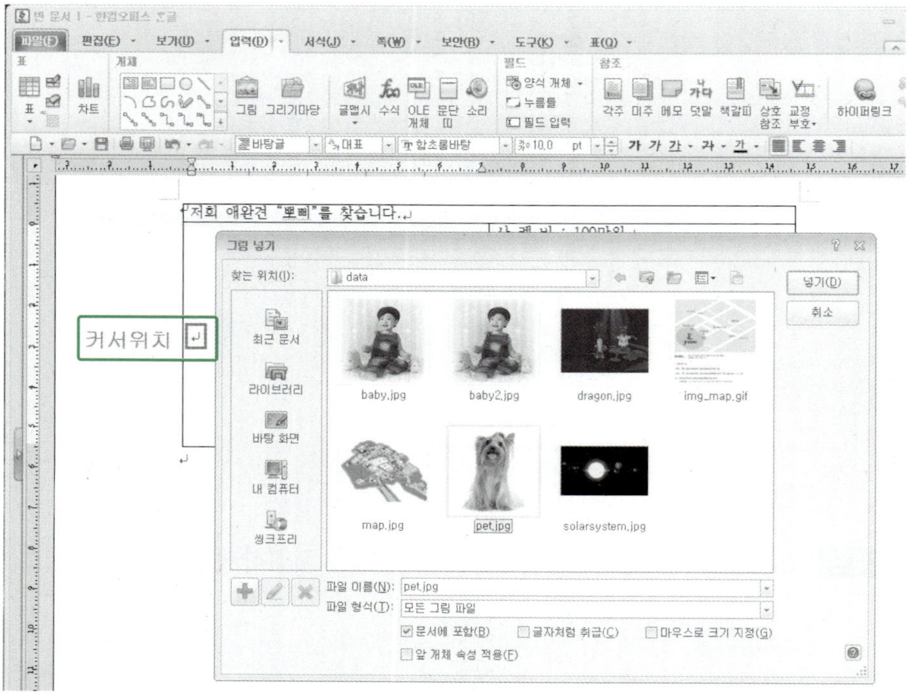

단계 5 셀에 입력된 그림이나 사진 위에서 마우스 오른쪽 버튼을 클릭하여 메뉴 [개체 속성]을 선택한다. 대화상자 [개체 속성]에서는 탭 메뉴 [기본]-[위치]의 '글자처럼 취급'을 선택하고 [설정] 버튼을 클릭하여 대화상자를 빠져나가거나 메뉴 [그림]-[배치]에서 체크박스 '글자처럼 취급' 메뉴를 선택해준다.

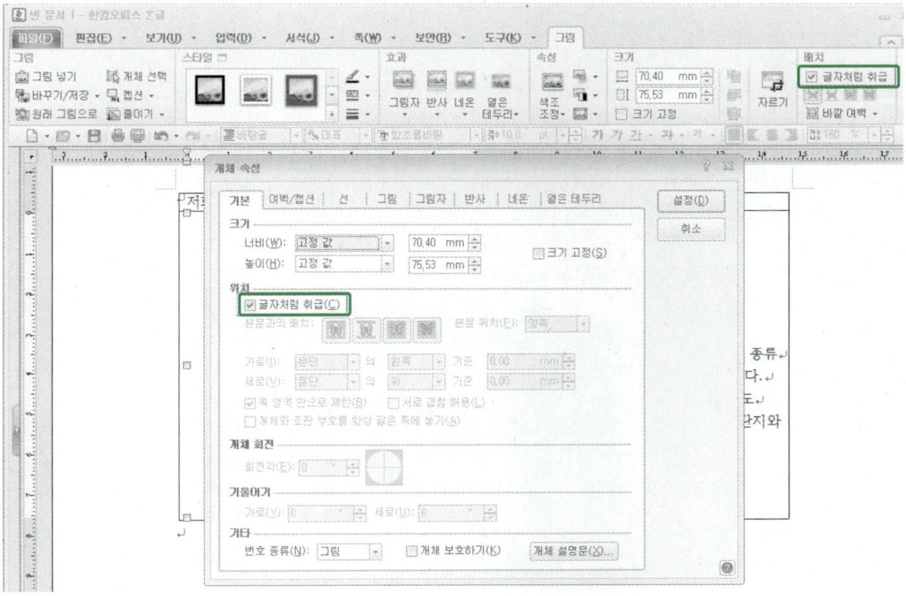

단계 6 일반적으로 개체의 삽입에서 단계 4 의 대화상자 [그림 넣기]의 체크박스 '문서에 포함' 만을 체크해주면, 그림이나 사진이 자동적으로 셀의 크기에 맞게 입력이 된다. 만약 셀에 입력된 그림이나 사진의 크기를 변경하고 싶으면, 그림이나 사진을 마우스로 클릭하여 선택하고, 변경하기를 원하는 부분에 해당하는 제어점을 클릭 및 드래그하면 된다.

단계 7 표의 첫 번째 줄(셀)의 제목에 해당하는 문자의 크기를 크게 하기 위해서 광고 전단지의 제목에 해당하는 문장("저희 애완견 '뽀삐'를 찾습니다.")을 마우스로 클릭 및 드래그하여 선택하고, 글꼴('태 나무')과 글자 크기('15pt')를 적절히 설정한다.

단계 8 표의 첫 번째 줄(셀) 전체를 선택하기 위하여 첫 번째 줄(셀)을 마우스로 클릭한 상태에서 단축키 〈F5〉를 눌러준다. 그리고 〈Ctrl〉을 누른 상태에서 아랫방향 화살표('↓')를 연속적으로 눌러 제목이 충분한 여백을 가질 수 있도록 조정하고, 셀의 제목에 해당하는 문장을 가운데 정렬한다.

단계 9 마지막으로, 가장 중요하다고 생각되는 문자들이나 사람들 눈에 가장 빨리 인식되기를 원하는 문자들을 마우스로 클릭 및 드래그하여 선택하고 문자의 속성(글꼴, 글자 크기, 진하게, 기울임, 밑줄, 글자 색 등)을 설정해주면 끝난다.

4.3 데이터를 기반으로 차트 만들기

사전적인 의미로 각종 자료를 알기 쉽게 정리한 일람표를 '차트'라고 하는데, 차트는 한글뿐만 아니라 액셀 등과 같이 다양한 프로그램에서 제작이 가능한 부분이기도 하다. 한글에서는 매우 쉽게 차트 생성이 가능한데, 본 절에서는 다음 표와 같이 학생 4명의 교과목 5개(한글 2010, Excel 2010, Powerpoint 2010, Word 2010, Access 2010)에 대한 성적을 기반으로 원형 차트를 제작하고자 한다.

성 명	한글 2010	Excel 2010	Powerpoint 2010	Word 2010	Access 2010
홍길동	80	85	90	88	80
이병한	90	78	79	78	90
박규웅	78	97	87	80	75
홍영환	64	76	88	90	77

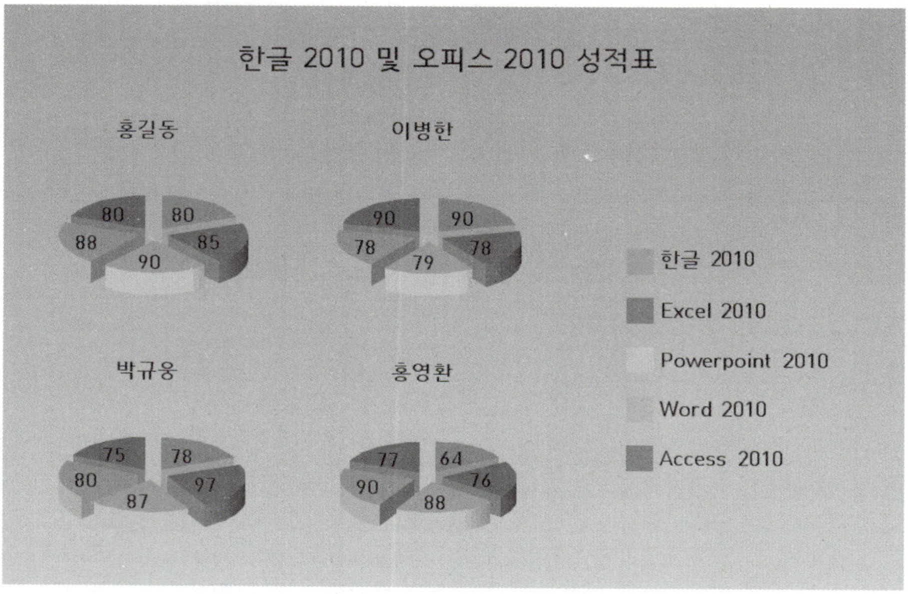

단계 1 주 메뉴 [파일(F)]-[새 문서(N)]-[한글 2010 문서(H)]를 실행하거나 단축키 〈Alt+N〉을 실행하여 새 문서를 작성할 준비를 한다. 그리고 주 메뉴 [입력(D)]-[표(T)]-[표 만들기(T)] 혹은 주 메뉴 [입력(D)]의 열림상자 기본 메뉴 [표]의 아이콘 '표( )'를 사용하거나 단축키 〈Ctrl+N, T〉를 사용하여 5×6 크기의 표를 생성한다. 특히 주 메뉴 [입력(D)]의 열림상자 기본 메뉴 [표]의 아이콘 '표( )'를 사용할 경우에는 표의 줄 수와 칸 수를 마우스로 드래그하면서 지정하는 순간 실시간으로 문서에 표가 생성되기 때문에 당황하지 말고 차분하게 확인하여야 한다. 그리고 차트를 생성하기 위한 데이터들을 입력한다.

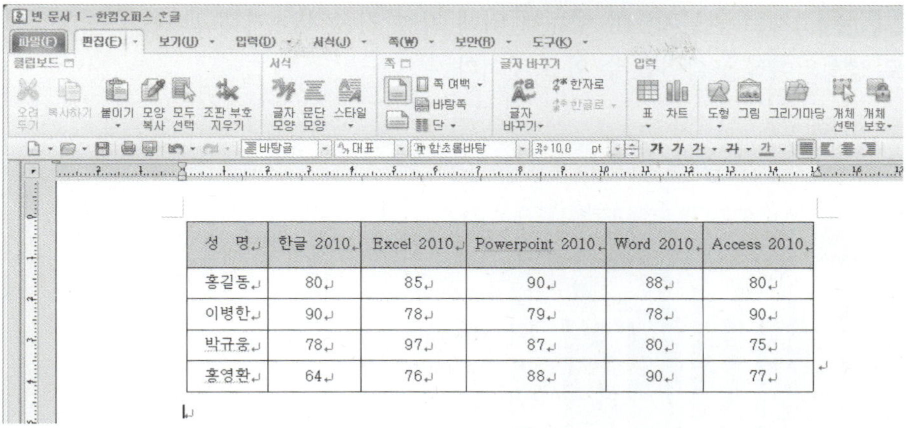

단계 2 표의 내부 전체를 마우스로 클릭 및 드래그하여 선택한 다음, 마우스 오른쪽 버튼을 클릭하여 [차트 만들기(H)]를 선택해주거나 새로 표시되는 주 메뉴 [표]의 열림상자 기본 메뉴 [표]의 아이콘 '차트(차트)'를 클릭해준다.

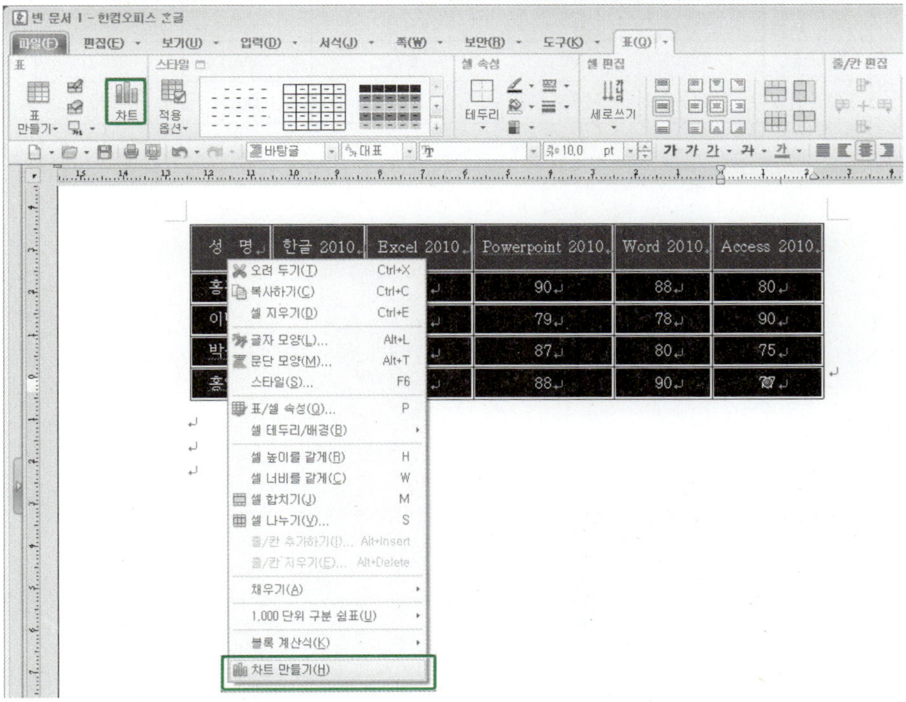

단계 3 [차트 만들기(H)] 메뉴에 의해 가장 기본적인 막대그래프가 자동적으로 생성되어짐을 확인할 수 있을 것이다.

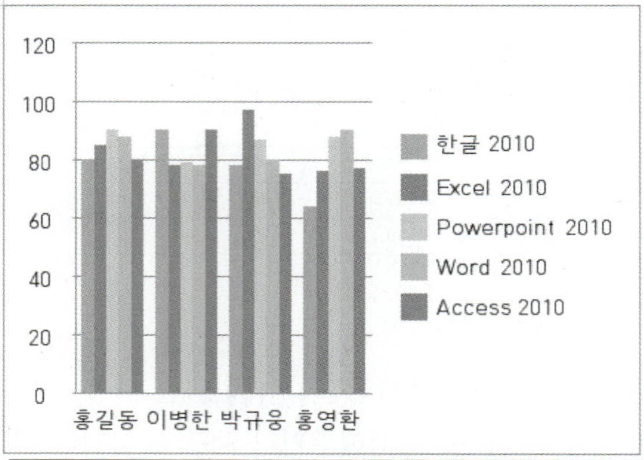

성 명	한글 2010	Excel 2010	Powerpoint 2010	Word 2010	Access 2010
홍길동	80	85	90	88	80
이병한	90	78	79	78	90
박규웅	78	97	87	80	75
홍영환	64	76	88	90	77

단계 4 문서에 생성된 차트를 마우스로 클릭해주면 상단에 새로운 주 메뉴 [차트]가 생성되며 차트의 속성을 변경할 수 있는 다양한 메뉴들, 즉 차트의 형태, 데이터, 스타일, 속성, 크기 및 배치 등이 표시됨을 확인할 수 있다. 본 과정에서는 먼저 차트의 유형을 원형으로 선택하도록 한다.

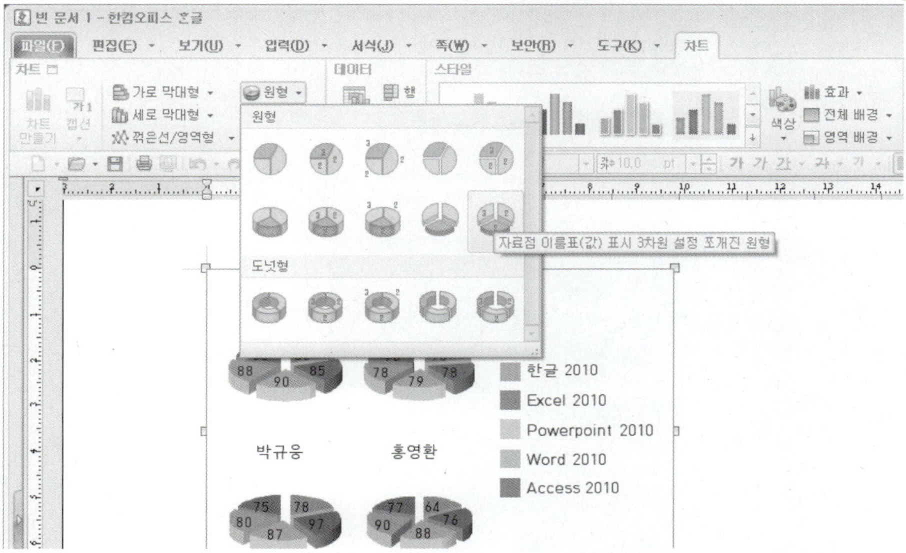

단계 5 그리고 차트의 전체 배경을 '보라색/하늘색 그러데이션'으로 설정한다.

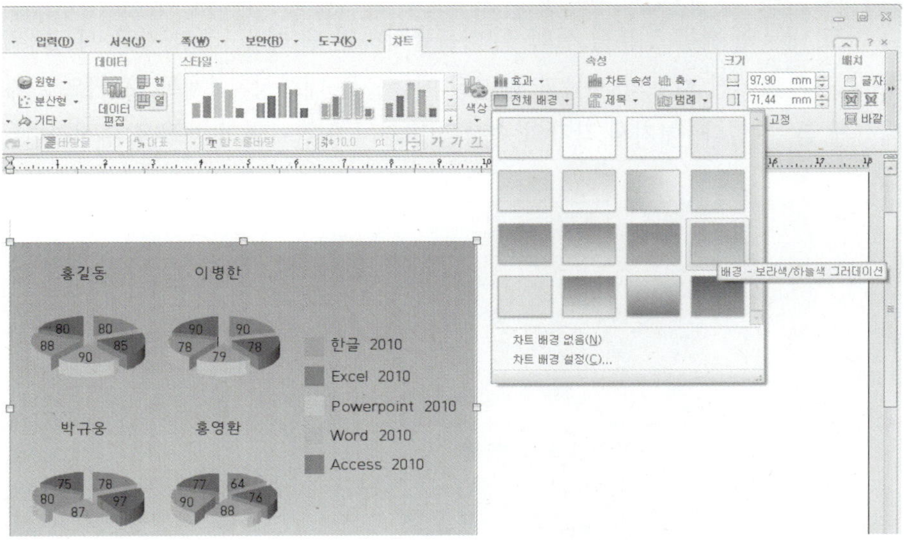

단계 6 차트의 메뉴 [속성]에서 차트의 제목을 '위쪽 표시'로 선택한다. 그리고 차트에서 "차트 제목"으로 표시되는 문자를 마우스로 선택하면, 차트 제목 부분에 해당하는 제어점들이 표시됨을 확인할 수 있는데, 다시 더블클릭하여 차트의 제목 등의 속성을 수정한다.

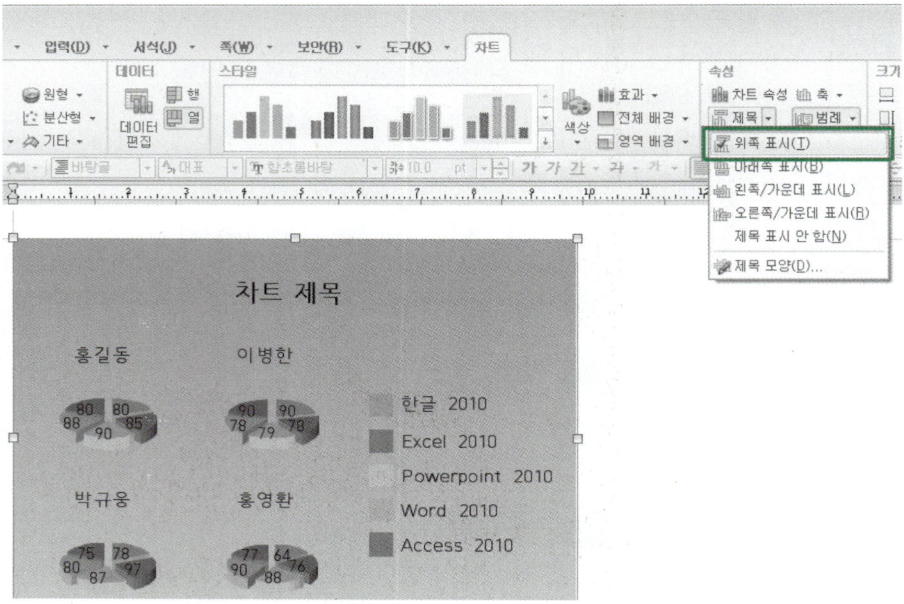

단계 7 새로 표시된 주 메뉴 [차트]-[속성]-[제목]의 '제목 모양'을 선택하거나 차트 내부의 제목 부분을 선택 후 더블클릭하면 탭 메뉴 [배경], [글자] 및 [위치]로 구분되어진 차트의 제목과 관련된 메뉴들을 대화상자 [제목 모양]으로 자세하게 볼 수 있다. 여기서 각각의 속성을 변경하거나 차트의 제목을 수정한다.

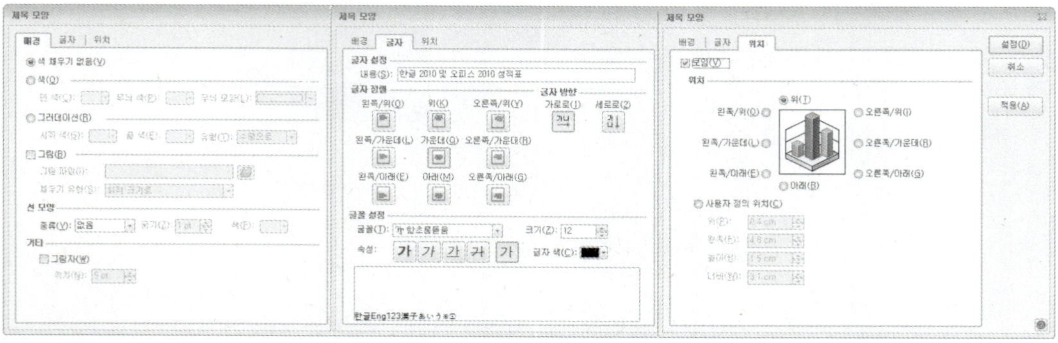

단계 8 차트의 제목뿐만 아니라 범례 부분도 주 메뉴 [차트]-[속성]-[범례]의 '범례 모양'을 선택하거나 차트 내부의 범례 부분을 더블클릭하면 탭 메뉴 [배경], [글자] 및 [위치]로 구분되어진 차트의 범례와 관련된 메뉴들을 대화상자 [범례 모양]으로 자세하게 볼 수 있다. 마찬가지 여기서 범례와 관련된 각각의 속성을 변경하거나 수정하면 된다.

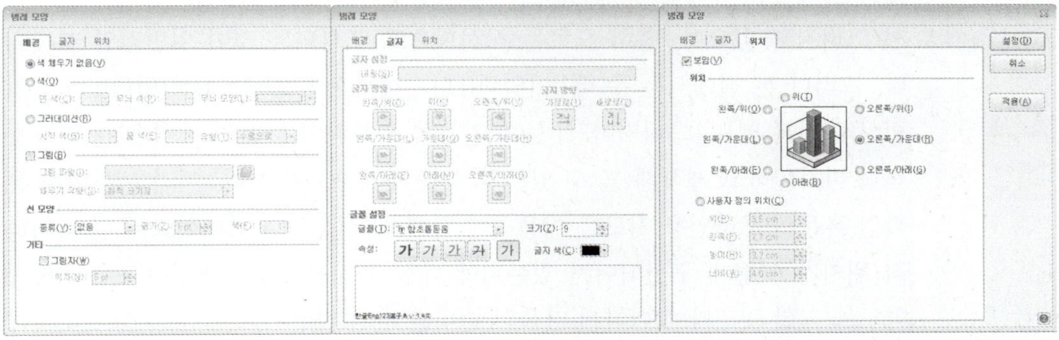

단계 9 이제 마지막으로 기타 차트와 관련된 세부적인 메뉴 항목들은 각자 직접 적용해보길 바란다.

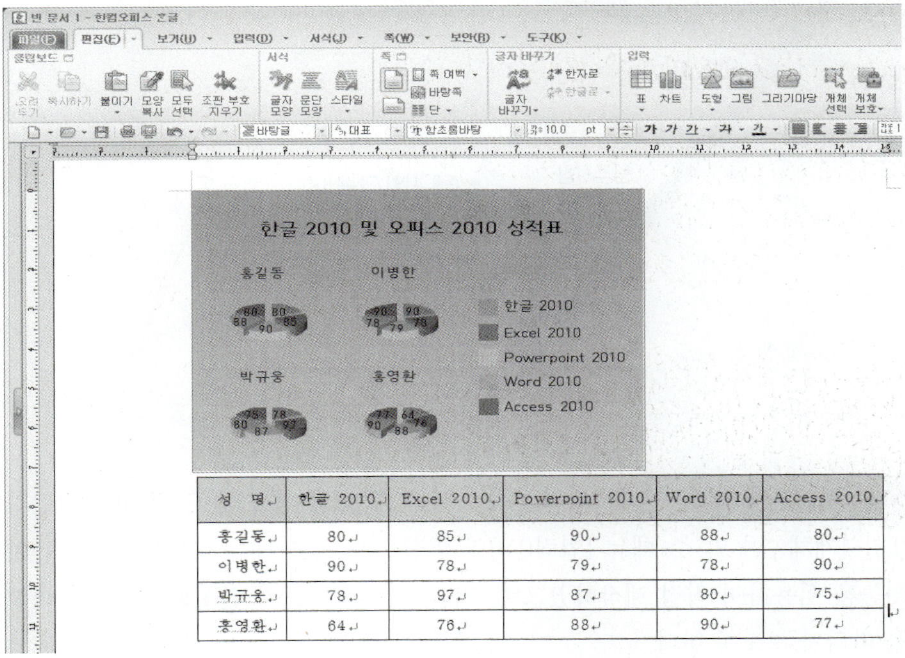

4.4 그리기 개체와 그리기 마당을 이용한 약도 그리기

약도는 사전적인 의미로서 '간략하게 줄여 주요한 것만 대충 그린 도면이나 지도'를 의미한다. 지금까지 그리고 지금도 여러 가지 목적으로 사용되기 위해 제작된 다양한 약도들의 대부분은 대표적인 큰 도로를 중심으로 간략하게 줄여서 그려지고 있으며, 특히 도로는 직선형으로 표시되는 것이 일반적인 형태이다. 그러나 본 절에서는 주 메뉴 [입력(D)]-[개체(O)] 및 주 메뉴 [입력(D)]의 열림상자 기본 메뉴 [그리기마당] 등의 기능을 이용하여 나만의 개성 있는 약도를 직접 디자인하고 제작해 볼 수 있는 기회를 가져보고자 한다. 여러분은 먼저 온라인 혹은 오프라인용 지도를 이용하여 현재 재학 중인 우리대학교 주변의 지리적 위치가 어떻게 구성되어져 있는지에 대한 조사를 하고, 머릿속으로 어떻게 약도를 그릴 것인가에 대하여 마음의 준비를 하기 바란다.

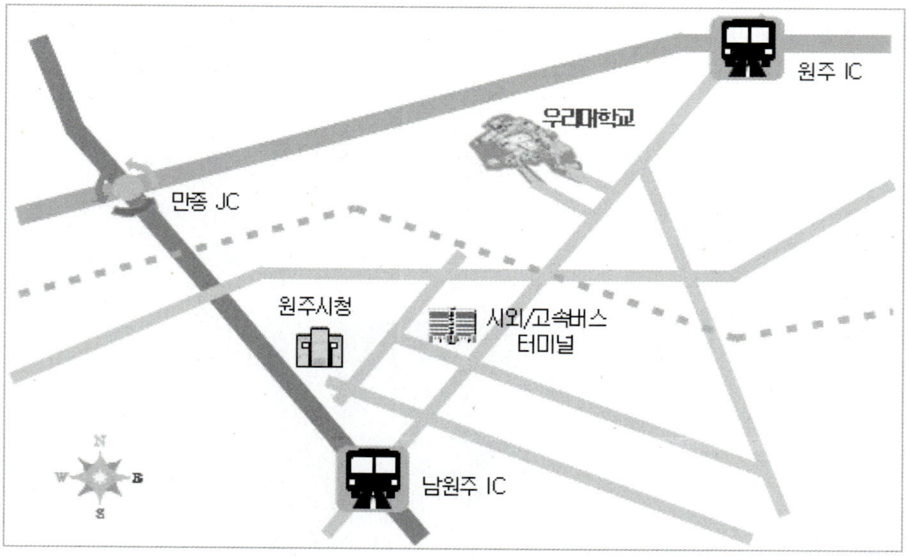

본 약도는 저자가 현재 재직 중인 우리대학교의 약도로서, 주 메뉴 [입력(D)]-[개체(O)] 및 주 메뉴 [입력(D)]의 열림상자 기본 메뉴 [그리기마당] 등의 기능을 이용하여 직접 제작하였으며, 지금부터 본 약도가 완성되기까지의 과정을 따라가 보도록 한다.

단계 1 주 메뉴 [입력(D)]-[개체(O)]-[그리기 개체(J)] 혹은 주 메뉴 [입력(D)]의 열림상자 기본 메뉴 [개체]를 사용하여 영동고속도로부터 그려보도록 한다. 한글 문서에 개체를 그려서 삽입하기 위해서는 주 메뉴를 사용하는 방법과 주 메뉴에 소속된 열림상자 기본 메뉴를 사용하는 방법 등이 있는데, 저자의 경험으로 볼 때 주 메뉴에 소속된 열림상자 기본 메뉴를 사용하는 방법이 훨씬 자연스럽고 수월하므로 본 과정에서는 두 번째 방법을 사용하기로 한다. 주 메뉴 [입력(D)]의 열림상자 기본 메뉴 [개체]에서 아이콘 '직선( )' 메뉴를 선택하고, 약도를 그릴 본문의 특정 부분에서 마우스로 클릭 및 드래그하여 영동고속도로에 해당하는 선을 그린다. 그리고 새로 보여주는 주 메뉴 [도형]의 열림상자 기본 메뉴 [스타일], [그림자], [크기], [배치], [정렬], [회전/대칭] 및 [보호] 등을 사용하여 영동고속도로에 해당하는 선을 완성한다.

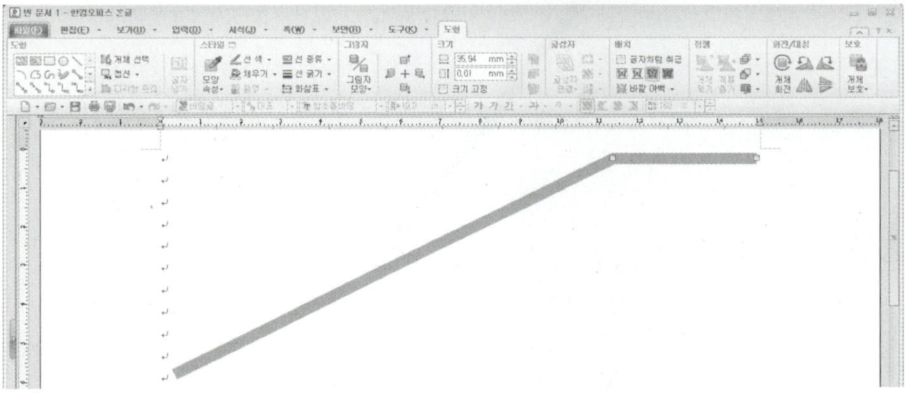

단계 2 **단계 1** 과 같은 방법으로 중앙고속도로에 해당하는 직선을 그리고, 각종 속성들을 변경하여 완성한다. 이때 고속도로를 서로 구분하기 위하여 선 색은 서로 다르게 적용하고, 선 굵기는 동일하게 적용한다.

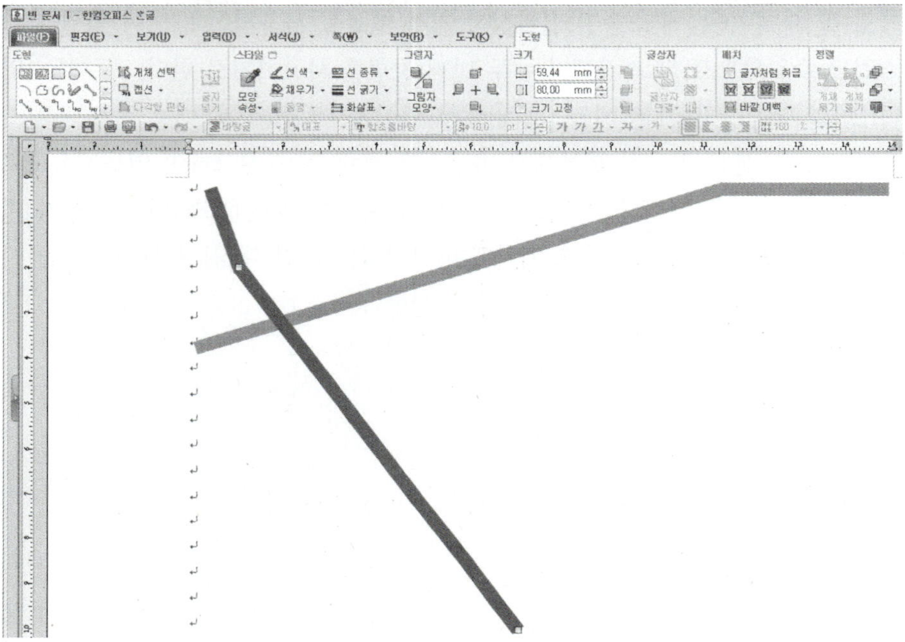

단계 3 **단계 1** 과 같은 방법으로 국도에 해당하는 직선을 그리고, 각종 속성들을 변경하여 완성한다. 이때 고속도로와 국도를 구분하기 위하여 선 색과 선 굵기 등은 서로 다르게 적용한다.

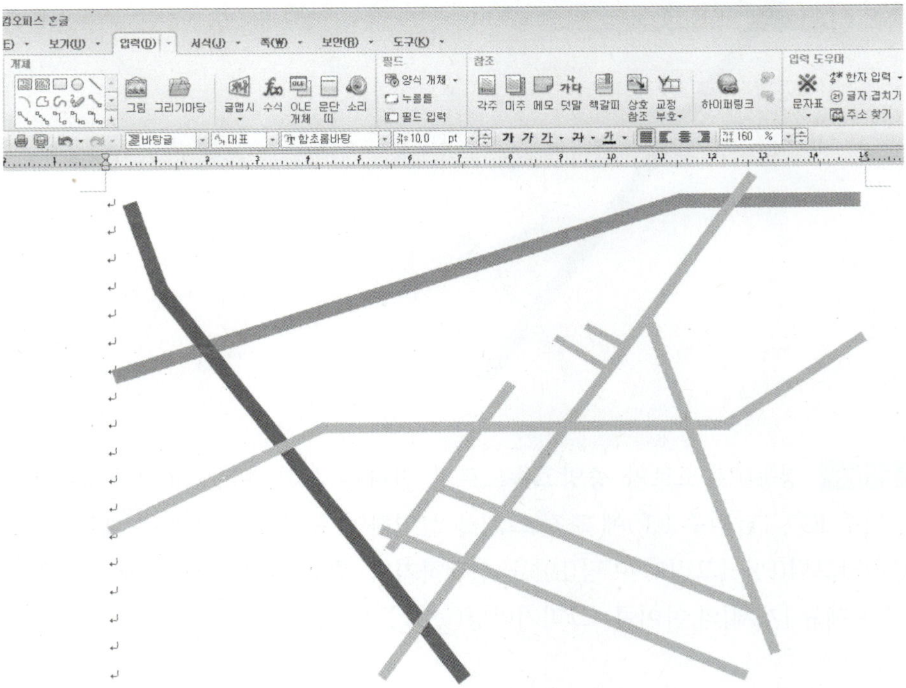

단계 4 **단계 1** 과 같은 방법으로 철도(중앙선)에 해당하는 직선을 그리고, 각종 속성들을 변경하여 완성한다. 이때 고속도로 및 국도와 구분하기 위하여 선 색, 선 종류 및 선 굵기 등은 서로 다르게 적용한다.

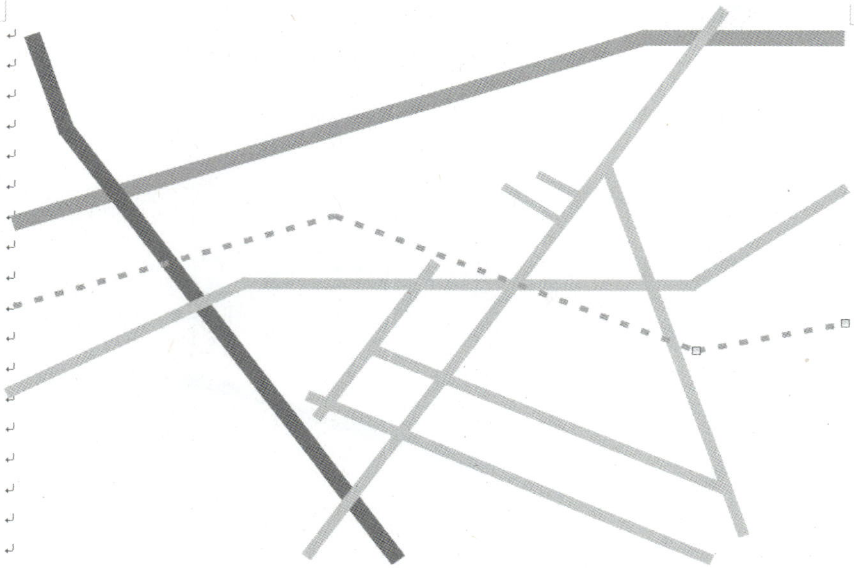

단계 5 영동고속도로와 중앙고속도로가 만나는 부분('만종 JC')과 IC 부분('원주 IC', '남원주 IC')에 조각 그림을 삽입하여 표시하기 위해 주 메뉴 [입력(D)]-[그림(P)]-[그리기 마당(R)]을 선택하거나 주 메뉴 [입력(D)]의 열림상자 기본 메뉴 [개체]의 아이콘 '그리기마당(그리기마당)'을 선택한다.

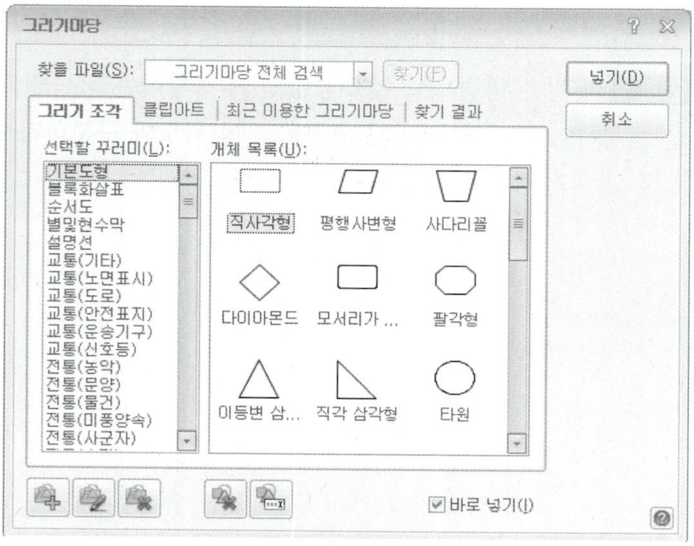

단계 6 대화상자 [그리기마당]의 탭 메뉴 [그리기 조각]에서 '약도(일반)' 을 선택하고, 오른쪽 [개체 목록]에서 적당한 조각 그림을 선택한 다음, [넣기] 버튼을 클릭하여 대화상자를 빠져나간다. 이와 같은 방법으로 고속도로의 JC와 IC에 해당하는 위치에 필요한 모든 조각 그림들을 삽입한다. 이때 삽입된 조각 그림들은 본문과의 배치가 '글 앞으로' 가 선택되어져 있는지 확인하고 그렇지 않으면 '글 앞으로' 로 변경한다.

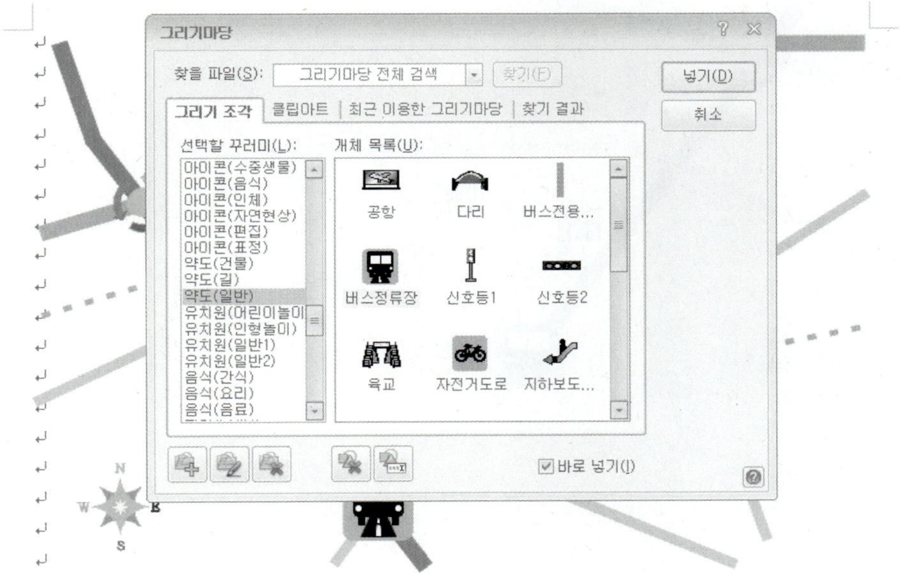

단계 7 대화상자 [그리기마당]의 탭 메뉴 [그리기 조각]에서 이전 단계에서 선택한 조각 그림 이외에 추가적으로 조각 그림을 선택하여 약도에 표시할 대표적인 주요 건물(시청, 시외/고속버스터미널 등)을 표시할 수 있도록 한다.

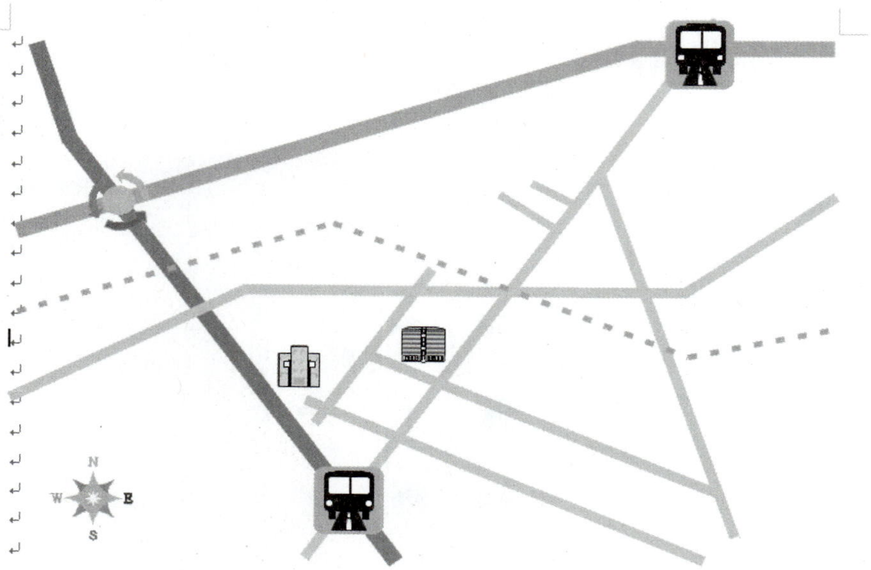

단계 8 주 메뉴 [입력(D)]-[그림(P)]-[그림(I)] 혹은 주 메뉴 [입력(D)]의 열림 상자 기본 메뉴 [개체]의 아이콘 ‘그림( )’을 클릭하여 약도의 목적지 위치에 넣을 그림을 찾아온 다음, ’넣기‘ 버튼을 클릭하여 약도의 임의의 부분에 삽입한다. 이때 ‘파일 형식’ 아래 부분에서 체크 박스 ‘문서에 포함’이 체크되어 있는지를 확인하기 바란다.

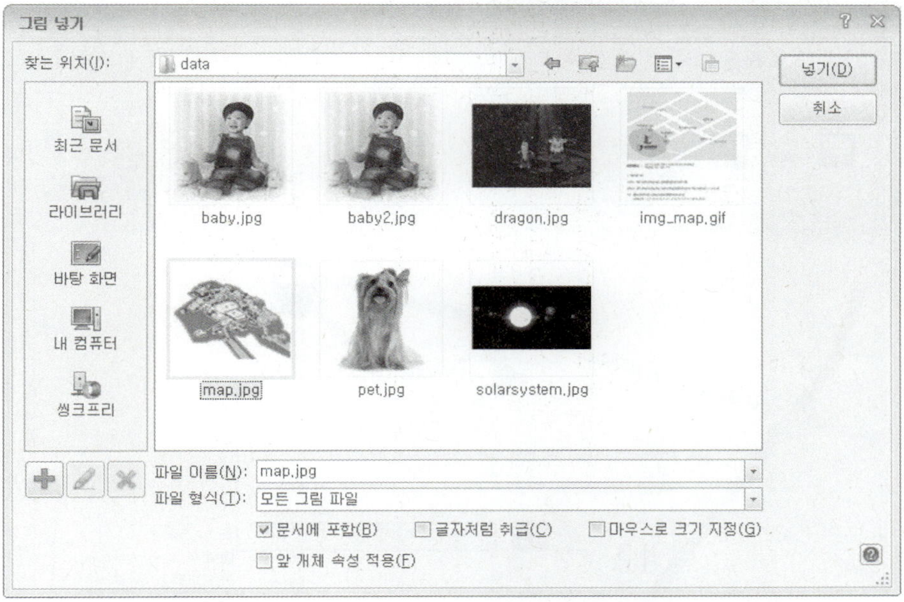

단계 9 약도에 읽어온 그림의 크기를 약도에 적합한 크기로 수정하고 약도의 정확한 위치로 이동 배치한다. 즉, 읽어온 그림이 선택된 상태에서 새로 표시된 주 메뉴 [그림]-[배치]에서 '어울림'을 선택하거나 그림에서 마우스 오른쪽 버튼을 클릭하여 표시되는 메뉴들 중 [본문과의 배치(J)]-[어울림(R)]을 선택하여 본문의 내용들과 잘 어울릴 수 있도록 하고 그림의 제어점들을 사용하여 크기 조절 및 위치 이동을 한다.

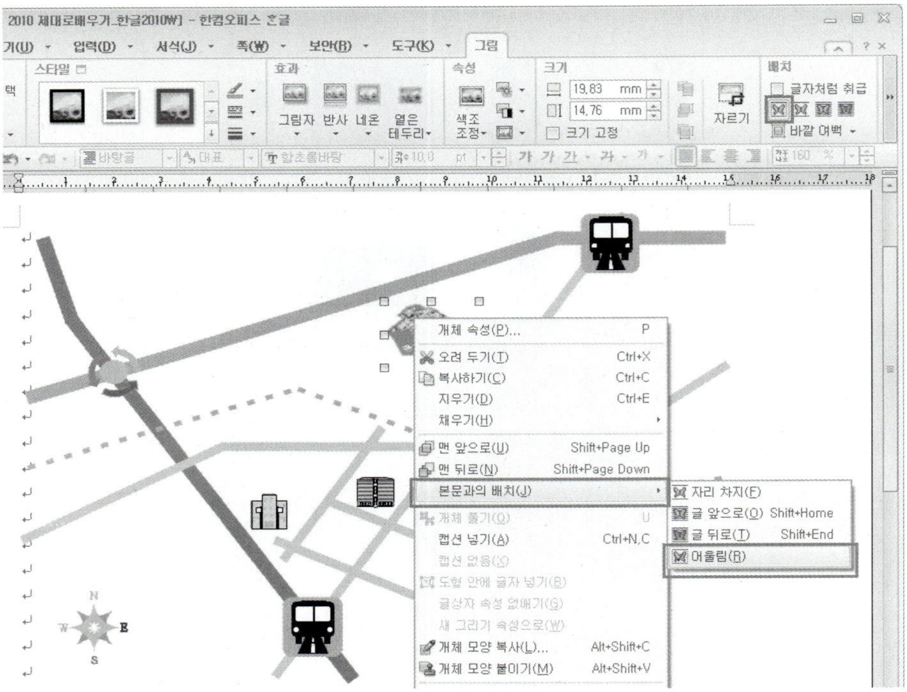

단계 10 약도에 삽입할 그림과 그리기 개체의 작업이 끝났다. 이제 약도에 삽입할 문자들을 모두 입력하도록 한다. 주 메뉴 [입력(D)]–[개체(O)]–[글상자(T)] 혹은 주 메뉴 [입력(D)]의 열림상자 기본 메뉴 [개체]의 아이콘 '가로 글상자(▤)'를 선택하고, 커서의 모양이 십자 형태('+')로 변경된 상태에서 문자를 입력할 부분에서 마우스를 클릭 및 드래그하여 문자 입력을 위한 박스를 생성한 다음, 해당하는 문자를 입력한다.

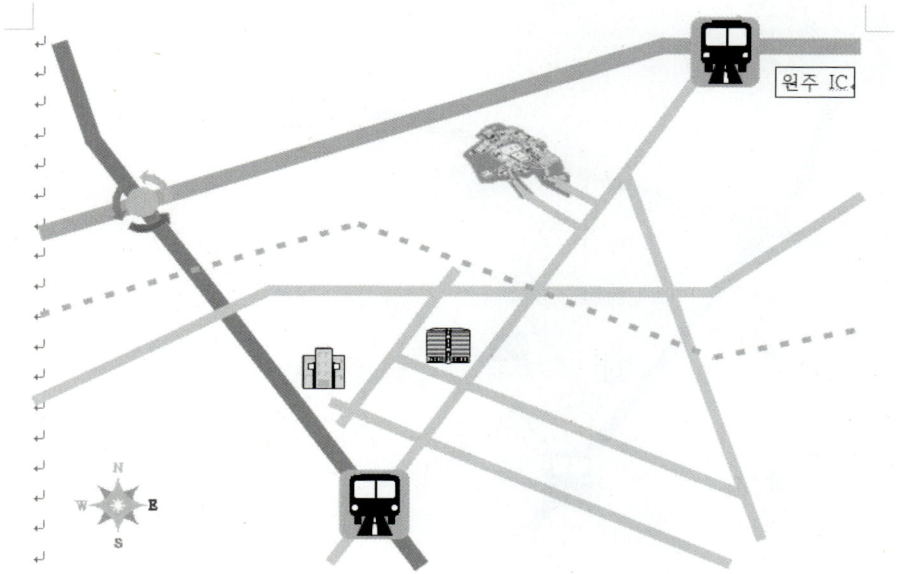

단계 11 새로 표시된 주 메뉴 [도형]의 열림상자 기본 메뉴 [스타일], [그림자], [크기], [배치] 등을 사용하여 글상자의 테두리를 없애고 각자의 취향에 맞게 수정한다. 그리고 글꼴과 글자 크기 및 글자와 관련된 속성들도 수정하도록 한다.

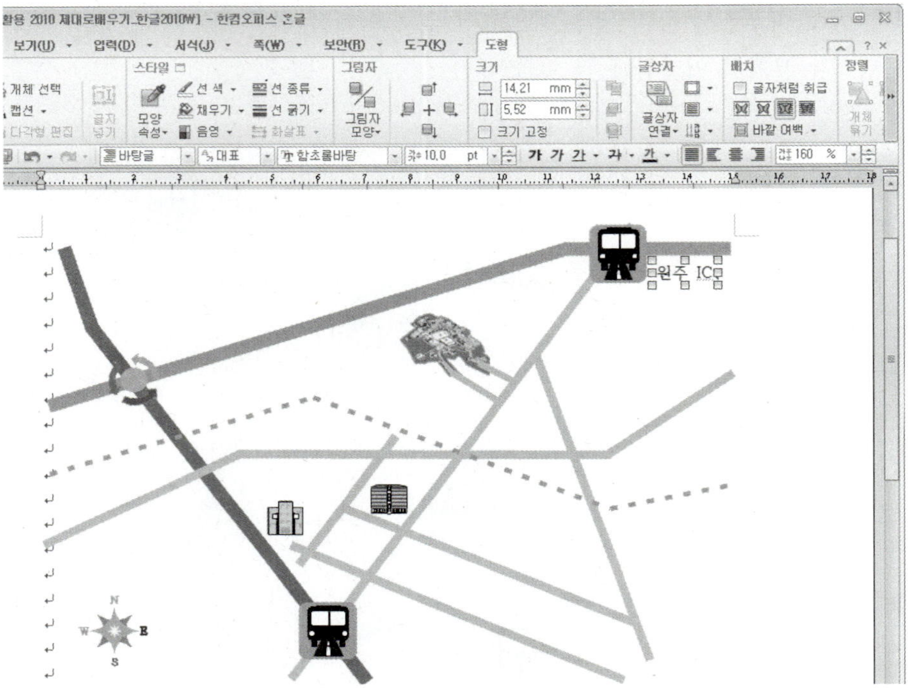

단계 12 단계 10 및 단계 11 과 같이 약도에 필요한 모든 문자들을 입력하고 필요한 경우 문자들의 속성을 수정 및 변경한다.

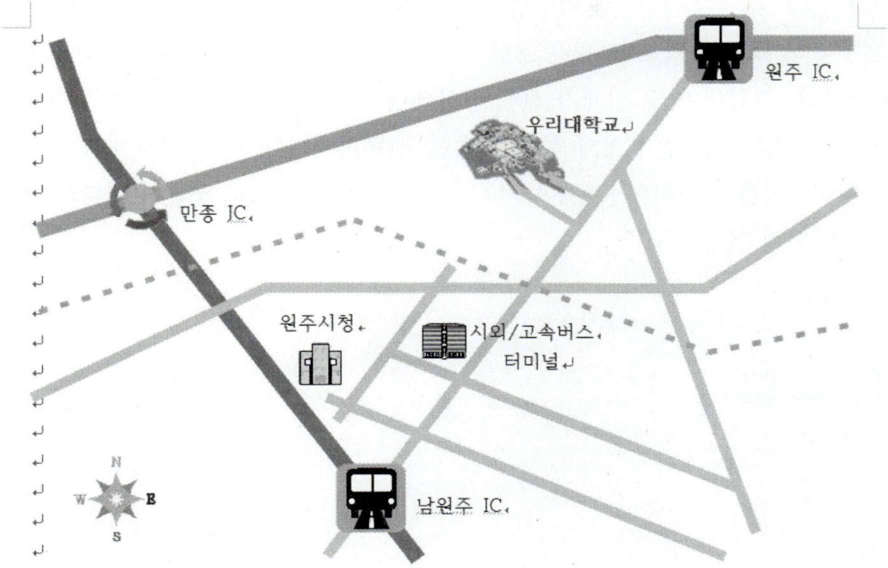

단계 13 지금까지 제작한 약도는 각 개체마다 분리되어 있기 때문에 그룹으로 묶어야 하나의 개체로 통합되어진다. 그리고 하나의 개체이어야만 복사, 이동 및 축소/확대 등을 실행하였을 때 약도의 형태를 변형하지 않고 그대로 유지할 수가 있다. 주 메뉴 [편집(E)]의 열림상자 기본 메뉴 [입력]의 아이콘 '개체선택( )' 을 선택하고 약도 전체가 포함될 수 있도록 마우스로 클릭 및 드래그하여 선택한다. 그리고 약도 전체가 선택된 상태에서 주 메뉴 [그림]의 열림상자 기본 메뉴 [정렬]의 아이콘 '개체 묶기( )' 를 선택하거나 선택된 약도에서 마우스 오른쪽 버튼을 클릭하여 [개체 묶기(G)]를 선택해주면, 약도 전체가 하나의 개체로 묶어지게 된다.

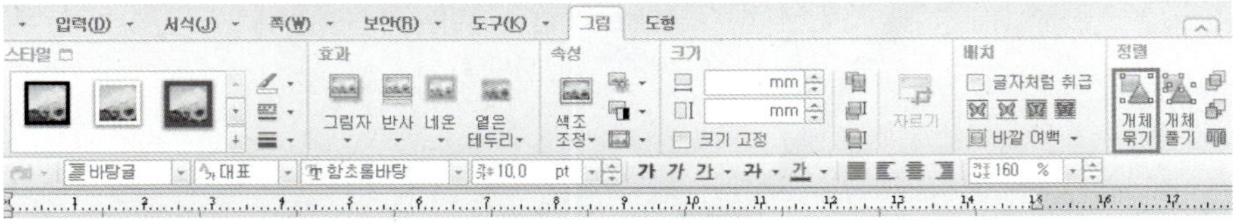

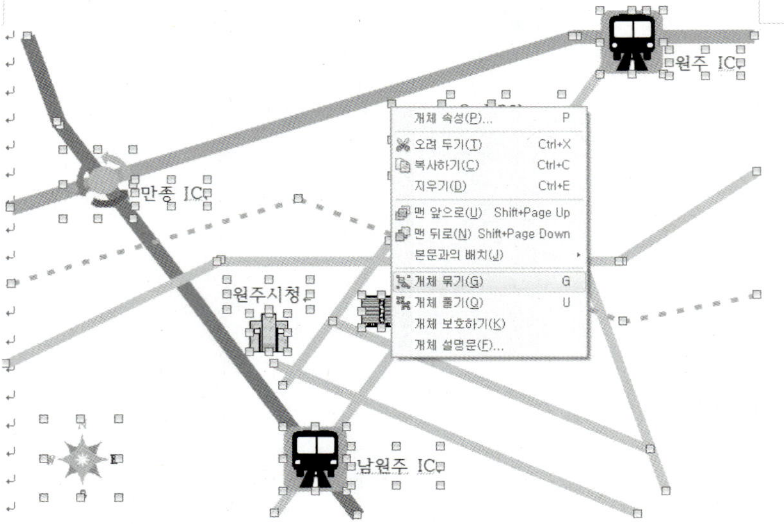

단계 14 하나의 개체로 묶여진 약도를 하나의 문자처럼 취급할 수 있도록 하기 위하여 약도를 선택한 상태에서 주 메뉴 [도형]의 열림상자 기본 메뉴 [배치]에서 체크박스 '글자처럼 취급'을 체크해준다. 이제 약도 제작을 위한 모든 과정이 끝났다. 이제 본 약도를 다른 한글 문서나 같은 한글 문서 내의 다른 위치에 복사 및 크기 조정 등의 과정을 거쳐 수 개 이상 사용할 수 있다.

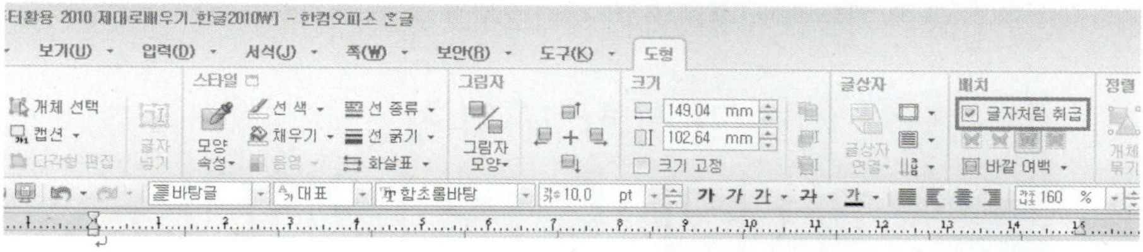

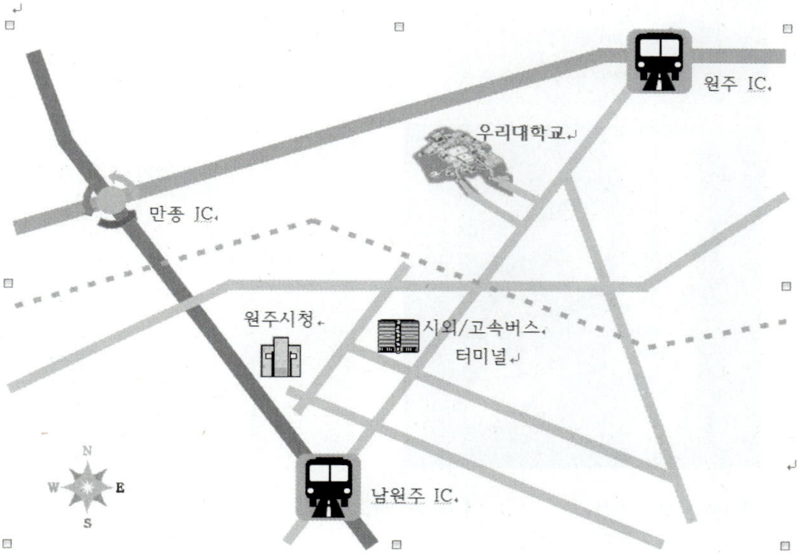

연 습 문 제

01 다음 그림과 같이 귀여운 아기의 디지털카메라 사진첩을 주 메뉴 [입력(D)]의 열림상자 기본 메뉴 [표]의 아이콘 '표(표)' 및 아이콘 '글맵시(글맵시)' 등의 기능을 이용하여 제작해보시오.

02 디지털카메라로 가족이나 친척 및 친한 친구들과 함께 찍은 사진들을 이용하여 자신만의 예쁜 디지털사진첩을 만들어 보시오.

03 한글 문서에 주 메뉴 [입력(D)]-[개체(O)]-[소리(V)] 및 주 메뉴 [입력(D)]-[개체(O)]-[플래시(S)] 등의 기능을 사용하여 소리('*.wav') 및 플래시('*.swf') 등의 파일이 삽입된 간단한 멀티미디어 문서(예, 어린이 동화 등)를 제작해보시오.

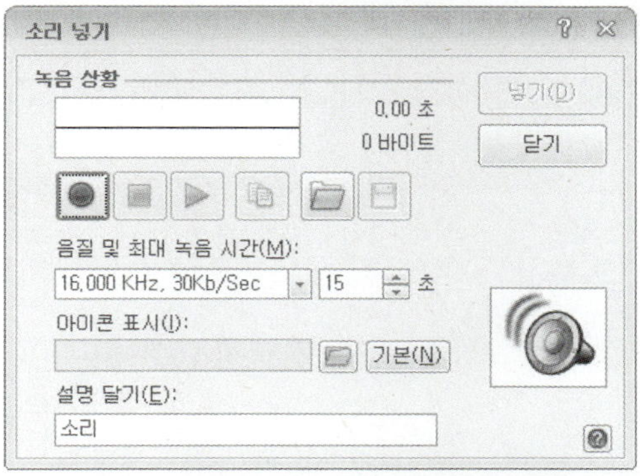

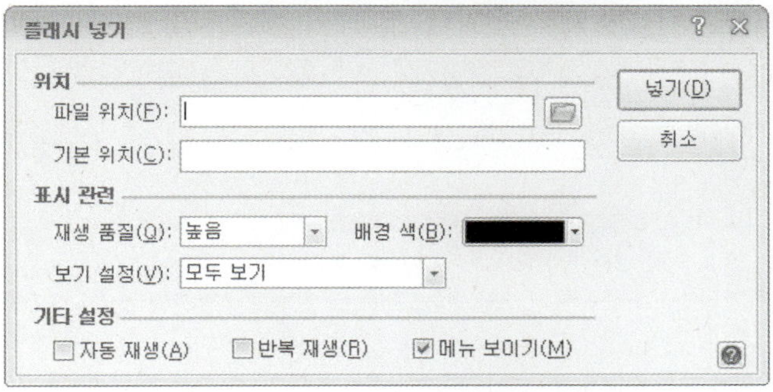

04 최근에 촬영한 본인의 멋진 증명사진이나 스냅 사진 등을 이용하여 실제 생활에 사용 가능한 멋있는 명함의 앞면과 뒷면을 모두 제작해보시오.

CHAPTER

05 특별한 용도로 사용될 특수 기능

5.1 수식 입력이 필요한 수학 시험지 만들기

5.2 블로그(Blog)로 올리기

CHAPTER 05

특별한 용도로 사용될 특수 기능

5.1 수식 입력이 필요한 수학 시험지 만들기

우리는 초등학생 때부터 대학생에 이르기까지 성격이 서로 다른 다양한 과목들을 공부해왔으며, 그때마다 그 과목을 충분히 잘 이해하였는지 확인하기 위해서 시험을 보았다. 그중에서 수학 과목은 매우 어렵고 복잡한 수식이 많아서 어떤 학생들은 수학 공식만 보면 머리가 아프다고 할 정도이다. 지금부터는 어렵고 복잡한 수학 문제를 한글 프로그램을 사용하여 여러분들이 직접 작성해보는 시간으로 수학 시험지를 만들어 보도록 한다.

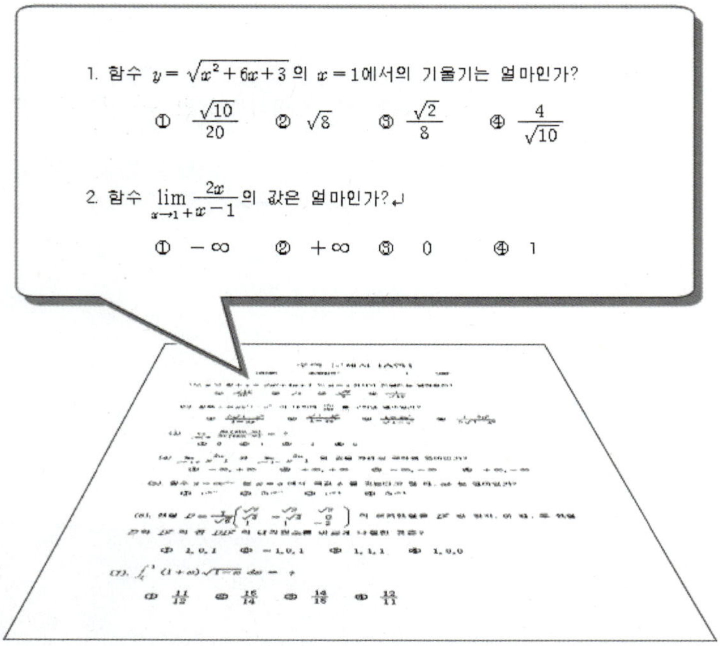

일반적으로 수학 시험지에는 다양한 수식들을 포함하는 수십 개의 복잡한 문제들이 있는데, 본 절에서는 대표적인 수식 한 가지를 직접 작성해보는 시간을 가지도록 하겠다. 위의 그림은 본 절을 위해서 준비한 수학 시험지의 첫 페이지에 있는 문제들로서, 크게 확대된 부분의 두 문제 중 첫 번째 문제를 직접 작성해 본다. 수식 입력이 필요한 수학 시험지 만들기에서는 주 메뉴 [입력(D)]-[개체(O)]-[수식(E)] 혹은 주 메뉴 [입력(D)]의 열림상자 기본 메뉴 [개체]의 아이콘 '수식(f_∞ 수식)'을 이용하거나 단축키 〈Ctrl+N, M〉을 사용하여 작성하고자 하는 다양한 수식을 작성하는 방법에 대하여 학습하도록 한다. 지금부터 [수식] 메뉴를 사용하여 다음 문제를 작성해 보도록 한다.

1. 함수 $y=\sqrt{x^2+6x+3}$의 $x=1$에서의 기울기는 얼마인가?

① $\frac{\sqrt{10}}{20}$ ② $\sqrt{8}$ ③ $\frac{\sqrt{2}}{8}$ ④ $\frac{4}{\sqrt{10}}$

단계 1 먼저 글꼴과 글자 크기를 임의로 설정한 다음, 수식을 제외한 일반 문자들을 키보드로 타이핑한다. 이때 수식이 들어갈 부분들은 한 칸 정도 비워 두는 게 좋다.

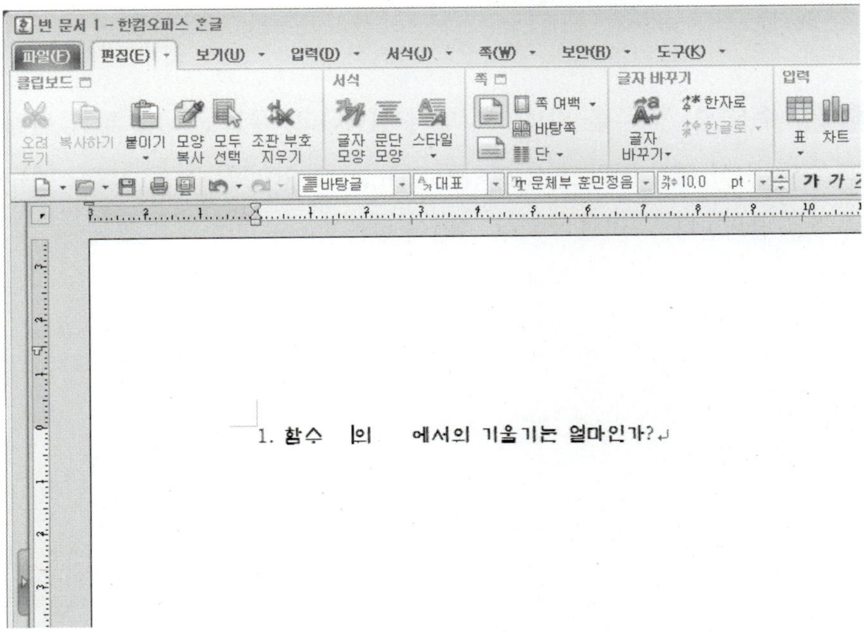

단계 2 수식 중에서 $y=\sqrt{x^2+6x+3}$을 먼저 입력하도록 한다. 수학 문제의 문자들 중 "1. 함수"와 "의" 사이에 마우스를 클릭하여 커서를 두고, 주 메뉴 [입력(D)]-[개체(O)]-[수식(E)] 혹은 주 메뉴 [입력(D)]의 열림상자 기본 메뉴 [개체]의 아이콘 '수식(수식)' 을 마우스로 클릭하거나 단축키 〈Ctrl+N, M〉을 사용하여 대화상자 [수식 편집기]가 나타나게 한다.

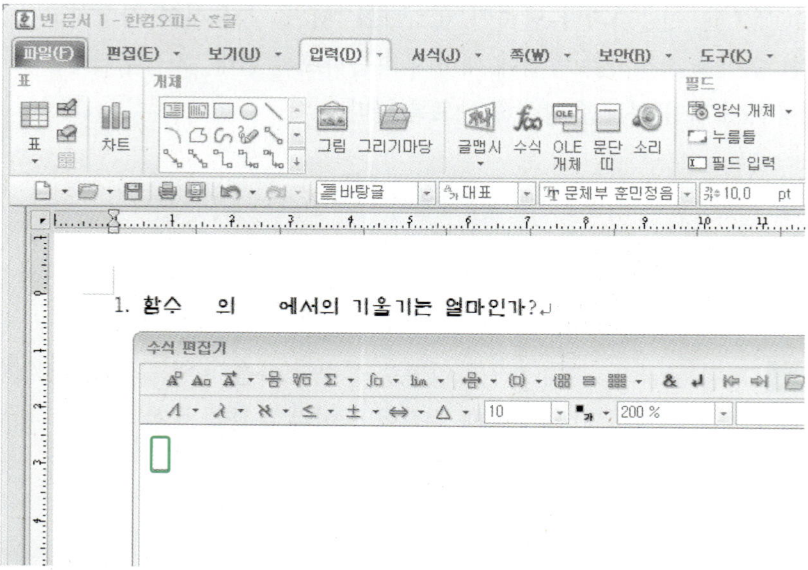

단계 3 수식 중 '$y=$' 을 키보드로 먼저 입력하고, 루트($\sqrt{}$)를 넣기 위해서 대화상자 [수식 편집기]의 수식 아이콘 메뉴들 중 아이콘 '루트( )' 메뉴를 마우스로 클릭한다. 그러면 루트($\sqrt{}$)안에 넣을 수식을 기다리고 있다.

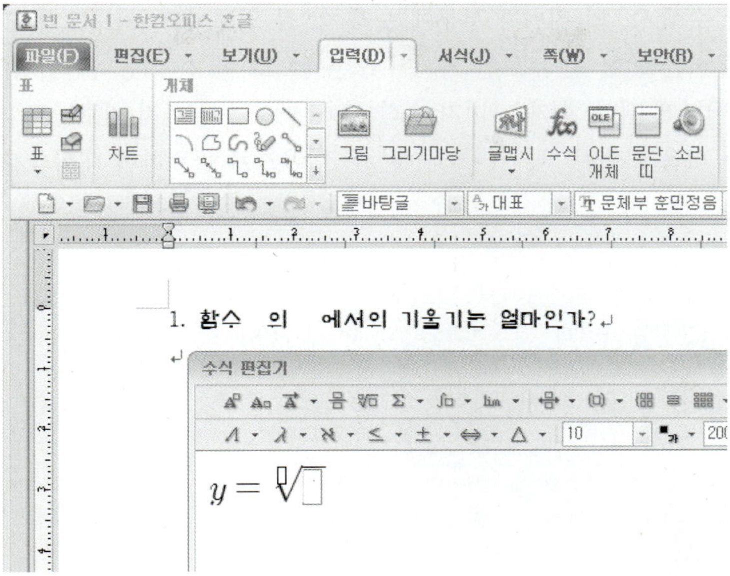

단계 4 이제는 루트($\sqrt{\ }$) 안에 있는 수식 'x^2+6x+3'을 입력해야 한다. 키보드로 'x'를 타이핑하고 마우스로 아이콘 '위첨자( )' 메뉴를 클릭한다. 그러면 'x^2'을 위한 위첨자를 입력받도록 기다리고 있다.

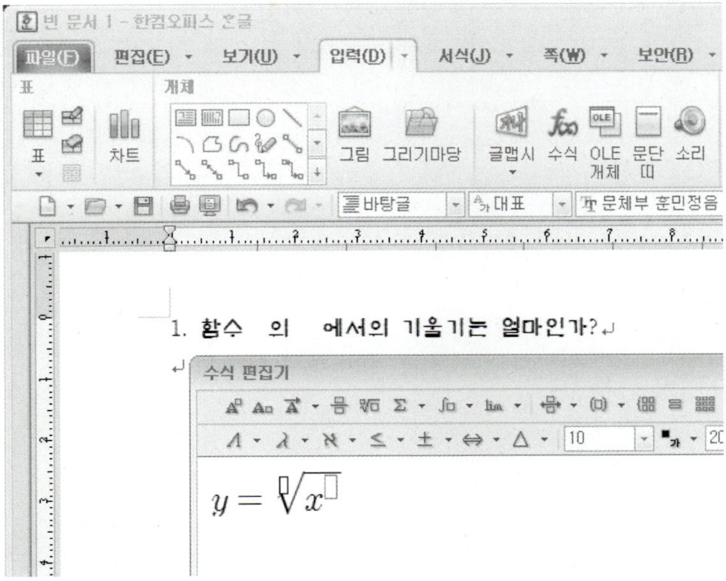

단계 5 수식 'x'의 위첨자 부분에 숫자 '2'를 입력하고, 키보드의 오른쪽 화살표(→) 버튼을 한 번 누르면 커서가 오른쪽으로 한 칸 이동하면서 첨자 입력에서 벗어나게 된다. 이제 나머지 수식 '$+6x+3$'을 끝까지 키보드로 타이핑한다. 그런 다음 아이콘 '넣기( )' 메뉴를 마우스로 클릭하여 대화상자를 빠져나간다.

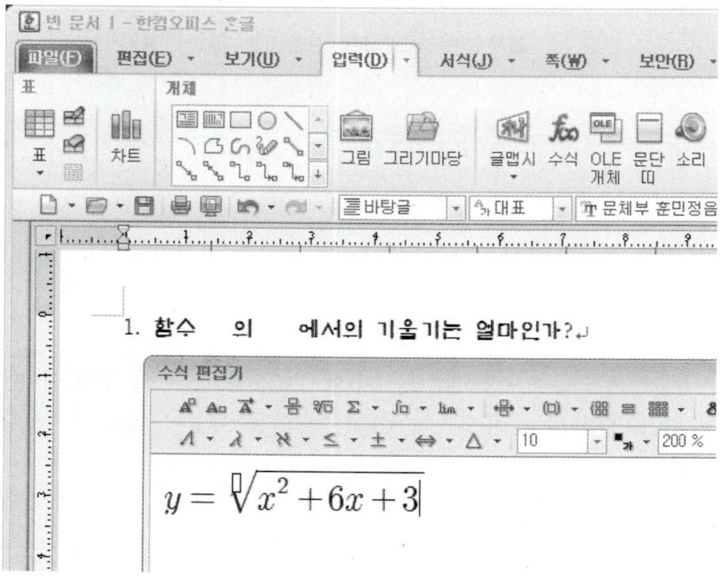

단계 6 다음 수식 '$x=1$'은 첨자나 특별한 기호 등을 사용하지 않기 때문에 **단계 2** 와 같이 [수식] 메뉴를 다시 마우스로 클릭한 다음, '$x=1$'을 키보드로 타이핑하고, 아이콘 '넣기( )' 메뉴를 마우스로 클릭하여 대화상자를 빠져나간다.

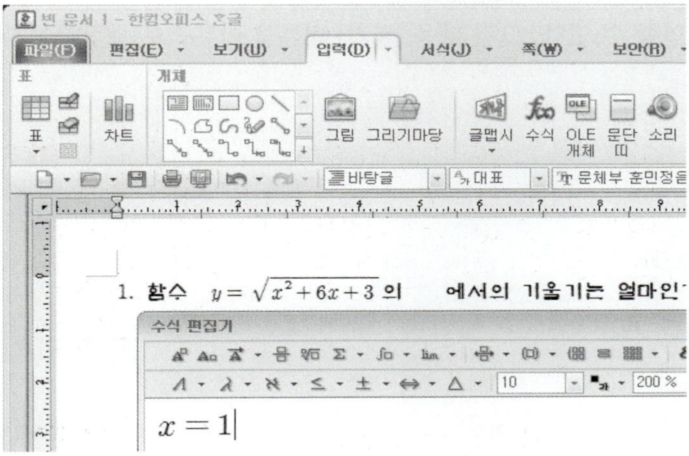

단계 7 수학 문제 1번의 수식 '$y=\sqrt{x^2+6x+3}$'과 '$x=1$'이 입력되어 질문이 완성되었다. 그러나 아직 문제 1번에 대한 보기 4개를 입력해야 한다. 보기의 번호 '①, ②, ③, ④' 등은 주 메뉴 [입력(D)]의 열림상자 기본 메뉴 [입력 도우미]의 아이콘 '문자표(※)'를 클릭하면 나타나는 대화상자 [문자표 입력]에서 [사용자 문자표]-[원문자] 부분에서 찾아 마우스로 선택하고, [넣기] 버튼을 클릭하면 된다. 또 다른 방법으로는 [글자 겹치기] 메뉴를 사용할 수 있는데, 원문자의 번호가 큰 경우에 매우 유용하다. 본 과정에서는 글자 겹치기 메뉴를 사용해 보도록 한다.

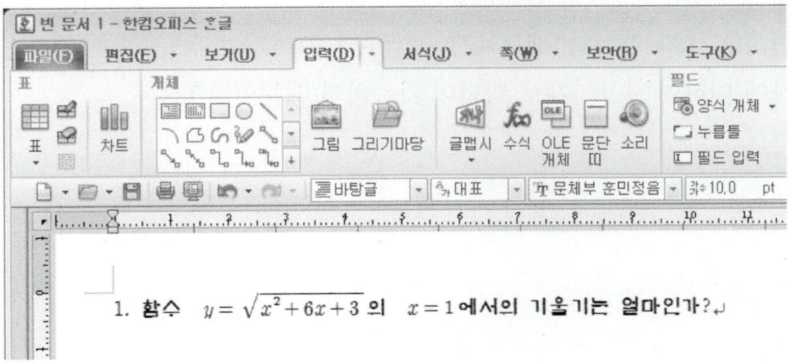

단계 8 주 메뉴 [입력(D)]의 열림상자 기본 메뉴 [입력 도우미]의 아이콘 [글자 겹치기]를 마우스로 클릭하면, 대화상자 [글자 겹치기]가 나타난다. [겹치기 종류]에서 '모양과 겹치기'를 선택하고, 첫 번째 아이콘 '원 문자(①)' 메뉴를 선택한다. 그리고 [겹쳐 쓸 글자]에 키보드로 숫자 '1'을 입력하면 [미리 보기]에서 결과를 확인할 수 있다. 그런 다음 [넣기] 버튼을 마우스로 클릭하여 대화상자를 빠져나온다.

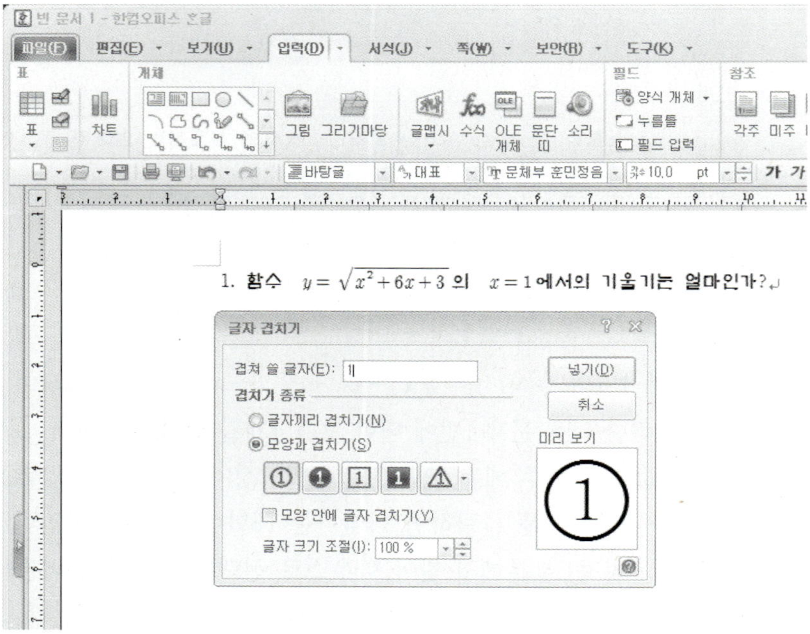

※ **중요** : 주 메뉴 [입력(D)]-[문자표(C)]를 사용하는 것보다 주 메뉴 [입력(D)]의 열림상자 기본 메뉴 [입력 도우미]의 아이콘 '㉑ 글자 겹치기'가 더 좋은 이유는 [문자표] 메뉴에서는 기본적으로 ①부터 ㊿까지만 지원하지만, [㉑ 글자 겹치기] 메뉴에서는 ①부터 ⑨⑨까지 매우 큰 숫자를 가진 원문자에 대하여 자유자재로 입력이 가능하기 때문이다.)

단계 9 단계 8 과 같은 방법으로 수학 문제 1번에 대한 보기 번호 4개를 모두 순서대로 입력한다. 그리고 각 번호마다 적당한 거리를 두고 분배되도록 키보드를 사용하여 간격을 유지시킨다.

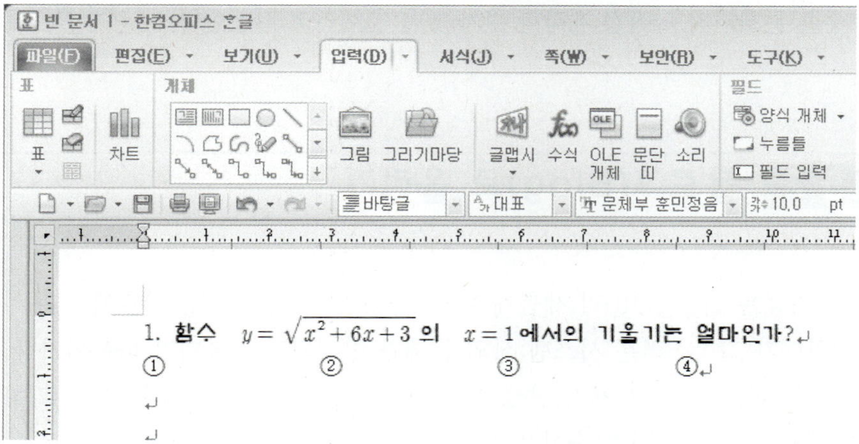

단계 10 마지막으로 각 보기에 대한 수식을 입력해야 한다. 키보드를 사용하여 각 보기 번호 뒤에 한 칸씩의 공백을 주고 수식이 들어갈 자리에 커서가 위치하고 있는지를 확인한 다음, [수식] 메뉴를 사용하여 보기 4개의 수식을 단계 2 에서 단계 5 까지의 과정과 같이 각각 입력한다. 만약 수식 입력이 잘못되었을 경우에는 문서의 수식 부분을 마우스로 더블클릭하여 수정하면 된다.

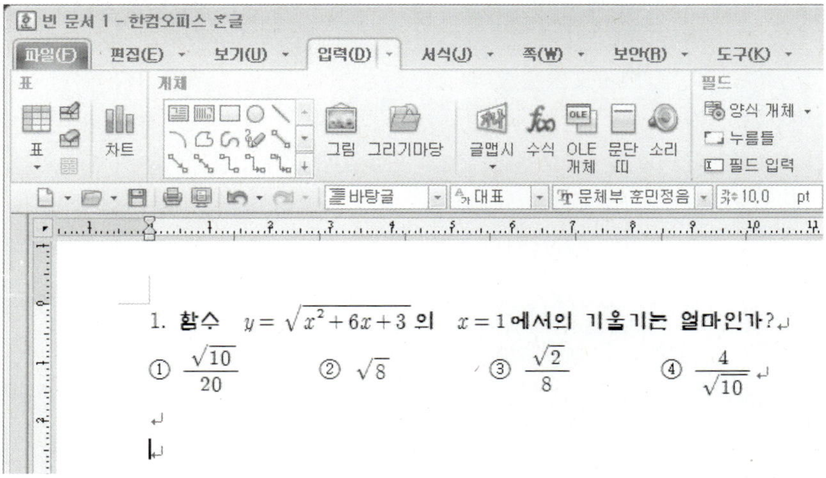

지금까지 [수식] 기능을 이용하여 수학 문제지의 1번 문제를 완성하였다. 이와 같은 과정으로 여러분은 다양한 수식을 포함하는 기본적인 수학 공식들을 얼마든지 작성할 수 있으며, 나아가 더 복잡하고 어려운 수식도 작성할 수 있다. 그러므로 수차례 반복된 과정을 통하여 [수식] 메뉴의 원리를 이해하신다면, 어떤 수학 문제지라도 직접 제작할 수가 있을 것이라고 확신한다.

5.2 블로그(Blog)로 올리기

본 기능은 한글 2010의 새롭게 바뀐 기능 중의 하나로서, 한글에서 문서를 작성하다가 갑작스러운 시스템 상의 문제가 발생되어 컴퓨터가 다운되거나 하는 등의 예상치 못한 문제가 발생되면, 미처 저장을 하지 않은 상태에서 그동안 고생해서 작성한 문서가 순식간에 사라져버리는 일을 없애거나 방지하기 위한 목적을 가지고 있다. 그러나 본 기능을 수행하기 위해서는 먼저 블로그 계정을 등록해야 한다.

단계 1 블로그 글쓰기를 위해서는 먼저 블로그 계정을 등록해야 하는데, 이를 위해서는 주 메뉴 [도구(K)]의 열림상자 기본 메뉴 [블로그]의 아이콘 '계정 선택' – '블로그 계정 관리(M)' 를 선택한다.

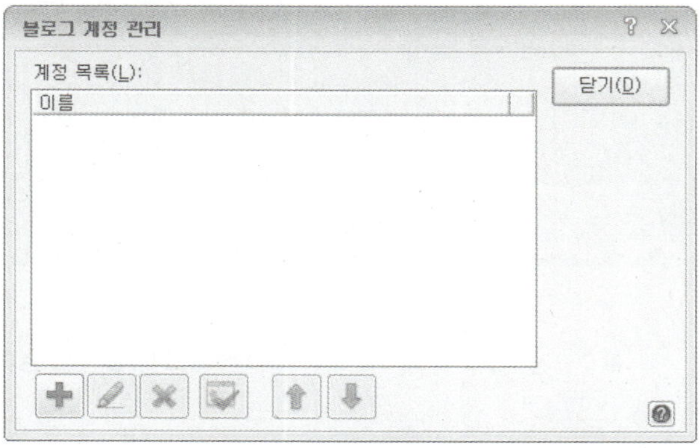

단계 2 대화상자 [블로그 계정 관리]에서 '계정 등록하기(+)'를 클릭하면, 새로운 대화상자 [계정 등록하기]를 볼 수 있는데, [블로그 정보]-[API]에는 '이글루스', '네이버', 'Windows Live 스페이스' 및 'MetaWeblog API' 등과 같이 많이 사용되는 블로그 주소들이 나타난다. 이들 블로그 주소들 중 본인이 자주 쓰는 블로그 목록을 선택한다. 본 절에서는 '네이버'를 선택하여 블로그 계정을 등록해보겠다.

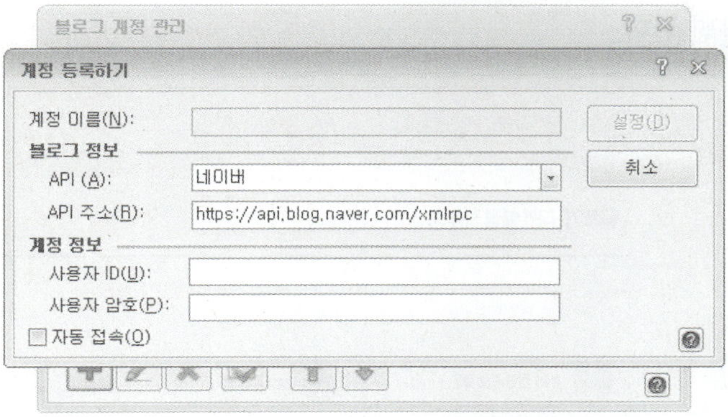

단계 3 네이버에서 블로그 계정을 등록하기 위해서는 먼저 네이버에 회원가입을 하여 아이디와 암호를 생성하고 로그인한 다음, 네이버 블로그의 메뉴 [메뉴 · 글 관리]-[플러그인 · 연동 관리]-[글쓰기 API 설정]에서 [API 연결 정보]를 생성해주어야 한다.

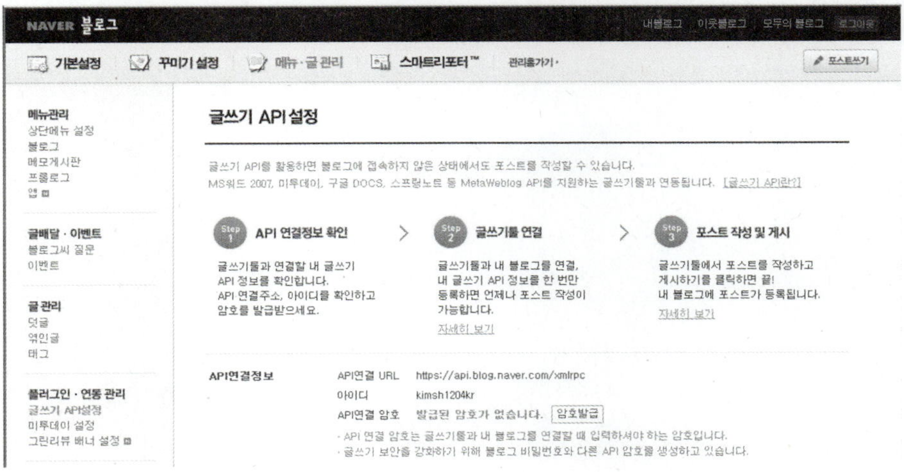

즉, [API 연결 정보]에서 해야 할 일은 네이버에 회원가입을 하고 로그인을 한 상태이기 때문에, 'API 연결 URL'과 '아이디'는 확인할 수 있으나 'API 연결 암호'는 '암호발급' 버튼을 클릭하여 암호를 받아야 한다. 그리고 발급받은 암호를 복사(마우스로 드래그하여 선택한 후 Ctrl+C 혹은 '복사' 버튼 클릭)하여 한글 2010의 [블로그로 올리기]에서 사용할 수 있도록 한다. 블로그에서 두 번째 [API 연결 정보]를 보면 "API 연결이 가능한 상태입니다"라고 현재의 상태를 확인할 수 있는데, 만약 API 연결을 원하지 않을 경우에는 '연결 중지' 버튼을 클릭하면 된다.

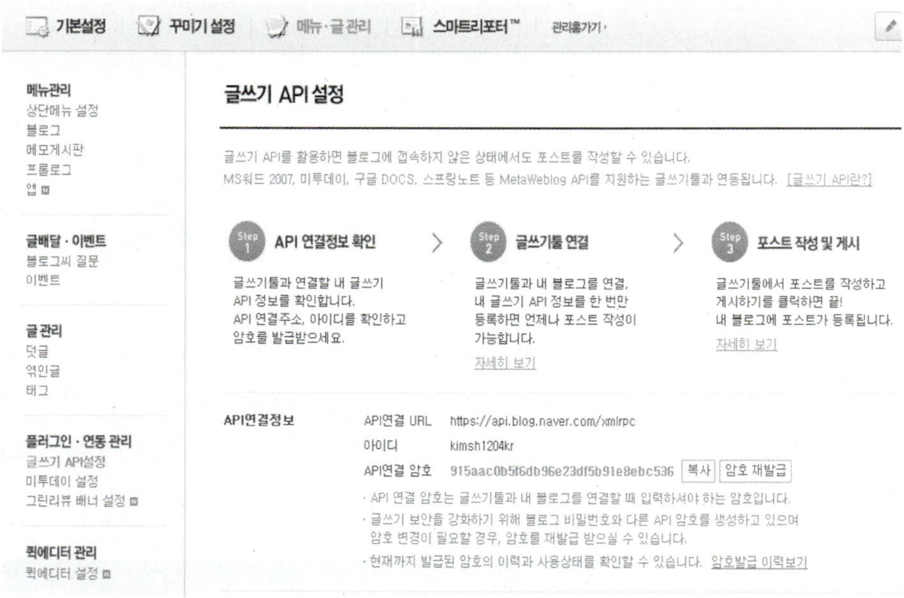

단계 4 대화상자 [계정 등록하기]에서 자신의 블로그 계정에 대한 '사용자 ID'와 ' 사용자 암호 '를 입력하고 [설정]을 선택해주면 블로그 계정 등록이 끝난다. 또한 체크박스 메뉴 '자동 접속' 을 선택해주면 나중에 한글 문서를 블로그로 올릴 때 더 이상 '사용자 ID' 와 '사용자 암호' 를 묻지 않고 자동 접속되어 한글 문서를 올릴 수 있다.

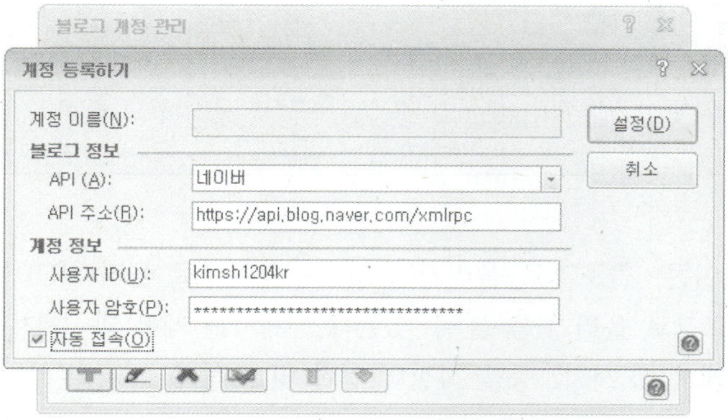

단계 5 블로그 계정이 등록되면, 계정 목록에 자신이 등록한 계정 이름이 추가된다. 이를 확인하기 위해서는 주 메뉴 [도구(K)]의 열림상자 기본 메뉴 [블로그]의 아이콘 '계정 선택' – '블로그 계정 관리(M)' 를 선택해주면 된다. 블로그 계정은 다수 개를 등록할 수 있으며, 기본적으로 설정된 블로그는 블로그 이름 앞에 체크 표시가 있다. 확인 후 이상이 없으면 '닫기' 버튼을 클릭하여 대화창 [블로그 계정 관리]를 빠져나간다.

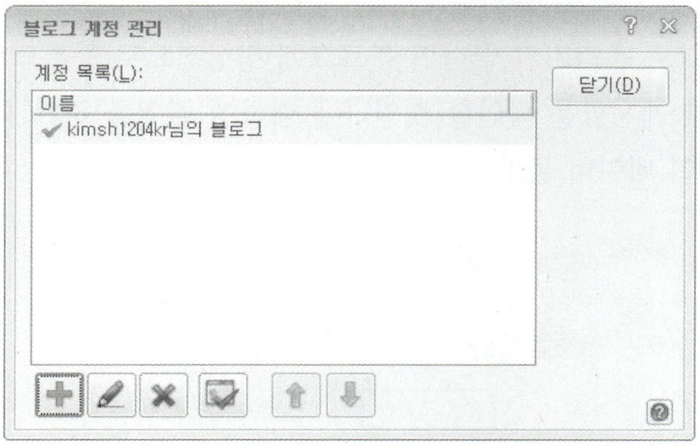

단계 6 마지막으로 한글 문서를 블로그로 올리기 위해서 주 메뉴 [도구(K)]-[블로그(B)]-[블로그로 올리기(E)]를 선택하거나 주 메뉴 [도구(K)]의 열림상자 기본 메뉴 [블로그]의 아이콘 '블로그로 올리기(블로그로 올리기)'를 선택하면 된다.

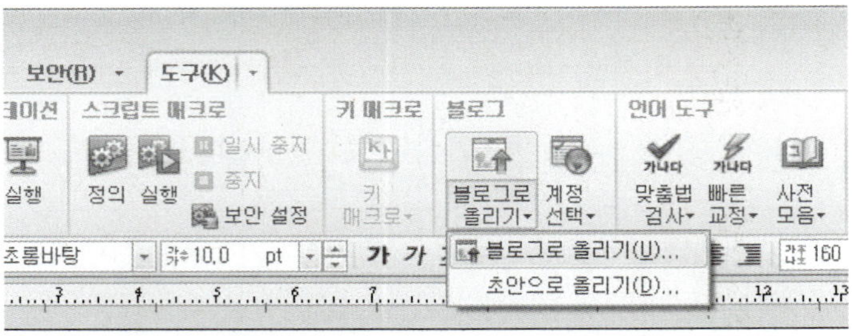

단계 7 아이콘 '블로그로 올리기(블로그로 올리기)' – '블로그로 올리기(U)'를 선택하면 대화창 [블로그로 올리기]를 볼 수 있는데, '게시물 제목'과 '게시물 위치' 및 '게시물 공개 선택 사항' 등을 적절히 입력 및 수정하고 '등록' 버튼을 선택해 주면, 현재 보고 있는 한글 문서를 블로그로 올리기가 실행되고 대화창 [블로그로 올리기]는 빠져나간다.

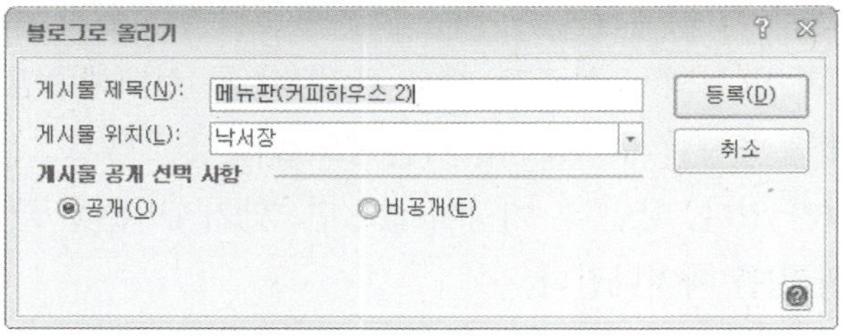

단계 8 블로그로 올리기가 끝나면 블로그에 정상적으로 등록되었다는 메시지와 함께 등록한 게시물을 확인할 것인가에 대하여 질의를 하게 되는데, '확인' 버튼을 클릭하여 네이버 블로그에 올려진 게시물을 바로 확인할 수 있다.

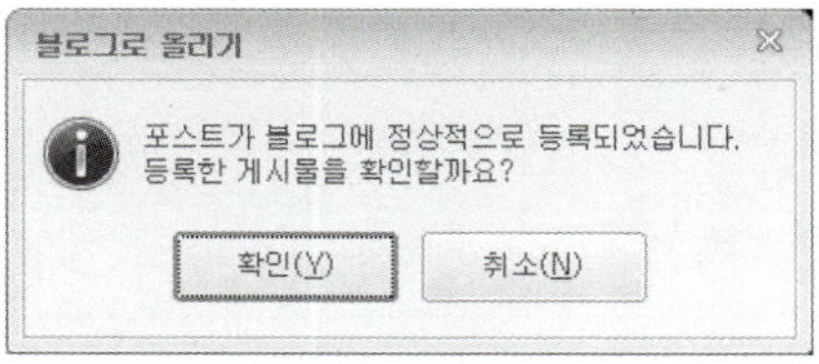

단계 9 기존의 한글 문서의 내용과 블로그로 올려진 문서 내용을 비교해보면 다음 그림의 예와 같다. 즉, 문자는 기본이고 그림 및 표 등은 그대로 올라가고, 글상자는 웹언어의 기본언어인 HTML(Hyper Text Markup Language)로 변경이 되지 않아 그림으로 변경하여 표현해준다. 다음 그림의 왼쪽은 한글 문서이고 오른쪽은 네이버 블로그에 올려진 게시물이다.

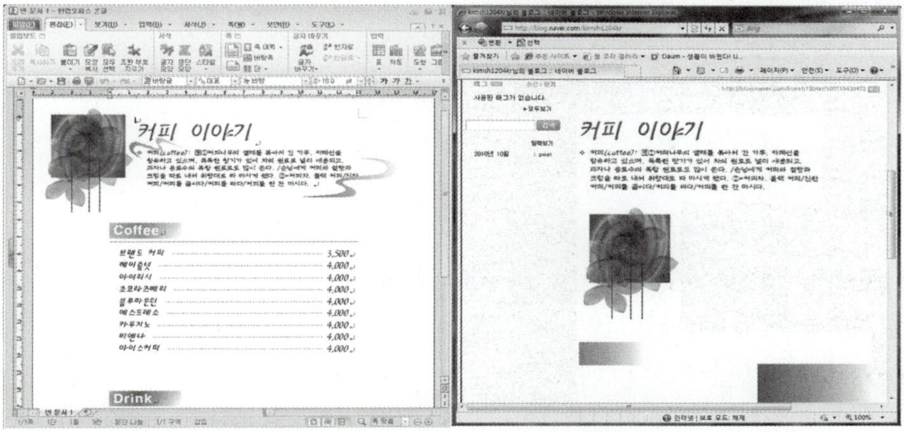

연 습 문 제

01 다음은 수학 시험 문제지를 작성하기 위한 문제들의 예제이다. 수식 기능을 사용하여 수학 시험 문제지를 완성해 보시오.

1. 함수 $\lim_{x \to 1+} \frac{2x}{x-1}$의 값은 얼마인가?

① $-\infty$　② $+\infty$　③ 0　④ 1

2. 행렬 $D = \frac{1}{\sqrt{6}} \begin{pmatrix} \sqrt{2} & \sqrt{2} & \sqrt{2} \\ \sqrt{3} & -\sqrt{3} & 0 \\ 1 & 1 & -2 \end{pmatrix}$이고, 이 행렬의 전치행렬을 D^T라 하자. 이 때, 두 행렬 D와 D^T의 곱 DD^T의 대각 원소를 바르게 나열한 것은?

① 1, 0, 1　② -1, 0, 1　③ 1, 1, 1　④ 1, 0, 0

3. 함수 $\sum_{i=1}^{3} (x_i - \overline{x})^2 = x' A x$이 있다. 여기서 $x' = (x_1, x_2, x_3)$, $\overline{x} = \frac{1}{3}(x_1 + x_2 + x_3)$이고, A는 대칭행렬이다. 이때, 대칭행렬 A의 Trace는 얼마인가?

① 3　② 2　③ 4　④ $\frac{3}{2}$

4. 힘 $\vec{F} = \frac{3}{2}\vec{i} + \frac{1}{2}\vec{j}$가 $r(t) = \cos t\vec{i} + \sin t\vec{j} (0 \le t \le \pi)$로 정의되는 곡선 C을 따라 움직이는 물체에 대하여 한 일, $\int_C \vec{F} \cdot d\vec{r}$는 얼마인가?

① -3　② -2　③ -1　④ 0

02 임의의 한글 문서 하나를 불러오고, 주 메뉴 [파일(F)]-[보내기(E)]에서 [편지 보내기(본문으로)(G)], [편지 보내기(파일 첨부로)(A)], [웹 브라우저로 보내기(W)], [웹 서버로 올리기(S)] 및 주 메뉴 [파일(F)]-[PDF로 저장하기(K)] 등의 기능들을 각각 수행해 보시오. 또한 주 메뉴 [파일(F)]-[모바일 최적화 문서로 저장하기(B)]를 수행하여 자신의 휴대전화(스마트 폰 등)에서 불러오고 원래의 한글 문서와 어떻게 다른지 확인해 보시오.

PART

02

엑셀 2010

06 엑셀을 이용한 여러 가지 문서 만들기

07 함수 사용을 통해 엑셀 정복하기

08 차트 다루기

09 손쉬운 데이터 입력부터 간단한 관리까지

CHAPTER

06

엑셀을 이용한 여러 가지 문서 만들기

6.1 도서 매출 현황표 그리기

6.2 물품 견적서 그리기

6.3 모의 토익 점수표 만들기

06
CHAPTER

엑셀을 이용한 여러 가지 문서 만들기

엑셀이란 OA(Office Automation:사무자동화) 프로그램으로써 어느 분야에 종사하든지 사무용으로 가장 많이 사용되는 프로그램이다. 엑셀은 스프레드시트(Spreadsheet) 프로그램의 일종으로, 컴퓨터 화면상에 펼쳐진 넓은 종이에 데이터를 입력하고 계산하고 분석하는 것이 엑셀을 사용하는 주된 용도라고 할 수 있다. 하지만 엑셀의 활용 범위가 다양해지면서 워드프로그램을 이용하여 작성하던 문서를 엑셀을 이용하여 작성하는 경우가 많아졌다. 엑셀이 유용하다는 것은 누구나 알고 있지만, 엑셀을 엑셀답게 사용하는 사용자는 그다지 많지 않다고 한다. 조금만 관심을 가지고 엑셀에 접근해보면 단순히 표 계산 프로그램이 아니라 우리의 생각을 효율적으로 정리하고 논리적으로 표현할 수 있도록 도와주는 업무 자동화 프로그램이라는 것을 알 수 있을 것이다.

본 절에서는 엑셀 2010 버전을 이용하여 엑셀의 기능을 살펴보도록 한다. 우선 엑셀 2010에 추가된 주요 기능을 살펴보면 다음과 같은 것들이 있다.

● 향상된 리본 기능

엑셀 2007에서 처음 보여진 리본 메뉴는 기존의 복잡한 메뉴와 도구 모음 속에 있어 찾기 힘들었던 명령이나 기능을 쉽게 찾을 수 있도록 해준다. 뿐만 아니라 엑셀 2010에서는 리본에 사용자 고유의 탭과 그룹을 만들 수 있으며, 기본적으로 제공되는 탭과 그룹의 이름을 바꾸거나 순서를 변경할 수 있다.

● 스파크라인

데이터의 추세를 시각적으로 요약하여 보여주는 기능으로 셀에 들어가는 작은 차트 라인이라 볼 수 있다. 그냥 데이터보다는 데이터의 추세를 한 눈에 쉽게 파악할 수 있다는 장점이 있다.

● 향상된 필터기능

워크시트의 데이터가 많은 경우 필터 기능 수행 시 수천 개 또는 수백만 개의 항목을 검색해야 할 수도 있으므로 필요한 항목을 빠르고 효율적으로 찾을 수 있는 기능이다. 필터 항목 선택 시 먼저 검색 용어를 입력하면 관련 내용을 가진 항목들이 목록에 나타남으로 필요 없는 항목을 보이지 않으므로 결과 범위를 좁힐 수 있다.

● 향상된 조건부 서식

스타일과 아이콘을 더 상세하게 제어하고 향상된 데이터 막대를 사용할 수 있다. 또 몇 번의 클릭만으로 특정 항목을 강조할 수 있으며, 음수 값에도 데이터 막대를 표시하여 데이터를 더 정확하게 표시할 수 있다.

● 보다 정확한 함수

많은 함수가 최적화되어 정확도가 향상되었으며, 새 함수의 이름은 해당 기능을 보다 정확하게 설명한다.

● MICROSOFT OFFICE BACKSTAGE 보기

파일 메뉴를 클릭하여 액세스 할 수 있는 Backstage 보기에서는 파일열기, 저장, 인쇄, 공유 및 관리 작업을 수행하고 프로그램 옵션 설정이 가능하다.

● 시각적 효과가 뛰어난 통합 문서 작성 기능

차트, 다이어그램, 그림과 같은 멋진 시각적 요소로 아이디어를 탐구하고 전달할 수 있는 도구의 사용이 자유롭다. 또한 이전보다 더욱 다양한 테마 및 스타일 사용이 가능하다.

이 밖에도 Excel Services를 통한 게시 및 공유가 가능하며, 더 크고 복잡한 스프레드시트 작성을 위해 다양한 기능들이 추가되어있다. 여러 가지 예제를 이용하여 엑셀의 다양한 기능들을 사용해 보도록 하자.

6.1 도서 매출 현황표 그리기

간단한 '도서 매출 현황표' 그리기를 통해 엑셀에서 사용 가능한 다양하고 편리한 데이터 입력 서식에 대하여 알아본다.

도서 매출 현황

2011년 05월 01일

도서명	도서분류 코드	월매출수량	단가	판매방법	주고객층
Harry Potter	FBF-100	500부	10500	인터넷	10대 아동
책과 혁명	FCB-300	680부	9800	독서클럽	30대 남성
인형의 꿈	NNW-200	730부	12000	방문판매	10대 아동
오페라의 유령	NFC-500	550부	15500	인터넷	20대 남성
감자	KKJ-600	180부	5000	중고구입	50대 여성
숫자여행	SJT-700	470부	7800	매장판매	30대 여성
아침형 인간	MLN-500	960부	9500	인터넷	30대 남성

배울 내용 ● ● ●

① 워크시트 다루기 : 이름바꾸기, 이동/복사, 삽입, 삭제

② 셀 다루기

a. 셀 블록 지정 방법(연속된 셀, 비연속적인 셀)

b. 셀의 행 높이/열 너비 지정하기 : 데이터 입력을 위해 셀의 너비나 높이 조절을 원할 때 사용

c. 행/열 숨기기 및 보이기 : 일시적으로 행이나 열을 숨기고자 할 때 사용

d. 셀 복사하기/셀 이동하기 : 특정 셀의 데이터를 복사하거나 셀의 내용을 다른 부분으로 옮기고자 할 때 사용

e. 행/열/셀 삽입/삭제하기 : 데이터 입력을 위해 행/열/셀 추가나 삭제를 위해 사용

③ 셀 서식 지정하기

a. 셀 병합하기 : 블록 내의 셀들을 합쳐 하나의 셀로 만들기 위해 사용

b. 테두리 그리기/색깔 채우기 : 데이터 테이블에 테두리를 그리거나 원하는 셀에 색을 채우기 위해 사용
c. 데이터 정렬 : 데이터 테이블 내의 데이터를 일괄적으로 정돈하기 위해 사용

6.1.1 워크시트 다루기

워크시트는 작업용지라고 할 수 있다. 즉, 데이터를 입력하고 편집해서 데이터를 분석하는데 사용되는 영역이다. 엑셀을 실행시키면 기본적으로 하나의 통합문서에 3개의 워크시트(Sheet1, Sheet2, Sheet3)만 나타난다. 그러나 필요하다면 255개까지 워크시트를 추가하여 사용할 수 있다.

또한 [파일]-[옵션] 메뉴에서 '포함할 시트 수' 메뉴를 이용하여 초기 워크시트 수를 조절할 수 있다. 워크시트의 모음을 통합문서라 한다.

워크시트는 다음과 같이 구성되어져 있다.

셀(CELL)
하나의 워크시트는 열과 행으로 나누어져 있다. 셀은 워크시트에서 행과 열이 만나는 사각형 부분으로 워크시트의 기본 구성
수식 입력줄
셀에 입력된 문자열, 숫자, 또는 수식이 표시되는 부분이다. 수식 입력줄에서 셀 값에 대한 입력, 수정이 모두 가능
이름상자
선택된 셀의 주소(위치값)나 사용된 함수, 입력된 자료에 지정한 이름 등이 표시되는 부분이다.

(1) 워크시트 만들기

단계 1 [파일]-[새로 만들기]를 선택하고, 대화상자의 오른쪽 부분의 '만들기' 메뉴를 선택하면 새로운 워크시트가 생성된다.

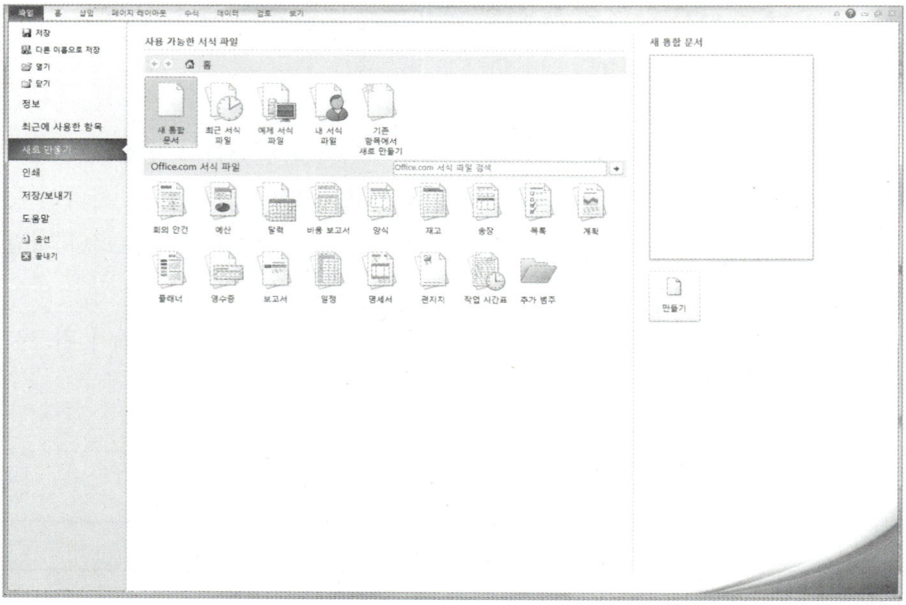

(2) 워크시트 이름 변경하기

단계 1 먼저 데이터를 입력하고자 하는 시트[Sheet1]를 선택한다. 워크시트의 이름 변경 방법은 2가지가 있다.

① [홈]–[서식]–[시트이름 바꾸기]

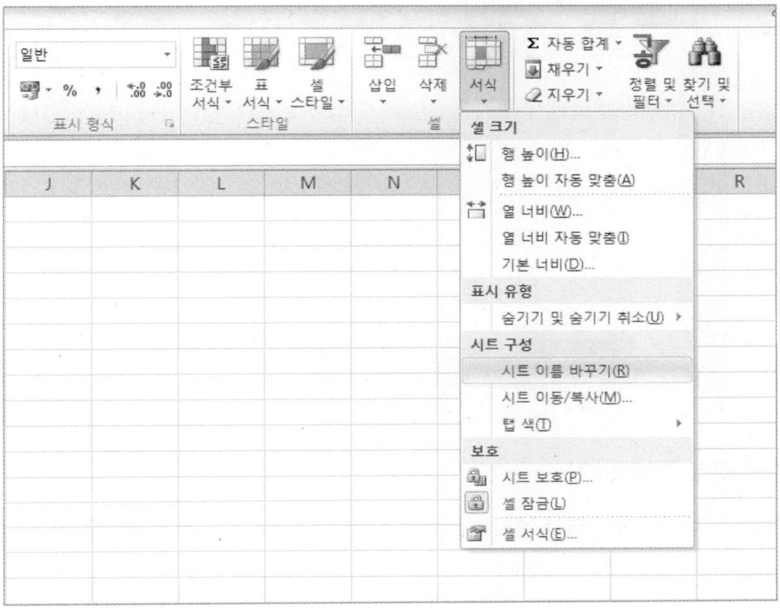

② 이름을 바꾸고자 하는 워크시트의 시트(Sheet) 탭 위에서 마우스 오른쪽 버튼을 누르고 단축 메뉴의 [이름 바꾸기]를 이용한다.

단계 2 [이름 바꾸기]를 선택하면 워크시트의 이름 부분[Sheet1]이 검은색으로 선택된다. 이때 시트 이름을 '도서 매출 현황' 으로 입력한다.

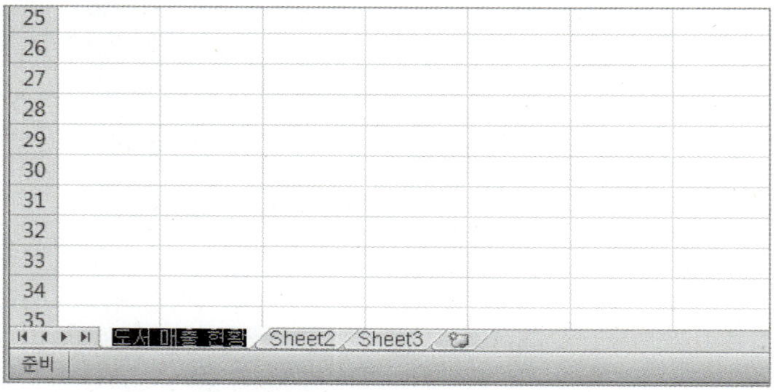

(2) 워크시트 복사하기

유사한 내용의 데이터를 활용하고자 하는 경우 워크시트 복사를 통해 간단하게 이용할 수 있다.

단계 1 복사하고자 하는 시트 위에 마우스를 위치하고 〈Ctrl〉 키를 누른 채 드래그한다. '도서 매출 현황' 시트 위에 마우스 커서를 위치하고 〈Ctrl〉 키를 누른 채 드래그한다.

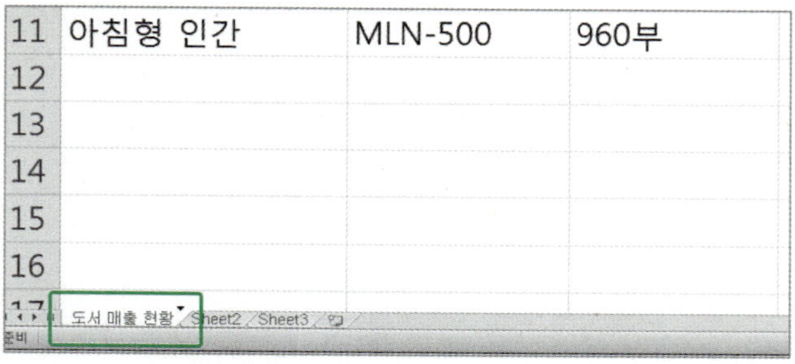

단계 2 복사하고자 하는 워크시트의 위치에서 마우스 버튼을 놓으면 다음과 같이 '도서 매출 현황(2)' 시트로 복사된다.

(3) 워크시트 삽입하기

워크시트를 삽입하는 방법은 세 가지가 있다.

① 메뉴 바에서 [홈]–[삽입]–[시트 삽입]을 선택한다.

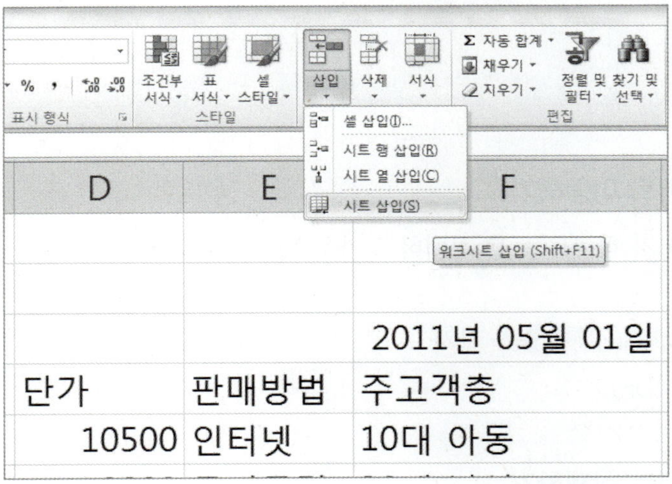

② 워크시트 위에 마우스 커서를 위치시키고 마우스 오른쪽 버튼을 누르면 나오는 단축 메뉴를 이용한다. [삽입] 메뉴를 선택한 뒤, '삽입 대화상자' 에서 'worksheet' 를 선택하고 확인 버튼을 누른다.

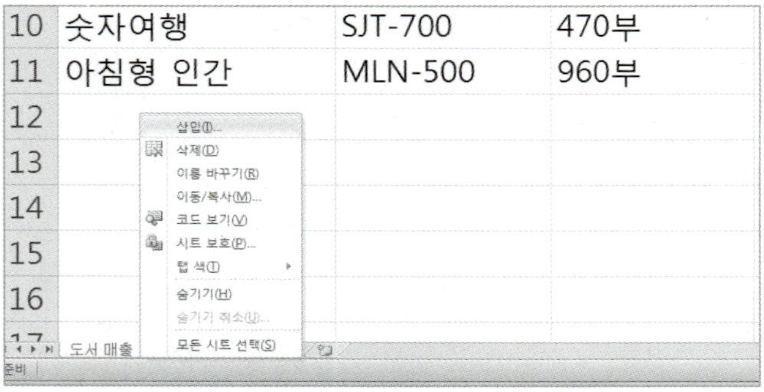

③ 가장 오른쪽 워크시트 옆에 위치한 '워크시트 삽입 아이콘' 을 이용한다.

(4) 워크시트 이동하기

이동하고자 하는 시트를 선택하고 마우스로 드래그 하여 원하는 곳에 위치시킨다.

- 복사 : 〈Ctrl〉 + drag 복사
- 이동 : Drag

(5) 워크시트 삭제하기

필요 없는 워크시트는 간단하게 삭제하여 사용할 수 있다. 워크시트를 삭제하는 방법은 2가지가 있다.

① [홈]-[삭제]-[시트 삭제] 메뉴를 선택하면 현재 커서가 있는 워크시트가 삭제된다.

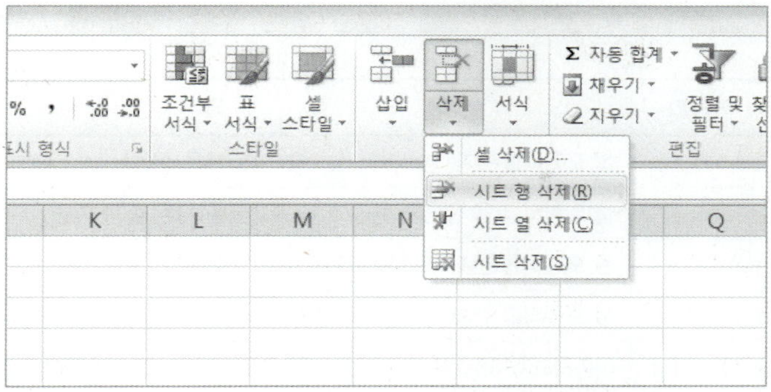

② 삭제하고자 하는 시트를 선택하고 마우스 오른쪽 버튼을 눌러 나타나는 단축 메뉴 중 [삭제]를 선택한다.

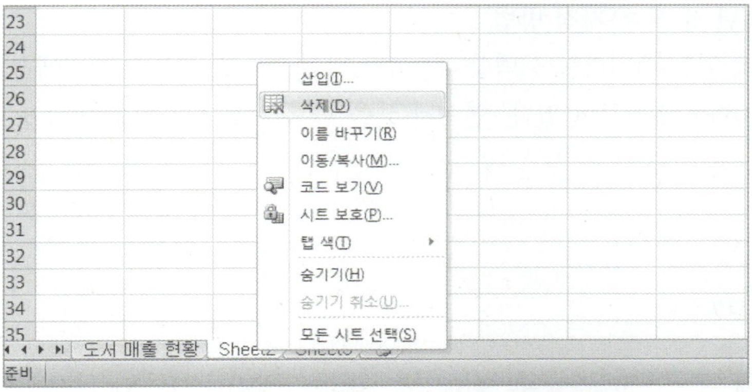

6.1.2 셀 다루기

(1) 셀 위치(주소) 표현하기

각각의 셀은 해당 셀을 교차하는 [열 이름]과 [행 번호]에 따라 식별된다. 예를 들어 A열과 첫째 행이 교차하는 셀의 위치(주소)는 [A1]이 되며 [A1]셀을 마우스로 클릭하면 이름상자에 [A1]로 셀의 위치가 표시된다.

Tip 셀 포인터 이동 방법

키보드의 이동키	설 명
방향키(↑↓→←)	셀 포인터를 현재 셀로부터 상 · 하 · 좌 · 우로 이동
〈Enter〉	셀 입력의 끝을 알림과 동시에 셀 포인터를 다음 셀로 이동
〈Ctrl+Home〉	셀 포인터를 현재 워크시트의 [A1]셀로 이동
〈Ctrl+End〉	셀 포인터를 현재 워크시트의 자료가 입력된 마지막 셀로 이동
이름상자에 직접 입력	이동하고자 하는 셀의 위치를 이름상자에 직접 입력하면 해당 셀로 이동

(2) 셀의 블록 지정 방법

가. 연속된 셀 블록 지정 방법

엑셀에 있는 데이터를 선택할 때, 여러 개의 연속된 셀을 한꺼번에 블록 지정을 해야 하는 경우들이 있다. 연속된 셀을 블록 지정하기 위한 방법에는 2가지가 있다.

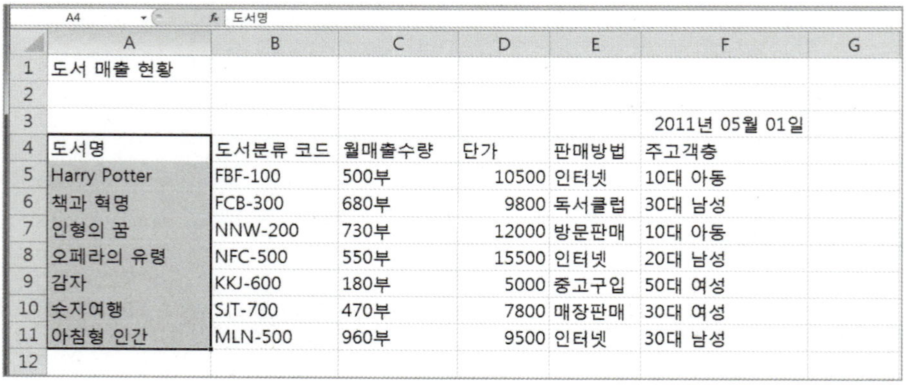
A4 도서명

	A	B	C	D	E	F	G
1	도서 매출 현황						
2							
3						2011년 05월 01일	
4	도서명	도서분류 코드	월매출수량	단가	판매방법	주고객층	
5	Harry Potter	FBF-100	500부	10500	인터넷	10대 아동	
6	책과 혁명	FCB-300	680부	9800	독서클럽	30대 남성	
7	인형의 꿈	NNW-200	730부	12000	방문판매	10대 아동	
8	오페라의 유령	NFC-500	550부	15500	인터넷	20대 남성	
9	감자	KKJ-600	180부	5000	중고구입	50대 여성	
10	숫자여행	SJT-700	470부	7800	매장판매	30대 여성	
11	아침형 인간	MLN-500	960부	9500	인터넷	30대 남성	
12							

① 마우스로 원하는 셀 영역만큼 드래그하는 방법

단계 1 [A4]셀을 마우스 왼쪽 버튼을 누른 상태에서 마우스 포인터가 [A11]셀로 이동될 때까지 마우스를 드래그한다.

단계 2 블록 해제 시에는 워크시트 상의 아무 셀이나 선택한다.

② 원하는 영역의 첫 번째 셀을 마우스로 클릭한 후 〈Shift〉 키를 누르고 마지막 셀을 선택하는 방법

단계 1 [A4]셀을 선택한 후 〈Shift〉 키를 누른 상태에서 [A11]셀을 선택한다.

단계 2 블록 해제 시에는 워크시트 상의 아무 셀이나 선택한다.

나. 비연속적인 셀 블록 지정 방법

서로 연속적이지 않고 떨어져있는 셀들을 한꺼번에 블록 선택하기 위해서 사용하는 방법이다. 〈Ctrl〉 키를 누른 상태로 원하는 셀이나 셀 영역을 선택한다.

단계 1 [A4]셀을 마우스 왼쪽 버튼을 누른 상태에서 마우스 포인터가 [A11]로 이동될 때까지 마우스를 드래그한다.

단계 2 〈Ctrl〉 키를 누른 상태로 [E4]를 마우스로 선택하고 [F11]까지 드래그한다.

E4 fx 판매방법

	A	B	C	D	E	F	G
1	도서 매출 현황						
2							
3						2011년 05월 01일	
4	도서명	도서분류 코드	월매출수량	단가	판매방법	주고객층	
5	Harry Potter	FBF-100	500부	10500	인터넷	10대 아동	
6	책과 혁명	FCB-300	680부	9800	독서클럽	30대 남성	
7	인형의 꿈	NNW-200	730부	12000	방문판매	10대 아동	
8	오페라의 유령	NFC-500	550부	15500	인터넷	20대 남성	
9	감자	KKJ-600	180부	5000	중고구입	50대 여성	
10	숫자여행	SJT-700	470부	7800	매장판매	30대 여성	
11	아침형 인간	MLN-500	960부	9500	인터넷	30대 남성	
12							

단계 3 블록 해제 시에는 아무 셀이나 선택한다.

(3) 셀의 행 높이/열 너비 조절 방법

셀의 너비를 조절하는 방법은 2가지가 있다.

가. 드래그하여 원하는 크기만큼 조절

행 이름과 행 이름 사이 또는 열 이름과 열 이름 사이에 마우스 커서를 위치시키고 원하는 너비나 높이만큼 드래그하여 조절한다.

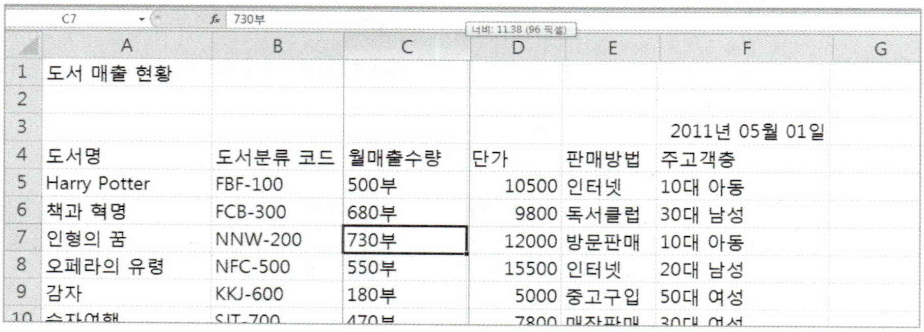

나. 행 높이/열 너비를 직접 숫자로 입력한다.

단계 1 높이나 너비를 조절할 셀들의 열 이름이나 행 이름을 한꺼번에 블록 선택한다. 4행부터 11행까지 행 이름(4,5,6....11)을 드래그한다.

단계 2 마우스 오른쪽 버튼을 누르고 단축메뉴에서 [행 높이] 또는 [열 너비] 메뉴에서 원하는 너비나 높이에 해당하는 숫자를 입력한다. 예제에서는 [행 높이]를 선택한다.

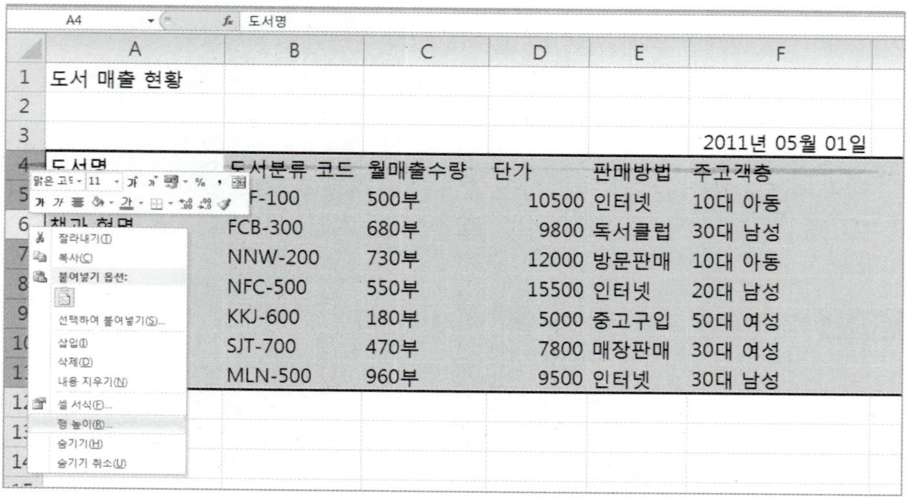

단계 3 [행 높이] 대화상자에 '23' 을 입력한다.

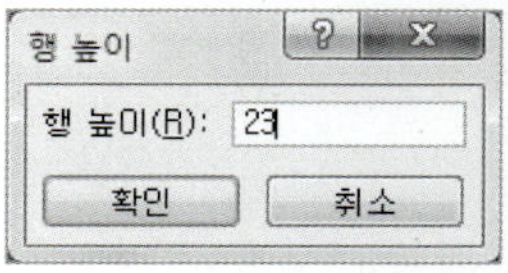

단계 4 모든 행의 높이가 23으로 설정된다.

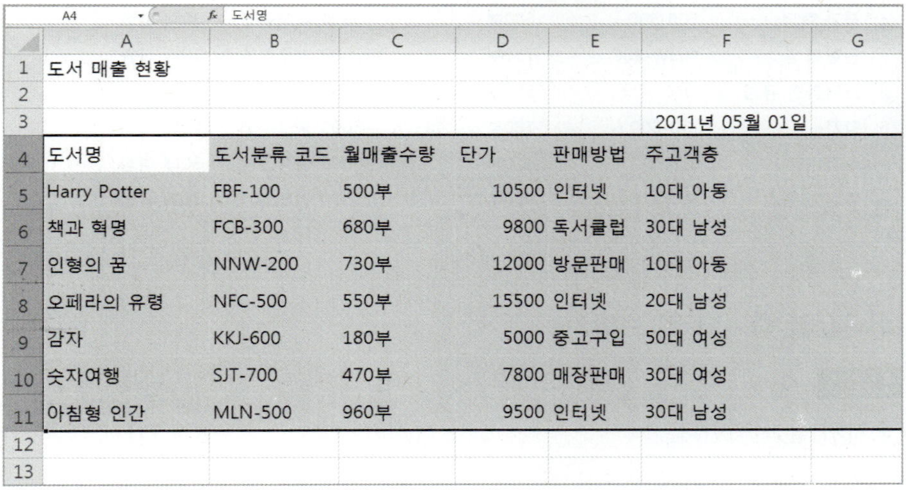

A4 | 도서명

	A	B	C	D	E	F	G
1	도서 매출 현황						
2							
3						2011년 05월 01일	
4	도서명	도서분류 코드	월매출수량	단가	판매방법	주고객층	
5	Harry Potter	FBF-100	500부	10500	인터넷	10대 아동	
6	책과 혁명	FCB-300	680부	9800	독서클럽	30대 남성	
7	인형의 꿈	NNW-200	730부	12000	방문판매	10대 아동	
8	오페라의 유령	NFC-500	550부	15500	인터넷	20대 남성	
9	감자	KKJ-600	180부	5000	중고구입	50대 여성	
10	숫자여행	SJT-700	470부	7800	매장판매	30대 여성	
11	아침형 인간	MLN-500	960부	9500	인터넷	30대 남성	
12							
13							

단계 5 1행의 높이 '40', A열과 B열 너비 '15', C열-F열 너비 '10' 으로 설정한다.

	A	B	C	D	E	F	G
1	도서 매출 현황						
2							
3						#########	
4	도서명	도서분류 코드	월매출수량	단가	판매방법	주고객층	
5	Harry Potter	FBF-100	500부	10500	인터넷	10대 아동	
6	책과 혁명	FCB-300	680부	9800	독서클럽	30대 남성	
7	인형의 꿈	NNW-200	730부	12000	방문판매	10대 아동	
8	오페라의 유령	NFC-500	550부	15500	인터넷	20대 남성	
9	감자	KKJ-600	180부	5000	중고구입	50대 여성	
10	숫자여행	SJT-700	470부	7800	매장판매	30대 여성	
11	아침형 인간	MLN-500	960부	9500	인터넷	30대 남성	
12							

(4) 행/열 숨기기 및 보이기

단계 1 행/열 이름을 선택 후 마우스 오른쪽 버튼을 누른 후, 단축 메뉴에서 [숨기기]를 선택한다.

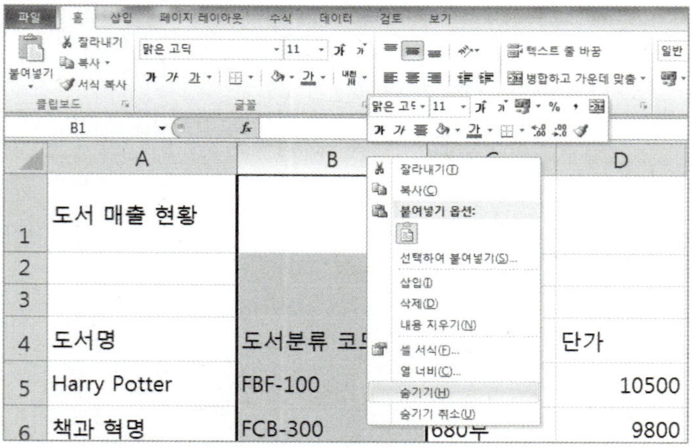

단계 2 다음과 같이 지정된 행/열이 보이지 않게 된다.

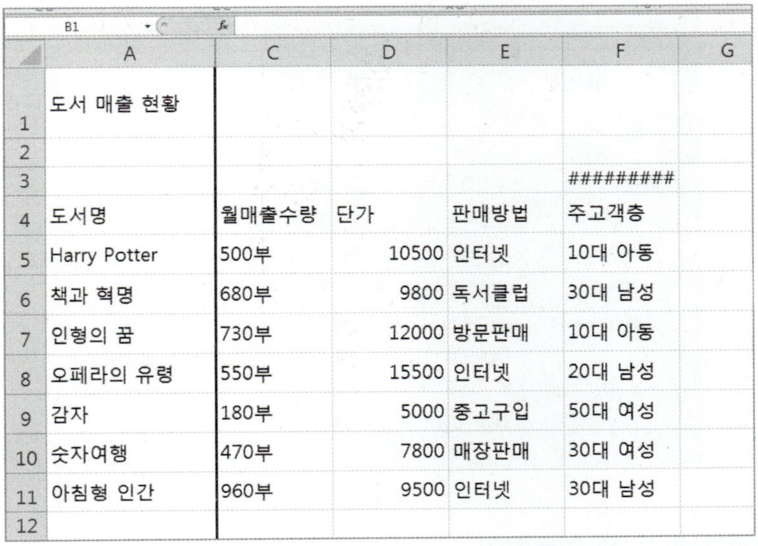

	A	C	D	E	F	G
1	도서 매출 현황					
2						
3					#########	
4	도서명	월매출수량	단가	판매방법	주고객층	
5	Harry Potter	500부	10500	인터넷	10대 아동	
6	책과 혁명	680부	9800	독서클럽	30대 남성	
7	인형의 꿈	730부	12000	방문판매	10대 아동	
8	오페라의 유령	550부	15500	인터넷	20대 남성	
9	감자	180부	5000	중고구입	50대 여성	
10	숫자여행	470부	7800	매장판매	30대 여성	
11	아침형 인간	960부	9500	인터넷	30대 남성	
12						

단계 3 숨기기를 취소하려면 A열과 C열을 블록 지정하고, 마우스 오른쪽 버튼을 누른 후 보여지는 단축 메뉴에서 [숨기기 취소]를 선택한다.

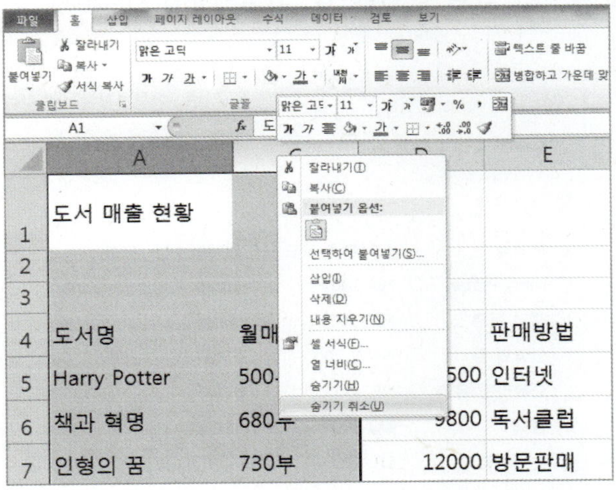

단계 4 숨겨진 B열이 다시 표시된다.

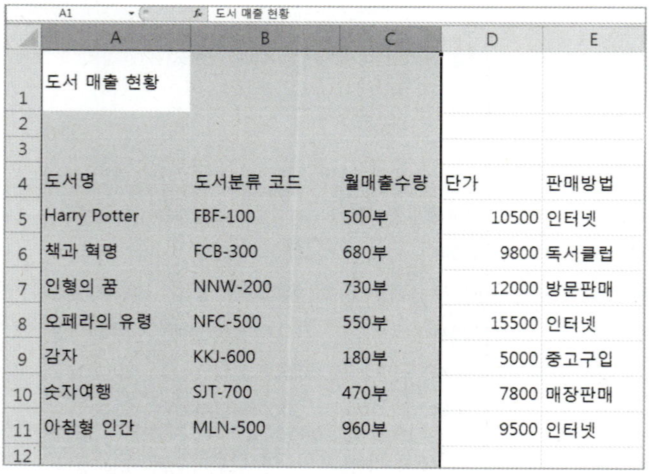

(5) 셀 복사하기/셀 이동하기

가. 복사하기

① 복사할 셀 블록을 선택한 후 〈Ctrl〉 + C, 〈Ctr〉 + V를 한다.

② 마우스 오른쪽 버튼 클릭 후 나타나는 단축메뉴를 이용한다.

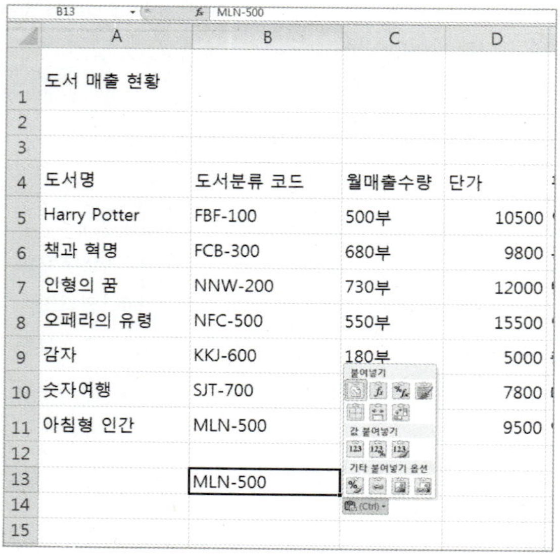

나. 이동하기

① 이동할 셀 블록을 선택한 후 〈Ctrl〉 + X, 〈Ctrl〉 +V를 한다.

② 마우스 오른쪽 버튼 클릭 후 나타나는 단축메뉴를 이용한다.

(6) 행/열/셀 삽입/삭제하기

가. 행/열 삽입하기

원하는 위치에 행이나 열을 삽입할 수 있다.

단계 1 A열 이름을 선택하고, 마우스 오른쪽 버튼을 누르고, 단축메뉴에서 [삽입]을 선택한다.

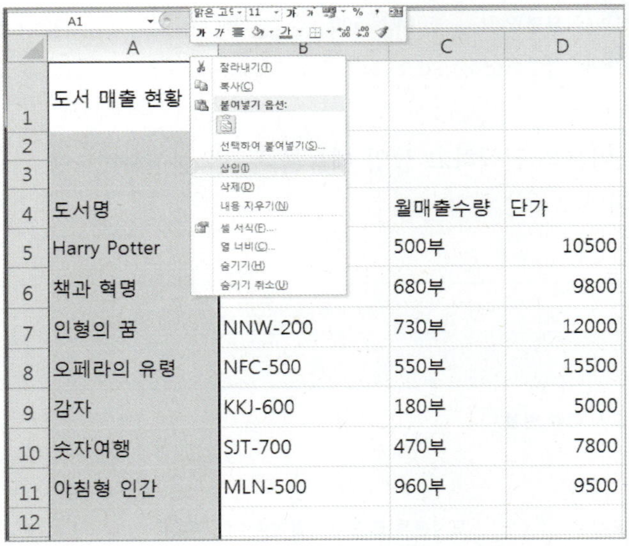

단계 2 A열 왼쪽에 하나의 열이 삽입된다.

A1

	A	B	C	D	E	F
1		도서 매출 현황				
2						
3						
4		도서명	도서분류 코드	월매출수량	단가	판매방법
5		Harry Potter	FBF-100	500부	10500	인터넷
6		책과 혁명	FCB-300	680부	9800	독서클럽
7		인형의 꿈	NNW-200	730부	12000	방문판매
8		오페라의 유령	NFC-500	550부	15500	인터넷
9		감자	KKJ-600	180부	5000	중고구입
10		숫자여행	SJT-700	470부	7800	매장판매
11		아침형 인간	MLN-500	960부	9500	인터넷
12						

단계 3 1행 이름을 선택하고 삽입 메뉴를 두 번 실행하면 1행 위로 새로운 행이 2개 추가된다.

A1

	A	B	C	D	E	F	G
1							
2							
3		도서 매출 현황					
4							
5							#########
6		도서명	도서분류 코드	월매출수량	단가	판매방법	주고객층
7		Harry Potter	FBF-100	500부	10500	인터넷	10대 아동
8		책과 혁명	FCB-300	680부	9800	독서클럽	30대 남성
9		인형의 꿈	NNW-200	730부	12000	방문판매	10대 아동

나. 행/열 삭제하기

원하는 위치의 행이나 열을 삭제할 수 있다.

단계 1 1행을 삭제하기 위해 1행 이름을 선택하고 마우스 오른쪽 버튼을 누른 후 나타나는 단축메뉴에서 [삭제]나 [홈]-[셀]-[삭제]-[시트 행 삭제]를 선택한다.

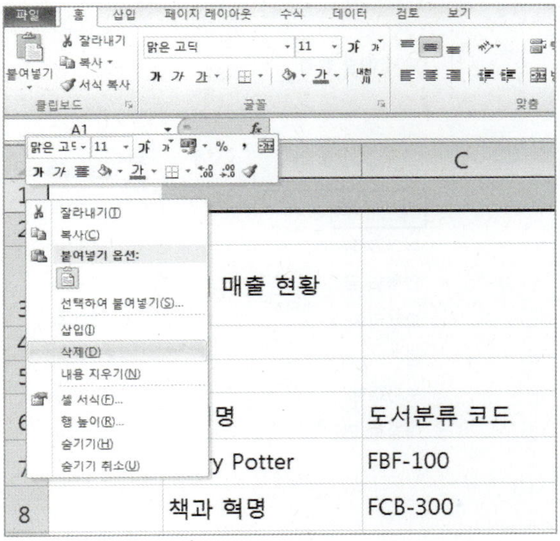

단계 2 1행이 삭제된다.

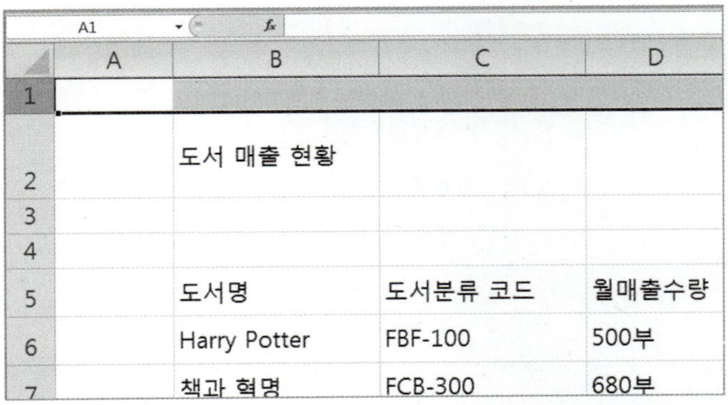

다. 셀 삽입하기

원하는 위치에 하나의 셀을 삽입할 수 있다.

단계 1 셀을 삽입할 위치 [B6]을 선택한 후 마우스 오른쪽 버튼을 누르고 단축 메뉴에서 [삽입]을 선택한다.

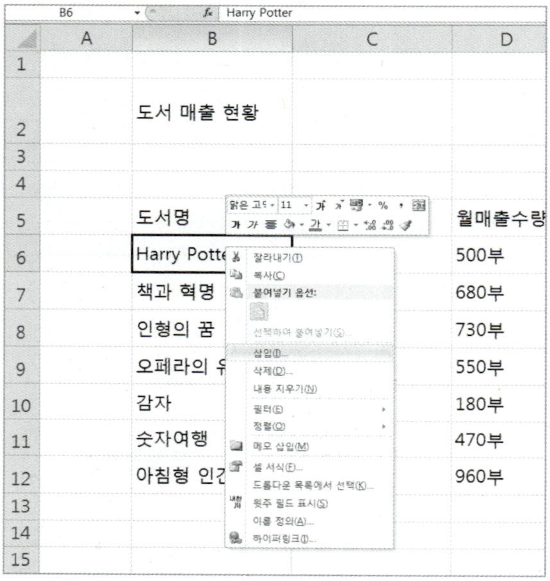

단계 2 [삽입] 대화상자에서 '셀을 아래로 밀기'를 선택한다.

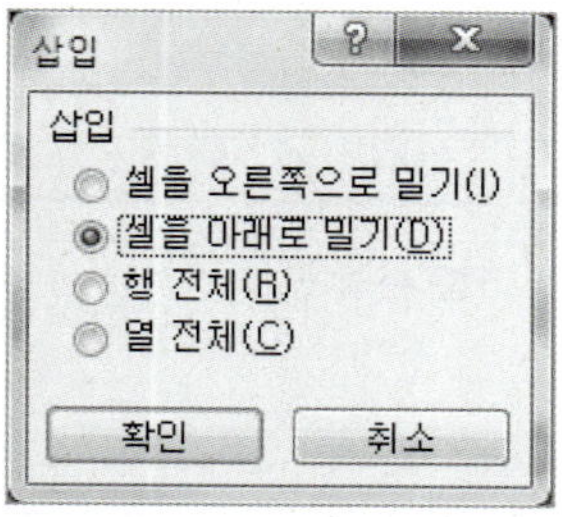

단계 3 선택한 셀 이하 모든 부분들이 아래로 밀리면서 새로운 셀 한 칸이 삽입된다.

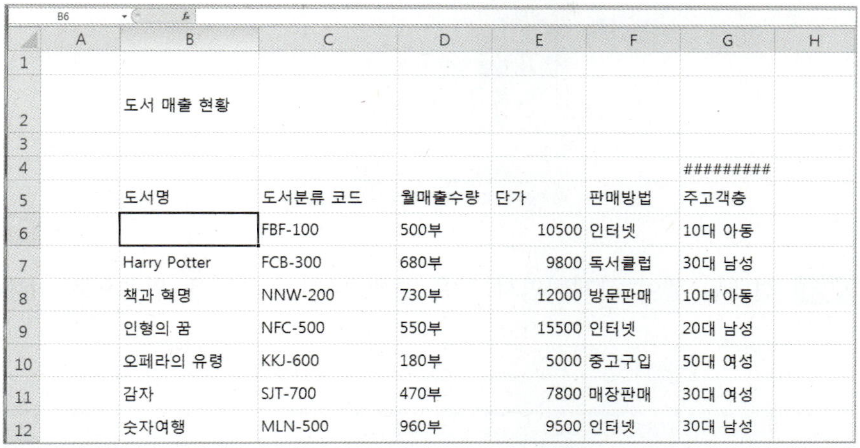

	A	B	C	D	E	F	G	H
1								
2		도서 매출 현황						
3								
4							#########	
5		도서명	도서분류 코드	월매출수량	단가	판매방법	주고객층	
6			FBF-100	500부	10500	인터넷	10대 아동	
7		Harry Potter	FCB-300	680부	9800	독서클럽	30대 남성	
8		책과 혁명	NNW-200	730부	12000	방문판매	10대 아동	
9		인형의 꿈	NFC-500	550부	15500	인터넷	20대 남성	
10		오페라의 유령	KKJ-600	180부	5000	중고구입	50대 여성	
11		감자	SJT-700	470부	7800	매장판매	30대 여성	
12		숫자여행	MLN-500	960부	9500	인터넷	30대 남성	

라. 셀 삭제하기

원하는 위치의 셀 하나를 삭제할 수 있다.

단계 1 삭제할 위치의 셀[B6]을 선택한 후 마우스 오른쪽 버튼을 누르고 단축 메뉴에서 [삭제]를 선택한다.

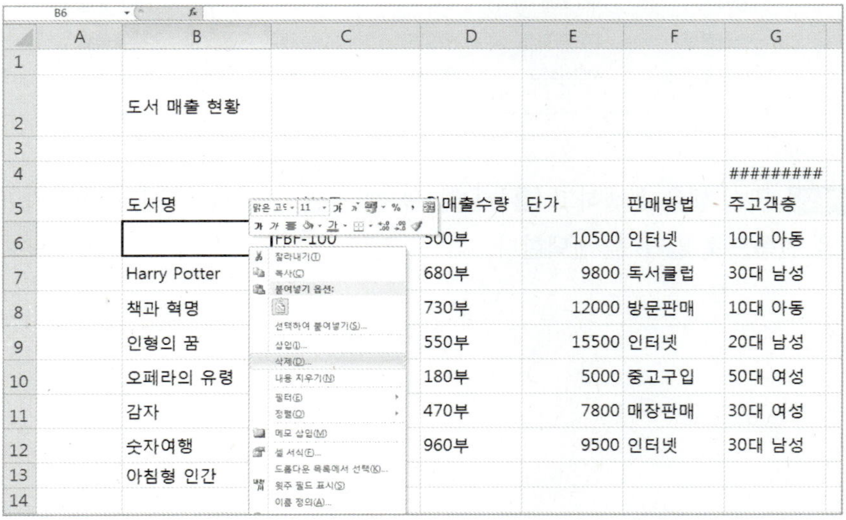

	A	B	C	D	E	F	G
1							
2		도서 매출 현황					
3							
4							#########
5		도서명		월매출수량	단가	판매방법	주고객층
6			FBF-100	500부	10500	인터넷	10대 아동
7		Harry Potter		680부	9800	독서클럽	30대 남성
8		책과 혁명		730부	12000	방문판매	10대 아동
9		인형의 꿈		550부	15500	인터넷	20대 남성
10		오페라의 유령		180부	5000	중고구입	50대 여성
11		감자		470부	7800	매장판매	30대 여성
12		숫자여행		960부	9500	인터넷	30대 남성
13		아침형 인간					
14							

단계 2 [삭제] 대화상자에서 '셀을 위로 밀기' 를 선택한다.

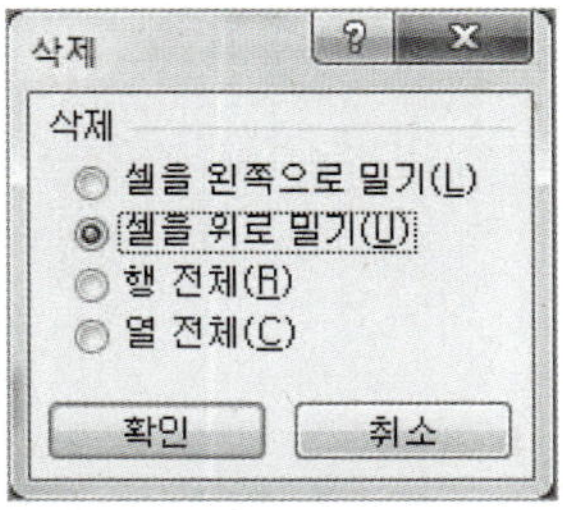

단계 3 선택된 셀이 삭제되면서 같은 줄의 나머지 셀들을 위쪽으로 이동시킨다.

B6 | Harry Potter

	A	B	C	D	E	F	G	H
1								
2		도서 매출 현황						
3								
4							#########	
5		도서명	도서분류 코드	월매출수량	단가	판매방법	주고객층	
6		Harry Potter	FBF-100	500부	10500	인터넷	10대 아동	
7		책과 혁명	FCB-300	680부	9800	독서클럽	30대 남성	
8		인형의 꿈	NNW-200	730부	12000	방문판매	10대 아동	
9		오페라의 유령	NFC-500	550부	15500	인터넷	20대 남성	
10		감자	KKJ-600	180부	5000	중고구입	50대 여성	
11		숫자여행	SJT-700	470부	7800	매장판매	30대 여성	
12		아침형 인간	MLN-500	960부	9500	인터넷	30대 남성	
13								

단계 4 [F4] 셀을 선택하고 [홈]-[셀]-[삭제]-[셀 삭제]의 [삭제] 대화상자에서 '셀을 왼쪽으로 밀기' 를 선택한다.

	A	B	C	D	E	F	G
1							
2		도서 매출 현황					
3							
4							#########
5		도서명	도서분류 코드	월매출수량	단가	판매방법	주고객층
6		Harry Potter	FBF-100	500부	10500	인터넷	
7		책과 혁명	FCB-300	680부	9800	독서클럽	
8		인형의 꿈	NNW-200	730부	12000	방문판매	
9		오페라의 유령	NFC-500	550부	15500	인터넷	
10		감자	KKJ-600	180부	5000	중고구입	50대 여성
11		숫자여행	SJT-700	470부	7800	매장판매	30대 여성
12		아침형 인간	MLN-500	960부	9500	인터넷	30대 남성
13							

단계 5 [F4]셀이 삭제되고 [G4]에 있던 데이터가 왼쪽으로 당겨진다.

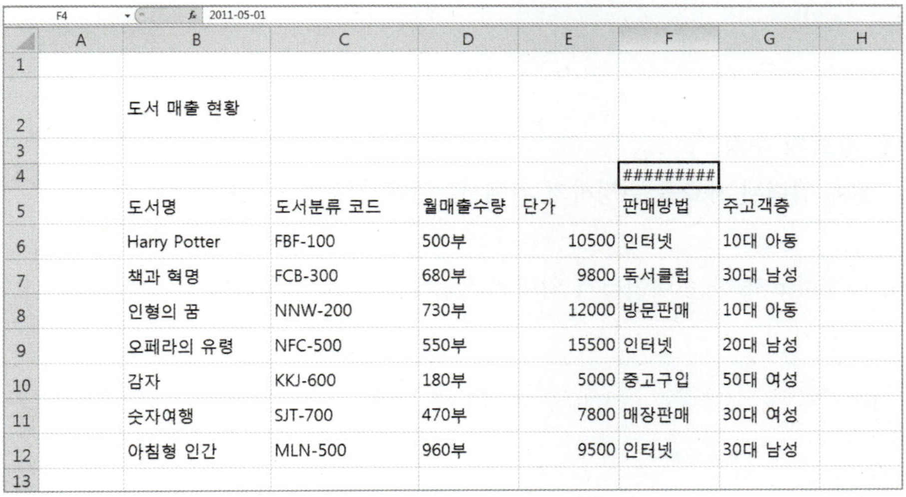

	A	B	C	D	E	F	G	H
1								
2		도서 매출 현황						
3								
4						#########		
5		도서명	도서분류 코드	월매출수량	단가	판매방법	주고객층	
6		Harry Potter	FBF-100	500부	10500	인터넷	10대 아동	
7		책과 혁명	FCB-300	680부	9800	독서클럽	30대 남성	
8		인형의 꿈	NNW-200	730부	12000	방문판매	10대 아동	
9		오페라의 유령	NFC-500	550부	15500	인터넷	20대 남성	
10		감자	KKJ-600	180부	5000	중고구입	50대 여성	
11		숫자여행	SJT-700	470부	7800	매장판매	30대 여성	
12		아침형 인간	MLN-500	960부	9500	인터넷	30대 남성	
13								

(7) 셀 입력 및 수정하기

가. 자료의 입력

셀에 자료를 입력한 후 〈Enter〉 키나 방향키를 누르면 입력의 끝을 나타내며, 다음 셀로 셀 포인터가 이동된다.

Tip 자료의 입력의 종류

● 숫자 데이터 입력

숫자 데이터는 0~9, +, −, ( ), " , ", /, $, %, "." , E, e의 문자로 이루어진 데이터이다. 숫자를 입력할 경우 1~9 이외의 것으로 시작할 수 없으며 최대 240자 길이까지 입력가능하다. 숫자 데이터는 기본적으로 오른쪽 정렬이 된다.

☞분수 입력 방법

"0 1/2"와 같이 분수 앞에 "0"을 입력한다. 0과 1 사이는 반드시 띄어준다.

● 문자 데이터 입력

하나의 셀에 최대 240자까지 입력할 수 있으며 문자열의 길이가 셀의 폭보다 길 경우에는 왼편의 다음 셀로 연이어 계속 표시된다. 문자데이터는 기본적으로 왼쪽 정렬이 되며 문자+숫자 데이터도 문자 데이터로 간주된다.

● 날짜와 시간 데이터 입력

날짜 데이터 입력 시에는 "−"이나 "/"를 이용한다. (예: 06/9/15 => 2006년 9월 15일)
시간 데이터 입력 시에는 ":"을 이용한다. (예: 12:30a => 오전 12시 30분)

☞Ctrl+; − 오늘 날짜를 입력

☞Ctrl +Shift + ; − 현재 시간을 입력 (컴퓨터 활용 시험 문제에 자주 나오는 단축키)

나. 자료의 수정

셀에 입력된 자료를 수정하기 위해서는 3가지 방법을 이용할 수 있다.

① 수정하고자 하는 데이터가 입력된 셀을 마우스로 더블클릭 후 수정한다.

B5 도서명

	A	B	C	D	E	F	G	H
1								
2		도서 매출 현황						
3								
4						#########		
5		도서명	도서분류 코드	월매출수량	단가	판매방법	주고객층	
6		Harry Potter	FBF-100	500부	10500	인터넷	10대 아동	
7		책과 혁명	FCB-300	680부	9800	독서클럽	30대 남성	
8		인형의 꿈	NNW-200	730부	12000	방문판매	10대 아동	
9		오페라의 유령	NFC-500	550부	15500	인터넷	20대 남성	
10		감자	KKJ-600	180부	5000	중고구입	50대 여성	
11		숫자여행	SJT-700	470부	7800	매장판매	30대 여성	
12		아침형 인간	MLN-500	960부	9500	인터넷	30대 남성	
13								

② 수정하고자 하는 데이터가 입력된 셀을 선택한 후, 수식 입력 줄에서 수정한다.

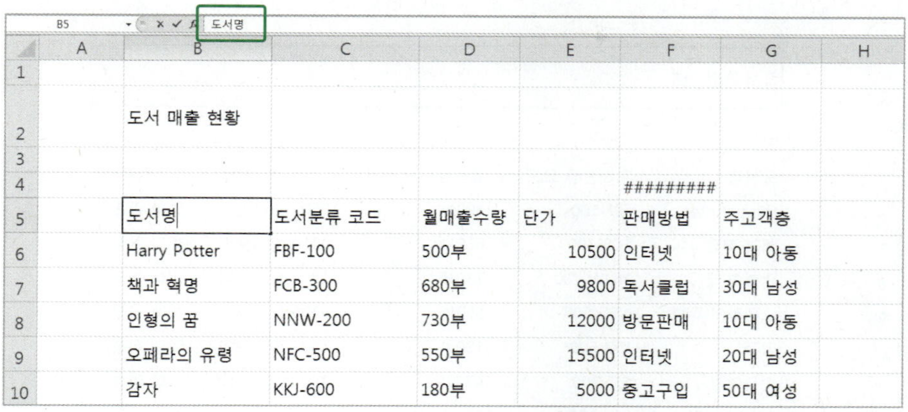

③ 수정하고자 하는 데이터가 입력된 셀을 선택한 후, 〈F2〉키를 누른 후 수정한다.

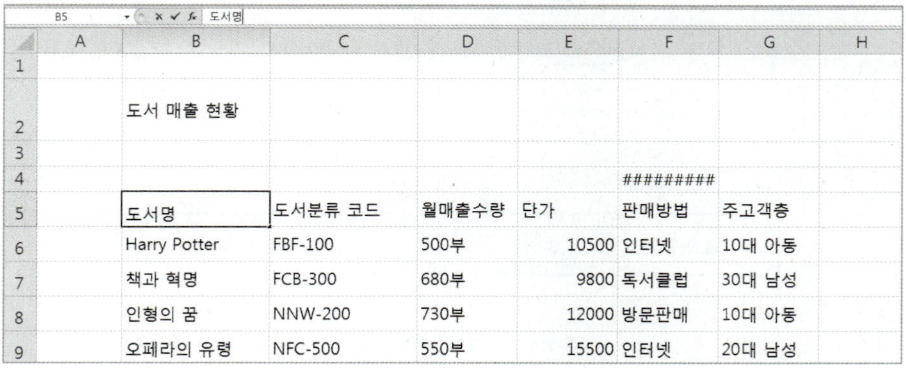

6.1.3 셀 서식 지정하기

(1) 셀 병합하기

블록 내의 셀들을 합하여 하나의 셀로 만들어 사용할 수 있는 기능이다.

단계 1 병합하고자 하는 셀[B2:G2]를 블록 설정한다.

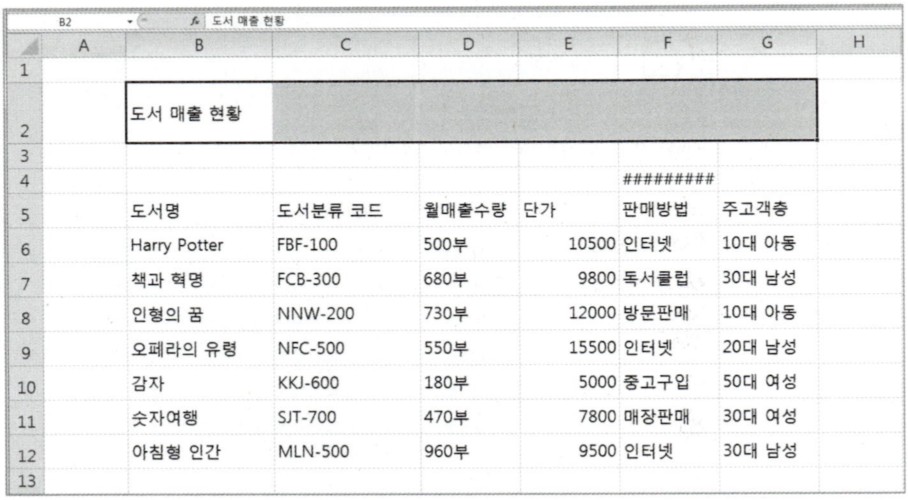

	A	B	C	D	E	F	G	H
1								
2		도서 매출 현황						
3								
4						#########		
5		도서명	도서분류 코드	월매출수량	단가	판매방법	주고객층	
6		Harry Potter	FBF-100	500부	10500	인터넷	10대 아동	
7		책과 혁명	FCB-300	680부	9800	독서클럽	30대 남성	
8		인형의 꿈	NNW-200	730부	12000	방문판매	10대 아동	
9		오페라의 유령	NFC-500	550부	15500	인터넷	20대 남성	
10		감자	KKJ-600	180부	5000	중고구입	50대 여성	
11		숫자여행	SJT-700	470부	7800	매장판매	30대 여성	
12		아침형 인간	MLN-500	960부	9500	인터넷	30대 남성	
13								

단계 2 [홈]-[맞춤]-[(병합하고 가운데 맞춤)]을 선택한다. 선택된 셀들을 병합하고 가운데 맞춤을 수행한다.

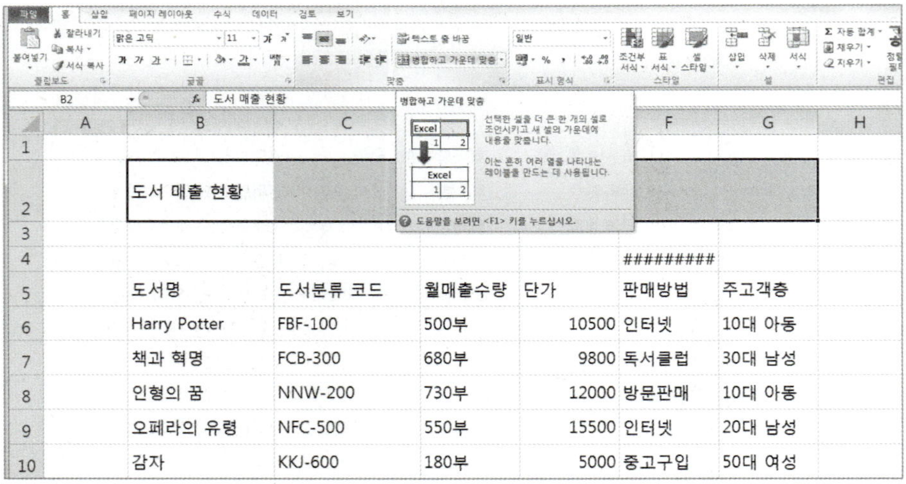

	A	B	C	D	E	F	G	H
1								
2		도서 매출 현황						
3								
4						#########		
5		도서명	도서분류 코드	월매출수량	단가	판매방법	주고객층	
6		Harry Potter	FBF-100	500부	10500	인터넷	10대 아동	
7		책과 혁명	FCB-300	680부	9800	독서클럽	30대 남성	
8		인형의 꿈	NNW-200	730부	12000	방문판매	10대 아동	
9		오페라의 유령	NFC-500	550부	15500	인터넷	20대 남성	
10		감자	KKJ-600	180부	5000	중고구입	50대 여성	

단계 3 블록 선택된 셀들이 병합된다. 글자크기 '16', '굵게' 속성을 지정한다.

B2 | f_x 도서 매출 현황

	A	B	C	D	E	F	G	H
1								
2		**도서 매출 현황**						
3								
4						#########		
5		도서명	도서분류 코드	월매출수량	단가	판매방법	주고객층	
6		Harry Potter	FBF-100	500부	10500	인터넷	10대 아동	
7		책과 혁명	FCB-300	680부	9800	독서클럽	30대 남성	
8		인형의 꿈	NNW-200	730부	12000	방문판매	10대 아동	
9		오페라의 유령	NFC-500	550부	15500	인터넷	20대 남성	
10		감자	KKJ-600	180부	5000	중고구입	50대 여성	
11		숫자여행	SJT-700	470부	7800	매장판매	30대 여성	
12		아침형 인간	MLN-500	960부	9500	인터넷	30대 남성	
13								

단계 4 [F4:G4]셀을 병합하고, 4행의 높이를 '25'로 설정한다.

[F4]셀의 너비가 좁아 정확하게 보이지 않던 날짜가 [F4]셀과 [G4]셀을 병합하므로써 정확하게 보인다.

A4 | f_x

	A	B	C	D	E	F	G	H
1								
2		**도서 매출 현황**						
3								
4						2011년 05월 01일		
5		도서명	도서분류 코드	월매출수량	단가	판매방법	주고객층	
6		Harry Potter	FBF-100	500부	10500	인터넷	10대 아동	
7		책과 혁명	FCB-300	680부	9800	독서클럽	30대 남성	
8		인형의 꿈	NNW-200	730부	12000	방문판매	10대 아동	
9		오페라의 유령	NFC-500	550부	15500	인터넷	20대 남성	
10		감자	KKJ-600	180부	5000	중고구입	50대 여성	
11		숫자여행	SJT-700	470부	7800	매장판매	30대 여성	
12		아침형 인간	MLN-500	960부	9500	인터넷	30대 남성	

단계 5 셀 병합 취소 시 병합된 셀을 선택하고 (병합하고 가운데 맞춤)을 다시 선택하거나 [셀 서식]-[맞춤]에서 '셀 병합'을 해제한다.

(2) 원본 데이터에 테두리 그리기와 셀에 색깔 채우기

데이터 테이블에 테두리를 그리거나 색깔 채우기를 통해 좀 더 세련된 테이블을 생성할 수 있다.

단계 1 테두리를 그리고자 하는 범위[B5:G12]를 블록 선택하고, [홈]-[글꼴]-[테두리]-[모든 테두리]를 선택한다.

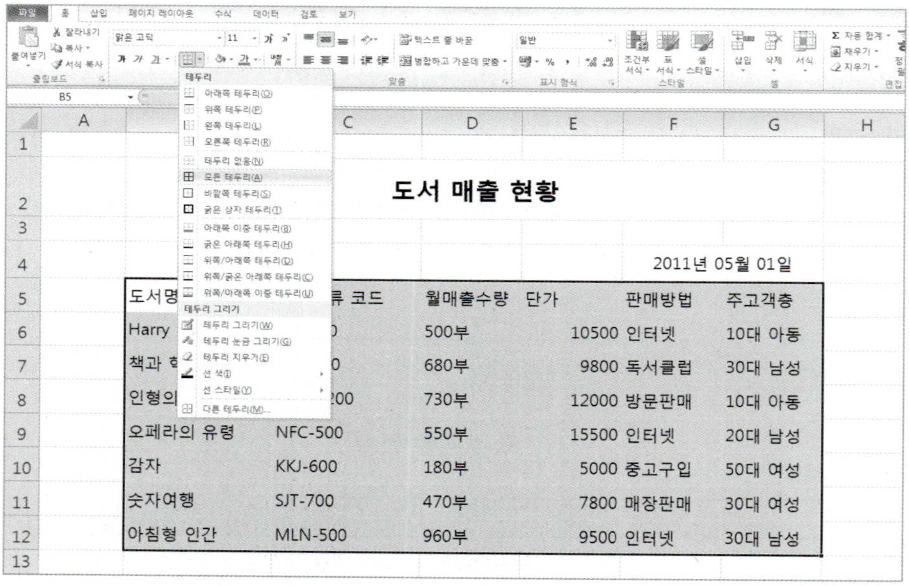

단계 2 블록 선택했던 모든 셀에 테두리가 그려진다.

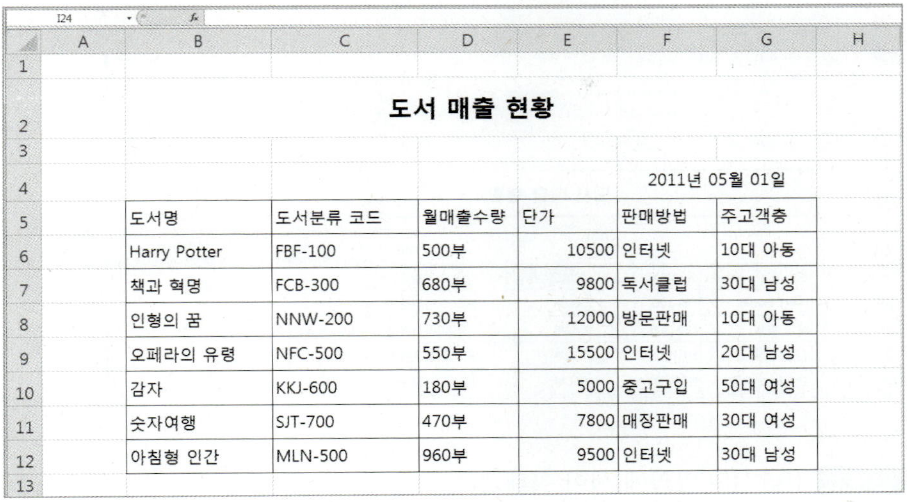

도서 매출 현황

2011년 05월 01일

도서명	도서분류 코드	월매출수량	단가	판매방법	주고객층
Harry Potter	FBF-100	500부	10500	인터넷	10대 아동
책과 혁명	FCB-300	680부	9800	독서클럽	30대 남성
인형의 꿈	NNW-200	730부	12000	방문판매	10대 아동
오페라의 유령	NFC-500	550부	15500	인터넷	20대 남성
감자	KKJ-600	180부	5000	중고구입	50대 여성
숫자여행	SJT-700	470부	7800	매장판매	30대 여성
아침형 인간	MLN-500	960부	9500	인터넷	30대 남성

단계 3 [B5:G12]셀과 [B2]셀을 각각 블록 선택하고, [홈]-[글꼴]-[테두리]-[굵은 상자 테두리]를 선택한다.

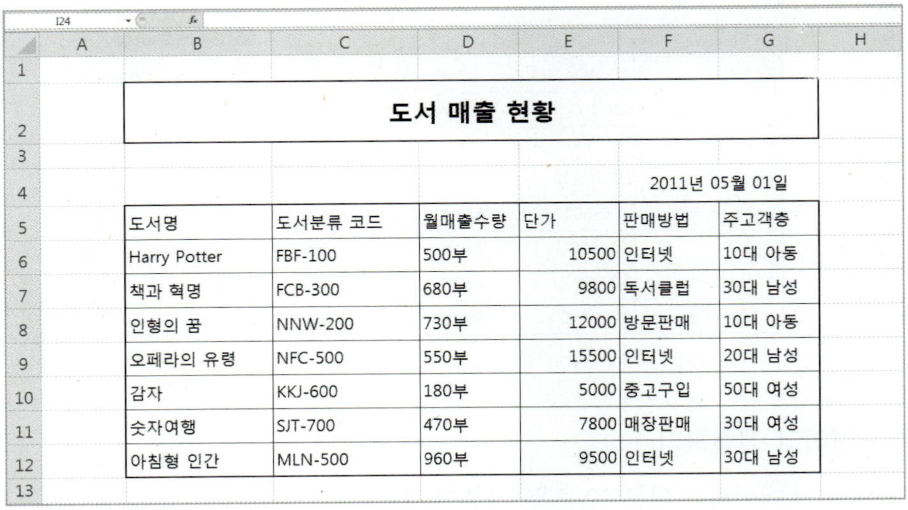

도서 매출 현황

2011년 05월 01일

도서명	도서분류 코드	월매출수량	단가	판매방법	주고객층
Harry Potter	FBF-100	500부	10500	인터넷	10대 아동
책과 혁명	FCB-300	680부	9800	독서클럽	30대 남성
인형의 꿈	NNW-200	730부	12000	방문판매	10대 아동
오페라의 유령	NFC-500	550부	15500	인터넷	20대 남성
감자	KKJ-600	180부	5000	중고구입	50대 여성
숫자여행	SJT-700	470부	7800	매장판매	30대 여성
아침형 인간	MLN-500	960부	9500	인터넷	30대 남성

단계 4 셀에 색을 칠하기 위해 [B5:G5]를 선택하고, [홈]-[스타일]-[셀 스타일]을 선택하고, '테마 셀 스타일' 에서 원하는 색(20%-강조색2)을 선택한다.

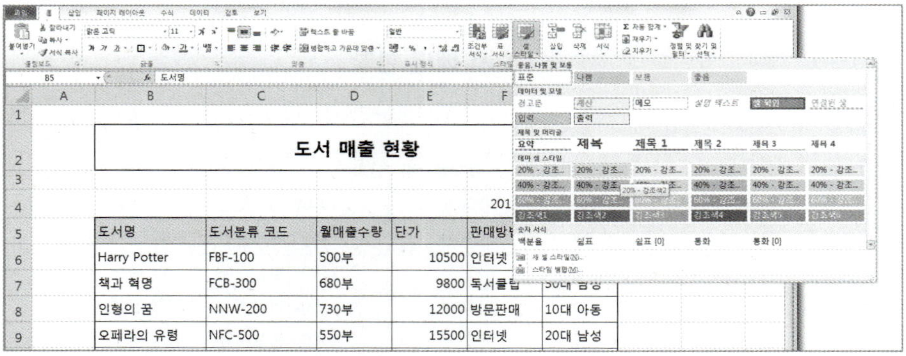

단계 5 [B5:G5] 영역에 색이 칠해진다.

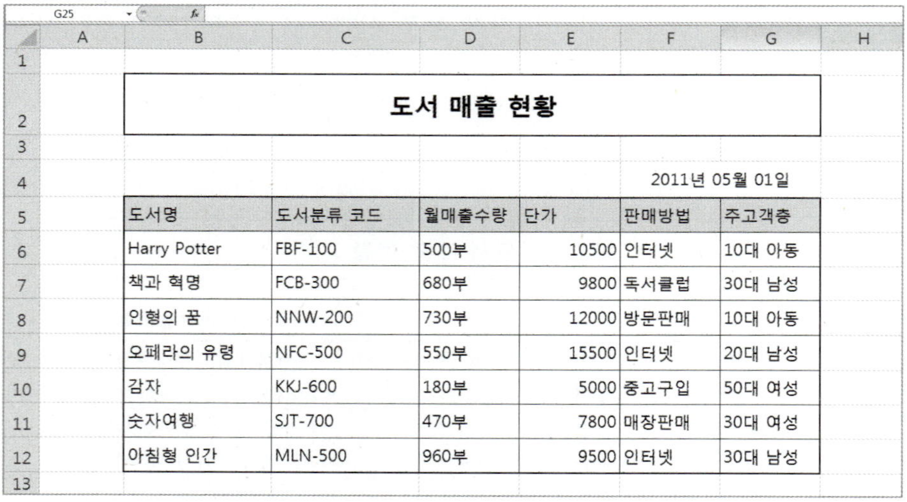

도서 매출 현황

2011년 05월 01일

도서명	도서분류 코드	월매출수량	단가	판매방법	주고객층
Harry Potter	FBF-100	500부	10500	인터넷	10대 아동
책과 혁명	FCB-300	680부	9800	독서클럽	30대 남성
인형의 꿈	NNW-200	730부	12000	방문판매	10대 아동
오페라의 유령	NFC-500	550부	15500	인터넷	20대 남성
감자	KKJ-600	180부	5000	중고구입	50대 여성
숫자여행	SJT-700	470부	7800	매장판매	30대 여성
아침형 인간	MLN-500	960부	9500	인터넷	30대 남성

(3) 데이터 정렬하기

셀 안의 데이터를 왼쪽, 오른쪽, 가운데 정렬할 수 있다.

단계 1 [B5:G5]셀을 블록 선택하고 [홈]-[맞춤]-[가운데 맞춤]을 선택한다.

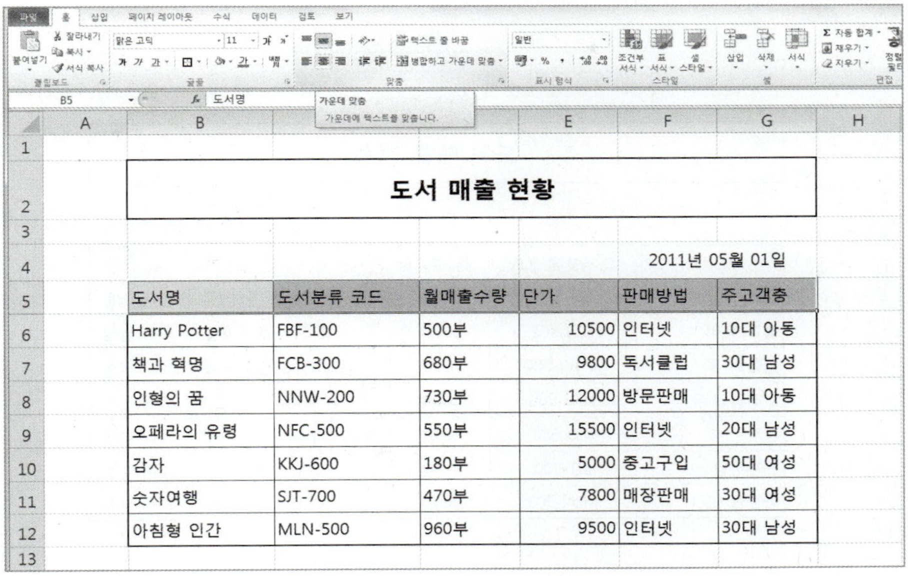

도서명	도서분류 코드	월매출수량	단가	판매방법	주고객층
Harry Potter	FBF-100	500부	10500	인터넷	10대 아동
책과 혁명	FCB-300	680부	9800	독서클럽	30대 남성
인형의 꿈	NNW-200	730부	12000	방문판매	10대 아동
오페라의 유령	NFC-500	550부	15500	인터넷	20대 남성
감자	KKJ-600	180부	5000	중고구입	50대 여성
숫자여행	SJT-700	470부	7800	매장판매	30대 여성
아침형 인간	MLN-500	960부	9500	인터넷	30대 남성

단계 2 [B5:G5]셀의 데이터가 '가로 가운데'로 정렬된다.

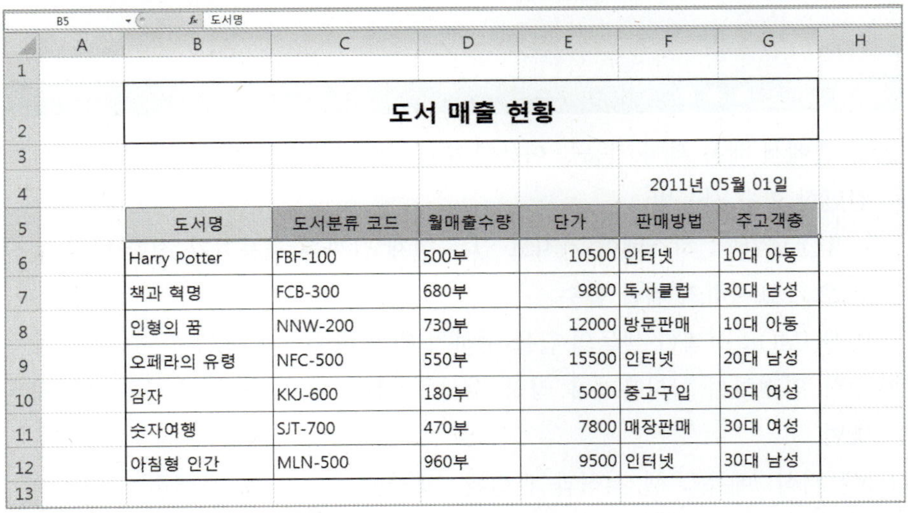

도서명	도서분류 코드	월매출수량	단가	판매방법	주고객층
Harry Potter	FBF-100	500부	10500	인터넷	10대 아동
책과 혁명	FCB-300	680부	9800	독서클럽	30대 남성
인형의 꿈	NNW-200	730부	12000	방문판매	10대 아동
오페라의 유령	NFC-500	550부	15500	인터넷	20대 남성
감자	KKJ-600	180부	5000	중고구입	50대 여성
숫자여행	SJT-700	470부	7800	매장판매	30대 여성
아침형 인간	MLN-500	960부	9500	인터넷	30대 남성

단계 3 [B6:B12]셀은 '왼쪽 정렬', [C6:D12], [F6:G12]셀은 '가운데 정렬', [E6:E12]셀은 '오른쪽 정렬' 을 설정한다.

도서 매출 현황

2011년 05월 01일

도서명	도서분류 코드	월매출수량	단가	판매방법	주고객층
Harry Potter	FBF-100	500부	10500	인터넷	10대 아동
책과 혁명	FCB-300	680부	9800	독서클럽	30대 남성
인형의 꿈	NNW-200	730부	12000	방문판매	10대 아동
오페라의 유령	NFC-500	550부	15500	인터넷	20대 남성
감자	KKJ-600	180부	5000	중고구입	50대 여성
숫자여행	SJT-700	470부	7800	매장판매	30대 여성
아침형 인간	MLN-500	960부	9500	인터넷	30대 남성

6.2 물품 견적서 그리기

배울 내용 ● ● ●

① 앞 절에서 배운 서식 기능을 이용하여 데이터 입력

② 간단한 함수 사용법

a. TODAY() : 시스템이 가지고 있는 현재 날짜를 사용자가 정한 날짜 형식으로 표시하기 위한 함수

b. SUM() : 선택한 셀들의 합을 구하기 위한 함수

③ 수식 입력하기 : 사용자가 직접 수식을 입력하여 원하는 수식을 완성하는 방법

④ [셀 서식] 메뉴 : 셀 서식과 관련된 '표시형식', '맞춤', '글꼴', '테두리', '채우기' 등의 메뉴 사용 가능

견적서에는 납품할 품명에 따른 규격, 수량, 단가, 공급가액, 세액 등을 표기한다. 엑셀에서 견적서를 작성하는 경우 수량이나 단가를 입력하면 그에 따른 합계 등을 손쉽게 자동으로 입력할 수 있다는 것이 가장 큰 장점이라 할 수 있다. 자료가 수정될 경우에도 일일이 합계를 수정할 필요 없이 자동으로 재계산되므로 사용자는 매우 간단하게 견적서를 관리할 수 있다. 워드프로세서만을 통해 견적서를 작성할 수 있다는 선입관은 버리고 엑셀을 이용하여 멋진 견적서를 만들어 보도록 하겠다.

견 적 서					
2008년 1월 16일		공급자	등록번호	978-89-705034	
귀하			상호	컴퓨터세상	
담 당 :			사업장주소	서울시 용산구	
아래와 같이 견적합니다.			전화번호	02-789-4455	
합계금액 (공급가액+세액)					
번호	품명	규격	수량	단가	금액
1	CPU	개	2	320,000	640,000
2	메인보드	개	2	335,000	670,000
3	메모리	개	4	155,000	620,000
4	FDD/HDD	개	3	100,000	300,000
5	그래픽카드	개	2	515,000	1,030,000
6	CD/DVD/RW	개	5	47,200	236,000
7	케이스	개	10	39,000	390,000
8					
9					
10					
11					
공 급 가 액					₩ 3,886,000
세액 (부가가치세)					₩ 388,600
합 계					₩ 4,274,600

단계 1 워크시트 이름 변경하기

견적서를 그리고자 하는 시트의 이름을 '물품 견적서' 라고 변경한다.

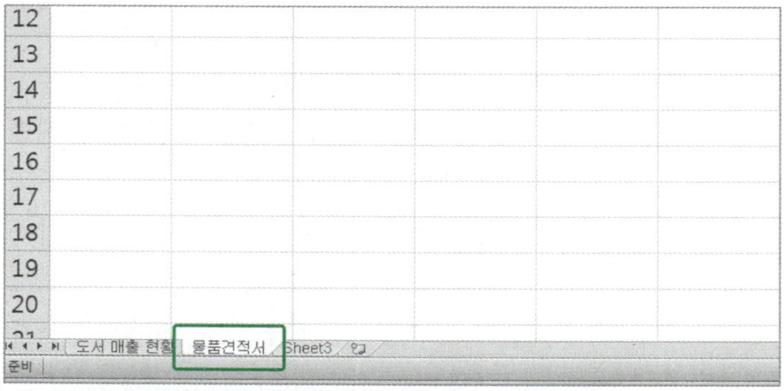

단계 2 열 너비 조절하기

A열의 너비를 [열 너비] 대화상자에서 '2' 로 설정한다.

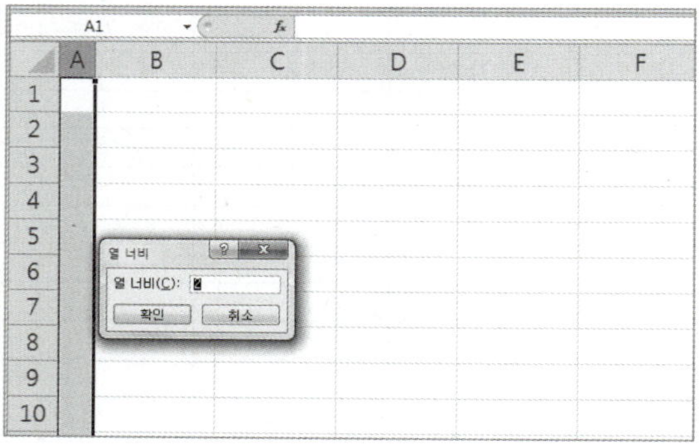

단계 3 글자 입력하고 글자 속성 설정하기

[B2]셀에 '견적서' 를 입력한다. 글꼴은 '돋움체', 크기는 '24', '굵게' 속성을 선택한다.

단계 4 제목 입력을 위한 셀 병합하기

[B2:H2]까지 블록 선택하고 '병합하고 가운데 맞춤' 을 적용한다.

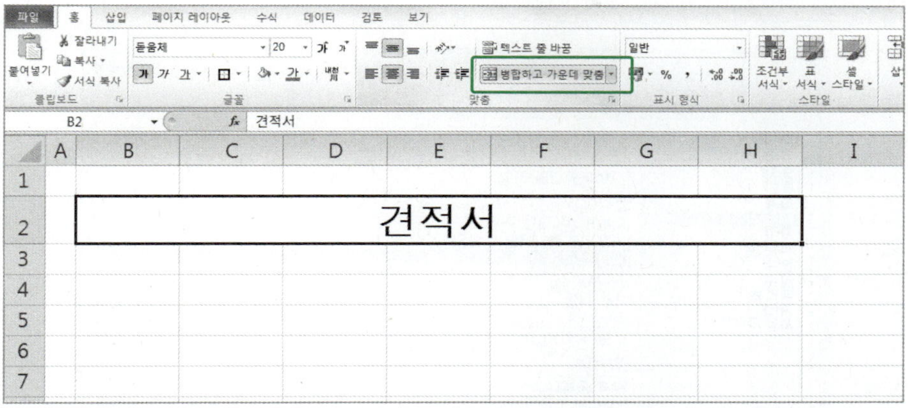

단계 5 날짜 입력하기

① [B4]셀의 사이즈를 16으로 설정한다.

② [B4]셀에 오늘의 날짜를 입력하기 위해 '=TODAY()' 를 입력한다.

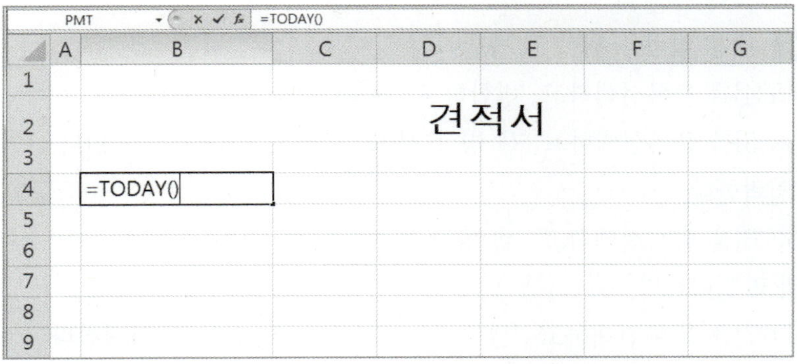

Tip **Today() 함수**

현재 날짜를 사용자가 정한 날짜 형식으로 표시하는 함수이다.

③ 마우스 오른쪽 버튼을 눌러 [셀 서식]을 선택하고, 대화상자에서 [표시 형식] 탭의 [날짜] 범주 중 원하는 형식(2001년 3월 14일)을 선택하고 [확인]을 클릭한다.

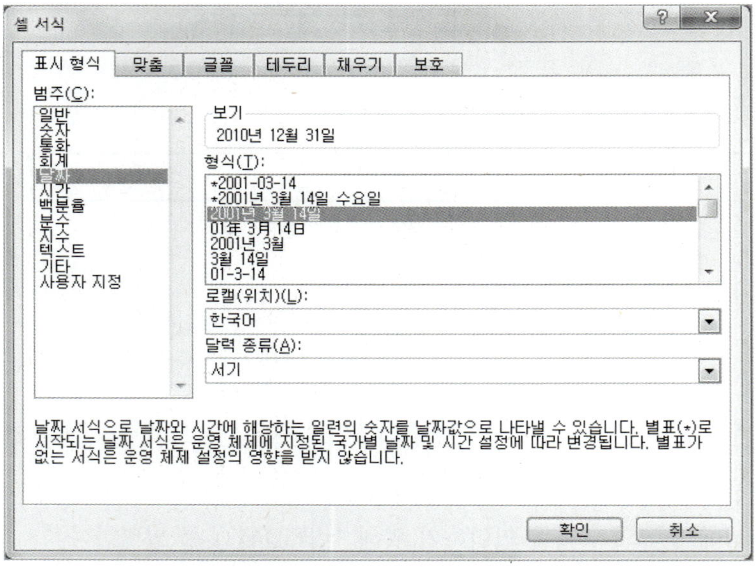

단계 6 내용 입력을 위한 셀 병합하기

① [B4:C4]를 블록선택하고 '병합하고 가운데 맞춤'을 클릭한다.

② [B5:C5]를 블록선택하고 '셀 병합' 하고 '오른쪽 맞춤'을 클릭한다. '귀하'라고 입력한다.

③ [B6:C6]을 블록선택하고 '셀 병합' 하고, '왼쪽 맞춤'을 클릭한다. '담당 : '이라고 입력한다.

④ [B7:C7]을 블록선택하고 '셀 병합' 하고, '왼쪽 맞춤'을 클릭한다. '아래와 같이 견적합니다.' 라고 입력한다.

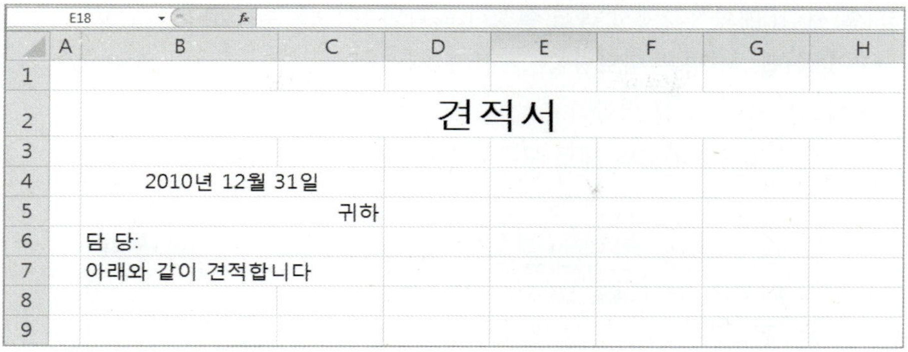

단계 7 '공급자' 입력하기

① [E4]셀에 '공급자'를 입력하고 [E4:E7]까지 블록 선택하고, 마우스 오른쪽 버튼을 눌러 [셀 서식]을 선택한다.

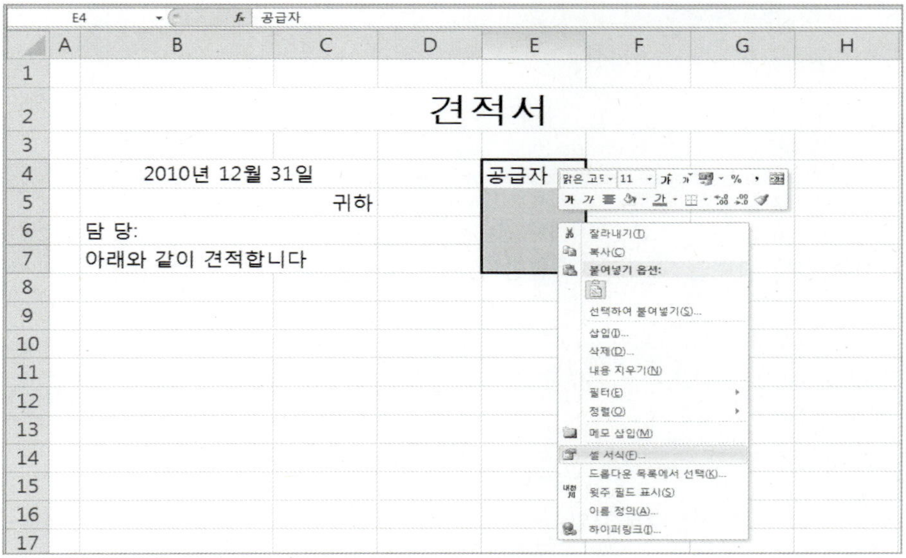

② [셀 서식] 대화상자에서 옵션 설정하고 확인 버튼을 클릭한다.

- [맞춤]탭 : 방향은 세로방향
- 텍스트 조정 : '셀 병합'
- 텍스트 맞춤 : 가로와 세로 모두 '가운데'

③ [E4]열의 너비를 '3' 으로 조절한다.

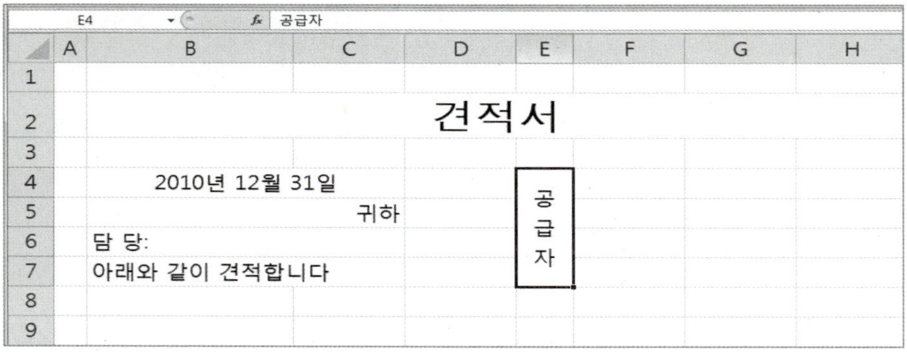

④ [F4:H7]의 열너비를 '13' 으로 설정하고, 각 행의 G열과 H열을 셀 병합하여 다음과 같이 데이터를 입력한다.

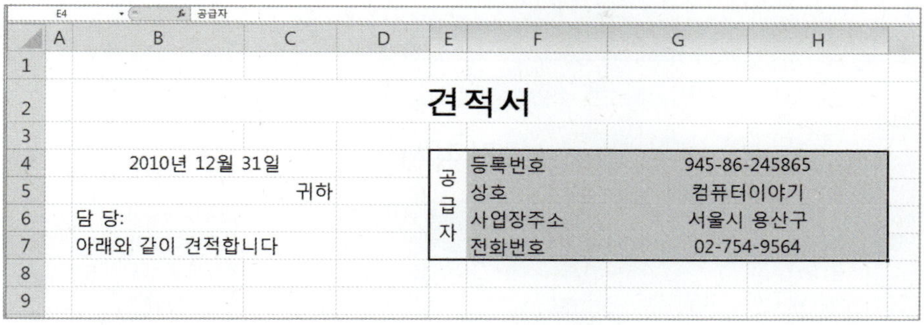

단계 8 [E4:H7] 테두리 그리기

[E4:H7] 범위를 선택한 후 [홈]-[글꼴] 메뉴 내에 있는 '테두리' 메뉴 중 '모든 테두리' 를 선택한다.

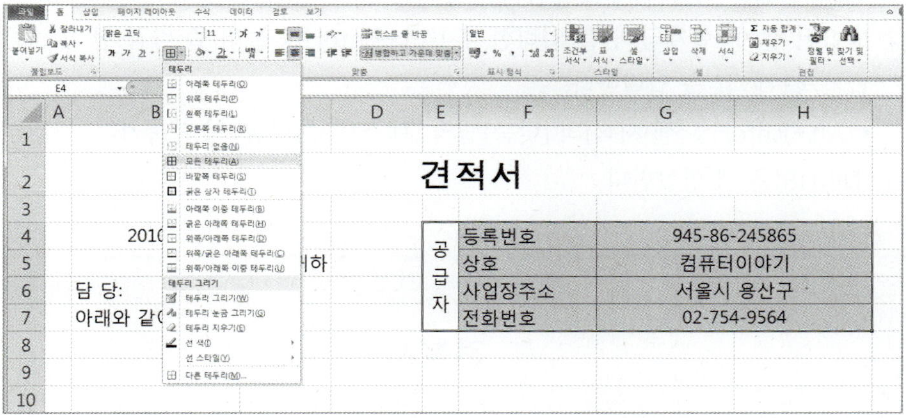

단계 9 4행부터 7행까지의 행 높이 조절

4행부터 7행까지의 글머리를 드래그하여 선택한 후 행 높이를 '20' 으로 조절한다.

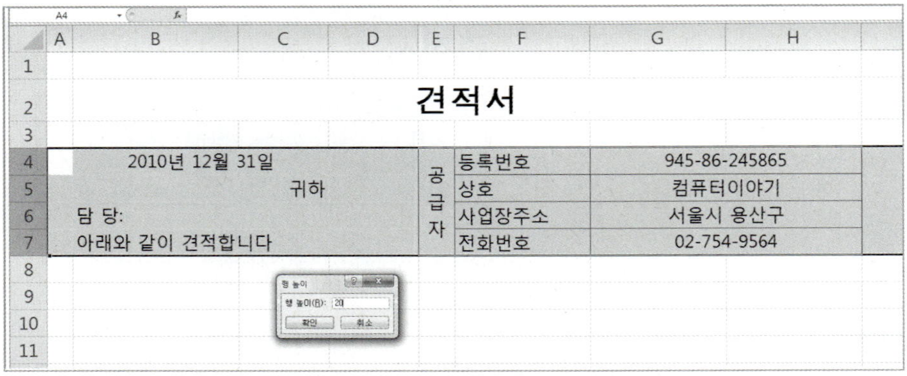

단계 10 텍스트 줄 바꿈 기능(Alt+Enter)을 이용하여 입력하기

① [B8:C8]셀을 병합하고, [B8]셀의 행높이를 32로 설정한다.

② 병합된 셀에 '합계금액' 을 입력한 후 [Alt+Enter]를 눌러 줄 바꿈 한 후 '(공급가액+세액)' 을 입력한다.

- [Alt+Enter] : [셀 서식]의 [맞춤]탭의 '텍스트 줄 바꿈' 의 단축키

③ [D8:H8]은 셀 병합한다.

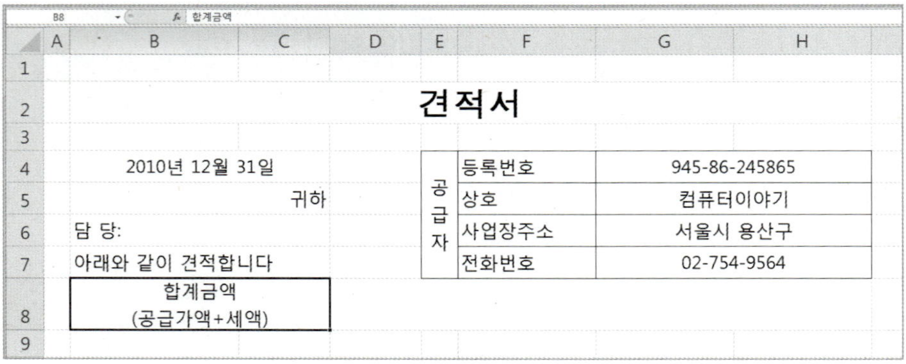

단계 11 견적서에 필요한 항목 입력하기

① [D9:E9]는 셀 병합한다.

② [B9]셀부터 '번호', '품명', '규격', '수량', '단가', '금액'을 입력하고, 가운데 정렬, 굵게 속성을 지정한다.

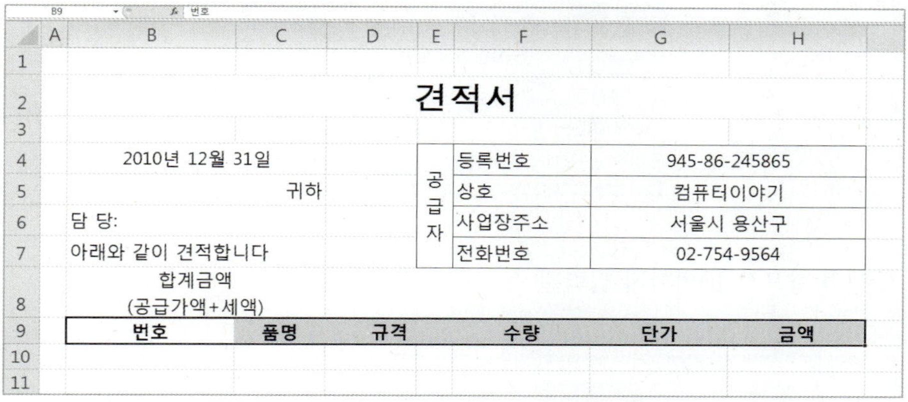

단계 12 일련번호 입력하기

[B10]셀에 순차번호를 입력하기 위해 두 가지 방법을 사용할 수 있다.

가. [홈]-[편집]-[채우기]-[계열] 메뉴 이용

① 연속된 값을 입력할 첫 번째 셀에 '1'을 입력하고 메뉴를 선택한다.

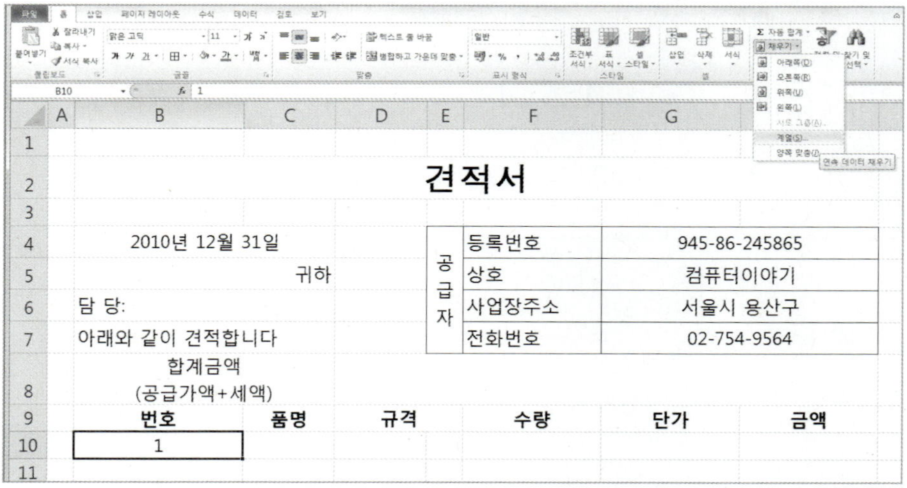

② [계열] 메뉴를 클릭하면 [연속 데이터] 대화상자가 보인다. 일련번호를 입력하기 위해 '열' 방향, 종료 값 '10'으로 설정하고 확인 버튼을 누른다.

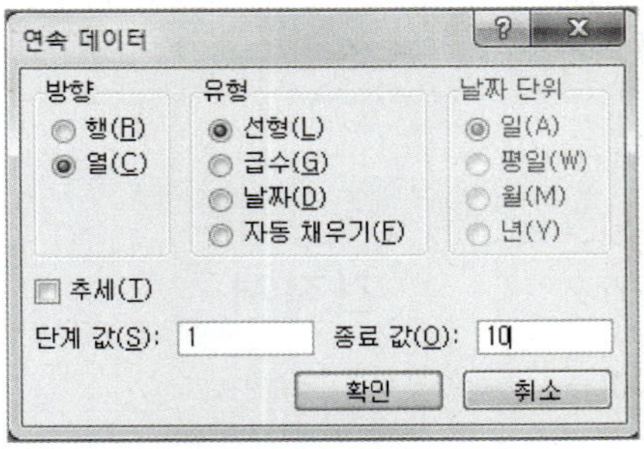

③ 열 방향으로 10번까지 입력된 것을 확인할 수 있다.

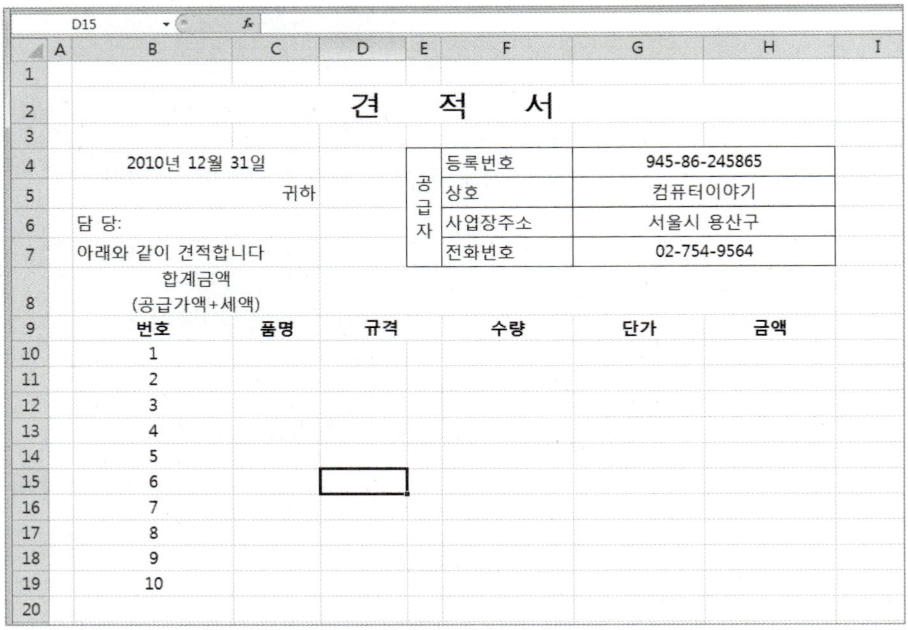

나. 채우기 핸들러 이용

① [B10]셀에 '1'을 입력하고 입력한 셀의 오른쪽 모서리에 마우스를 위치하면 마우스 포인터가 '+(채우기 핸들러)'로 바뀐 것을 확인할 수 있다.

② 이때, 〈Ctrl〉키를 누른 상태로 원하는 셀 만큼 드래그하면 자동 채우기를 완성할 수 있다.

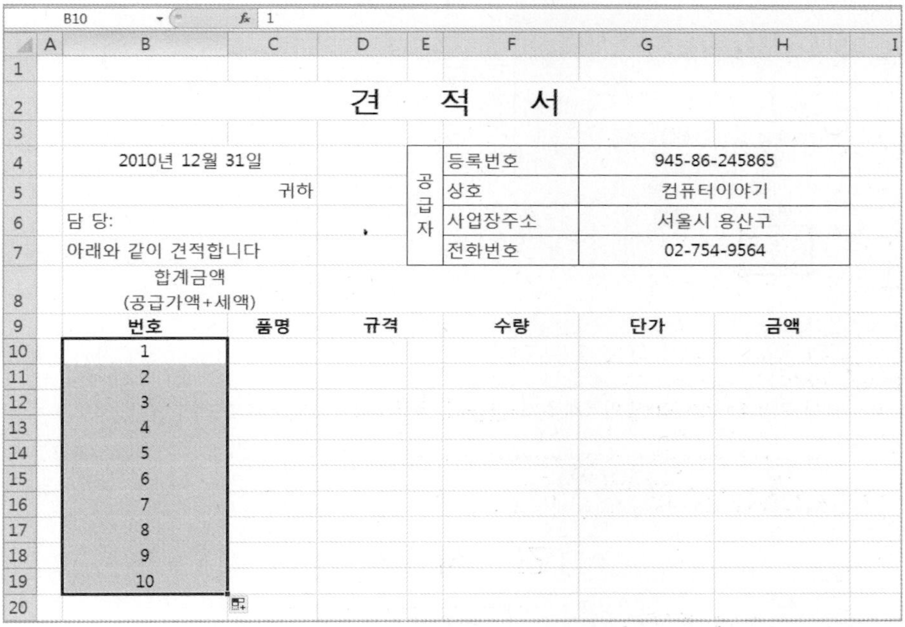

Tip 임의 간격 숫자 입력하기 (1, 3, 5, …)

① 특정 셀에 1, 다음 셀에 3을 입력한다.
② 1, 3이 입력된 두 셀을 블록 지정한다.

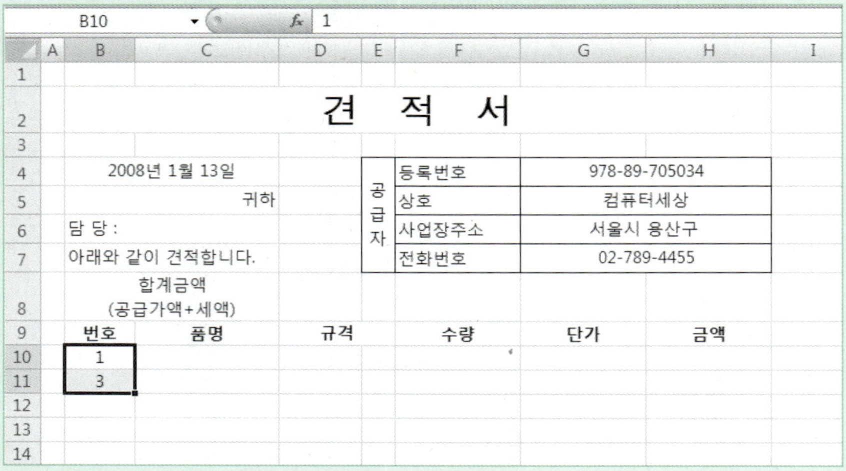

③ 블록 지정된 마지막 셀의 '채우기 핸들러'를 원하는 방향으로 드래그한다.

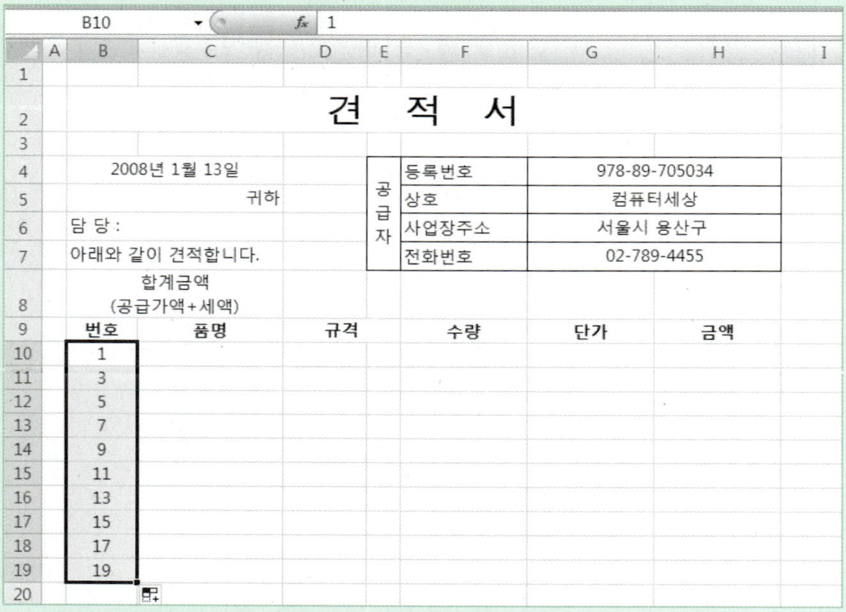

단계 13 내용 입력부분 그리기

① 규격부분은 10행부터 20행까지 D셀과 E셀을 행별로 각각 병합한다.

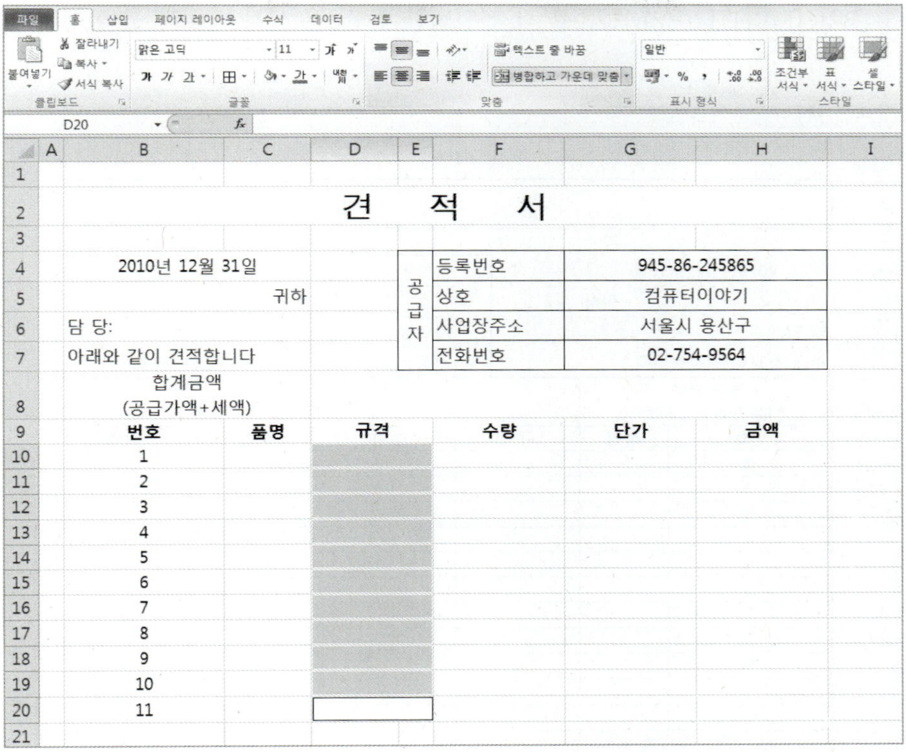

② [B21:C21], [B22:C22], [B23:C23]을 각각 셀 병합하고 아래와 같이 입력한다.

③ [D21:G21], [D21:G21], [D21:G21]을 각각 셀 병합한다.

④ [B8:H23]을 선택한 후 '모든 테두리' 를 실행한다.

⑤ [B2], [E4:H7], [B21:H23]을 각각 선택한 후 '굵은 상자 테두리' 를 실행한다.

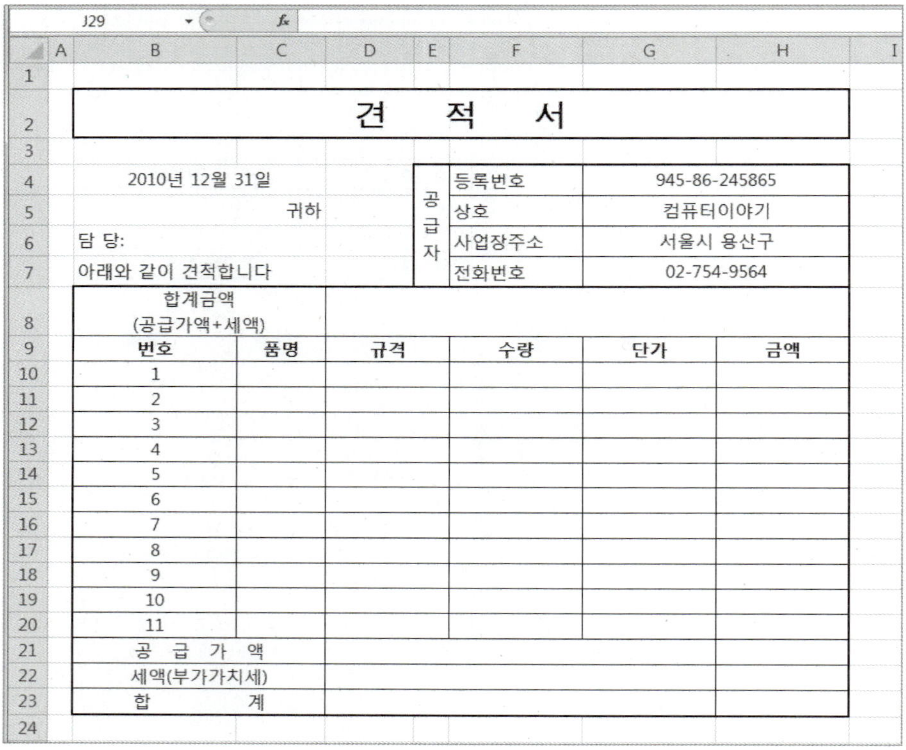

	B	C	D	E	F	G	H
1							
2	견 적 서						
3							
4	2010년 12월 31일			공급자	등록번호	945-86-245865	
5		귀하			상호	컴퓨터이야기	
6	담 당:				사업장주소	서울시 용산구	
7	아래와 같이 견적합니다				전화번호	02-754-9564	
8	합계금액 (공급가액+세액)						
9	번호	품명	규격		수량	단가	금액
10	1						
11	2						
12	3						
13	4						
14	5						
15	6						
16	7						
17	8						
18	9						
19	10						
20	11						
21	공 급 가 액						
22	세액(부가가치세)						
23	합 계						
24							

단계 14 B열의 너비는 10, C열의 너비는 16으로 설정하고, 견적서에 다음과 같이 데이터를 입력한다.

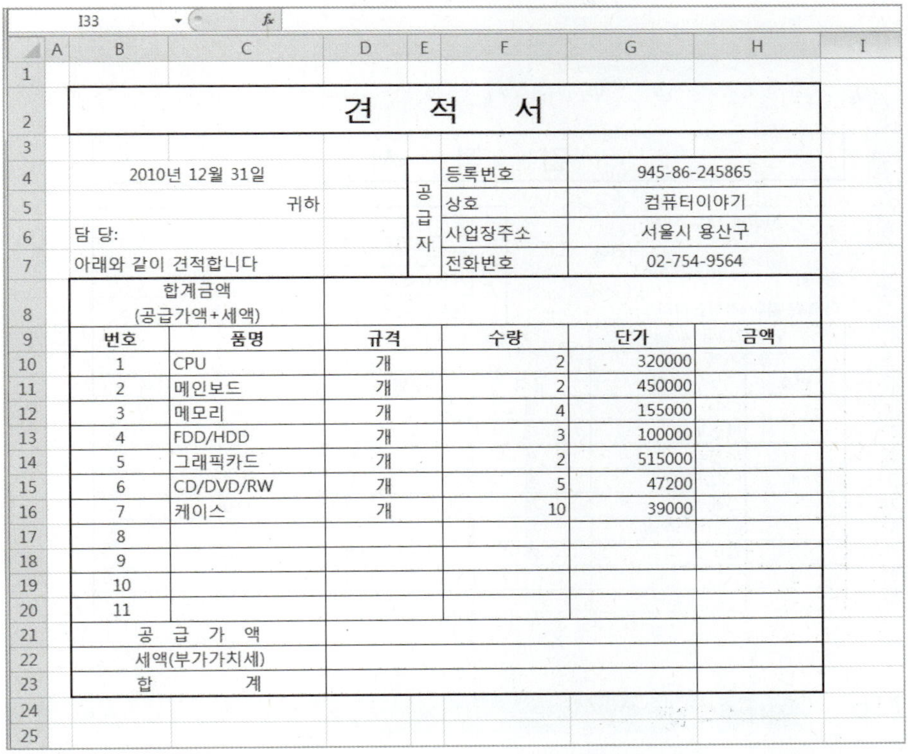

견 적 서					
2010년 12월 31일		공급자	등록번호	945-86-245865	
	귀하		상호	컴퓨터이야기	
담 당:			사업장주소	서울시 용산구	
아래와 같이 견적합니다			전화번호	02-754-9564	
합계금액 (공급가액+세액)					
번호	품명	규격	수량	단가	금액
1	CPU	개	2	320000	
2	메인보드	개	2	450000	
3	메모리	개	4	155000	
4	FDD/HDD	개	3	100000	
5	그래픽카드	개	2	515000	
6	CD/DVD/RW	개	5	47200	
7	케이스	개	10	39000	
8					
9					
10					
11					
공 급 가 액					
세액(부가가치세)					
합 계					

단계 15 '금액' 계산하기

- 금액 = 수량 * 단가
- [H10]셀을 선택하고 수식 '=F10*G10' 을 입력하고 〈Enter〉

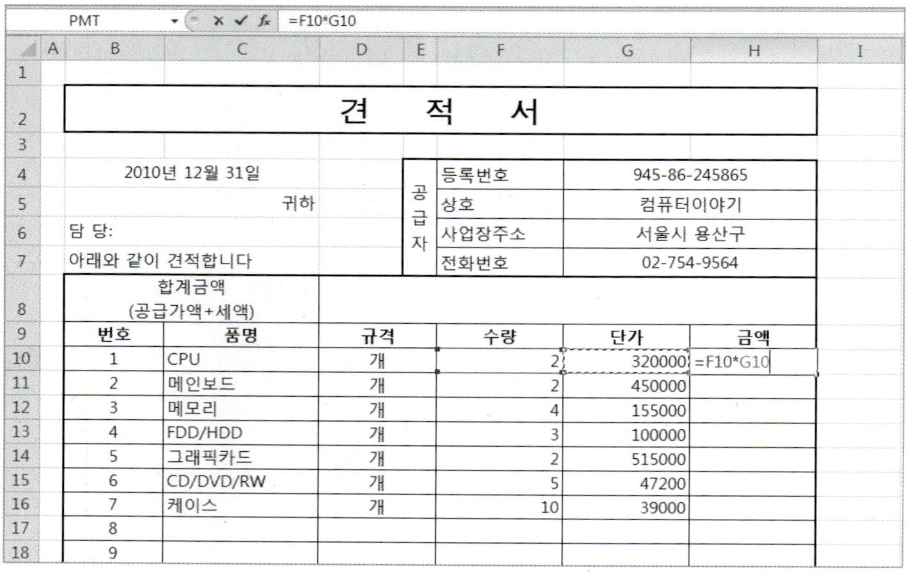

Tip 직접 수식 입력 방법

- 셀에 수식을 삽입하기 위한 방법으로 엑셀 프로그램에서 제공하는 함수를 사용하지 않고 연산자와 피연산자를 이용하여 직접 수식을 입력하는 방법이다.
- 수식을 입력할 셀을 선택한 후, 수식과 일반 자료와의 구분을 위해 맨 앞에 등호(=)를 먼저 입력한 후 사칙연산의 구조에 따라 원하는 수식을 입력한다.

단계 16 [H11:H16]은 '채우기 핸들러' 를 이용하여 입력한다.

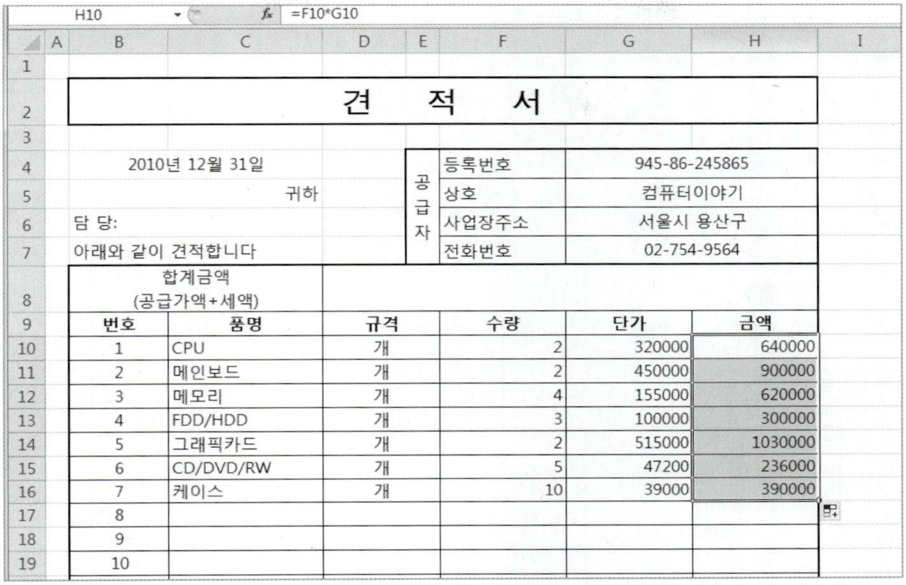

H10 =F10*G10

견 적 서

2010년 12월 31일		공급자	등록번호	945-86-245865
귀하			상호	컴퓨터이야기
담 당:			사업장주소	서울시 용산구
아래와 같이 견적합니다			전화번호	02-754-9564
합계금액 (공급가액+세액)				

번호	품명	규격	수량	단가	금액
1	CPU	개	2	320000	640000
2	메인보드	개	2	450000	900000
3	메모리	개	4	155000	620000
4	FDD/HDD	개	3	100000	300000
5	그래픽카드	개	2	515000	1030000
6	CD/DVD/RW	개	5	47200	236000
7	케이스	개	10	39000	390000
8					
9					
10					

단계 17 '공급가액' 은 '금액' 의 합으로 자동합계 기능을 이용한다. [H21]셀을 선택하고 [수식]-[함수 라이브러리]-[자동 합계]를 선택한다.

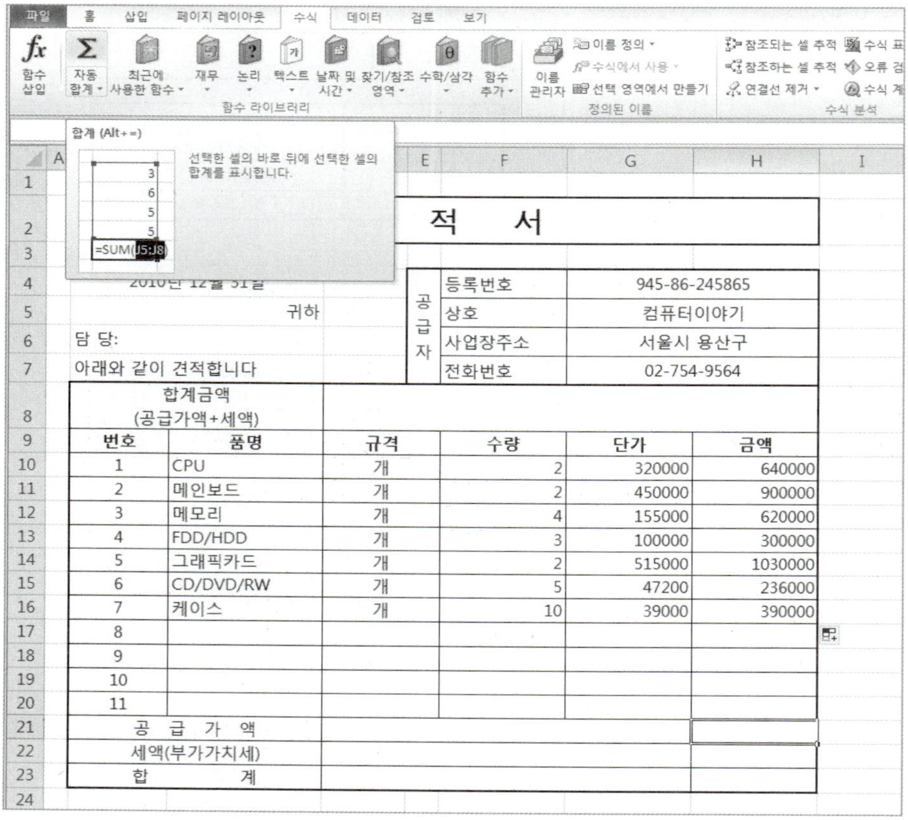

Tip 자동합계

선택한 셀의 바로 뒤에 셀의 합계를 표시하는 기능으로 셀들의 합을 구하고자 하는 경우 간단하게 사용할 수 있는 기능이다.

단계 18 합계를 구할 셀 [H10:H20]을 드래그하여 선택하고 〈Enter〉

현재 데이터는 [H16]셀까지 입력되어 있지만 앞으로 더 입력할 가능성이 있으므로 미리 합계 영역을 설정해 놓으면 다시 계산할 필요가 없으므로 합계 범위를 전체 금액 범위로 확장하여 선택하는 것이 좋다.

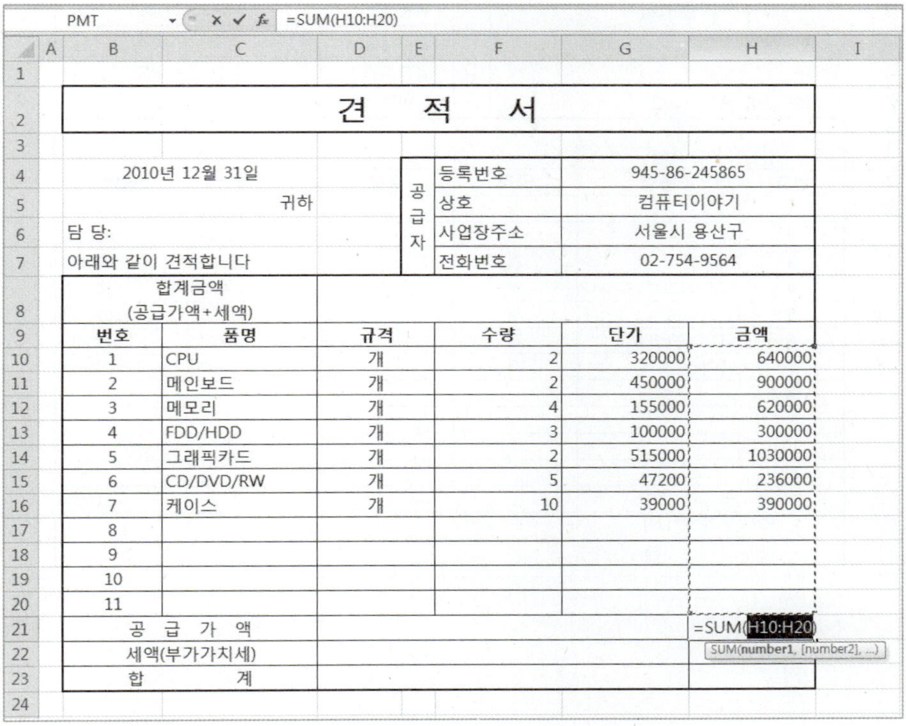
PMT =SUM(H10:H20)

견 적 서					
2010년 12월 31일		공급자	등록번호	945-86-245865	
귀하			상호	컴퓨터이야기	
담 당:			사업장주소	서울시 용산구	
아래와 같이 견적합니다			전화번호	02-754-9564	
합계금액 (공급가액+세액)					
번호	품명	규격	수량	단가	금액
1	CPU	개	2	320000	640000
2	메인보드	개	2	450000	900000
3	메모리	개	4	155000	620000
4	FDD/HDD	개	3	100000	300000
5	그래픽카드	개	2	515000	1030000
6	CD/DVD/RW	개	5	47200	236000
7	케이스	개	10	39000	390000
8					
9					
10					
11					
공 급 가 액					=SUM(H10:H20)
세액(부가가치세)					
합 계					

단계 19 '공급가액' 이 계산되어 입력된다.

H21 =SUM(H10:H20)

견 적 서						
2010년 12월 31일			공급자	등록번호	945-86-245865	
	귀하			상호	컴퓨터이야기	
담 당:				사업장주소	서울시 용산구	
아래와 같이 견적합니다				전화번호	02-754-9564	
합계금액 (공급가액+세액)						
번호	품명	규격		수량	단가	금액
1	CPU	개		2	320000	640000
2	메인보드	개		2	450000	900000
3	메모리	개		4	155000	620000
4	FDD/HDD	개		3	100000	300000
5	그래픽카드	개		2	515000	1030000
6	CD/DVD/RW	개		5	47200	236000
7	케이스	개		10	39000	390000
8						
9						
10						
11						
공 급 가 액						4116000
세액(부가가치세)						
합 계						

단계 20 '세액'과 '합계' 계산하기

- 세액 = 공급가액*세율
- 합계 = 공급가액+세액
- [H22]셀을 선택하고 수식 '=H21*0.1'을 입력하여 세액 계산
- [H23]셀을 선택하고 수식 '=H21+H22'를 입력하여 합계 계산

H21 =SUM(H10:H20)

	A	B	C	D	E	F	G	H
3								
4		2010년 12월 31일				등록번호	945-86-245865	
5			귀하		공급자	상호	컴퓨터이야기	
6		담 당:				사업장주소	서울시 용산구	
7		아래와 같이 견적합니다				전화번호	02-754-9564	
8		합계금액 (공급가액+세액)						
9		번호	품명	규격		수량	단가	금액
10		1	CPU	개		2	320000	640000
11		2	메인보드	개		2	450000	900000
12		3	메모리	개		4	155000	620000
13		4	FDD/HDD	개		3	100000	300000
14		5	그래픽카드	개		2	515000	1030000
15		6	CD/DVD/RW	개		5	47200	236000
16		7	케이스	개		10	39000	390000
17		8						
18		9						
19		10						
20		11						
21		공 급 가 액						4116000
22		세액(부가가치세)						411600
23		합 계						4527600
24								

단계 21 숫자에 1000단위 구분 기호 사용

[G10:H16]을 선택하고 [홈]-[표시 형식]-[쉼표 스타일]을 이용하여 1000단위 구분 기호를 입력한다.

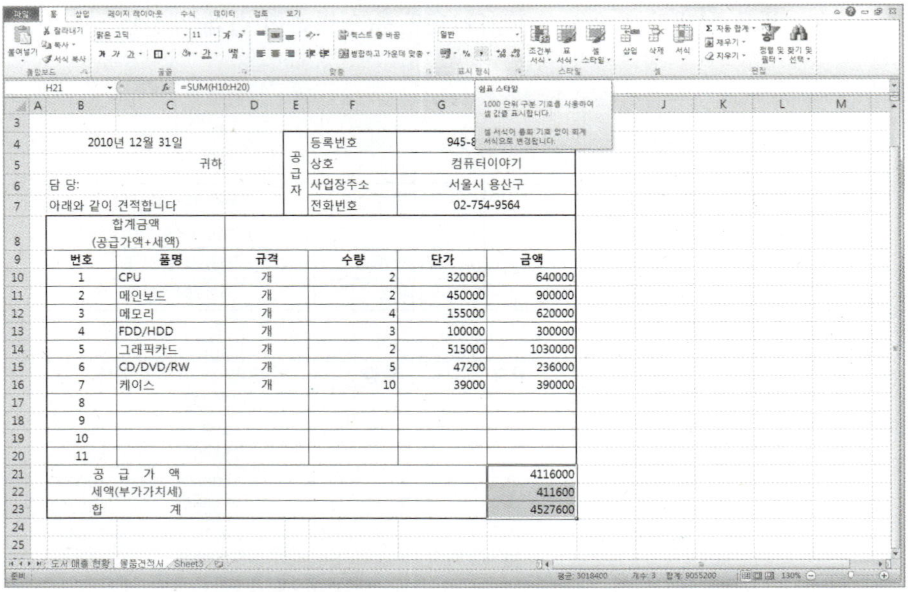

단계 22 통화 기호 입력

[H21:H23]을 선택하고 [홈]-[표시 형식]-[회계 표시 형식]을 이용하여 통화 기호를 입력한다.

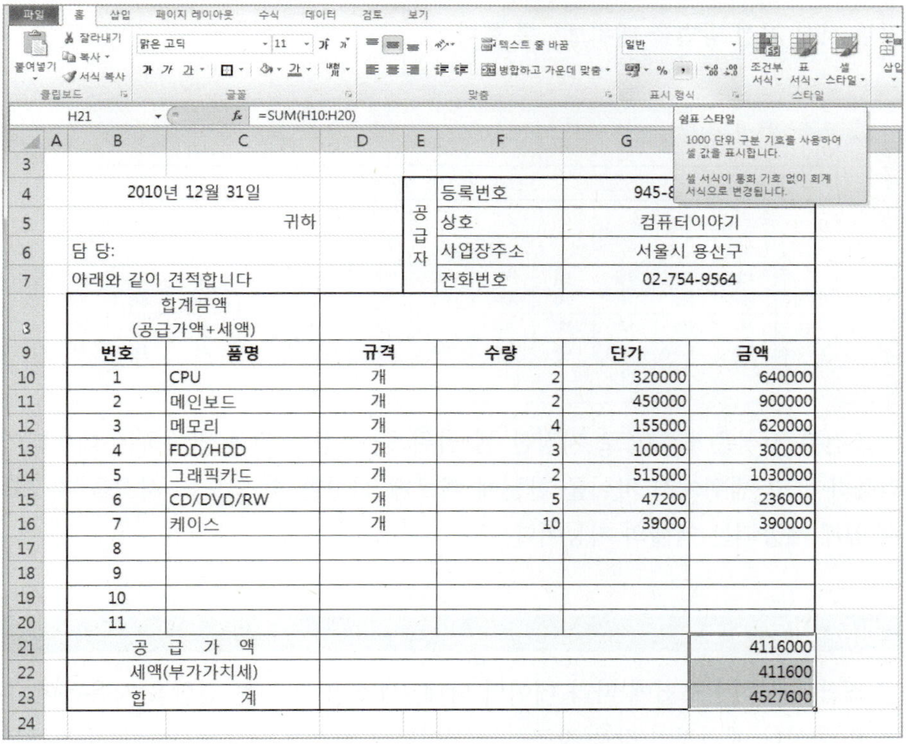

6.3 모의 토익 점수표 만들기

앞 절에서 다루었던 서식 기능을 이용하여 모의 토익 점수표를 그려보고 조건부 서식 지정 방법을 배워보도록 한다.

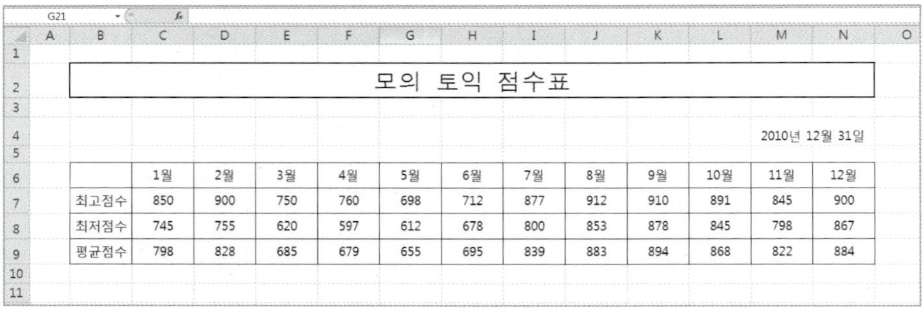

모의 토익 점수표

2010년 12월 31일

	1월	2월	3월	4월	5월	6월	7월	8월	9월	10월	11월	12월
최고점수	850	900	750	760	698	712	877	912	910	891	845	900
최저점수	745	755	620	597	612	678	800	853	878	845	798	867
평균점수	798	828	685	679	655	695	839	883	894	868	822	884

조건부 서식은 블록으로 지정한 셀 범위 중 특정 조건을 만족하는 데이터에 적용하여 값 범위에서 차이를 한눈에 빠르게 식별할 수 있도록 서식을 지정할 수 있게 제공되는 엑셀의 기능이다.

배울 내용 ● ● ●

① 조건부 서식 : 조건에 따라 데이터 막대, 색조 및 아이콘 집합을 사용하여 주요 셀이나 예외적인 값을 강조하고 데이터를 시각적으로 표시하기 위해 사용

a. 셀 강조 규칙을 이용한 조건부 서식

- 수식과 같은 특정 유형의 데이터가 포함된 모든 셀 또는 특정 조건에 맞는 셀을 찾아 지정한 서식으로 표시

b. 색조를 이용한 조건부 서식

- 전체 데이터를 높은, 중간, 낮은 값으로 구별하여 지정한 색으로 표시

② ARCRAGE() 함수 사용법 : 선택한 셀들의 평균을 구하기 위한 함수

6.3.1 모의 토익 점수표 그리기

다음 표를 주어진 단계의 내용에 따라 작성해보도록 한다.

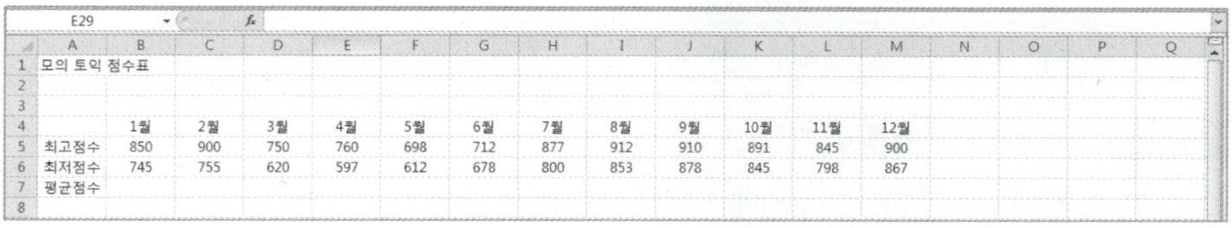

	A	B	C	D	E	F	G	H	I	J	K	L	M
1	모의 토익 점수표												
2													
3													
4		1월	2월	3월	4월	5월	6월	7월	8월	9월	10월	11월	12월
5	최고점수	850	900	750	760	698	712	877	912	910	891	845	900
6	최저점수	745	755	620	597	612	678	800	853	878	845	798	867
7	평균점수												

단계 1 열 삽입하기

A열 왼쪽에 열을 하나 삽입하고, 삽입한 열의 너비를 '5' 로 설정한다.

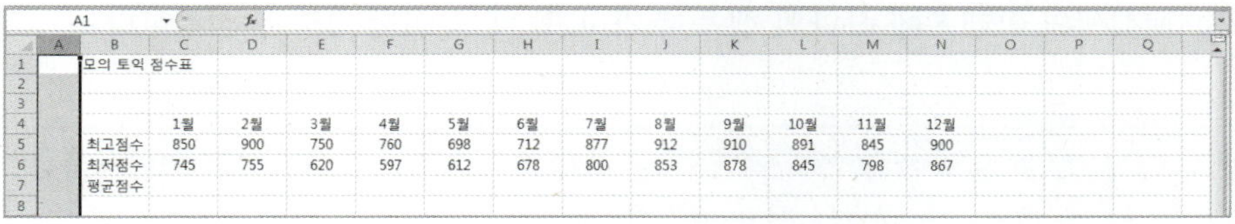

	A	B	C	D	E	F	G	H	I	J	K	L	M	N
1		모의 토익 점수표												
2														
3														
4			1월	2월	3월	4월	5월	6월	7월	8월	9월	10월	11월	12월
5		최고점수	850	900	750	760	698	712	877	912	910	891	845	900
6		최저점수	745	755	620	597	612	678	800	853	878	845	798	867
7		평균점수												

단계 2 행 삽입하기

1행 위로 행을 하나 삽입하고, 삽입한 행의 높이를 '17' 로 설정한다.

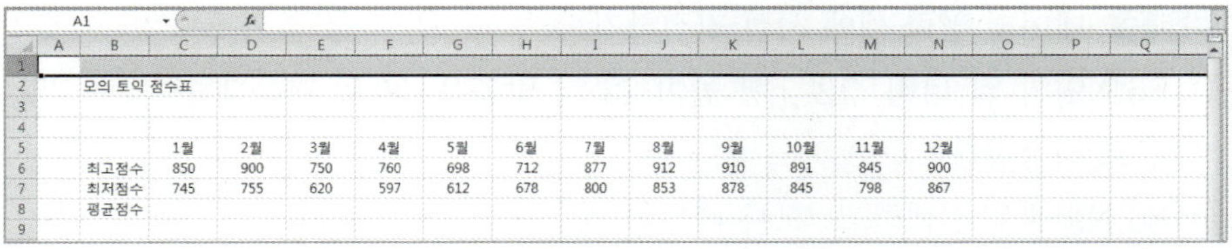

	A	B	C	D	E	F	G	H	I	J	K	L	M	N
1														
2		모의 토익 점수표												
3														
4														
5			1월	2월	3월	4월	5월	6월	7월	8월	9월	10월	11월	12월
6		최고점수	850	900	750	760	698	712	877	912	910	891	845	900
7		최저점수	745	755	620	597	612	678	800	853	878	845	798	867
8		평균점수												

단계 3 제목 서식 설정하기

① [B2:N2]를 선택하고 '병합하고 가운데 맞춤' 을 실행한다.

② [B2]셀의 높이는 30으로 설정한다.

③ 글꼴 '돋움체', 크기 '20', '굵게' 속성을 설정한다.

④ [B2:N2]에 '굵은 상자 테두리' 를 그린다.

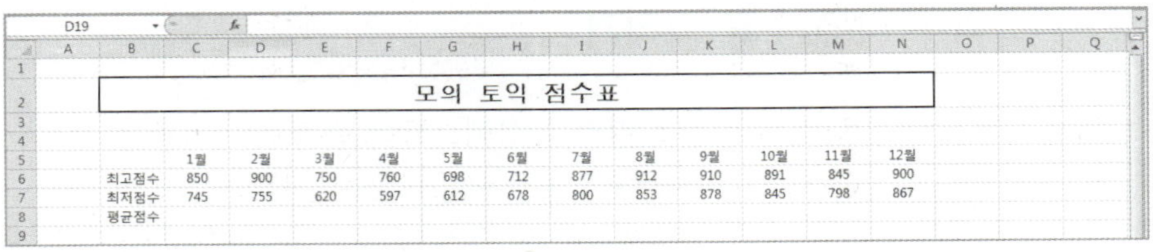

모의 토익 점수표

	1월	2월	3월	4월	5월	6월	7월	8월	9월	10월	11월	12월
최고점수	850	900	750	760	698	712	877	912	910	891	845	900
최저점수	745	755	620	597	612	678	800	853	878	845	798	867
평균점수												

단계 4 날짜 서식 지정하기

① [M4:N4]에 '병합하고 가운데 맞춤' 을 지정한다.

② [M4]셀에 '=TODAY()' 를 입력한다.

③ [셀 서식]의 [표시형식]탭의 날짜 범주에서 '2001년 3월14일 월요일' 을 선택한다.

④ [M4]셀의 높이를 '25' , 세로 맞춤은 '아래쪽 맞춤' 으로 설정한다.

⑤ [M4]셀의 아래쪽에 하나의 행을 추가하고, 행 높이를 '15' 로 설정한다.

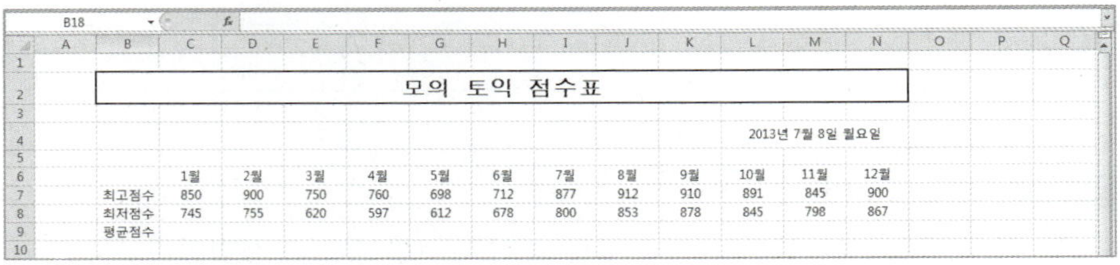

모의 토익 점수표

2013년 7월 8일 월요일

	1월	2월	3월	4월	5월	6월	7월	8월	9월	10월	11월	12월
최고점수	850	900	750	760	698	712	877	912	910	891	845	900
최저점수	745	755	620	597	612	678	800	853	878	845	798	867
평균점수												

단계 5 데이터 입력 셀에 서식 지정하기

① [B6:N9]의 열 너비 '12' , 행 높이 '22' , 맞춤은 '가로 가운데' , '세로 가운데' 로 지정한다.

② [B6:N9]셀을 선택하고 '모든 테두리' 를 설정한다.

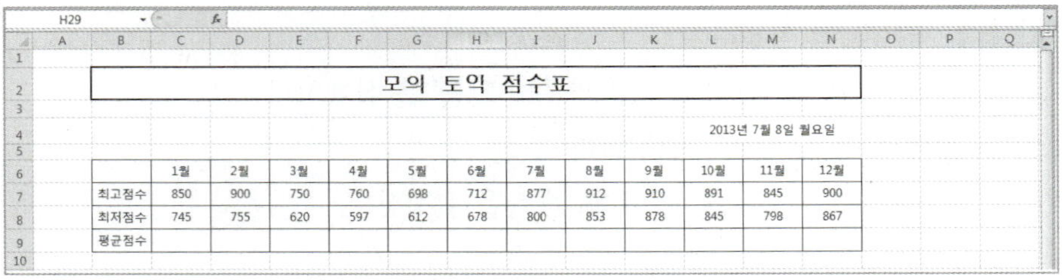

모의 토익 점수표

2013년 7월 8일 월요일

	1월	2월	3월	4월	5월	6월	7월	8월	9월	10월	11월	12월
최고점수	850	900	750	760	698	712	877	912	910	891	845	900
최저점수	745	755	620	597	612	678	800	853	878	845	798	867
평균점수												

단계 6 평균 점수 구하기 : AVERAGER()함수를 이용

① '평균 점수'를 계산해 넣을 [C9]셀을 선택하고, [수식]-[함수라이브러리]-[자동합계]-[평균]을 선택한다.

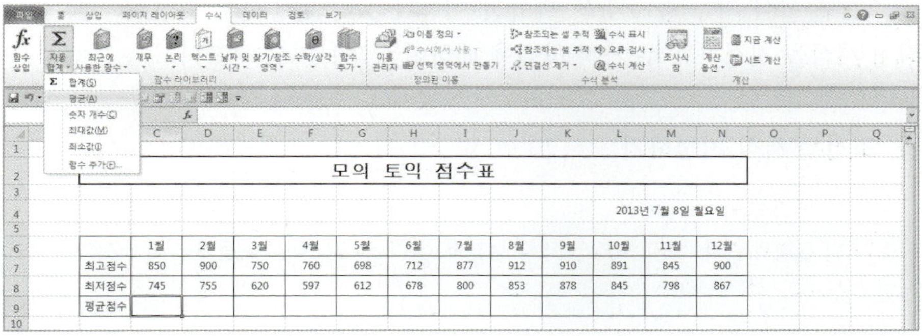

② 평균을 구할 셀[C7:C8]을 드래그하여 선택하고 <Enter>키를 누르면 계산 결과가 입력된다.

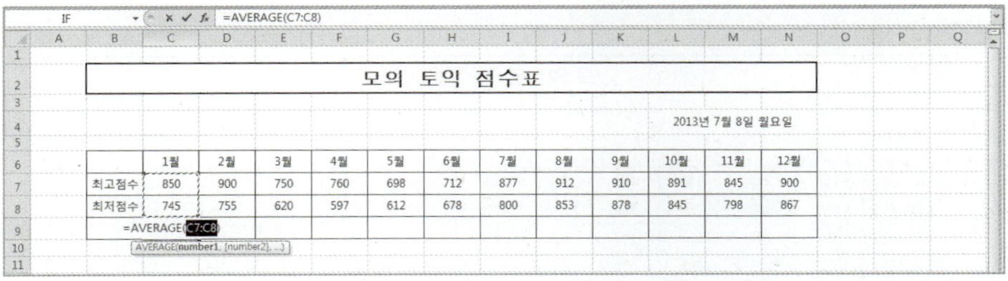

③ 나머지 부분은 '채우기 핸들러'를 오른쪽으로 드래그하여 완성한다.

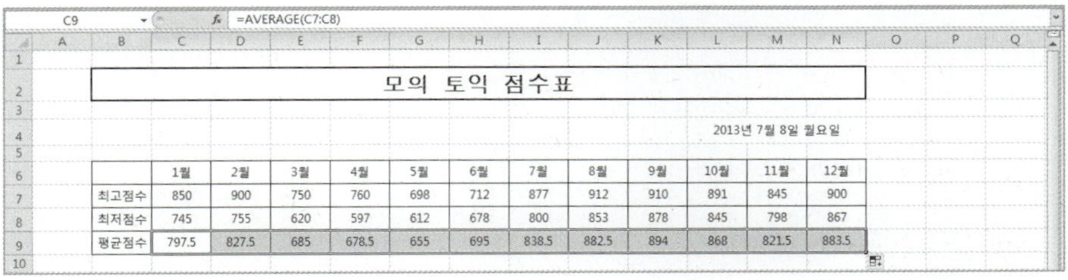

6.3.2 조건부 서식 지정하기

조건부 서식은 블록으로 지정한 셀 범위 중 특정 조건을 만족하는 셀들을 강조하기 위하여 서식을 지정할 수 있게 제공되는 엑셀의 기능이다.

조건부 서식 기능 중 '색조' 메뉴를 이용하는 방법과 서식 지정 조건을 주고 직접 서식을 지정하는 두 가지 방법에 대하여 살펴보기로 하겠다.

가. 조건부 서식 지정하기

[C7:N9] 영역의 값이 '880' 이상인 경우 글자색 '빨강', 글꼴 '굵은 기울임꼴'로 지정하는 조건부 서식을 작성해보자

단계 1 서식을 지정할 부분 선택하기

[C7:N9]를 블록으로 지정한다.

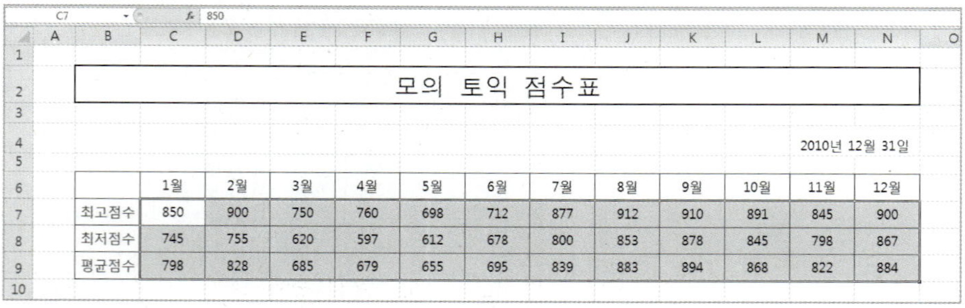

모의 토익 점수표

2010년 12월 31일

	1월	2월	3월	4월	5월	6월	7월	8월	9월	10월	11월	12월
최고점수	850	900	750	760	698	712	877	912	910	891	845	900
최저점수	745	755	620	597	612	678	800	853	878	845	798	867
평균점수	798	828	685	679	655	695	839	883	894	868	822	884

단계 2 조건 적용하기

[홈]-[스타일]-[조건부서식]에서 [셀 강조 규칙]-[보다 큼]을 선택한다.

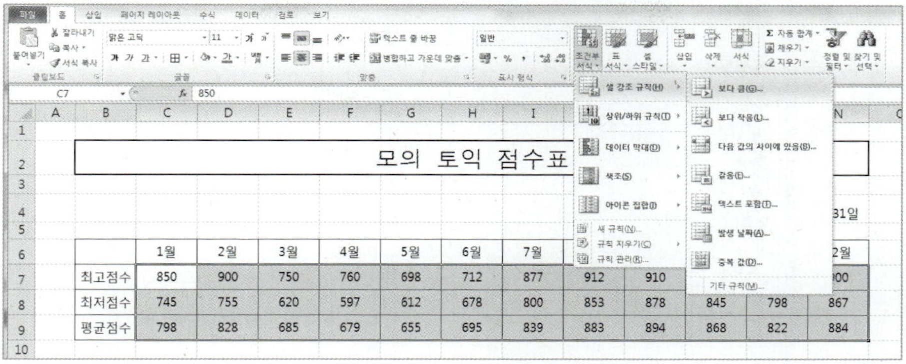

단계 3 서식 지정하기

① [보다 큼] 대화상자에서 왼쪽에는 '880'을 입력하고 '적용할 서식'에서는 '사용자 지정 서식'을 선택한다.

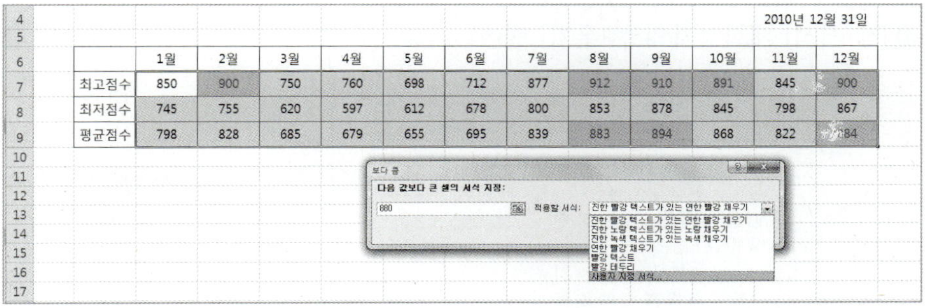

② [셀 서식] 대화상자의 [글꼴]탭에서 글자색 '빨강색', 글꼴 스타일 '굵은 기울임꼴' 을 선택한다.

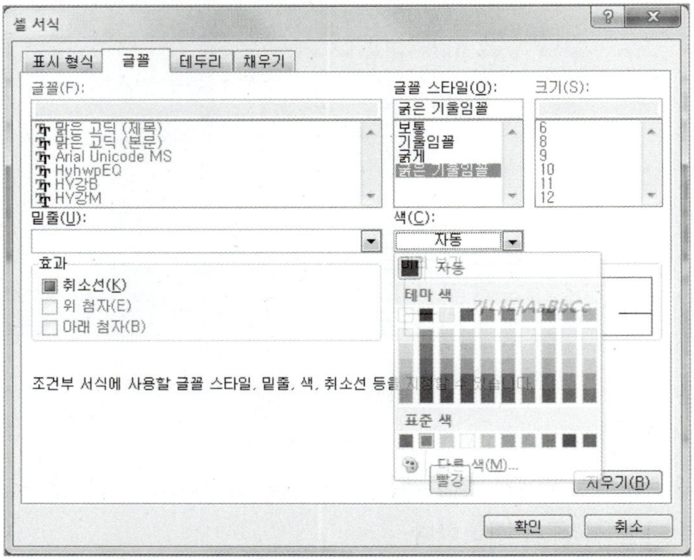

③ [셀 서식] 대화상자의 [채우기] 탭에서 셀의 채우기 색으로 '보라색 3단계' 를 선택한다.

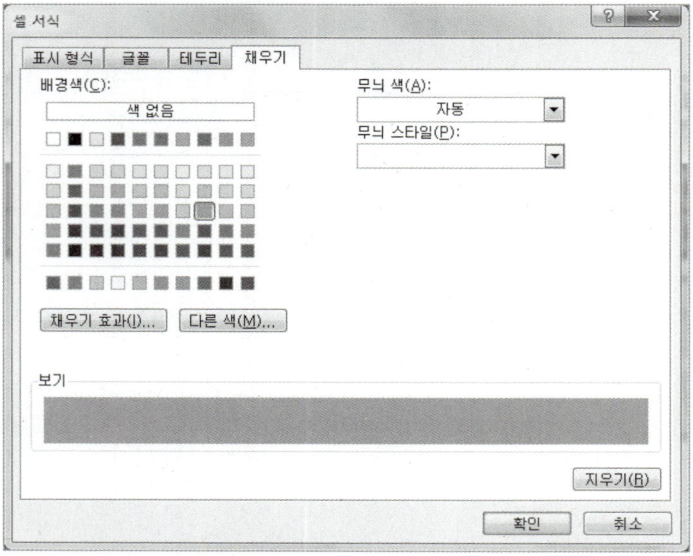

단계 4 조건 입력 후 확인 버튼을 누르면 [C7:N9]의 값들 중 조건에 만족되는 값들에 주어진 서식이 지정된다.

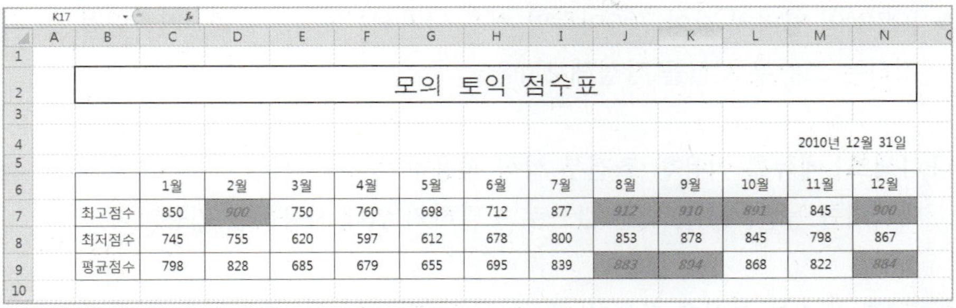

단계 5 조건부 서식 해지하기

① 조건부 서식을 지우고자 하는 셀들을 선택한다.

② [홈]-[스타일]-[조건부 서식]에서 [규칙 지우기]-[선택한 셀의 규칙지우기]를 선택하면 지정된 범위 내의 서식 지정이 해제된다.

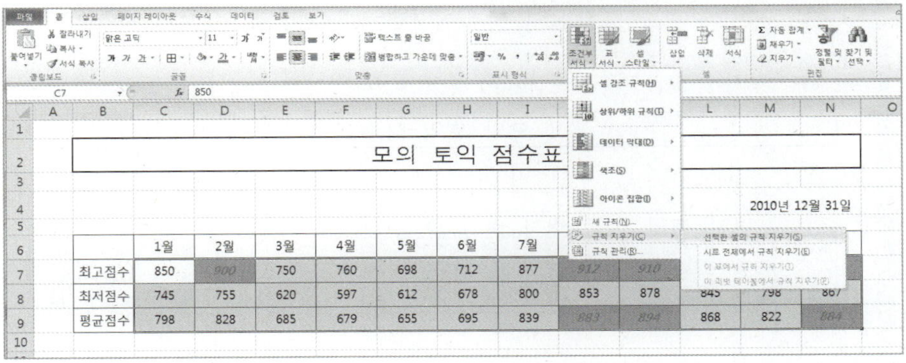

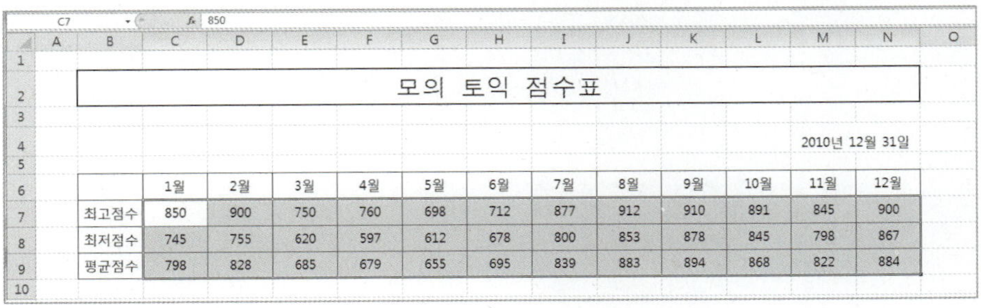

[연습하기]

▶ [C7:N9] 영역의 값이 650이상 750이하인 경우 글자색 '파랑', 글꼴 '굵은 기울임꼴' 로 지정하는 조건부 서식을 작성해보자

▶ [C7:N9] 영역의 값이 700이하인 경우 글자색 '녹색', 글꼴 '기울임꼴' 로 지정하는 조건부 서식을 작성해보자

나. [색조] 메뉴를 이용한 조건부 서식 적용하기

데이터를 높은, 중간, 낮은 값으로 구별하기 위해 사용하는 기능이다.

단계 1 조건부 서식을 적용할 데이터를 선택한다.

단계 2 [홈]-[스타일]-[조건부서식]-[색조]를 선택하고, 색조 아이콘 위로 마우스 커서를 이동하여 조건부 서식이 적용된 데이터의 미리 보기 중 색을 선택한다.

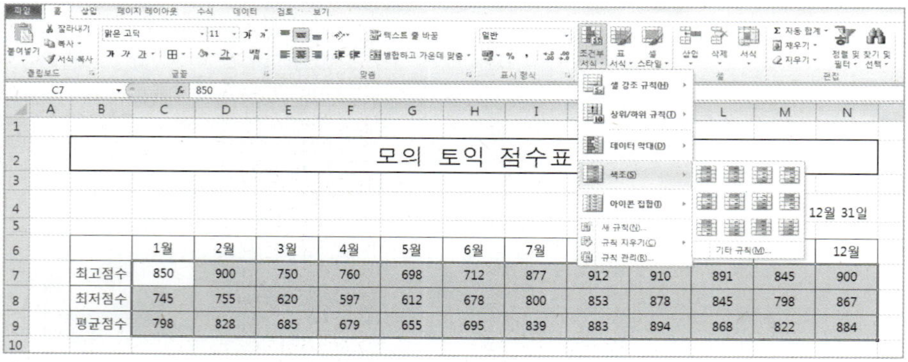

단계 3 3색조에서 위쪽 색은 상위 값을 나타내고, 가운데 색은 중위 값, 아래쪽 색은 하위 값을 나타내는데, 예제에서는 녹색-노랑-빨강 색조를 선택한다.

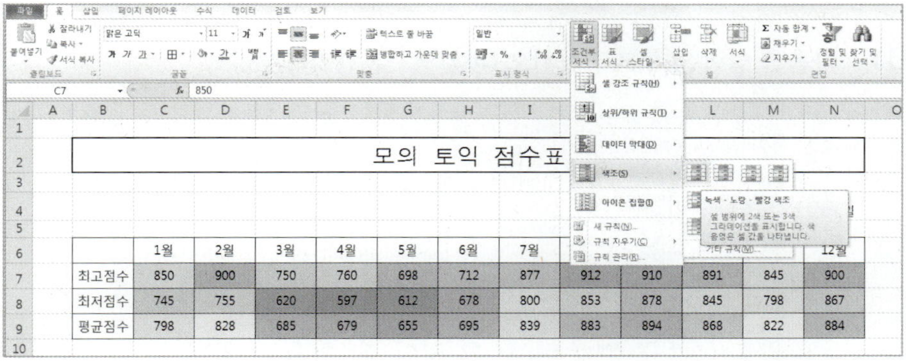

모의 토익 점수표

	1월	2월	3월	4월	5월	6월	7월					12월
최고점수	850	900	750	760	698	712	877	912	910	891	845	900
최저점수	745	755	620	597	612	678	800	853	878	845	798	867
평균점수	798	828	685	679	655	695	839	883	894	868	822	884

단계 4 색조를 선택하면 블록으로 지정했던 부분이 값의 차이에 따라 지정한 색조로 차이를 보이며 표시됨을 확인할 수 있다.

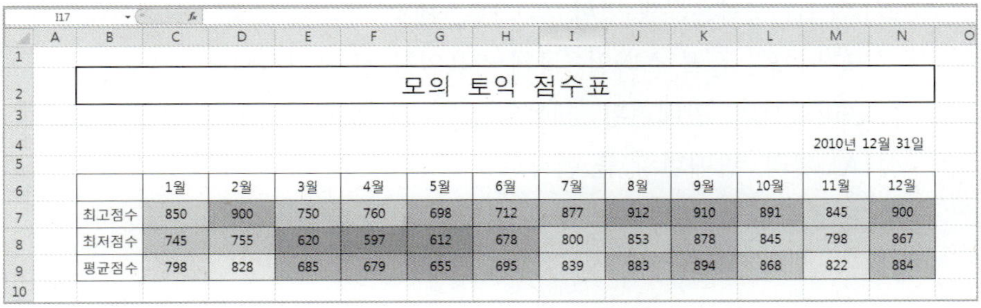

모의 토익 점수표

2010년 12월 31일

	1월	2월	3월	4월	5월	6월	7월	8월	9월	10월	11월	12월
최고점수	850	900	750	760	698	712	877	912	910	891	845	900
최저점수	745	755	620	597	612	678	800	853	878	845	798	867
평균점수	798	828	685	679	655	695	839	883	894	868	822	884

연 습 문 제

01 다음을 입력한 후 저장하시오.(파일명 : 본인이름.xls)

	A	B	C	D	E	F	G	H	I
1	㈜우리회사의 판매현황								
2									
3	날짜	고객명	고객 ID	매입수량	대리점	전화번호	판매량	거래번호	판매가
4	2002/03/12	구민정	xyc-2-**	10	강남	548-9652	450	가-200	45600
5	2002/03/13	최명수	xyc-3-**	20	인천	548-9653	350	가-201	67800
6	2002/03/14	이성수	xyc-4-**	5	종로	548-7754	670	가-202	25600
7	2002/03/14	박인수	xyc-5-**	11	강남	548-7755	610	가-203	7800
8	2002/03/14	김인규	kor-9-ps	30	인천	548-7756	350	나-300	63400
9	2002/03/15	김명윤	kor-10-ps	20	종로	548-7756	700	나-301	92680
10	2002/03/16	권정현	kor-11-ps	60	종로	548-7756	530	나-302	52300
11	2002/03/25	김인규	kim-#3-v	74	인천	234-6800	680	나-303	73100
12	2002/03/26	주민영	kim-#4-v	60	강남	234-6800	510	다-400	6430
13	2002/03/27	나인규	kim-#5-v	72	종로	234-6800	612	다-400	6730
14									

02 다음과 같이 수정하시오.

① 시트명은 기본작업-1로 변경하시오.

② [A1:I1] 영역은 '셀 병합 후 가로, 세로 가운데 맞춤', 글꼴 '바탕체', 크기 '18', 글꼴 스타일 '굵게 기울임꼴'로 표시하시오.

③ 우리회사의 '판매현황' 제목의 양쪽에 특수문자 '☆'를 삽입하시오.

④ [A1]셀의 '판매현황'을 한자로 바꾸시오.

⑤ '기본작업-1' 시트의 3행-13행까지의 행높이를 20으로 설정하시오.

⑥ C열을 숨기시오.

⑦ 시트를 추가하고 '기본작업-2'로 이름을 변경하시오.

⑧ '기본작업-1' 시트의 A, B, E, F열을 복사하여 '기본작업-2' 시트에 붙여 넣으시오.

03 다음 각 시트에 대하여 지시사항을 처리하시오.

(1) [도서 주문 내역]을 워크시트에 입력하시오.

	A	B	C	D	E	F	G
1	도서 주문 내역						
2							
3	거래처	도서명	단가	수량	금액	주문일자	입고(예정)일자
4	서울총판	엑셀2002	15000	300	4500000	2004-05-20	2004-05-30
5		엑셀2000	14000	200	2800000	2004-05-21	2004-05-27
6		자바 프로그래밍	22000	150	3300000	2004-06-11	2004-06-22
7		리눅스 서버 구축	28000	120	3360000	2004-06-05	2004-06-11
8	경기총판	웹 페이지 만들기	12000	250	3000000	2004-05-10	2004-05-15
9		모바일 프로그램	25000	180	4500000	2004-06-13	2004-06-29
10		폰페이지 구축	19000	100	1900000	2004-06-14	2004-06-23
11	합계		135000	1300	23360000		

① 입력한 시트의 이름을 '기본작업-1'로 수정하시오.

② [A4:A10] 영역의 이름을 '거래처'로 정의하시오.

③ [F4:F10]셀은 셀 서식의 사용자 정의를 이용하여, 'YYYY年 MM月 주문' 형식으로 정의하시오.

④ 데이터가 입력된 영역에 대하여 테두리를 설정하시오.

⑤ 3행부터 11행까지의 행높이를 22로 설정하시오.

⑥ 표 제목(도서주문내역)은 [A1:G1] 영역을 셀 병합한 후 입력하시오.

(2) 시트에 대하여 다음의 지시사항을 처리하시오.

E17

	A	B	C	D	E
1	지역별 전년대비 판매수량				
2	지역	상점명	전년도 판매수량	계획수량	판매수량
3	성북	한신	460	200	220
4		고려	560	150	170
5		영광	580	120	150
6	강북	부광	300	200	210
7		다솔	480	150	180
8		현대	350	120	130
9	강남	알뜰	240	100	115
10		성심	680	350	380
11		한국	300	200	235
12					

① 입력한 시트의 이름을 '기본작업-2'로 수정하시오.

② 다음과 같이 조건부 서식을 설정하시오.

- '계획수량'과 '판매수량'이 200 이상인 셀의 문자열에 대해 밑줄은 '실선', 글꼴 종류는 '굵게' 표시한다. 단, 조건은 '수식'으로 지정한다.
- '계획수량'과 '판매수량'이 180 미만인 셀의 문자열에 대해 '빨강' 색, 글꼴 종류는 '기울임꼴'로 표시하시오. 단, 조건은 '수식'으로 지정한다.

CHAPTER

07

함수 사용을 통해 엑셀 정복하기

7.1 성적표 만들기

7.2 인사 기록표 만들기

07 CHAPTER 함수 사용을 통해 엑셀 정복하기

'함수' 라는 것은 엑셀에서 특정 값, 즉 인수를 사용하여 계산하는 미리 정의된 수식을 말한다. 인수는 숫자, 문자열, 논리 값, 배열, 오류 값, 셀 참조 등을 지정할 수 있다.

함수의 입력은 수식 입력 줄에서의 직접 함수식을 입력하는 방법과 메뉴바의 [수식]-[함수 라이브러리]를 이용하는 방법, 두 가지가 있다.

함수 라이브러리를 이용하면 길고 복잡한 수식을 입력하지 않고 간단하게 계산할 수 있다는 것이 편리하나 엑셀 관련 자격증을 공부하는 사람이라면 정확한 함수식을 완벽하게 이해할 필요가 있다.

엑셀에서는 많은 종류의 함수들을 제공하고 있는데 엑셀 2010에서는 함수들의 이름에 마침표가 찍혀있는 것이 많아졌다. 관련성이 있는 함수들의 이름을 통일하고, 마침표 뒤의 이름으로 구별하는 방식으로 함수 이름이 변경되었다.

이번 장에서는 엑셀에서 사용되는 다양한 함수들에 대하여 알아보고자 한다. 다양한 예제를 통해 논리, 수학/삼각, 통계, 텍스트, 찾기 등의 범주에서 사용할 수 있는 기본적인 함수들을 사용해 보도록 하자. 또한 각각의 함수들을 중첩하여 사용하는 방법을 익힘으로써 보다 다양하게 함수를 사용해 볼 수 있도록 한다.

Tip 함수의 구조

= SUM(A1, A10, B3:B5)

기 호	의 미
=	수식 표시
SUM	함수 이름
A1, A10, B3:B5	인수
( )	인수를 묶어주는 괄호(반드시 필요)
,	인수와 인수를 구분

7.1 성적표 만들기

본 절에서는 성적표 만들기 과정을 통해 함수 라이브러리 범주 중 수학/삼각/통계 함수를 사용해 보도록 한다.

배울 내용 ● ● ●

① SUM() : 지정한 셀 범위의 데이터들의 합을 구하는 함수
② AVERAGE() : 지정한 셀 범위의 데이터들의 평균을 구하는 함수
③ ROUND() : 선택한 숫자를 지정한 자릿수로 반올림하는 함수
④ MAX()/MIN() : 지정된 범위 내에서 최대값과 최소값을 구해주는 함수
⑤ COUNT() : 지정된 범위에 있는 셀들 중 숫자 값을 가진 셀의 개수를 세는 함수
⑥ VLOOKUP() : 범위의 첫 번째 열에서 값을 아서 찾은 값과 같은 행에 있는 특정 열의 데이터 값을 돌려주는 함수
⑦ RANK() : 선택한 목록들의 순위를 구하는 함수
⑧ SUMIFS() : 주어진 조건에 맞는 목록의 합계를 계산하는 함수

단계 1 성적 데이터 입력하기 & 서식 지정하기

① 1행 높이 '18', 2행 높이 '37.5', 3행 높이 '12', 4행~12행까지의 행 높이 '25'

② [B2:K2]는 '병합하고 가운데 맞춤', '굵은 상자 테두리' 지정

③ [B4:K13]는 '가운데 맞춤', '모든 테두리', '굵은 상자 테두리' 지정

④ [M4:N12는 '가운데 맞춤', '모든 테두리', '굵은 상자 테두리' 지정

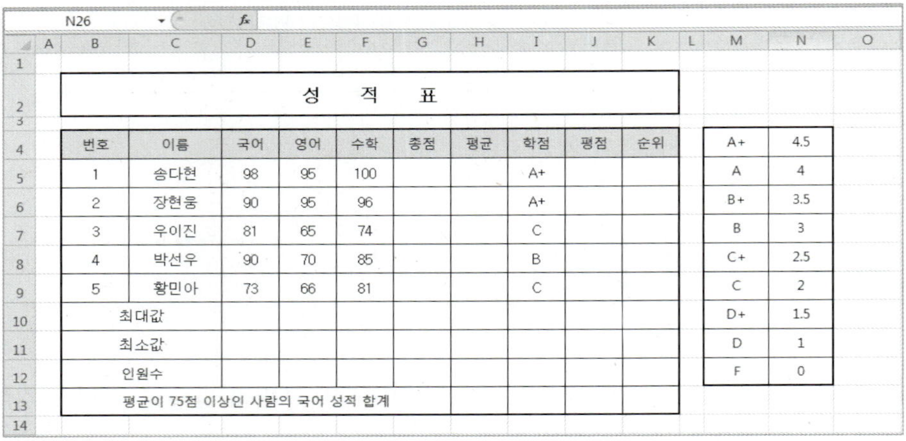

성 적 표

번호	이름	국어	영어	수학	총점	평균	학점	평점	순위
1	송다현	98	95	100			A+		
2	장현웅	90	95	96			A+		
3	우이진	81	65	74			C		
4	박선우	90	70	85			B		
5	황민아	73	66	81			C		
최대값									
최소값									
인원수									
평균이 75점 이상인 사람의 국어 성적 합계									

A+	4.5
A	4
B+	3.5
B	3
C+	2.5
C	2
D+	1.5
D	1
F	0

단계 2 총점 구하기 : SUM 함수

함수 구조	=SUM(Number1…)
Number1	합을 구하고자 하는 값들로 30개까지 지정 가능

① 총점을 계산해 넣고자 하는 셀[G5]를 선택하고 [수식]-[함수 라이브러리]-[함수 삽입] 또는 [수식]-[함수 라이브러리]-[수학/삼각]에서 SUM 함수를 선택한다.

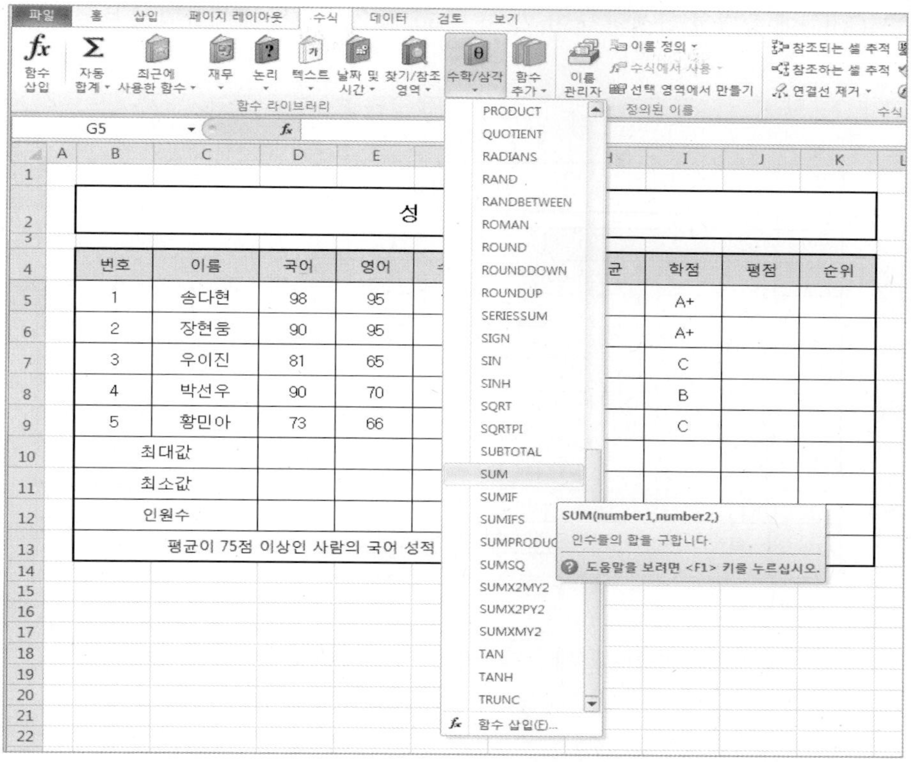

② [함수 인수] 대화상자에서 'Number1' 부분에 합을 계산할 셀의 이름 [D5:F5]를 직접 입력하거나 데이터 셀을 드래그하여 입력하고 [확인] 버튼을 누른다.

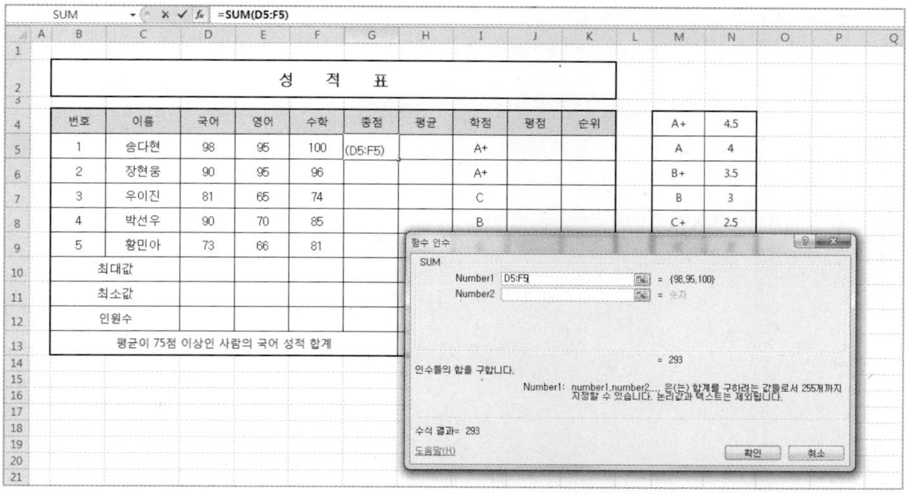

③ [G5]셀에 송다현 학생의 국어, 영어, 수학 점수의 총점이 계산되어 보여진다.

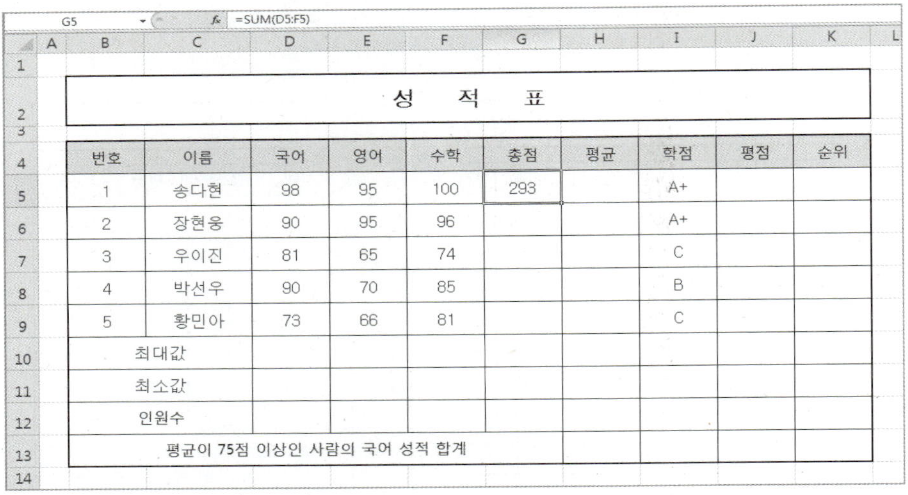

번호	이름	국어	영어	수학	총점	평균	학점	평점	순위
1	송다현	98	95	100	293		A+		
2	장현웅	90	95	96			A+		
3	우이진	81	65	74			C		
4	박선우	90	70	85			B		
5	황민아	73	66	81			C		
최대값									
최소값									
인원수									
평균이 75점 이상인 사람의 국어 성적 합계									

④ 나머지 학생들의 총점은 '채우기 핸들러'를 이용하여 간단하게 입력한다.

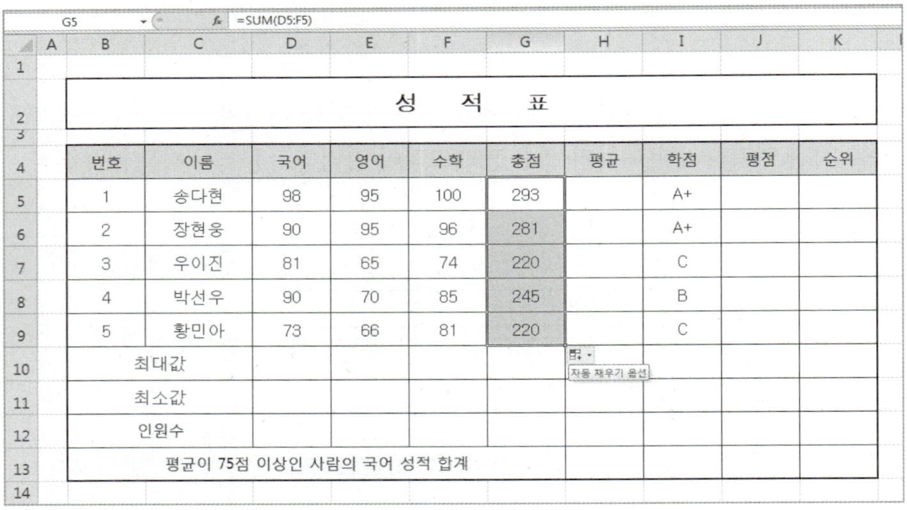

번호	이름	국어	영어	수학	총점	평균	학점	평점	순위
1	송다현	98	95	100	293		A+		
2	장현웅	90	95	96	281		A+		
3	우이진	81	65	74	220		C		
4	박선우	90	70	85	245		B		
5	황민아	73	66	81	220		C		
최대값									
최소값									
인원수									
평균이 75점 이상인 사람의 국어 성적 합계									

단계 3 평균 구하기 : AVERAGE 함수

함수 구조	=AVERAGE(Number1…)
Number1	평균을 구하고자 하는 값들로 30개까지 지정 가능

① 평균을 계산해 넣을 셀[H5]를 선택하고 [수식]-[함수 라이브러리]-[함수 삽입]을 선택한다. 또는 [수식]-[함수 라이브러리]-[함수추가]-[통계]-[AVERAGE]함수를 선택한다.

② [함수 마법사] 대화상자에서 통계 범주에 있는 'AVERAGE' 함수를 선택한다.

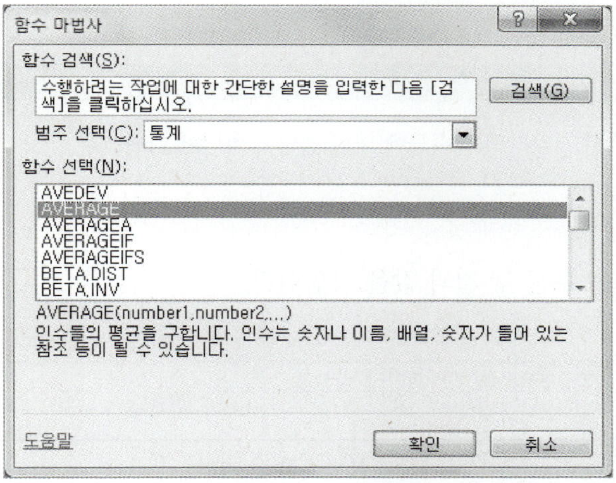

Tip

함수를 선택하면 하단에 함수의 기능설명이 나타난다.

③ 평균을 구하고자 하는 셀[D5:F5]를 지정한다.

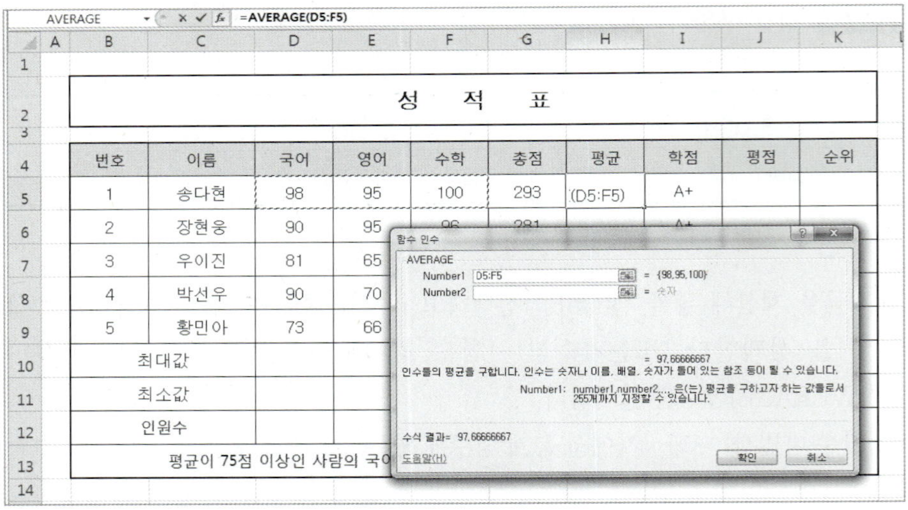

Tip

'함수 인수' 에서도 각각의 인수들에 대한 설명이 하단에 나타난다.

④ [확인] 버튼을 누른 후 결과 값을 확인한다.

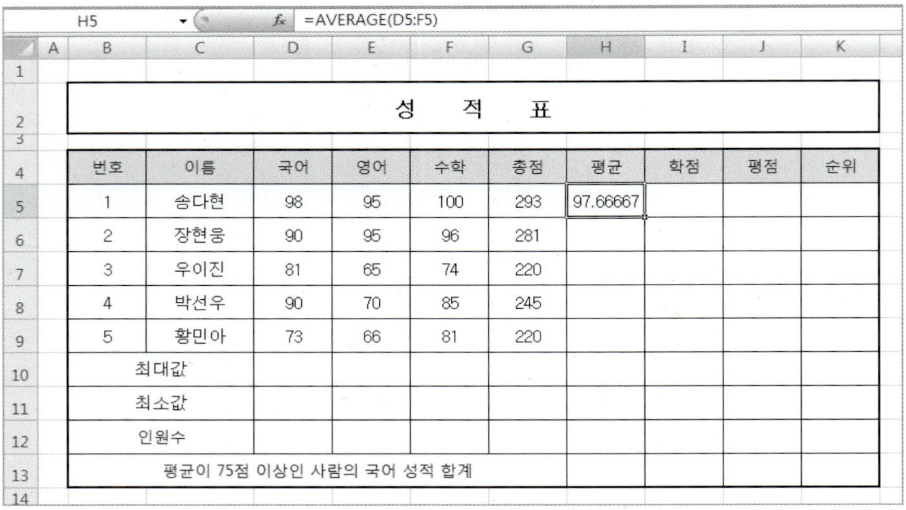

⑤ '채우기 핸들러' 를 이용해 나머지 셀들에 함수식을 복사한다.

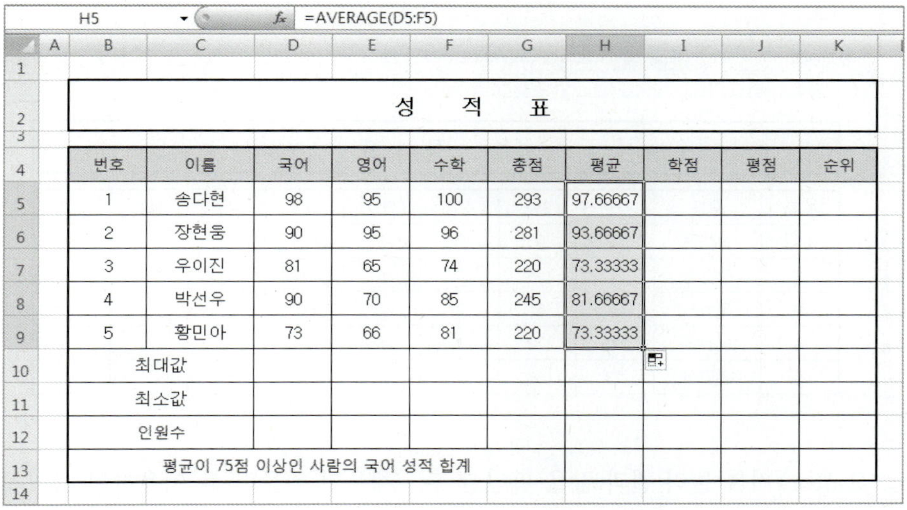
H5 =AVERAGE(D5:F5)

성 적 표

번호	이름	국어	영어	수학	총점	평균	학점	평점	순위
1	송다현	98	95	100	293	97.66667			
2	장현웅	90	95	96	281	93.66667			
3	우이진	81	65	74	220	73.33333			
4	박선우	90	70	85	245	81.66667			
5	황민아	73	66	81	220	73.33333			
최대값									
최소값									
인원수									
평균이 75점 이상인 사람의 국어 성적 합계									

단계 4 반올림하기 : ROUND 함수

숫자를 지정한 자릿수로 반올림하는 함수이다. 반올림할 자릿수를 양수로 지정하면 소수점 이하의 지정한 자리에서 반올림하며, 음수로 지정하면 정수 부분의 지정한 자리에서 반올림하여 표시한다.

함수 구조	=ROUND(Number, Num_digit)
Number	반올림하고자 하는 수
Num_digit	반올림하고자 하는 자릿수

① 반올림한 결과를 입력할 셀[H5]를 선택한다. [H5]의 수식입력 줄에서 수식을 다음과 같이 수정한다.

가. Number : 반올림하고자 하는 수(예:평균값).

나. Num_digit : 반올림하고자 하는 자릿수를 입력하는 인수
평균을 소수점 이하 둘째 자리까지 반올림하기 위해서 '2' 를 입력한다. 이것은 반올림하고자 하는 수의 소수점 이하 셋째 자리에서 반올림하여 소수점 이하 둘째 자리까지 보여준다.

=ROUND(AVERAGE(D5:F5), 2)

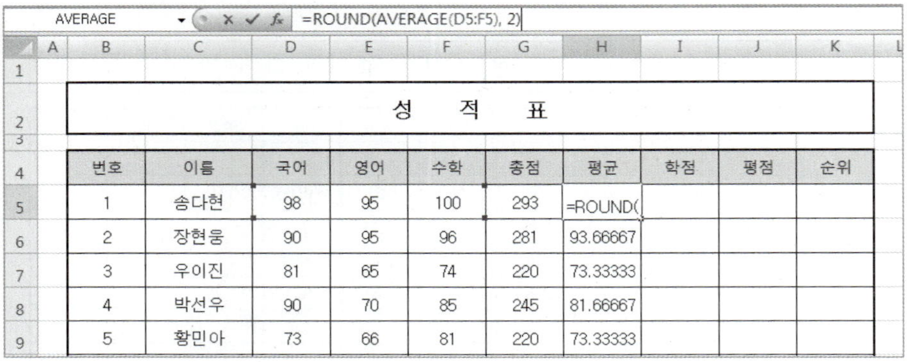

AVERAGE =ROUND(AVERAGE(D5:F5), 2)

번호	이름	국어	영어	수학	총점	평균	학점	평점	순위
1	송다현	98	95	100	293	=ROUND(			
2	장현웅	90	95	96	281	93.66667			
3	우이진	81	65	74	220	73.33333			
4	박선우	90	70	85	245	81.66667			
5	황민아	73	66	81	220	73.33333			

② 〈Enter〉키를 눌러 결과 값을 확인한 후, '채우기 핸들러' 를 이용하여 나머지 셀에 함수식을 복사한다.

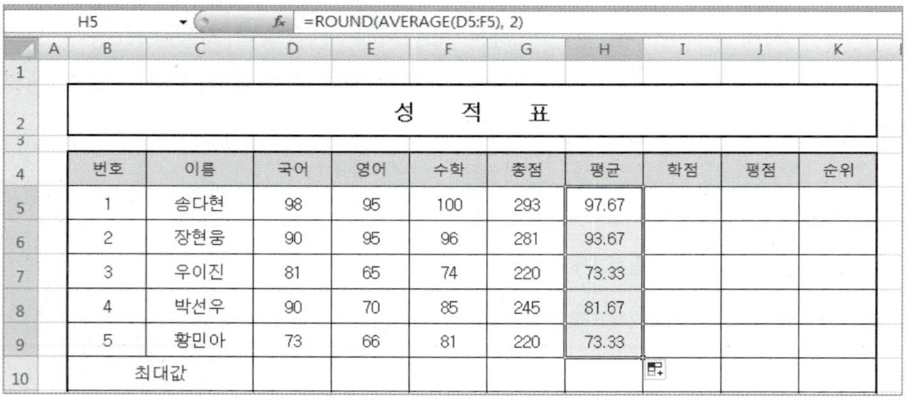

H5 =ROUND(AVERAGE(D5:F5), 2)

번호	이름	국어	영어	수학	총점	평균	학점	평점	순위
1	송다현	98	95	100	293	97.67			
2	장현웅	90	95	96	281	93.67			
3	우이진	81	65	74	220	73.33			
4	박선우	90	70	85	245	81.67			
5	황민아	73	66	81	220	73.33			
최대값									

Tip

- ROUNDDOWN 함수
  0에 가까운 방향으로 수를 내림하는 함수
- ROUNDUP 함수
  0에서 먼 방향으로 수를 올림하는 함수

Tip 반올림하는 방법

- 함수를 사용하는 방법 : ROUND 함수 사용
- '자리수 줄임(.00→.0) 아이콘' 을 사용하는 방법
- '셀서식' 의 [표시형식]-[숫자]에서 소수점 이하 자릿수를 설정하는 방법

단계 5 최대값/최소값 구하기 : MAX/MIN 함수

지정된 범위 내에서 최대값과 최소값을 계산해 주는 함수이다.

함수 구조	=MAX(Number1…)
Number1	최대 값을 구하고자 하는 값들로서 30개까지 지정 가능

① 최대값을 기록할 셀[D10]을 선택한 후 [수식]-[함수라이브러리]-[함수추가]-[통계]-[MAX]를 선택한다.

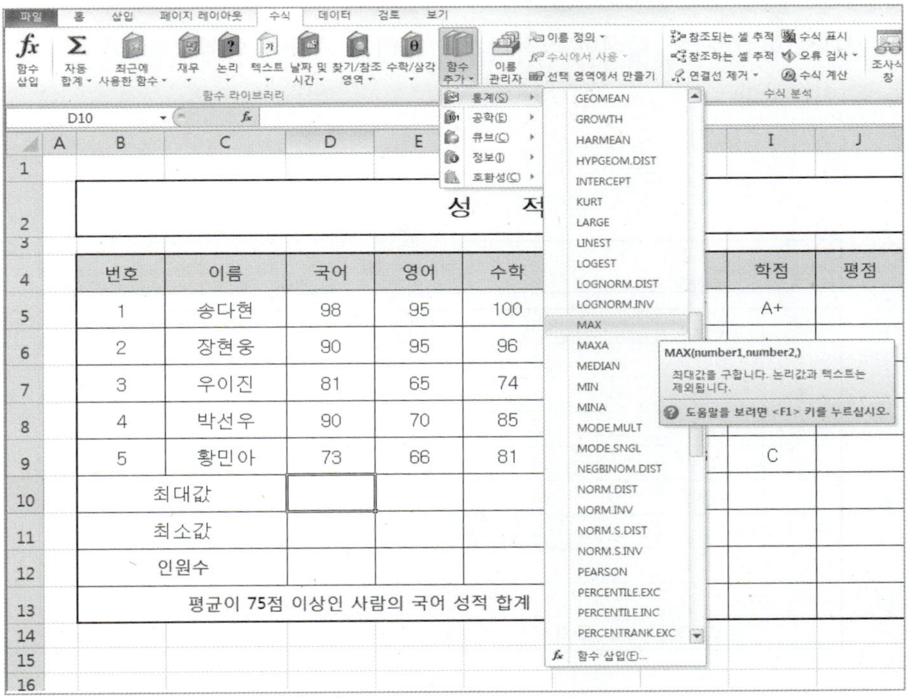

② MAX 함수를 적용하고자 하는 인수 범위를 지정한다.

최대값을 찾고자 하는 데이터 범위를 선택하기 위해, Number1에 커서를 위치시킨 후 성적표에서 [D5:D9]까지 드래그한다.

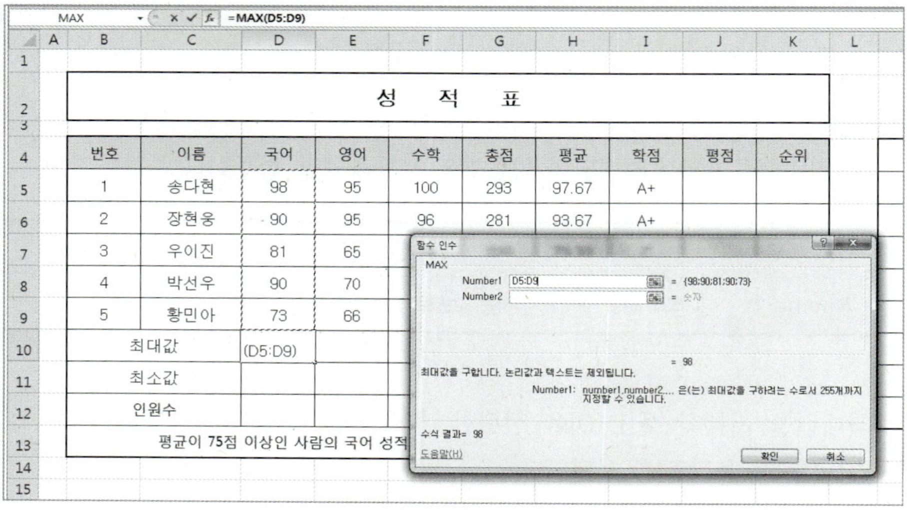

③ 결과를 확인한 후, 영어와 수학성적의 최대값 계산을 위해 '채우기 핸들러'를 이용한다.

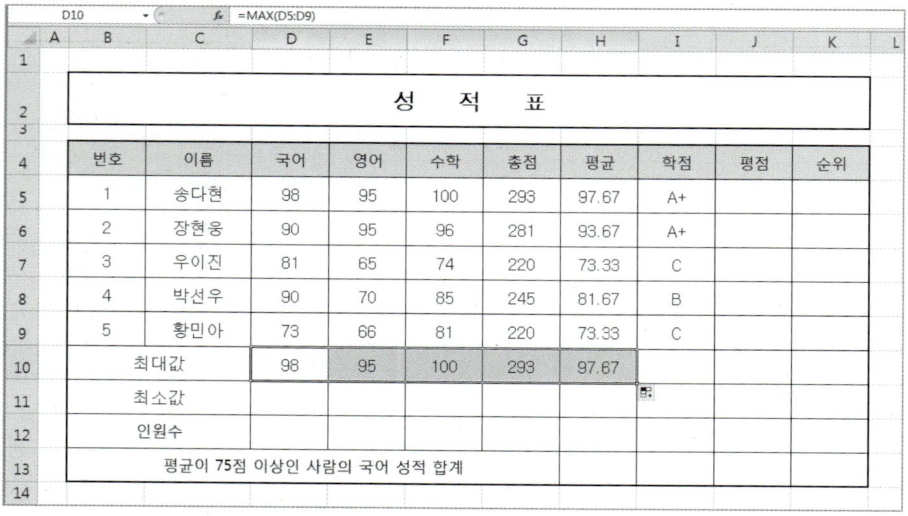

④ 같은 방법으로 성적표의 국어, 영어, 수학, 평균의 최소값을 계산한다. 최대값/최소값 메뉴는 [수식]-[함수라이브러리]-[자동합계]-[최소값]에서도 찾을 수 있다.

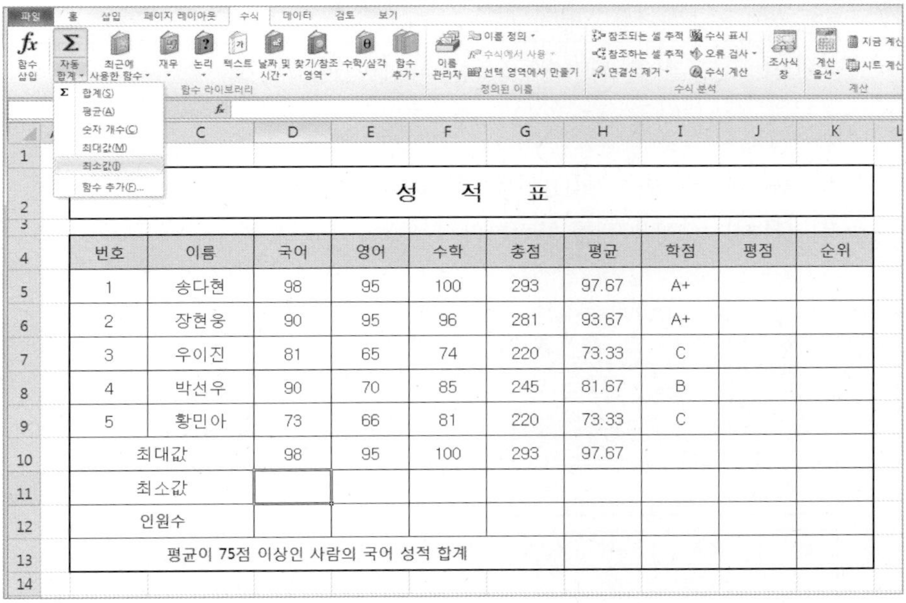

성 적 표

번호	이름	국어	영어	수학	총점	평균	학점	평점	순위
1	송다현	98	95	100	293	97.67	A+		
2	장현웅	90	95	96	281	93.67	A+		
3	우이진	81	65	74	220	73.33	C		
4	박선우	90	70	85	245	81.67	B		
5	황민아	73	66	81	220	73.33	C		
최대값		98	95	100	293	97.67			
최소값									
인원수									
평균이 75점 이상인 사람의 국어 성적 합계									

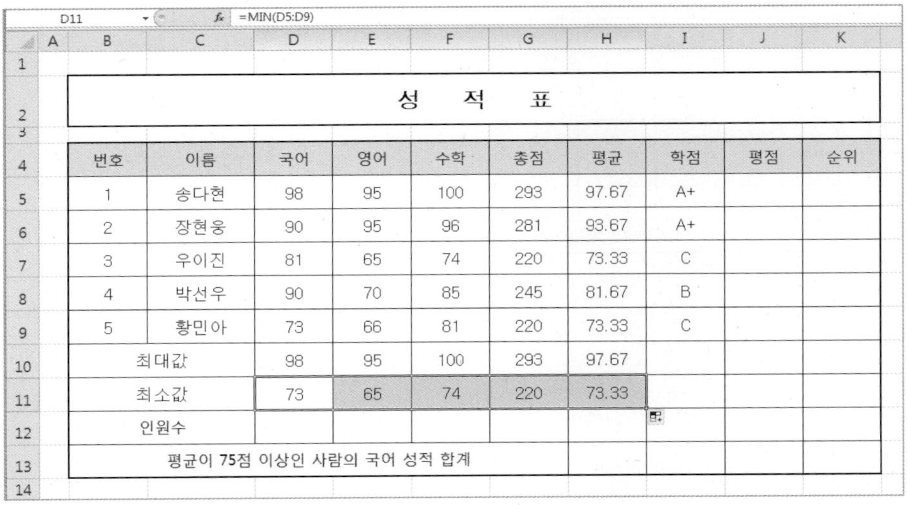

성 적 표

번호	이름	국어	영어	수학	총점	평균	학점	평점	순위
1	송다현	98	95	100	293	97.67	A+		
2	장현웅	90	95	96	281	93.67	A+		
3	우이진	81	65	74	220	73.33	C		
4	박선우	90	70	85	245	81.67	B		
5	황민아	73	66	81	220	73.33	C		
최대값		98	95	100	293	97.67			
최소값		73	65	74	220	73.33			
인원수									
평균이 75점 이상인 사람의 국어 성적 합계									

단계 6 인원수 세기 : COUNT 함수

지정된 범위에 있는 셀들 중 숫자 값을 가진 셀들의 개수만을 계산하는 함수이다.

함수 구조	=COUNT(Value1…)
Value1	개수를 세고자 하는 값들로써 최대 30개까지 정의 가능

① 인원수를 계산해 넣을 셀[D12]를 선택하고, [수식]-[함수라이브러리]-[함수추가]-[통계]-[COUNT]를 클릭한다.

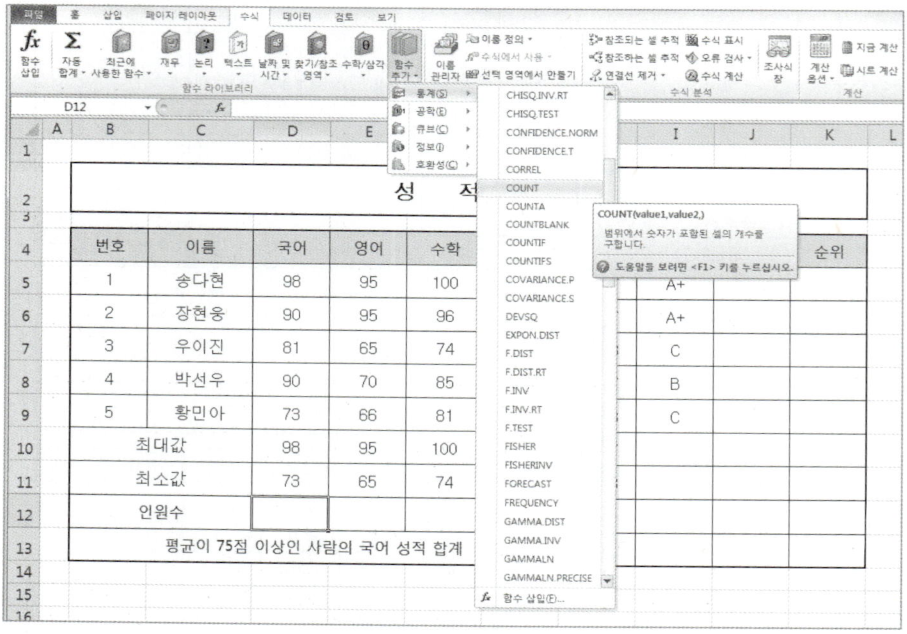

② 인원수를 구하고자 하는 범위 [D5:D9]를 선택한다.

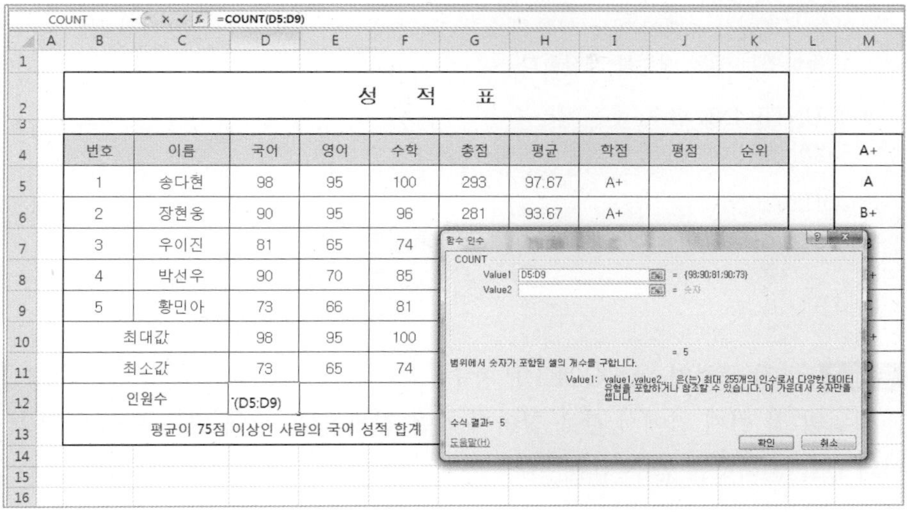

③ [확인] 버튼을 누른 후 인원수를 확인한다.

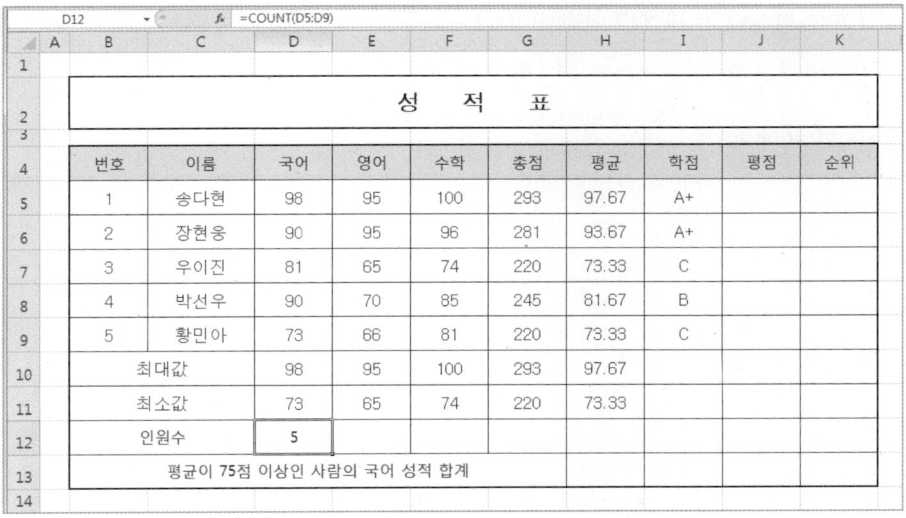
D12 =COUNT(D5:D9)

성 적 표

번호	이름	국어	영어	수학	총점	평균	학점	평점	순위
1	송다현	98	95	100	293	97.67	A+		
2	장현웅	90	95	96	281	93.67	A+		
3	우이진	81	65	74	220	73.33	C		
4	박선우	90	70	85	245	81.67	B		
5	황민아	73	66	81	220	73.33	C		
최대값		98	95	100	293	97.67			
최소값		73	65	74	220	73.33			
인원수		5							
평균이 75점 이상인 사람의 국어 성적 합계									

[연습하기]

▶[E12] : 영어 점수가 90점 이상인 학생의 수를 구한다.

▶[F12] : 수학 점수가 90점 이상인 학생의 수를 구한다.

Tip

● COUNTA 함수
인수 목록에서 공백이 아닌 셀의 개수를 계산한다. 즉, 공백이 아닌 숫자와 문자 값이 들어있는 셀의 개수를 계산한다.

● COUNTBLINK 함수
지정한 범위에 있는 공백 셀의 개수를 계산한다.

● COUNTIF 함수
지정한 범위 내에서 조건에 맞는 셀의 개수를 구한다.

단계 7 평점 구하기 : VLOOKUP 함수

범위의 첫 번째 열에서 값을 찾아서 찾은 값과 같은 행에 있는 특정 열의 데이터 값을 돌려주는 함수이다.

함수 구조	=VLOOKUP(Lookup_value, Table_array, Col_index_num, Range_lookup)
Lookup_value	표의 첫 열에서 찾으려는 값(값, 셀 주소, 텍스트)
Table_array	데이터를 검색하고 추출하려는 표
Col_index_num	table_array 내의 열 번호로, 값을 추출할 열 지정
Range_lookup	정확하게 일치하는 것을 찾으려면 FALSE, 비슷하게 일치하는 것을 찾으려면 TRUE

① 평점을 찾아서 넣을 셀[J5]를 선택하고 [수식]–[함수 라이브러리]–[찾기/참조 영역]–[VLOOKUP]을 선택한다.

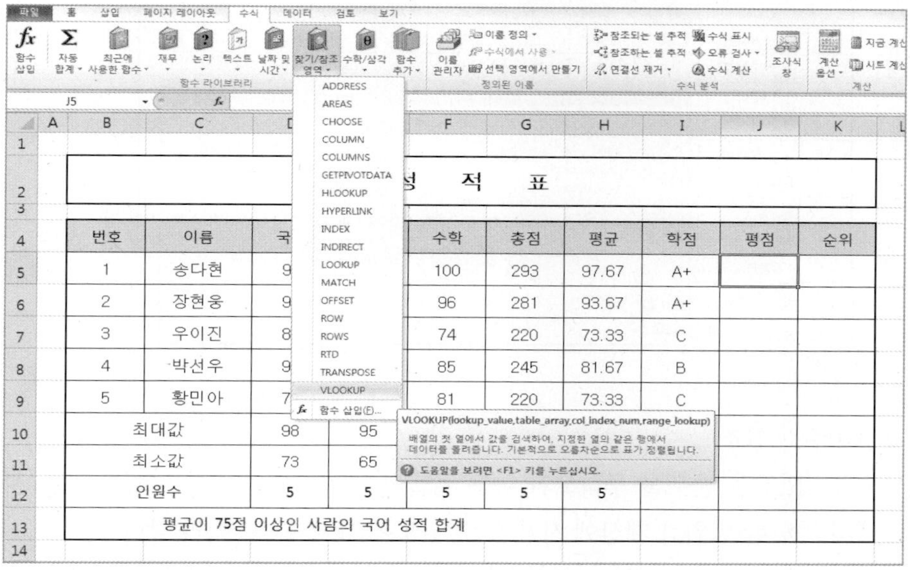

② VLOOKUP 함수의 인수들을 입력한다.

가. Lookup_value : 표의 첫 열에서 찾으려고 하는 값으로, 첫 번째 사람의 학점 셀[I5]가 해당된다.

나. Table_array : 데이터를 검색하고 추출하려는 표로써 셀[M4:N12] 영역이다. 이때 Table 영역이 변하면 안되므로 절대주소로 지정한다.

다. Col_index_num : 데이터를 추출할 표에서 값을 추출할 열은 두 번째 열이므로 '2'를 입력한다.

라. Range_lookup : 정확하게 일치하는 값을 찾을 것이므로 'FALSE'를 입력한다.

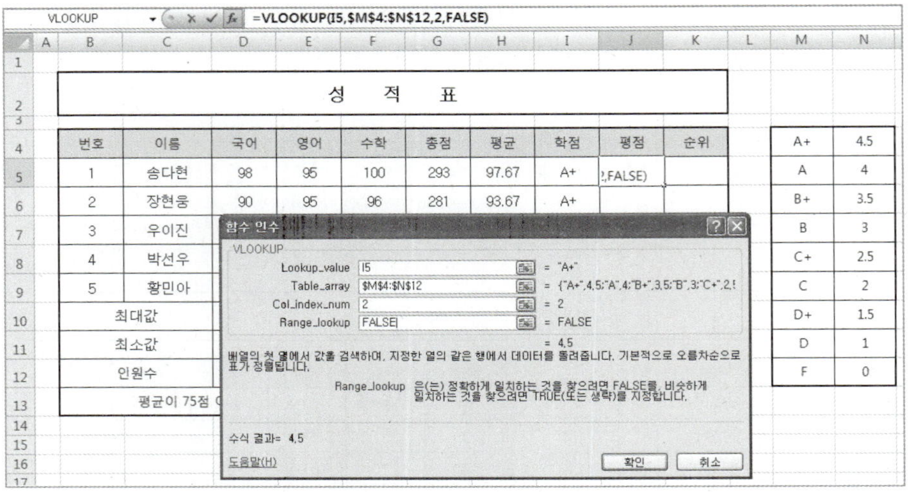

● 절대주소 참조

인수 'Ref' 는 순위를 구하고자 하는 셀들의 범위로써 순위를 구하는 모든 사람에게 동일한 범위가 계산에 사용될 수 있도록 해야 한다. 이와 같이 셀의 위치가 바뀌어도 참조하고 있는 셀의 주소가 바뀌지 않는 것을 '절대주소 참조' 라고 한다. 절대주소를 만들기 위해서는 고정시키고자 하는 행이나 열 이름 앞에 '$' 를 붙인다. 매번 '$' 를 직접 입력하는 것은 번거롭기 때문에 〈F4〉를 이용하면 간단하게 절대주소를 만들 수 있다.

Tip 상대주소 참조

수식을 입력한 후 해당 셀을 다른 곳으로 복사하면, 해당 셀의 위치에 맞게 셀 주소가 자동으로 변환되어 계산이 된다. 위 성적표에서 국어, 영어, 수학 성적의 총점을 위한 수식을 작성하여 G5셀에서 '채우기 핸들러' 로 수식을 복사한 후 각각의 셀을 선택해서 '수식 입력 줄 '에서 확인해 보면 G5에 D5, E5, F5의 합이, G6에 D6, E6, F6의 합이, G7에 D7, E7, F7의 합이, G8에 D8, E8, F8의 합이, G9에 D9, E9, F9의 합이 입력되어 있다.

이렇게 셀의 위치에 따라 셀 주소가 바뀌는 것을 '상대주소 참조' 라고 한다.

③ [확인] 버튼을 누르면 결과가 입력된다. '채우기 핸들러'를 이용하여 함수식을 나머지 셀에 복사한다.

J5 =VLOOKUP(I5,$M$4:$N$12,2,FALSE)

성 적 표

번호	이름	국어	영어	수학	총점	평균	학점	평점	순위
1	송다현	98	95	100	293	97.67	A+	4.5	
2	장현웅	90	95	96	281	93.67	A+	4.5	
3	우이진	81	65	74	220	73.33	C	2	
4	박선우	90	70	85	245	81.67	B	3	
5	황민아	73	66	81	220	73.33	C	2	
최대값		98	95	100	293	97.67			
최소값		73	65	74	220	73.33			
인원수		5	5	5	5	5			
평균이 75점 이상인 사람의 국어 성적 합계									

학점	평점
A+	4.5
A	4
B+	3.5
B	3
C+	2.5
C	2
D+	1.5
D	1
F	0

Tip HLOOKUP 함수

범위의 첫째 행에서 검색값을 찾아 지정한 행에서 같은 열에 있는 값 표시

단계 9 순위 구하기 : RANK 함수(RANK.EQ 함수, RANK.AVG 함수)

선택한 목록들의 순위를 구하는 함수이며, 절대주소 참조를 활용해야 한다. RANK 함수는 RANK.EQ 함수와 RANK.AVG 함수로 나뉘어져 있다.

- RANK.EQ 함수 : 기존의 RANK 함수와 동일한 기능 수행
- RANK.AVG 함수 : 동점자의 경우 평균 순위 부여

예를 들면, 동일한 평균(73.33)을 갖는 두 사람은 기존의 RANK 함수와 RANK.EQ 함수에서는 상위 순위인 4위를 부여받는다. 반면, RANK.AVG 함수에서는 평균값(4위와 5위의 평균) 4.5위를 부여받는 함수이다.

본 예제에서는 RANK.EQ 함수를 이용하여 각 학생들의 평균에 대한 순위를 구해보도록 하자.

함수 구조	=RANK.EQ(Number, Ref, Order)
Number	순위를 구하려는 셀(상대주소 참조 사용)
Ref	순위를 구하고자 하는 셀들의 범위(절대주소 참조 사용)
Order	순위를 지정하는 방법 내림차순 : 0이나 생략(성적, …) 오름차순 : 0이 아닌 임의의 값을 지정(투수 방어률, …)

① 순위를 계산해 넣을 셀[K5]를 선택하고 [수식]-[함수라이브러리]-[함수 추가]-[통계]-[RANK.EQ]를 클릭한다.

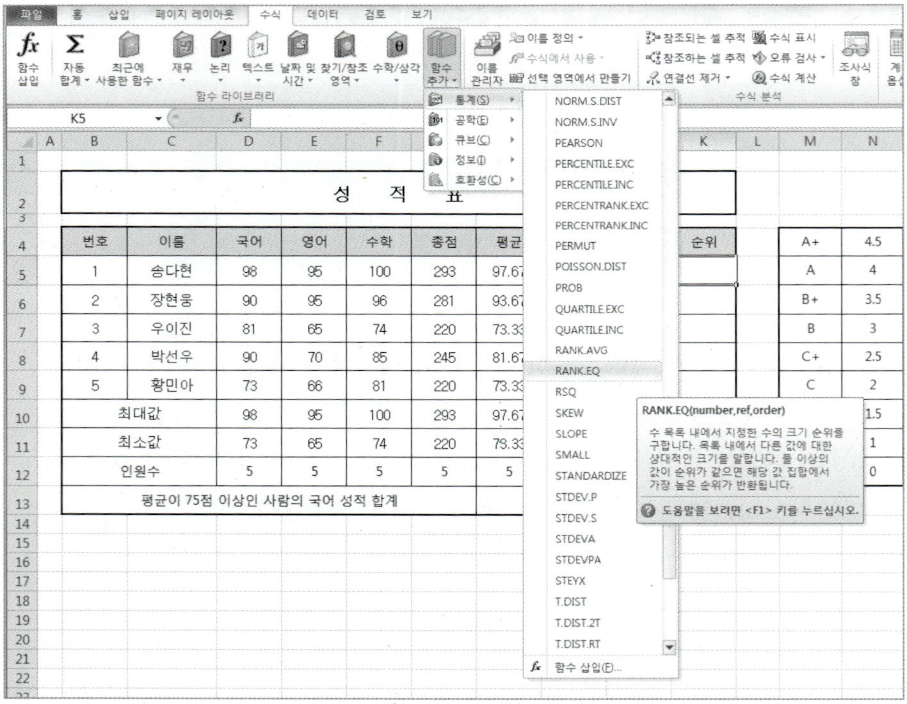

② RANK.EQ 함수의 인수들을 입력한다.

가. Number : 순위를 구하려는 셀 값으로 첫 번째 학생의 평균 점수인 [H5]를 선택한다.

나. Ref : 순위를 구하고자 하는 셀들의 범위

전체 학생들의 평균 점수이어야 하므로 [H5]부터 [H9]까지 선택한다. 이 때 'Ref' 인수는 절대주소로 만든다.

다. Order : 순위를 지정하는 방법이므로 내림차순 순위를 위해 '0'을 쓰거나 아무것도 쓰지 않는다.

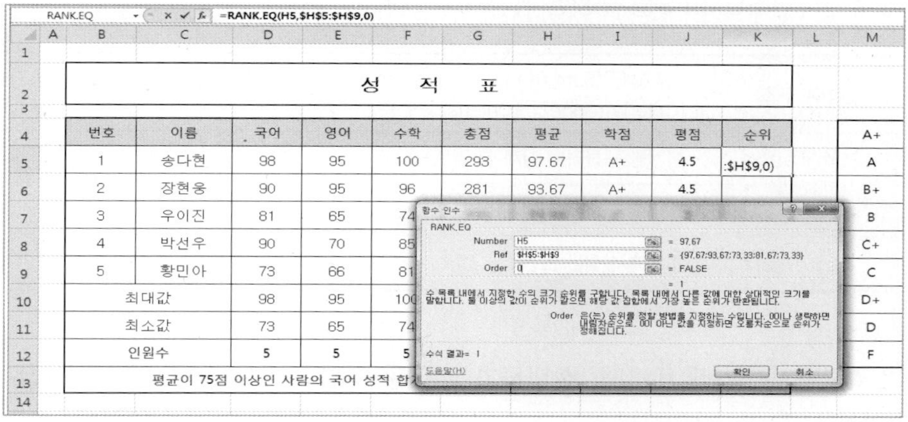

③ 결과 값을 확인한 후 '채우기 핸들러'를 이용하여 나머지 셀에 함수식을 복사한다.

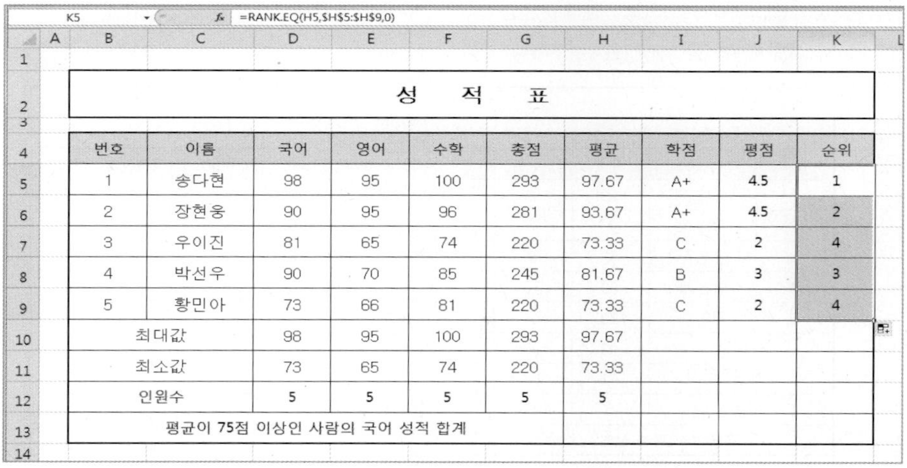

성 적 표

번호	이름	국어	영어	수학	총점	평균	학점	평점	순위
1	송다현	98	95	100	293	97.67	A+	4.5	1
2	장현웅	90	95	96	281	93.67	A+	4.5	2
3	우이진	81	65	74	220	73.33	C	2	4
4	박선우	90	70	85	245	81.67	B	3	3
5	황민아	73	66	81	220	73.33	C	2	4
최대값		98	95	100	293	97.67			
최소값		73	65	74	220	73.33			
인원수		5	5	5	5	5			
평균이 75점 이상인 사람의 국어 성적 합계									

[연습하기]

▶국어 점수에 대한 오름차순 순위를 구해보시오.

▶수학 점수에 대한 내림차순 순위를 구해보시오.

단계 10 평균이 75점 이상인 사람의 국어 성적 합계 구하기 : SUMIFS 함수

조건에 맞는 목록의 합계를 계산하는 함수이다.

주어진 조건을 만족하는 행의 특정 열의 값들을 더하고 싶다면 SUMIF나 SUMIFS 함수를 이용한다. 조건이 하나이면 SUMIF, 여러 조건을 동시에 만족해야 한다면 SUMIFS를 사용한다.

함수 구조	=SUMIFS(Sum_range, Criteria_range1, Criteriae1, [Criteria_range2], [Criteria2]…)
Sum_range	합계를 구하려는 실제 셀 범위
Criteria_rang1	조건을 적용시킬 셀 범위
Criteria1	항목에서 찾을 조건

① 결과를 넣을 셀[H13]을 선택하고 [수식]-[함수라이브러리]-[수학/삼각]-[SUMIFS]를 클릭한다.

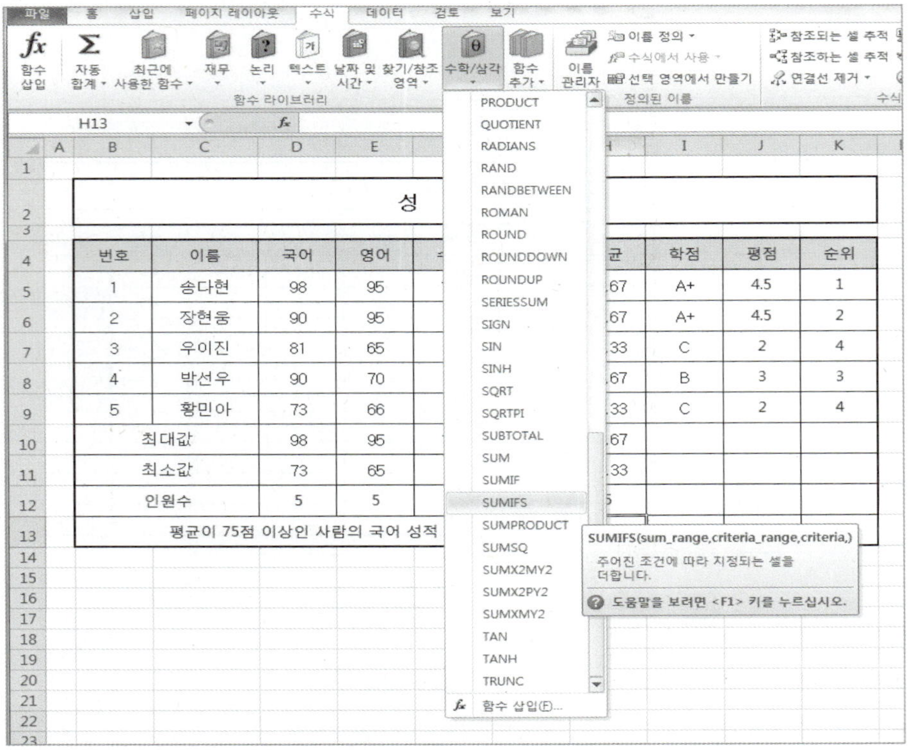

② SUMIFS 함수 인수들을 입력한다.

가. Sum_range : 조건에 맞는지를 검사할 셀을 입력하는 인수
평균이 75점 이상인 사람들의 국어 점수를 구하는 것이므로 학생들의 '평균점수' 전체를 범위로 선택한다.

나. Criteria_range1 : 더할 셀의 조건을 지정하는 인수
75점보다 커야 하므로 '>=75' 라고 입력한다.

다. Criteria1 : 합을 구할 실제 셀을 입력하는 인수
국어 점수를 더해야 하므로 학생들의 '국어 점수' 를 범위로 선택한다.

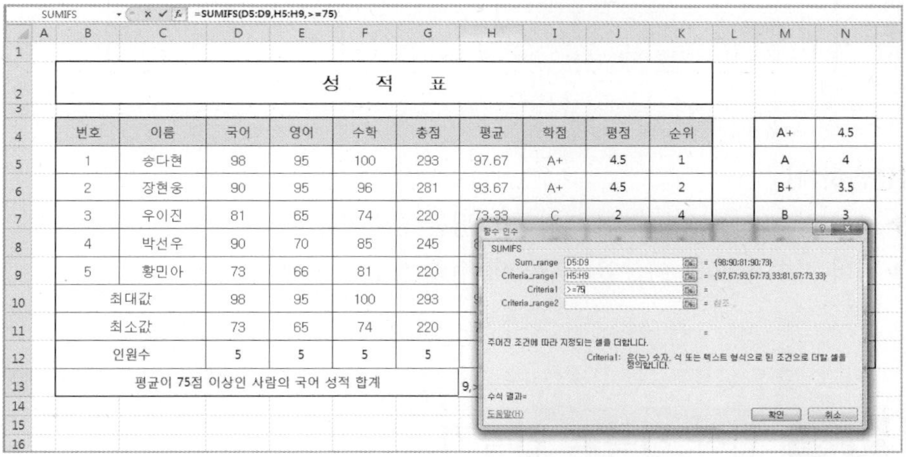

③ [확인] 버튼을 누르면 [H13]셀에 계산 결과인 합계가 입력된다.

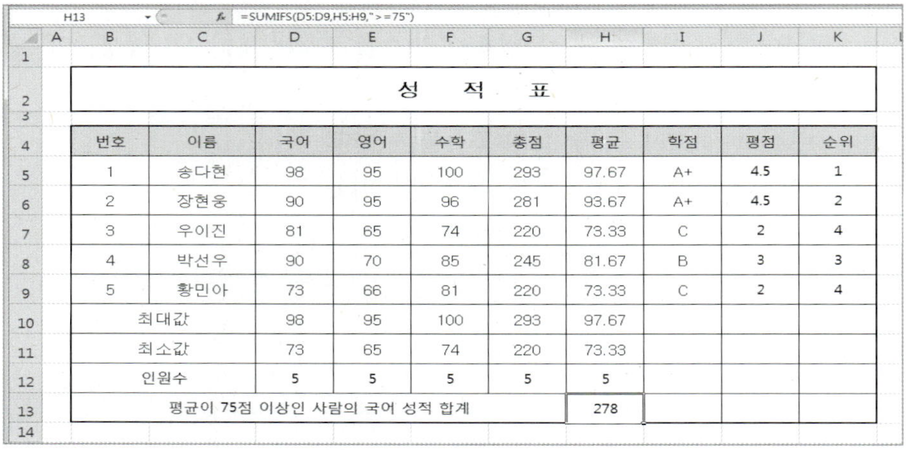

H13 =SUMIFS(D5:D9,H5:H9,">=75")

성 적 표

번호	이름	국어	영어	수학	총점	평균	학점	평점	순위
1	송다현	98	95	100	293	97.67	A+	4.5	1
2	장현웅	90	95	96	281	93.67	A+	4.5	2
3	우이진	81	65	74	220	73.33	C	2	4
4	박선우	90	70	85	245	81.67	B	3	3
5	황민아	73	66	81	220	73.33	C	2	4
최대값		98	95	100	293	97.67			
최소값		73	65	74	220	73.33			
인원수		5	5	5	5	5			
평균이 75점 이상인 사람의 국어 성적 합계						278			

[연습하기]

▶국어 점수가 90점 이상인 사람들의 평균 점수의 합계

▶영어 점수가 85점 이상인 사람들의 수학 점수의 합계

7.2 인사 기록표 만들기

다음 인사 기록표 만들기 예제를 이용하여 논리함수와 텍스트 함수에 대하여 알아보도록 한다.

배울 내용 ● ● ●

① LEFT() : 선택한 문자열의 왼쪽부터 지정한 개수의 문자를 추출하는 함수

② MID() : 선택한 문자열의 특정 위치에서부터 지정한 개수의 문자를 추출하는 함수

③ RIGHT() : 선택한 문자열의 오른쪽 끝부분부터 지정한 개수의 문자를 추출하는 함수

④ IF() : 논리 검사를 수행하여 TRUE(참)나 FALSE(거짓)에 해당하는 값을 반

환하는 함수

⑤ OR( ) : 함수 내의 조건이 모두 거짓이면 FLASE, 그렇지 않으면 TRUE를 반환하는 함수

단계 1 인사 기록표 데이터 입력하기

다음과 같이 데이터를 입력한다.

인사 기록표

주민번호	사원명	사번	입사년도	생일	성별	부서코드	부서명	평가점수	통과여부
561227-2245718	박정숙	88011M						78	
741128-1274512	박정현	88012P						84	
001010-4243511	송다현	08001M						95	
000707-4426815	황선민	08002C						80	
030328-3236594	장현웅	08003P						88	

단계 2 사번으로부터 입사년도 추출하기 : LEFT 함수와 "&"

LEFT 함수와 '&' 연산자를 이용하여 사원들의 입사년도를 추출해보자.(예:1988년)

- LEFT 함수 : 텍스트의 왼쪽 시작점부터 지정한 수만큼의 문자를 추출하는 함수
- & : 수식(함수)과 문자열, 문자열과 문자열을 연결시켜주는 연산자이다.

함수 구조	=LEFT(Text, Num_chars)
Text	검사할 문자열
Num_chars	추출하려는 문자의 개수

① 사번으로부터 입사년도를 추출하여 기록할 셀 [E5]를 선택한 후, [수식]-[함수 라이브러리]-[텍스트]-[LEFT] 함수를 클릭한다.

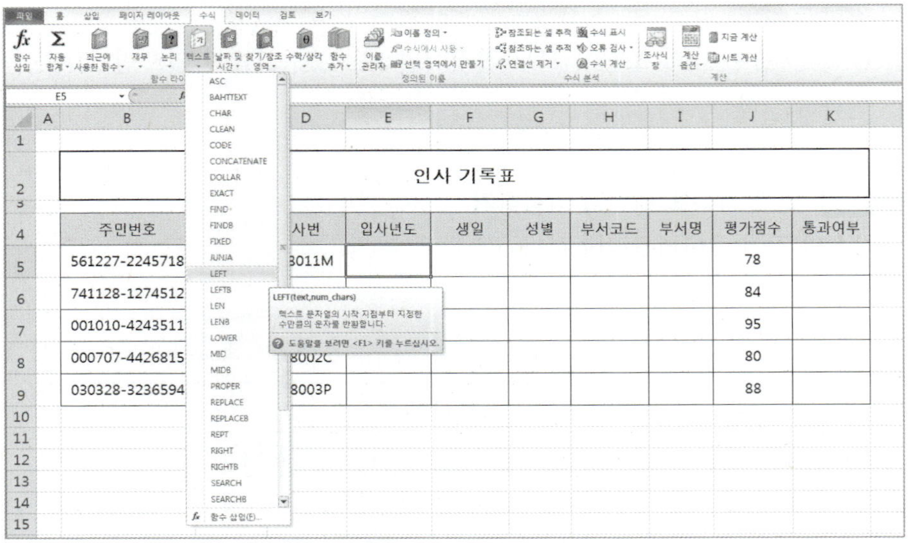

② LEFT 함수의 인수들을 입력한다.

가. Text : 추출하려는 문자가 들어있는 텍스트

입사년도는 사번으로부터 알아낼 수 있으므로 사원의 사번에 해당하는 [D5]선택

나. Num_chars : 왼쪽으로부터 추출하려는 문자의 개수

사번의 앞자리 2개가 입사년도이므로 '2' 입력

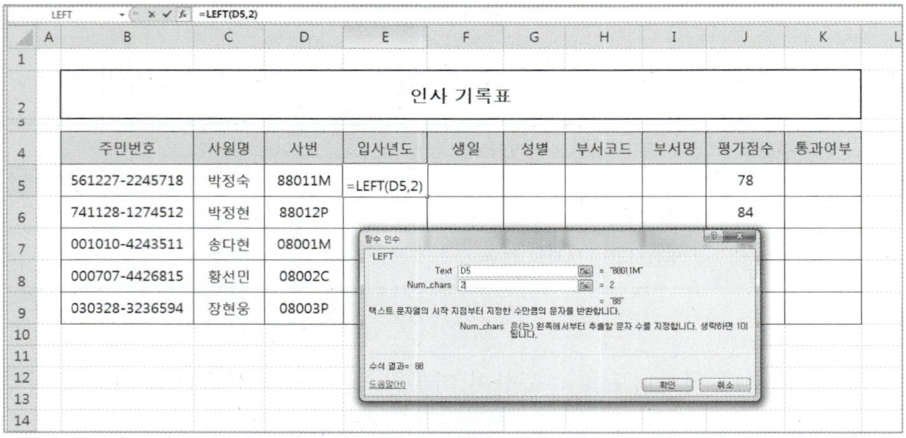

③ [확인] 버튼을 눌러 결과를 확인한다.

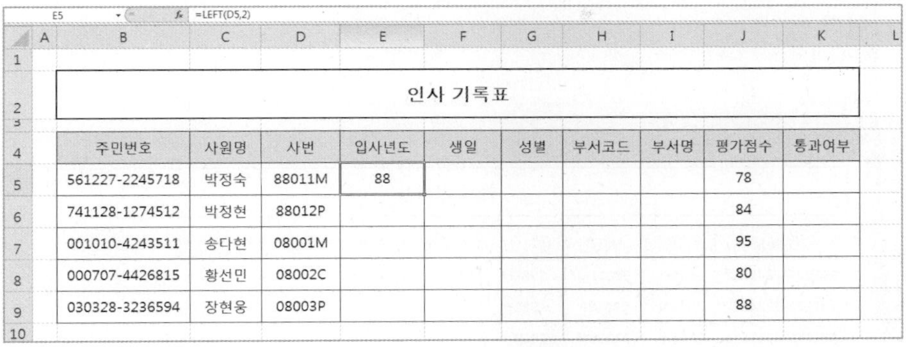

인사 기록표

주민번호	사원명	사번	입사년도	생일	성별	부서코드	부서명	평가점수	통과여부
561227-2245718	박정숙	88011M	88					78	
741128-1274512	박정현	88012P						84	
001010-4243511	송다현	08001M						95	
000707-4426815	황선민	08002C						80	
030328-3236594	장현웅	08003P						88	

④ “1988년”과 같은 입력형태를 만들기 위해서 [E5]셀을 선택한 상태에서 수식 입력 줄을 클릭하고 ‘&’ 연산자를 이용하여 ‘19’ 와 ‘년’ 을 추출한 문자에 연결한다(=“19”&LEFT(D5,2)&“년”).

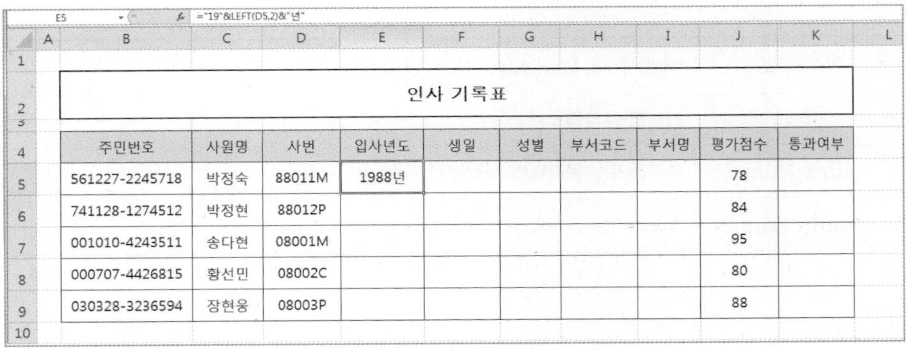

인사 기록표

주민번호	사원명	사번	입사년도	생일	성별	부서코드	부서명	평가점수	통과여부
561227-2245718	박정숙	88011M	1988년					78	
741128-1274512	박정현	88012P						84	
001010-4243511	송다현	08001M						95	
000707-4426815	황선민	08002C						80	
030328-3236594	장현웅	08003P						88	

⑤ 결과를 확인한 후 '채우기 핸들러' 를 이용하여 함수식을 나머지 셀에 복사한다. 이때, 셀[E7:E9]는 2000년생이므로 '19' 대신 '20' 으로 수식을 수정한다.

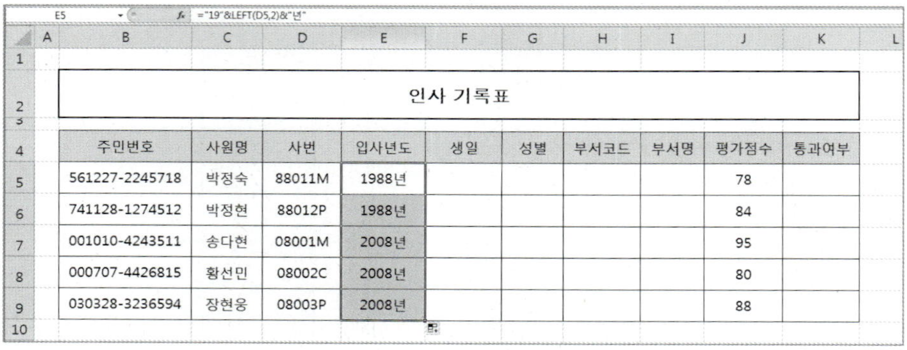
E5 =“19”&LEFT(D5,2)&“년”

인사 기록표

주민번호	사원명	사번	입사년도	생일	성별	부서코드	부서명	평가점수	통과여부
561227-2245718	박정숙	88011M	1988년					78	
741128-1274512	박정현	88012P	1988년					84	
001010-4243511	송다현	08001M	2008년					95	
000707-4426815	황선민	08002C	2008년					80	
030328-3236594	장현웅	08003P	2008년					88	

단계 3 주민등록번호로부터 생일 산출하기(예:12월12일) : MID 함수

문자열의 특정 위치에서부터 원하는 개수만큼의 문자를 추출하는 함수이다.

함수 구조	=MID(Text, Start_Num, Num_chars)
Text	검사할 문자열
Start_Num	추출하려는 문자열의 시작위치 지정
Num_chars	추출하려는 문자의 개수

① 생년월일이 입력될 셀[F5]를 선택한 후, [수식]-[함수라이브러리]-[텍스트]-[MID] 함수를 클릭한다.

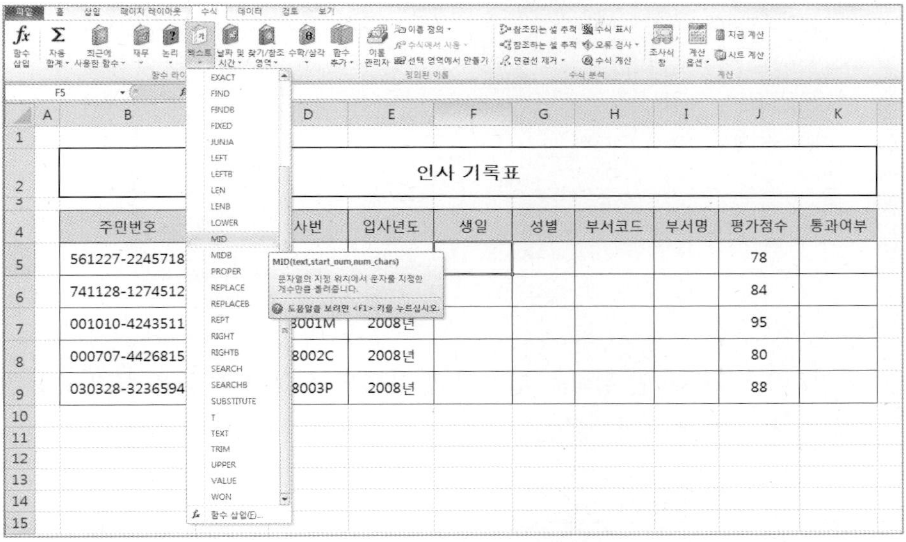

② MID 함수의 인수들을 입력한다.

가. Text : 추출하려는 문자가 들어있는 문자열
주민등록번호로부터 생일을 추출해야 하므로 [B5]를 입력한다.

나. Start_num : 문자열 중 추출할 문자의 첫 번째 문자 위치
주민등록번호 중 생일은 3번째 숫자부터 시작하므로 '3' 을 입력한다.

다. Num_chars : 시작점부터 추출할 문자의 개수
생일의 월은 2자리이므로 '2' 를 입력한다.

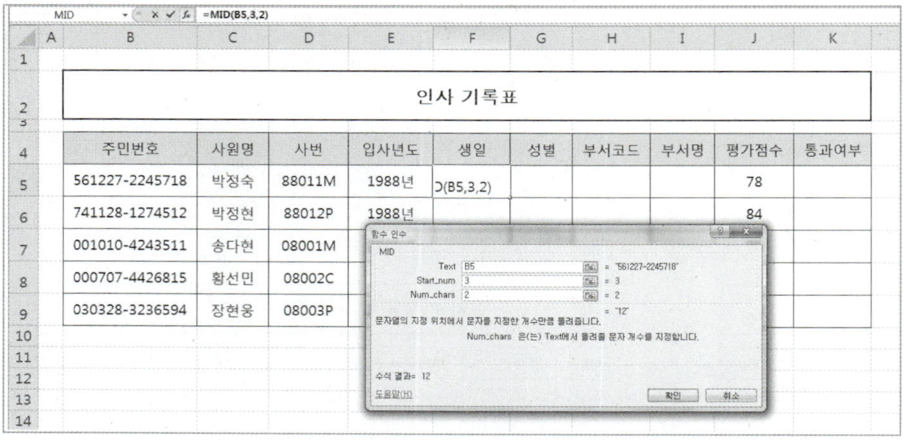

③ [확인] 버튼을 누르면 결과가 입력되고, 추출된 수식 입력 줄을 클릭하여 추출한 숫자 뒤에 입력할 '월' 을 & 연산자를 이용하여 연결한다.

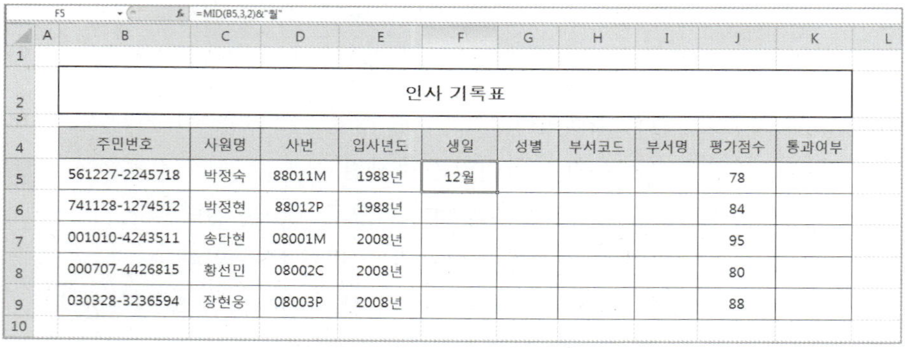

④ 생일 추출하기

- [F5]셀을 선택한 상태에서 수식 입력 줄에 커서를 클릭하고 &기호를 입력한다.
- 수식 입력 줄 왼쪽의 'MID' 를 눌러 날짜 추출을 위한 MID 함수를 다시 실행한다.
- Start_num : '5', Num_chars : '2'

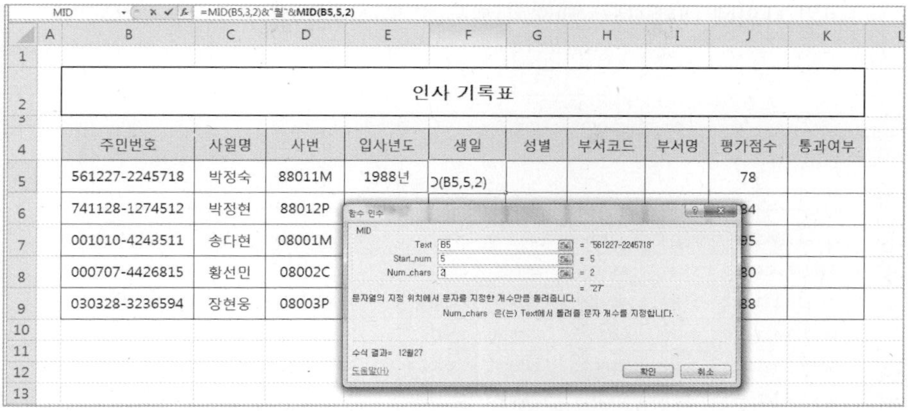

⑤ [확인] 버튼을 누르면 생일 날짜가 추출되어 입력된다.

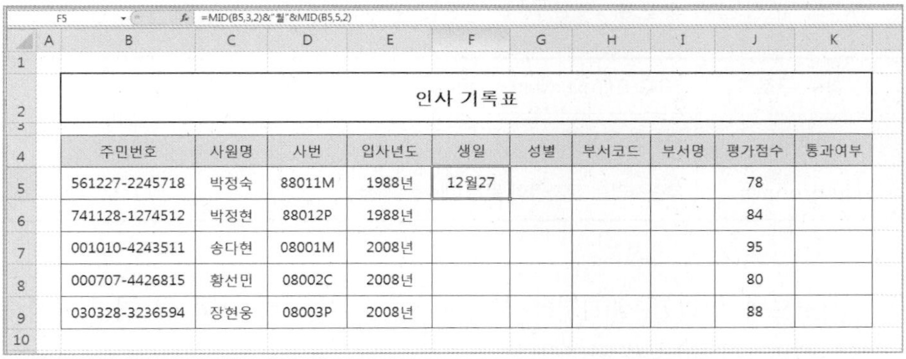

⑥ 수식 입력 줄을 클릭하고 &와 “일”을 입력한다.

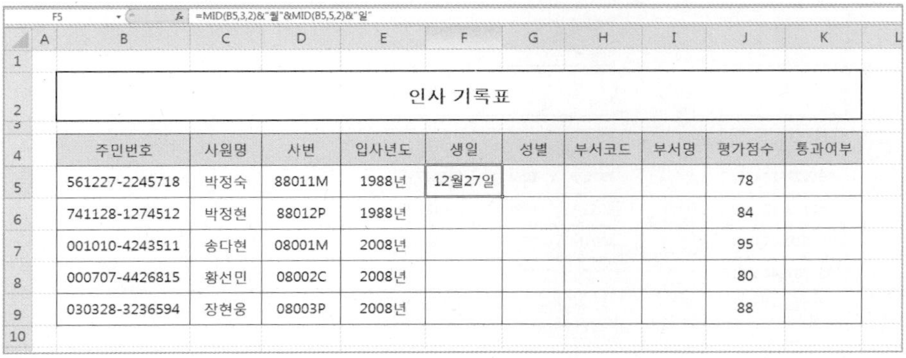

⑦ 나머지 사원에 대해서는 '채우기 핸들러' 를 이용하여 함수식을 복사한다.

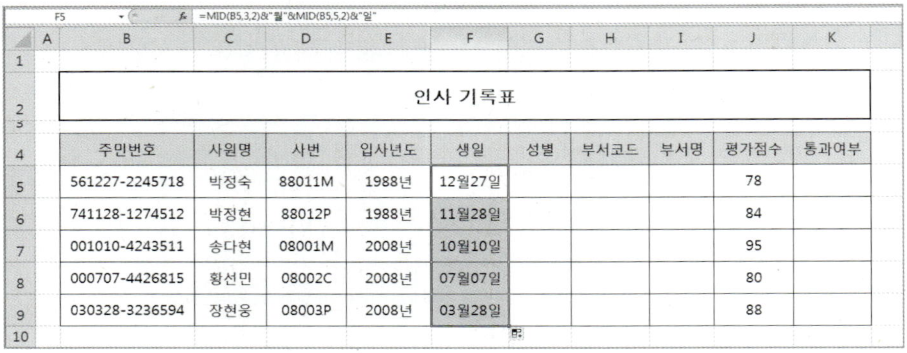

단계 4 부서코드 추출하기 : RIGHT 함수

텍스트 문자열의 오른쪽 지점부터 지정한 수만큼의 문자를 추출하는 함수이다.

함수 구조	=RIGHT(Text, Num_chars)
Text	검사할 문자열
Num_chars	추출하려는 문자열의 문자 개수를 지정

① 부서코드가 입력될 셀[H5]를 선택한 후, [수식]-[함수 라이브러리]-[텍스트]- [RIGHT] 함수를 클릭한다.

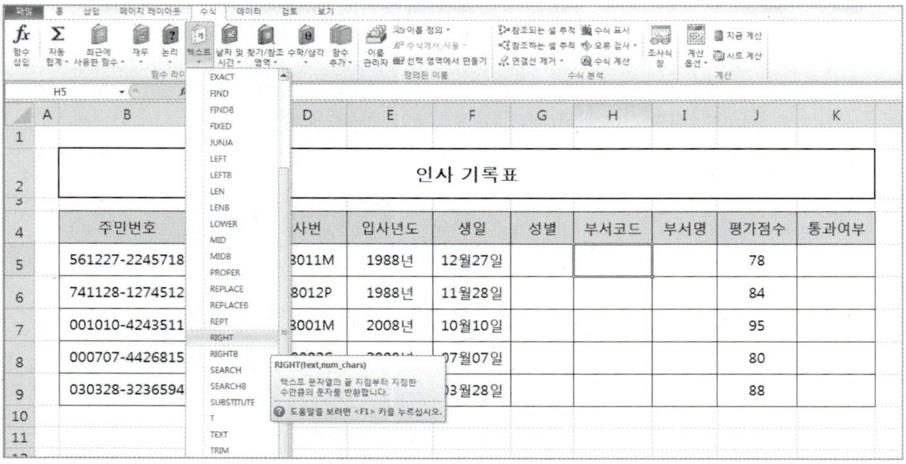

② RIGHT 함수의 인수들을 입력한다.
사번의 마지막 글자가 부서코드이므로 'Text' 는 [D5], 'Num_chars' 는 '1' 을 입력한다.

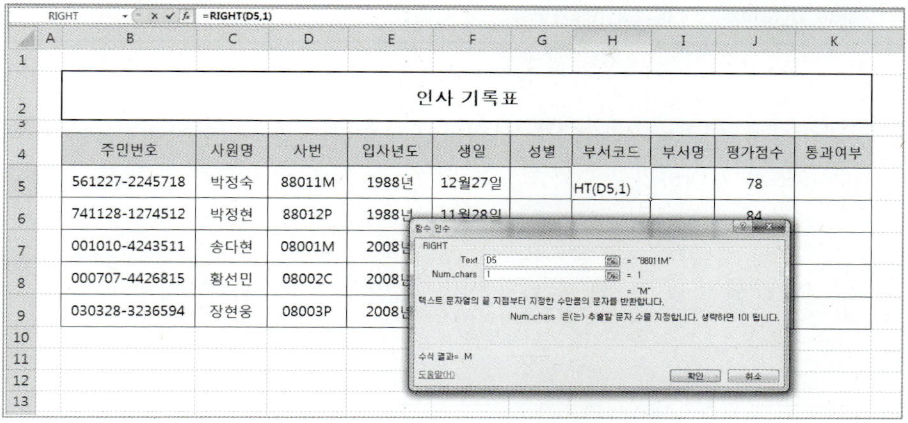

주민번호	사원명	사번	입사년도	생일	성별	부서코드	부서명	평가점수	통과여부
561227-2245718	박정숙	88011M	1988년	12월27일		HT(D5,1)		78	
741128-1274512	박정현	88012P	1988년	11월28일				84	
001010-4243511	송다현	08001M	2008년						
000707-4426815	황선민	08002C	2008년						
030328-3236594	장현웅	08003P	2008년						

③ 확인 버튼을 누르면 결과가 입력된다. '채우기 핸들러' 를 이용하여 함수식을 나머지 셀에 복사한다.

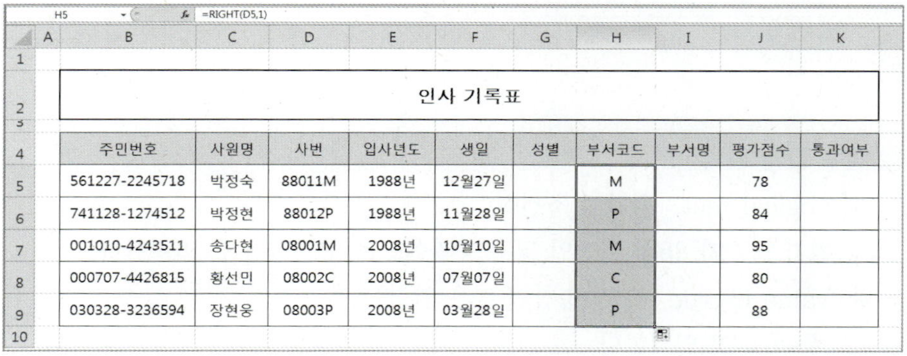

주민번호	사원명	사번	입사년도	생일	성별	부서코드	부서명	평가점수	통과여부
561227-2245718	박정숙	88011M	1988년	12월27일		M		78	
741128-1274512	박정현	88012P	1988년	11월28일		P		84	
001010-4243511	송다현	08001M	2008년	10월10일		M		95	
000707-4426815	황선민	08002C	2008년	07월07일		C		80	
030328-3236594	장현웅	08003P	2008년	03월28일		P		88	

단계 5 통과여부 계산하기 : IF 함수

논리검사를 수행하여 TRUE(참)이나 FALSE(거짓)에 해당하는 값을 반환하는 함수이다.

평가점수가 85점 이상이면 "통과" 그렇지 않으면 공백으로 입력한다.

함수 구조	=IF(Logical_Test, Value_if_true, Value_if_false)
Logical_Test	TRUE나 FALSE가 결과로 나올 수 있는 조건이나 조건식
Value_if_true	Logical_Test가 TRUE일 때 돌려주는 값
Value_if_false	Logical_Test가 FALSE일 때 돌려주는 값

① 통과여부를 입력할 셀[K5]를 선택하고, [수식]–[함수라이브러리]–[논리]–[IF] 함수를 선택한다.

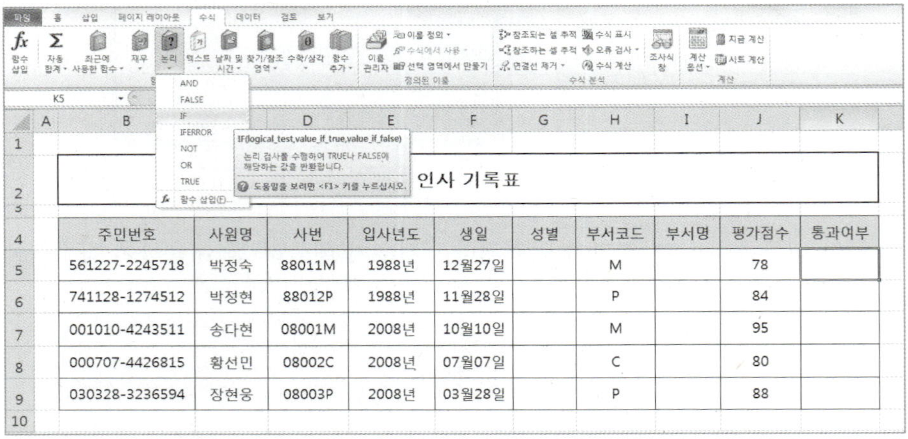

주민번호	사원명	사번	입사년도	생일	성별	부서코드	부서명	평가점수	통과여부
561227-2245718	박정숙	88011M	1988년	12월27일		M		78	
741128-1274512	박정현	88012P	1988년	11월28일		P		84	
001010-4243511	송다현	08001M	2008년	10월10일		M		95	
000707-4426815	황선민	08002C	2008년	07월07일		C		80	
030328-3236594	장현웅	08003P	2008년	03월28일		P		88	

② 인수 값을 입력한다.

가. Logical_test : 평가할 조건식
평가 점수가 85점 이상인 경우 통과이므로 'J5>=85' 를 입력한다.

나. Value_if_true : 조건이 참인 경우 입력할 값
'통과' 라고 입력한다.

다. Value_if_false : 조건이 거짓인 경우 입력할 값
공백을 입력하기 위해 ' " " ' 라고 입력한다.

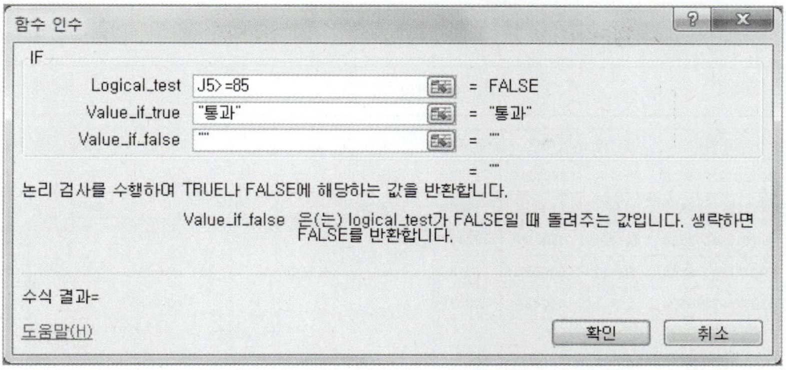

③ [확인] 버튼을 눌러 결과를 확인하고, '채우기 핸들러' 를 이용하여 나머지 셀에 함수식을 복사한다.

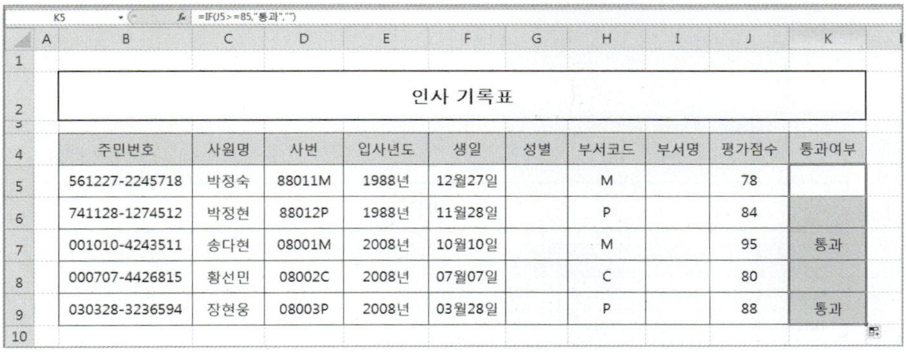
K5 =IF(J5>=85,"통과","")

인사 기록표

주민번호	사원명	사번	입사년도	생일	성별	부서코드	부서명	평가점수	통과여부
561227-2245718	박정숙	88011M	1988년	12월27일		M		78	
741128-1274512	박정현	88012P	1988년	11월28일		P		84	
001010-4243511	송다현	08001M	2008년	10월10일		M		95	통과
000707-4426815	황선민	08002C	2008년	07월07일		C		80	
030328-3236594	장현웅	08003P	2008년	03월28일		P		88	통과

단계 6 부서명 입력하기 : 중첩 IF 함수

함수는 단일함수로만 이용되는 것이 아니라 2개 이상 함수의 조합으로도 이용될 수 있다. 중첩 IF 함수는 조건이 2개 이상일 경우 사용되는 함수이다.

> 부서코드를 이용하여 코드가 'M' 이면 '마케팅', 'P' 이면 '기획팀', 'C' 이면 '회계팀' 으로 입력한다.

① 부서명을 입력할 셀[I5]를 선택한 후, IF 함수를 선택한다.

② 첫 번째 조건은 부서코드가 M인 경우이므로 Logical_Test에 H5="M", Value_ if_true에 '마케팅' 을 입력한다.

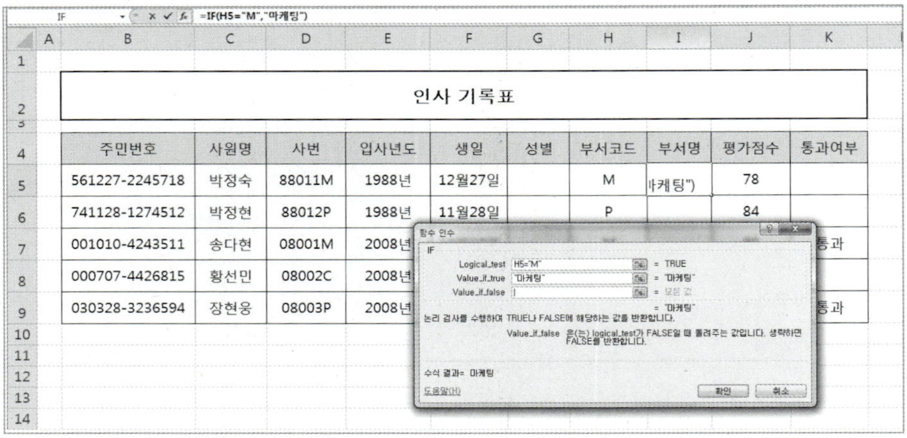

③ 조건에 만족하지 않는 경우에 출력할 내용이 들어가는 Value_if_false란에 커서를 위치시킨 후 화면 상단의 이름상자에 있는 IF 함수를 선택한다. 그러면 새로운 IF 함수 대화상자가 나타난다.

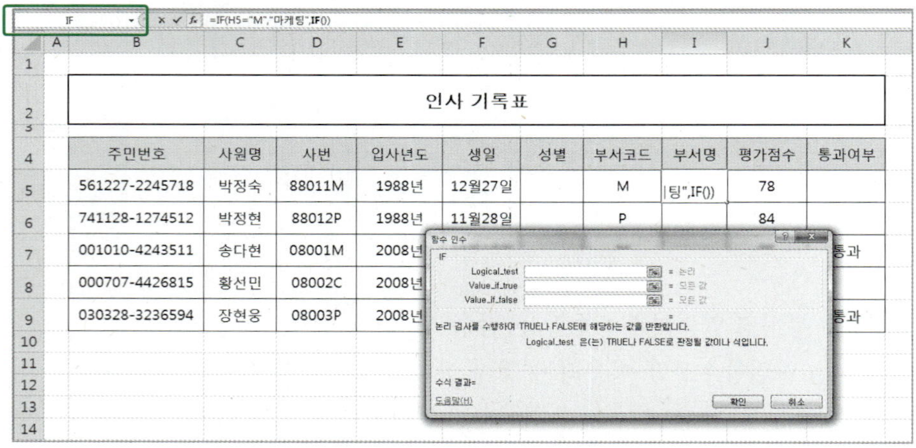

④ 새로운 IF 함수 대화상자를 이용하여 두 번째 조건을 작성한다.

- Logical_test : H5="P"
- Value_if_true : "기획팀"
- Value_if_false : "회계팀"

조건이 더 있는 경우는 'Value_if_false' 에 커서를 두고 다시 IF 함수를 호출하면 된다.

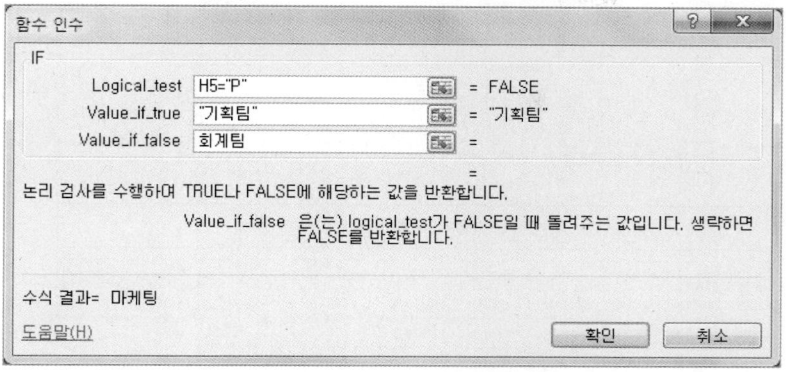

⑤ [확인] 버튼을 눌러 결과를 확인하고, '채우기 핸들러'를 이용하여 나머지 셀에 함수식을 복사한다.

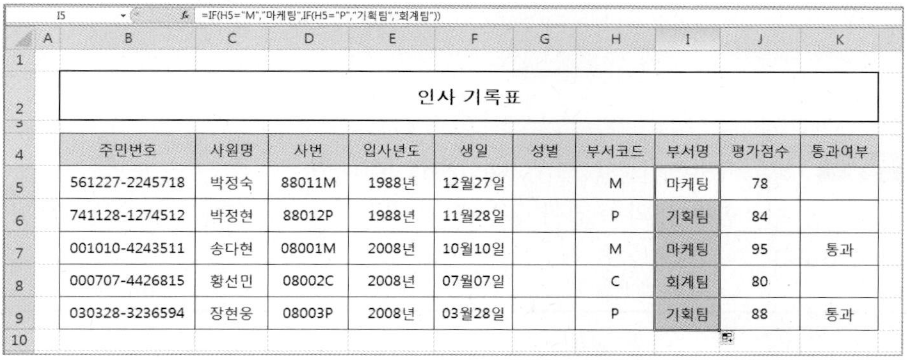

=IF(H5="M","마케팅",IF(H5="P","기획팀","회계팀"))

인사 기록표

주민번호	사원명	사번	입사년도	생일	성별	부서코드	부서명	평가점수	통과여부
561227-2245718	박정숙	88011M	1988년	12월27일		M	마케팅	78	
741128-1274512	박정현	88012P	1988년	11월28일		P	기획팀	84	
001010-4243511	송다현	08001M	2008년	10월10일		M	마케팅	95	통과
000707-4426815	황선민	08002C	2008년	07월07일		C	회계팀	80	
030328-3236594	장현웅	08003P	2008년	03월28일		P	기획팀	88	통과

⑥ 위 계산을 위한 최종 중첩 IF 함수식은 다음과 같다.

```
=IF(H5="M","마케팅",IF(H5="P","기획팀","회계팀"))
```

⑦ 중첩 IF 함수를 수정하기 위해서는 수식 입력 줄의 수식에서 수정하고자 하는 함수를 마우스로 클릭한 후 왼쪽의 함수 마법사 아이콘을 클릭하면 해당 함수의 대화상자가 나타난다.

예를 들어, 두 번째 IF 함수를 수정하고자 할 때는 마우스로 수식 입력줄의 두 번째 IF를 클릭한 후, 수식 입력줄 왼쪽의 함수 마법사 아이콘을 클릭한다.

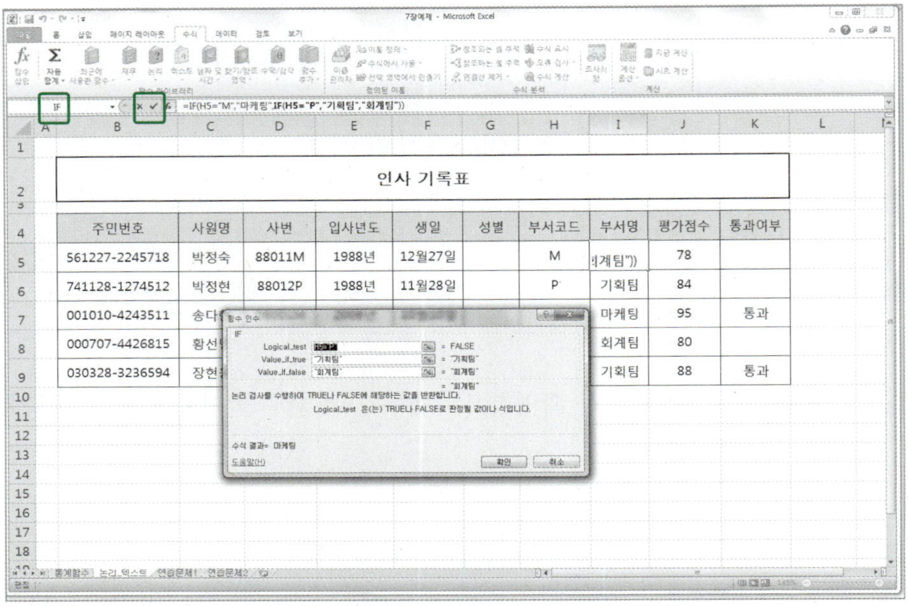

단계 7 성별 입력하기 : IF 함수, OR 함수, MID 함수

OR 함수는 함수 내의 조건이 모두 거짓이면 FALSE, 그렇지 않으면 TRUE를 표시한다.

함수 구조	=OR(Logical1, Logical2...)
Logical1	TRUE나 FALSE값을 가지는 조건으로 255개까지 지정 가능

앞의 예제까지는 한 개의 함수를 이용하여 원하는 값을 추출하였다. 본 예제에서는 IF 함수, OR 함수, MID 함수 세 개를 혼합하여 사용하는 방법에 대하여 알아보고자 한다.

주민번호 뒷자리의 첫 번째 값(8번째 자리 값)으로부터 성별 정보를 추출하여 '남자' 또는 '여자'를 입력한다.

혼합해서 사용할 각 함수들의 역할은 다음과 같다.

IF 함수 : OR 함수로부터 얻은 정보를 이용하여 남자, 여자를 출력하기 위해 사용

OR 함수 : MID 함수로부터 추출된 주민번호 뒷자리의 첫 번째 자리 값이 1 또는 3이면 '남자', 2 또는 4이면 '여자'를 표시해야 하므로 IF 문에서 같은 결과에 대해 여러 개의 조건이 있는 경우를 위해 사용

MID 함수 : OR 함수에서 조건을 표시할 때, 주민번호 뒷자리 첫 번째 정보(성별 정보)를 얻기 위해 사용

함수들에 대한 호출 순서는 IF 함수→OR 함수→MID 함수 순으로 이루어진다.

① 성별을 입력할 셀[G5]를 선택한 후, [수식]-[함수 라이브러리]-[논리]-[IF] 함수 선택한다.

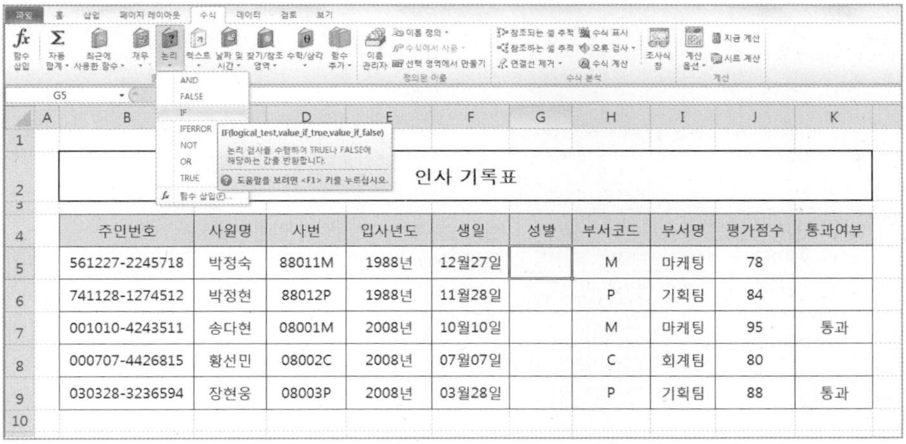

② IF 함수의 Logical_test 인수로써 주민번호 여덟 번째 숫자에 대한 정보가 '1' 또는 '3' 인지를 확인하여야 한다.

IF 함수의 Logical_test 내에 넣을 조건식이 하나의 결과에 대해 두 개이므로 'Logical_test' 부분에 커서를 두고 화면 상단의 이름상자 부분에서 OR 함수를 선택한다. 리스트 내에 OR 함수가 없으면 함수 추가를 선택하여 호출한다.

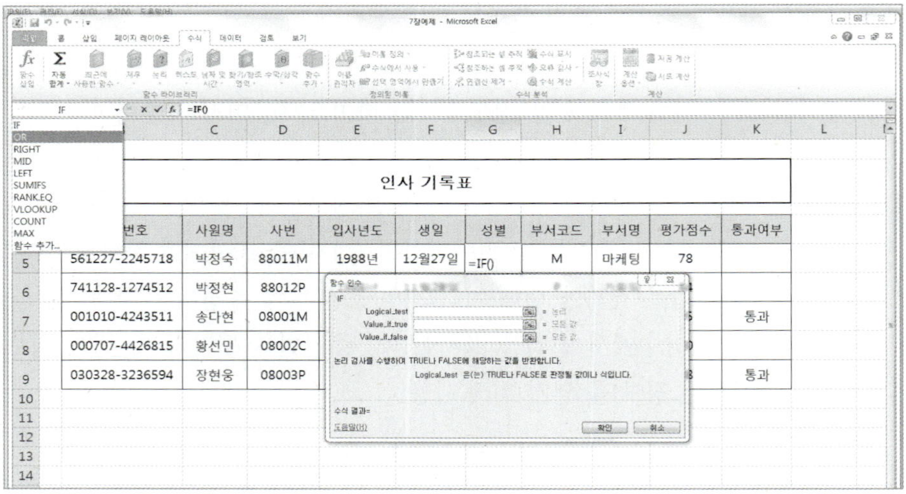

③ OR 함수의 Logical1에 커서를 두고 주민번호 여덟 번째 자리의 정보를 얻어오기 위해 이름상자 리스트 내에서 MID 함수를 선택한다.

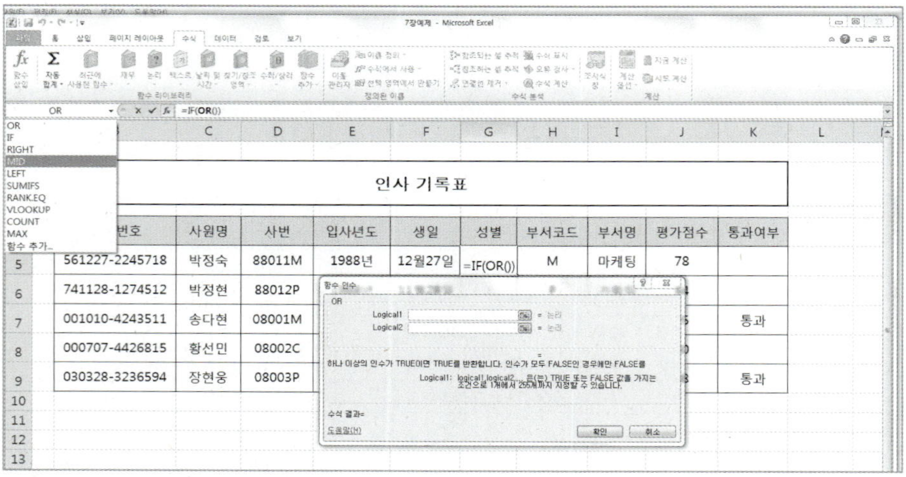

④ 주민번호에서 성별 정보를 얻기 위해서는 뒷자리 중 첫 번째 자리의 텍스트가 필요하므로 MID 함수의 인수는 다음과 같이 설정한다.

- Text : 문자를 추출할 텍스트를 선택해야 하므로 첫 번째 사원의 주민번호 셀[B5]

- Start_num : 텍스트를 추출할 첫 번째 문자가 들어있는 위치이므로 8
- Num_chars : 추출할 문자의 개수이므로 1

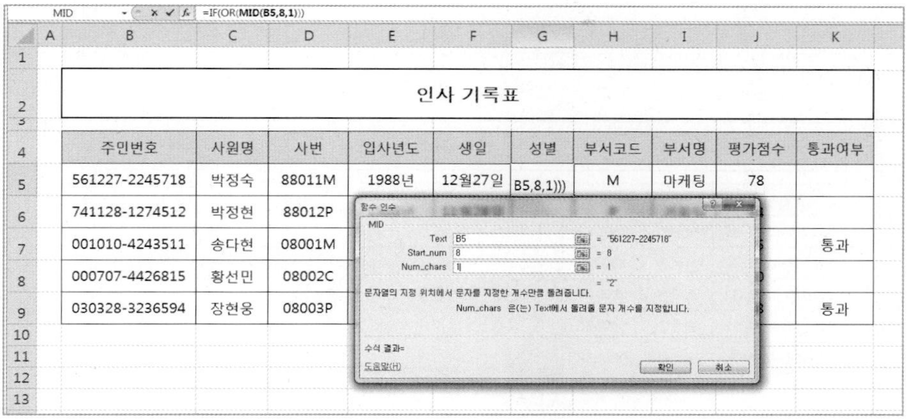

⑤ 인수를 모두 입력한 후, 수식 입력 줄에서 'OR'를 클릭하면 OR 함수 대화창으로 옮겨진다. OR 함수의 인수는 다음과 같이 설정한다.

- Logical1 : MID 함수가 추출해온 값이 '1'과 같은지를 확인하는 수식 MID(B5,8,1)="1"

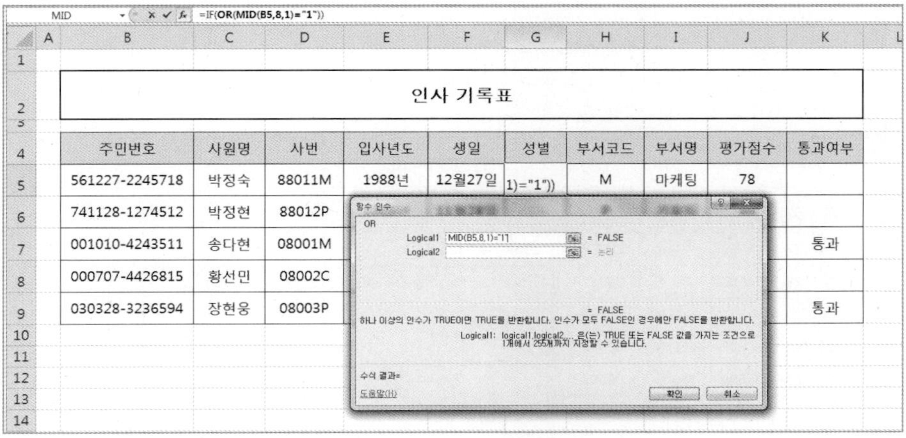

⑥ 'Logical2'에 커서를 두고 'Logical1'에서 입력했던 것과 동일한 방법으로 MID 함수를 호출하여 수식을 입력한다.

OR 함수를 이용하여 주민번호의 여덟 번째 자리의 값이 1 또는 3인지를 알아내는 수식이다.

- Logical2 : MID(B5,8,1)="3"

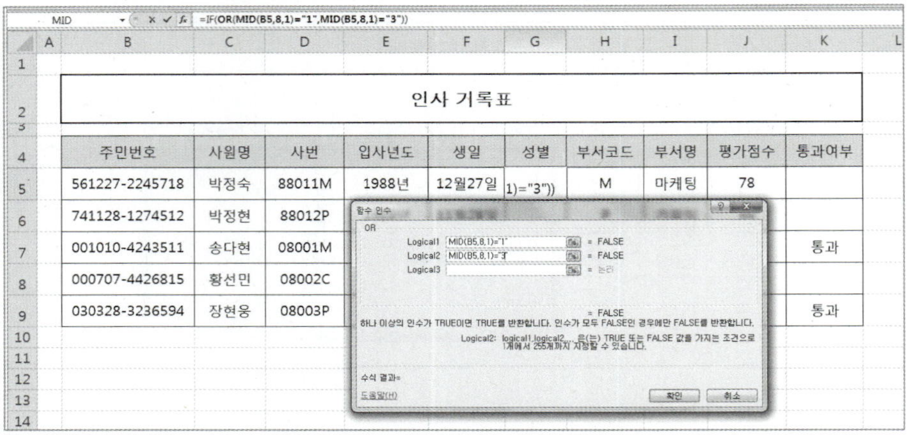

⑦ OR 함수에서의 입력이 끝나면, 수식 입력줄의 'IF'를 클릭하여 IF 함수 대화창으로 옮겨온다. IF 함수의 인수는 다음과 같이 입력한다.

- Value_if_true : "남자"
- Value_if_false : "여자"

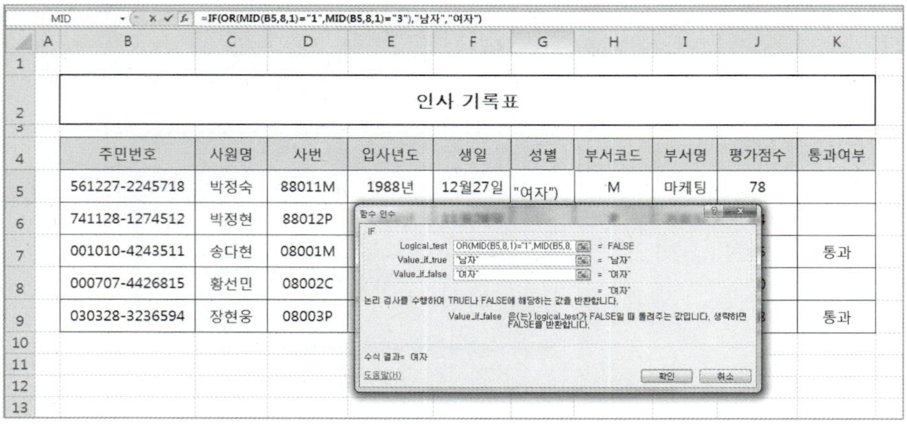

⑧ [확인] 버튼을 눌러 결과를 확인하고, '채우기 핸들러'를 이용하여 나머지 셀

에 함수식을 복사한다.

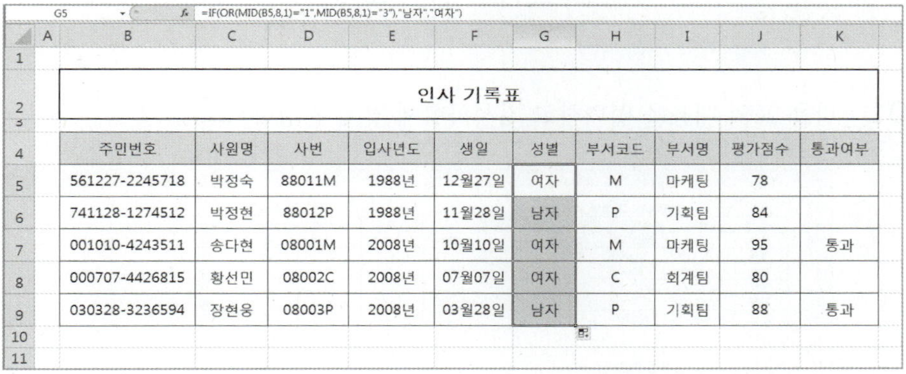

G5 =IF(OR(MID(B5,8,1)="1",MID(B5,8,1)="3"),"남자","여자")

인사 기록표

주민번호	사원명	사번	입사년도	생일	성별	부서코드	부서명	평가점수	통과여부
561227-2245718	박정숙	88011M	1988년	12월27일	여자	M	마케팅	78	
741128-1274512	박정현	88012P	1988년	11월28일	남자	P	기획팀	84	
001010-4243511	송다현	08001M	2008년	10월10일	여자	M	마케팅	95	통과
000707-4426815	황선민	08002C	2008년	07월07일	여자	C	회계팀	80	
030328-3236594	장현웅	08003P	2008년	03월28일	남자	P	기획팀	88	통과

Tip **AND 함수**

OR 함수와 다르게 인수가 모두 TRUE이면 TRUE를 반환하는 함수로 모든 조건이 참일 때만 TRUE를 반환한다.

연 습 문 제

01 다음 표의 내용을 입력하고 지시사항에 맞게 완성하시오.

[표1] **2000년도 지점별 경영성과**

지점명	매출액	매출원가	매출이익	매출구성비
서울	1,137,500	823,000	314,500	
대구	1,027,300	720,000	307,300	
광주	923,400	792,000	131,400	
부산	1,278,000	879,000	399,000	
인천	1,087,000	811,000	276,000	
합계	5,453,200	4,025,000	1,428,200	

[표3] **제품 분석**

모델명	디자인	성능	실용성	평균
AP-234	75	80	75	
AP-235	70	75	95	
AP-236	60	75	86	
AP-237	75	90	79	
AP-238	65	70	68	
AP-239	55	50	59	

[표2] **제품 분석**

모델명	디자인	성능	총점
AP-234	75	80	
AP-235	70	75	
AP-236	60	75	
AP-237	75	90	
AP-238	65	70	
AP-239	55	50	

[표4] **수산물 경매가격표**

품목	산지	단위	상품	중품	하품	상품+하품
광어	서해	자연 1Kg	41,000	24,000	6,000	
농어	남해	자연 1Kg	10,000	7,000	5,000	
대구	동해	자연 1Kg	17,000	11,000	6,000	
도미	남해	양식 1Kg	8,000		5,000	
방어	동해	자연 1Kg	25,000	15,000	5,000	
붕장어	남해	자연 1Kg	16,000		14,000	
오징어	동해	자연 8Kg	19,000	15,000	8,000	

[표5] **승진시험점수**

사원명	영어	면접	전공	80점이상개수
송다현	100	100	100	
김다혜	87	96	89	
오민주	74	89	51	
박효주	50	67	78	
이태훈	79	85	95	
김수정	98	94	50	

(1) [표 1]에서 매출구성비를 계산하시오.

▶매출구성비 = 매출액 ÷ 매출액합계[C9]

(2) [표 2]에서 총점을 계산하시오.

▶총점 = 디자인 + 성능

(3) [표 3]에서 평균을 계산하시오.

▶AVERAGE 함수 사용

(4) [표 4]에서 상품과 하품의 합을 계산하시오.

▶ '자동합계' 기능 사용

(5) [표 5]에서 사원별 영어, 면접, 전공 점수 중 80점 이상인 과목의 개수를 구하시오.

▶COUNTIF 함수 사용

02 다음 표의 내용을 입력하고 지시사항에 맞게 완성하시오.

[표1] **제품 분석**

디자인	성능	총점	평균	순위
75	80	155	77.5	
70	75	145	72.5	
60	75	135	67.5	
75	90	165	82.5	
65	70	135	67.5	
55	50	105	52.5	

[표2] **승진심사표**

성명	부서명	주민번호	성별
이원섭	영업부	730405-1234567	
한성현	전산실	721111-3234567	
이은영	비서실	670505-2103455	
안유경	비서실	880909-1324567	
최은하	기획조정실	730304-3345677	
이병숙	전산실	750216-1326777	

[표3] **사원별 수당지급현황**

근무년수	기본급	상여비율	수당
15	2,550,000	15%	
9	1,500,000	10%	
10	2,000,000	12%	
8	2,200,000	10%	
4	1,300,000	7%	
추가 상여	5%		

[표4] **승진시험 성적관리**

성명	1차시험	2차시험	3차시험	시험점수합계
이원섭	98	89	87	
한성현	97	92	88	
이은영	85	90	90	
안유경	92	90	90	
강홍석	84	89	84	

[표5] **영어경시대회 점수분포**

성명	소속	독해	청취
박동수	한국고교	88	76
정중한	서울고교	92	88
홍백전	경기고교	96	90
강태공	한국고교	73	70
안두리	한국고교	81	70
노고단	강원고교	90	82

	한국고교
청취합계	

(1) [표 1]에서 총점에 대한 순위를 구하시오.

▶표시 예 : 1위 , 2위, ...

▶총점 점수가 가장 높은 학생이 1순위

▶RANK 함수와 & 연산자 사용

(2) [표 2]에서 성별을 구하시오.

▶주민번호 8번째 값이 '1' 이면 남자, '2' 이면 여자, 그 외에는 외계인으로 표기

▶IF와 MID 함수 사용

(3) [표 3]에서 수당을 계산하시오.

▶수당 = 기본급 + 기본급 * (상여비율 + 추가 상여율)

(4) [표 4]에서 1차 시험, 2차 시험, 3차 시험의 합을 구하여 시험점수합계 영역에 표시하시오.

▶시험점수합계는 십의 자리에서 반올림하여 백의 자리까지 표시
[예 : 23456 -> 23500]

▶ROUND와 SUM 함수 사용

(5) [표 5]의 영어경시대회 점수분포에서 한국고교 학생들의 청취 합계를 [D32] 셀에 계산하시오.

▶MOD, SUMIF, EXP 중 알맞은 함수를 선택하여 사용

CHAPTER

08 차트 다루기

8.1 급여 지급 현황 차트 만들기

8.2 간트 차트 만들기

08
CHAPTER

차트 다루기

차트는 엑셀에서 자료를 좀 더 쉽게 이해할 수 있도록 하는 기능으로 그래프라고도 한다. 차트는 숫자로 구성된 자료를 도표를 제공하여 자료를 쉽게 비교 · 분석하거나 추세 등을 파악할 수 있게 한다. 엑셀에서 제공되는 차트는 매우 강력하고 작성하기 쉽다는 것이 큰 장점이다. 이렇게 작성된 차트는 글과 같은 워드프로그램의 개체로써 삽입이 가능하다.

엑셀 2010에서는 간편하게 차트 작업을 할 수 있는 기능들이 몇 가지 추가되었다.

▶새로운 차트 제한
하나의 데이터 계열에 사용할 수 있는 데이터 요소 수는 사용 가능한 메모리의 영향만 받기에 대용량 데이터 집합을 보다 효과적으로 시각화하고 분석할 수 있다.

▶서식 옵션에 대한 빠른 액세스
차트 요소를 두 번 클릭하여 서식 옵션에 즉시 액세스 가능하다.

▶차트 요소에 대한 매크로 기록
매크로 기록을 사용하여 차트 및 다른 개체의 서식 변경 내용을 기록할 수 있다.

8.1 급여 지급 현황 차트 만들기

급여 지급 현황표를 이용하여 엑셀에서 기본이 되는 차트를 그려보도록 하자. 그래프를 그리기 위한 요구 조건은 다음과 같다.

▶이중축 사용(기본축 : 지급액, 보조축 : 근무년수)
▶혼합형 그래프(지급액 : 막대그래프, 근무년수 : 표식이 있는 꺾은 선형)

하나의 그래프에서 데이터 범위가 다른 두 개의 데이터를 비교할 수 있는 그래프를 그려본다.

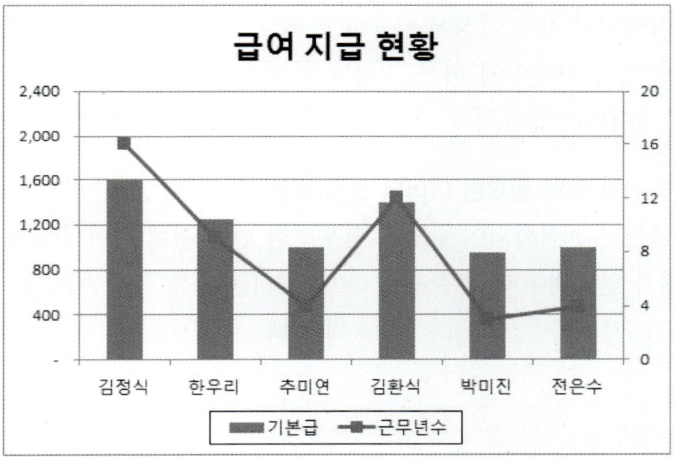

8.1.1 각 사람들의 근무년수에 따른 지급액을 비교할 수 있는 차트 그리기

단계 1 원본 데이터 입력하기

원본 데이터를 다음과 같이 입력하고 지급액(=기본급+상여금+수당)을 계산한다.

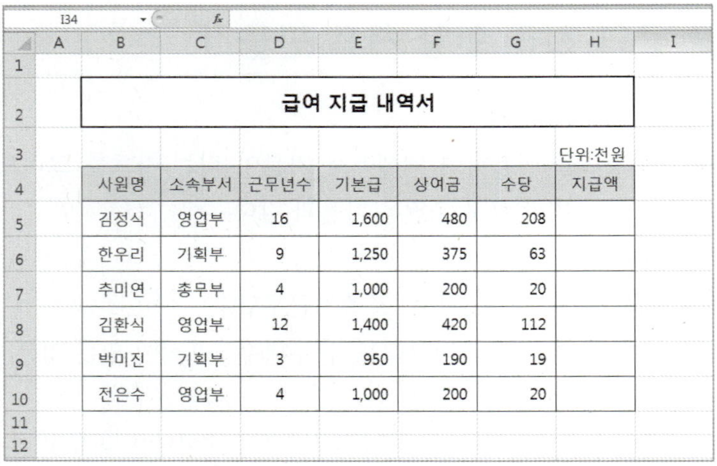

급여 지급 내역서

단위:천원

사원명	소속부서	근무년수	기본급	상여금	수당	지급액
김정식	영업부	16	1,600	480	208	
한우리	기획부	9	1,250	375	63	
추미연	총무부	4	1,000	200	20	
김환식	영업부	12	1,400	420	112	
박미진	기획부	3	950	190	19	
전은수	영업부	4	1,000	200	20	

단계 2 원본 데이터 선택하기

원본 데이터에서 차트 작성에 필요한 데이터 범위 블록을 설정한다.

각 사람들의 근무년수에 따른 지급액을 비교하기 위해서는 사원명, 근무년수, 지급액 데이터가 필요하다.

[차트를 그리기 위해 필요한 데이터 선택 방법]

▶모든 데이터가 연속되어져 있는 경우 : 한 번에 전체 데이터 드래그

▶데이터가 연속적이지 않은 경우 : 〈Ctrl〉키를 누른 상태에서 데이터를 하나씩 선택

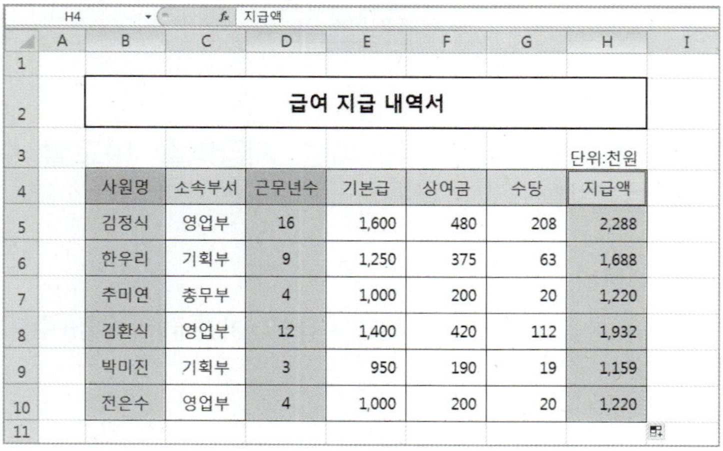

급여 지급 내역서

단위:천원

사원명	소속부서	근무년수	기본급	상여금	수당	지급액
김정식	영업부	16	1,600	480	208	2,288
한우리	기획부	9	1,250	375	63	1,688
추미연	총무부	4	1,000	200	20	1,220
김환식	영업부	12	1,400	420	112	1,932
박미진	기획부	3	950	190	19	1,159
전은수	영업부	4	1,000	200	20	1,220

Tip **세로 텍스트 상자 삽입 방법**

원본 데이터의 데이터 범위는 나중에 변경 가능하다.
반드시 항목이름(사원명, 근무년수, 수당, 지급액)을 포함시켜야 한다.
범례에 나와 있는 항목들이 데이터 범위에 포함되면 된다.

단계 3 차트 선택하기

[삽입]-[차트]-[세로 막대형]-[묶은 세로 막대형]을 선택한다.

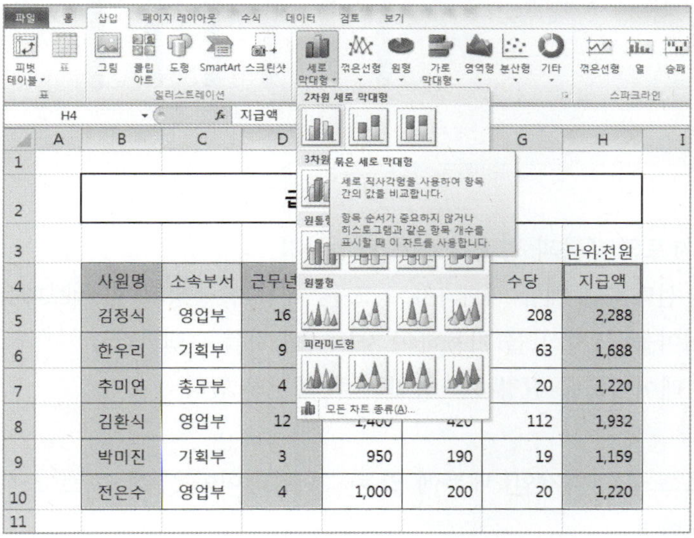

단계 4 워크시트에 선택한 범위에 대한 차트가 삽입된다.

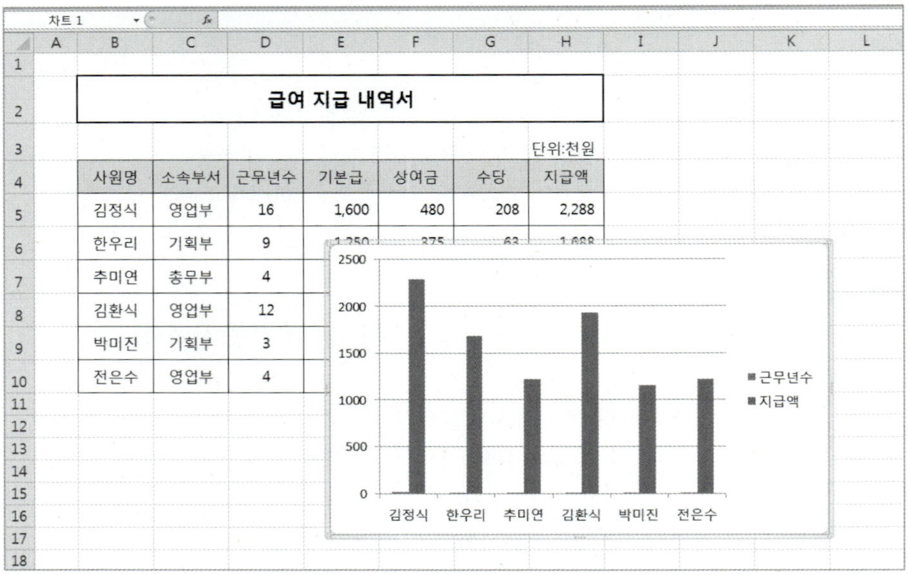

단계 5 차트의 제목과 범례의 위치 변경하기

차트를 선택하면 메뉴 바에 [차트 도구] 메뉴가 생성되며, 서브메뉴인 '디자인', '레이아웃', '서식'을 이용하여 차트 꾸미기를 수행한다.

차트의 레이아웃을 변경하는 방법은 두 가지가 있다.

- ▶[차트 도구]-[디자인] 메뉴에 있는 '차트 레이아웃'과 '차트 스타일'을 이용한 변경
- ▶[차트 도구]-[레이아웃] 메뉴를 이용하여 사용자가 원하는 형식으로 하나씩 변경

① 차트의 레이아웃을 제공 가능한 서식을 이용하여 변경하기 위해서는 [차트 도구]-[디자인]-[차트 레이아웃]을 이용한다. '차트 레이아웃' 메뉴의 가장 아래의 화살표를 클릭하면 지원 가능한 전체 레이아웃 형태가 보여 진다. 그 중 원하는 형식을 선택하면 차트의 레이아웃이 변경된다.

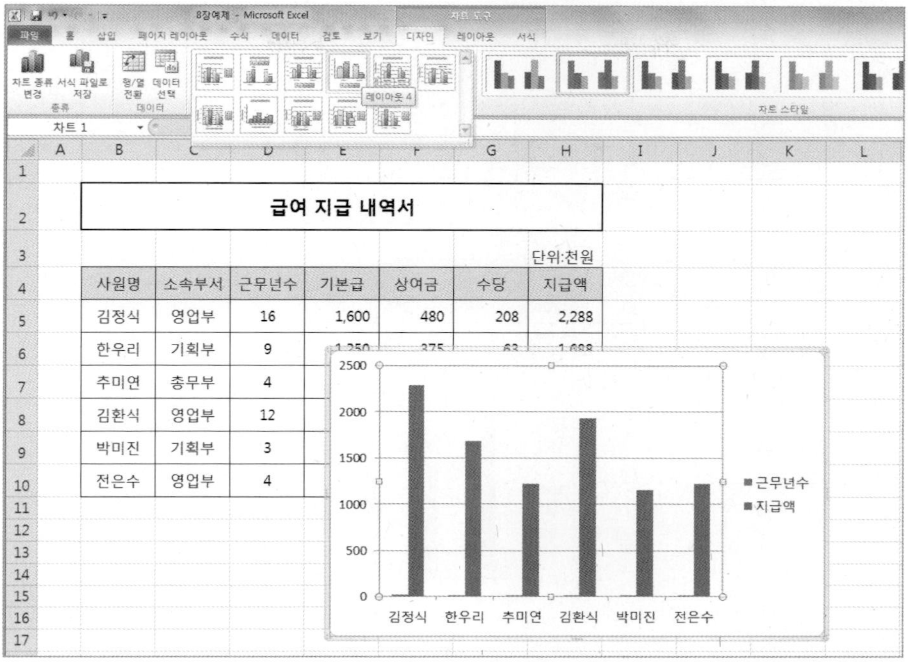

② 사용자가 원하는 형식으로 직접 변경하기 위해서는 [차트 도구]-[레이아웃] 메뉴에서 선택한다.

가. 차트 제목 넣기

[차트 도구]-[레이아웃]-[레이블]-[차트제목]-[차트 위]를 선택하면 차트위에 차트 제목을 넣을 수 있는 텍스트 박스가 생성된다.

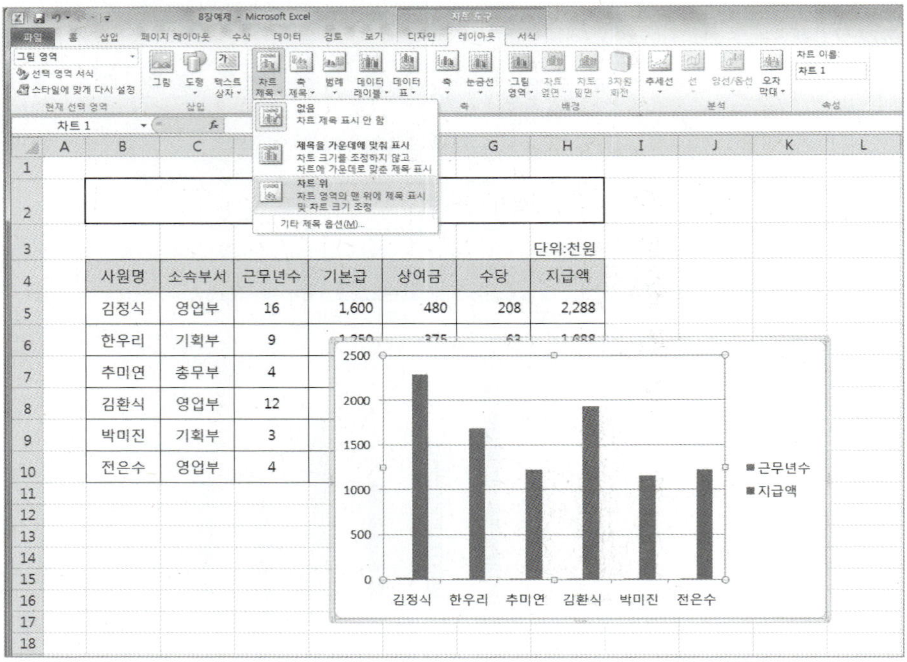

텍스트 박스를 클릭하고 '급여 지급 현황' 이라고 입력한다.

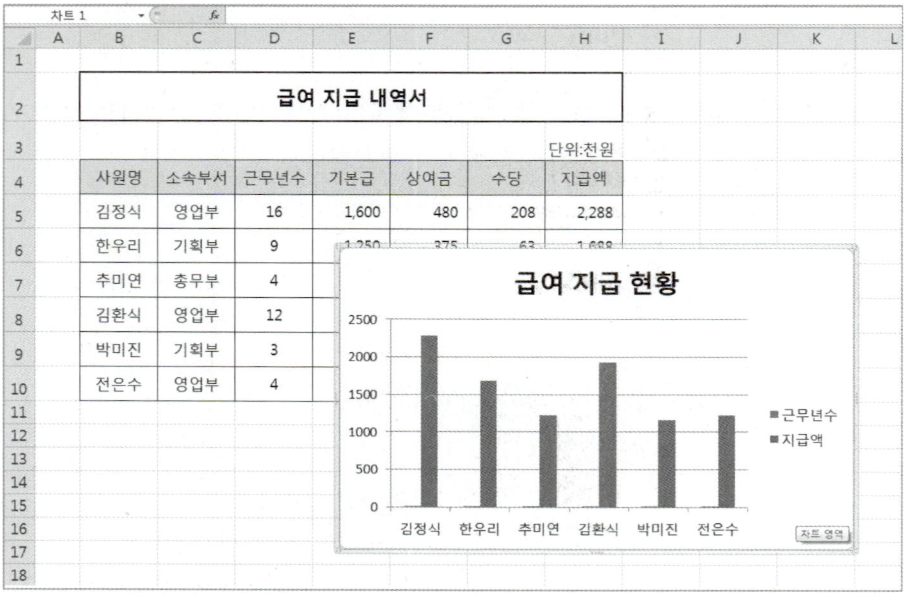

나. 범례 위치 변경하기

[차트 도구]-[레이아웃]-[범례]-[아래쪽에 범례표시]를 선택한다.

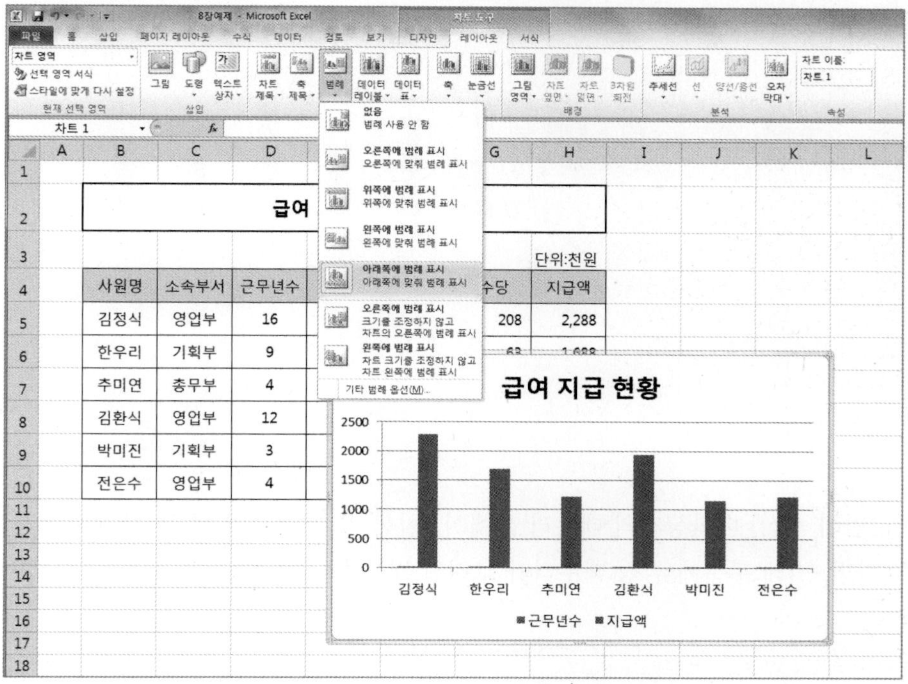

다. 범례에 테두리 두르기

범례를 입력한 텍스트 박스에 테두리를 두르기 위해서는 범례를 선택하고 마우스 오른쪽 버튼을 누른 후, 단축 메뉴에서 [범례 서식]을 선택한다.

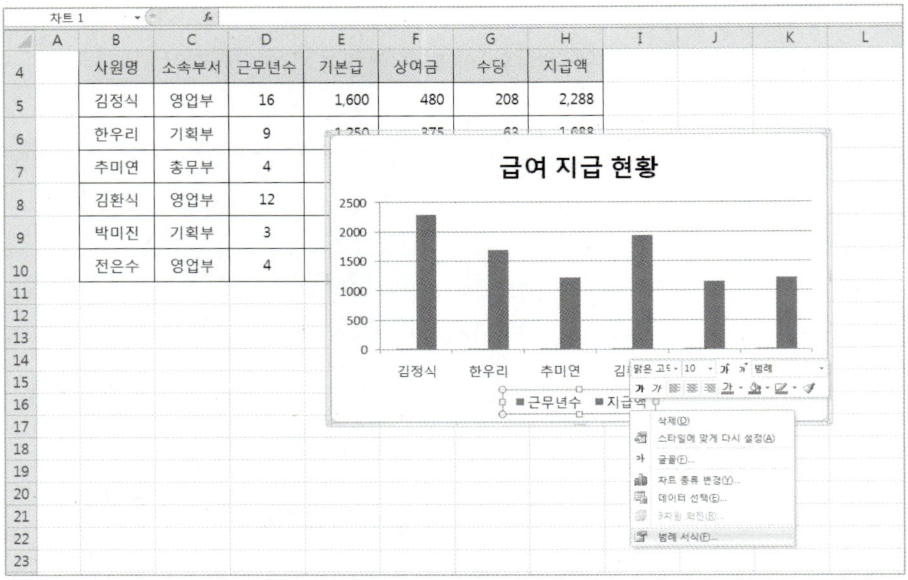

[범례 서식] 대화상자의 테두리 색에서 '실선'을 선택하고 선 색(검정색)을 선택하면, 범례 부분에 검정 테두리가 그려진 것을 볼 수 있다.

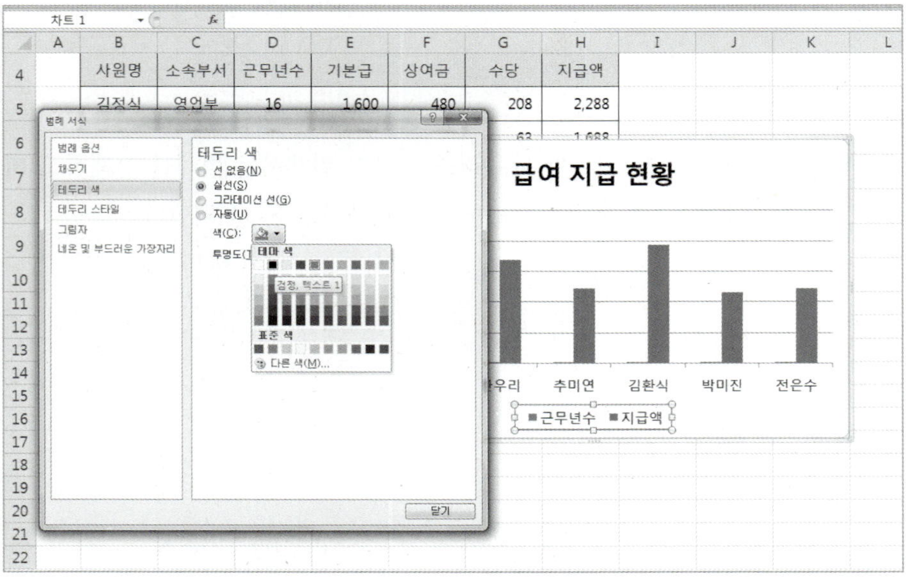

단계 6 축 옵션 변경하기

세로축의 최대값을 2400, 주단위를 400으로 변경하고자 한다.

① [축 서식] 대화상자 선택하기

[차트 도구]-[레이아웃]-[축]-[기본 세로 축]-[기타 기본 세로 축 옵션]을 선택하거나 세로축을 선택한 후 마우스 오른쪽 버튼을 눌러 [축 서식]을 선택한다.

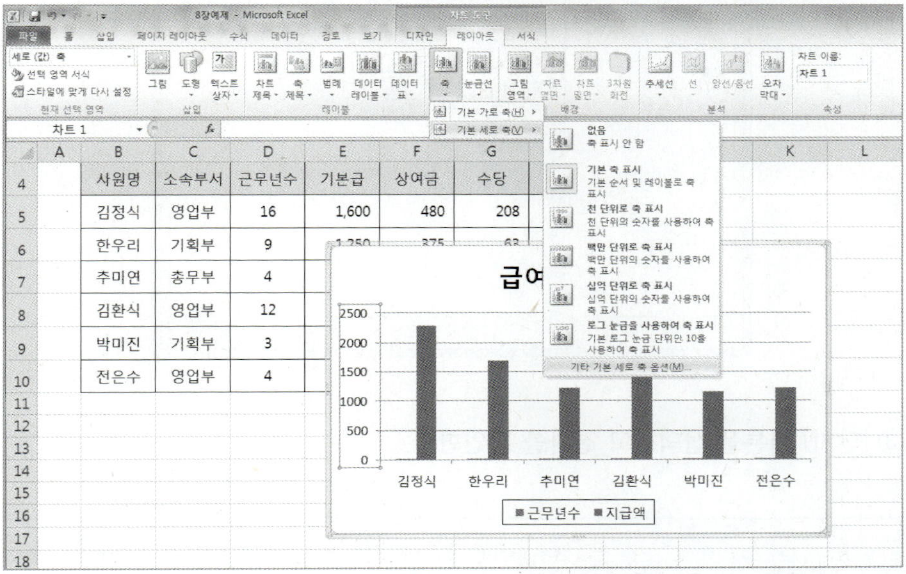

② [축 서식] 대화상자의 '축 옵션' 메뉴에서 최대값 2400, 주 단위 400으로 변경한다.

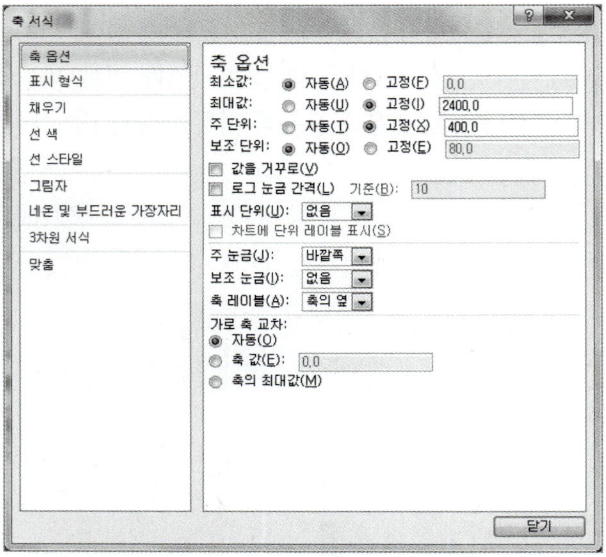

③ [닫기] 버튼을 선택하고 결과를 확인한다.

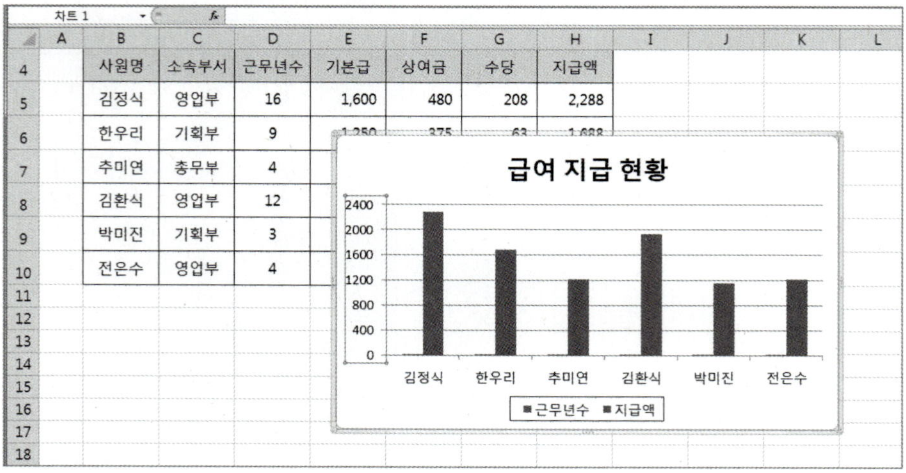

단계 7 보조축 만들기

'급여 지급 현황' 차트의 경우, 근무년수와 지급액에 대한 값의 차이가 커서 왼쪽 기본축으로 정확하게 데이터를 나타낼 수 없다. 근무년수를 위한 보조축을 오른쪽에 만들면 데이터 값을 좀 더 정확하게 나타낼 수 있다.

① 차트 내에서 '근무년수'에 해당하는 막대그래프를 선택하고 마우스 오른쪽 버튼을 눌러 [데이터 계열 서식] 메뉴를 선택한다.

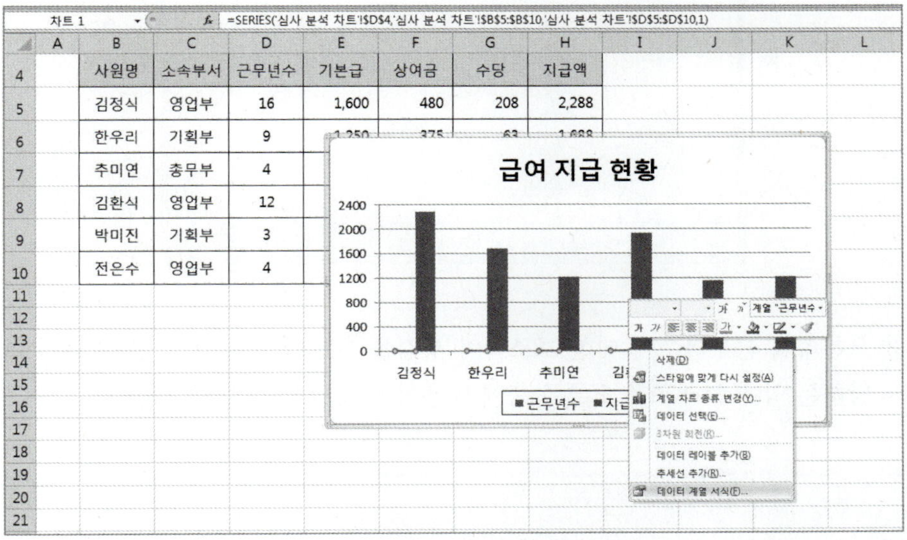

② [데이터 계열 서식] 대화상자의 '계열 옵션' 에서 '보조축' 을 선택한다.

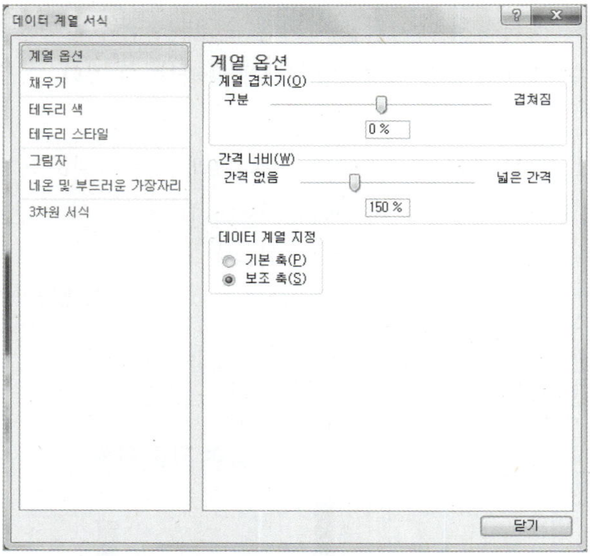

③ 오른쪽에 근무년수에 대한 보조축이 생김을 확인할 수 있고, 근무년수에 해당하는 막대 그래프가 오른쪽 축에 맞추어 크게 보임을 알 수 있다.

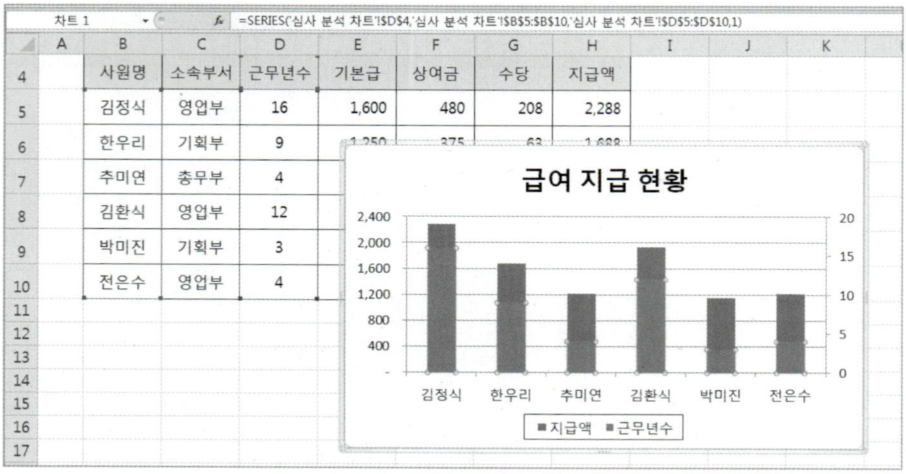

단계 8 차트 종류 변경

막대그래프로 그려져 있는 '근무년수'에 해당하는 그래프의 모양을 변경한다.

① 차트 종류 변경을 위해서는 변경하고자 하는 계열(근무년수에 해당하는 막대 그래프)을 선택하고 단축 메뉴에서 [계열 차트 종류 변경]을 선택하거나 [차트 도구]-[디자인]-[차트 종류 변경]을 선택한다.

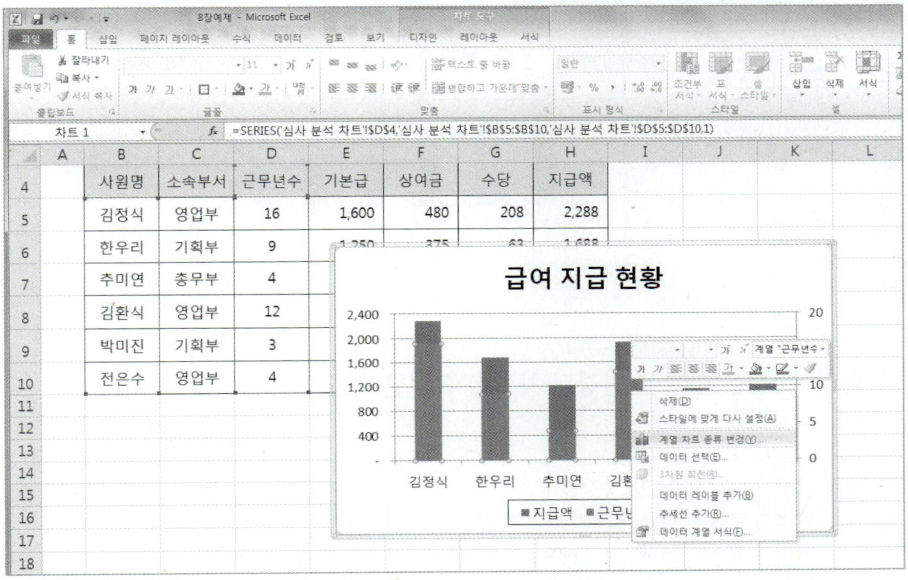

② [차트 종류 변경] 대화상자에서 변경하고자 하는 형태의 차트(표식이 있는 꺾은 선형)를 선택한다.

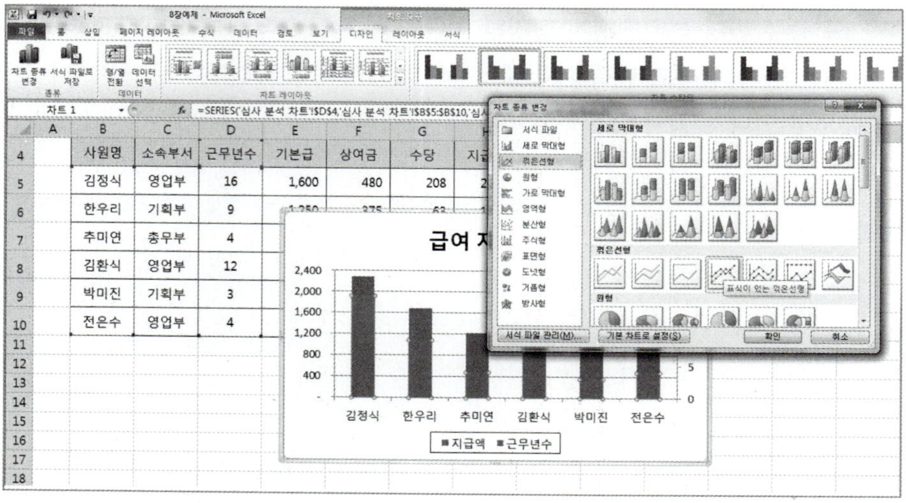

③ [확인] 버튼을 누르고 변경된 차트를 확인한다.

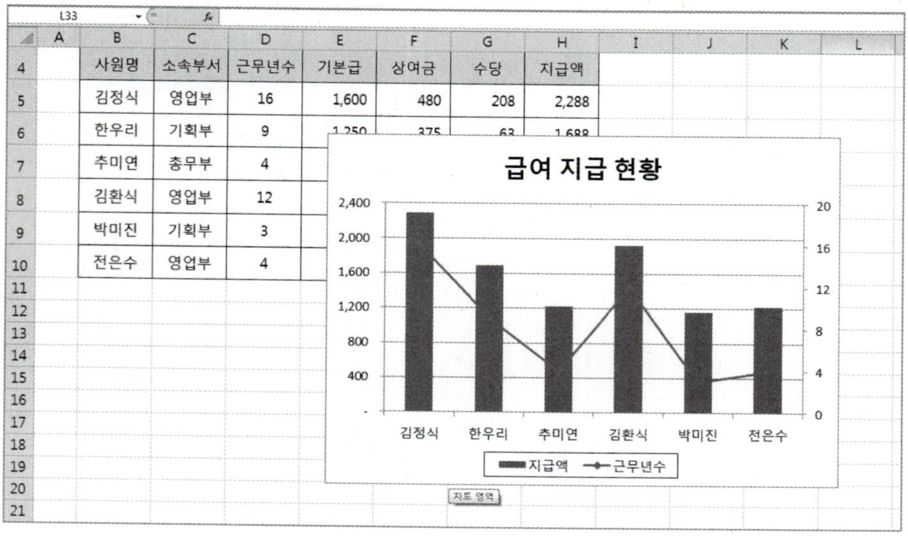

단계 9 차트 스타일 변경하기

차트 막대의 색 변경은 두 가지 방법을 사용할 수 있다.

① [차트 도구]-[디자인]-[차트 스타일] 중 원하는 형태를 선택하여 변경 가능하다.

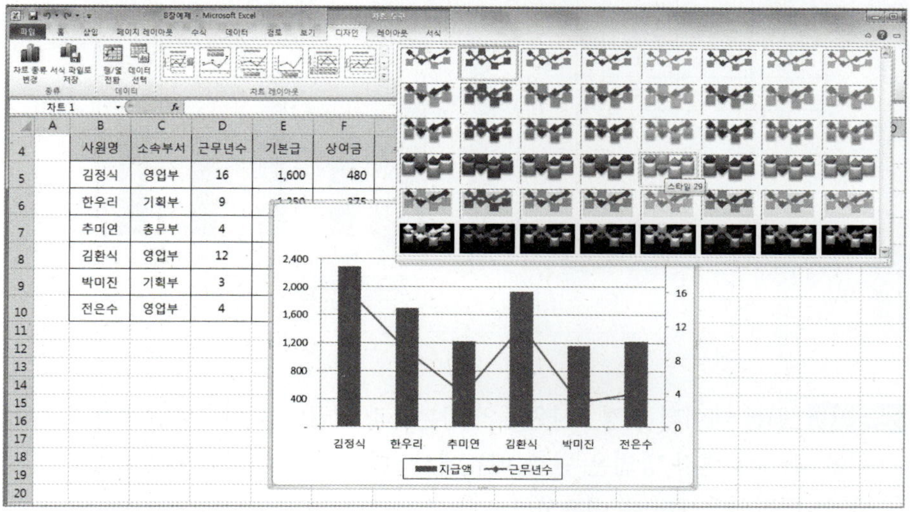

② 색 변경을 원하는 막대를 선택하고 [차트 도구]-[서식]-[도형 스타일]-[도형 채우기]에서 원하는 색을 선택하면 차트 상의 같은 색 막대들이 새로 선택한 색으로 변경된다.

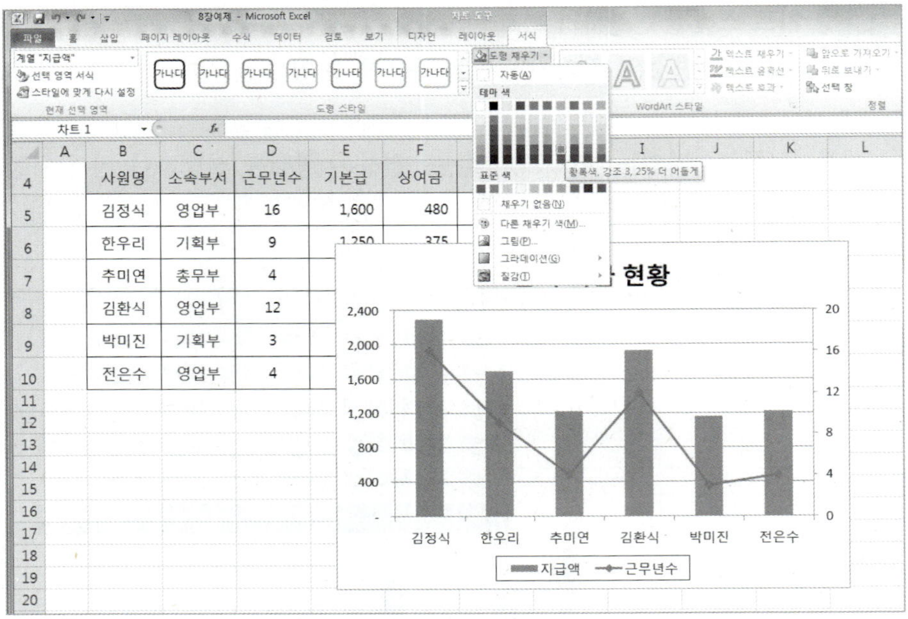

단계 10 원본 데이터 변경 : 사원들의 기본급과 지급액을 비교하는 차트 그리기

① 원본 데이터 변경 방법은 단축 메뉴에서 [데이터 선택]이나 [차트 도구]-[디자인]-[데이터 선택]을 이용한다.

② [데이터 원본 선택] 대화상자에서 '근무년수'를 제거한다.

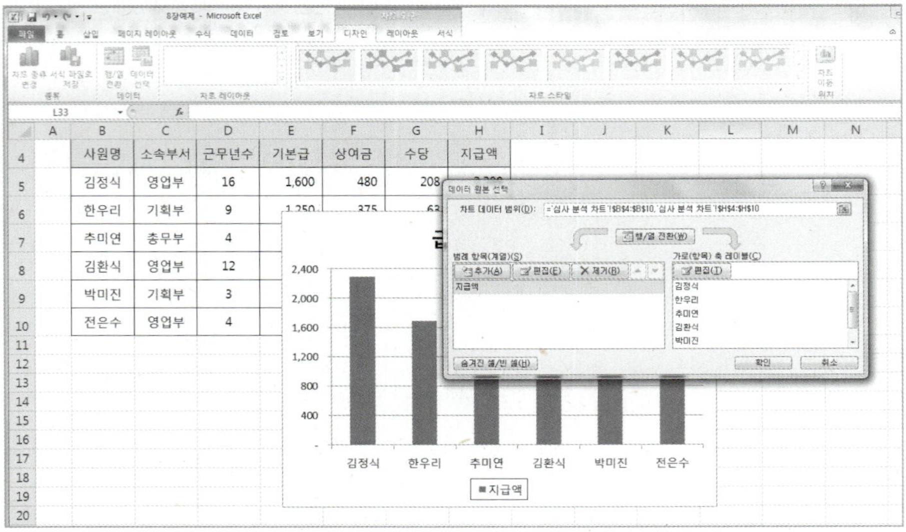

③ [데이터 원본 선택] 대화상자에서 '추가' 버튼을 눌러 새로운 데이터 범위인 기본급 범위를 선택한다. 계열이름에는 '기본급', 계열값에는 [E5:E10] 범위를 선택한다.

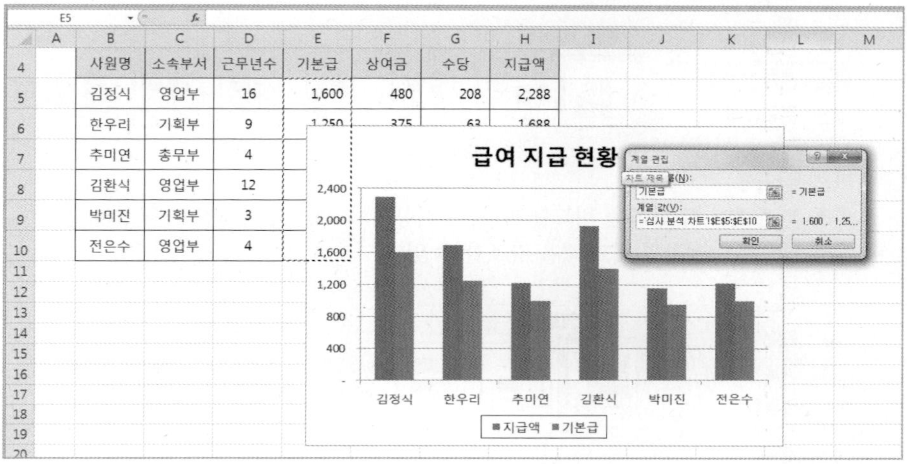

④ 원하는 형태의 차트가 완성되면 [확인] 버튼을 눌러 원본 데이터 변경을 마무리한다.

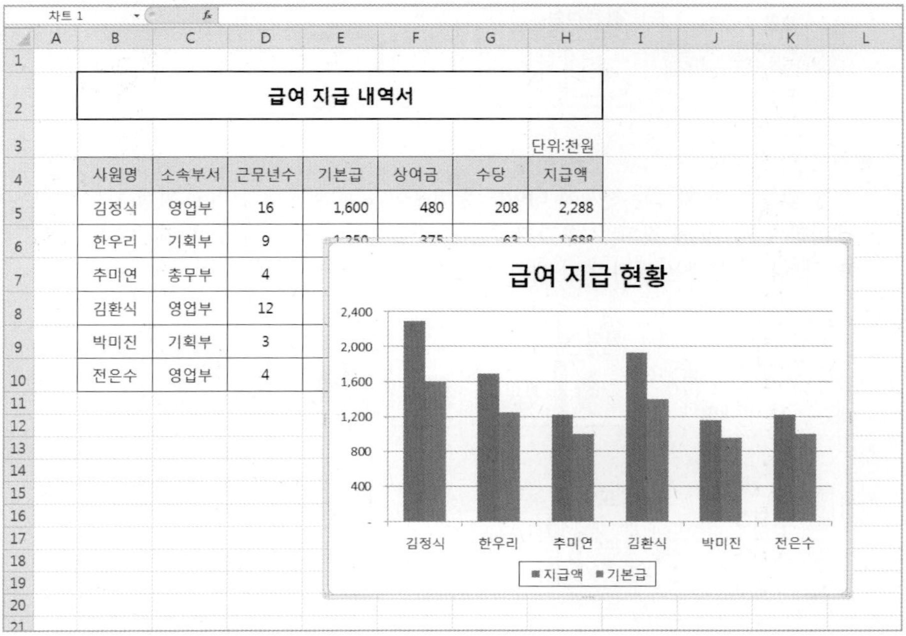

Tip 차트의 종류

● 세로 막대형 차트

일정 기간의 데이터 변화에 따른 각 항목을 나타낸다. 계열을 수평으로 구성하고, 값을 수직으로 구성하면 시간에 따른 변화를 강조할 수 있다.

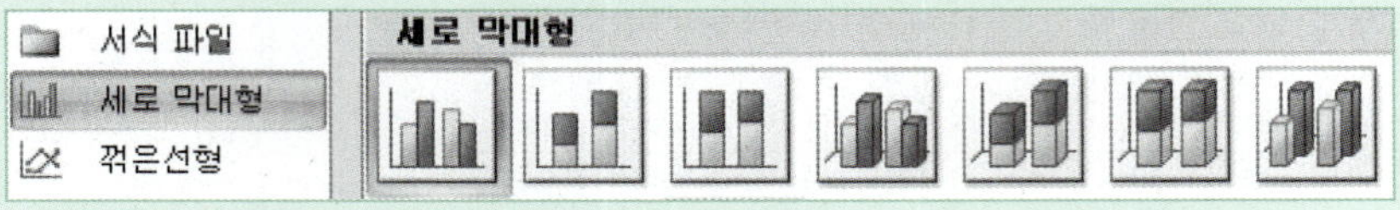

● 가로 막대형

일정 기간보다 각 항목을 비교할 때 자주 사용한다. 계열을 수직으로 구성하고, 값을 수평으로 구성하면 비교 값을 강조할 수 있다.

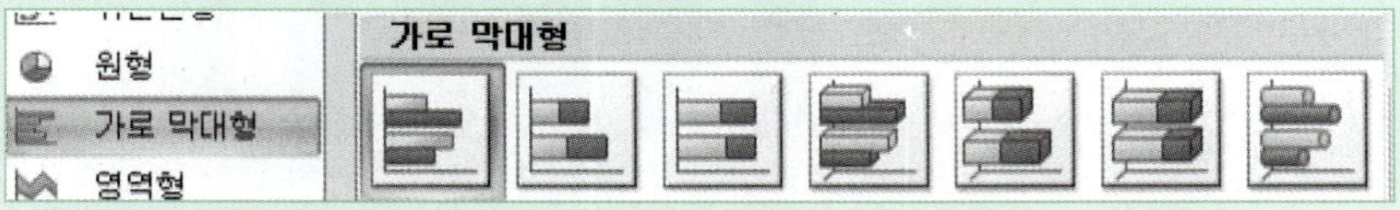

● 꺾은 선형

특정 시기에 대한 데이터의 변화를 일정한 간격으로 나타낸다. 이 차트는 데이터의 변동률을 나타낼 때 효과적이다. 즉 규칙적인 시간 간격을 통하여 데이터의 변화를 나타낸다.

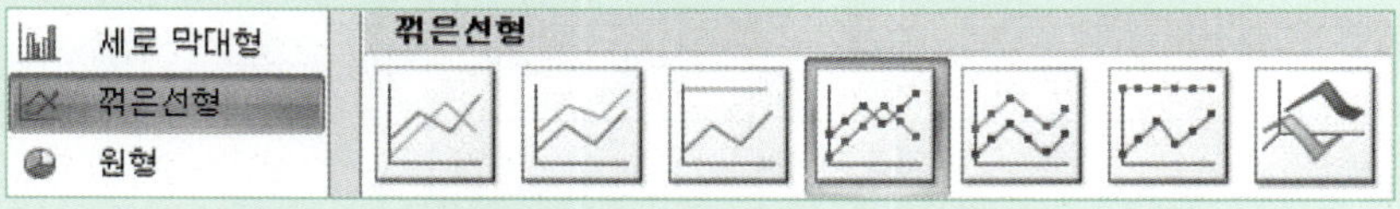

● 원형 및 도넛형

원형 및 도넛형 차트는 전체에 데이터의 비율이나 관계를 나타낸다. 원형 차트는 한 데이터의 계열만을 갖고, 사용자가 중심 요소를 강조해서 나타낼 때 편리하다. 도넛형 차트는 원형과는 달리 여러 개의 데이터 계열을 가질 수 있다.

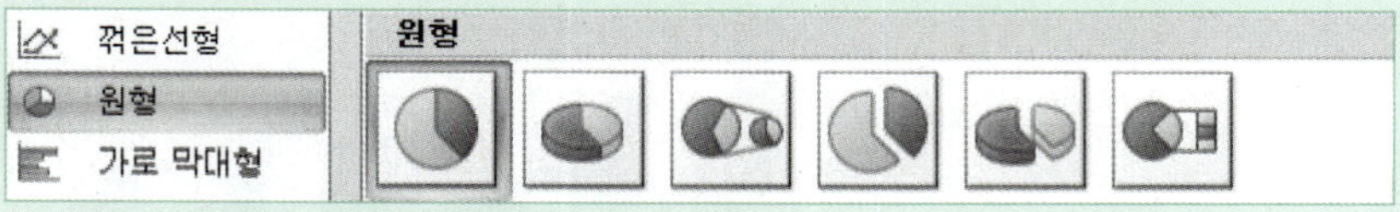

8.2 간트 차트 만들기

간트 차트는 프로젝트의 각 작업을 단계별로 시작해서 걸리는 기간을 막대형으로 나타내는 차트이다. 엑셀을 이용하여 간트 차트를 그려보도록 한다.

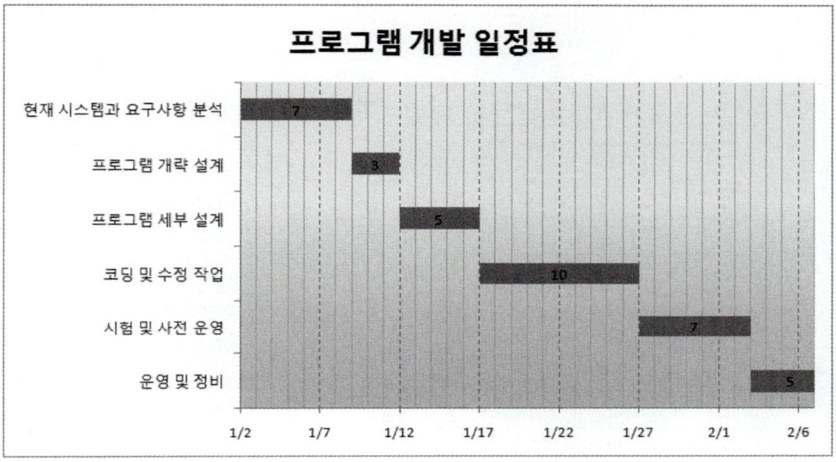

단계 1 원본 데이터 만들기

① 다음과 같이 원본 데이터를 준비한다.

② 종료일은 '=시작일+기간-1' 의 수식을 이용하여 작성한다.

G32 fx

	A	B	C	D	E	F
1						
2		**프로그램 개발 일정표**				
3		내용	시작일	기간	종료일	
4		현재 시스템과 요구사항 분석	2008-01-02	7	2008-01-08	
5		프로그램 개략 설계	2008-01-09	3	2008-01-11	
6		프로그램 세부 설계	2008-01-12	5	2008-01-16	
7		코딩 및 수정 작업	2008-01-17	10	2008-01-26	
8		시험 및 사전 운영	2008-01-27	7	2008-02-02	
9		운영 및 정비	2008-02-03	5	2008-02-07	
10						

단계 2 기본 차트 그리기

① '내용', '시작일', '기간' 을 블록 선택하고 [삽입]-[차트]-[가로 막대형]-[누적 가로 막대형]을 클릭한다.

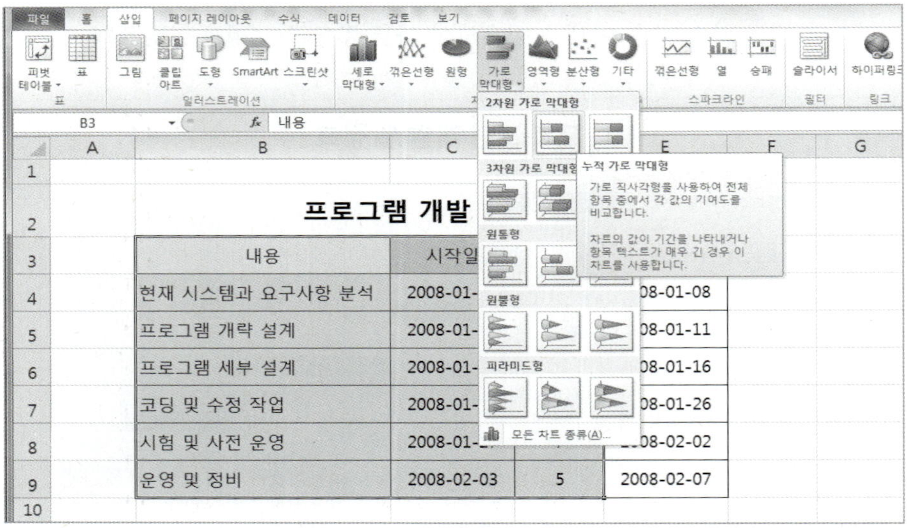

② 워크시트에 그려진 차트를 선택하고 [차트 도구]-[디자인]-[데이터 선택]을 누르거나, 단축메뉴에서 [데이터 선택]을 클릭한다.

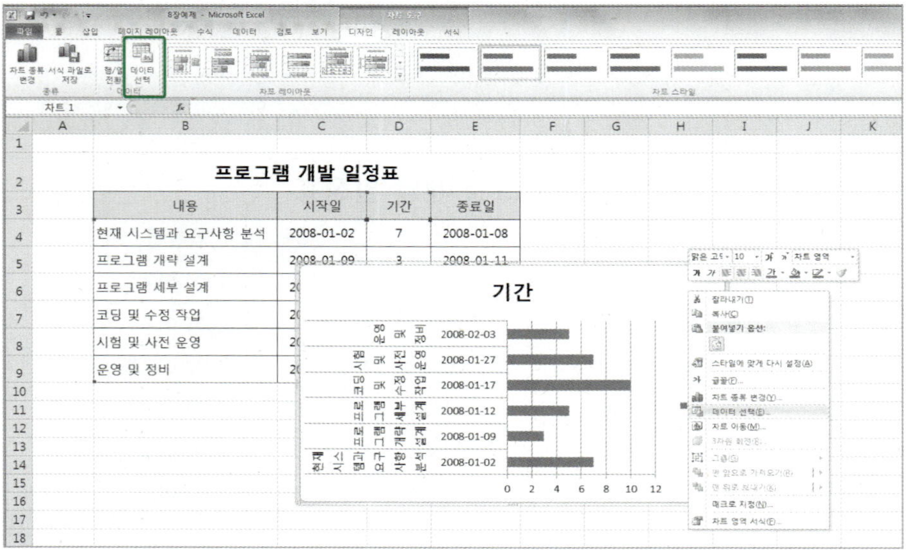

③ '범례 항목(계열)' 에서 '기간' 을 제거한다.

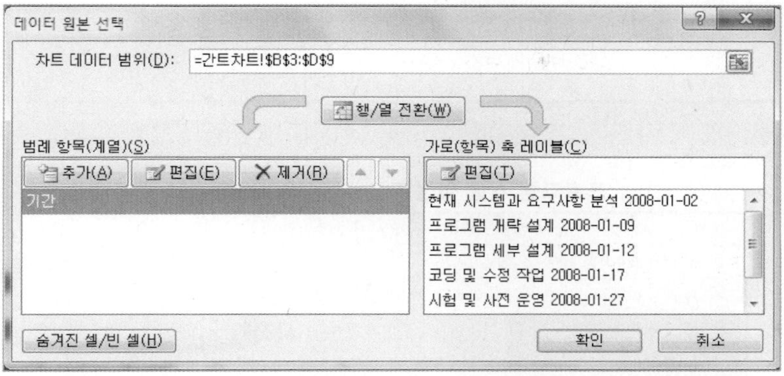

④ '추가' 버튼을 눌러 [계열 편집] 대화상자에서 계열 이름은 '시작일', 계열 값은 시작일에 해당하는 [C4:C9]를 드래그하여 선택한다.

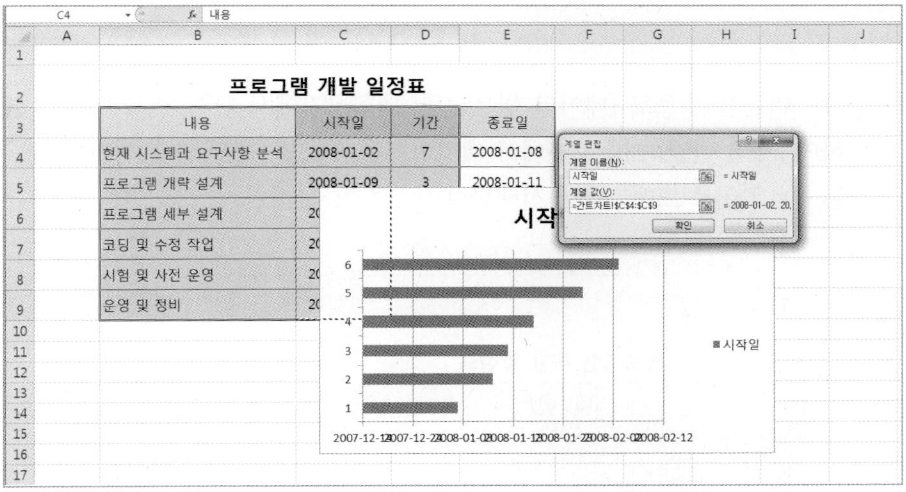

⑤ [확인] 버튼을 누르고 [데이터 원본선택] 대화상자에서 '가로(항목)축 레이블'의 '편집'을 클릭하고 '축 레이블 범위'에 내용에 해당하는 [B4:B9]를 드래그하여 선택한다.

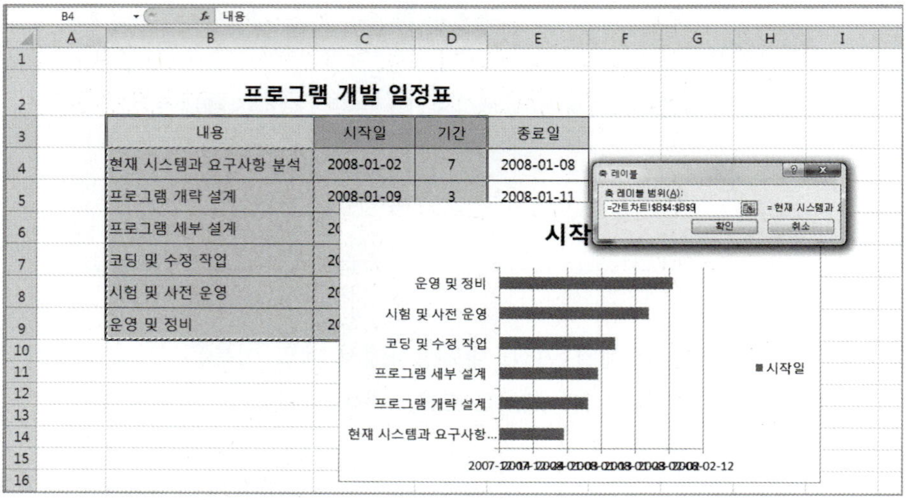

⑥ [확인] 버튼을 누르고 [데이터 원본선택] 대화상자에서 다시 추가 버튼을 클릭하여 [계열 편집] 대화상자에서 계열이름은 '기간', 계열 값은 기간에 해당하는 [D4:D9]를 드래그하여 선택한다.

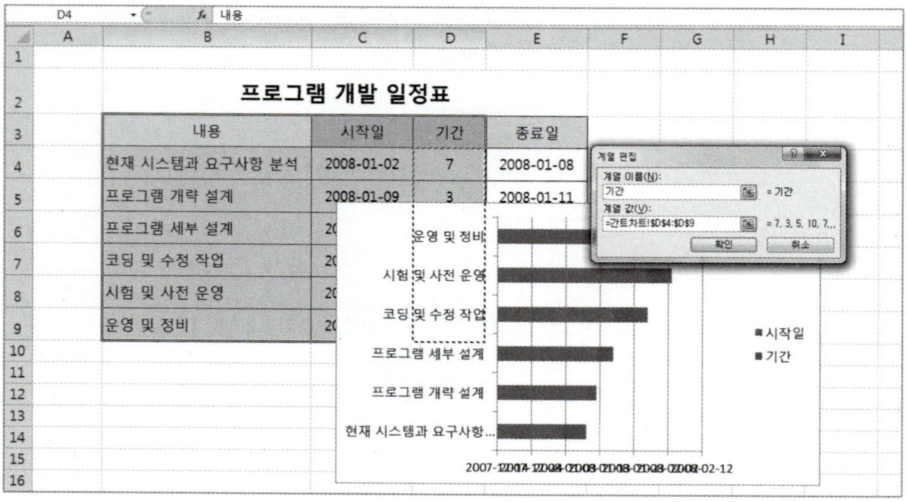

⑦ [확인] 버튼을 누르고 [데이터 원본선택] 대화상자에서 '가로(항목) 축 레이블'의 '편집'을 클릭하고 '축 레이블 범위'에 내용에 해당하는 [B4:B9]를 드래그하여 선택한다.

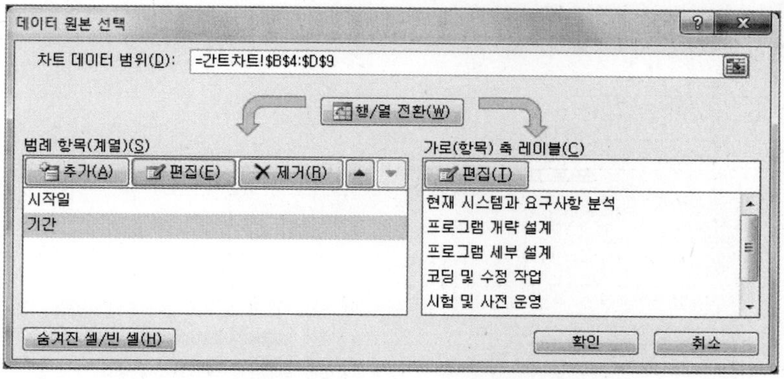

⑧ 워크시트의 차트를 선택하고 [차트 도구]-[레이아웃]-[눈금선]-[기본 세로 눈금선]-[주/보조 눈금선]을 선택하여 세로축 방향으로 주 눈금과 보조 눈금을 추가한다.

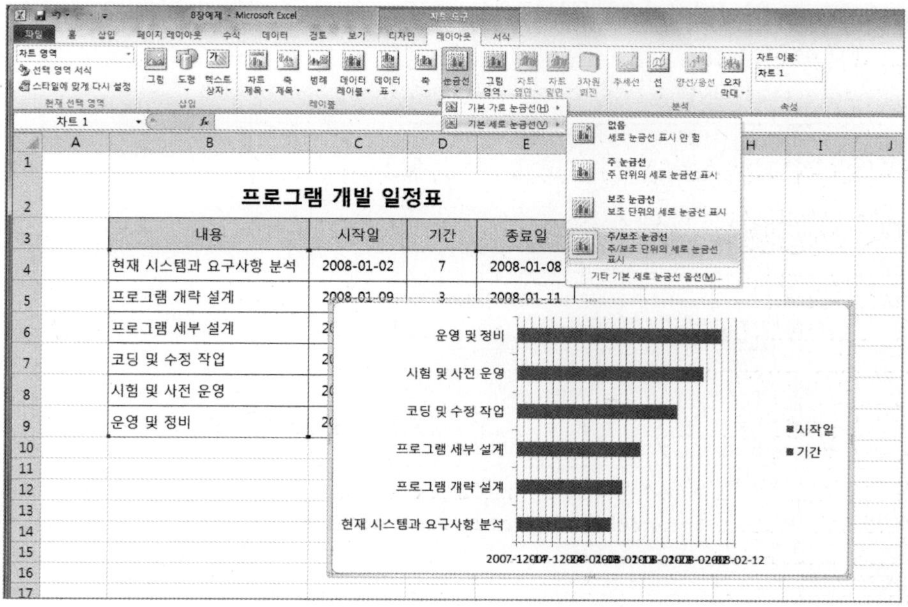

⑨ 범례는 차트에서 필요하지 않으므로 [차트 도구]-[레이아웃]-[범례]-[없음]을 선택하여 차트 상에서 제거한다. (필요시에는 다시 메뉴를 선택하여 원하는 위치에 추가하면 된다.)

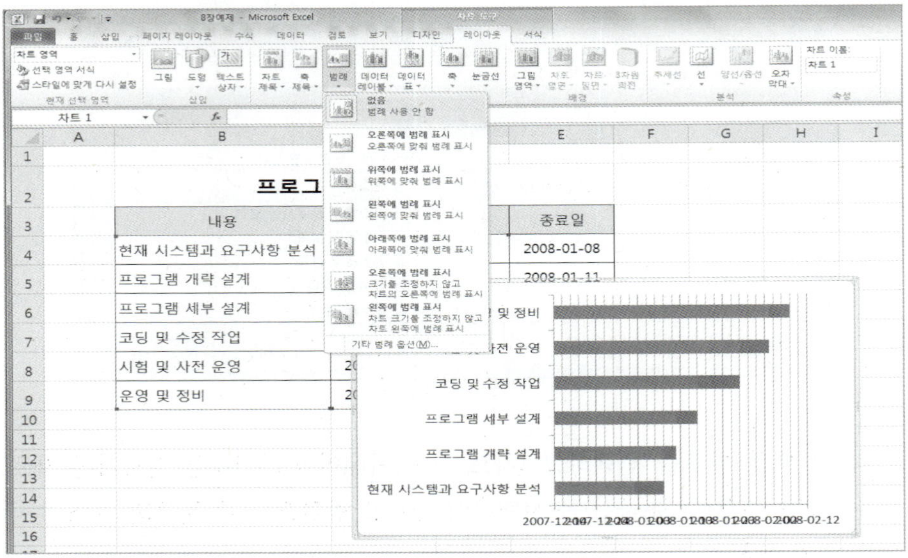

⑩ [차트 도구]-[레이아웃]-[차트 제목]-[차트 위]를 선택하여 차트 위에 차트 제목을 입력한다.

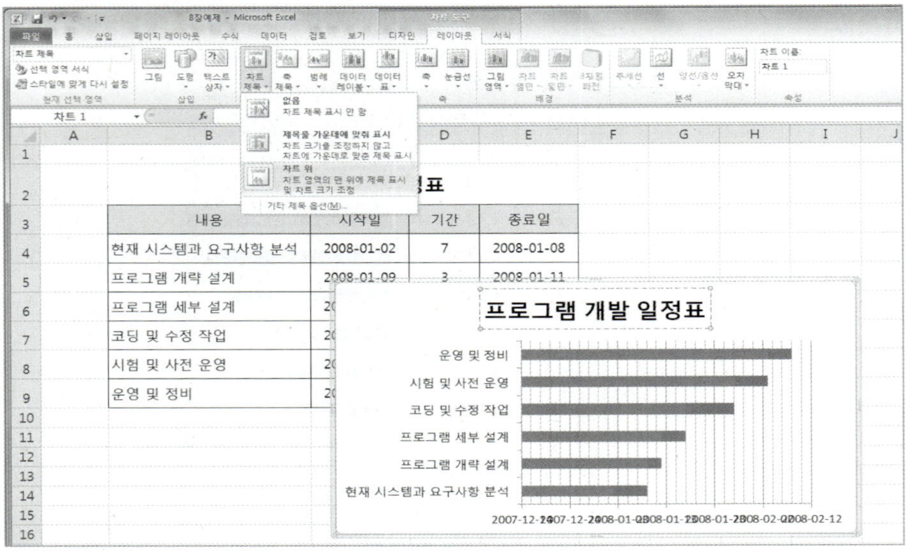

⑪ 차트를 드래그하여 [B13:H31] 사이에 놓이도록 위치와 크기를 조절한다.

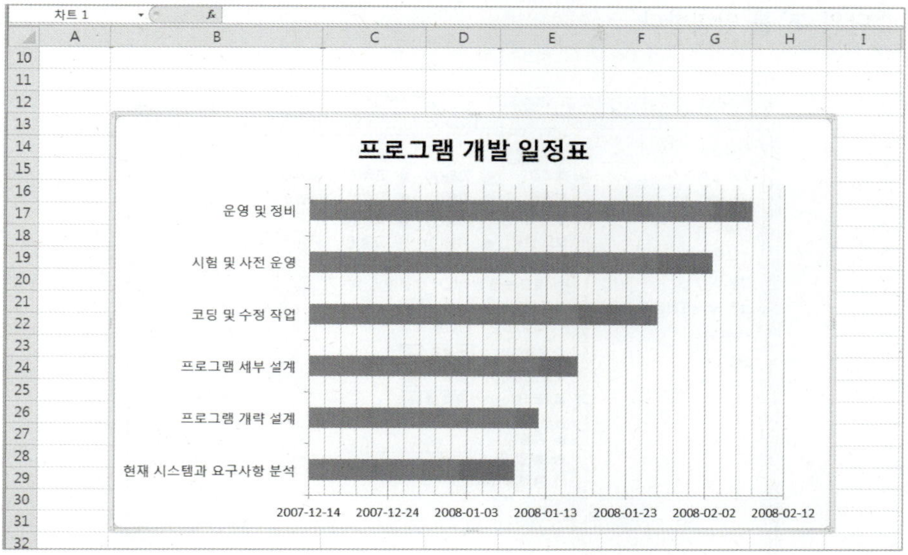

단계 3 간트 차트로 만들기

① 가로축을 클릭한 후 단축 메뉴 중 [축 서식]을 선택한다.

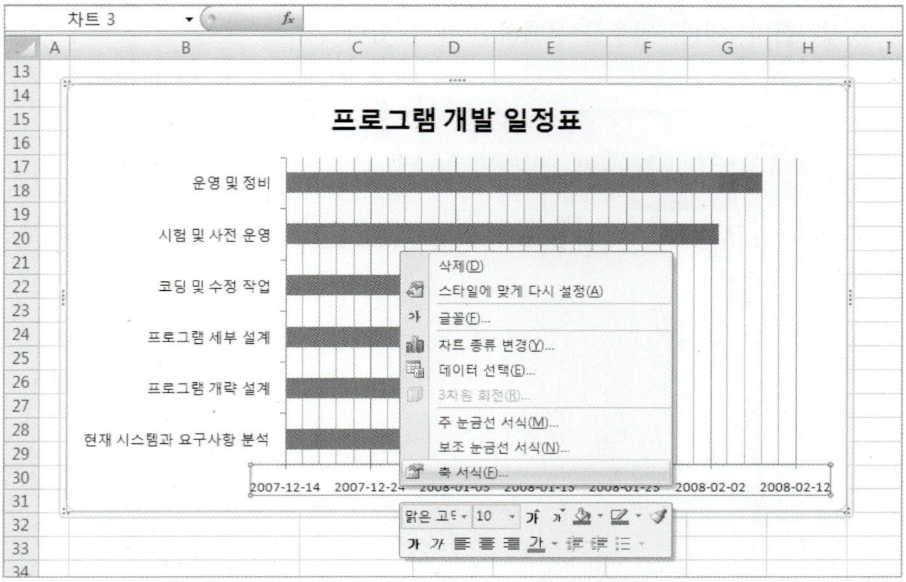

② [축 서식] 대화상자의 [축 옵션]에서 최소 값 '39449'(2008-01-02에 해당하는 일련번호), 최대 값 '39485'(2008-02-07에 해당하는 일련번호), 주 단위 '5'를 입력한다.

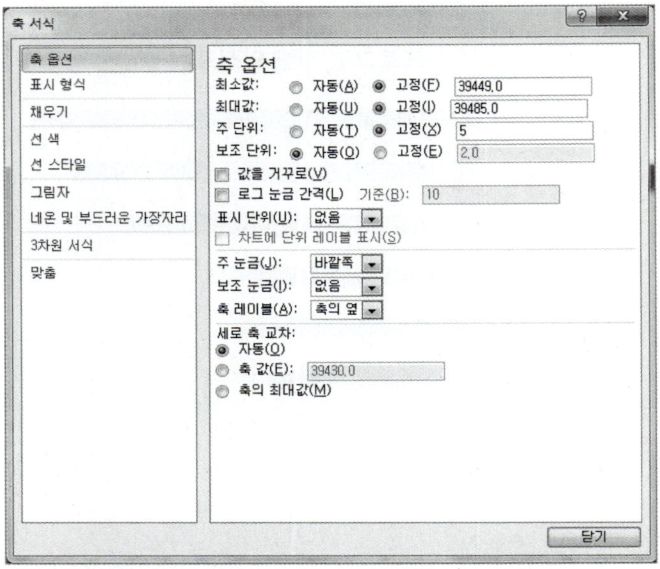

③ 날짜에 대한 일련번호는 셀에 날짜를 입력하고 [셀 서식] 대화상자의 '표시 형식' 탭의 '일반' 범주를 선택하면 볼 수 있다.

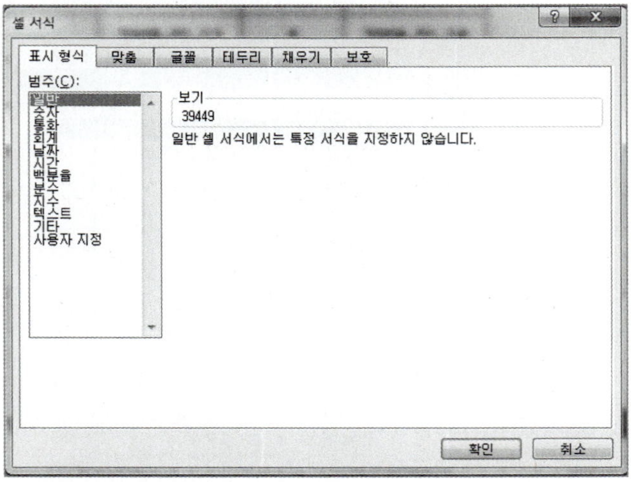

④ [축 서식] 대화상자의 [표시 형식]에서 날짜 범주의 형식을 '3/14' 로 선택한다.

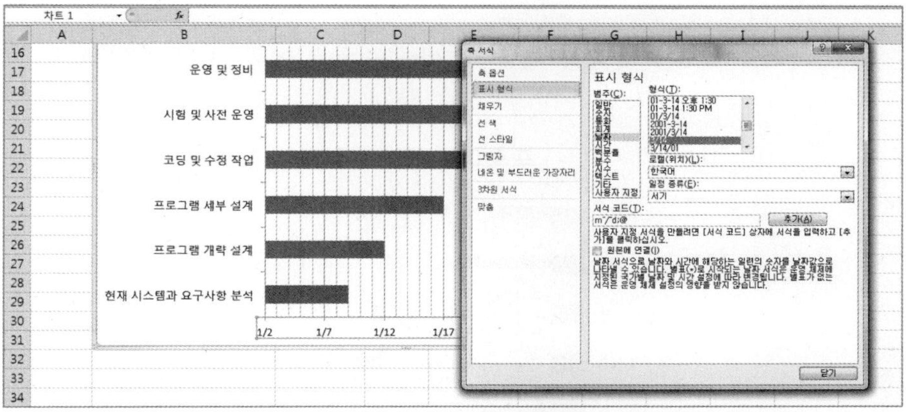

⑤ 세로축을 선택하고 단축 메뉴에서 [축 서식]을 선택한다. [축 옵션]에서 '항목을 거꾸로' 와 가로축 교차에서 '최대 항목' 을 선택한다.

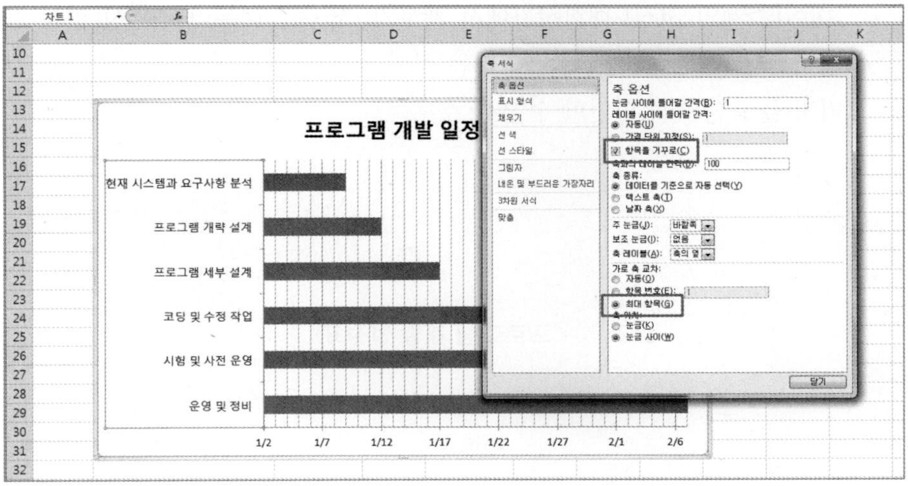

⑥ '시작일' 에 해당하는 부분을 차트에서 제거하기 위해 막대에서 '시작일' 부분을 클릭하고 단축 메뉴에서 [데이터 계열 서식]을 선택한다. 또는 [차트 도구]-[서식]-[도형 스타일]에서 '도형 채우기' 와 '도형 윤곽선' 메뉴를 이용한다.

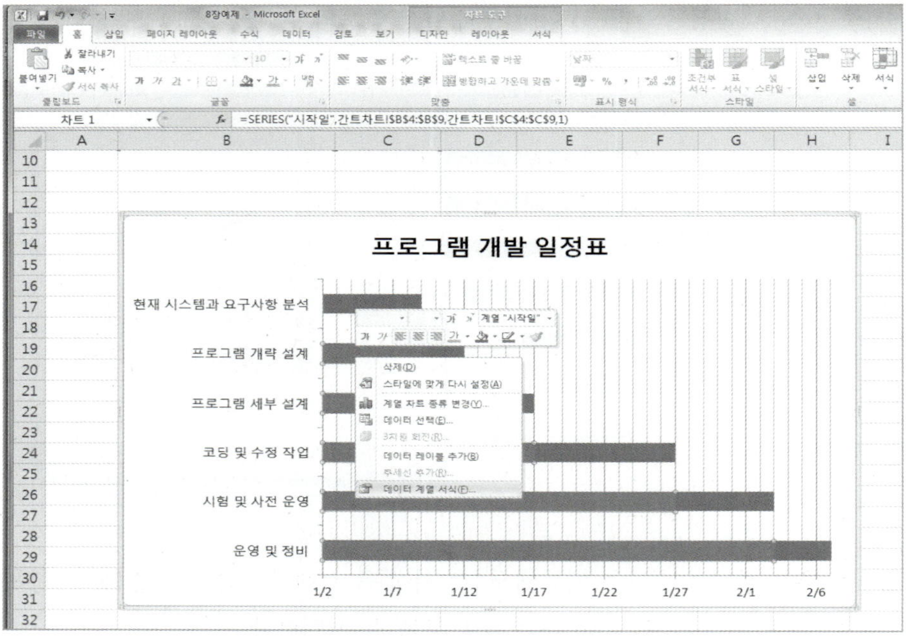

⑦ [데이터 계열 서식] 대화상자에서 채우기 '없음', 테두리 색 '선 없음'을 선택한다. 정해진 기간에 해당하는 부분에만 가로 막대가 있는 간트 차트가 만들어진 것을 확인할 수 있다.

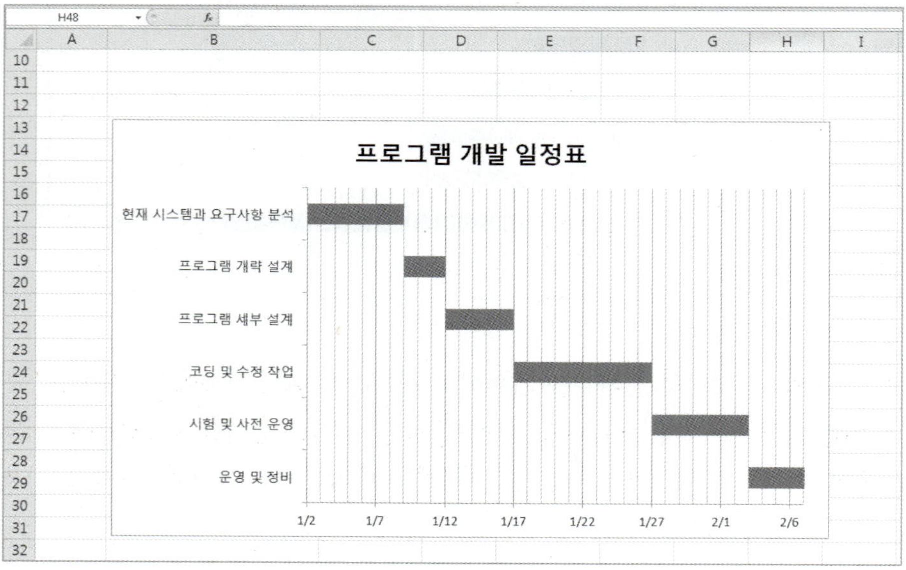

단계 4 차트 꾸미기

① 차트의 그림 영역에 색 지정을 위해 단축 메뉴에서 [그림 영역 서식]을 선택한다.

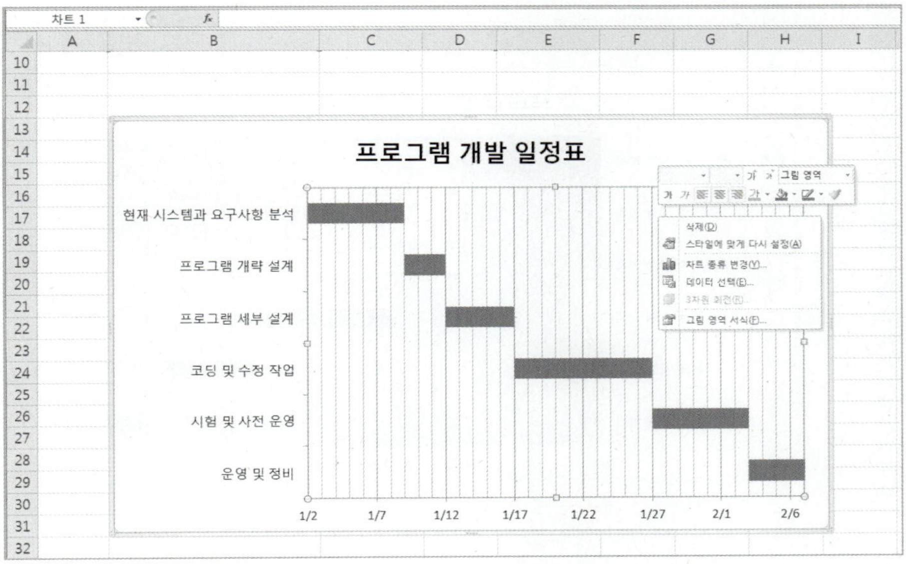

② [그림 영역 서식] 대화상자의 [채우기]에서 '그라데이션 채우기'를 선택하고, 기본 설정색은 '안개', 종류는 '선형'을 선택한다.

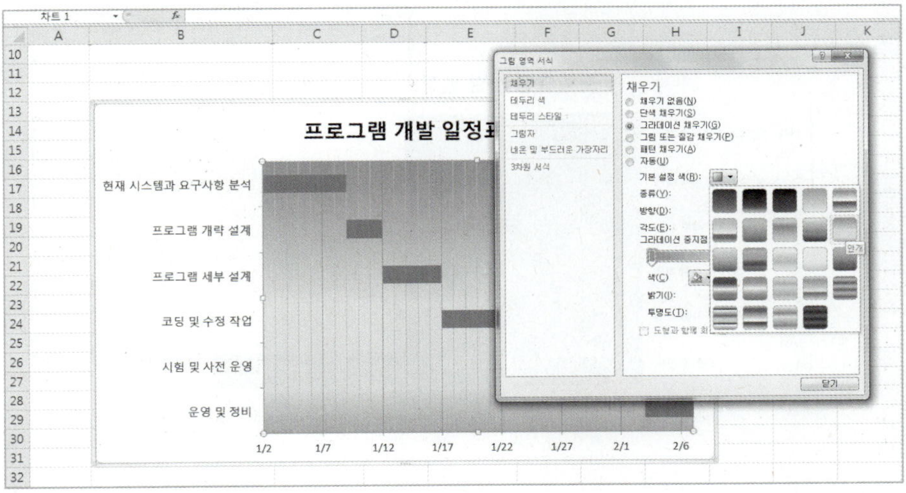

③ 주 눈금선 수정을 위해 차트 상의 주 눈금선 하나를 선택하고 마우스 오른쪽 버튼을 눌러 단축 메뉴 중 [눈금선 서식]을 선택한다.

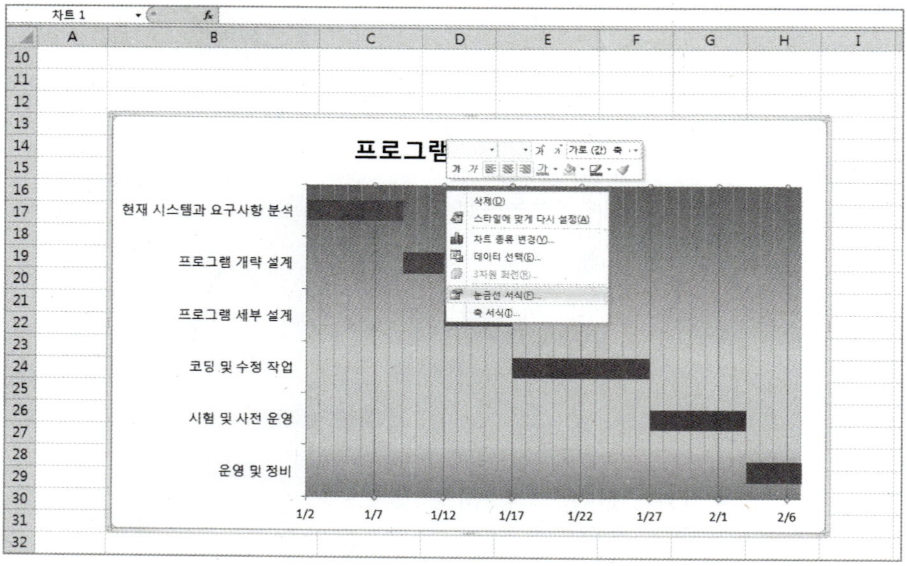

④ [주 눈금선 서식] 대화상자에서 선색은 '실선', '파랑색'을 선택하고, 선 스타일은 '파선'을 선택한다. 차트의 모양이 변한 것을 확인할 수 있다.

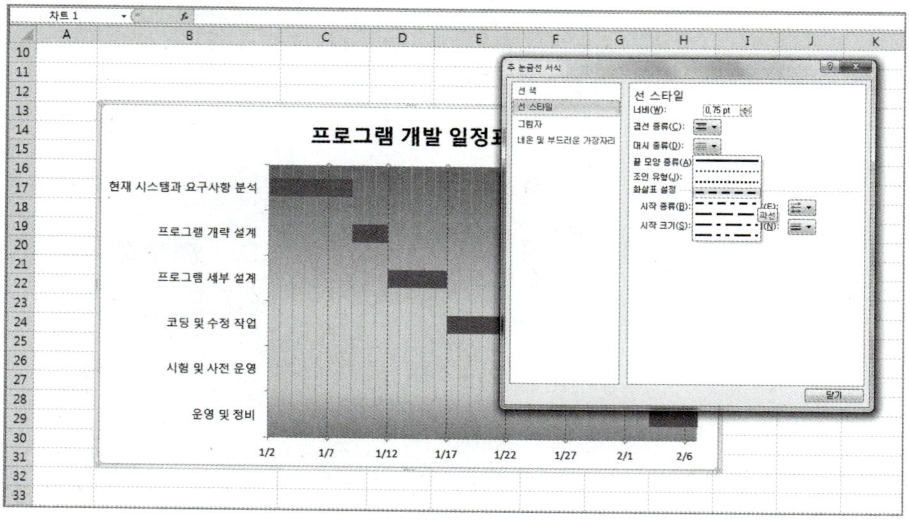

⑤ 각 막대에 데이터 레이블을 표시하기 위해 임의의 막대 하나를 선택하고 [차트 도구]-[레이아웃]-[데이터 레이블]-[가운데]를 선택한다.

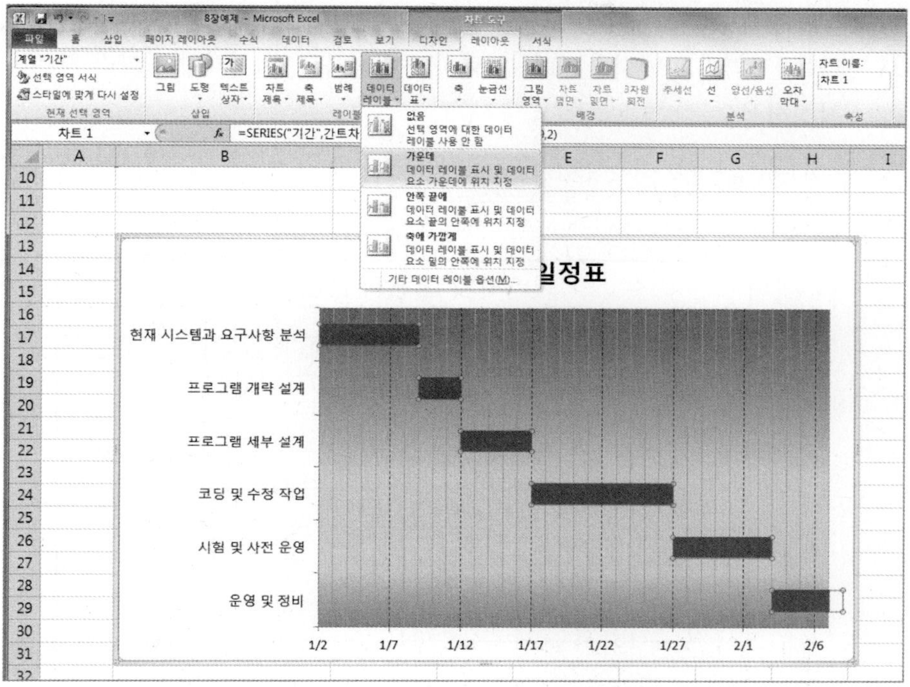

⑥ 각 막대에 데이터 레이블이 표시된다.

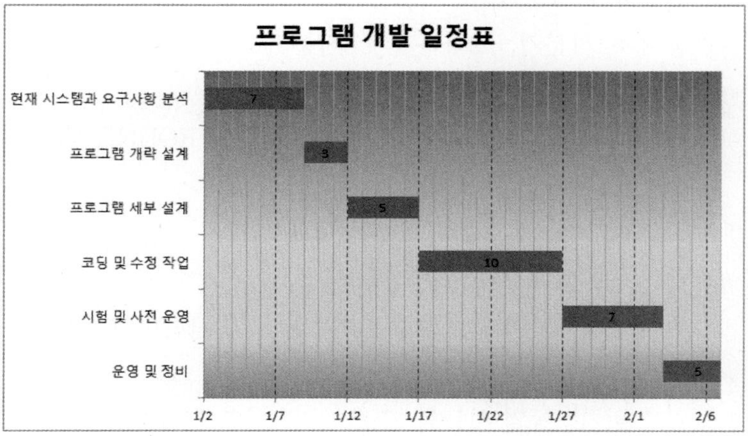

연 습 문 제

01 다음 [지역별 판매현황] 표를 입력하여 완성하고, 지시사항에 따라 차트를 작성하시오.

지역별 판매현황

지역명	1사분기	2사분기	3사분기	4사분기	총계
북미	2500	2350	2650	2450	
남미	1250	1380	1270	1340	
동유럽	1050	1010	1040	1080	
서유럽	2050	2020	2090	2030	
아시아	3500	3750	3450	3670	
아프리카	850	900	1000	980	
오세아니아	980	1000	1020	1040	
합계					
평균					

(1) 표 완성하기

① 총계 = 1사분기 + 2사분기 + 3사분기 + 4사분기

② 합계 = 각 분기별 총합(SUM 함수 이용)

③ 평균 = 각 분기별 평균(AVERAGE 함수와 ROUND 함수 이용하여 소수점 2자리까지 표시)

(2) 차트 그리기

① 차트 종류 : 표식이 있는 꺾은 선형

② 데이터 범위 : 아래의 완성된 차트를 보고 판단하여 선택

③ 차트 옵션 : 차트 제목 입력, 범례 삭제

④ 차트 위치 : 동일 시트의 [B15:G30] 영역에 위치

⑤ '총계' 의 계열에서 '서유럽' 에 해당하는 값만 데이터 테이블의 '값 표시' 를 지정

⑥ Y축은 표시단위를 '천' 으로 나타냄.

⑦ X축 제목 '지역명' , Y축 제목 '총계(천)' 을 추가

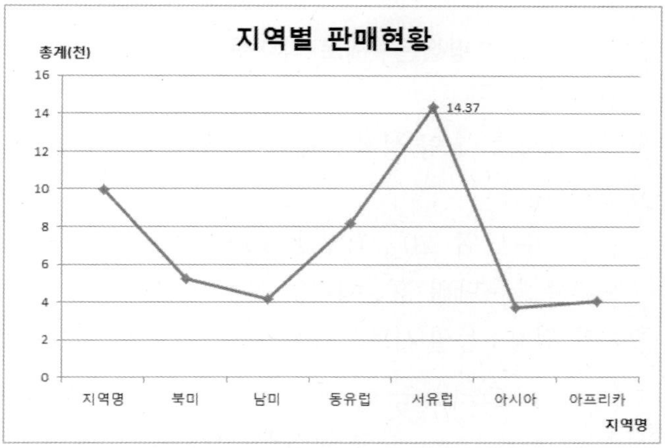

02 다음 [성적 현황(교양)] 표를 입력하여 완성하고, 지시사항에 따라 차트를 작성하시오.

성적 현황(교양)

성명	전공학과	결석횟수	출석점수	중간고사	기말고사	평균
이미영	컴퓨터	1	98	90	88	
구기자	국문	3	94	100	90	
한명구	경영	2	96	87	95	
사오정	국문	8	84	78	80	
오동추	컴퓨터	5	90	46	75	
윤수아	경영	6	88	66	90	
김기자	컴퓨터	4	92	89	88	
우주태	경영	2	96	90	95	

(1) 표 완성하기

① 평균 = (출석점수+중간고사+기말고사)/3

(2) 차트 그리기

① '성명' 별로 '결석회수', '평점' 이 차트에 표시되도록 데이터 범위를 지정

② 차트 종류 : 평점은 '세로 막대형', 결석횟수는 '표식이 있는 꺾은선형'

③ 차트 제목 : '교양 성적 그래프', 범례는 테두리 지정

④ Y(값) 눈금

왼쪽 : 주 단위 '20', 최대값 '100', 최소값 '0'

오른쪽 : 주 단위 '2', 최대값 '8', 최소값 '0'

⑤ 차트 위치 : 동일 시트의 [B15:H31] 영역에 위치시키시오.

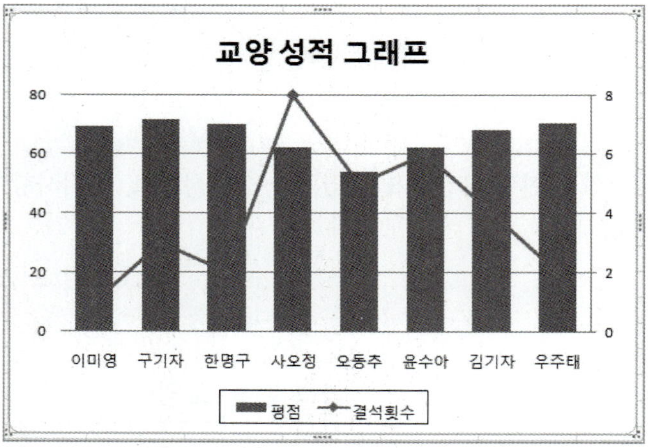

CHAPTER

09

손쉬운 데이터 입력부터 간단한 관리까지

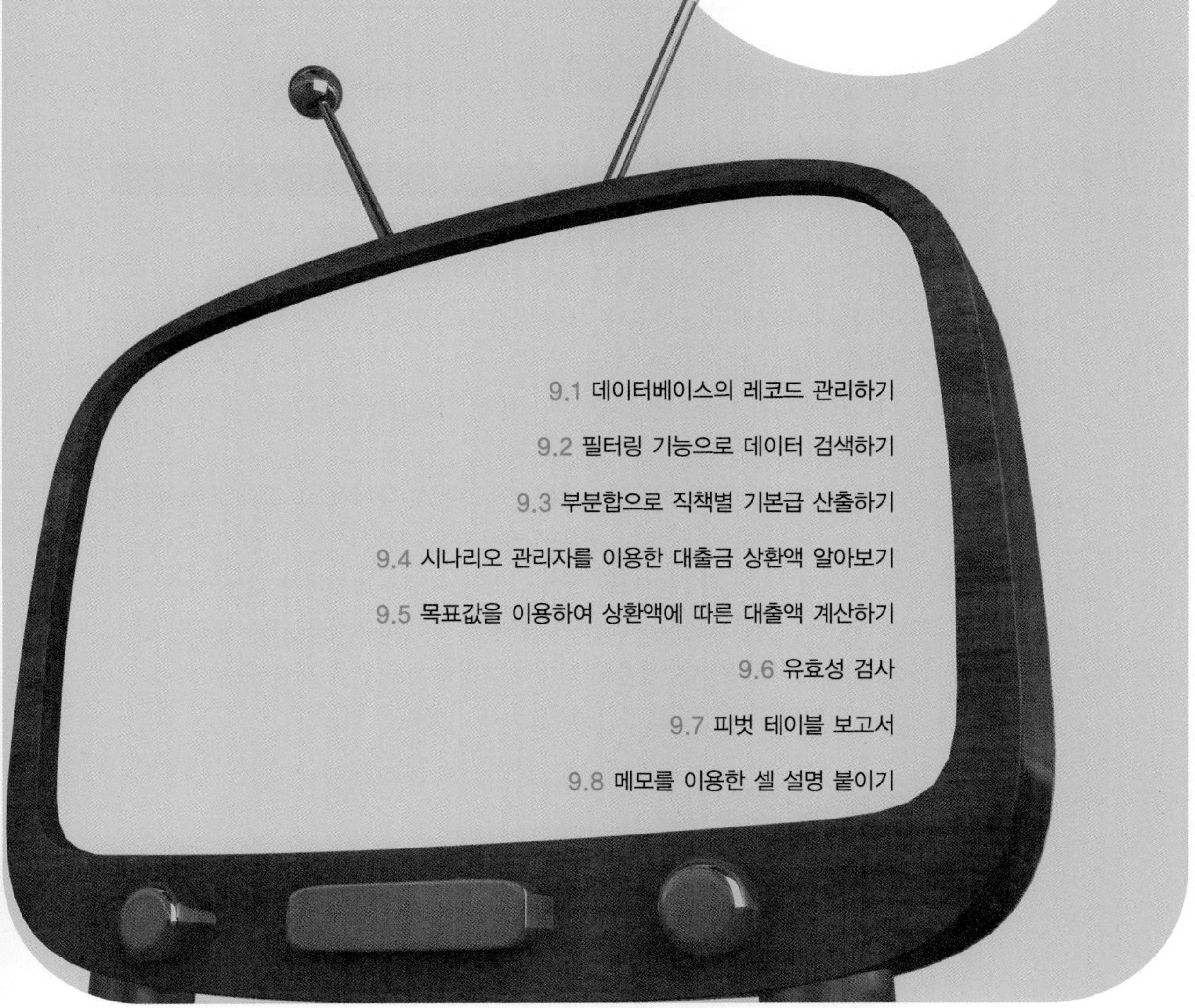

9.1 데이터베이스의 레코드 관리하기

9.2 필터링 기능으로 데이터 검색하기

9.3 부분합으로 직책별 기본급 산출하기

9.4 시나리오 관리자를 이용한 대출금 상환액 알아보기

9.5 목표값을 이용하여 상환액에 따른 대출액 계산하기

9.6 유효성 검사

9.7 피벗 테이블 보고서

9.8 메모를 이용한 셀 설명 붙이기

CHAPTER 09

손쉬운 데이터 입력부터 간단한 관리까지

9.1 데이터베이스의 레코드 관리하기

이 장에서는 엑셀에서 사용하는 데이터 관리 기능에 대하여 배운다.

배울 내용 ● ● ●

① 정렬 : 입력된 자료를 특정키에 의해 순차적으로 정리하는 기능
② 필터 : 특정 조건에 맞는 자료를 쉽게 검색해 볼 수 있도록 하는 기능
③ 부분합 : 데이터베이스 자료 중 특정 항목들의 합계나 평균 등을 쉽게 파악하기 위하여 제공되는 기능
④ 시나리오 관리자 : 데이터에 대하여 다양한 상황과 변수에 따른 여러 가지 결과를 예측해 보는 기능
⑤ 목표값 찾기 : 수식의 결과 값을 알고 있으나, 수식에서 그 결과를 계산하기 위해 필요한 입력값을 모르는 경우에 사용하는 기능
⑥ 유효성 검사 : 잘못된 데이터를 셀에 입력하는 것을 방지하는 기능
⑦ 피벗테이블 : 기존 테이블의 필드명 중에서 데이터 분석을 위해 필요한 필드만을 이용해 새로운 테이블을 구성하여 요약된 정보만을 제공하는 기능
⑧ 메모 : 임의의 셀에 간단한 설명을 붙일 때 사용하는 기능

9.1.1 데이터 정렬하기

정렬은 입력된 자료를 특정키에 의해 순차적으로 나열하는 것을 말하는 것으로, 오름차순 정렬과 내림차순 정렬로 분류한다.

▶오름차순 정렬 : 작은 것부터 큰 것의 순서로 나열하는 것 예) 1, 2, 3, 4, 5
▶내림차순 정렬 : 큰 것부터 작은 것의 순서로 나열하는 것 예) 5, 4, 3, 2, 1

또한 한 개의 조건뿐 아니라 여러 개의 정렬 조건을 이용하여 정렬이 가능하다.

데이터를 정렬시킬 때 주의하여야 할 점은 정렬 기능을 이용하여 데이터 분석을 한 후 원본 데이터와 동일한 형태로 순서를 되돌리고자 하는 경우, 정렬 작업을 하기 전에 원본 상태로 다시 정렬할 수 있는 기준이 있는지 확인한 후 정렬 기능을 수행한다. 만약 데이터 상에 정렬 기준이 없다면 일련번호와 같은 임의의 항목을 생성한 후 정렬 기능을 수행해야 원본 데이터 순으로 다시 되돌릴 수 있다.

(1) 한 가지 기준으로 정렬하기

[대한전자(주) 2월 급여표] 표에서 '총급여액'에 대하여 내림차순 정렬하시오.

단계 1 다음 '대한전자(주) 2월 급여표'를 입력하고, 원본 데이터에서 '총급여액' 항목에 해당하는 열[I5:I14]의 셀 중 임의의 셀을 선택한다.

대한전자㈜ 2월 급여표

사원번호	이름	근무부서	직책	야근시간	기본급	야근수당	총급여액
TH008	강창선	자재과	과장	8	180	25	380
TH009	한석영	영업과	사원	9	120	25	345
TH010	이인호	기획과	사원	10	120	25	370
TH006	이종태	영업과	대리	6	150	25	300
TH007	김정은	자재과	대리	7	150	25	325
TH005	송인권	총무과	과장	5	180	25	305
TH004	강대식	총무과	부장	4	200	25	300
TH001	박경희	영업과	전무	3	250	25	325
TH003	이운호	기획과	부장	2	200	25	250
TH002	하허홍	기획과	과장	1	180	25	205

단계 2 [홈]–[편집]–[정렬 및 필터]–[숫자 내림차순 정렬]을 선택하면 원본 데이터가 '총급여액'에 대한 내림차순으로 정렬된다.

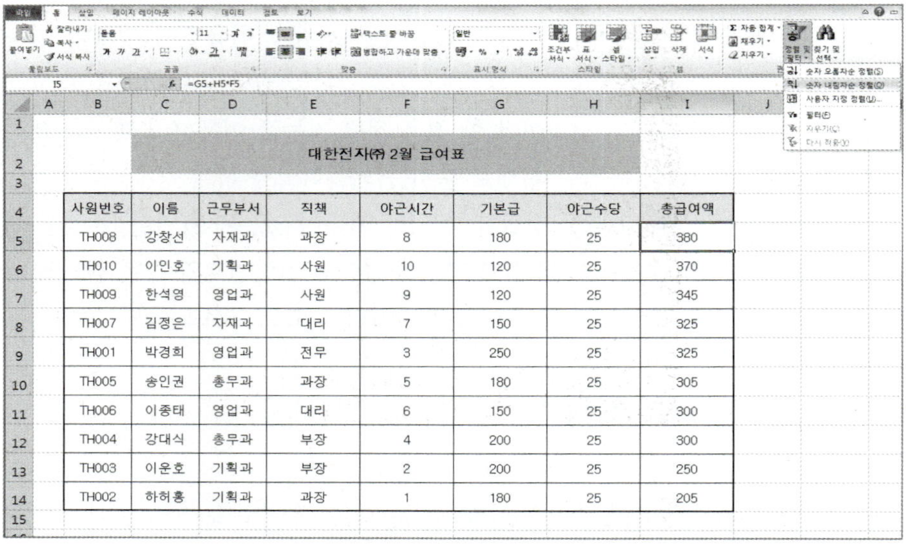

대한전자㈜ 2월 급여표

사원번호	이름	근무부서	직책	야근시간	기본급	야근수당	총급여액
TH008	강창선	자재과	과장	8	180	25	380
TH010	이인호	기획과	사원	10	120	25	370
TH009	한석영	영업과	사원	9	120	25	345
TH007	김정은	자재과	대리	7	150	25	325
TH001	박경희	영업과	전무	3	250	25	325
TH005	송인권	총무과	과장	5	180	25	305
TH006	이종태	영업과	대리	6	150	25	300
TH004	강대식	총무과	부장	4	200	25	300
TH003	이운호	기획과	부장	2	200	25	250
TH002	하허홍	기획과	과장	1	180	25	205

단계 3 '이름'에 대한 오름차순 정렬은 [데이터]–[정렬 및 필터] 메뉴를 사용하여 실행한다.

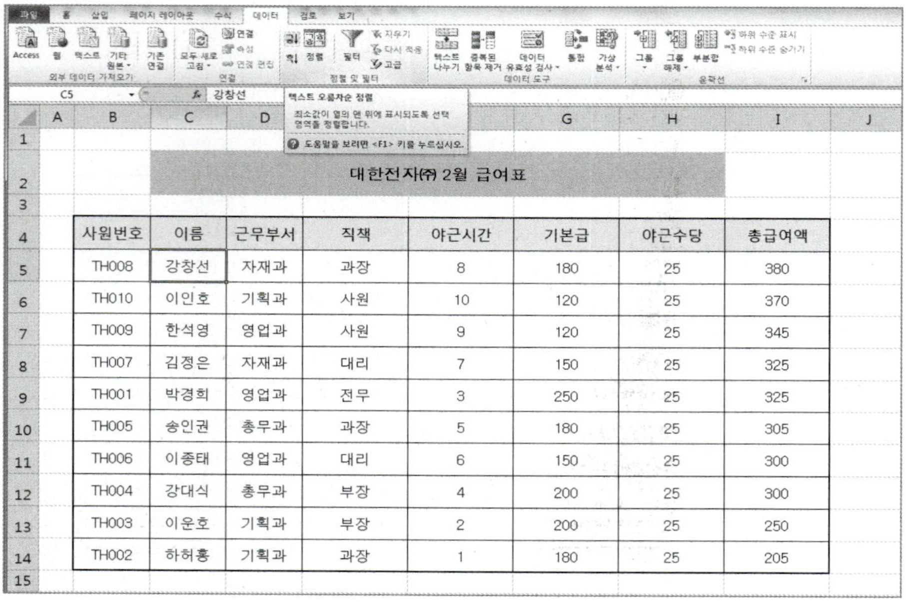

대한전자㈜ 2월 급여표

사원번호	이름	근무부서	직책	야근시간	기본급	야근수당	총급여액
TH008	강창선	자재과	과장	8	180	25	380
TH010	이인호	기획과	사원	10	120	25	370
TH009	한석영	영업과	사원	9	120	25	345
TH007	김정은	자재과	대리	7	150	25	325
TH001	박경희	영업과	전무	3	250	25	325
TH005	송인권	총무과	과장	5	180	25	305
TH006	이종태	영업과	대리	6	150	25	300
TH004	강대식	총무과	부장	4	200	25	300
TH003	이운호	기획과	부장	2	200	25	250
TH002	하허홍	기획과	과장	1	180	25	205

[연습하기]

▶ '직책' 에 대하여 내림차순 정렬을 하시오.

▶ '이름' 에 대하여 오름차순 정렬을 하시오.

(2) 여러 개의 기준으로 정렬하기

한 개 이상의 기준을 설정할 때 기준의 적용은 상위 단계 기준으로 정렬하였을 때, 상위 단계 기준에 대하여 동일한 값을 가지고 있는 데이터에 대해서만 다음 기준으로 다시 재정렬하는 방법이다.

> [대한 전자(주) 2월 급여표]에서 첫 번째 기준은 '근무부서' 별 내림차순으로, 두 번째 기준은 '직책' 별 오름차순으로 정렬하시오.,

단계 1 셀 포인터는 '대한전자(주) 2월 급여표' 내의 임의의 셀을 선택한다.

[홈]-[편집]-[정렬 및 필터]-[사용자 지정 정렬] 선택한다. 또는 [데이터]-[정렬 및 필터]-[정렬]을 선택한다.

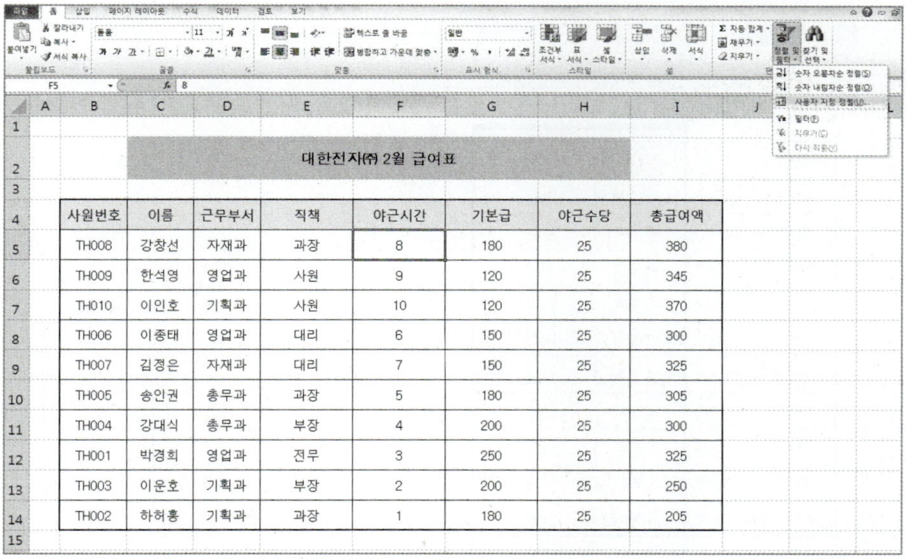

대한전자㈜ 2월 급여표

사원번호	이름	근무부서	직책	야근시간	기본급	야근수당	총급여액
TH008	강창선	자재과	과장	8	180	25	380
TH009	한석영	영업과	사원	9	120	25	345
TH010	이인호	기획과	사원	10	120	25	370
TH006	이종태	영업과	대리	6	150	25	300
TH007	김정은	자재과	대리	7	150	25	325
TH005	송인권	총무과	과장	5	180	25	305
TH004	강대식	총무과	부장	4	200	25	300
TH001	박경희	영업과	전무	3	250	25	325
TH003	이운호	기획과	부장	2	200	25	250
TH002	하허홍	기획과	과장	1	180	25	205

단계 2 [정렬] 대화상자에서 정렬기준 '근무부서', '값', '내림차순' 을 선택한다. 두 번째 기준을 추가하기 위해 [기준 추가] 버튼을 누르면 '다음 기준' 항목이 생성된다. 다음 기준에는 '직책', '값', '오름차순' 을 입력한다.

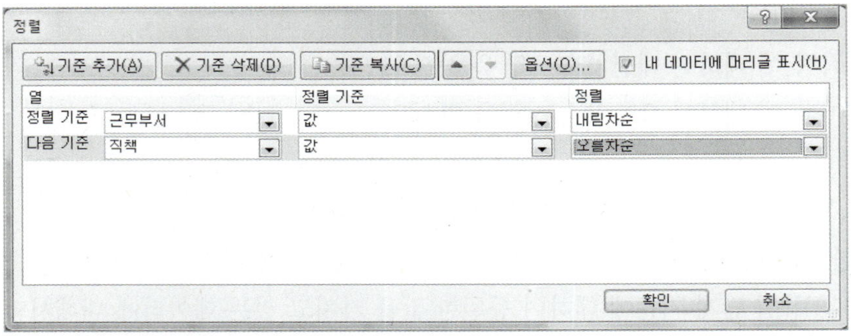

Tip

[정렬] 대화상자에서 '다음 기준'은 첫 번째 기준에 의하여 정렬한 후, 첫 번째 기준값이 동일한 경우 두 번째 기준을 두어서 동일한 값을 갖는 데이터들만 재정렬하고자 할 때 사용한다. 여러 개의 기준을 '기준 추가' 버튼을 이용하여 추가할 수 있다.

단계 3 [확인] 버튼을 누르면 원본 데이터가 기준에 따라 정렬된다.

대한전자(주) 2월 급여표

사원번호	이름	근무부서	직책	야근시간	기본급	야근수당	총급여액
TH005	송인권	총무과	과장	5	180	25	305
TH004	강대식	총무과	부장	4	200	25	300
TH008	강창선	자재과	과장	8	180	25	380
TH007	김정은	자재과	대리	7	150	25	325
TH006	이종태	영업과	대리	6	150	25	300
TH009	한석영	영업과	사원	9	120	25	345
TH001	박경희	영업과	전무	3	250	25	325
TH002	하허홍	기획과	과장	1	180	25	205
TH003	이운호	기획과	부장	2	200	25	250
TH010	이인호	기획과	사원	10	120	25	370

[연습하기]

▶ 첫 번째 기준으로 '직책'에 대하여 오름차순 정렬을 하고, 두 번째 기준으로 '총급여액'에 대해 내림차순 정렬을 하시오.

▶ 첫 번째 기준으로 '야근시간'에 대하여 내림차순 정렬을 하고, 두 번째 기준으로 '직책'에 대하여 오름차순 정렬을 하시오.

9.2 필터링 기능으로 데이터 검색하기

필터는 특정 조건에 맞는 자료를 쉽게 검색해 볼 수 있도록 하는 기능이다.

엑셀 2010에서는 대용량 데이터에 대한 필터 시 원하는 데이터를 쉽게 찾을 수 있도록 하기 위해 검색 용어의 사용을 가능하게 하였다. 검색 용어를 사용함으로써 관련 항목만 목록에 보여지게 하기 때문에, 원하는 데이터에 대한 필터가 쉽도록 하였다.

엑셀의 필터는 자동 필터와 고급 필터 두 가지 기능이 있다.

▶자동 필터 : 데이터에 나타나는 스크롤 항목을 이용하여 필터하는 방법

▶고급 필터 : 조건식을 이용하여 필터하는 방법

9.2.1 자동 필터

데이터베이스의 자료를 비교적 간단한 조건을 이용하여 검색할 수 있도록 제공하는 기능으로 조건에 맞는 레코드 항목들만을 검색하여 보여주게 된다. 자동 필터에서는 서로 다른 항목들 간에는 'AND' 연산만이 가능하다.

단계 1 원본 데이터[B4:I14] 내의 임의의 셀을 선택하고
[데이터]-[정렬 및 필터]-[필터]를 클릭하면,
각 필드이름에 화살표로 된 목록상자가 나타난다.
엑셀은 자동으로 [B4:I14]를 데이터베이스 영역으로 간주한다.

단계 2 '사원번호' 필드의 목록 상자에서 사원번호 "TH008"를 선택한다.

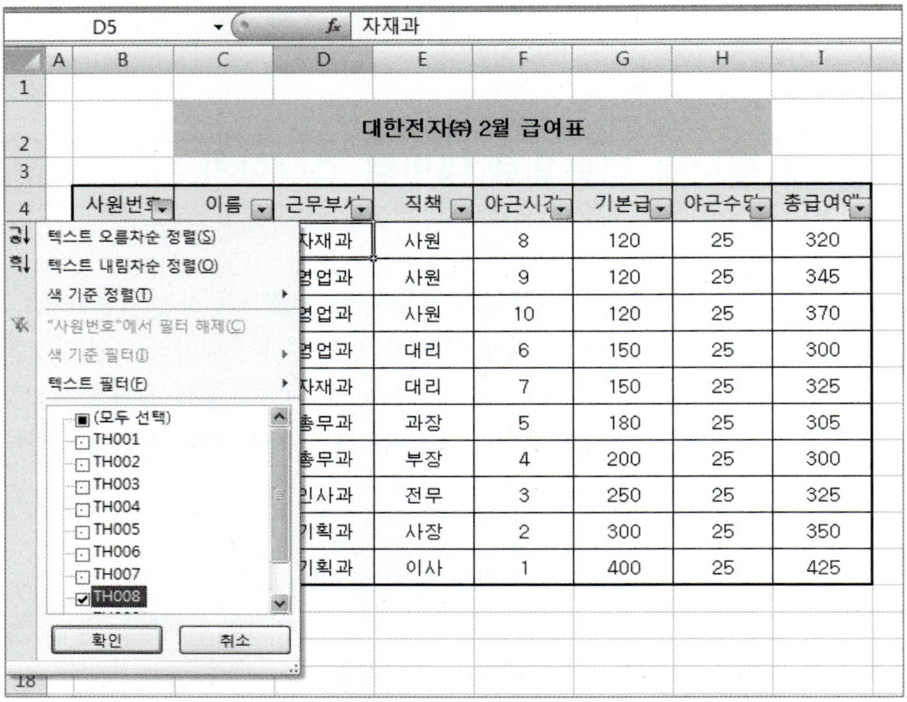

근무부서	직책	야근시간	기본급	야근수당	총급여액
자재과	사원	8	120	25	320
영업과	사원	9	120	25	345
영업과	사원	10	120	25	370
영업과	대리	6	150	25	300
자재과	대리	7	150	25	325
총무과	과장	5	180	25	305
총무과	부장	4	200	25	300
인사과	전무	3	250	25	325
기획과	사장	2	300	25	350
기획과	이사	1	400	25	425

단계 3 사원번호 "TH008"에 해당되는 레코드만 표시된다.

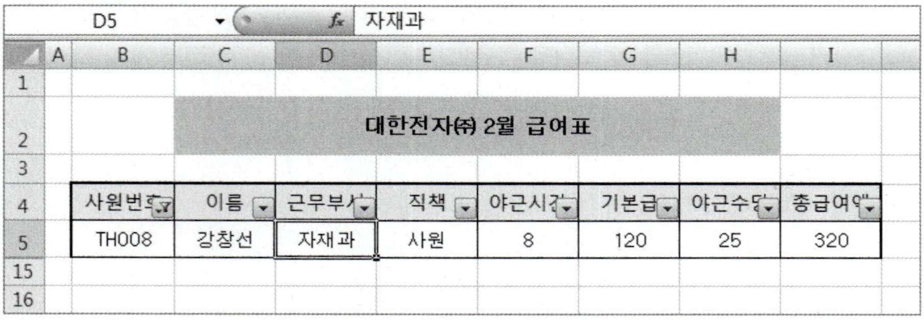

사원번호	이름	근무부서	직책	야근시간	기본급	야근수당	총급여액
TH008	강창선	자재과	사원	8	120	25	320

단계 4 다시 모든 레코드를 표시하기 위해서는 '사원번호' 필드의 목록 상자에서 '모두 선택'을 클릭한다.

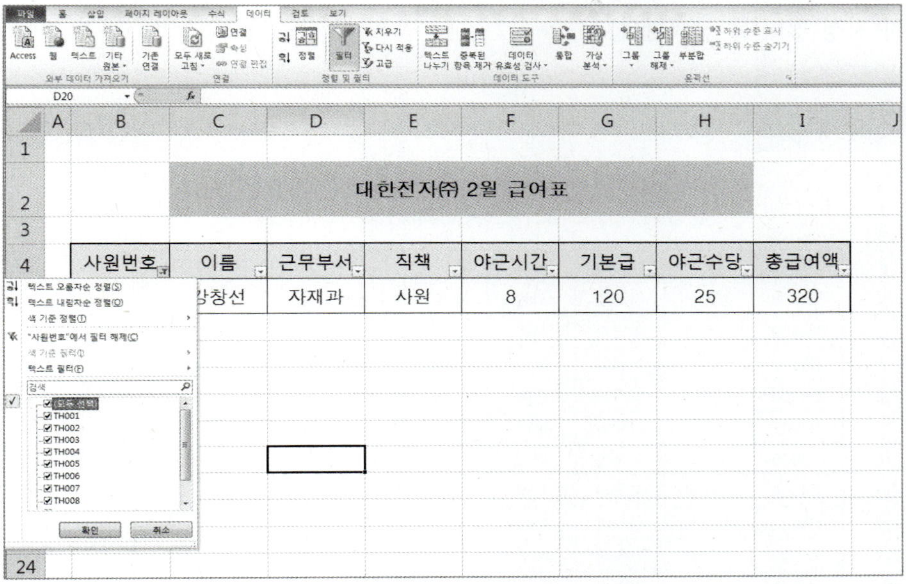

단계 5 처음과 같이 전체 데이터가 보인다.

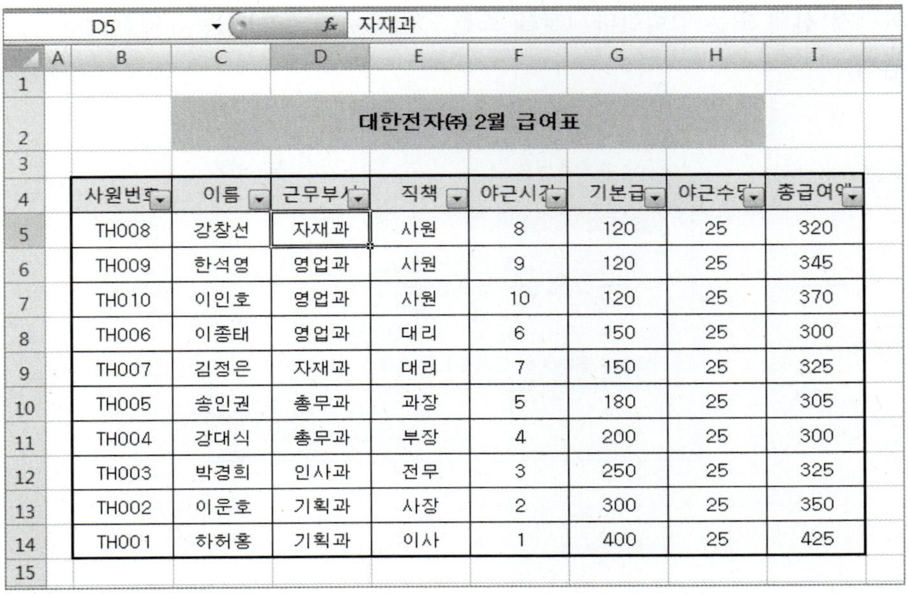

대한전자㈜ 2월 급여표

사원번호	이름	근무부서	직책	야근시간	기본급	야근수당	총급여액
TH008	강창선	자재과	사원	8	120	25	320
TH009	한석영	영업과	사원	9	120	25	345
TH010	이인호	영업과	사원	10	120	25	370
TH006	이종태	영업과	대리	6	150	25	300
TH007	김정은	자재과	대리	7	150	25	325
TH005	송인권	총무과	과장	5	180	25	305
TH004	강대식	총무과	부장	4	200	25	300
TH003	박경희	인사과	전무	3	250	25	325
TH002	이운호	기획과	사장	2	300	25	350
TH001	하허홍	기획과	이사	1	400	25	425

단계 6 '총급여액' 필드에서 총급여액이 350보다 크고 380보다 작은 경우의 데이터만 추출해 보자.

'총급여액' 필드 목록 상자에서 [숫자 필터]-[해당 범위]나 [숫자 필터]-[사용자 지정 필터]를 선택한다.

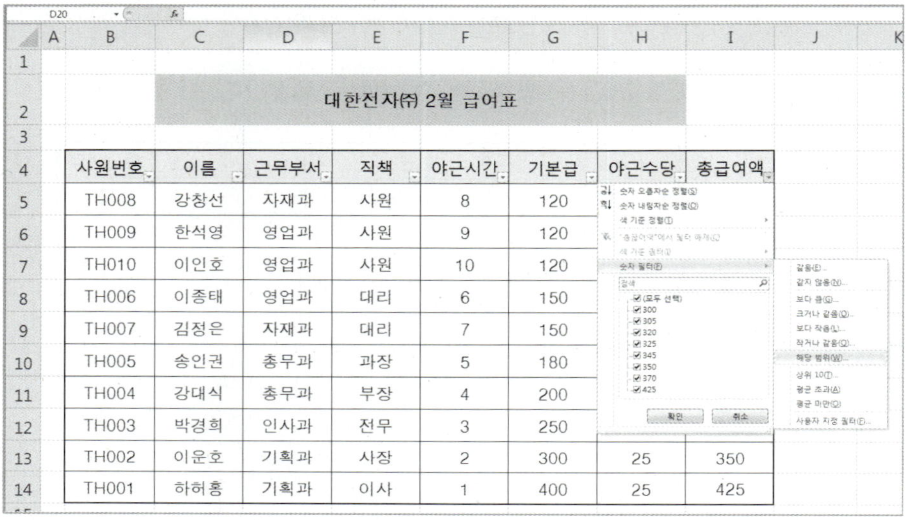

대한전자㈜ 2월 급여표

사원번호	이름	근무부서	직책	야근시간	기본급	야근수당	총급여액
TH008	강창선	자재과	사원	8	120		
TH009	한석영	영업과	사원	9	120		
TH010	이인호	영업과	사원	10	120		
TH006	이종태	영업과	대리	6	150		
TH007	김정은	자재과	대리	7	150		
TH005	송인권	총무과	과장	5	180		
TH004	강대식	총무과	부장	4	200		
TH003	박경희	인사과	전무	3	250		
TH002	이운호	기획과	사장	2	300	25	350
TH001	하허홍	기획과	이사	1	400	25	425

단계 7 [사용자 지정 자동필터] 대화상자에 찾을 조건을 다음 그림과 같이 목록에서 선택 또는 입력한다. (찾을 조건 : 380>= 총급여액 >= 350인 레코드만 검색)

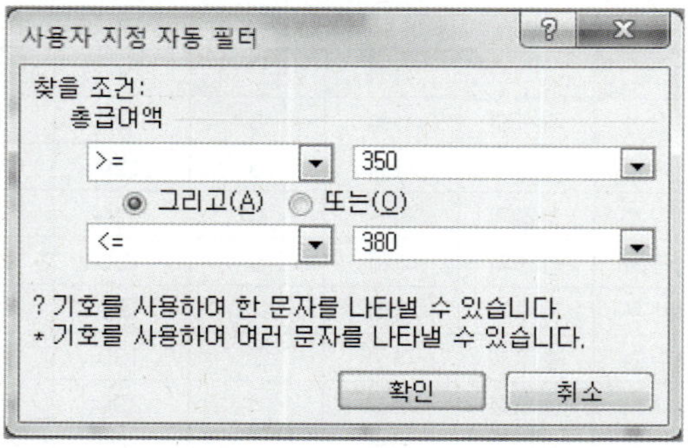

단계 8 필터링 결과가 보여진다.

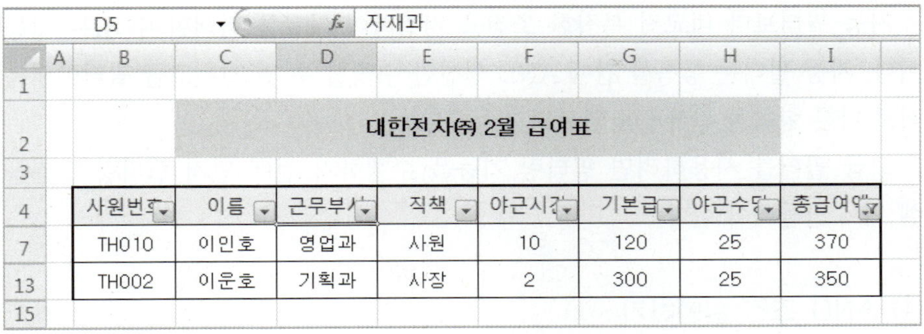

D5 | 자재과

	B	C	D	E	F	G	H	I
2		대한전자㈜ 2월 급여표						
4	사원번호	이름	근무부서	직책	야근시간	기본급	야근수당	총급여액
7	TH010	이인호	영업과	사원	10	120	25	370
13	TH002	이운호	기획과	사장	2	300	25	350

단계 9 자동 필터를 해제하기 위해서는 [데이터]–[정렬 및 필터]–[필터]를 다시 클릭한다. 원본 데이터 상에서 화살표 목록상자가 제거된다.

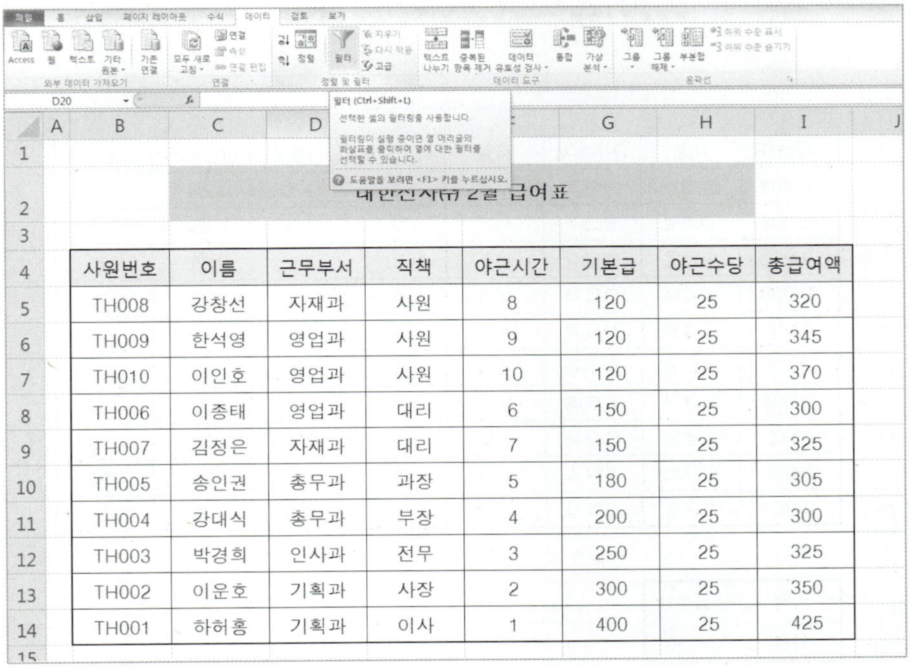

	B	C	D	E	F	G	H	I
2		대한전자㈜ 2월 급여표						
4	사원번호	이름	근무부서	직책	야근시간	기본급	야근수당	총급여액
5	TH008	강창선	자재과	사원	8	120	25	320
6	TH009	한석영	영업과	사원	9	120	25	345
7	TH010	이인호	영업과	사원	10	120	25	370
8	TH006	이종태	영업과	대리	6	150	25	300
9	TH007	김정은	자재과	대리	7	150	25	325
10	TH005	송인권	총무과	과장	5	180	25	305
11	TH004	강대식	총무과	부장	4	200	25	300
12	TH003	박경희	인사과	전무	3	250	25	325
13	TH002	이운호	기획과	사장	2	300	25	350
14	TH001	하허홍	기획과	이사	1	400	25	425

[연습하기]

▶ '근무부서' 가 '자재과' 이고 '직책' 이 '사원' 인 데이터를 필터하시오.

▶ '총 급여액' 이 300 이상인 데이터를 필터하시오.

▶ '야근시간' 이 5시간 이상이고 9시간 이하인 데이터를 필터하시오.

9.2.2 고급 필터

자동 필터보다 비교적 복잡한 조건을 지정하여 자료를 검색할 수 있는 기능이다. 자동 필터는 항목들 간에 AND 연산만 수행할 수 있으나 고급 필터에서는 서로 다른 항목들 간에 OR 연산도 가능하다.

고급 필터를 사용하려면 필터링 기능을 수행하기 전에 먼저 필터링 조건을 셀 위에 만들어야 한다.

(1) AND 조건 실행하기

직책이 '사원' 이고 총급여액이 '330' 이상인 데이터를 나타내시오.

단계 1 [B17:C18]에 필터링 조건을 입력한다.

B17 fx 직책

	A	B	C	D	E	F	G	H	I
4		사원번호	이름	근무부서	직책	야근시간	기본급	야근수당	총급여액
5		TH008	강창선	자재과	사원	8	120	25	320
6		TH009	한석영	영업과	사원	9	120	25	345
7		TH010	이인호	영업과	사원	10	120	25	370
8		TH006	이종태	영업과	대리	6	150	25	300
9		TH007	김정은	자재과	대리	7	150	25	325
10		TH005	송인권	총무과	과장	5	180	25	305
11		TH004	강대식	총무과	부장	4	200	25	300
12		TH003	박경희	인사과	전무	3	250	25	325
13		TH002	이운호	기획과	사장	2	300	25	350
14		TH001	하허홍	기획과	이사	1	400	25	425
15									
16									
17		직책	총급여액						
18		사원	>=330						
19									

단계 2 [B4:I14] 내의 임의의 셀을 선택하고 [데이터]-[필터]-[고급]을 선택한다.

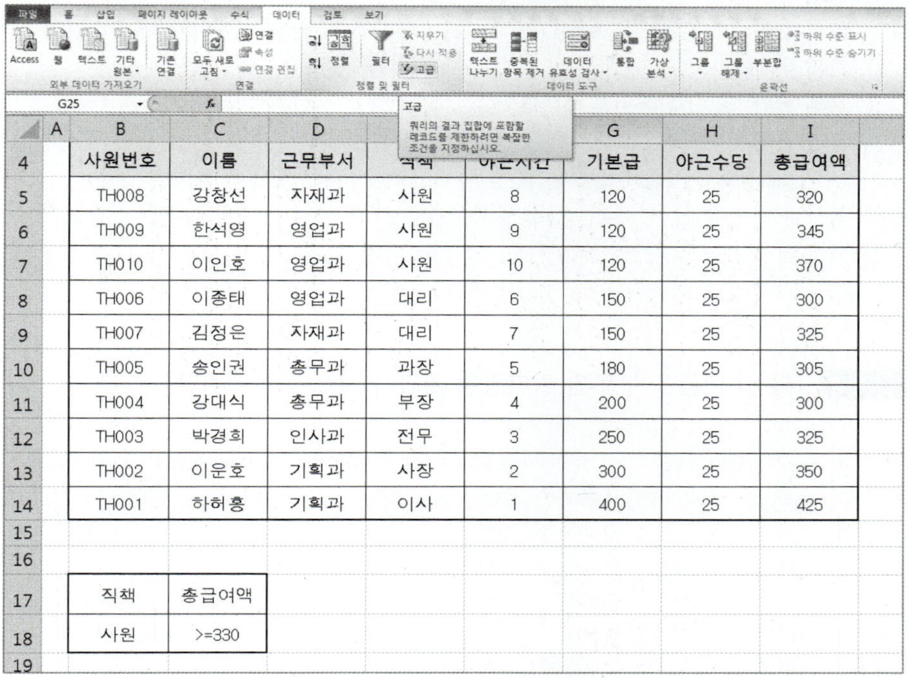

단계 3 [고급 필터] 대화상자에 원본 데이터를 드래그하여 셀을 입력한다.

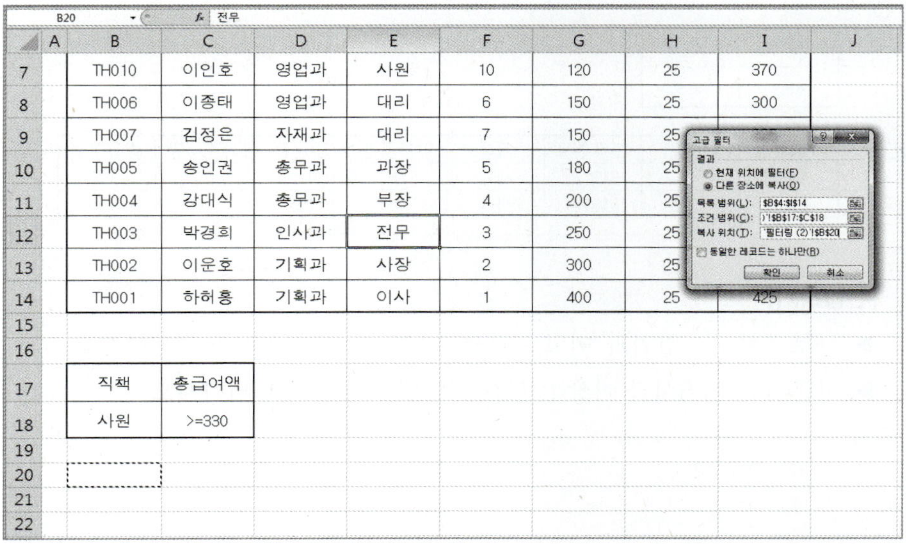

Tip 고급 필터 대화상자

① 현재 위치에 필터 : 원본 데이터가 있는 위치에서 필터링된 결과를 보여준다.
② 다른 장소에 복사 : 원본 데이터를 유지하면서 동일 시트 내 다른 장소에 필터링 결과를 보여준다.
③ 목록 범위 : 필터링할 원본 데이터
④ 조건 범위 : 사용자가 필터링할 조건을 입력한 셀 영역
(AND 조건 : 같은 줄에 조건을 쓸 경우, OR 조건 : 다른 줄에 조건을 쓸 경우)
⑤ 복사 위치 : 결과에서 '다른 장소에 복사'를 선택한 경우 필터링 결과가 표시될 영역으로 시작 셀 한 칸만 선택한다.

단계 4 [확인] 버튼을 누르면 필터링된 결과가 시트에 보여진다.

E12 fx 전무

	A	B	C	D	E	F	G	H	I	J
7		TH010	이인호	영업과	사원	10	120	25	370	
8		TH006	이종태	영업과	대리	6	150	25	300	
9		TH007	김정은	자재과	대리	7	150	25	325	
10		TH005	송인권	총무과	과장	5	180	25	305	
11		TH004	강대식	총무과	부장	4	200	25	300	
12		TH003	박경희	인사과	전무	3	250	25	325	
13		TH002	이운호	기획과	사장	2	300	25	350	
14		TH001	하허홍	기획과	이사	1	400	25	425	
15										
16										
17		직책	총급여액							
18		사원	>=330							
19										
20		사원번호	이름	근무부서	직책	야근시간	기본급	야근수당	총급여액	
21		TH009	한석영	영업과	사원	9	120	25	345	
22		TH010	이인호	영업과	사원	10	120	25	370	

[연습하기]

▶ '근무부서'가 '영업과'이고, '직책'이 '대리'인 데이터를 필터하시오.
▶ '야근시간'이 5시간 이상 10시간 미만인 데이터를 필터하시오.

(2) OR 조건 실행하기

직책이 '사원' 이거나 총급여액이 '330' 이상인 데이터를 나타내시오.

단계 1 [B26:C28]에 필터링 조건을 입력한다.

G35

	A	B	C	D	E	F	G	H	I
6		TH009	한석영	영업과	사원	9	120	25	345
7		TH010	이인호	영업과	사원	10	120	25	370
8		TH006	이종태	영업과	대리	6	150	25	300
9		TH007	김정은	자재과	대리	7	150	25	325
10		TH005	송인권	총무과	과장	5	180	25	305
11		TH004	강대식	총무과	부장	4	200	25	300
12		TH003	박경희	인사과	전무	3	250	25	325
13		TH002	이운호	기획과	사장	2	300	25	350
14		TH001	하허홍	기획과	이사	1	400	25	425
15									
16									
25									
26		직책	총급여액						
27		사원							
28			>=330						
29									

단계 2 [B4:I14] 내의 임의의 셀을 선택하고 [데이터]-[필터]-[고급]을 선택하고, [고급 필터] 대화상자에 해당하는 범위들을 입력한다.

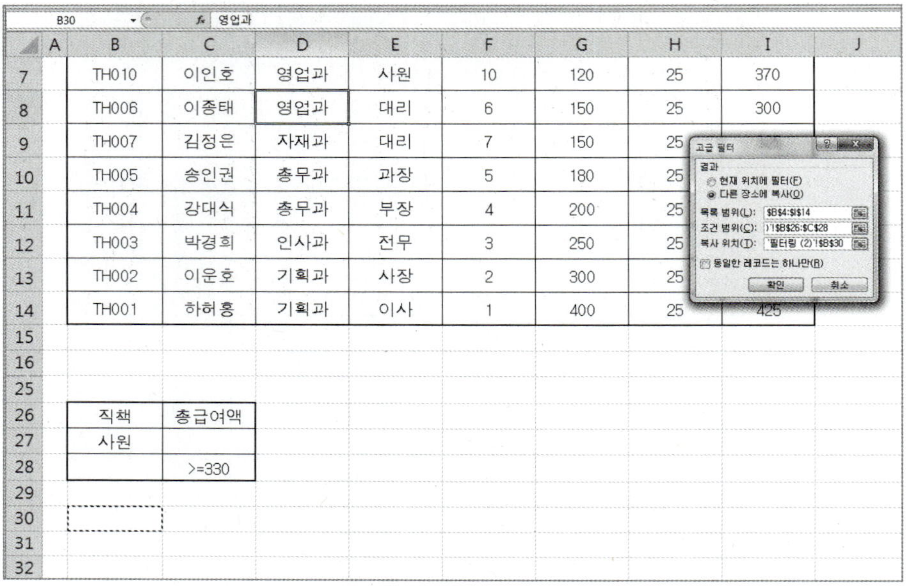

	A	B	C	D	E	F	G	H	I	J
7		TH010	이인호	영업과	사원	10	120	25	370	
8		TH006	이종태	영업과	대리	6	150	25	300	
9		TH007	김정은	자재과	대리	7	150	25		
10		TH005	송인권	총무과	과장	5	180	25		
11		TH004	강대식	총무과	부장	4	200	25		
12		TH003	박경희	인사과	전무	3	250	25		
13		TH002	이운호	기획과	사장	2	300	25		
14		TH001	하허홍	기획과	이사	1	400	25	425	
15										
16										
25										
26		직책	총급여액							
27		사원								
28			>=330							
29										
30										
31										
32										

단계 3 OR 조건으로 필터링된 결과가 보여진다.

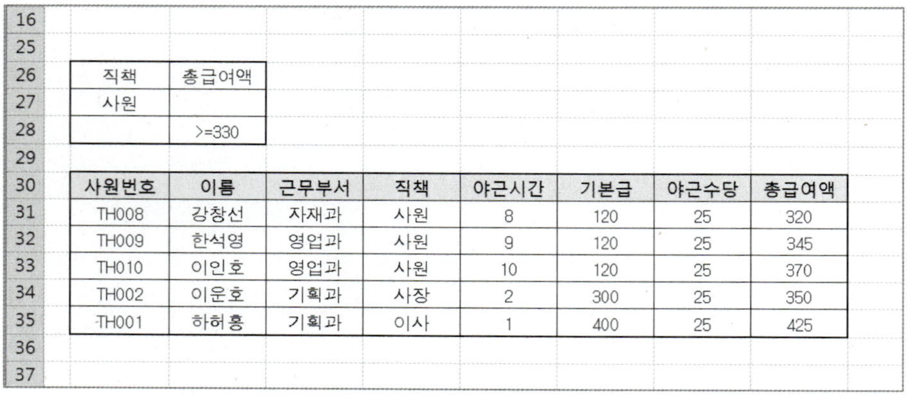

16								
25								
26	직책	총급여액						
27	사원							
28		>=330						
29								
30	사원번호	이름	근무부서	직책	야근시간	기본급	야근수당	총급여액
31	TH008	강창선	자재과	사원	8	120	25	320
32	TH009	한석영	영업과	사원	9	120	25	345
33	TH010	이인호	영업과	사원	10	120	25	370
34	TH002	이운호	기획과	사장	2	300	25	350
35	TH001	하허홍	기획과	이사	1	400	25	425
36								
37								

[연습하기]

▶ '근무부서' 가 '영업과' 이거나, '직책' 이 '대리' 인 데이터를 필터하시오.

▶ '직책' 이 '사원' 이거나 '야근시간' 이나 8시간 이상인 데이터를 필터하시오.

Tip **조건식의 형태**

① AND 연산식 : 조건을 같은 행에 입력한다.

	A	B	C	D	E	F	G	H	I	J
16										
17		직책	총급여액							
18		사원	>=330							
19										
20										
21		사원번호	이름	근무부서	직책	야근시간	기본급	야근수당	총급여액	
22		TH009	한석영	영업과	사원	9	120	25	345	
23		TH010	이인호	영업과	사원	10	120	25	370	
24										

② OR 연산식 : 조건을 다른 행에 입력한다.

	A	B	C	D	E	F	G	H	I	J
25										
26		직책	총급여액							
27		사원								
28			>=330							
29										
30										
31		사원번호	이름	근무부서	직책	야근시간	기본급	야근수당	총급여액	
32		TH008	강창선	자재과	사원	8	120	25	320	
33		TH009	한석영	영업과	사원	9	120	25	345	
34		TH010	이인호	영업과	사원	10	120	25	370	
35		TH002	이운호	기획과	사장	2	300	25	350	
36		TH001	하허홍	기획과	이사	1	400	25	425	
37										

9.3 부분합으로 직책별 기본급 산출하기

부분합은 데이터베이스의 자료 중 특정 항목들의 합계나 평균 등을 쉽게 파악하기 위하여 제공되는 기능이다. 엑셀의 부분합 기능은 특정 항목들만의 합계뿐만 아니라 평균, 최대값 및 최소값과 같은 여러 연산자들을 적용하여 부분합을 구할 수 있으며 부분합들에 대한 전체 합도 표시된다. 부분합을 구하기 위해서는 일반적으로 부분합을 구하고자 하는 기준 필드를 중심으로 정렬한 후 부분합을 구해야 한다.

'직책' 별 기본급과 총급여액의 부분합을 구하시오.

단계 1 부분합을 수행하기 위해서는 합을 구하고자 하는 동일 항목들이 연속되어져 있어야 하므로 먼저 '직책'을 기준으로 내림차순 정렬을 한다.

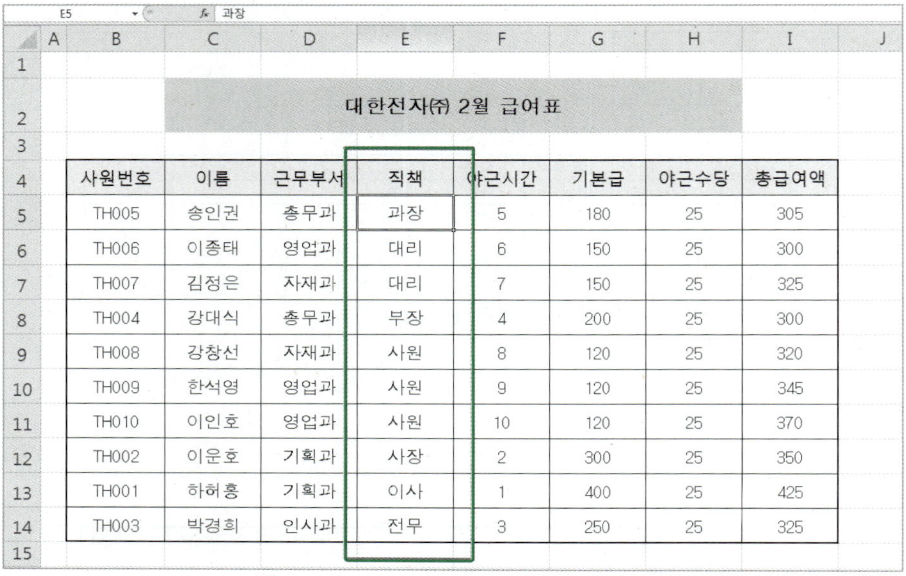

대한전자㈜ 2월 급여표

사원번호	이름	근무부서	직책	야근시간	기본급	야근수당	총급여액
TH005	송인권	총무과	과장	5	180	25	305
TH006	이종태	영업과	대리	6	150	25	300
TH007	김정은	자재과	대리	7	150	25	325
TH004	강대식	총무과	부장	4	200	25	300
TH008	강창선	자재과	사원	8	120	25	320
TH009	한석영	영업과	사원	9	120	25	345
TH010	이인호	영업과	사원	10	120	25	370
TH002	이운호	기획과	사장	2	300	25	350
TH001	하허홍	기획과	이사	1	400	25	425
TH003	박경희	인사과	전무	3	250	25	325

단계 2 [데이터]-[윤곽선]-[부분합]을 선택한다.

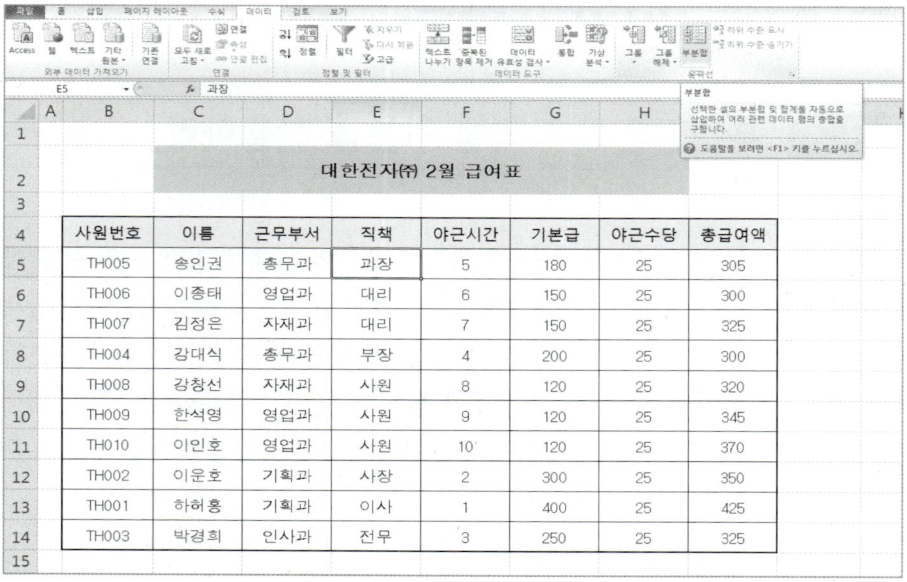

대한전자㈜ 2월 급여표

사원번호	이름	근무부서	직책	야근시간	기본급	야근수당	총급여액
TH005	송인권	총무과	과장	5	180	25	305
TH006	이종태	영업과	대리	6	150	25	300
TH007	김정은	자재과	대리	7	150	25	325
TH004	강대식	총무과	부장	4	200	25	300
TH008	강창선	자재과	사원	8	120	25	320
TH009	한석영	영업과	사원	9	120	25	345
TH010	이인호	영업과	사원	10	120	25	370
TH002	이운호	기획과	사장	2	300	25	350
TH001	하허홍	기획과	이사	1	400	25	425
TH003	박경희	인사과	전무	3	250	25	325

단계 3 [부분합] 대화상자의 옵션을 다음과 같이 지정한다. 직책별로 기본급과 총급여액의 부분합을 구한다.

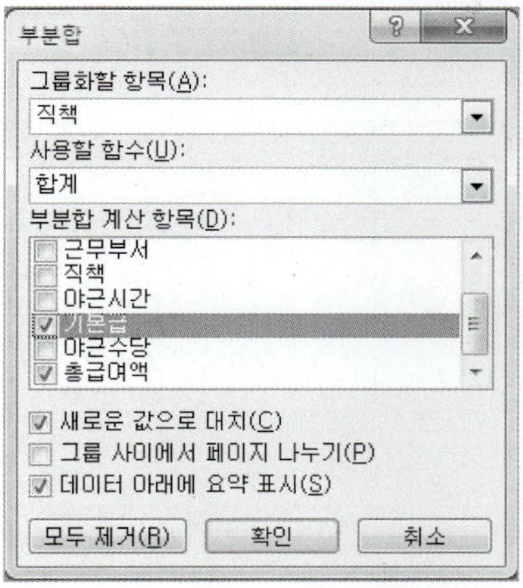

단계 4 부분합 결과가 보여진다.

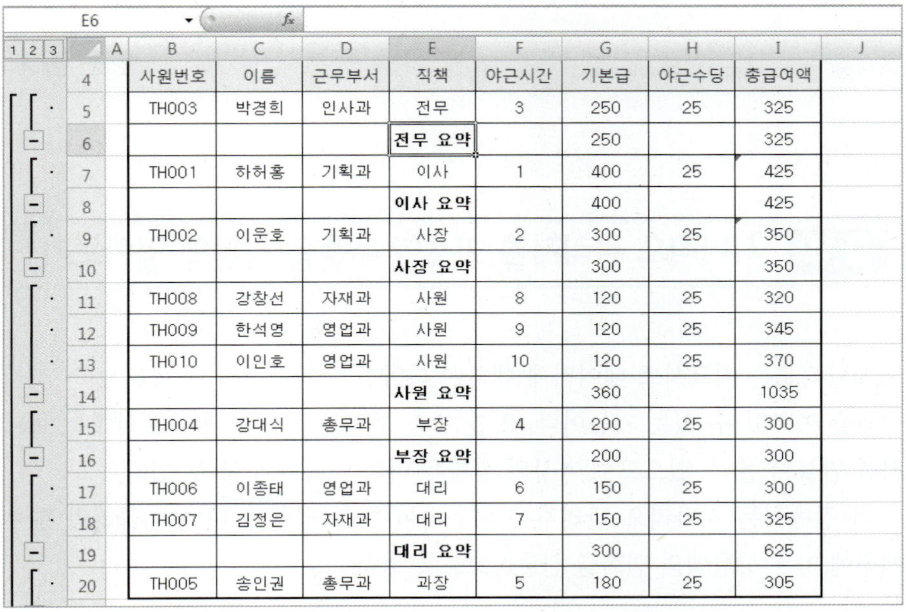

	사원번호	이름	근무부서	직책	야근시간	기본급	야근수당	총급여액
5	TH003	박경희	인사과	전무	3	250	25	325
6				**전무 요약**		250		325
7	TH001	하허홍	기획과	이사	1	400	25	425
8				**이사 요약**		400		425
9	TH002	이운호	기획과	사장	2	300	25	350
10				**사장 요약**		300		350
11	TH008	강창선	자재과	사원	8	120	25	320
12	TH009	한석영	영업과	사원	9	120	25	345
13	TH010	이인호	영업과	사원	10	120	25	370
14				**사원 요약**		360		1035
15	TH004	강대식	총무과	부장	4	200	25	300
16				**부장 요약**		200		300
17	TH006	이종태	영업과	대리	6	150	25	300
18	TH007	김정은	자재과	대리	7	150	25	325
19				**대리 요약**		300		625
20	TH005	송인권	총무과	과장	5	180	25	305

단계 5 부분합을 제거할 때는 [부분합] 대화상자에서 '모두 제거'를 클릭한다.

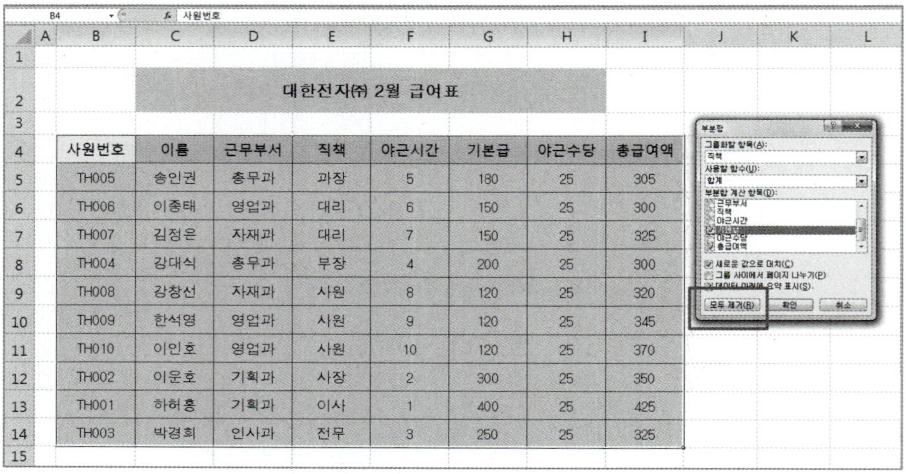

대한전자㈜ 2월 급여표

사원번호	이름	근무부서	직책	야근시간	기본급	야근수당	총급여액
TH005	송인권	총무과	과장	5	180	25	305
TH006	이종태	영업과	대리	6	150	25	300
TH007	김정은	자재과	대리	7	150	25	325
TH004	강대식	총무과	부장	4	200	25	300
TH008	강창선	자재과	사원	8	120	25	320
TH009	한석영	영업과	사원	9	120	25	345
TH010	이인호	영업과	사원	10	120	25	370
TH002	이운호	기획과	사장	2	300	25	350
TH001	하허홍	기획과	이사	1	400	25	425
TH003	박경희	인사과	전무	3	250	25	325

[연습하기]

▶ 근무부서별 야근시간과 총급여액의 부분합을 구하시오.

▶ 직책별 야근시간과 총급여액의 부분합을 구하시오.

'직책' 별 기본급과 총급여액의 부분합을 구하시오.

9.4 시나리오 관리자를 이용한 대출금 상환액 알아보기

시나리오는 워크시트 데이터에 대하여 다양한 상황과 변수에 따른 여러 가지 결과를 예측할 수 있는 기능이다. 또한 예측 분석을 통한 결과를 요약하는 보고서를 만들어 볼 수 있으므로 가상의 상황을 미리 예측하여 볼 수 있다.

이 절에서는 시나리오 관리자를 이용하여 대출 금액에 대하여 금리와 할부 개월에 따른 상환액의 변화를 산출해보도록 한다.

대출을 받으려는 경우 금리가 7%와 5%로 변경될 때, 할부 개월을 4개월로 하는 시나리오를 작성하시오.

단계 1 데이터 입력하기

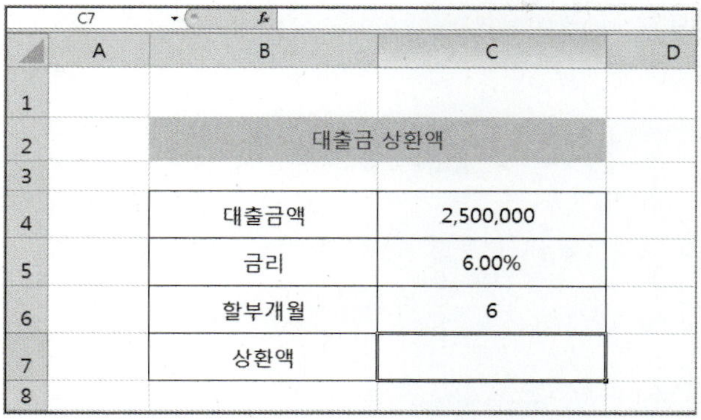

상환액은 PMT 함수(= PMT(C5/12,C6,C4))를 사용한다.

PMT 함수는 주기적이고 고정적인 지급액과 고정적인 이율에 대한 대출 상환금을 계산하는 함수이다.

함수 구조	= PMT(Logical1, Logical2...)
Rate	대출에 대한 기간별 이자율(예: 연이율 6%인 경우 6%/12)
Nper	대출 상환금의 총 지급 기간수(지불 횟수)
Pv	일련의 미래 지급액에 상응하는 현재 가치
Fv	상환이 완료된 수, 얻고자 하는 미래 가치 또는 현금 잔액으로 생략하면 0
Type	상환 시기를 나타내며, 1은 상환 주기 초, 0 또는 생략하면 상황 주기 말

① 상환액을 넣을 셀[C7]을 선택한 후, [수식]-[함수 라이브러리]-[재무]-[PMT] 함수를 선택한다.

② 함수에 알맞은 인수를 입력한다.
- Rate : 기간별 이자율(C5/12)
- Nper : 지급 기간수 (할부 개월인 C6)
- Pv : 할부 원금(C4)

③ 현재 금리와 할부 개월 수에 대한 상환액을 얻을 수 있다.

단계 2 시나리오 관리자 선택하기

시나리오를 사용하기 위해 [데이터]-[데이터 도구]-[가상분석]-[시나리오 관리자]를 선택한다.

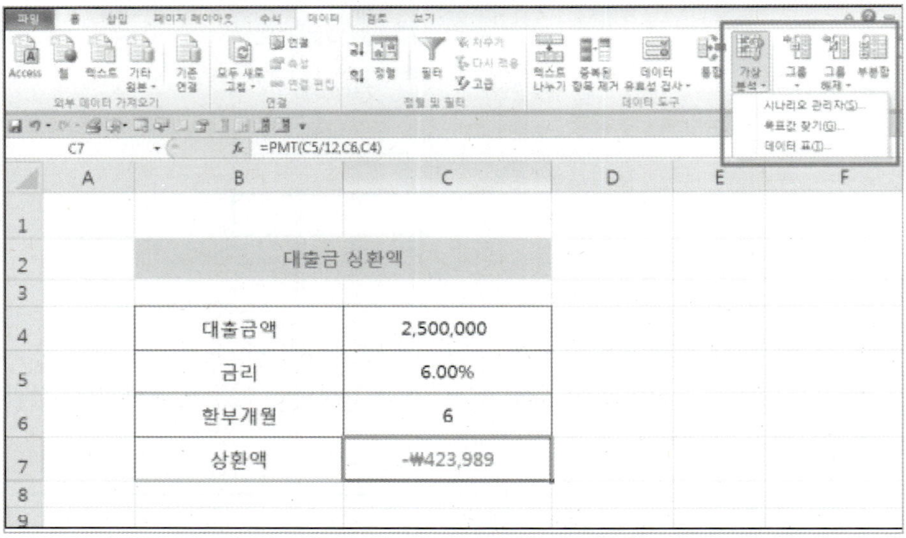

단계 3 시나리오 추가하기

시나리오 관리자 대화상자에서 추가 버튼을 누르고 시나리오를 추가한다.

▶시나리오1 : 시나리오 이름은 '금리 인상', 금리 7.00%, 할부 개월 4
▶시나리오2 : 시나리오 이름은 '금리 인하', 금리 5.00%, 할부 개월 4

시나리오 편집 대화상자에서 시나리오 이름 '금리 인상'을 입력한다.

변경할 셀은 금리와 할부 개월이므로 [C5:C6]을 드래그하여 선택한다. 변경 셀 부분이 자동으로 절대주소로 지정되며, 대화창 하단의 변경 금지가 체크되어 있으므로 기존 워크시트 값이 변경되지 않는다.

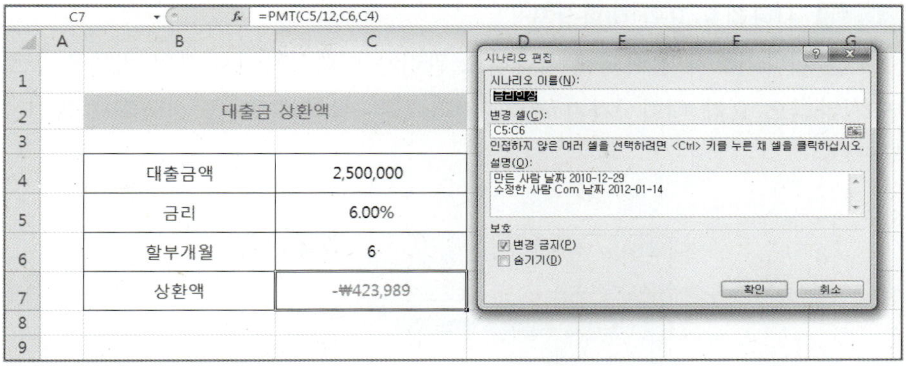

단계 4 시나리오 값 입력하기

시나리오 편집 대화상자에서 [확인] 버튼을 누르면 시나리오 값 대화상자가 뜬다. 대화상자에서 금리(7%)와 할부 개월(4개월)에 대한 변경 값을 입력한다. [확인] 버튼을 누르면 시나리오 관리자 대화상자로 간다.

금리 인하 시나리오도 같은 방법으로 추가한다.

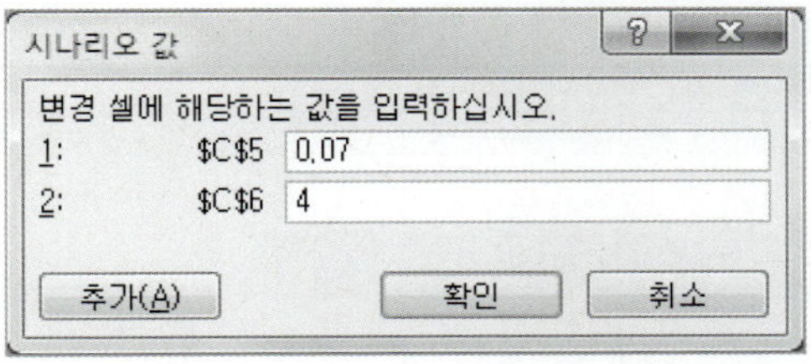

단계 5 시나리오 요약 대화상자

모든 시나리오가 입력되면 시나리오 관리자 대화상자에서 요약 버튼을 누르면 시나리오 요약 대화상자가 뜬다. 결과 셀은 상환액[C7]을 선택하고 확인을 누른다.

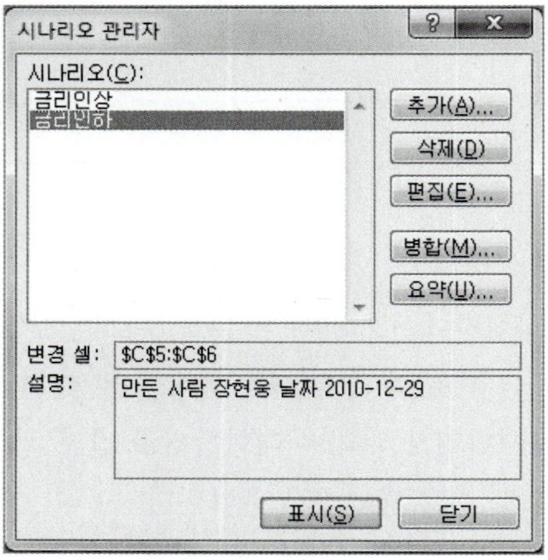

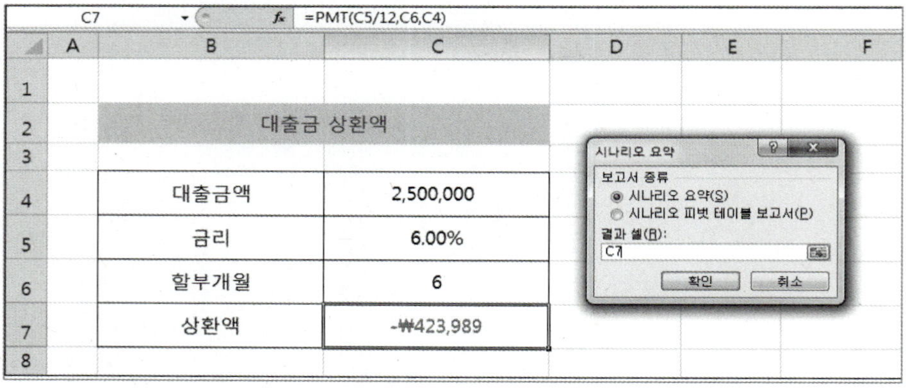

단계 6 시나리오 요약 워크시트 만들기

시나리오 요약 대화상자에서 확인버튼을 누르면 시나리오 요약 워크시트가 생성되면서 금리와 할부 개월이 변경되는 경우의 상환액의 변화를 확인할 수 있다.

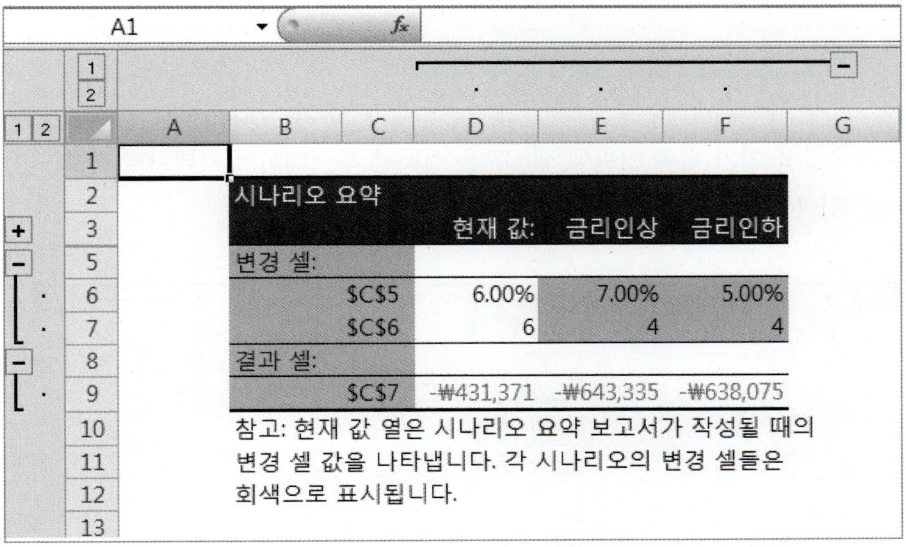

	현재 값:	금리인상	금리인하
변경 셀:			
$C$5	6.00%	7.00%	5.00%
$C$6	6	4	4
결과 셀:			
$C$7	-₩431,371	-₩643,335	-₩638,075

[연습하기]

▶금리가 10%인 경우, 할부 개월을 6개월과 12개월로 하는 시나리오를 작성하시오.

▶금리가 5%인 경우 할부 개월을 5개월과 10개월로 하는 시나리오를 작성하시오.

9.5 목표값을 이용하여 상환액에 따른 대출액 계산하기

목표값 찾기는 수식의 결과 값을 알고 있으나, 수식에서 그 결과를 계산하기 위해 필요한 입력값을 모르는 경우에 사용하는 기능으로 목표값 찾기를 수행하면 엑셀에서 특정 셀을 참조하는 수식에서 원하는 결과가 반환될 때까지 그 셀의 값이 변경된다.

이 절에서는 앞절과는 반대로 매달 상환할 수 있는 금액을 정한 후, 기간에 따른 대출금액을 찾아보도록 한다.

단계 1 목표값 찾기 실행하기

'상환액'을 '500,000원'으로 변경할 경우의 대출 금액을 계산하시오.

목표값을 찾기 위해 상환액 셀[C7]을 선택한 후, [데이터]-[데이터 도구]-[가상분석]-[목표값 찾기]를 실행한다.

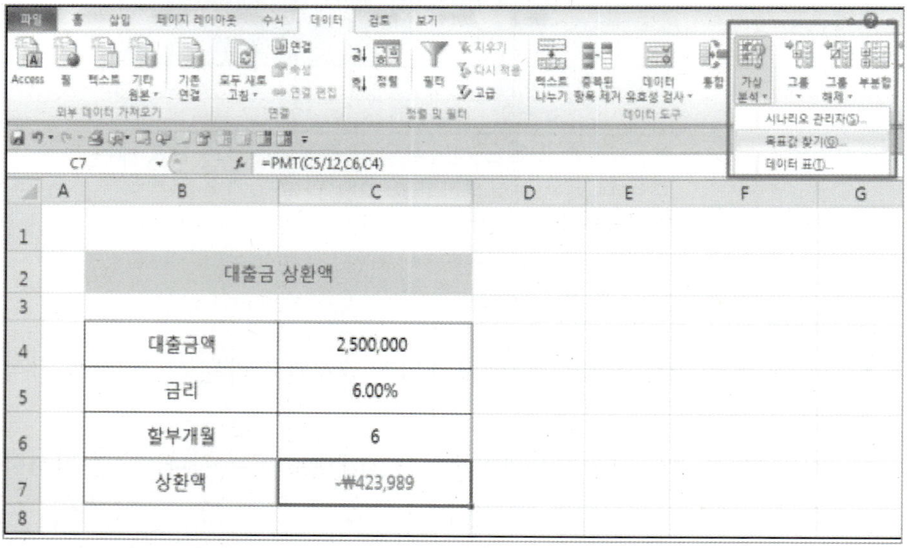

단계 2 목표값 설정을 위한 데이터 입력하기

① '수식 셀' : 상환액 셀[C7] 선택

② '찾는 값' : 매달 갚을 수 있는 금액으로써 상환 가능한 금액으로부터 대출 가능한 금액을 결정할 수 있기 위해서 사용한다. '500,000' 입력

③ '값을 바꿀 셀' : 찾는 값에 따른 대출금액이 되므로 [C4] 선택

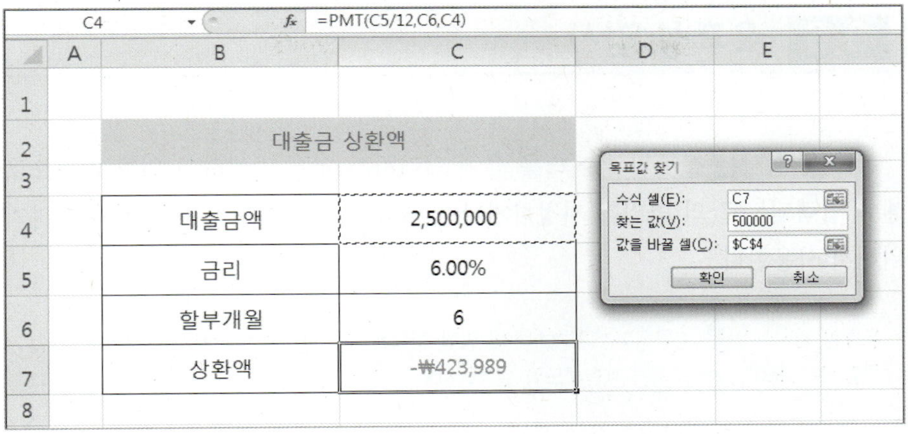

단계 3 목표값 확인하기

목표값 찾기 대화 상자에서 확인 버튼을 누르면 상환액에 따른 대출 금액이 계산되어 워크시트에 표시된다.

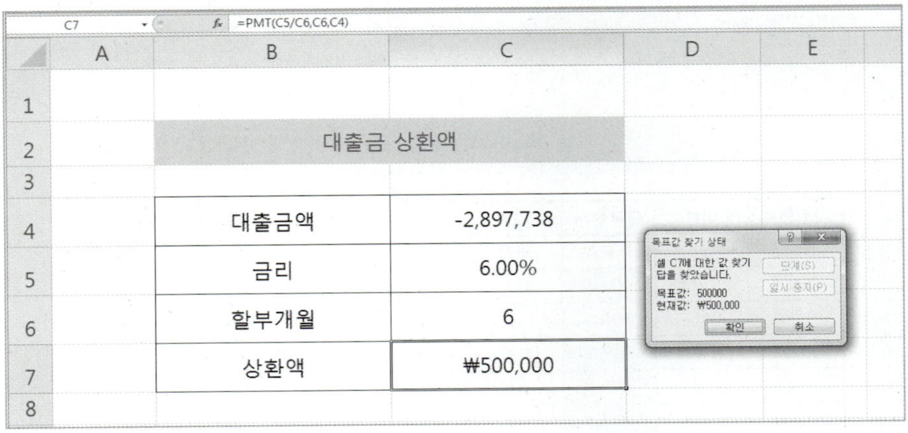

[연습하기]

▶ '상환액' 을 '250,000원' 으로 할 경우의 '대출금액' 을 계산하시오.

▶ '상환액' 을 '700,000원' 으로 할 경우의 '대출금액' 을 계산하시오.

9.6 유효성 검사

유효성 검사는 잘못된 데이터를 셀에 입력하는 것을 방지하기 위한 기능으로 셀에 입력되는 값의 범위를 지정하거나 한영 전환이 자동으로 이루어지게 하기 위해서 사용한다.

유효성 검사 기능을 사용하여 '근부부서'의 입력 항목을 총무과, 영업과, 자재과, 기획과로 입력할 수 있도록 입력 목록을 제한하도록 설정하시오.

단계 1 '근무부서' 입력 셀을 모두 선택한 후 [데이터]-[데이터 유효성 검사]-[데이터 유효성 검사]를 선택한다.

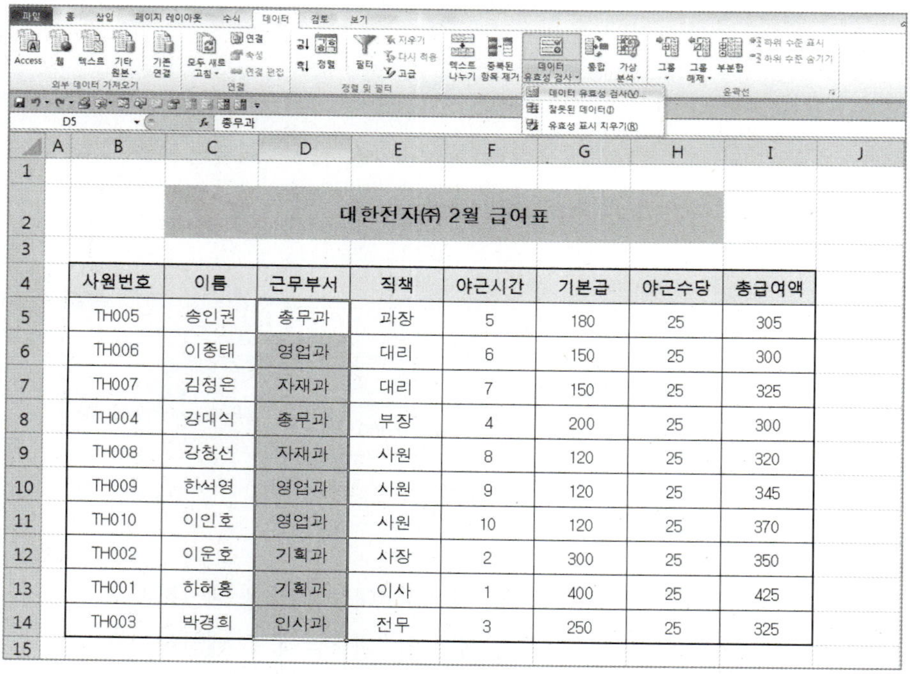

대한전자(주) 2월 급여표

사원번호	이름	근무부서	직책	야근시간	기본급	야근수당	총급여액
TH005	송인권	총무과	과장	5	180	25	305
TH006	이종태	영업과	대리	6	150	25	300
TH007	김정은	자재과	대리	7	150	25	325
TH004	강대식	총무과	부장	4	200	25	300
TH008	강창선	자재과	사원	8	120	25	320
TH009	한석영	영업과	사원	9	120	25	345
TH010	이인호	영업과	사원	10	120	25	370
TH002	이운호	기획과	사장	2	300	25	350
TH001	하허홍	기획과	이사	1	400	25	425
TH003	박경희	인사과	전무	3	250	25	325

단계 2 '데이터 유효성' 대화상자의 '설정' 탭의 '제한 대상'에서 원하는 데이터 유효성 검사 형식을 선택한다.

'근무부서'에 대한 유효성 검사 형식은 '목록'으로 선택한다. 목록 옆의 '드롭다운 표시'를 선택할 경우 근무부터 입력 시 드롭다운 버튼이 생기고 드롭다운 버튼을 누르면 설정한 목록이 표시되는 것을 확인할 수 있다.

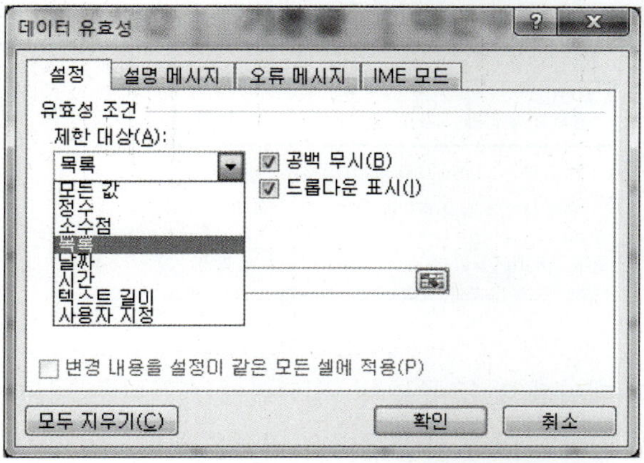

Tip

① 정수 : 일정한 범위 내의 정수로 데이터 입력 제한(최대값과 최소값 설정)
② 소수점 : 일정한 범위 내의 실수로 데이터 입력 제한(예: .2)
③ 날짜 : 일정 기간 내의 날짜로 데이터 입력 제한(시작날짜와 끝 날자 설정)
④ 시간 : 일정 기간 내의 시간으로 데이터 입력 제한(시작시간과 종료시간 설정)
⑤ 텍스트 길이 : 입력하려고 하는 글자의 수 제한

단계 3 '원본' 부분에 '총무과, 영업과, 자재과, 기획과'를 입력하고, '확인' 버튼을 선택하여 대화상자를 닫는다.

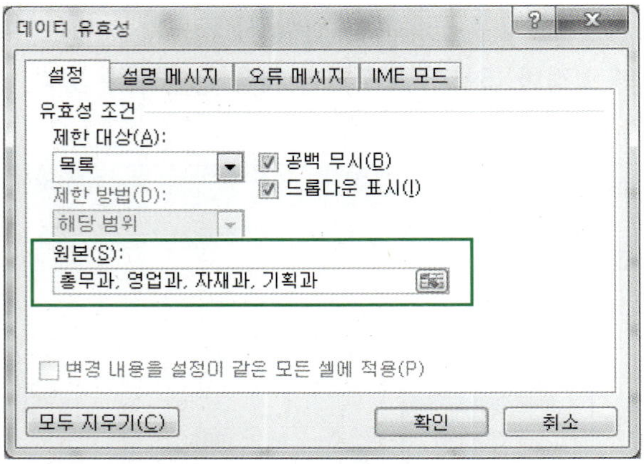

단계 4 데이터 테이블의 '근무부서' 입력란에 드롭다운 버튼이 생기는 것을 확인할 수 있다. 데이터 입력 시 드롭다운 버튼을 선택하여 원하는 데이터를 선택하여 입력하거나 직접 입력도 가능하다.

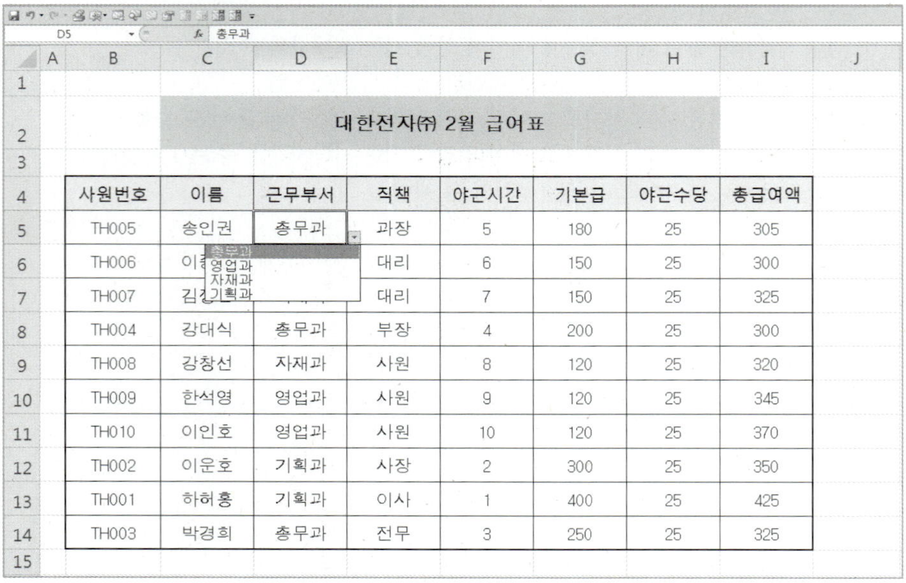

대한전자㈜ 2월 급여표

사원번호	이름	근무부서	직책	야근시간	기본급	야근수당	총급여액
TH005	송인권	총무과	과장	5	180	25	305
TH006	이[illegible]	[illegible]	대리	6	150	25	300
TH007	김[illegible]	[illegible]	대리	7	150	25	325
TH004	강대식	총무과	부장	4	200	25	300
TH008	강창선	자재과	사원	8	120	25	320
TH009	한석영	영업과	사원	9	120	25	345
TH010	이인호	영업과	사원	10	120	25	370
TH002	이운호	기획과	사장	2	300	25	350
TH001	하허홍	기획과	이사	1	400	25	425
TH003	박경희	총무과	전무	3	250	25	325

단계 5 [데이터 유효성] 대화상자의 '설명 메시지' 탭에 '설명 메시지'를 작성하면 해당 셀 선택 시 간단한 설명 메시지를 보여 줄 수 있다.

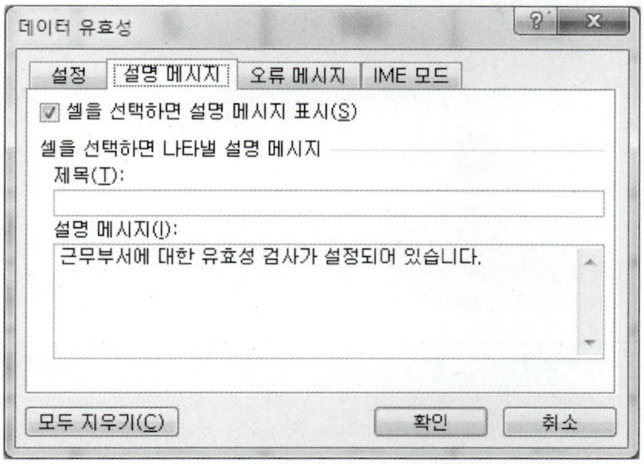

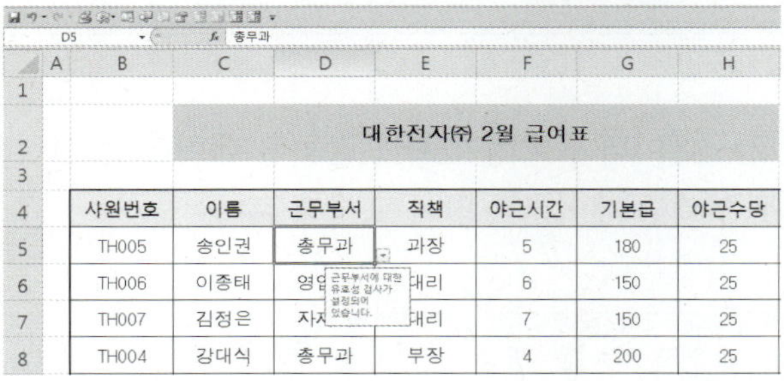

단계 6 제한된 범위 밖의 데이터를 입력할 경우 '오류' 대화상자가 뜬다. [데이터 유효성] 대화상자의 '오류메시지' 탭에서 오류 스타일, 제목 그리고 오류 메시지를 사용자의 내용에 맞게 작성이 가능하다.

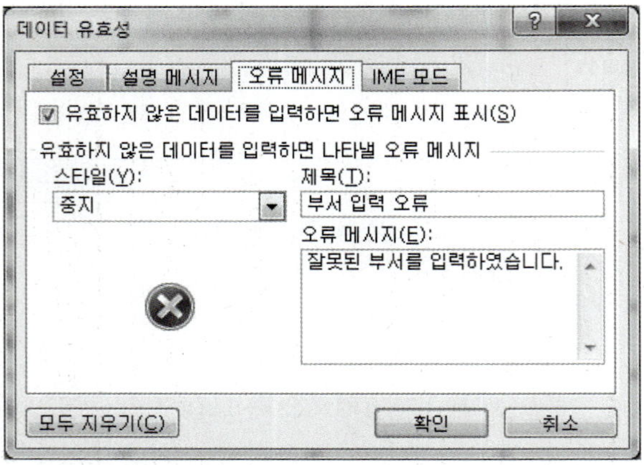

단계 7 [데이터]-[데이터 유효성 검사]-[잘못된 데이터]를 선택하면 데이터 테이블내에서 잘못 입력된 데이터를 찾아 표시해 준다.

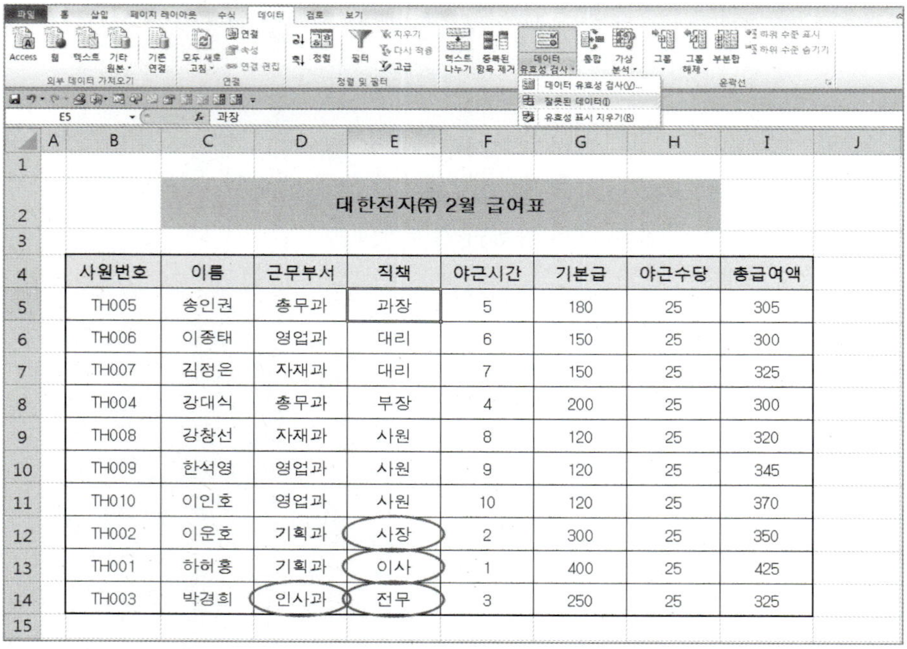

대한전자㈜ 2월 급여표

사원번호	이름	근무부서	직책	야근시간	기본급	야근수당	총급여액
TH005	송인권	총무과	과장	5	180	25	305
TH006	이종태	영업과	대리	6	150	25	300
TH007	김정은	자재과	대리	7	150	25	325
TH004	강대식	총무과	부장	4	200	25	300
TH008	강창선	자재과	사원	8	120	25	320
TH009	한석영	영업과	사원	9	120	25	345
TH010	이인호	영업과	사원	10	120	25	370
TH002	이운호	기획과	사장	2	300	25	350
TH001	하허홍	기획과	이사	1	400	25	425
TH003	박경희	인사과	전무	3	250	25	325

단계 8 [데이터]-[데이터 유효성 검사]-[유효성 표시 지우기]를 선택하면 잘못된 데이터에 대한 표시를 지울 수 있다.

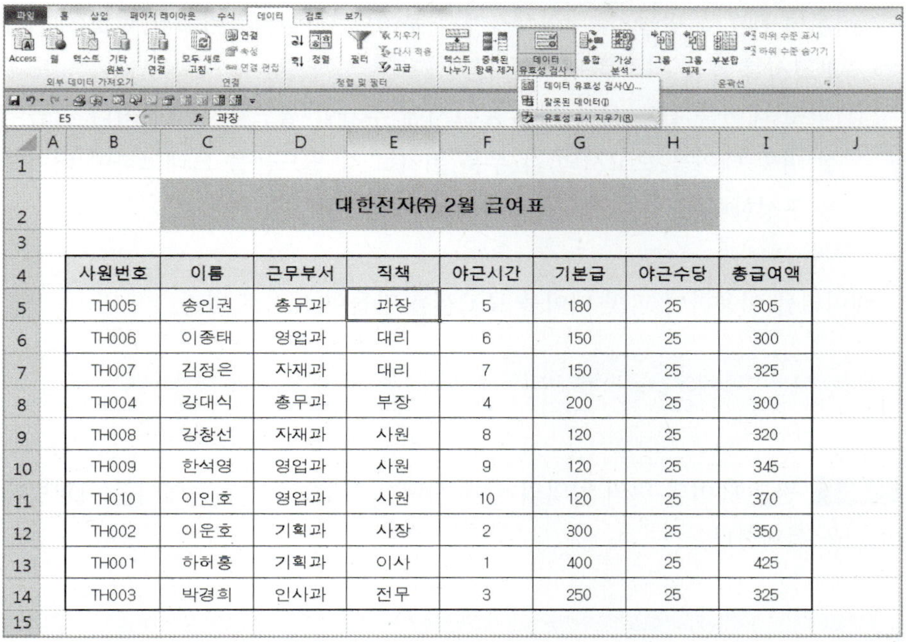

대한전자㈜ 2월 급여표

사원번호	이름	근무부서	직책	야근시간	기본급	야근수당	총급여액
TH005	송인권	총무과	과장	5	180	25	305
TH006	이종태	영업과	대리	6	150	25	300
TH007	김정은	자재과	대리	7	150	25	325
TH004	강대식	총무과	부장	4	200	25	300
TH008	강창선	자재과	사원	8	120	25	320
TH009	한석영	영업과	사원	9	120	25	345
TH010	이인호	영업과	사원	10	120	25	370
TH002	이운호	기획과	사장	2	300	25	350
TH001	하허홍	기획과	이사	1	400	25	425
TH003	박경희	인사과	전무	3	250	25	325

[연습하기]

- ▶ '야근시간' 의 입력 범위를 1시간-10시간으로 제한하도록 설정하시오.
- ▶ '직책' 의 입력항목을 사원, 대리, 과장, 부장으로 제한하도록 설정하시오.

9.7 피벗 테이블 보고서

피벗 테이블은 기존 테이블의 필드명 중에서 데이터 분석을 위해 필요한 필드명만을 이용해 새로운 테이블을 구성하여 요약된 정보만을 제공해 주는 기능이다. 피벗 테이블을 사용하면 복잡한 데이터를 쉽게 정렬하고 요약하여 볼 수 있다. 필요에 따라 자유롭게 테이블내의 필드들을 추가/삭제하면서 데이터를 분석하여 볼 수 있는 것이 특징이다.

피벗 테이블 보고서를 만드는 순서는 다음과 같다.

① 피벗 테이블 보고서를 만들 데이터를 읽는다.

② [삽입] 메뉴에서 [피벗테이블]을 선택한다.

③ [피벗 테이블 만들기] 대화상자에서 분석할 데이터의 범위와 피벗 테이블 보고서를 넣을 위치를 선택한다.

④ [피벗 테이블 필드 목록]에서 보고서에 추가할 필드를 선택하거나 만들어질 피벗 테이블 보고서의 각 부분 위치로 각 필드들을 드래그하여 테이블을 구성한다.

데이터를 이용하여 피벗 테이블 보고서를 만들어 보기로 하자.

각 부서별 직책에 따른 총급여액을 비교할 수 있는 피벗 테이블 보고서를 작성하시오.

단계 1 원본 데이터 위의 임의의 셀을 선택한 후 [삽입]–[피벗테이블]–[피벗테이블]을 선택한다.

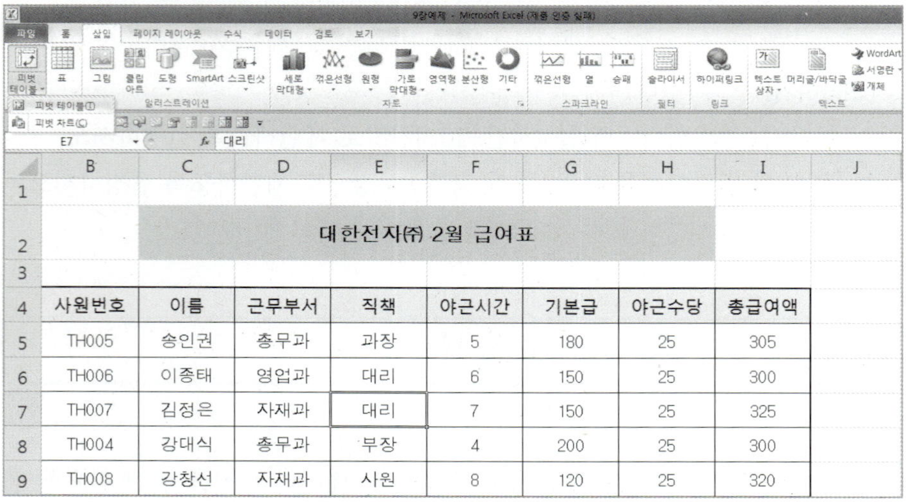

대한전자(주) 2월 급여표

사원번호	이름	근무부서	직책	야근시간	기본급	야근수당	총급여액
TH005	송인권	총무과	과장	5	180	25	305
TH006	이종태	영업과	대리	6	150	25	300
TH007	김정은	자재과	대리	7	150	25	325
TH004	강대식	총무과	부장	4	200	25	300
TH008	강창선	자재과	사원	8	120	25	320

단계 2 [피벗 테이블] 대화상자의 옵션을 설정한다.

▶ 분석할 데이터 선택 : 표 전체 또는 일정 부분을 선택하거나 외부 데이터를 이용하여 피벗 테이블 보고서를 만들 수 있다. '표 또는 범위 선택' 의 버튼을 선택한다.

▶ 피벗 테이블 보고서를 넣을 위치 선택 : 새로 만들어질 피벗테이블 보고서를 새 워크시트나 기존에 작성하던 워크시트 중 하나를 선택하여 넣을 수 있다. '새 워크시트' 버튼을 선택한다.

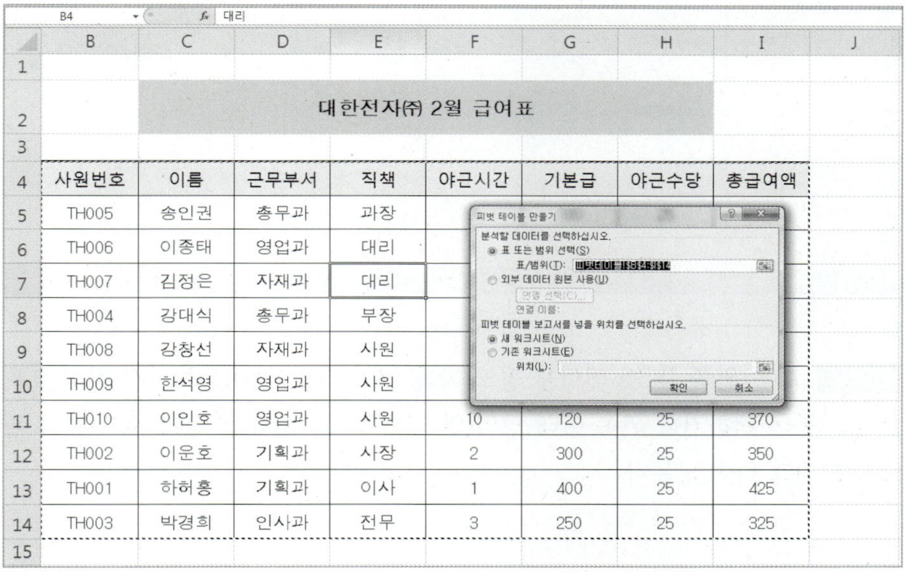

단계 3 새로운 시트가 추가되면서 피벗테이블 작성을 위한 목록이 보여진다.

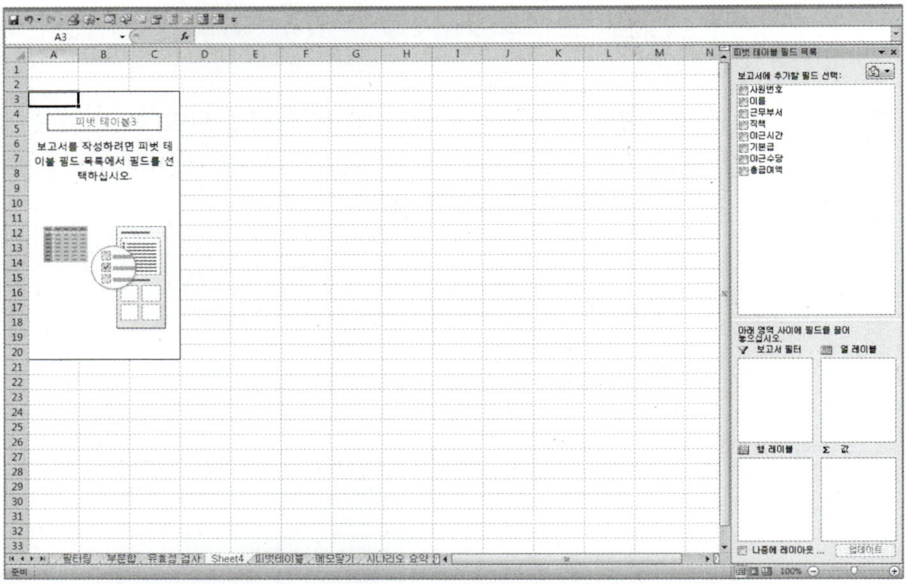

단계 4 화면 왼쪽 '피벗 테이블 필드 목록' 에서 피벗 테이블 보고서 작성을 위한 필드를 선택하거나 왼쪽 아래 영역(열 레이블, 행 레이블, 값)으로 원하는 필드를 드래그 하여 넣는다.

① 목록에서 필드를 선택한 경우

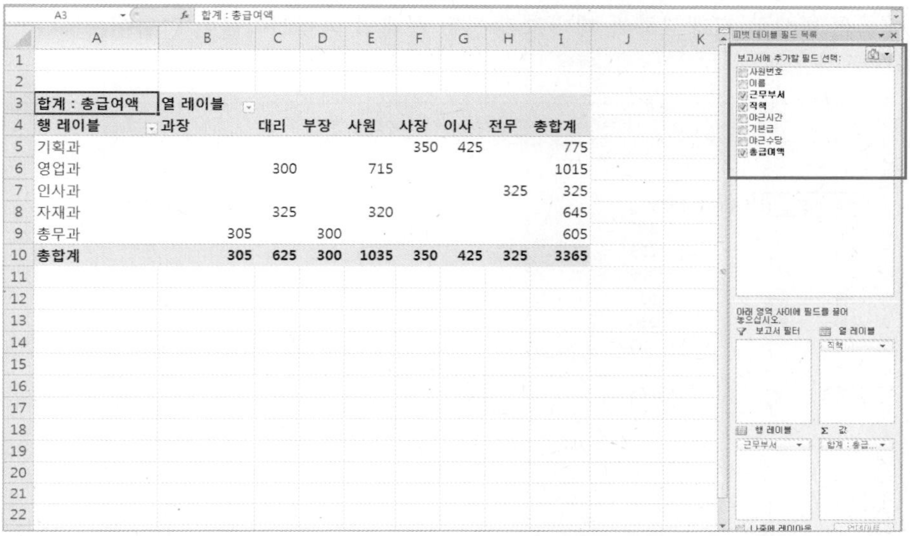

② 목록에서 필드를 드래그하여 테이블을 구성한 경우

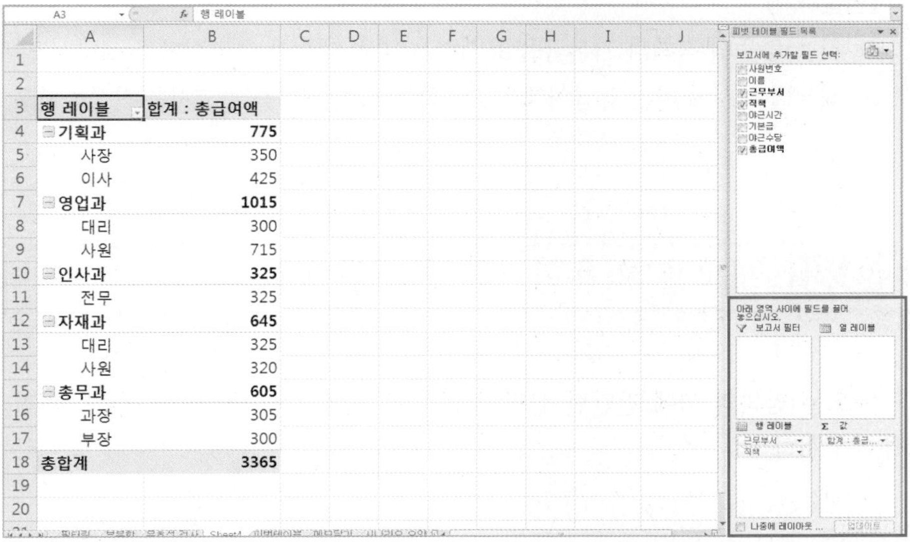

단계 5 피벗 테이블 보고서의 필드를 제거하고자 하는 경우 '피벗 테이블 필드 목록' 에서 선택된 필드를 해제하거나 아래 영역에서 제거하고자 하는 필드 항목을 밖으로 드래그하여 빼내면 수정된 형태의 피벗테이블이 만들어 진다.

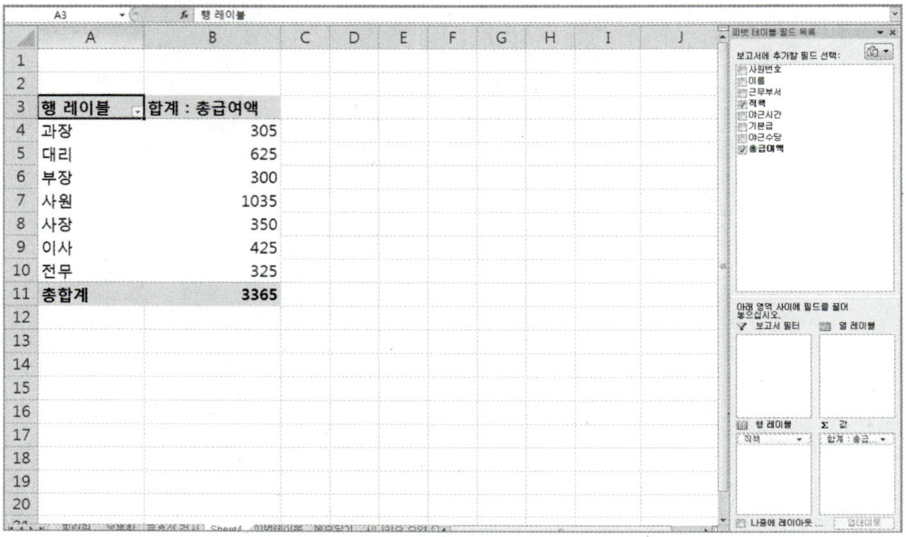

[연습하기]

- ▶ 각 사람들의 직책과 기본급을 표시하는 피벗 테이블 보고서를 작성하시오.
- ▶ 직책별 부서에 따른 총급여액을 표시하는 피벗 테이블 보고서를 작성하시오.

9.8 메모를 이용한 셀 설명 붙이기

메모는 임의의 셀에 간단한 설명을 붙일 때 사용하는 기능이다. 추가, 편집, 삭제가 쉽다.

단계 1 메모 추가하기

① 메모를 달고자 하는 셀[C2]를 선택하고 [검토]-[메모]-[새 메모]나 단축메뉴에서 메모 삽입을 선택한다.

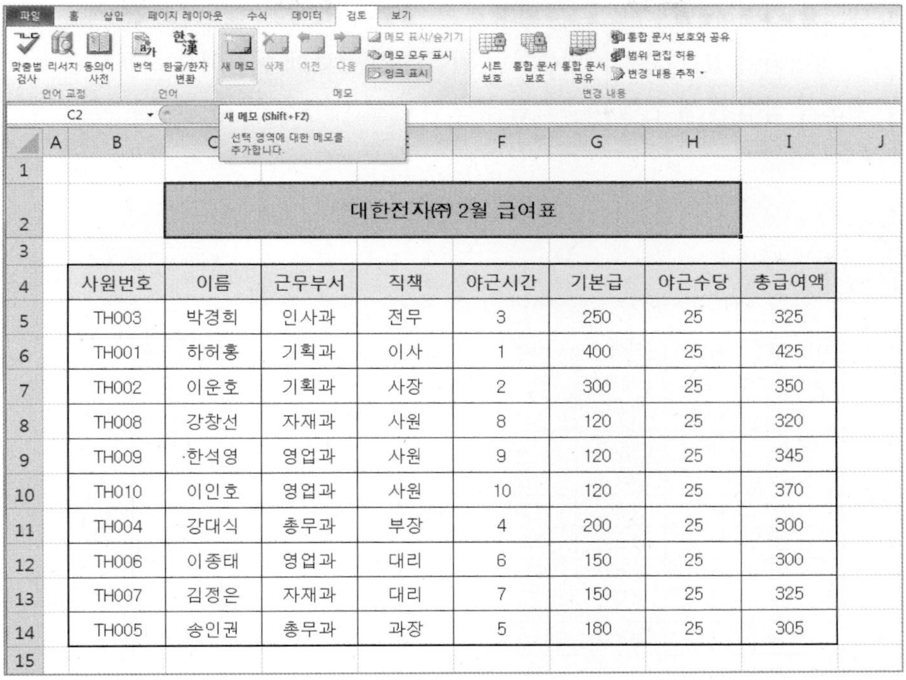

사원번호	이름	근무부서	직책	야근시간	기본급	야근수당	총급여액
TH003	박경희	인사과	전무	3	250	25	325
TH001	하허홍	기획과	이사	1	400	25	425
TH002	이운호	기획과	사장	2	300	25	350
TH008	강창선	자재과	사원	8	120	25	320
TH009	한석영	영업과	사원	9	120	25	345
TH010	이인호	영업과	사원	10	120	25	370
TH004	강대식	총무과	부장	4	200	25	300
TH006	이종태	영업과	대리	6	150	25	300
TH007	김정은	자재과	대리	7	150	25	325
TH005	송인권	총무과	과장	5	180	25	305

② 셀 옆에 보이는 메모창에 '2010년 자료' 라고 입력한다.

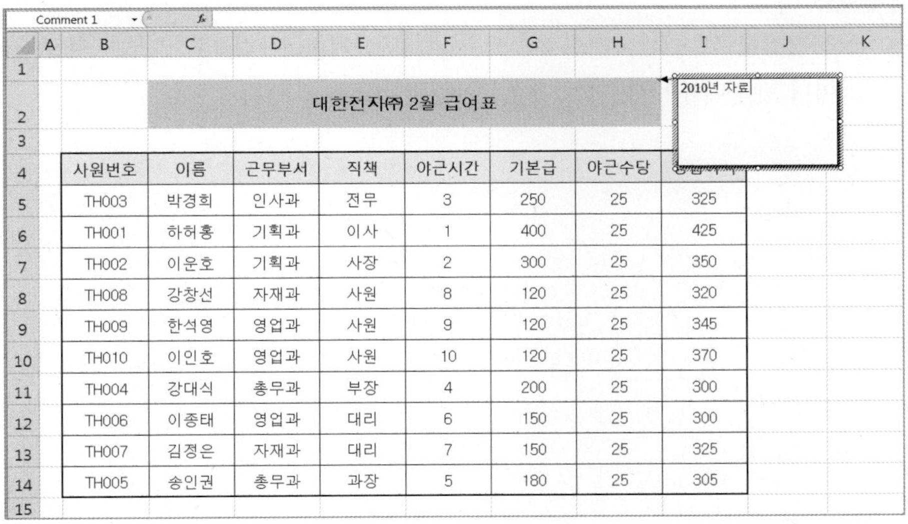

사원번호	이름	근무부서	직책	야근시간	기본급	야근수당	총급여액
TH003	박경희	인사과	전무	3	250	25	325
TH001	하허홍	기획과	이사	1	400	25	425
TH002	이운호	기획과	사장	2	300	25	350
TH008	강창선	자재과	사원	8	120	25	320
TH009	한석영	영업과	사원	9	120	25	345
TH010	이인호	영업과	사원	10	120	25	370
TH004	강대식	총무과	부장	4	200	25	300
TH006	이종태	영업과	대리	6	150	25	300
TH007	김정은	자재과	대리	7	150	25	325
TH005	송인권	총무과	과장	5	180	25	305

③ 메모를 입력하고 마우스로 임의의 셀을 선택하면 메모의 입력이 끝난다. 메모가 입력되어 있는 셀은 [C2]셀처럼 셀 오른쪽 상단에 빨강색으로 표시된다.

④ 메모가 삽입된 셀 위에 마우스를 놓으면 메모 내용을 볼 수 있다.

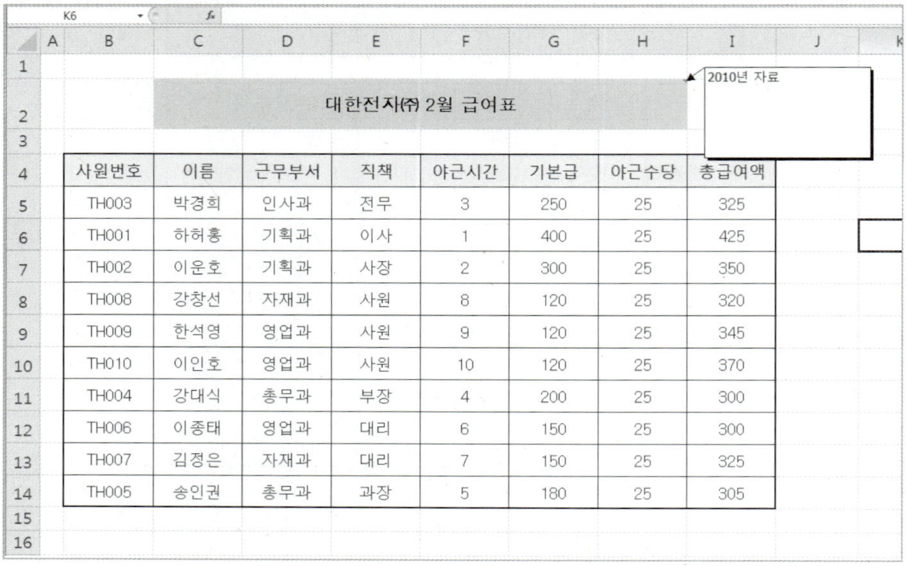

대한전자㈜ 2월 급여표

사원번호	이름	근무부서	직책	야근시간	기본급	야근수당	총급여액
TH003	박경희	인사과	전무	3	250	25	325
TH001	하허홍	기획과	이사	1	400	25	425
TH002	이운호	기획과	사장	2	300	25	350
TH008	강창선	자재과	사원	8	120	25	320
TH009	한석영	영업과	사원	9	120	25	345
TH010	이인호	영업과	사원	10	120	25	370
TH004	강대식	총무과	부장	4	200	25	300
TH006	이종태	영업과	대리	6	150	25	300
TH007	김정은	자재과	대리	7	150	25	325
TH005	송인권	총무과	과장	5	180	25	305

단계 2 메모 편집

① 메모 편집을 위해서는 메모가 삽입된 셀을 선택하고 [검토]-[메모]-[메모 편집]이나 단축메뉴에서 [메모 편집]을 선택한다.

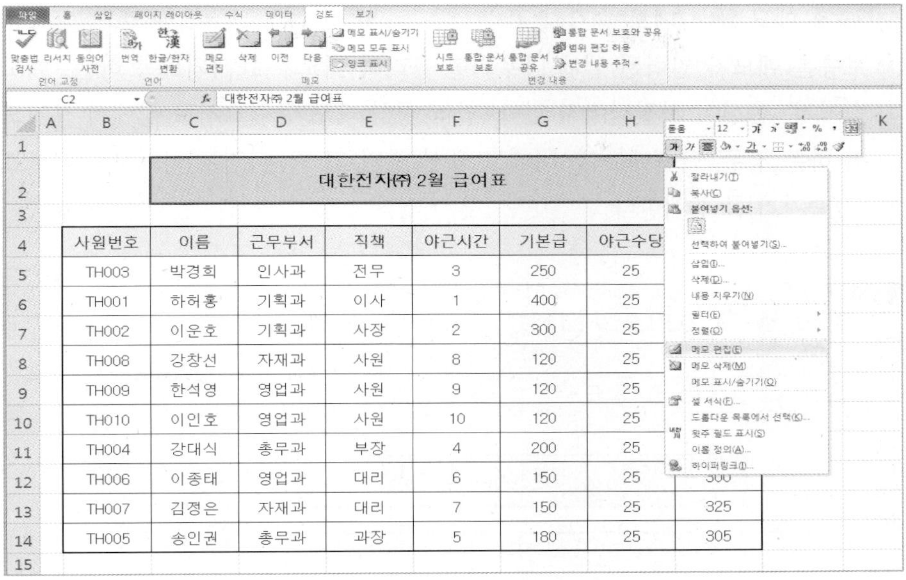

대한전자㈜ 2월 급여표

사원번호	이름	근무부서	직책	야근시간	기본급	야근수당
TH003	박경희	인사과	전무	3	250	25
TH001	하허홍	기획과	이사	1	400	25
TH002	이운호	기획과	사장	2	300	25
TH008	강창선	자재과	사원	8	120	25
TH009	한석영	영업과	사원	9	120	25
TH010	이인호	영업과	사원	10	120	25
TH004	강대식	총무과	부장	4	200	25
TH006	이종태	영업과	대리	6	150	25
TH007	김정은	자재과	대리	7	150	25
TH005	송인권	총무과	과장	5	180	25

② 메모 입력상자에 커서가 생기며 입력 가능해진다.

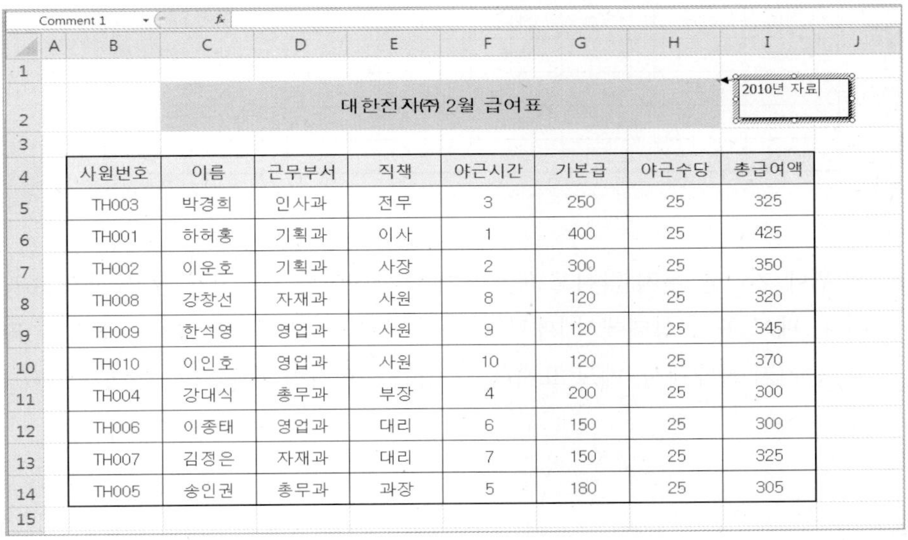

대한전자㈜ 2월 급여표

사원번호	이름	근무부서	직책	야근시간	기본급	야근수당	총급여액
TH003	박경희	인사과	전무	3	250	25	325
TH001	하허홍	기획과	이사	1	400	25	425
TH002	이운호	기획과	사장	2	300	25	350
TH008	강창선	자재과	사원	8	120	25	320
TH009	한석영	영업과	사원	9	120	25	345
TH010	이인호	영업과	사원	10	120	25	370
TH004	강대식	총무과	부장	4	200	25	300
TH006	이종태	영업과	대리	6	150	25	300
TH007	김정은	자재과	대리	7	150	25	325
TH005	송인권	총무과	과장	5	180	25	305

단계 3 메모 표시/메모 숨기기

① 보통은 메모가 입력된 셀에 마우스를 올리며 메모가 표시되도록 하는 '메모 숨기기' 옵션이 지정되어져 있다. 만약 항상 메모가 워크시트 상에서 보이도록 하는 경우, 단축메뉴에서 [메모 표시/숨기기] 또는 [검토]-[메모]-[메모표시/숨기기]를 선택한다.

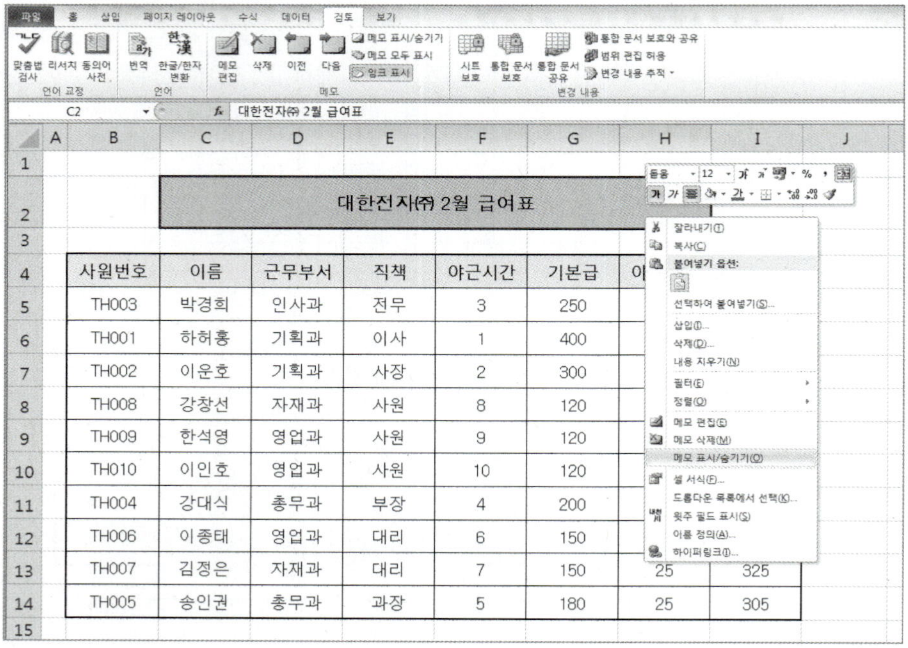

② 셀 위에 커서를 두지 않아도 메모가 워크시트에서 사라지지 않고 계속 표시된다. 메모 표시 상태에서 [메모 표시/숨기기]를 선택하면 숨기기 상태가 되고, 숨기기 상태에서 [메모 표시/숨기기]를 선택하면 메모 표시 상태가 된다.

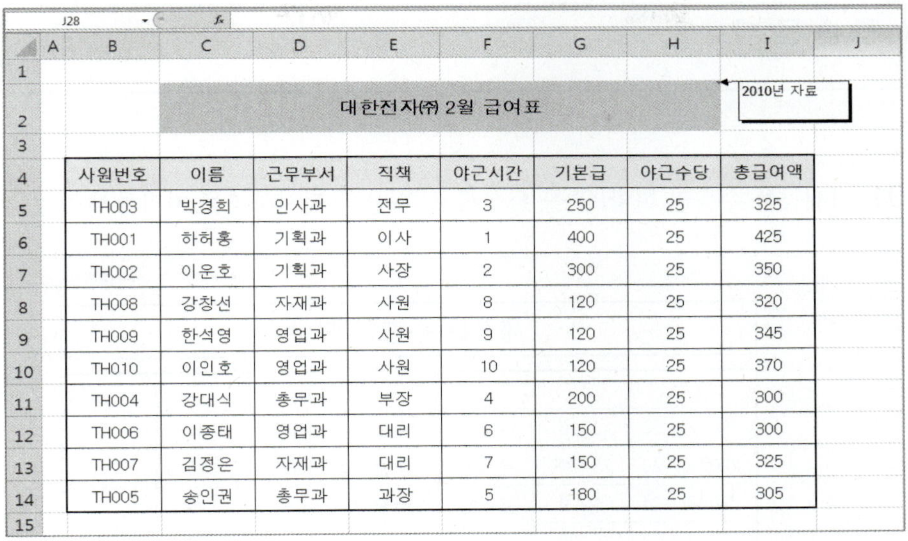

사원번호	이름	근무부서	직책	야근시간	기본급	야근수당	총급여액
TH003	박경희	인사과	전무	3	250	25	325
TH001	하허홍	기획과	이사	1	400	25	425
TH002	이운호	기획과	사장	2	300	25	350
TH008	강창선	자재과	사원	8	120	25	320
TH009	한석영	영업과	사원	9	120	25	345
TH010	이인호	영업과	사원	10	120	25	370
TH004	강대식	총무과	부장	4	200	25	300
TH006	이종태	영업과	대리	6	150	25	300
TH007	김정은	자재과	대리	7	150	25	325
TH005	송인권	총무과	과장	5	180	25	305

단계 4 메모 삭제

메모가 입력된 셀을 선택하고 마우스 오른쪽 버튼을 눌러 나타나는 단축메뉴에서 [메모 삭제]를 선택한다. 또는 [검토]-[메모]-[삭제]를 클릭하면 메모가 삭제된다.

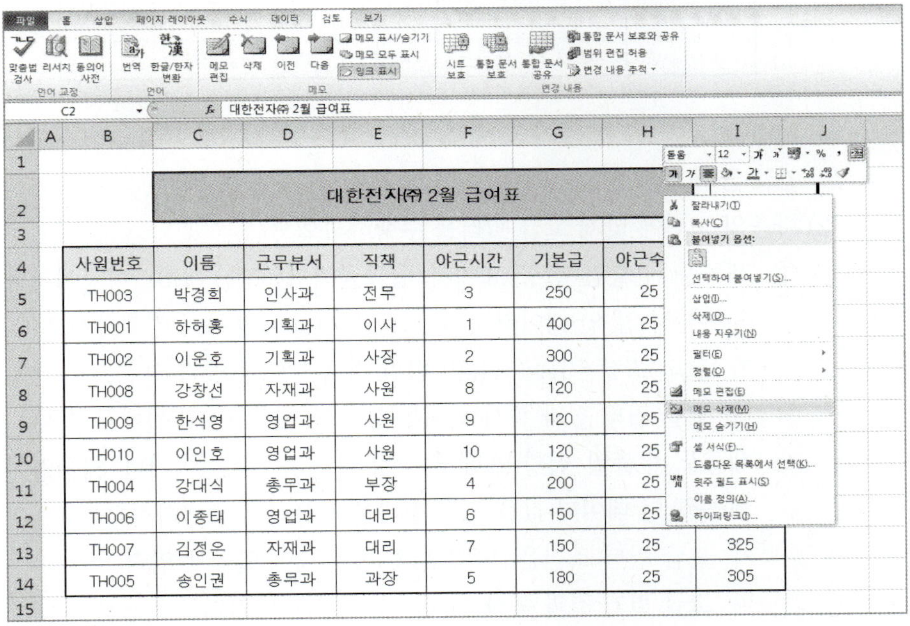

연 습 문 제

01 [세공품 수출입 현황] 표를 완성하고, 다음의 지시사항을 처리하시오.

세공품 수출입 현황

날짜	코드	제품명	구분	제품단가	수량	입금금액
2007-07-22	S200	은타일	수입	4000	144	
2007-07-23	S200	은타일	수출	4000	135	
2007-07-24	S200	은타일	수출	4000	125	
2007-08-09	C100	세공품	수출	4500	117	
2007-09-10	C100	세공품	수입	4500	115	
2007-08-06	G111	금도료	수출	5500	124	
2007-09-09	G111	금도료	수입	5500	133	
2007-10-09	S200	은타일	수출	4000	145	
2007-10-10	G111	금도료	수입	5500	135	
2007-10-11	S200	은타일	수출	4000	166	
2007-11-11	C100	세공품	수출	4500	155	
2007-10-29	G111	금도료	수입	5500	67	
2007-11-02	S200	은타일	수출	4000	54	

(1) 입금 금액 = 제품단가 * 수량

(2) 다음의 조건에 맞게 고급 필터를 수행하시오.

① '세공품 수출입 현황' 표에서 입금금액이 '500,000' 이상이거나 구분이 '수입' 인 데이터 값을 고급 필터를 사용하여 검색하시오.

가. 필터 조건은 [B20:G22] 범위 내에 알맞게 입력

나. 고급 필터 결과 복사 위치는 동일 시트의 [B25] 셀에서 시작

② '세공품 수출입 현황' 표에서 수량이 '150' 이상이거나 제품명이 '세공품' 인 데이터 값을 고급 필터를 사용하여 검색하시오.

가. 고급 필터 조건은 [B31:G33] 범위 내에 알맞게 입력

나. 고급 필터 결과 복사 위치는 동일 시트의 [B35] 셀에서 시작

(3) [B2]셀에 '2011년도 현황' 이라고 입력된 메모를 삽입하시오.

(4) 수입과 수출에 대한 입금 금액과 수량에 대한 부분합을 구하시오.

(5) 제품단가를 기준으로 오름차순 정렬을 하시오.

02 [1분기 맥주 판매 현황] 표를 완성하고, 다음의 지시사항을 처리하시오

1분기 맥주 판매 현황

날짜	품목	판매가	수량	판매금액	판매점
2008-01-08	드라이	34,000	765		강동
2008-02-10	드라이	34,000	901		강동
2008-03-11	드라이	34,000	1024		강서
2008-01-06	램백	8,700	564		강남
2008-02-08	램백	8,700	123		강서
2008-03-09	램백	8,700	732		강남
2008-01-05	스타우트	5,700	643		강묵
2008-02-07	스타우트	5,700	543		강남
2008-03-08	스타우트	5,700	654		강서
2008-01-03	카스	54,000	254		강남
2008-02-05	카스	54,000	345		강서
2008-03-06	카스	54,000	432		강북
2008-01-07	포터	54,000	345		강북
2008-02-09	포터	54,000	789		강남
2008-03-10	포터	54,000	815		강북
2008-01-04	하이트	36,000	278		강서
2008-02-06	하이트	36,000	789		강동
2008-03-07	하이트	36,000	543		강동

(1) 판매금액 = 판매가 * 수량

(2) '1분기 맥주 판매현황' 표에서 '품목' 별 '수량' 의 최대값을 계산한 후, '판매금액' 의 평균을 계산하여 평균, 최대값 순서로 나타나도록 '부분합' 을 작성하시오.

▶ '품목' 에 대한 정렬기준은 오름차순으로 하시오.

(3) '1분기 맥주 판매현황' 표에서 품목이 '드라이' 이거나 수량이 '800' 이상인 데이터를 고급 필터를 이용하여 검색하시오.

① 고급 필터 조건은 [B22:G25] 범위 내에 알맞게 입력하시오.

② 고급 필터 결과 복사 위치는 동일 시트의 [B28]셀에서 시작하시오.

(4) [B2]셀에 메모를 삽입하고 '2011년' 을 입력하시오. 메모는 워크시트에서 항상 보여질 수 있도록 옵션을 설정하시오.

PART

03

파워포인트 2010

10 파워포인트 배워보기

11 멀티미디어와 디자인이 살아나는 프레젠테이션

12 강력한 슬라이드 쇼는 애니메이션으로

13 파워포인트 마무리하기

CHAPTER

10

파워포인트 배워보기

10.1 파워포인트 첫걸음

10.2 슬라이드 작성의 기본, 텍스트

10.3 여러 가지 방법으로 인쇄하기

CHAPTER 10

파워포인트 배워보기

파워포인트는 프레젠테이션을 하기 위해 사용하는 프로그램으로서 학교 수업시간의 발표 과제나 회사에서 목표나 실적 등에 대한 내용을 발표할 때 사용한다. 즉, 발표자가 발표하고자 하는 내용을 청중에게 호소력 있고 정확하게 볼 수 있도록 도와주는 프로그램이다. 이전 버전과 달라진 화면 구성은 사용자에게 어렵게 느껴질 수 있으나 사용자의 편리성과 다양한 기능을 확대하기 위함이다. 파워포인트는 원하는 여러 가지 이미지나 동영상, 클립아트 등과 같은 멀티미디어 요소들을 포함하여 더욱 생동감 있고 효과적으로 프레젠테이션 할 수 있으며 비주얼한 문서 작성, 콘텐츠 제작, 사업계획서, 이력서, 발표회, 세미나, 통계 분석 등 널리 사용범위가 확대되어 가고 있다.

10.1 파워포인트 첫걸음

10.1.1 파워포인트의 시작과 종료 알아보기

파워포인트를 사용하기 위해 가장 기본이 되는 시작과 종료를 알아본다.

(1) 시작하기

파워포인트를 시작하기 위해서 [시작]-[프로그램]-[Microsoft Office]-[Microsoft Office PowerPoint 2010]을 선택한다.

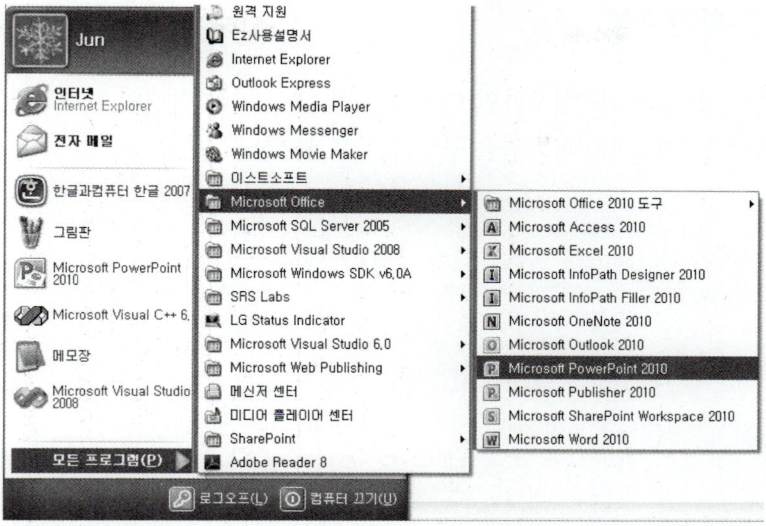

(2) 종료하기

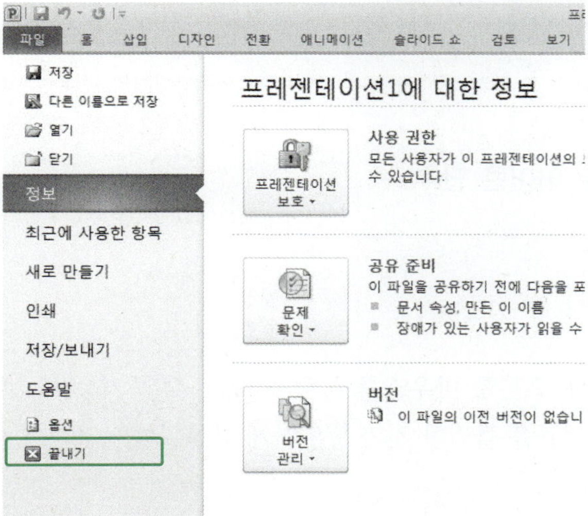

파워포인트 2010을 종료하는 방법은 메뉴에서 [파일]-[끝내기]를 선택한다. 또는 실행된 파워포인트 2010을 종료시키려면 화면 오른쪽 위에 있는 [닫기] 버튼을 선택한다.

10.1.2 화면구성

파워포인트 2010을 실행하면 다음 그림과 같이 기본 화면이 나타난다. 지금부터 파워포인트 2010의 화면을 구성하는 부분명칭을 설명한다.

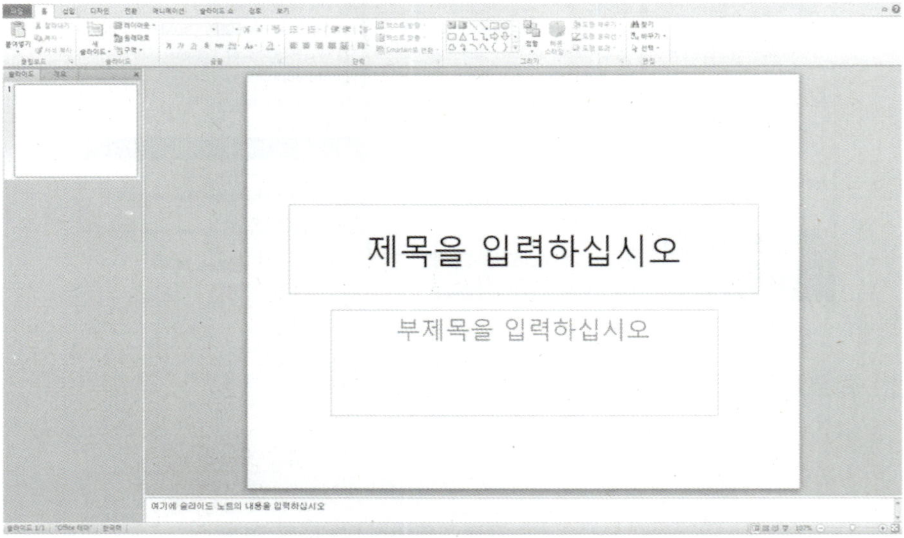

(1) 파워포인트 아이콘 단추

제목 표시줄에 오른쪽 마우스를 눌렀을 때와 같은 기능을 수행하며, 더블클릭할 때 [종료] 버튼을 클릭한 것과 동일하게 작동된다.

(2) 빠른 실행 도구모음

빠른 실행 도구모음은 메뉴 이름 그대로 작업을 빠르게 실행할 수 있도록 도와주는 메뉴이며 사용자가 임의대로 원하는 메뉴를 추가시킬 수 있는 장점이 있다.

(3) 제목 표시줄

제목 표시줄은 현재 사용 중인 프로그램의 아이콘, 프로그램명과 파일명을 표시해준다. 파워포인트는 기본 파일명이 [프레젠테이션1]이라고 표시되며 사용자가 문서를 저장하게 되면 지정된 파일명으로 나타난다. 또한 제목 표시줄의 오른쪽 끝부분에는 창 조절 단추와 끝내기 단추가 있다.

(4) 메뉴 표시줄

파워포인트에서 사용할 수 있는 명령어를 기능에 따라서 분류하여 표시하며 이를 리본메뉴라고 한다. 리본메뉴는 홈, 삽입, 디자인, 전환, 애니메이션, 슬라이드 쇼, 검토, 보기의 8가지 기본 탭으로 구성되어 있다. 리본메뉴를 선택 시 마우스로 클릭하거나 키보드의 〈Alt〉 버튼을 누르면 해당 메뉴의 단축키가 표시되어 빠른 작업을 할 수 있다.

[파일]의 경우 파일 저장, 파일 열기, 인쇄 등 기존의 파워포인트 이전 버전의 오피스단추와 동일한 역할을 한다.

Tip 리본메뉴 알아두기

파워포인트 2010에서 새롭게 구성된 메뉴가 리본메뉴이다. 파워포인트 2010에서도 동일하게 리본메뉴를 사용할 수 있으며, 홈, 삽입, 디자인, 전환, 애니메이션, 슬라이드 쇼, 검토, 보기의 8가지 탭으로 구성되어 있다. 각각의 탭은 다음과 같은 순서로 나열되어있다.

[홈]: [홈] 탭은 파워포인트를 실행하면 기본적으로 선택되어있는 탭이며 슬라이드 삽입과 슬라이드 레이아웃, 글꼴과 크기 변경, 정렬, 도형 삽입 등을 작업할 수 있다. [클립보드], [슬라이드], [글꼴], [단락], [그리기], [편집] 등의 그룹으로 구성되어 있다.

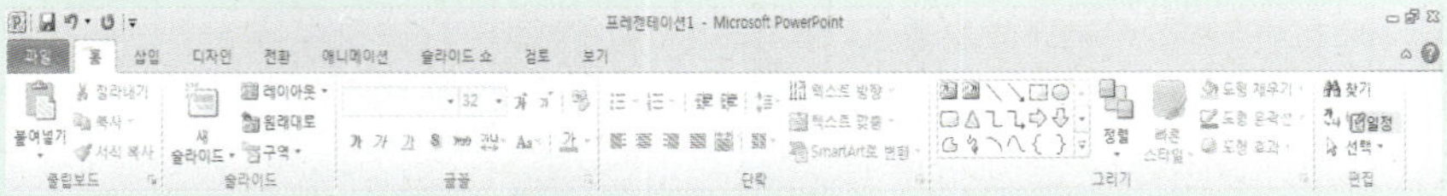

[삽입]: [삽입] 탭은 그림과 사진, 동영상, 클립아트, 스크린 샷, 사진 앨범, 도형, 차트 등을 삽입할 수 있다. [표], [이미지], [일러스트레이션], [링크], [텍스트], [기호], [미디어] 등의 그룹으로 구성되어 있다.

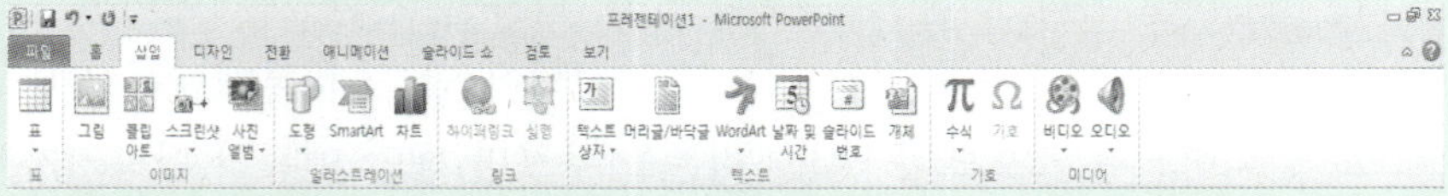

[디자인]: [디자인] 탭은 슬라이드를 세련되게 바꿔줄 수 있는 배경 디자인과 테마가 있으며 다양한 슬라이드의 화면을 클릭해서 바로 적용할 수 있다. [페이지 설정], [테마], [배경] 등의 그룹으로 구성되어 있다.

[전환]: [전환] 탭은 파워포인트 2010에 새롭게 추가된 탭으로 기존의 애니메이션 효과 중에 화면 전환 효과만을 별도로 구성한 메뉴이다. [미리보기], [슬라이드 화면 전환], [타이밍] 등의 그룹으로 구성되어 있다.

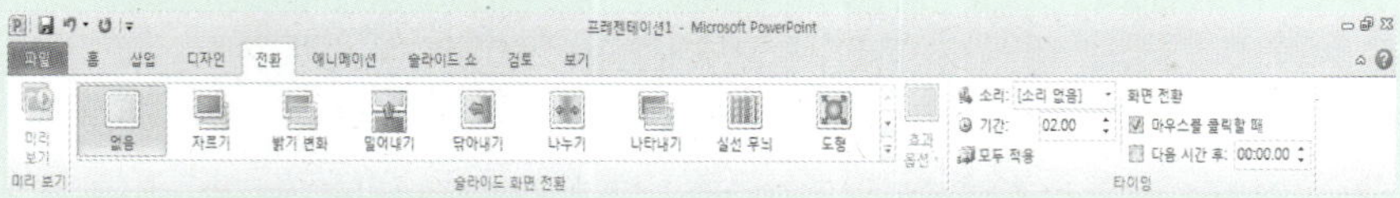

[애니메이션]: [애니메이션] 탭은 청중의 시선을 끌기 위해서 여러 가지 애니메이션 효과와 슬라이드 전환 효과를 적용할 수 있는 메뉴이다. [미리보기], [애니메이션], [고급 애니메이션], [타이밍] 등의 그룹으로 구성되어 있다.

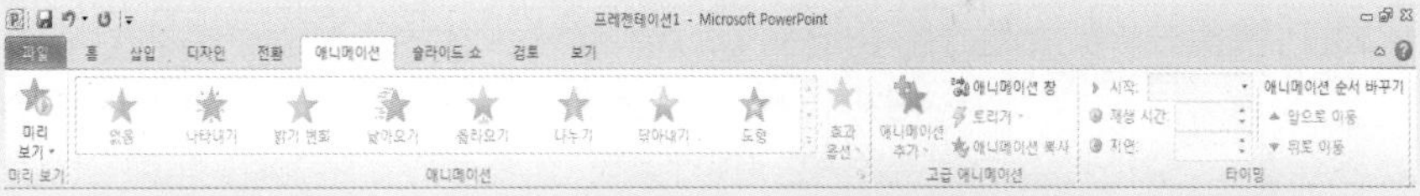

[슬라이드 쇼]: [슬라이드 쇼] 탭은 프레젠테이션을 구성할 때 예행연습 또는 자동실행, 슬라이드 쇼 녹화 등을 할 수 있는 메뉴이다. [슬라이드 쇼 시작], [설정], [모니터] 등의 그룹으로 구성되어 있다.

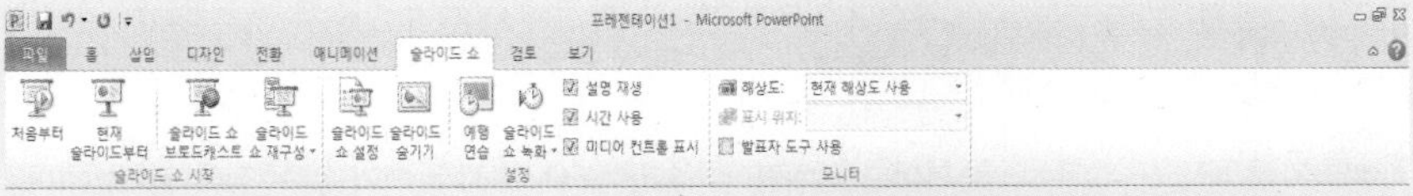

[검토]: [검토] 탭은 온라인 리서치로 원하는 정보를 검색할 수 있으며 맞춤법 검사, 리서치, 동의어 사전, 번역, 한글/한자변환, 메모 및 변경 내용 표시를 할 수 있다. [언어 교정], [언어], [메모], [비교] 등의 그룹으로 구성되어 있다.

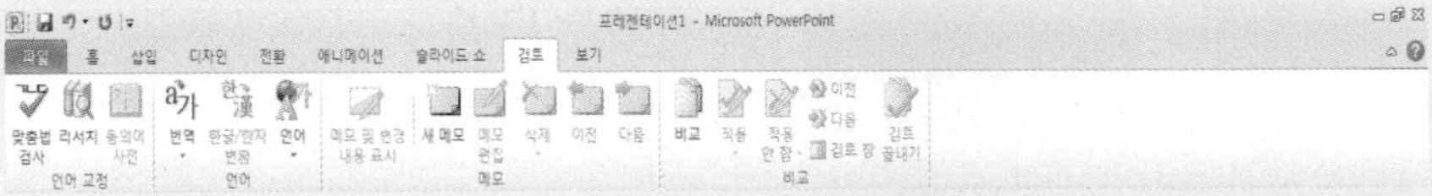

[보기]: 여러 슬라이드, 슬라이드 노트, 슬라이드 마스터, 유인물 마스터, 슬라이드 노트 마스터 등 구성된 슬라이드를 여러 가지 형태의 화면으로 볼 수 있다. [프레젠테이션 보기], [마스터보기], [표시], [확대/축소], [컬러/회색조], [창], [매크로] 등의 그룹으로 구성되어 있다.

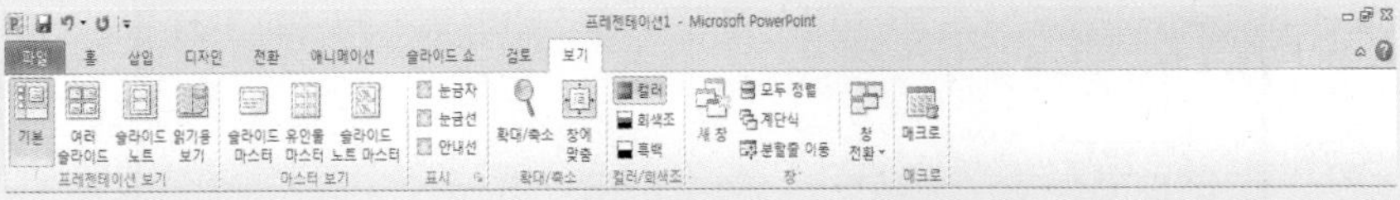

(5) 보기 아이콘

보기 아이콘		기 능
기본	기본 보기	하나의 화면에서 개요 보기, 슬라이드 보기, 슬라이드 노트 보기 기능을 동시에 보여주는 화면이다. 세 가지 보기 기능을 같은 화면에 보여줌으로서 사용자가 다른 보기 상태로 쉽게 이동할 수 있으며 편집 시에도 쉽게 수정할 수 있는 기능이다.
여러 슬라이드	여러 슬라이드	전체 슬라이드에 대해서 바둑판 형식으로써 한눈에 볼 수 있고 슬라이드에 대한 복사 및 붙여넣기가 가능하다.
슬라이드 노트	슬라이드 노트	해당 슬라이드에 대한 노트를 보여준다. 실제 슬라이드 쇼에서는 보여지지 않지만 인쇄할 때 출력할 수 있으므로 메모 용도나 발표할 때 필요한 발표 내용을 미리 작성하여 사용할 수 있다.
읽기용 보기	읽기용 보기	슬라이드 쇼처럼 각 슬라이드에 대해서 쓰기 및 수정이 불가능하며, 각각 슬라이드에 대해서 한 장씩 볼 수 있다.

10.1.3 파일 저장과 열어보기

(1) 파일 저장하기

작업 중인 슬라이드 파일을 저장하는 방법은 [다른 이름으로 저장] 대화상자에서 [파일]-저장(S)(저장(S))을 선택한다.

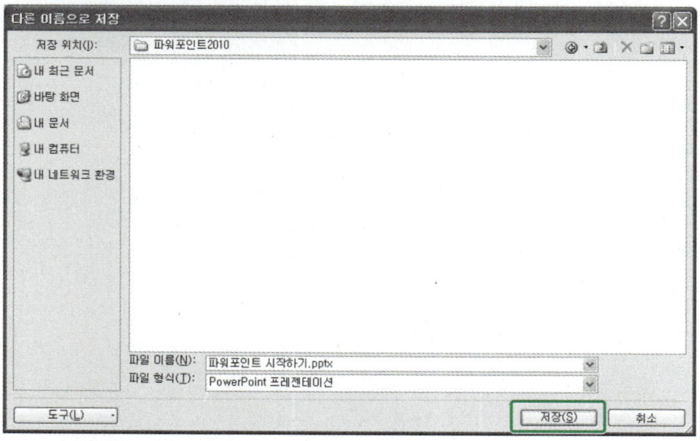

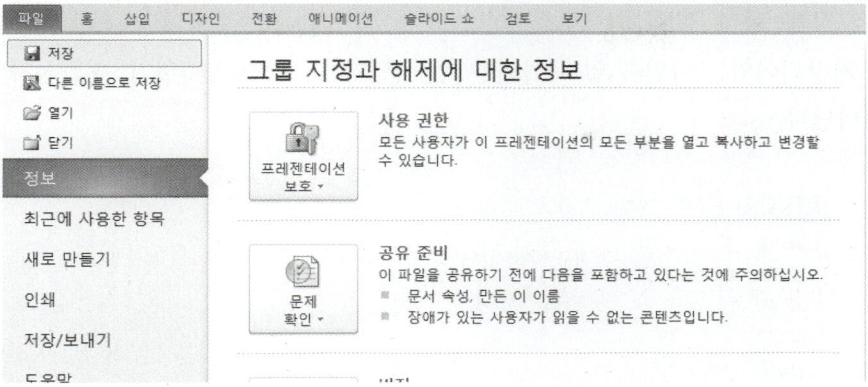

[다른 이름으로 저장] 대화상자가 나타나면 저장될 파일 위치를 선택하고 파일 이름을 입력한 후에 [저장]을 클릭하면 저장이 완료된다. 이때 파워포인트 2010 버전의 파일 확장자는 '*.pptx'로 저장된다.

(2) 파일 닫기

작성이 완료된 파일을 닫는 메뉴는 [파워포인트 아이콘 단추]-[닫기]를 선택하거나 제목 표시줄의 창 닫기(⊠) 버튼을 클릭한다. 닫으려는 파일이 수정되었다면 다시 저장하고 파일 닫기를 실행한다. 또는 [파일]-[끝내기]를 선택하여 종료한다.

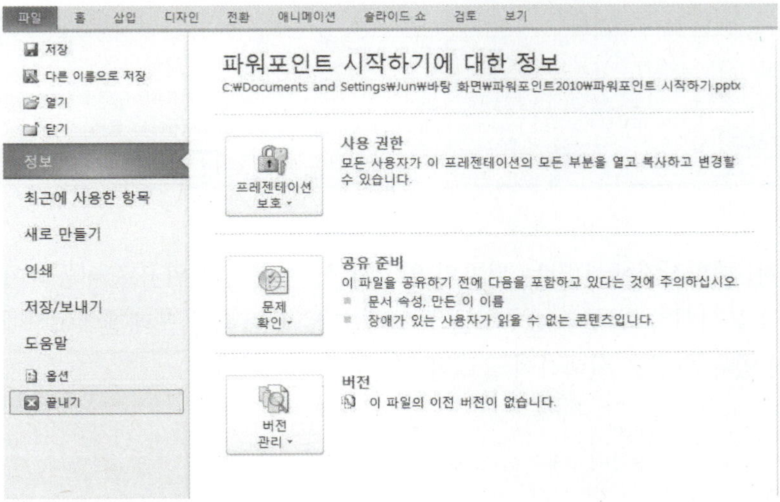

(3) 파일 열기

저장되어있는 파일을 열기 위해 [파일]–[열기]를 클릭하면 [열기] 대화상자가 나타난다.

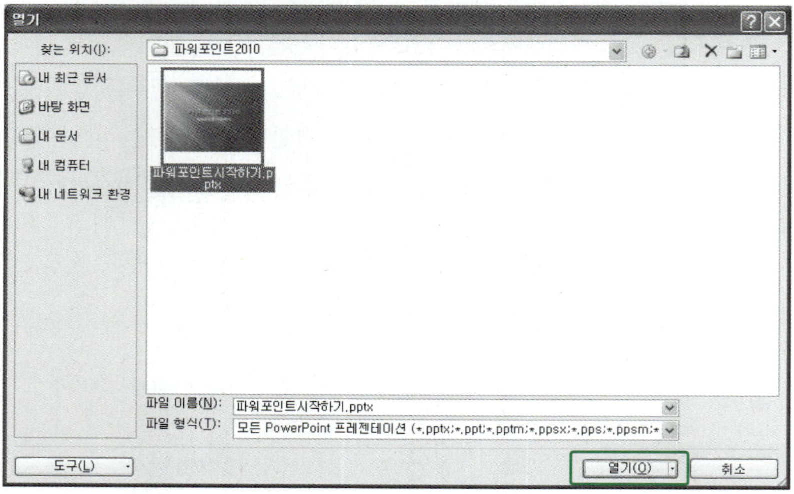

[열기] 대화상자에서 찾는 위치의 열고자 하는 파일의 위치로 이동하여 원하는 파일을 선택하고 [열기(O)] 버튼을 클릭한다. 또는 최근 프레젠테이션에서 저장되어 있는 파일을 선택하여 클릭한다.

10.2 슬라이드 작성의 기본, 텍스트

새로운 프레젠테이션 파일을 작성하는 방법에 대해서 설명한다. 원하는 새 슬라이드를 만들고 텍스트 상자를 이용하여 텍스트를 입력하고 서식 적용하기 등의 기능을 설명한다.

10.2.1 새 슬라이드 만들기

새로운 슬라이드를 만들기 위해서 리본메뉴 중 [홈]에서 제공하는 여러가지 슬라이드 종류 중에서 작성하고자 하는 내용에 적합한 슬라이드를 선택한다.

(1) 슬라이드 구성 선택하기

파워포인트를 실행한 후 리본메뉴 중 [홈]에서 [새 슬라이드]를 클릭한다. 슬라이드 메뉴 중 [레이아웃]을 클릭하면 작성하고자 하는 내용에 적합한 슬라이드를 선택할 수 있다.

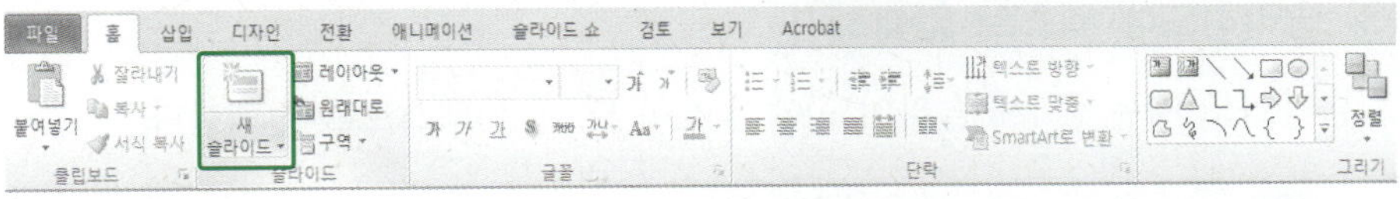

(2) 새 슬라이드 추가하기

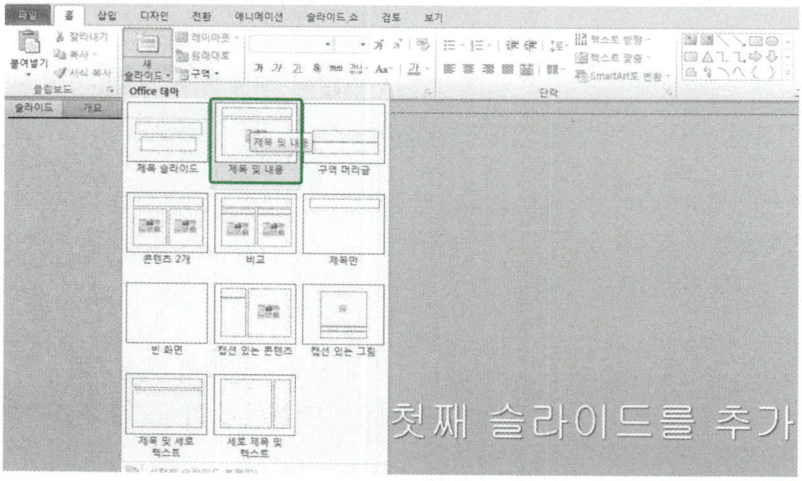

슬라이드 문서 작성 중 새로운 슬라이드를 추가하는 방법은 리본메뉴 [홈]-[새 슬라이드]를 클릭하면 추가할 수 있다. 새로운 슬라이드가 추가되면 동일한 방법으로 슬라이드 메뉴 중 [레이아웃]을 선택하여 사용한다.

(3) 슬라이드에 텍스트 입력하기

슬라이드 메뉴 중 [새 슬라이드]에서 제목 및 내용 텍스트를 선택한다.

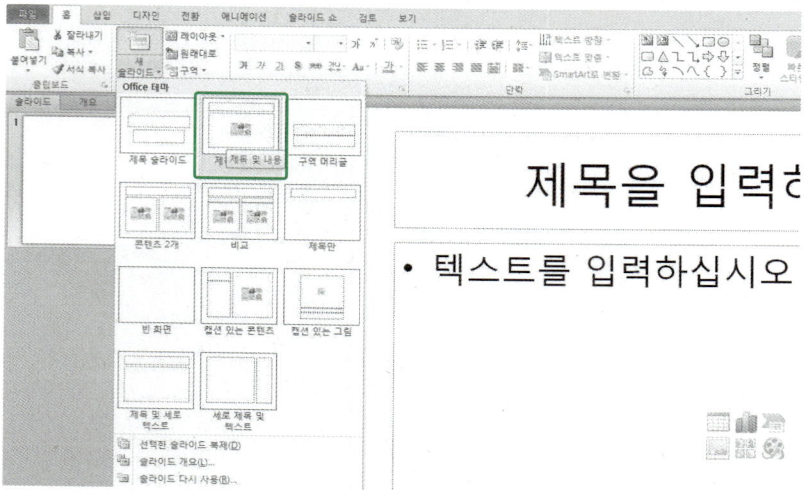

'제목을 입력하십시오' 라는 부분에 마우스를 클릭한 후 원하는 제목을 작성한 후 '텍스트를 입력하십시오' 라는 부분에 마우스를 클릭한 후 슬라이드 내용을 작성해 준다. 작성한 후 키보드의 〈Enter〉 키를 누르면 다음 텍스트를 입력하도록 커서가 자동으로 변경된다. 여기서 다음과 같이 새 슬라이드에 제목 및 내용 텍스트를 입력한다.

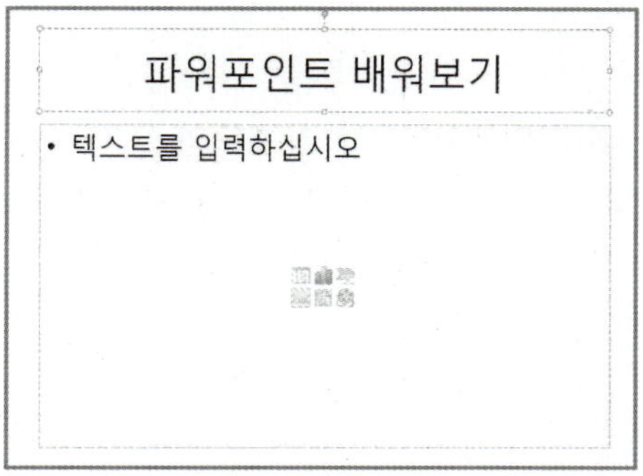

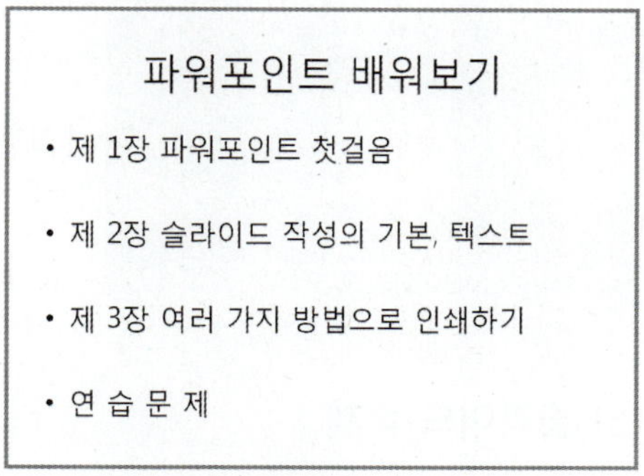

(4) 슬라이드 삭제하기

작성된 슬라이드에서 필요 없는 슬라이드를 삭제하는 방법에 대해서 설명한다.

단계 1 파워포인트 왼쪽의 슬라이드 개요 창에서 삭제하고자 하는 슬라이드를 마우스로 클릭한 후 키보드의 〈Delete〉 키를 누른다.

단계 2 슬라이드 개요 창에서 삭제하고자 하는 슬라이드를 마우스 오른쪽 버튼으로 클릭하면 단축 메뉴 중 [슬라이드 삭제(D)]를 클릭한다.

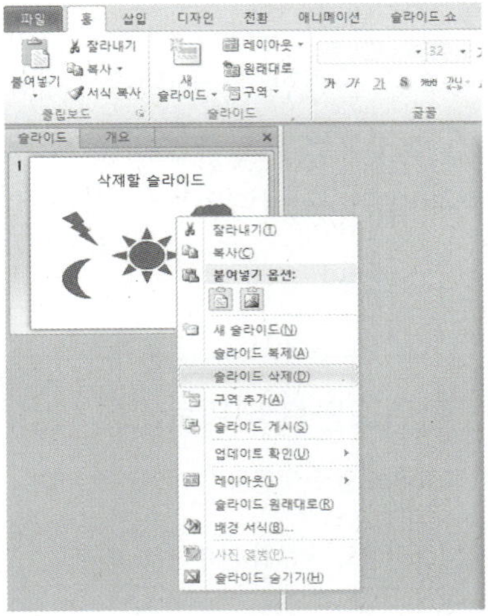

파워포인트 2010에서는 슬라이드를 삭제할 때 경고 메시지가 나타나지 않고 바로 삭제되므로 실수로 슬라이드를 삭제했을 경우 [실행 취소]의 단축키인 키보드의 〈Ctrl+z〉를 선택하여 삭제한 슬라이드를 복원할 수 있다.

(5) 슬라이드 복제

먼저 개요 창에서 복제하고자 하는 슬라이드를 선택하여 마우스 오른쪽 버튼을 클릭한 후 단축 메뉴에서 [슬라이드 복제(A)]를 선택한다. 왼쪽의 슬라이드 개요 창에서 복제된 슬라이드를 확인한다.

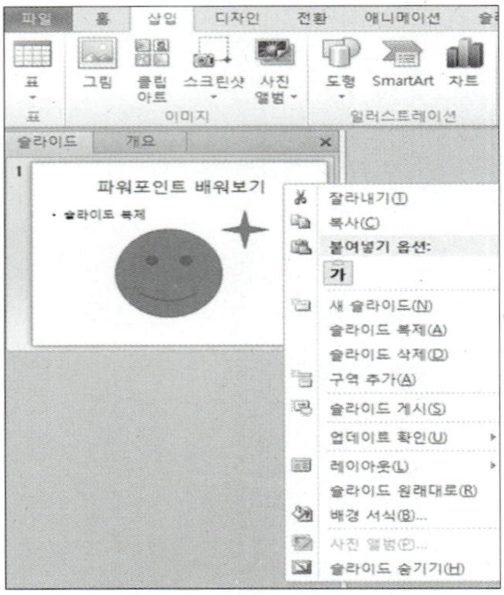

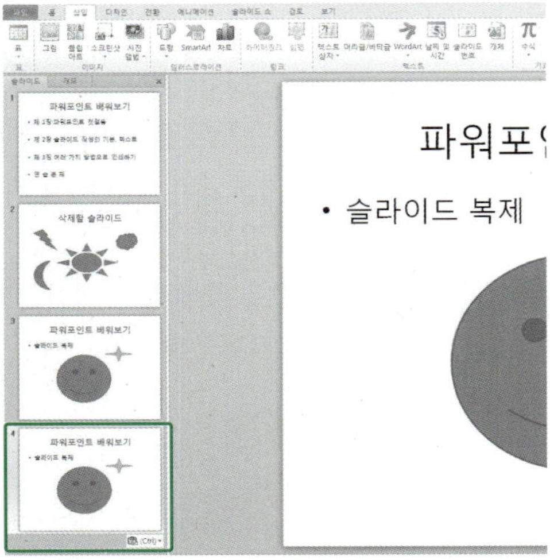

단계 1 기존에는 복제 후 붙여넣기를 해야만 복제된 슬라이드를 볼 수 있었지만, 파워포인트 2010에서는 복제할 때 자동 붙여넣기가 슬라이드에 바로 적용된다. 붙여넣기 옵션으로 상대 테마 사용(H), 원본 서식 유지(K), 그림(U)을 사

용할 수 있다. 이때 슬라이드 개요 창에서 복제방법은 기존과 동일하다.

단계 2 개요 창에서 복제하고 싶은 슬라이드를 마우스로 선택한 후, 키보드에서 〈Ctrl+c〉를 입력한 후 〈Ctrl+v〉를 입력하면 슬라이드가 복제된다.

(6) 슬라이드 붙여넣기 옵션

붙여넣기 아이콘		붙여넣기 옵션 기능
	상대 테마 사용(H)	현재 사용하고 있는 테마를 유지하고 슬라이스를 붙여넣기 한다.
	원본 서식 유지(K)	현재 사용하고 있는 서식을 유지하고 슬라이스를 붙여넣기 한다.
가	그림(U)	복제된 슬라이스를 그림으로 붙여넣기 한다.

슬라이드 붙여넣기 옵션의 결과는 다음과 같다. 그림순서는 상대 테마 사용(H), 원본 서식 유지(K), 그림(U)의 붙여넣기 옵션으로 적용한 결과 화면을 나타낸다.

(1) 원본 → 상대 테마 사용(H)으로 붙여넣기

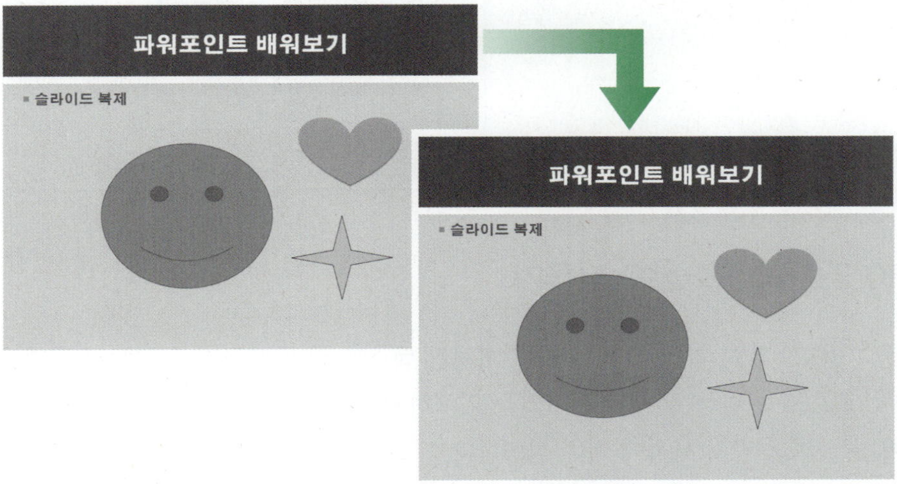

(2) 원본 → 원본 서식 유지(K)로 붙여넣기

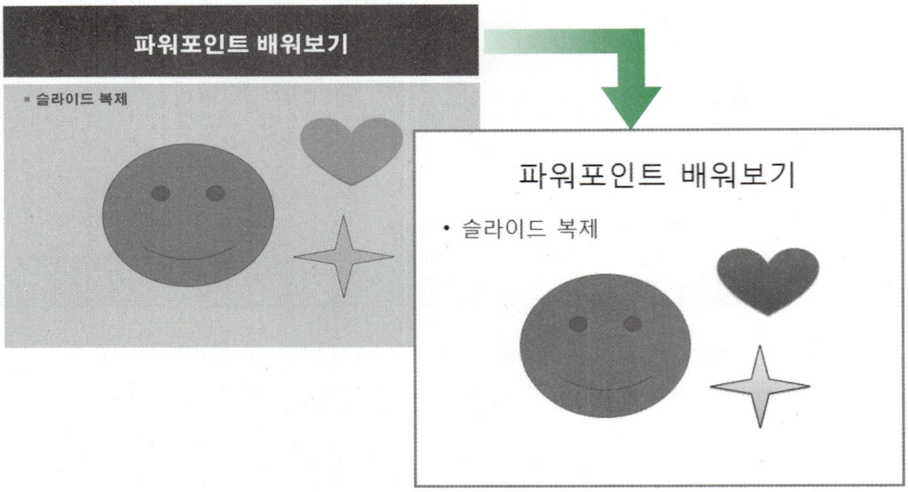

(3) 원본 → 그림(U)으로 붙여넣기

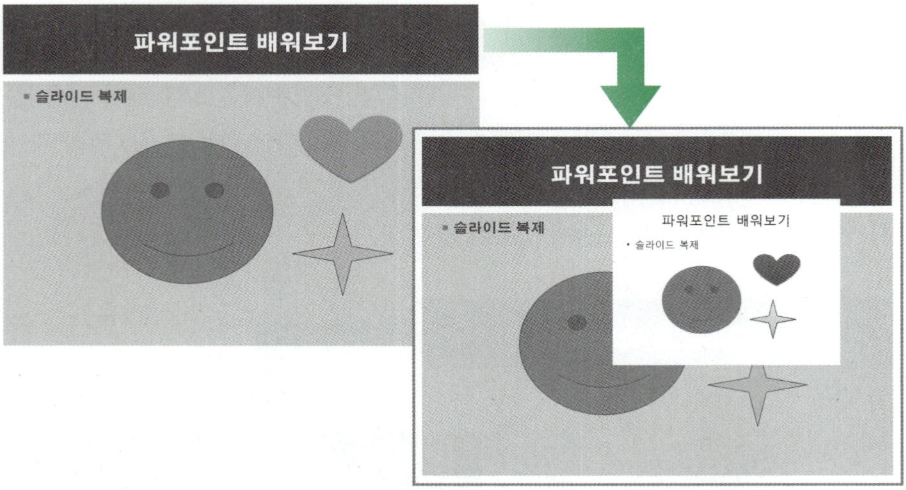

10.2.2 텍스트 상자 다루기

파워포인트의 가장 기본이 되는 개체인 텍스트 상자 다루기에 대해서 설명한다. 텍스트 상자는 문자와 문자열을 입력하기 위한 개체로서 텍스트 상자에 적용하는 여러 가지 서식에 대해 설명한다.

(1) 텍스트 상자 삽입하기

리본메뉴 [홈]에서 슬라이드 메뉴의 레이아웃(Office 테마)에서 '제목만' 을 선택한다.

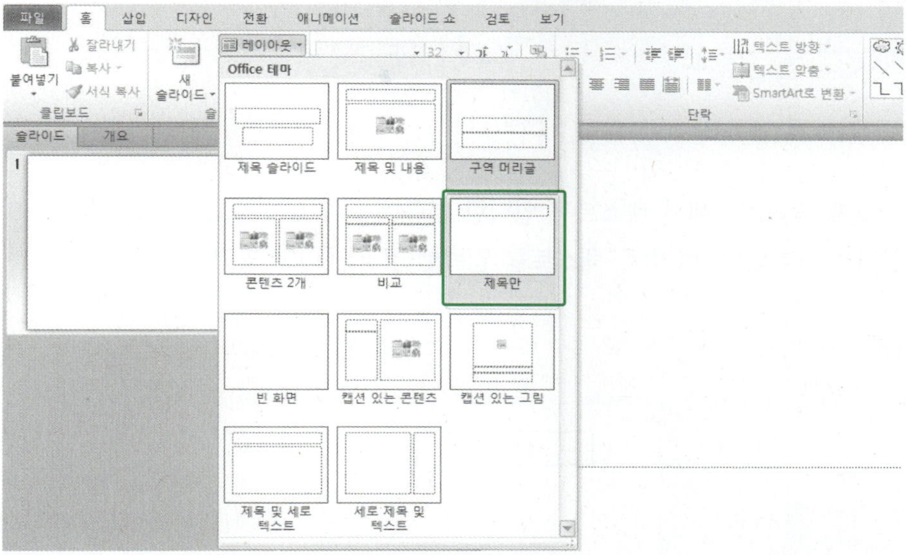

'제목을 입력하시오' 부분에 마우스를 클릭하여 '컴퓨터활용 제대로 배우기' 라고 입력한다.

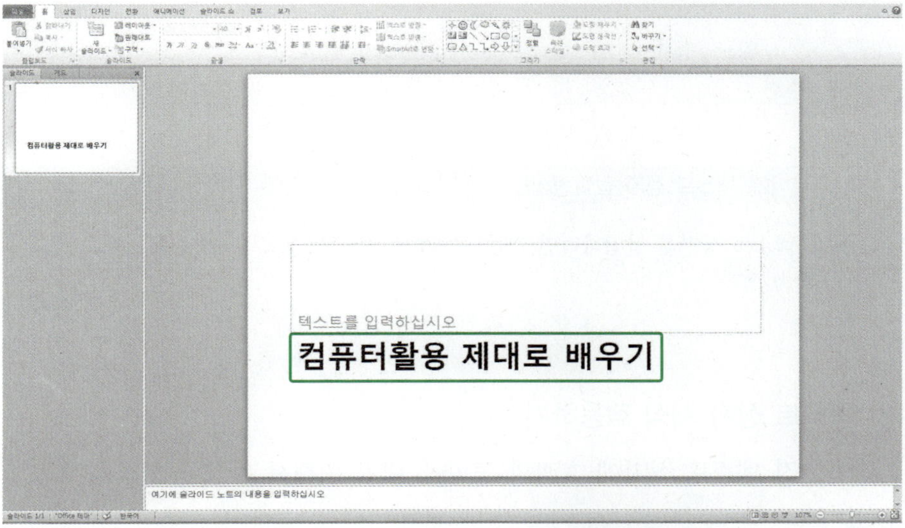

텍스트 상자 개체를 삽입하기 위해서 리본메뉴의 [삽입]에서 텍스트 메뉴의 [텍스트 상자]를 클릭하고 [가로 텍스트 상자(H)]를 선택한다.

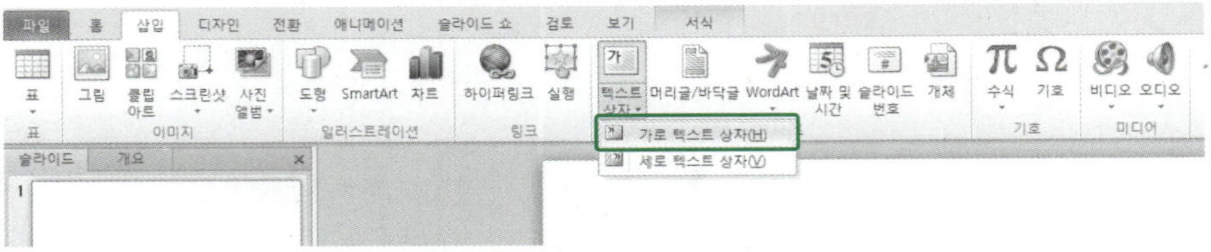

현재 슬라이드에서 텍스트를 입력할 부분에 마우스를 드래그하면 빈 텍스트 상자가 나타난다. 여기에 "**텍스트를 입력했습니다.**"라고 입력한다.

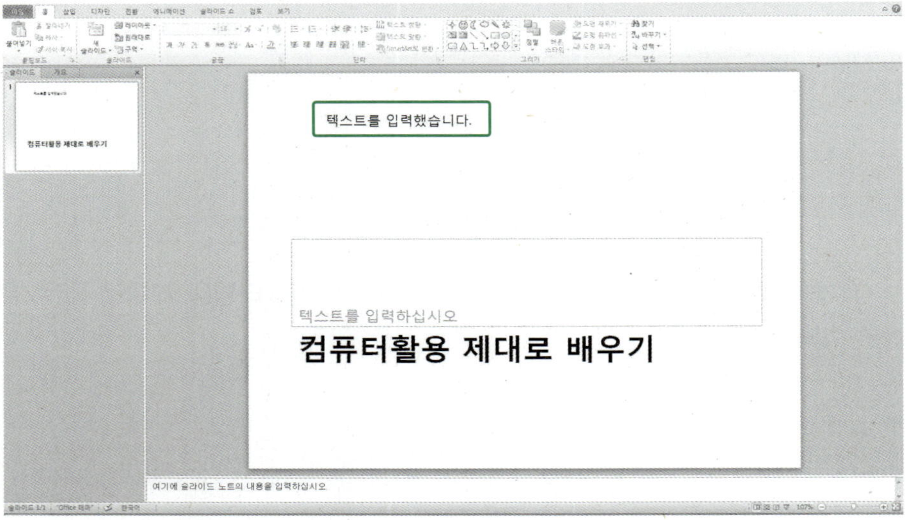

Tip **세로 텍스트 상자 삽입 방법**

세로 텍스트 상자를 삽입하려면 리본메뉴의 [삽입]-[텍스트 상자]-[세로 텍스트 상자(V)]를 선택한다.

(2) 텍스트 상자 서식 적용하기

만들어진 텍스트 상자에 효과와 모양을 내기 위해서 다양한 서식을 적용할 수 있다.

단계 1 슬라이드에서 서식을 적용할 텍스트 상자를 선택한다. [(1) 텍스트 상자 삽입하기]와 동일한 방법이다.

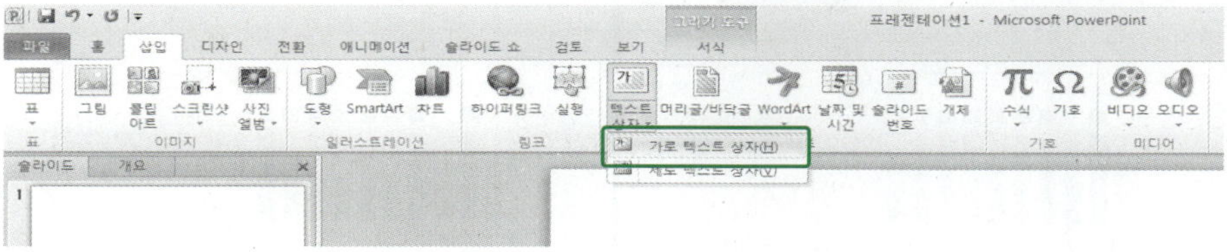

단계 2 서식을 변경하고자 하는 텍스트 상자에 마우스를 클릭하면 리본메뉴의 오른쪽 끝에 [그리기도구-서식] 메뉴가 나타난다.

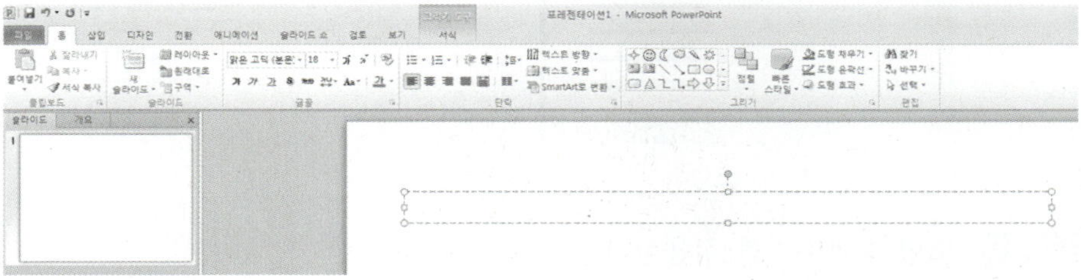

단계 3 텍스트 상자에 색채우기를 적용한다.

리본메뉴에서 [그리기도구-서식]-[도형 스타일]-[도형 채우기]를 클릭하고 텍스트 상자에 원하는 색을 선택한다.

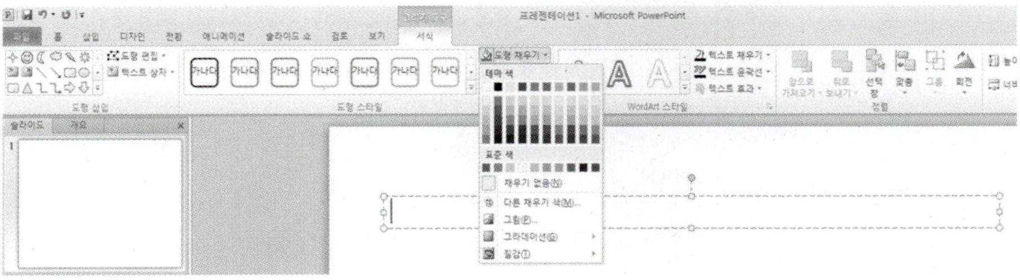

단계 4 도형 윤곽선 효과주기를 적용한다.

리본메뉴에서 [그리기도구-서식]-[도형 스타일]-[도형 윤곽선]을 클릭하고 텍스트 상자에 원하는 윤곽선 색을 선택한다. 선택 후 [두께]와 [대시] 메뉴를 클릭하면 윤곽선의 다양한 두께와 대시 효과를 설정할 수 있다.

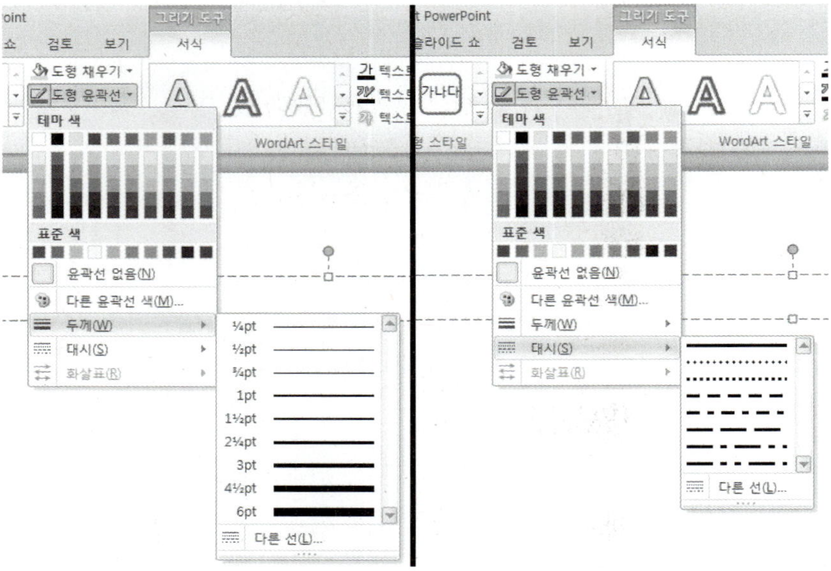

단계 5 도형 효과주기를 적용한다.

리본메뉴에서 [그리기도구-서식]-[도형 스타일]-[도형 효과]를 클릭하고 텍스트 상자에 원하는 효과를 선택한다. 이는 세련되고 다양한 슬라이드를 만들 수 있도록 도와준다.

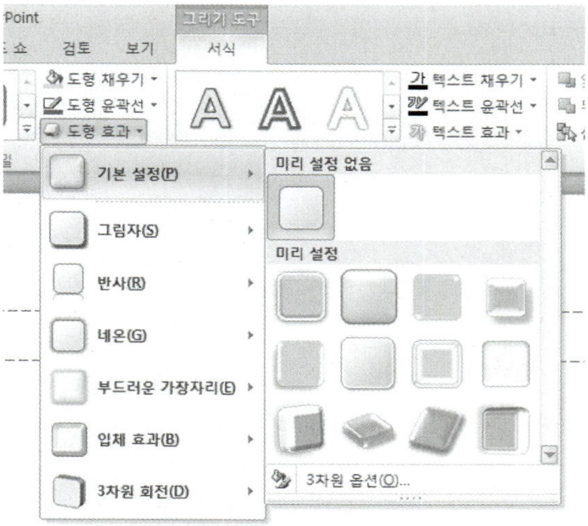

(3) 글머리 기호와 번호 매기기

슬라이드에 문자열 작성 시 기본적으로 설정된 글머리 기호와 번호 매기기를 사용할 수 있으며 사용자의 요구에 따라 번호, 문자, 기호 등을 추가할 수 있다.

단계 1 글머리 기호 바꾸기를 적용한다.

글머리 기호를 바꾸고자 하는 텍스트에 블록을 지정한 후 마우스 오른쪽 버튼을 클릭한다. 단축 메뉴 중 [글머리 기호]를 선택하면 다양한 글머리 기호 모양이 나타나며 사용자는 원하는 글머리 기호를 슬라이드에 적용할 수 있다.

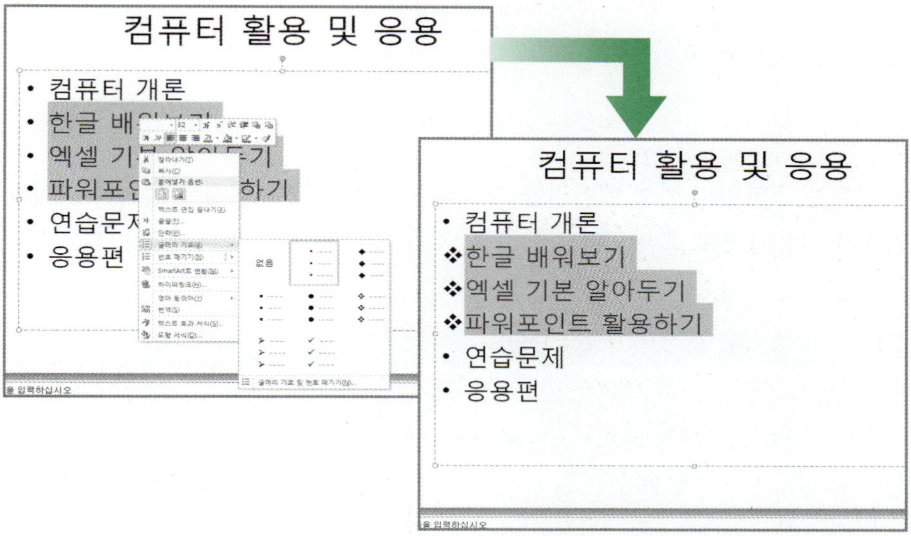

단계 2 번호 매기기를 적용한다.

목록에 글머리 기호 대신 번호를 매길 수 있는 방법이다. 먼저 [단계 1]의 글머리 기호 바꾸기와 동일한 방법으로 바꾸고자 하는 텍스트에 블록을 지정한 후 마우스 오른쪽 버튼을 클릭하고 단축 메뉴 중 [번호 매기기(N)]를 선택한다.

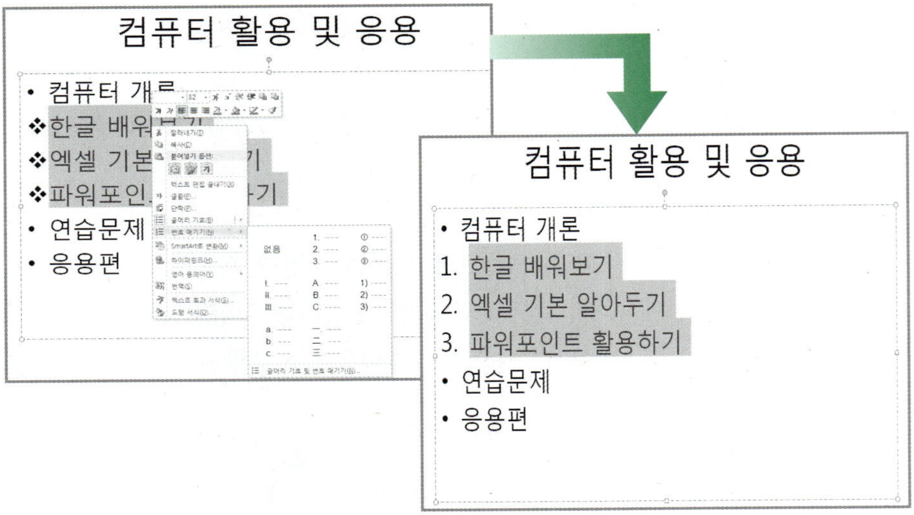

원하는 스타일의 번호 매기기를 선택하면 초기에 블록 설정된 목록의 글머리 기호가 적용된 번호로 바뀐다.

Tip **글머리 기호 사용자 지정 방법**

글머리 기호는 사용자가 지정할 수도 있으며 방법은 다음과 같다. 바꾸고자 하는 텍스트를 블록 지정한 후 마우스 오른쪽 버튼을 클릭하고 나타난 단축 메뉴 중 [글머리 기호(B)]를 선택한다. 하단의 [글머리 기호 및 번호 매기기(N)...] 버튼을 클릭하면 아래와 같은 [글머리 기호 및 번호 매기기] 대화상자가 나타난다.

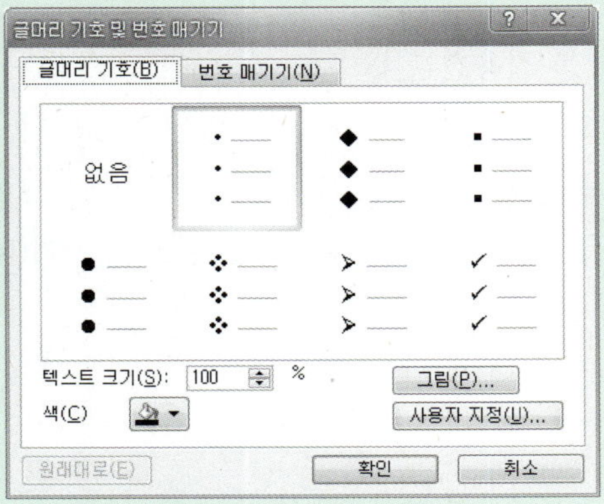

사용자 지정(U)([사용자 지정(U)...]) 버튼을 클릭하면 [기호] 대화상자가 나타난다. 이

때 사용자는 원하는 기호를 선택하고 [확인] 버튼을 클릭한다. 이는 좀 더 많은 기호를 통해 글머리 기호를 다양하게 지정해 줄 수 있다.

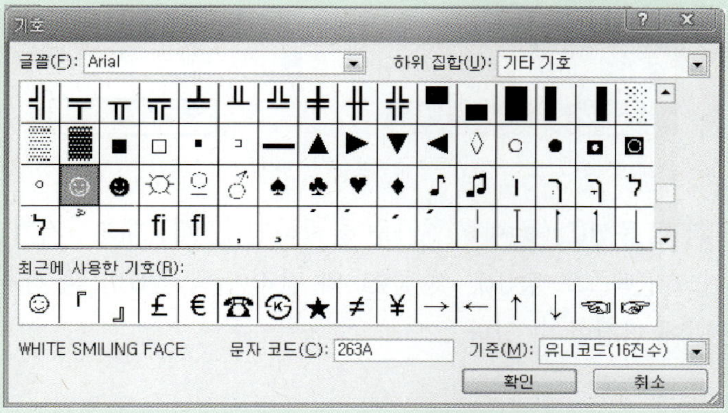

● **리본메뉴를 이용한 글머리 기호와 번호 매기기**

마우스를 이용한 단축 메뉴 이외에도 글머리 기호()와 번호 매기기()는 리본메뉴를 이용해서도 가능하다. 리본메뉴 [홈]-[단락] 메뉴에서 글머리 기호와 번호 매기기 메뉴를 클릭하면 원하는 스타일로 변경이 가능하다.

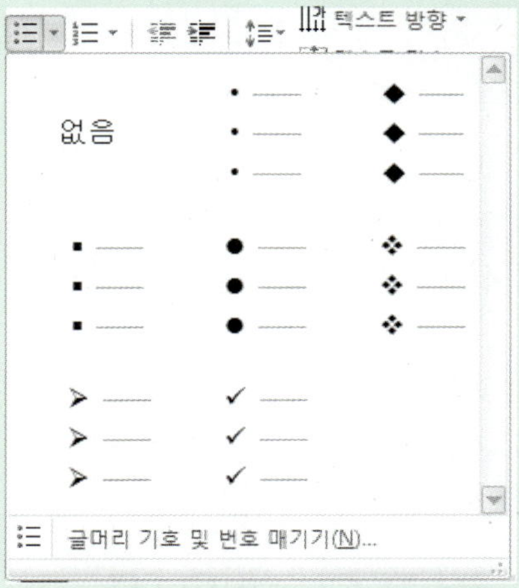

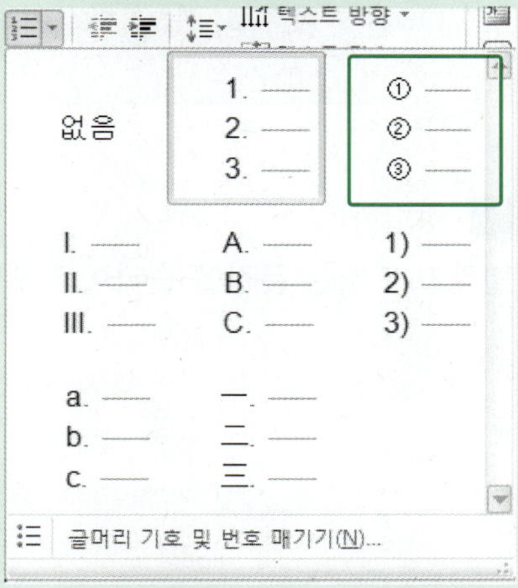

(4) 줄 간격과 정렬하기

줄 간격을 조절할 문장들을 블록 설정한 다음 리본메뉴 [홈]-[단락]에서 줄 간격()을 클릭하면 원하는 줄 간격을 선택할 수 있다.

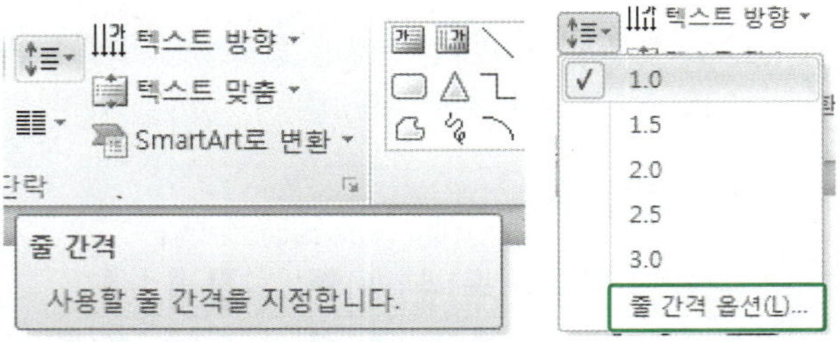

또는 줄 간격 옵션(L)(줄 간격 옵션(L)...)을 클릭하면 [단락] 대화상자가 나타난다. 여기서 들여쓰기(텍스트 앞(R), 첫 줄(S))와 간격(단락 앞(B), 줄 간격(N), 단락 뒤(E))을 한번에 변경할 수 있다.

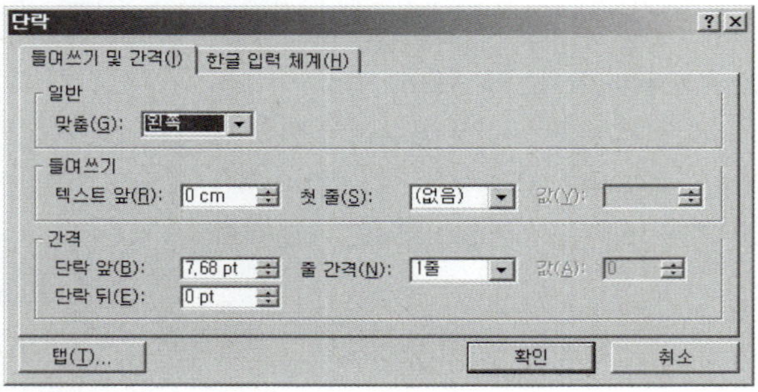

단계 1 정렬하기

정렬하고자 하는 문장을 슬라이드에서 선택하여 블록을 설정한다.

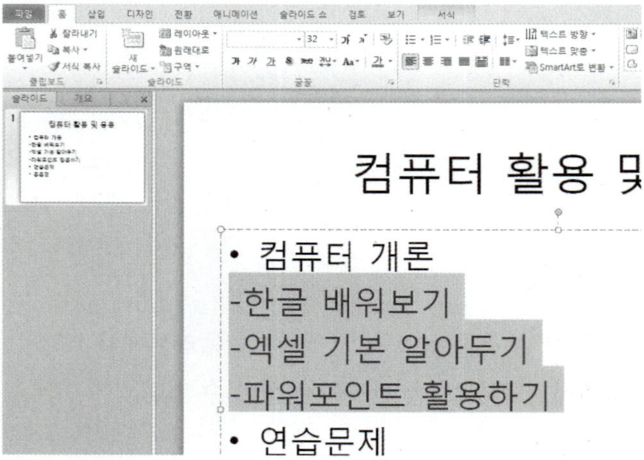

블록 설정한 뒤 리본메뉴의 [홈]-[단락]에서 왼쪽맞춤( ), 가운데맞춤( ), 오른쪽맞춤( ), 양쪽맞춤( ) 중 원하는 정렬을 선택한다. 다음 슬라이드는 왼쪽맞춤, 가운데맞춤, 오른쪽맞춤, 양쪽맞춤의 정렬순서로 적용한 화면을 나타낸다.

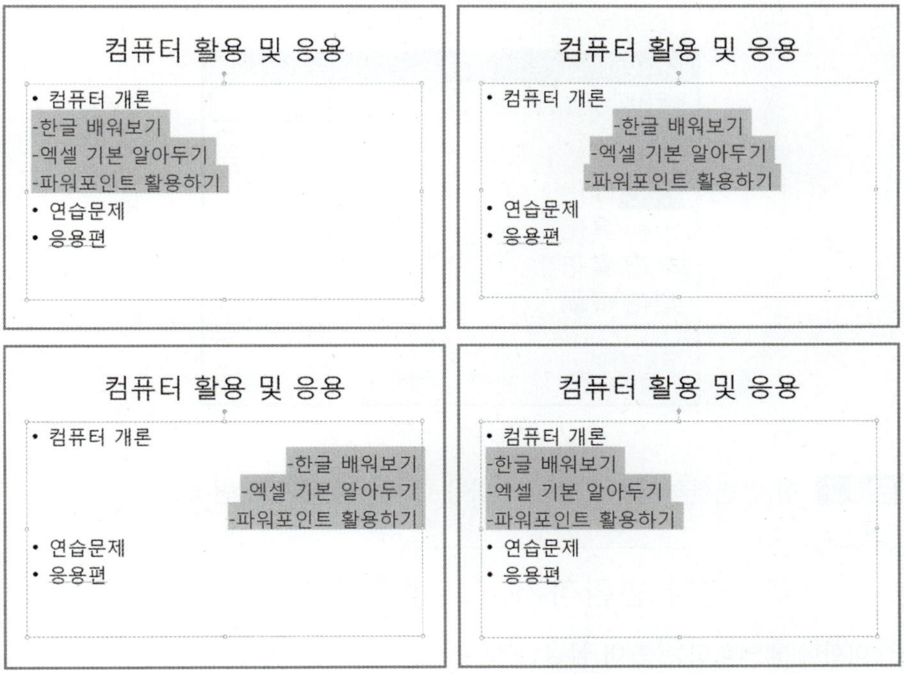

(5) 한자 변환하기

단계 1 슬라이드에 다음과 같이 '한자 변환하기'를 입력한다.

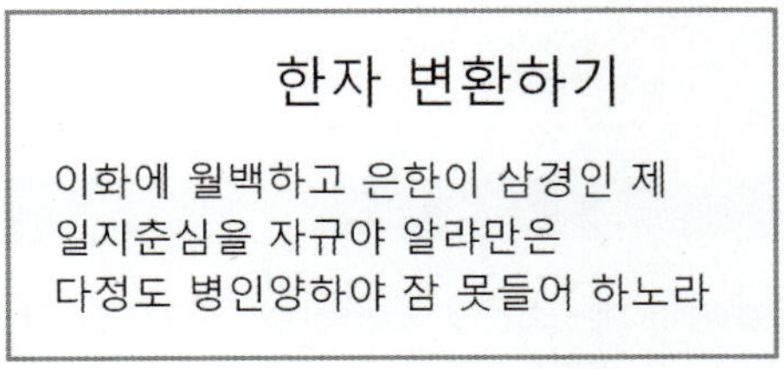

단계 2 한자로 변환하고자 하는 문자 앞에 마우스를 이용해 커서를 올려놓은

후 리본메뉴의 [검토]에서 언어교정 메뉴의 [한글/한자 변환]을 클릭한다. 다른 방법으로는 키보드의 [한자]를 클릭하여 변경하는 방법이 있다. [한글/한자 변환] 대화상자에서 변환하고자 하는 문자의 한자를 선택하고 [변환]을 클릭하면 해당 문자는 한자로 변환되어진다. 또한 대화상자 하단의 입력 형태(D)의 漢字, 한글(漢字), 漢字(한글)에서 원하는 형태로 입력 스타일을 지정할 수 있다.

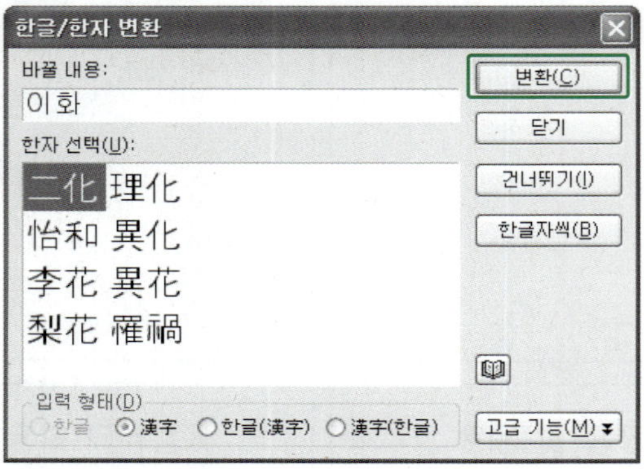

단계 3 한자 변환하기를 이용하여 다음 예제처럼 한자로 변경한다.

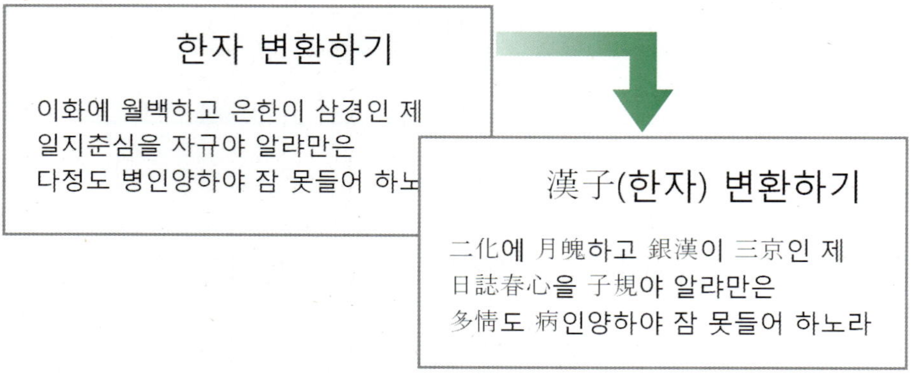

Tip **영문자 대 · 소문자 쉽게 변환하기**

영문자 입력 시 상황에 따라 대 · 소문자로 나타내야 하는 경우가 발생한다. 이때 리본 메뉴 [홈]–[글꼴]에서 (Aa)을 클릭하면, 대 · 소문자를 손쉽게 바꿀 수 있다.

(6) 맞춤법 검사하기

완벽한 프레젠테이션을 작업하기 위해서는 맞춤법 검사하기를 이용하여 사용자의 실수로 생긴 오타나 문장의 띄어쓰기를 간편하게 올바른 문장으로 고칠 수 있다.

단계 1 제목 및 내용의 슬라이드에 다음과 같이 입력한다.

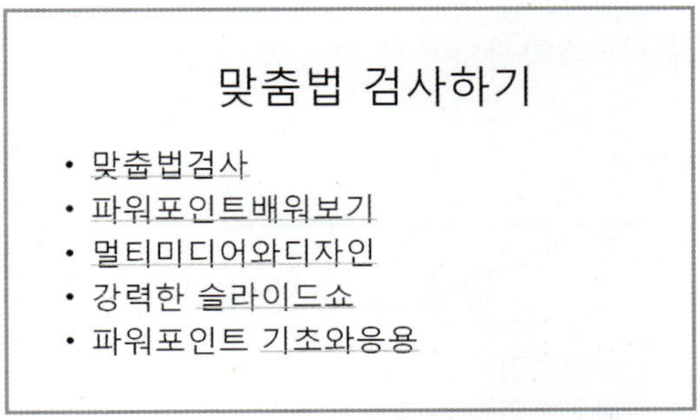

단계 2 입력한 텍스트 중 빨간색 밑줄이 그어져있는 부분에 마우스 오른쪽 버튼을 클릭한 후 [맞춤법 검사(S)]를 선택한다.

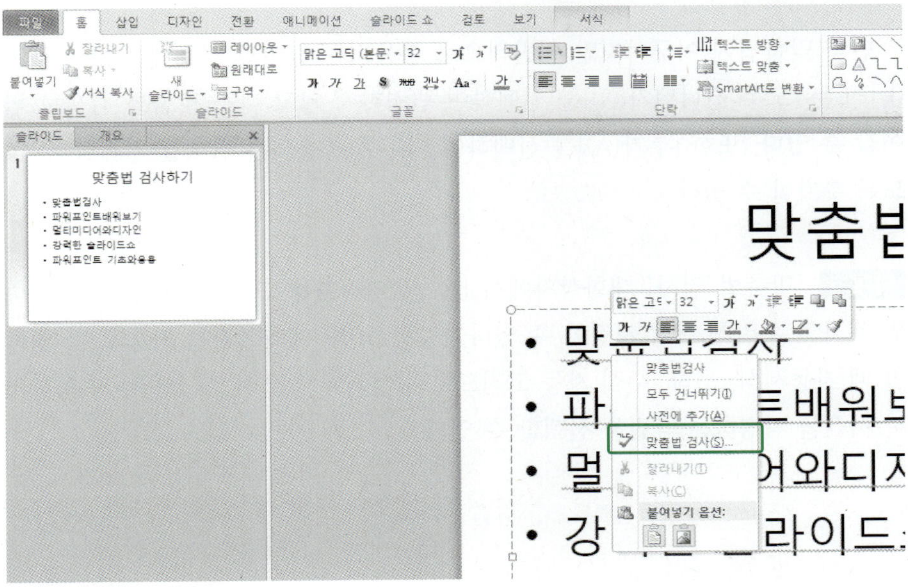

단계 3 [맞춤법 검사] 대화상자에서 맞춤법이 틀린 단어가 있다면 [변경(C)]을 선택하여 맞춤법을 변경한다.

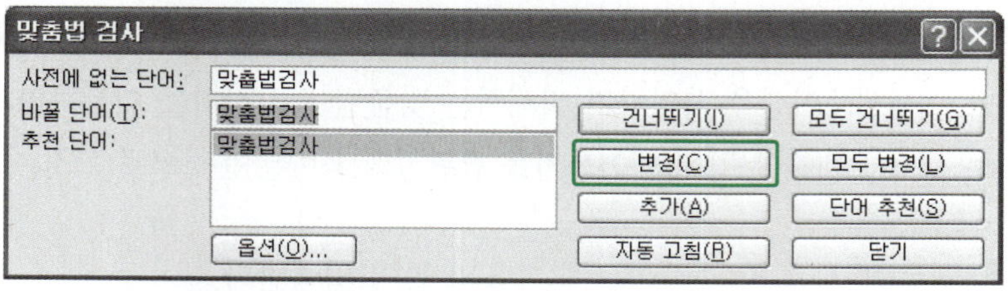

단계 4 [맞춤법 검사] 대화상자에서 맞춤법 변경을 적용한 슬라이드를 확인한다.

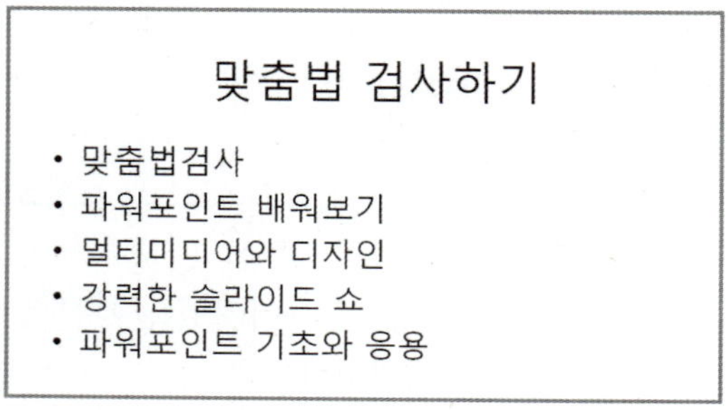

만약 맞춤법에 어긋나지만 일반적으로 통용되는 단어인 경우에는 [건너뛰기(I)] 또는 [모두 건너뛰기(G)]를 선택하여 변경하지 않고 다음 맞춤법 검사로 넘어갈 수 있다. 또한 [추가(A)]를 선택하여 이후에 통용되는 단어를 인식할 수 있도록 추가할 수 있다.

단계 5 [맞춤법 검사] 대화상자에서 [옵션(O)]-[자동 고침 옵션(A)]에서 맞춤법 검사의 수위를 직접 지정할 수 있다. [자동 고침] 대화상자는 자동고침, 입력할 때 자동서식, 동작, 수식 자동 고침으로 구성되어 있으며, 텍스트를 수정하거나 서식을 지정하는 방법을 선택할 수 있다.

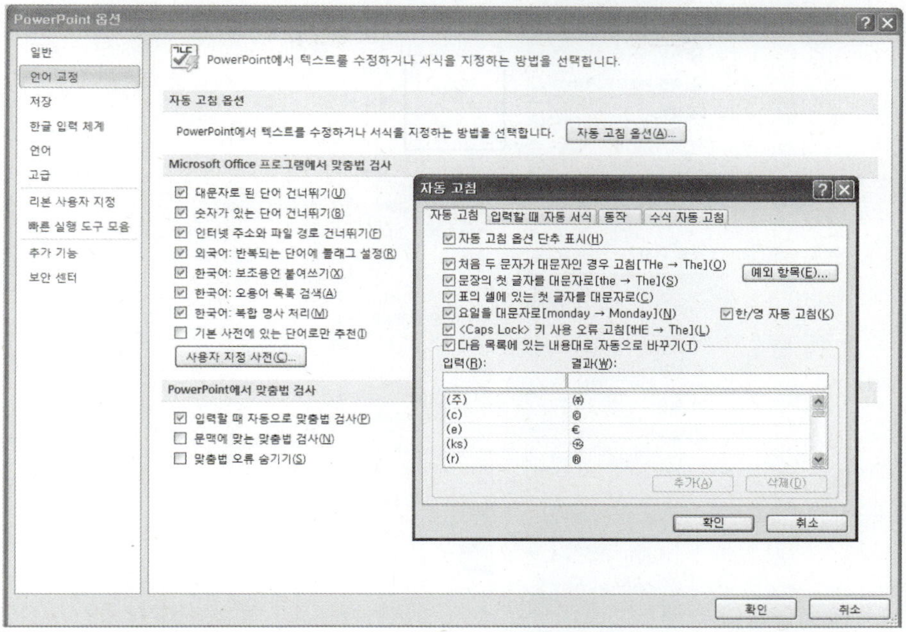

Tip 텍스트 찾아 바꾸기

바꾸기 단축키인 〈Ctrl+h〉키를 누르거나 리본메뉴 [홈]-[편집]-[바꾸기(R)]를 선택하면, 원하는 텍스트를 손쉽게 찾을 수 있으며, 다른 텍스트로 손쉽게 변환이 가능하다.

10.3 여러 가지 방법으로 인쇄하기

본 절에서는 파워포인트의 인쇄 방법에 대해 간단히 알아보고자 한다. 다양한 형태의 인쇄방법과 노하우는 마지막 장에서 구체적으로 설명한다.

10.3.1 파일 인쇄

인쇄하고자 하는 파일을 열고 리본메뉴의 [파일]-[인쇄]를 클릭한다.

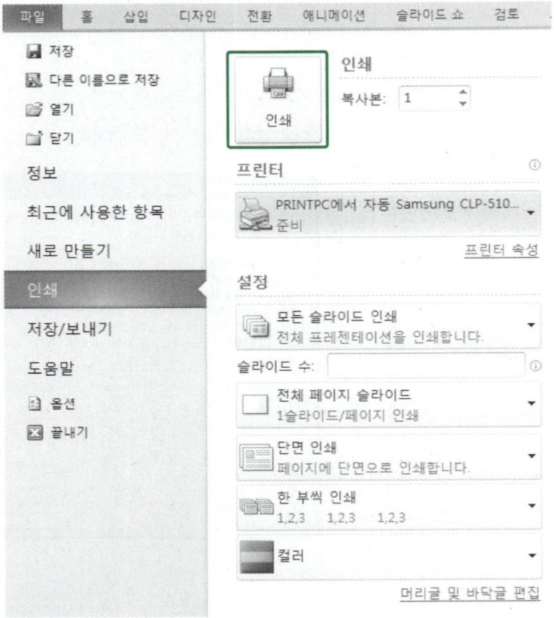

[인쇄] 탭이 나타나면 사용할 프린터 및 출력물의 인쇄모양, 매수, 컬러 등을 조절할 수 있다. 일반적으로는 전체 프레젠테이션을 인쇄하며 1매씩 인쇄되게 된다. 슬라이드 노트를 작성했을 시, 인쇄모양에서 슬라이드 노트를 선택한다면, 슬라이드 노트도 함께 출력하게 된다. 인쇄 설정을 한 후 인쇄() 버튼을 클릭하면 현재 열려있는 슬라이드가 인쇄된다.

10.3.2 유인물 인쇄

프레젠테이션 파일을 프린터로 유인물 인쇄할 때 한 페이지에 넣을 슬라이드 수를 조정하는 방법에 대해서 설명한다.

단계 1 리본메뉴의 [파일]-[인쇄]를 클릭한다. 이때 [인쇄] 탭의 [인쇄 모양]에서 슬라이드 유인물을 선택한다.

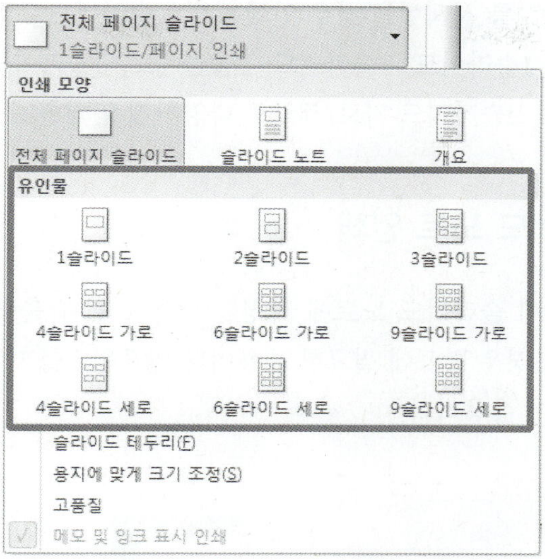

유인물 탭에 있는 아이콘 중에 원하는 인쇄물 형태를 선택할 수 있다. 여기서 슬라이드 가로와 세로의 경우는 슬라이드의 순서를 가로 순 또는 세로 순으로 출력하는 설정이다. 그 외 선택사항으로는 슬라이드를 **'용지에 맞게 크기를 조정'** 하거나 각각의 **'슬라이드에 테두리'** 를 설정하는 선택사항이 있다.

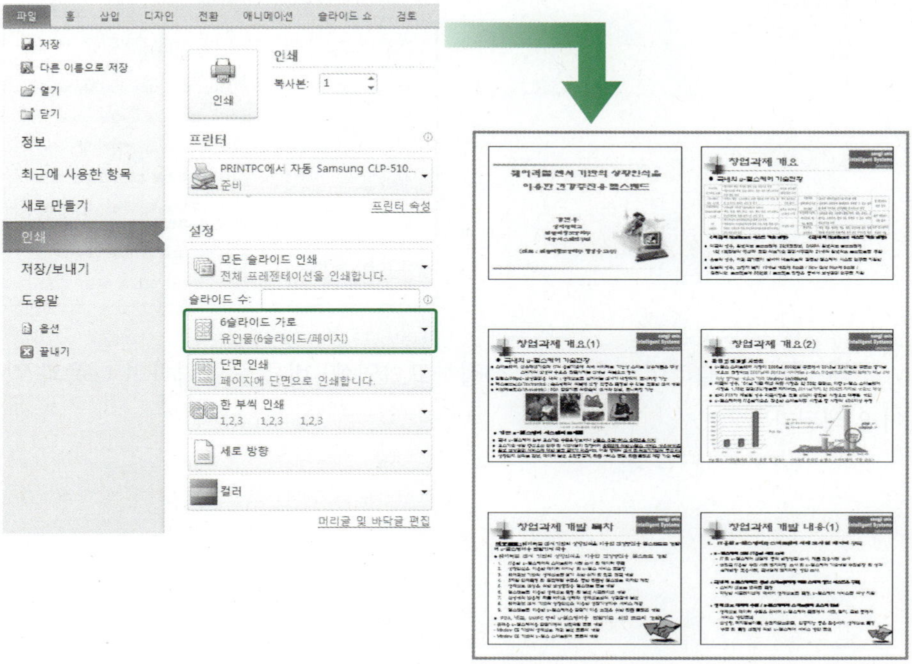

[6슬라이드 가로]를 선택했을 경우 인쇄용지에 슬라이드 6장이 A4 용지에 인쇄된다. 유인물은 1슬라이드, 2슬라이드, 3슬라이드, 4슬라이드 가로/세로, 6슬라이드 가로/세로, 9슬라이드 가로/세로로 다양하게 인쇄할 수 있다.

10.3.3 슬라이드 노트 인쇄

슬라이드와 함께 슬라이드 노트에 작성한 내용을 함께 출력하고자 할 때 사용한다. 발표자의 경우 발표에 필요한 내용이나 발표원고를 미리 만들어 활용하면 프레젠테이션에 유용하다.

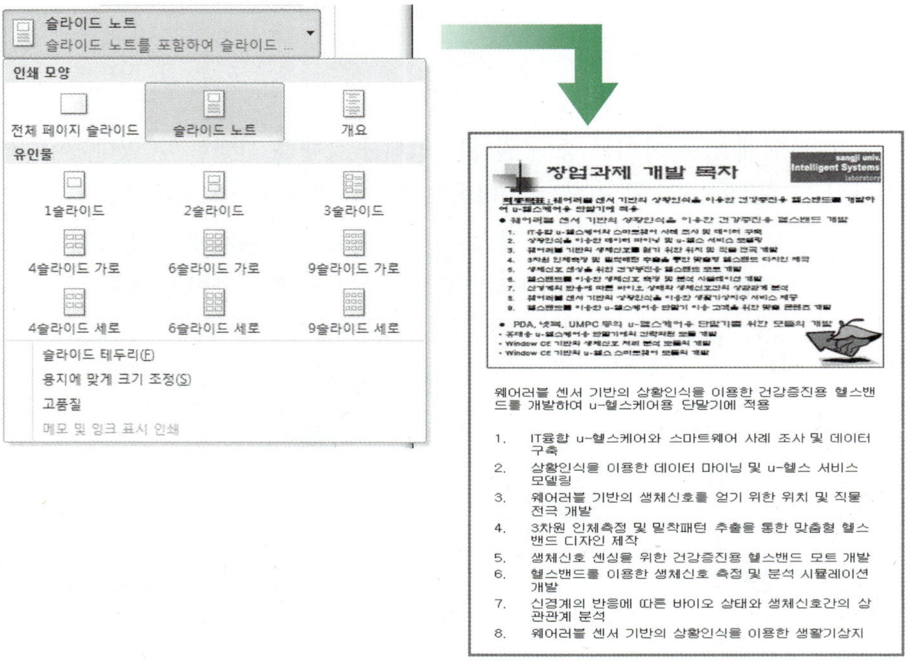

인쇄 대상을 '슬라이드 노트'로 설정하고, [인쇄] 버튼을 클릭하면 다음과 같이 인쇄된다.

Tip **인쇄 시 체크해야 할 몇 가지 사항**

① 프린터

인쇄물을 출력할 기기가 맞는지 확인해야 한다. 간혹 가상의 프린터나 공유된 프린터로 설정되어 있는 경우가 있다.

② 컬러/회색조

인쇄될 슬라이드에 디자인 서식이 적용되어 있을 경우 슬라이드 배경을 컬러로 인쇄할 것인지 또는 슬라이드 배경을 제외하고 디자인 윤곽만을 인쇄할 것인지를 선택하여 인쇄할 수 있다.

③ 용지에 맞게 크기 조정

슬라이드를 인쇄할 경우 인쇄될 용지 크기에 맞게 조정하여 인쇄할 수 있다.

④ 슬라이드 테두리

인쇄될 슬라이드에 테두리를 인쇄할 수 있다.

본 장에서는 간단한 인쇄 방법에 대해 소개했으며 구체적인 인쇄 방법은 파워포인트 마무리에서 다시 설명하기로 한다.

연 습 문 제

01 다음 슬라이드 예제를 작성하시오.

컴퓨터 활용 및 응용

- 컴퓨터 개론

✓한글 배워보기
✓엑셀 기본 알아두기
✓파워포인트 활용하기

1) 연습문제
2) 응용편
3) 찾아보기

02 연습문제 01의 슬라이드 예제를 세로 텍스트로 변경해서 작성하시오.

03 다음과 같은 슬라이드를 작성하고 다음 조건에 맞게 변경하시오.

차트 제목 : 돋음(제목), 35pt, 굵게, 그림자
내용 : 굴림, 25pt, 좌측정렬 줄 간격 : 1.5
디자인 사용 여부 : 사용

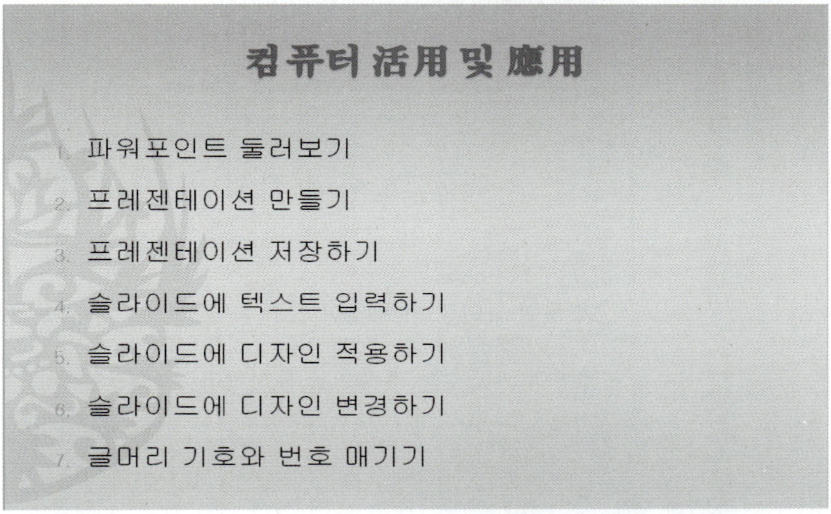

04 파워포인트로 작성이 완료된 문서를 불러와 유인물 인쇄를 하되 한 페이지에 6장씩 출력되도록 인쇄하시오. (단, 슬라이드의 순서는 가로 순서)

05 다음과 같이 슬라이드를 작성하고, 한자로 변환하시오.

> 이 몸이 죽어 가서
>
> \- 성삼문 -
>
> 이 몸이 죽어 가서 무엇이 될고 하니
> 봉래산 제일봉에 낙락장송되었다가
> 백설이 만건곤할 제 독야청청 하리라.

> 이 몸이 죽어 가서
>
> \- 성삼문(成三問) -
>
> 이 몸이 죽어 가서 무엇이 될고 하니
> 蓬萊山(봉래산) 第一峯에 落落長松되었다가
> 白雪이 滿乾坤할 제 獨也靑靑 하리라.

06 연습문제 5에서 작성한 슬라이드를 유인물(한 페이지에 넣을 슬라이드 수 : 2페이지)로 '용지에 맞게 크기를 조정' 하여 출력하시오.

CHAPTER

11

멀티미디어와 디자인이 살아나는 프레젠테이션

11.1 디자인 서식 파일

11.2 슬라이드 마스터 편집하기

11.3 그리기 도구 모음으로 입체감 있는 슬라이드 만들기

11
CHAPTER

멀티미디어와 디자인이 살아나는 프레젠테이션

그리기 도구 모음에 있는 여러 가지 기능을 이용하여 선이나 도형 등의 개체를 그리고 그려진 개체들을 편집한다. 또한 멀티미디어 개체들을 삽입하는 방법에 대해 설명한다.

11.1 디자인 서식 파일

11.1.1 디자인 서식 파일

디자인 서식 파일을 이용하면 슬라이드의 전체 디자인을 세련되고 멋지게 변경할 수 있다. 파워포인트는 다양한 디자인 서식을 제공하고 있으므로 원하는 디자인을 선택해서 슬라이드에 적용한다. 예제 슬라이드를 이용하여 다양한 디자인 서식 파일을 적용해 보자.

(1) 디자인 적용하기

슬라이드를 다음과 같이 구성하고 디자인을 슬라이드에 적용하기 위해서 리본메뉴의 [디자인]을 선택한다.

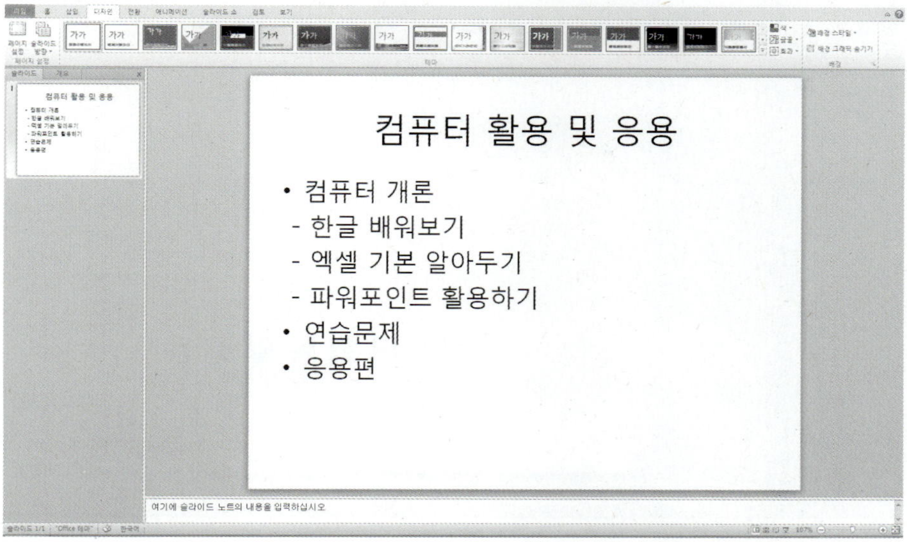

여러가지 슬라이드 디자인 중 슬라이드 내용에 적합한 디자인을 선택하면 바로 슬라이드 화면에 적용되어진다. 이때 작성된 모든 슬라이드에 동일한 디자인 서식이 적용된다.

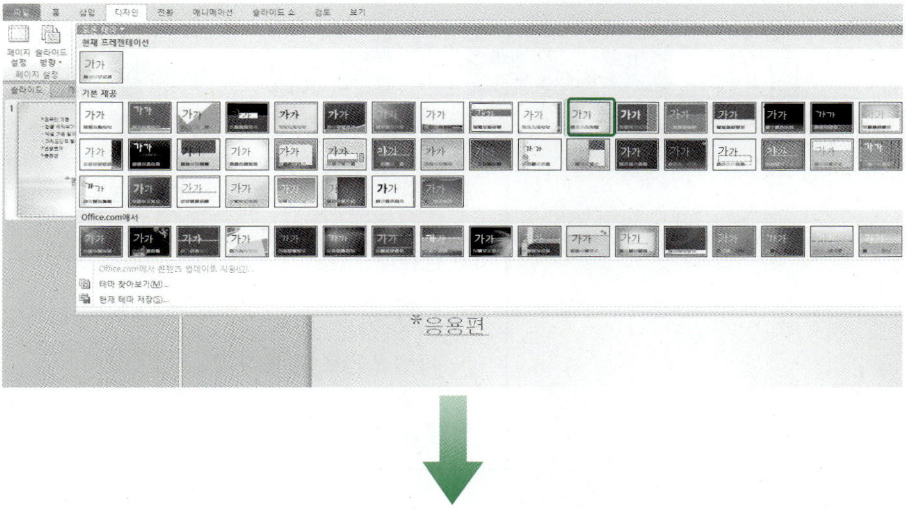

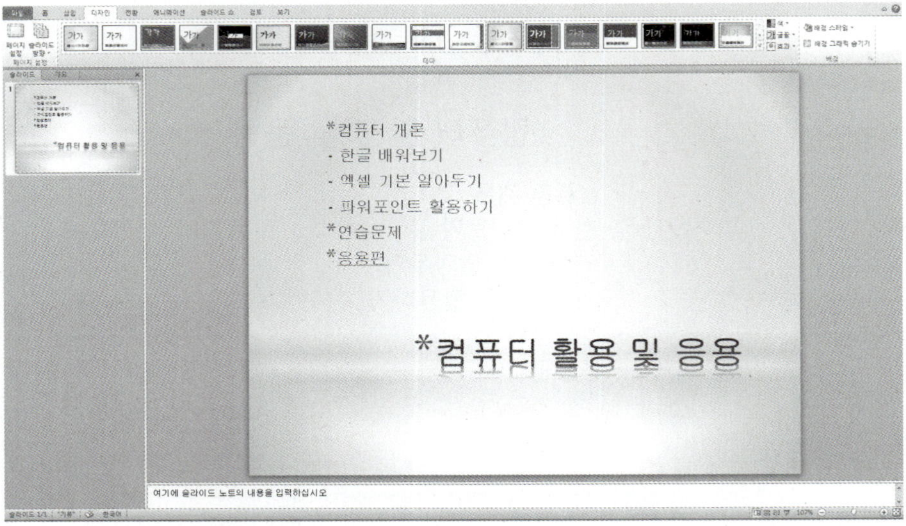

(2) 디자인 제거하기

적용된 디자인을 제거하기 위해서는 리본메뉴의 [디자인]에서 여러 가지 슬라이드 디자인 중에서 **'기본 디자인'** 을 선택하면 이전 상태로 되돌아갈 수 있다.

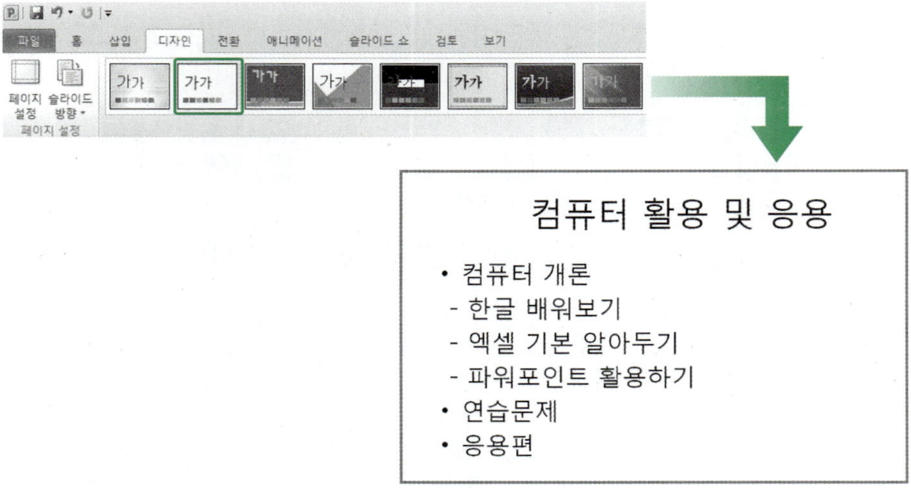

11.2 슬라이드 마스터 편집하기

마스터는 사용자가 원하는 디자인으로 슬라이드를 꾸미는 디자인 서식 파일이다. 마스터는 크게 슬라이드 마스터, 유인물 마스터, 슬라이드 노트 마스터로 구성되어 있으며 슬라이드 배경이나 텍스트 서식 등을 설정할 수 있다.

11.2.1 슬라이드 마스터

슬라이드 마스터는 제목과 본문의 서식을 설정할 수 있으며 글꼴이나 글자색, 글자 크기 등을 모든 슬라이드에 공통적으로 적용할 수 있다. 이때 슬라이드 마스터에서는 텍스트를 입력할 수 없다.

단계 1 리본메뉴에서 [보기]-[마스터 보기]-[슬라이드 마스터]를 클릭한다.

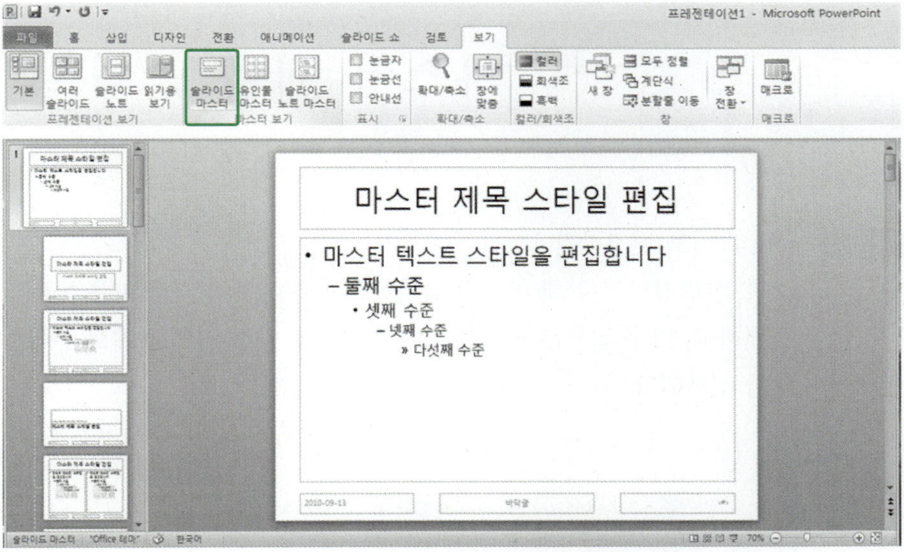

단계 2 배경 스타일 편집하기

슬라이드의 배경색을 모두 변경할 수 있는 기능을 설명한다. 슬라이드 개요창에서 가장 위에 있는 마스터 슬라이드를 선택한 후, 리본메뉴의 [슬라이드 마스터]-[배경] 탭에 있는 [배경 스타일]을 선택하여 원하는 색상을 클릭한다.

단계 3 글자 서식 변경하기

마스터 슬라이드에서 제목 영역을 마우스로 드래그하여 선택한 후 리본메뉴의 [홈]-[글꼴] 그룹에서 [궁서체]를 선택한다.

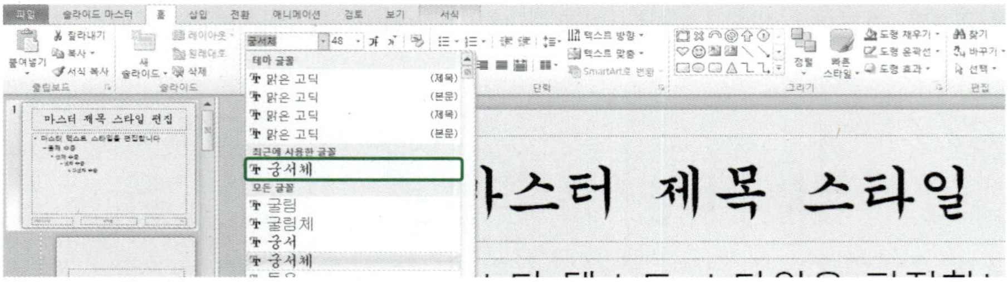

단계 4 글머리 기호 변경하기

글머리 기호를 변경하기 위해 마스터 슬라이드에서 본문 영역을 마우스로 드래그하여 선택하고, 마우스 오른쪽 버튼을 클릭하여 글머리 기호(B)에서 원하는 글머리 기호를 선택한다.

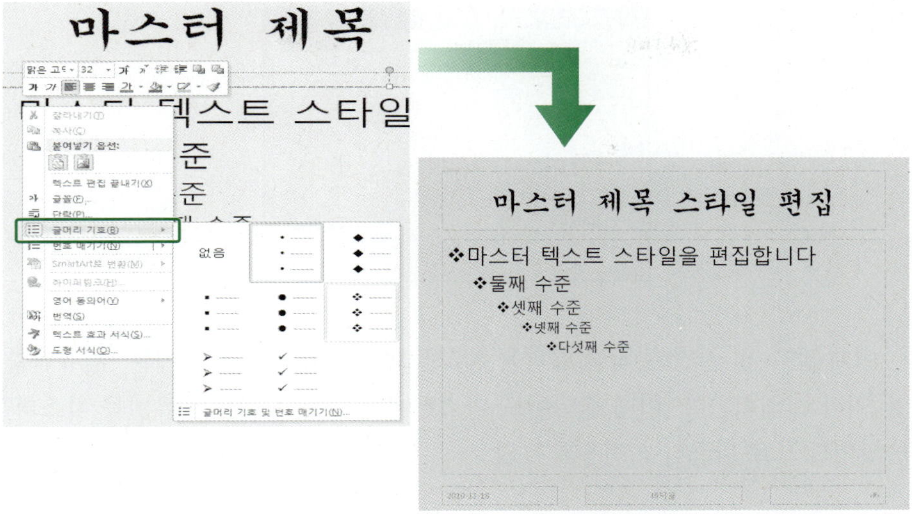

단계 5 슬라이드 마스터에서 머리글과 바닥글 넣기

슬라이드 작성 날짜 및 시간, 슬라이드 번호 바닥글을 추가하는 방법에 대해 설명한다. 먼저 리본메뉴 [삽입]의 텍스트 메뉴에서 [머리글/바닥글]을 선택한다.

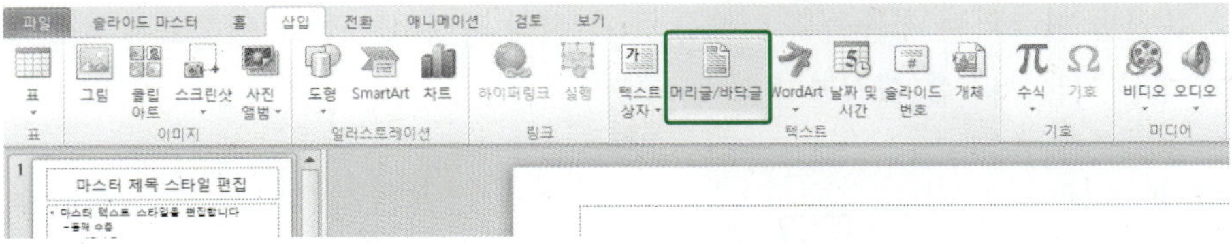

[머리글/바닥글] 대화상자가 나타나면 [슬라이드] 탭에서 슬라이드에 넣을 [날짜 및 시간(D)], [슬라이드 번호(N)], [바닥글(F)]을 넣는다. 이때 현재 슬라이드에만 적용하려면 [적용(A)] 버튼을 클릭하고, 모든 슬라이드에 적용하려면 [모두 적용(Y)] 버튼을 클릭한다.

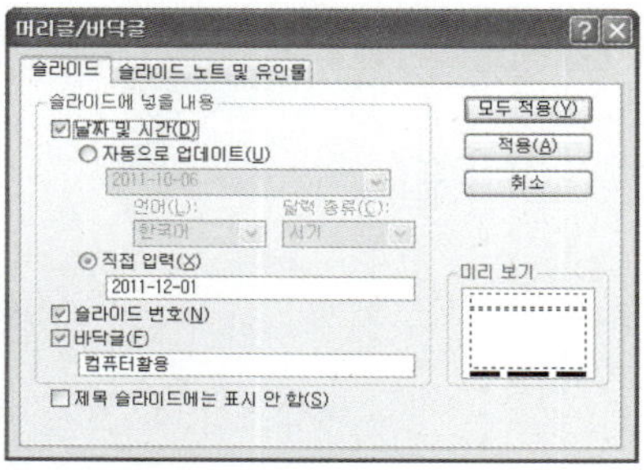

이때 날짜 및 시간은 직접 입력을 체크하고 입력하고, 바닥글에는 "컴퓨터활용"이라고 입력한다. 이때 슬라이드 마스터에서 설정된 내용은 유인물 마스터, 슬라이드 노트 마스터에 적용되지 않는다.

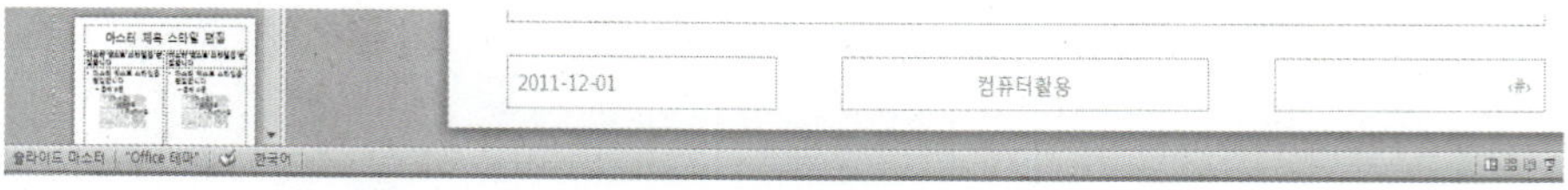

11.2.2 유인물 마스터

유인물 마스터는 청중들의 이해를 돕기 위해 작성하는 발표 원고로서 유인물에 대한 기본 서식을 설정한다.

단계 1 리본메뉴에서 [보기]-[마스터 보기]-[유인물 마스터]를 클릭하여 다음과 같은 화면이 나타나면 유인물 마스터 메뉴에서 [한 페이지에 넣을 슬라이드 수]를 클릭하고 사용자가 원하는 슬라이드 수를 선택한다. 여기서 9슬라이드(9)를 선택한다.

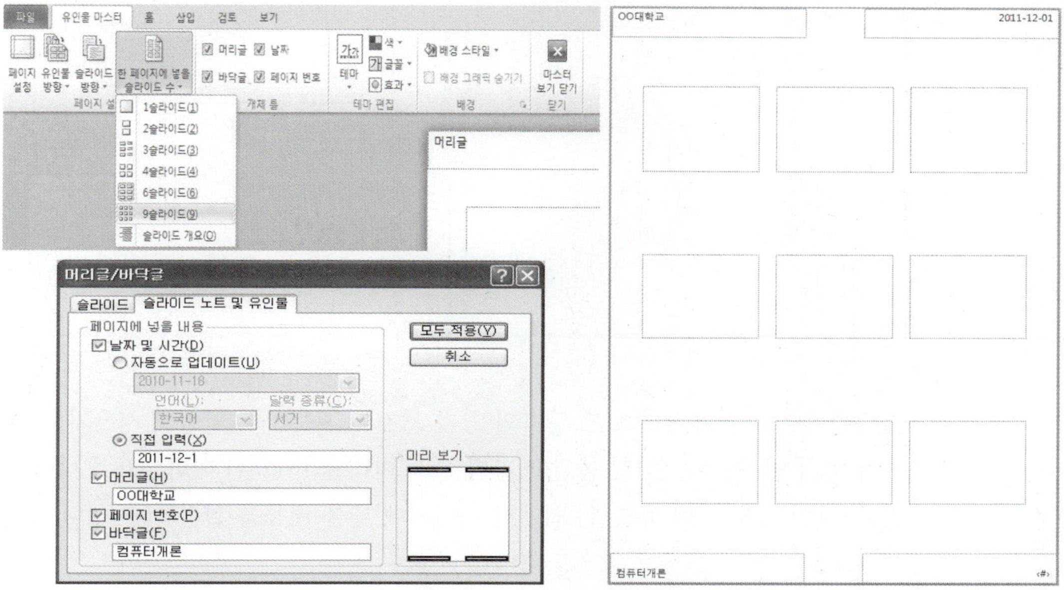

[머리글/바닥글] 대화상자가 나타나면 [슬라이드 노트 및 유인물] 탭에서 슬라이드에 넣을 [날짜 및 시간(D)], [머리글(H)], [페이지 번호(P)], [바닥글(F)]을 추가한 후 [모두 적용(Y)] 버튼을 클릭하여 완성한다.

11.2.3 슬라이드 노트 마스터

슬라이드 노트 마스터는 서식과 모양을 설정할 수 있는 마스터 기능이다.

단계 1 리본메뉴에서 [보기]-[마스터 보기]-[슬라이드 노트 마스터]를 선택하면 다음과 같은 화면이 나타난다.

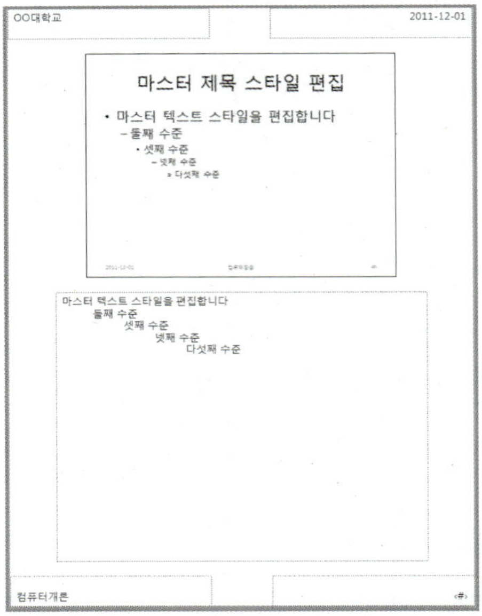

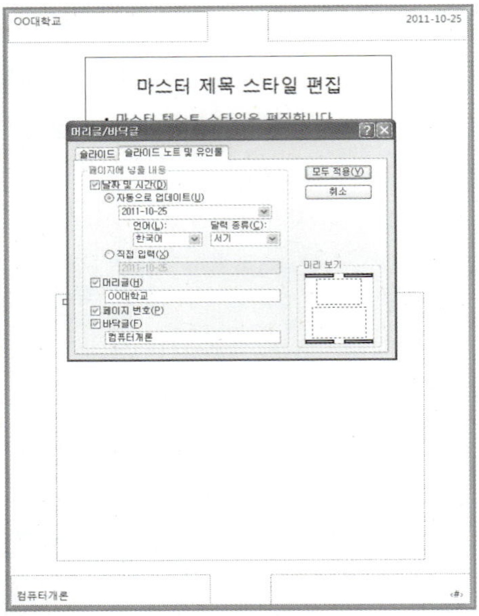

슬라이드와 슬라이드 노트 상자의 크기 조절이 가능하며 글꼴도 사용자의 요구에 맞게 변경할 수 있다. 동일한 방법으로 [머리글/바닥글] 대화상자가 나타나면 [슬라이드 노트 및 유인물] 탭에서 페이지에 넣을 내용을 설정할 수 있다.

슬라이드 마스터, 유인물 마스터, 슬라이드 노트 마스터를 편집한 후, '마스터 보기 닫기'를 클릭하면 마스터 보기를 닫고 슬라이드 쇼 편집으로 돌아간다.

Tip 슬라이드 노트

프레젠테이션을 할 때 발표자가 발표 요점을 기억할 수 있도록 자신의 슬라이드 노트를 만들거나 청중을 위한 슬라이드 노트를 만들 수 있다. 각 슬라이드 노트를 작게 축소한 슬라이드와 함께 인쇄할 수 있다. 실제 슬라이드에는 슬라이드 노트 내용이 추가되지 않는다.

11.3 그리기 도구 모음으로 입체감 있는 슬라이드 만들기

11.3.1 선 그리기와 서식 적용하기

(1) 선 개체 그리기

리본메뉴 [삽입]에서 일러스트레이션 메뉴의 [도형]을 클릭한다. [선]에서 직선, 화살표, 곡선 등의 여러 가지 선 개체 중에서 하나를 선택한다.

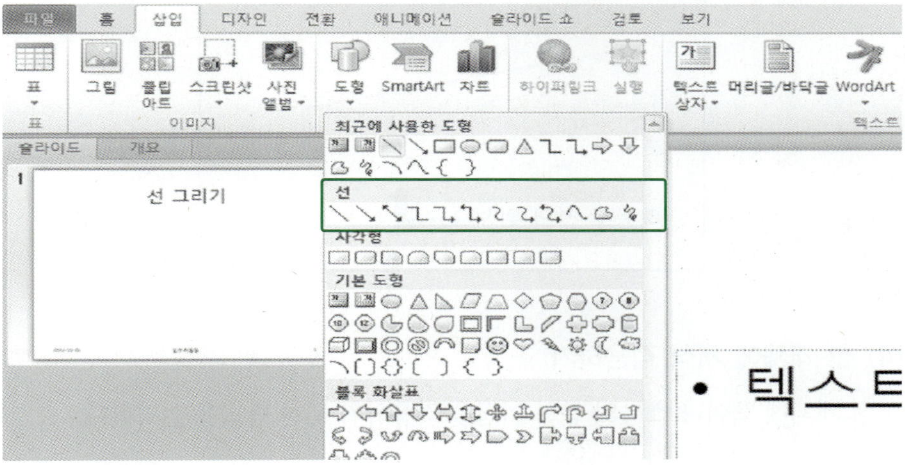

선 개체 중에서 직선을 선택하면 마우스 포인터가 십자(+)형태로 바뀐다. 이때 선 개체를 그리기 원하는 위치에 마우스를 클릭하고 원하는 위치까지 드래그하여 직선을 그린다.

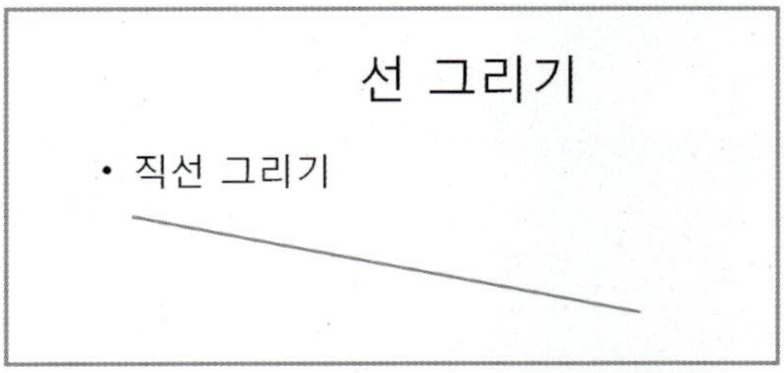

(2) 선 개체 삭제하기

잘못 그려진 선 개체를 마우스로 선택하고 키보드의 〈Delete〉 키로 삭제한다.

(3) 선 개체 이동하기

이동하고자 하는 선 개체를 마우스로 선택한다. 선의 양 끝에 점이 생기면 선택이 지정이 된 것으로 마우스로 이동할 곳까지 드래그하면 이동이 실행된다.

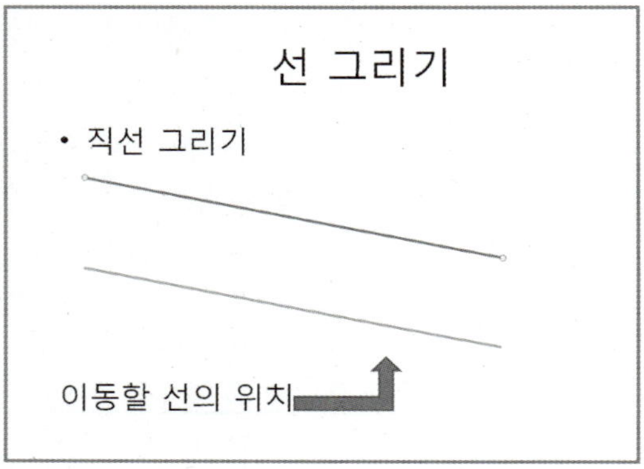

(4) 선 개체에 서식 적용하기

선 개체에 색이나 스타일 등의 서식을 적용하기 위한 방법을 설명한다.

단계 1 서식을 적용할 선을 선택하고 리본메뉴의 [홈]에서 [그리기 도구–서식]–[도형 윤곽선]을 선택한다. 선택한 선의 색과 두께, 대시를 변경할 수 있으며 선의 화살표 방향도 변경이 가능하다.

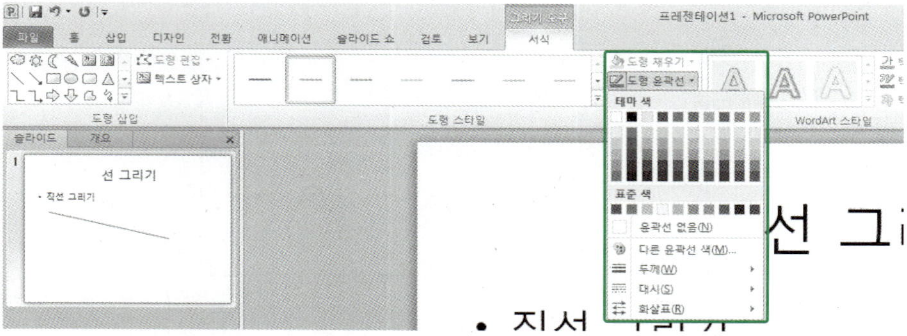

단계 2 도형 서식 적용의 다른 방법은 마우스를 이용한 단축 메뉴로 변경할 수 있다. 서식을 적용할 선을 선택하면 마우스 오른쪽 버튼을 클릭하고 [도형 서식]을 선택한다.

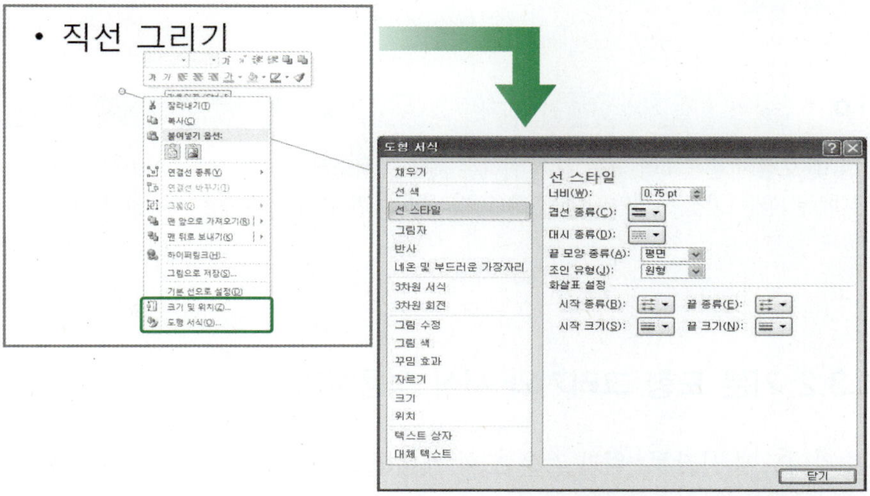

단계 3 [도형 서식] 대화상자의 [선 스타일]에서 [너비(W)], [겹선 종류(C)], [대시 종류(D)], [끝 모양 종류(A)], [조인 유형(J)], 화살표 설정을 선택하고 [닫기] 버튼을 클릭한다.

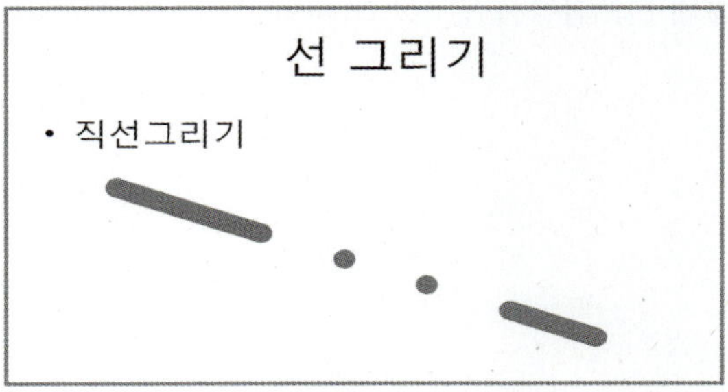

Tip **선 개체 및 도형에 입체효과주기**

선 개체 및 도형의 테두리에 입체적인 효과를 나타내고자 할 경우 수정하고자 하는 도형을 선택하고 마우스 오른쪽 버튼을 클릭한 후, [도형 서식(O)]-[네온 및 부드러운 가장자리] 메뉴를 선택하여 다양한 입체효과를 적용할 수 있다.

Tip **선 및 도형 개체 쉽게 선택하기**

선 및 도형이 중첩되어 있을 경우 원하는 개체를 선택하기 쉽지 않다. 이러한 경우 리본메뉴 [홈]-[편집]-[선택]-[선택 창(P)]을 클릭하면 손쉽게 원하는 개체를 선택할 수 있다.

11.3.2 기본 도형 그리기와 서식 적용하기

슬라이드에 사각형, 원과 같은 도형 개체를 그리고 도형 서식을 적용하는 방법을 설명한다.

(1) 기본 도형 그리기

직사각형, 도넛, 하트, 해 모양 등의 기본 도형을 그려보자.

단계 1 리본메뉴의 [삽입]에서 일러스트레이션 메뉴의 [도형]-[사각형]의 직사각형을 선택한다.

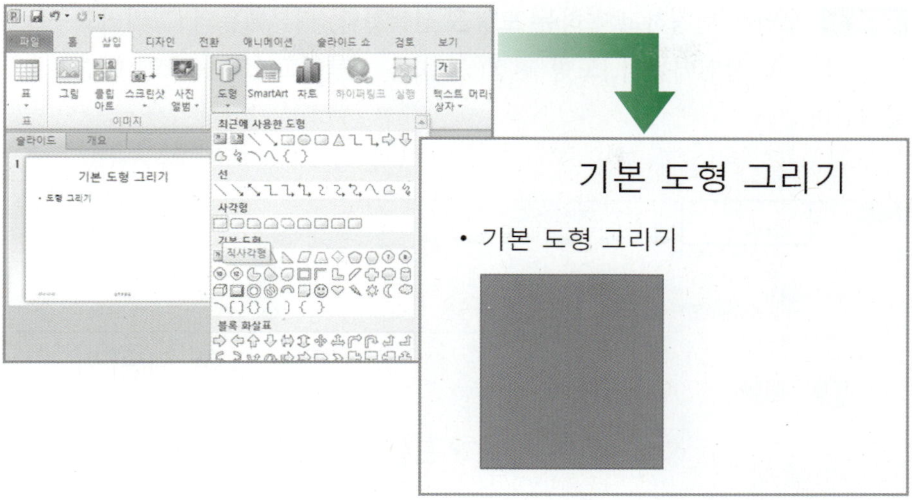

슬라이드 상에서 마우스 포인터는 십자(+)형태로 바뀐다. 도형을 그릴 위치에 마우스를 클릭하고 원하는 크기가 될 때까지 마우스로 드래그하면 도형이 그려진다.

단계 2 동일한 방법으로 [삽입]–[도형]–[기본 도형]을 사용하여 다음과 같이 그린다.

(2) 도형 변경하기

그려진 도형을 다른 모양의 도형으로 변경하는 방법에 대해서 설명한다.

단계 1 모양을 변경하고자 하는 도형을 선택한다. 리본메뉴의 [그리기도구-서식]에서 도형 삽입메뉴의 [도형 편집()]을 선택하고 [도형 모양 변경(N)]을 클릭한다.

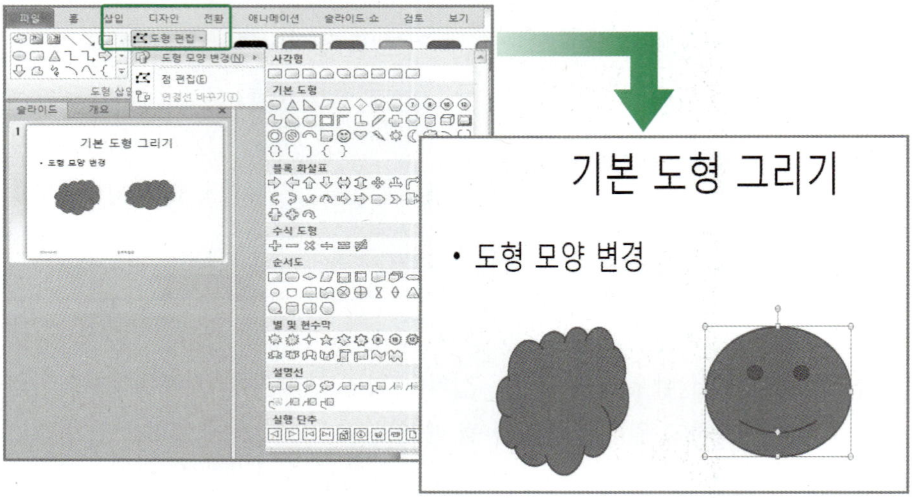

(3) 도형 이동하기

그려진 도형을 다른 곳으로 이동하는 방법에 대해서 설명한다.

단계 1 이동하고자 하는 도형을 마우스로 선택한 후 원하는 위치에 드래그 한다.

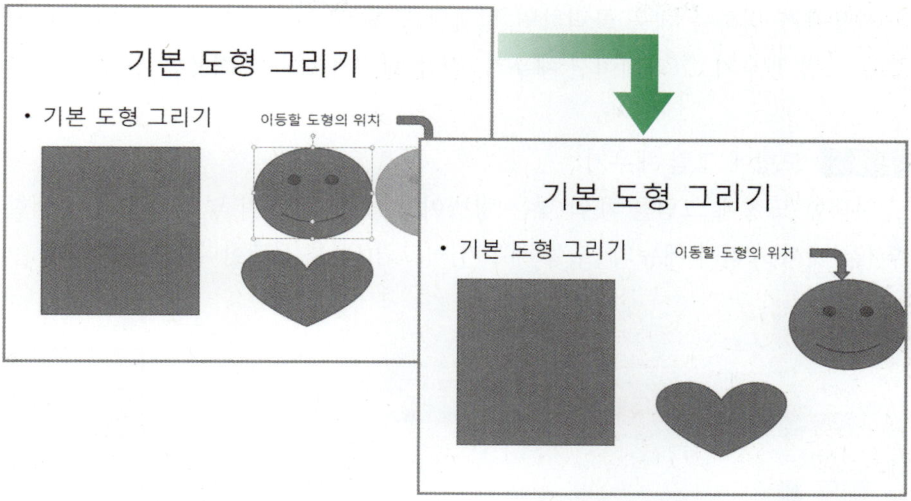

(4) 도형에 서식 적용하기

단계 1 도형에 색 채우기

서식을 적용할 도형을 선택한 후 [홈]에서 그리기 메뉴의 [도형 채우기]를 클릭한다.

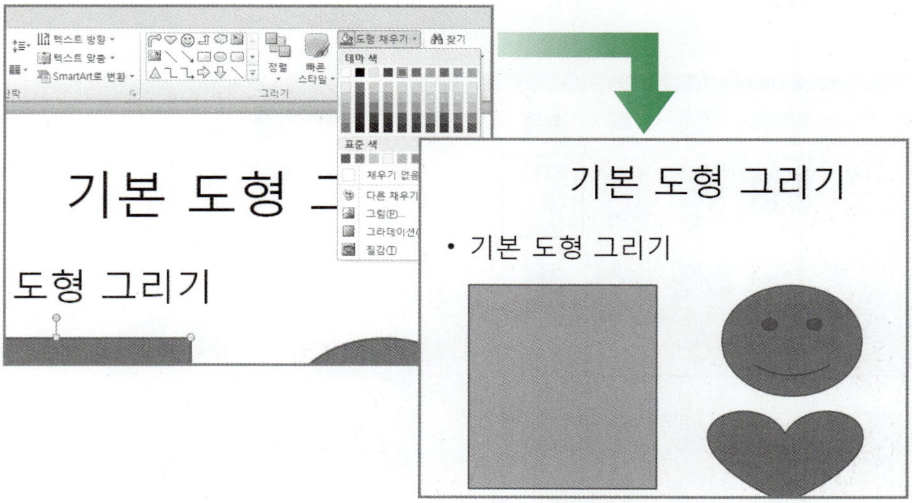

사용자가 원하는 색을 클릭하면 선택된 도형의 색이 변경된다. 동일한 방법으로 그림 채우기, 그라데이션 채우기, 질감 채우기 효과를 적용할 수 있다.

단계 2 도형에 그림 채우기

선택한 도형에 그림을 채워 넣는 방법이다. 그림을 채워 넣을 도형을 선택한 후 [홈]에서 그리기 메뉴의 [도형 채우기]-[그림(P)]을 선택한다.

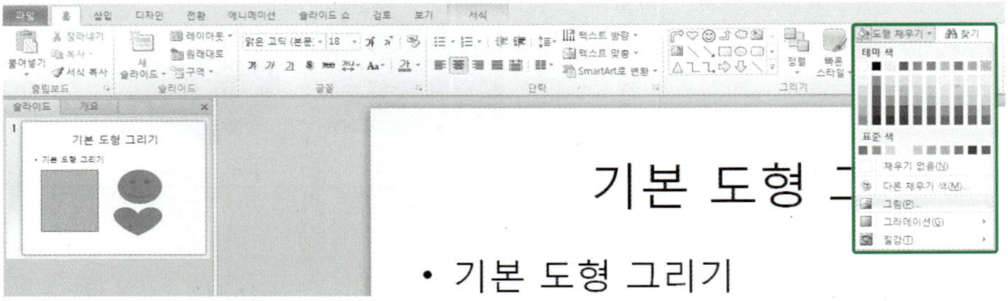

[그림 삽입] 대화상자가 나타나면 도형에 사용자가 원하는 그림 파일을 찾아 [삽입(S)]을 클릭한다. 예제 슬라이드에서 선택한 도형에 그림 파일이 채워진 것을 확인한다.

단계 3 도형에 그라데이션 채우기

그라데이션 효과를 넣을 도형을 선택한 후 [홈]에서 그리기 메뉴의 [도형 채우기]-[그라데이션(G)]을 선택한 후 사용자가 원하는 그라데이션 효과를 적용한다.

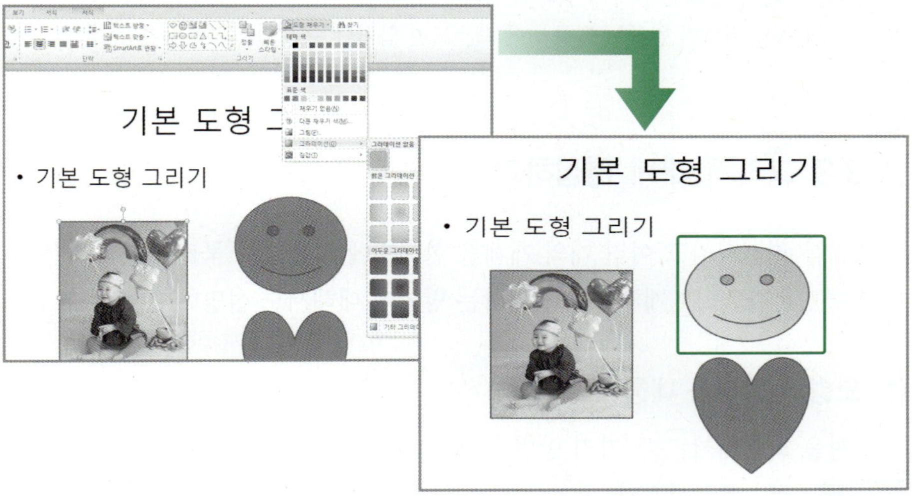

단계 4 도형에 질감 채우기

질감 효과를 넣을 도형을 선택한 후 [홈]에서 그리기 메뉴의 [도형 채우기]-[질감(T)]을 선택한 후 사용자가 원하는 질감을 적용한다.

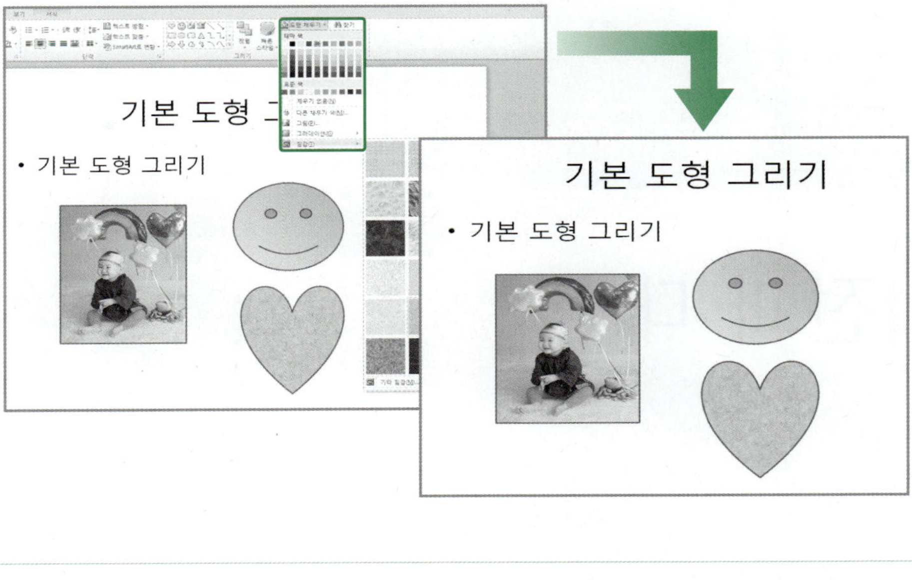

Tip

① 단축 메뉴를 이용한 도형 서식 변경 방법
원하는 사진이나 도형을 선택 후 마우스 오른쪽 버튼을 클릭하면 [그림 서식] 또는 [도형 서식] 단축메뉴를 통해 손쉽게 그림과 도형의 서식을 마음껏 바꿀 수 있다.

② 도형에 텍스트 입력하는 방법
텍스트를 입력하고자 하는 도형을 선택한다. 마우스 오른쪽 버튼을 누르고 [텍스트 편집]을 클릭하면 원하는 도형 안에 텍스트를 입력할 수 있다.

11.3.3 그리기 개체 편집하기

개체를 회전시키고 여러 개의 개체를 한꺼번에 그룹으로 묶고 해제시키는 방법을 설명한다. 또한 개체들을 정렬하는 방법에 대해서도 설명한다.

(1) 도형의 회전과 대칭

도형을 회전시키는 두 가지 방법과 대칭 방법에 대해 설명한다.

단계 1 도형 회전시키기

도형 회전은 두 가지 방법이 있다. 첫 번째 방법은 회전시킬 도형을 선택한 후 [홈]-[그리기 도구-서식]에서 정렬 메뉴의 [회전( )]을 클릭하고 [오른쪽으로 90도 회전(R)], [왼쪽으로 90도 회전(L)], [기타 회전 옵션(M)]을 이용하여 회전한다. 여기서 [오른쪽으로 90도 회전(R)]을 선택하여 회전시킨다.

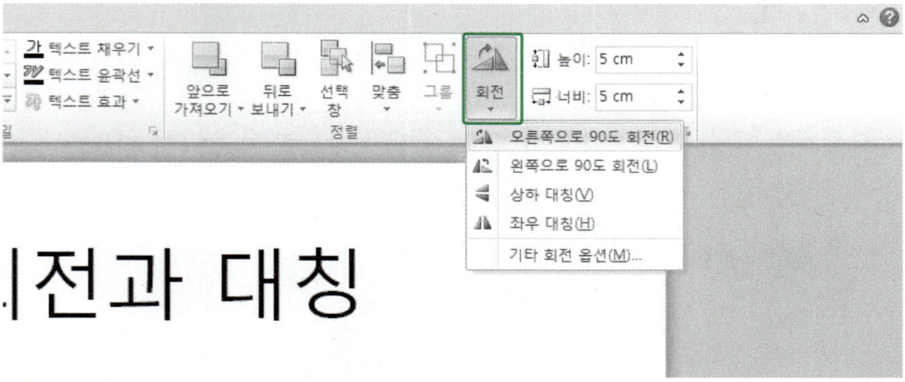

두 번째 방법은 마우스를 이용하는 방법이 있다. 회전시키고자 하는 도형을 마우스로 클릭하면 선택 도형의 맨 윗부분에 연두색 점인 회전 핸들이 생긴다. 회전 핸들에 마우스를 올려놓고 클릭한 후 원하는 각도만큼 드래그하여 회전시킨다.

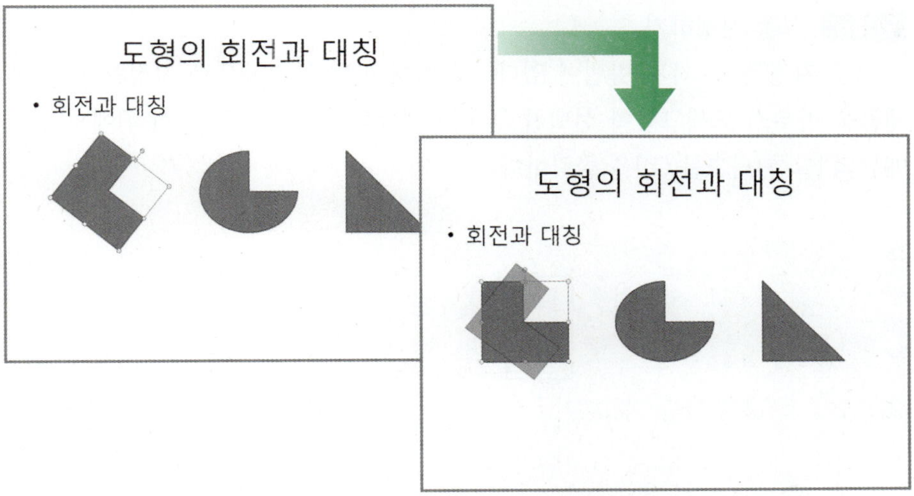

단계 2 도형 대칭시키기

대칭시킬 도형을 선택한 후 리본메뉴의 [그리기 도구-서식]에서 정렬메뉴의 [회전( )]을 선택한다. [상하 대칭(V)]과 [좌우 대칭(H)] 방법 중 하나를 선택하여 대칭시킨다.

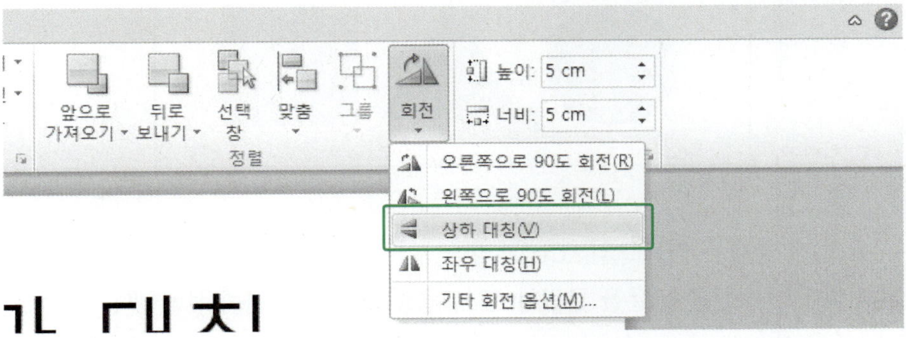

(2) 개체에 그룹 지정과 해제

여러 개의 개체를 일괄적으로 관리하기 위해서 그룹으로 지정하는 것은 시간을 단축시킬 수 있는 방법이다. 크기 조정을 동시에 하기, 연속적인 개체를 빠르게 복제하기, 개체에 다양한 효과 적용하기 등을 할 수 있다.

단계 1 그룹 지정하기

그룹 지정은 두 가지 방법이 있다. 첫 번째 방법은 그룹으로 지정할 모든 개체들을 마우스 드래그하여 선택한 후 리본메뉴의 [그리기 도구–서식]에서 정렬 메뉴의 [그룹]–[그룹(G)]을 클릭한다.

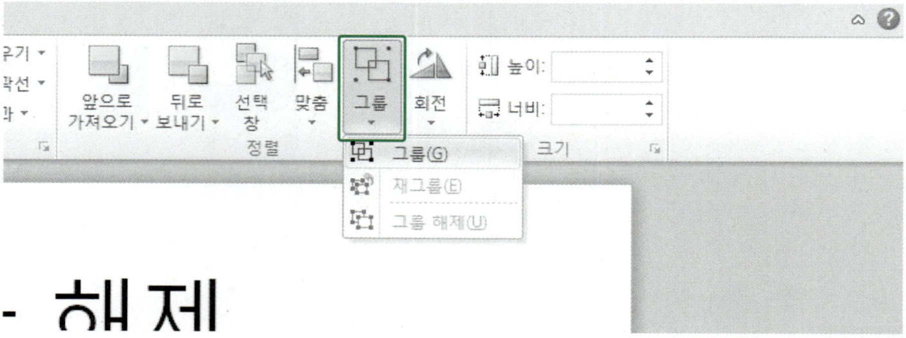

두 번째 방법은 키보드의 〈Ctrl〉 키를 누른 상태에서 모든 개체를 선택한다. 이때 마우스 오른쪽 버튼을 클릭한 후 [그룹(G)]–[그룹(G)]을 선택한다.

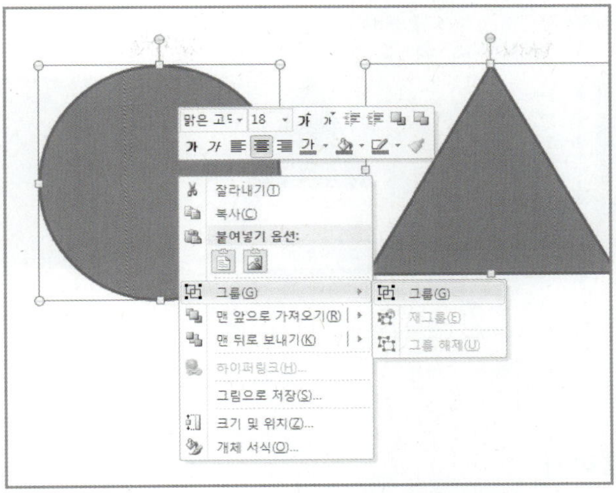

단계 2 그룹 해제하기

그룹 해제는 두 가지 방법이 있다. 첫 번째 방법은 그룹 해제할 개체를 마우스로 드래그하여 모두 선택한 후, 리본메뉴의 [그리기 도구-서식]에서 정렬메뉴의 [그룹]-[그룹 해제(U)]를 선택한다.

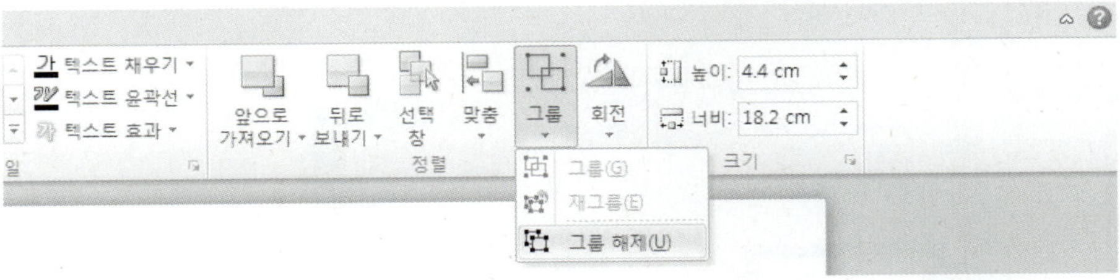

두 번째 방법으로는 지정된 개체를 선택한 후, 마우스 오른쪽 버튼을 클릭한 후 [그룹(G)]-[그룹 해제(U)]를 선택한다.

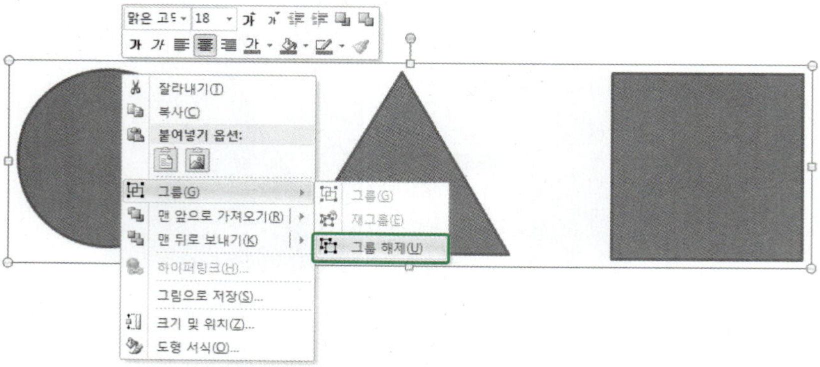

(3) 개체 정렬하기

개체들이 겹쳐져 있을 경우 개체간의 정렬 방법에 대해서 설명한다. 정렬 방법은 앞으로 가져오기(앞으로 가져오기, 맨 앞으로 가져오기), 뒤로 보내기(뒤로 보내기, 맨 뒤로 보내기)가 있다.

단계 1 겹쳐진 개체 중에서 정렬한 개체를 선택하고, 리본메뉴의 [그리기 도구-서식]에서 정렬메뉴의 [맨 앞으로 가져오기]를 선택한다.

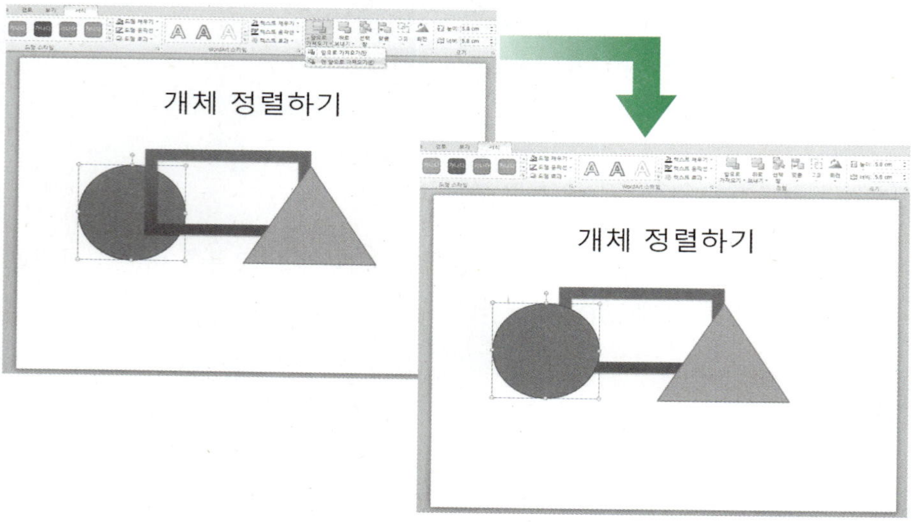

(4) 정방형 도형 그리기

정방형 도형 그리기는 개체의 너비와 높이의 비율을 일정하게 유지하면서 그리는 방법이다.

단계 1 리본메뉴의 [삽입]-[도형]을 선택한다.

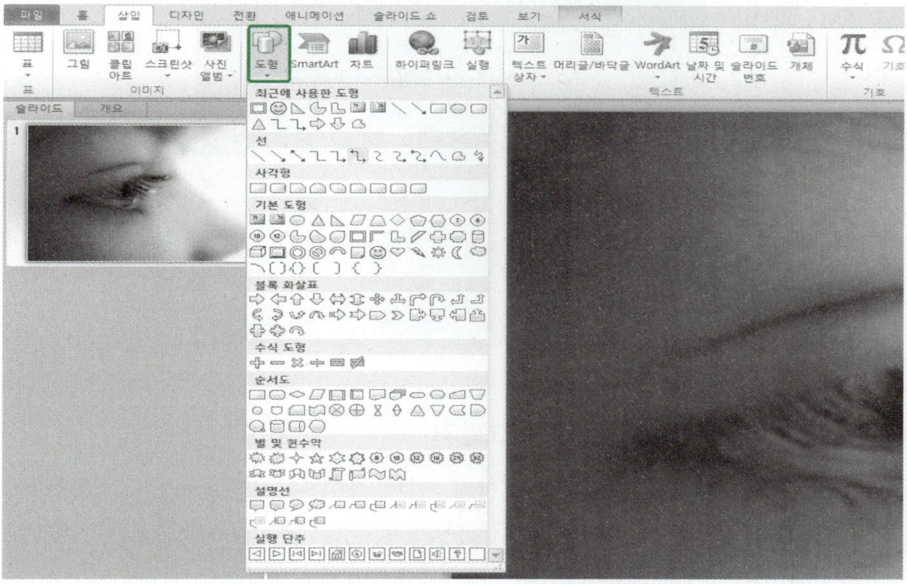

단계 2 도형을 선택한 후 키보드의 〈Shift〉 키를 누른 상태에서 마우스를 드래그하여 다음과 같이 정원, 정사각형, 정삼각형을 슬라이드에 그린다.

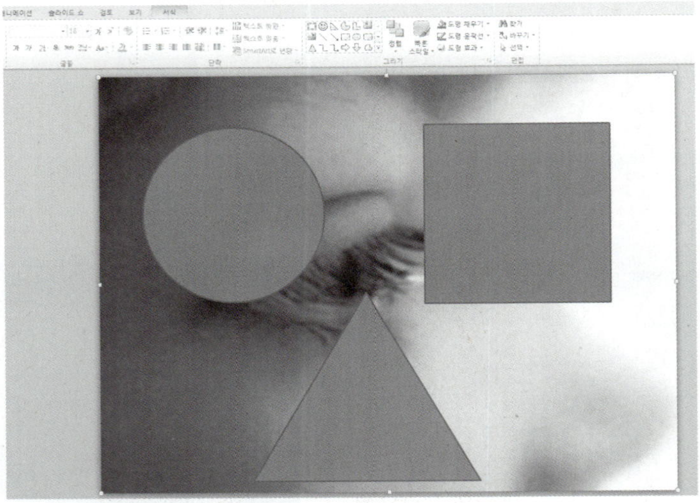

(5) 중심을 기준으로 하는 도형 그리기

리본메뉴의 [삽입]-[도형]을 선택한다. 선택 창이 나오면 원 모양을 선택하고 키보드의 〈Ctrl〉 키를 누른 상태에서 마우스를 드래그한다. 이는 클릭한 지점이 도형의 중심이 되어 선택한 중심점부터 시작하여 도형을 슬라이드에 그린다.

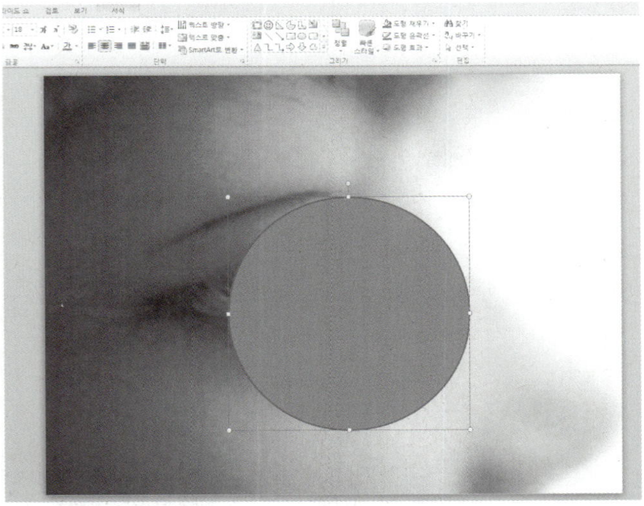

Tip **점 편집을 이용한 도형모양 변경하기**

PowerPoint2010에서 지원하는 도형 이외에 다른 모양의 도형을 원하는 경우, 도형을 선택하고 마우스 오른쪽 버튼을 클릭, [점 편집(E)]을 선택하여 도형의 모양을 다양하게 변경할 수 있다.

(6) 도형 복사하기

단계 1 리본메뉴의 [삽입]에서 일러스트레이션 메뉴의 [도형]-[사각형]의 직사각형을 클릭한다. 여기서 선택한 직사각형을 슬라이드 위에서 마우스로 드래그하여 직사각형을 그린다.

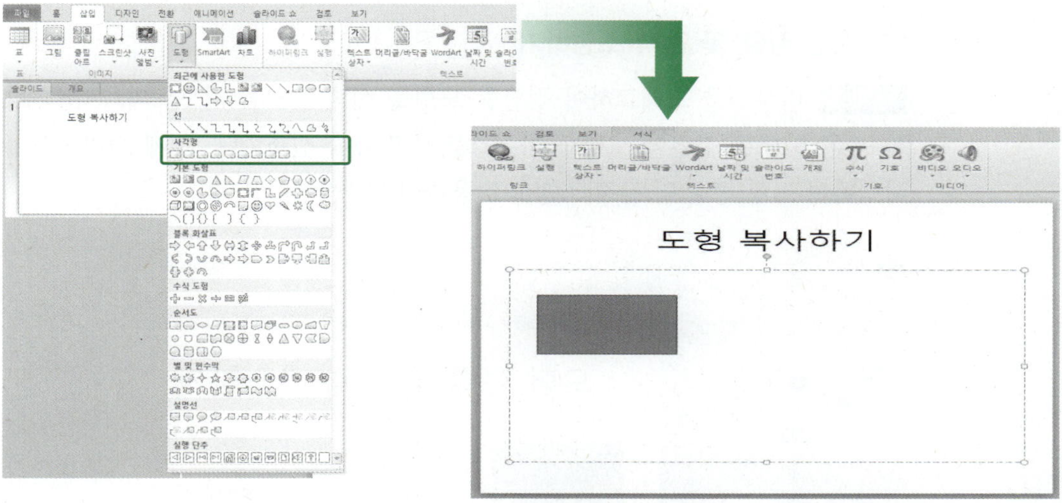

단계 2 키보드의 〈Ctrl〉 키를 누른 상태에서 도형을 선택하여 원하는 위치에 도형을 복사한다. 이때 슬라이드에서 직사각형이 복사된 것을 확인한다.

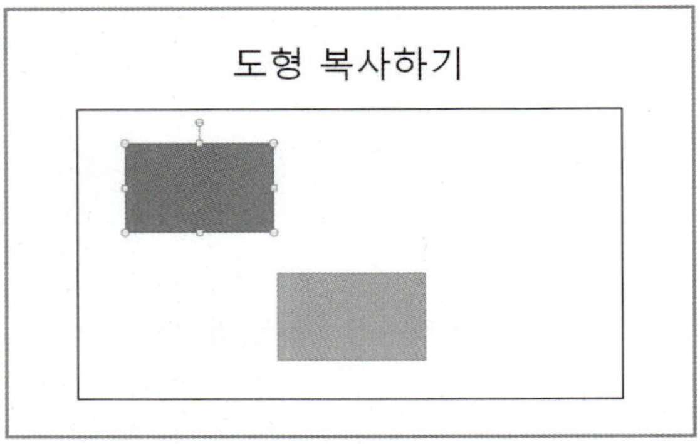

(7) 도형 정렬 및 간격 조정하기

단계 1 마우스를 드래그하여 정렬할 도형을 선택하거나, 키보드의 〈Ctrl〉 키를 누른 상태로 정렬할 도형을 마우스를 클릭하여 선택한다. 예제 슬라이드를 작성하여 도형 정렬 및 간격 조정을 적용하여 보자.

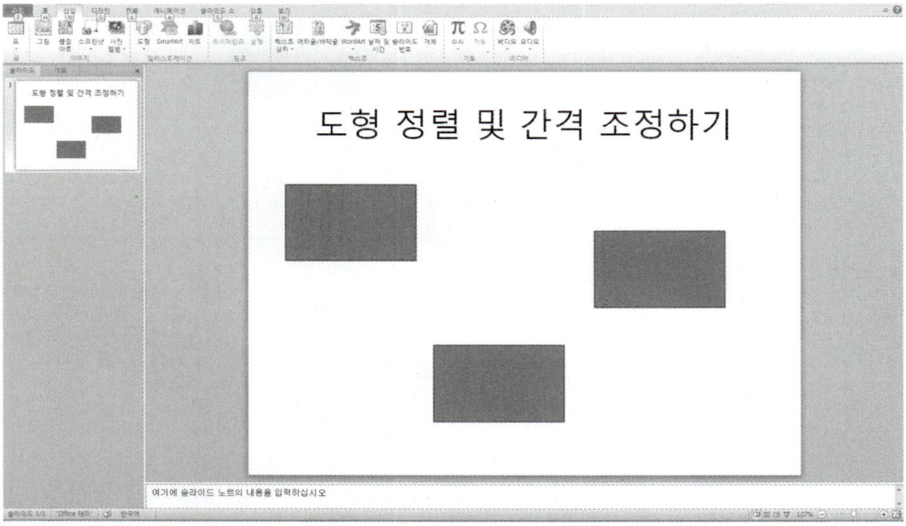

단계 2 리본메뉴의 [그리기도구–서식]에서 [정렬] 탭의 [맞춤]을 클릭하고 [중간 맞춤(M)]을 선택한다.

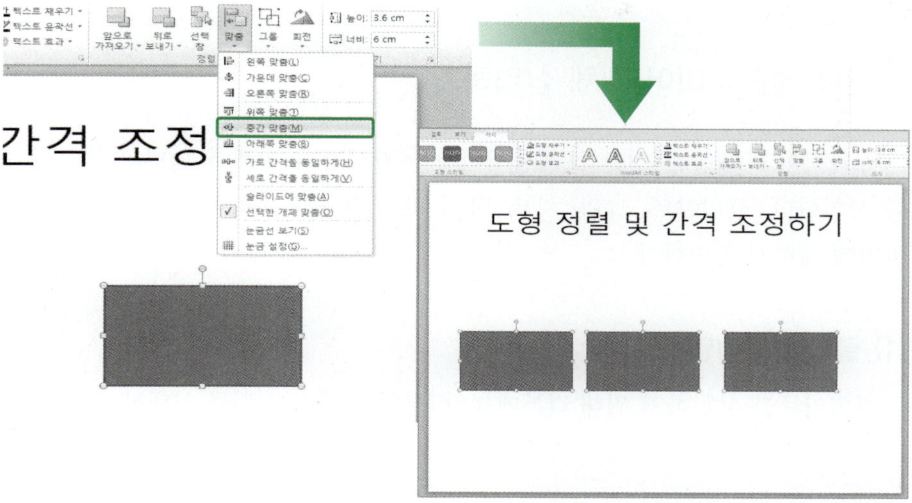

중간 맞춤을 한 후에 도형의 좌우 간격을 맞추기 위해 정렬을 하고자 하는 도형을 선택한 상태에서 [그리기 도구–서식]–[맞춤]–[가로 간격을 동일하게(H)]를 선택한다.

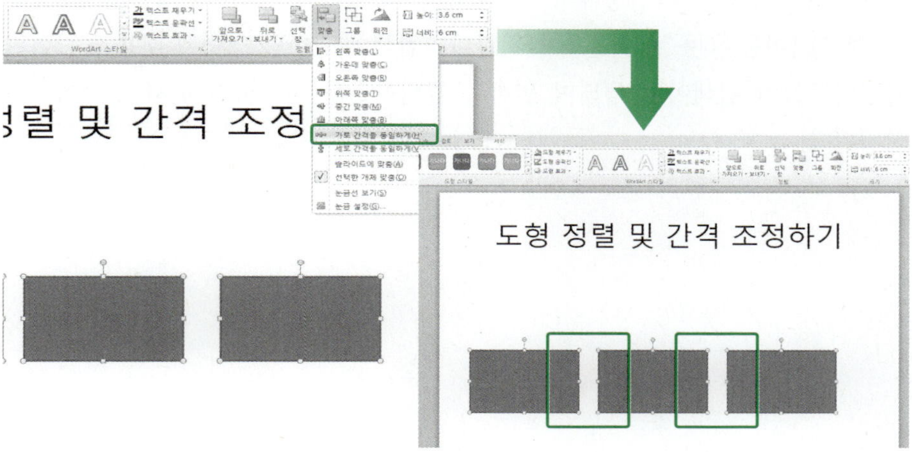

위와 같은 방법으로 [그리기도구-서식]의 [맞춤] 탭에서 각 슬라이드의 왼쪽 맞춤, 가운데 맞춤, 오른쪽 맞춤, 위쪽 맞춤, 중간 맞춤, 아래쪽 맞춤으로 도형을 정렬할 수 있다.

11.3.4 멀티미디어 개체 삽입하기

효과적이고 생동감 있는 프레젠테이션을 작성하기 위해서 멀티미디어 개체를 삽입한다. 클립아트, 그림, 차트, 표 등과 같은 멀티미디어 개체를 삽입하는 방법에 대해서 설명한다.

(1) 클립아트 삽입하기

클립아트를 삽입하기 위해 리본메뉴의 [삽입]-[클립아트]를 선택한다.

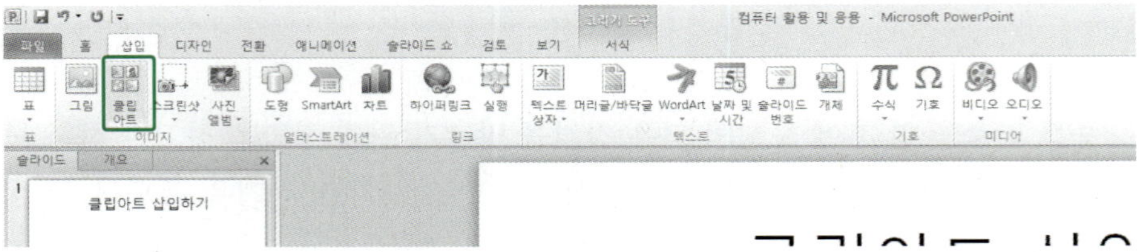

오른쪽 클립아트 작업창에서 '검색 대상' 의 항목에 검색하고자 하는 내용을 입력하고 [이동(이동)] 버튼을 클릭한다. (검색 대상: 꽃) 입력된 내용과 관련된 클립아트들이 검색이 실행되며 원하는 클립아트를 선택하면 현재 슬라이드에 삽입된다.

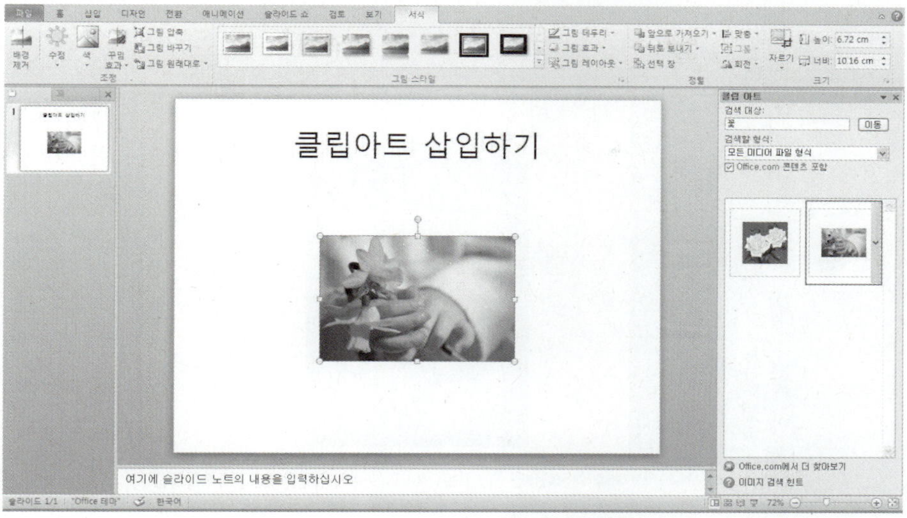

(2) 그림 삽입하기

리본메뉴 [삽입]-[그림]을 선택한다. [그림 삽입] 대화상자가 나타나면 삽입하고자 하는 그림 파일을 선택하고 [삽입(S)] 버튼을 클릭한다.

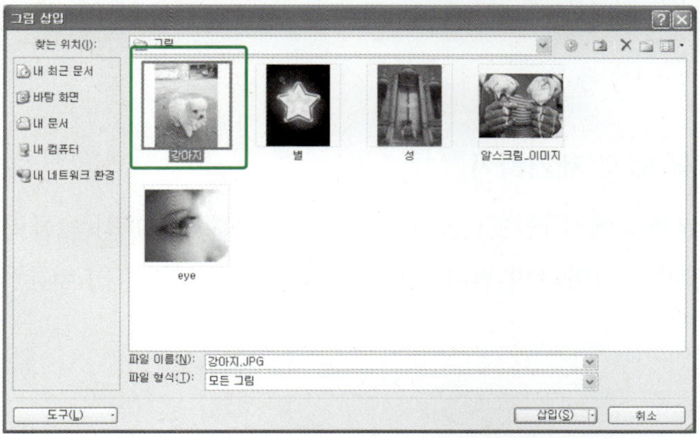

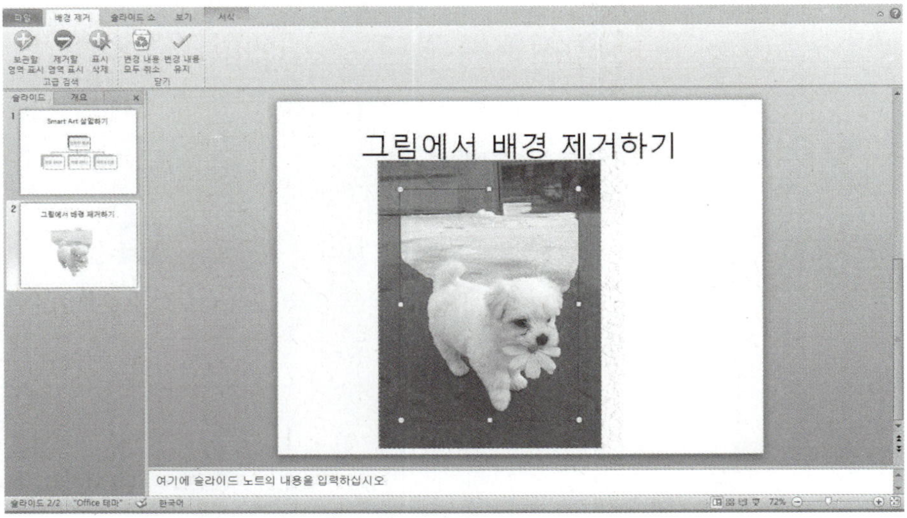

슬라이드에 삽입된 그림 파일을 적당한 위치에 크기를 조정하여 놓는다.

Tip 〈Ctrl+c〉, 〈Ctrl+v〉를 사용한 그림 삽입

리본메뉴 [홈]-[삽입]-[그림]을 선택하지 않아도, 외부나 내부에서 그림파일을 선택한 후 〈Ctrl+c〉(복사), 〈Ctrl+v〉(붙여넣기)를 활용하면 그림을 쉽게 삽입할 수 있다.

(3) 그림에서 배경 제거하기

단계 1 리본메뉴에서 [삽입] 탭에서 [이미지] 그룹의 [그림]을 클릭한다. [그림 삽입] 대화상자가 나타나면 원하는 그림파일을 찾아 [삽입(S)] 버튼을 클릭한다.

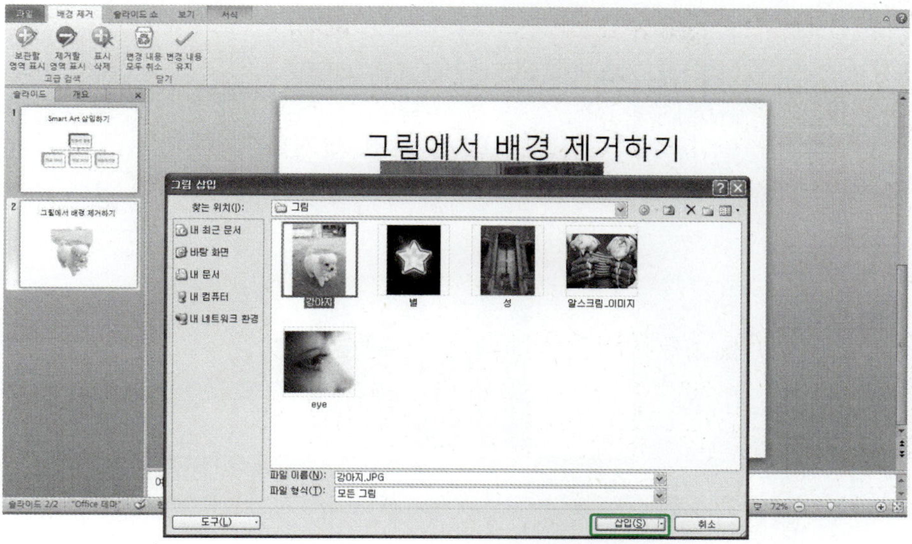

단계 2 삽입한 그림을 선택한 후 리본메뉴의 [그리기도구–서식] 탭의 [배경 제거] 버튼을 클릭한다.

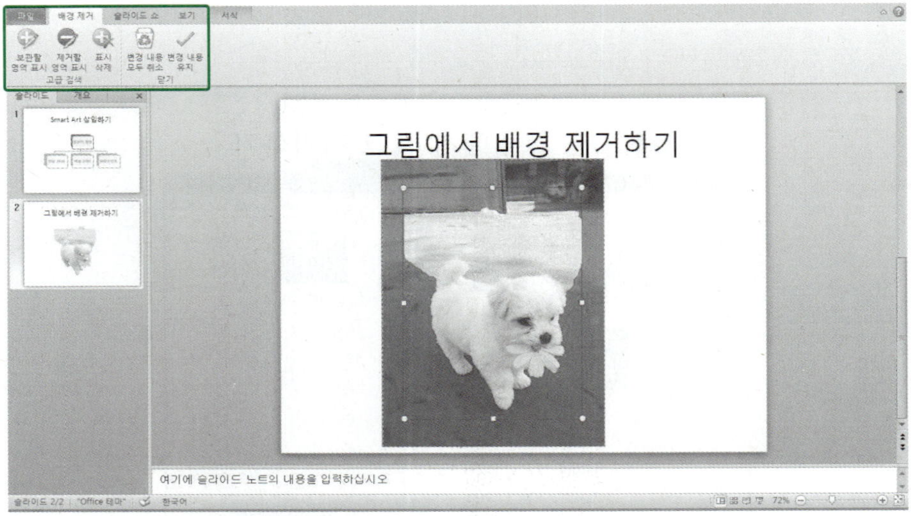

단계 3 테두리 크기 조정 핸들을 이용하여 제거할 부분이 분홍색으로 변하도록 조정한 후, [닫기] 그룹의 [변경 내용 유지]를 선택한다.

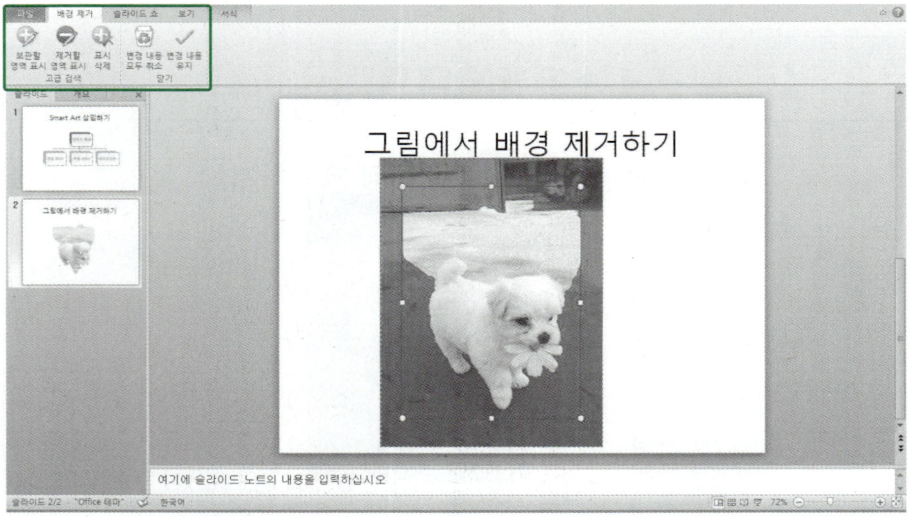

(4) 슬라이드 배경에 이미지 삽입하기

슬라이드 배경에 이미지를 삽입하면 크기와 관계없이 이미지가 배경 크기에 맞게 삽입되고 수정은 불가능하다. 슬라이드 배경에 이미지를 삽입하는 방법에 대해 설명한다.

단계 1 리본메뉴 [홈]-[새 슬라이드] 레이아웃 중 **'빈 화면'** 을 선택한다.

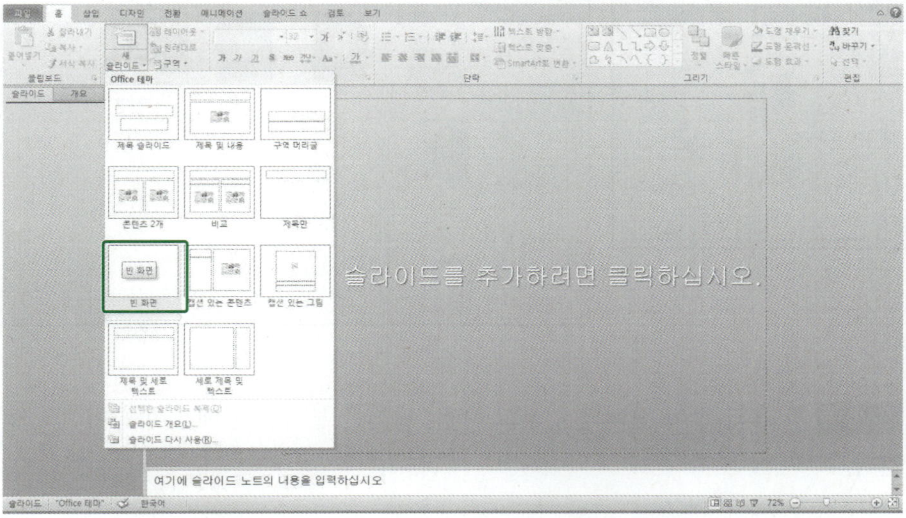

단계 2 리본메뉴의 [디자인]-[배경 스타일]-[배경 서식(B)]을 선택한다

단계 3 [배경 서식] 대화상자에서 [채우기]-[그림 또는 질감 채우기(P)]를 선택하고, [파일(F)]을 클릭하여 배경 화면으로 만들 이미지 파일을 선택한다. 이때 [늘이기 옵션]을 사용하여 왼쪽, 오른쪽, 위쪽, 아래쪽 크기를 조절하고 이미지를 흐리게 하기 위해서 [투명도(T)]를 조절한다.

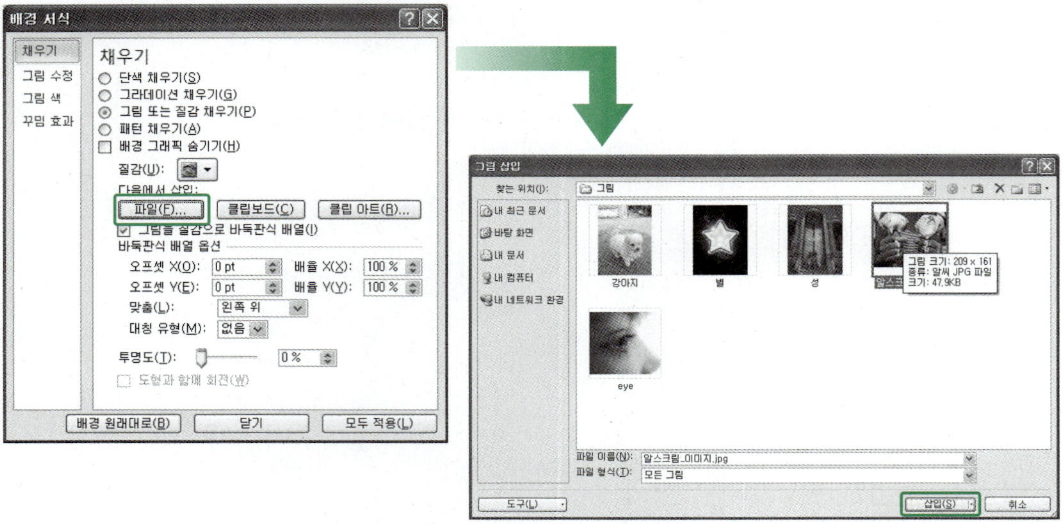

단계 4 다음과 같이 선택되지 않고 수정, 편집은 불가능한 배경 화면이 만들어진다.

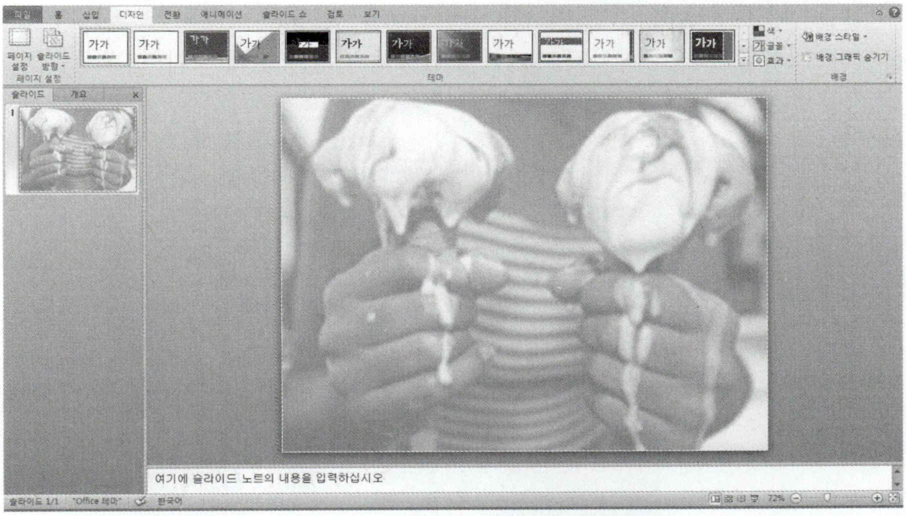

(5) 슬라이드 배경에 로고 파일 삽입하기

슬라이드 배경에 로고 파일을 삽입하여 투명하게 만들어서 새로운 이미지를 슬라이드에 적용한다. 슬라이드 배경에 로고 파일을 삽입하는 방법에 대해 설명한다.

단계 1 이미지가 삽입된 배경화면에서 [삽입]-[그림]을 선택한다.

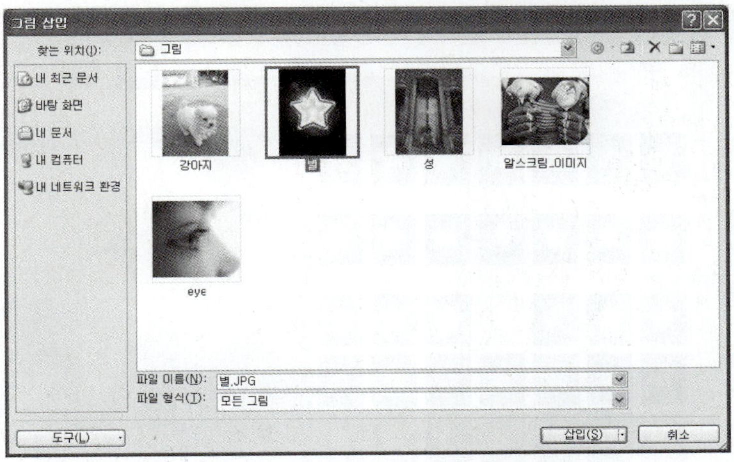

[그림 삽입] 대화상자가 나타나면 삽입할 로고 파일을 선택한 후 [삽입(S)]을 클릭한다. 삽입된 로고 파일의 크기를 조절하여 원하는 곳에 위치시킨다.

단계 2 삽입된 로고 파일과 배경화면이 잘 어울릴 수 있도록 하기 위해 투명도를 조절한다. 이때 [그림도구–서식]에서 색 옵션 중 [투명한 색 설정]을 선택한다.

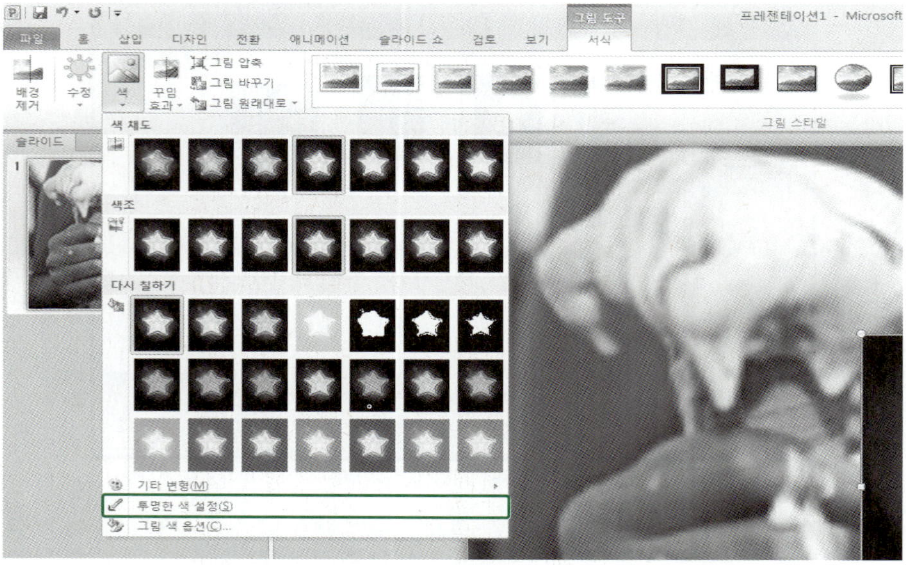

단계 3 마우스 커서가 연필모양으로 바뀌면 투명하게 설정할 부분에 마우스 커서를 위치시키고 선택하면 다음과 같이 만들어진다.

(6) 워드아트 삽입하기

워드아트는 문자를 예쁘게 꾸미는 기능으로 슬라이드 제목이나 특히 강조하고자 하는 문자에 적용한다. 워드아트를 삽입하는 방법에 대해 설명한다.

단계 1 리본메뉴의 [삽입]-[워드아트]를 선택한다. 워드아트에서 원하는 스타일을 선택한다. 여기서 슬라이드의 텍스트 안에 "Microsoft PowerPoint 2010"을 입력한다.

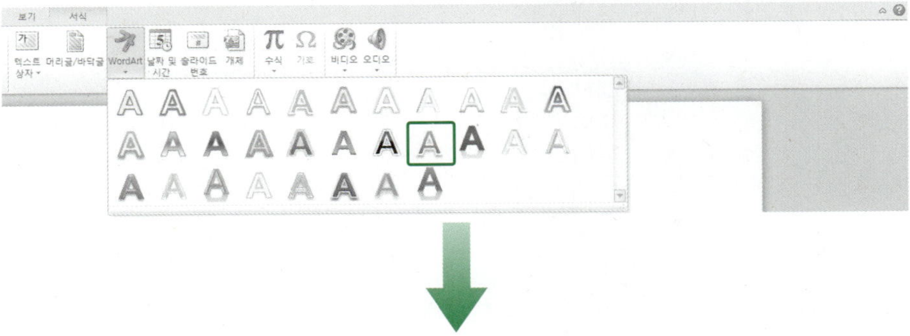

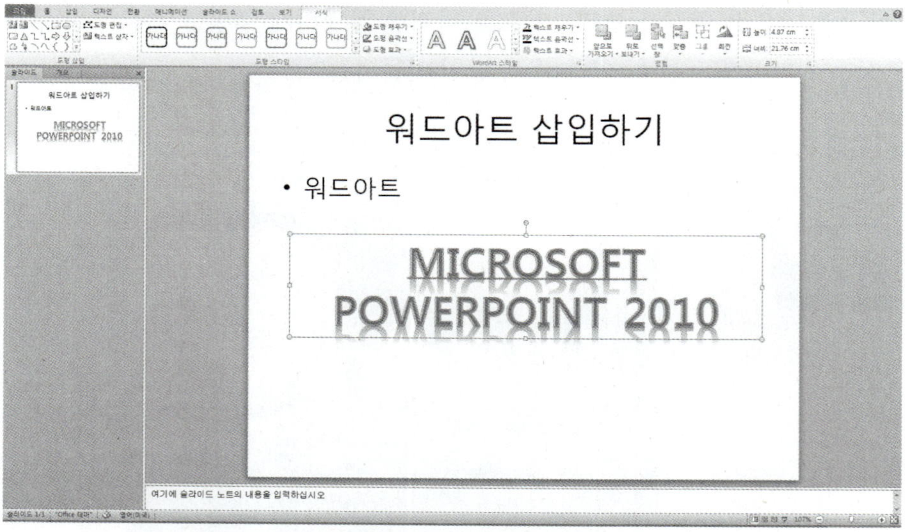

워드아트에 글꼴, 크기조정, 기타 효과를 주는 방법은 리본메뉴에서 [그리기 도구-서식]-[WordArt 스타일]의 [텍스트 효과(가)]를 적용하면 다양한 변화를 줄 수 있다. 텍스트 효과(가)는 그림자(S), 반사(R), 네온(G), 입체 효과(B), 3차원 회전(D), 변환(T)으로 구성된다. 여기서 [텍스트 효과(가)]-[변환(T)]을 선택한다.

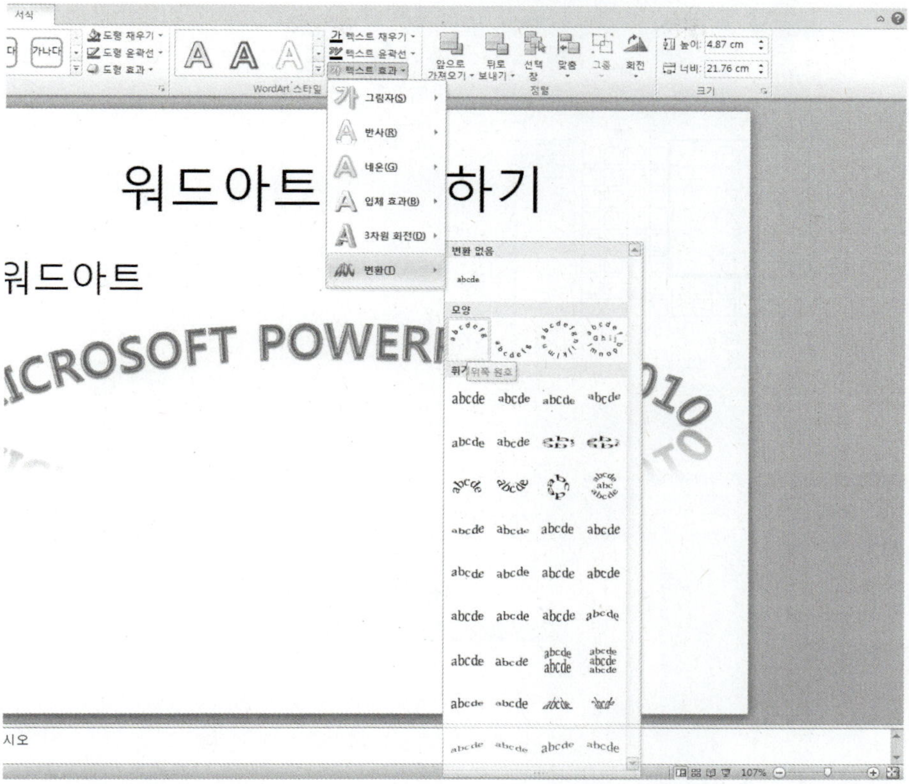

(7) 표와 차트 만들기

효과적인 슬라이드를 만들기 위해서 차트와 표를 활용하여 데이터를 깔끔하게 정리하는 기능을 제공한다. 슬라이드에 표와 차트를 적용하는 방법에 대해 설명한다.

단계 1 슬라이드에 표 만들기

리본메뉴에서 [삽입]-[표]를 클릭한다. 만들고자 하는 표의 가로와 세로 칸을 선택하면 표가 만들어진다. 여기서 '6×6표'를 선택하여 슬라이드에 표를 만든다.

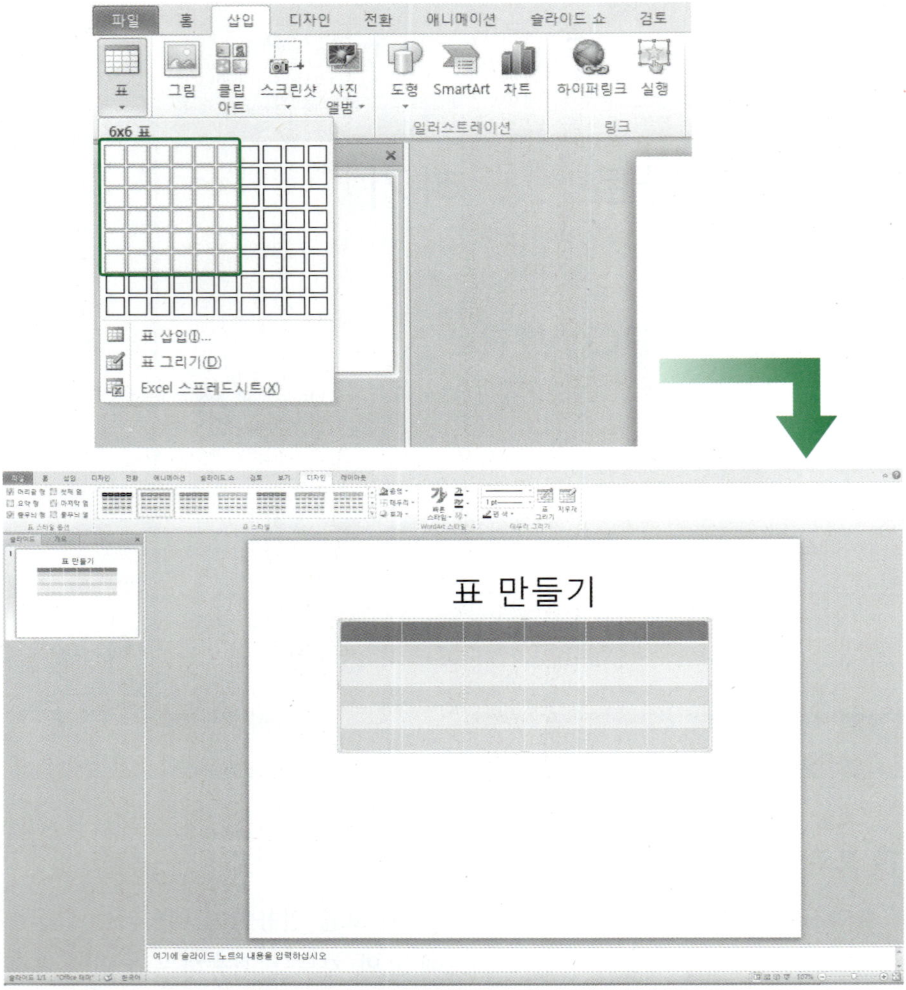

슬라이드 내용에 맞게 디자인하고 서식을 적용하기 위해선 [표 도구]의 [디자인]과 [레이아웃]에서 표 스타일을 변경할 수 있다.

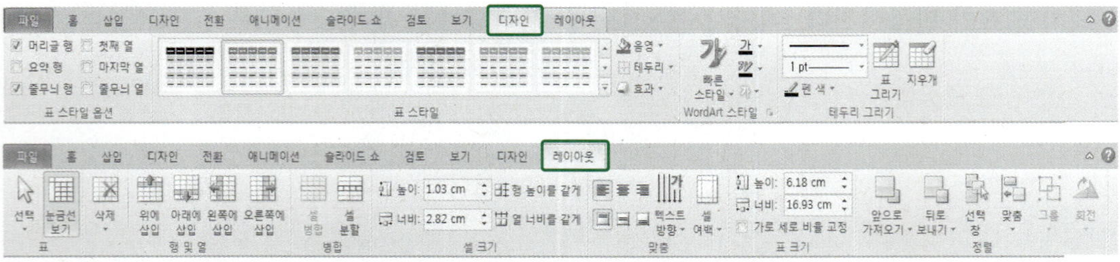

단계 1 슬라이드에 차트 만들기

리본메뉴에서 [삽입]-[차트]를 클릭하면 [차트 삽입] 대화상자가 나타난다. [차트 삽입] 대화상자에서 원하는 차트를 선택하고 [확인]을 클릭한다. 여기서 [세로 막대형]을 선택한다.

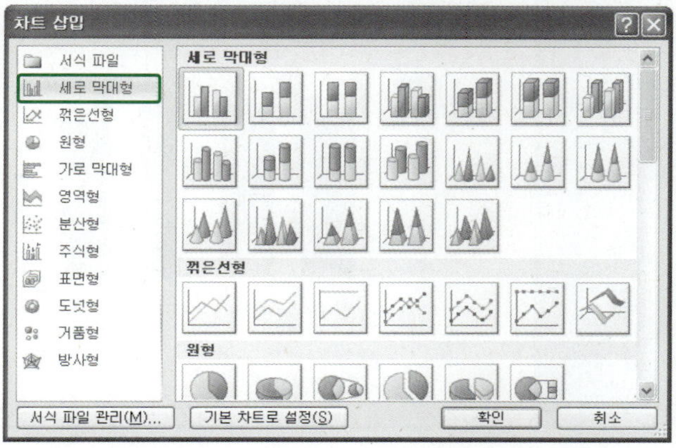

[데이터 시트] 창이 나타나면 데이터 내용을 입력하고 데이터 범위의 크기를 조정한다.

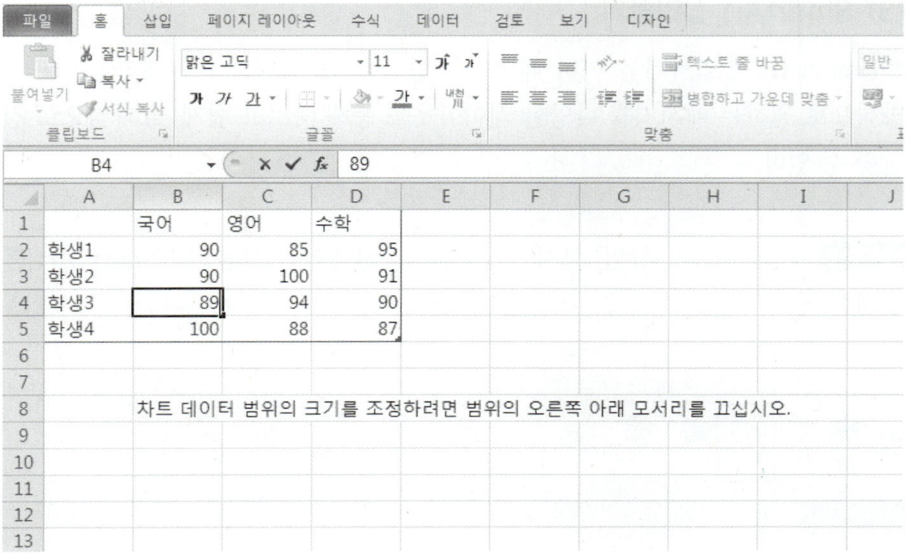

[데이터 시트] 창을 없애면 다음과 같은 차트가 만들어진다.

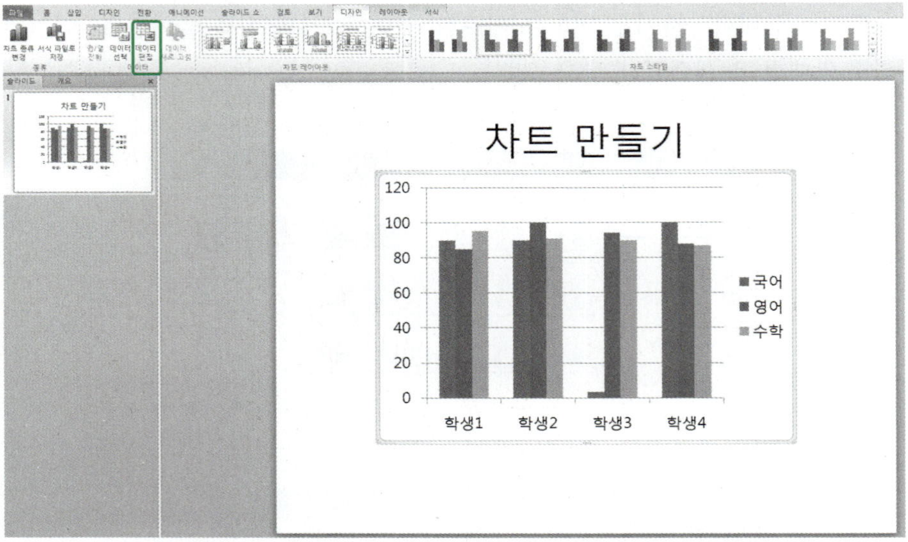

차트의 수정사항이 생겼을 시는 리본메뉴의 [디자인]에서 데이터 항목의 [데이터 편집]을 클릭하면 [데이터 시트] 창에서 편집이 가능하다.

(8) SmartArt 삽입하기

SmartArt 삽입하기는 여러 레이아웃 중 하나를 선택하여 그래픽을 만드는 방식으로 원하는 메시지를 다양한 레이아웃을 통해 빠르고 쉽게, 효과적으로 전달할 수 있다.

단계 1 리본메뉴의 [삽입] 탭에 있는 일러스트레이션 그룹의 [Smart Art]를 선택한다.

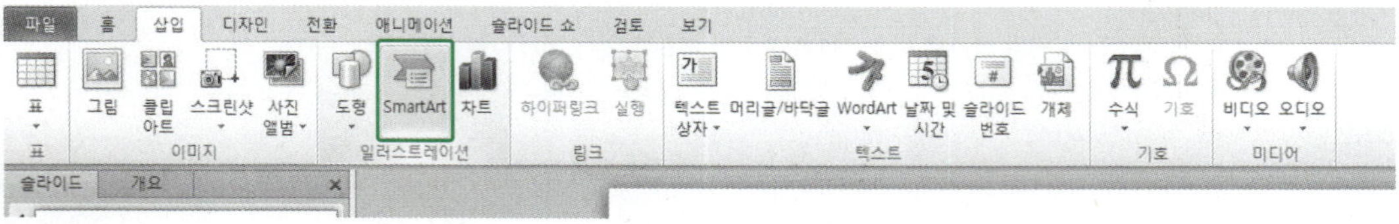

단계 2 [SmartArt 그래픽 선택] 대화상자에서 [계층 구조형]-[가로 다단계 계층형]을 선택한 후, 다음과 같이 텍스트를 입력한다.

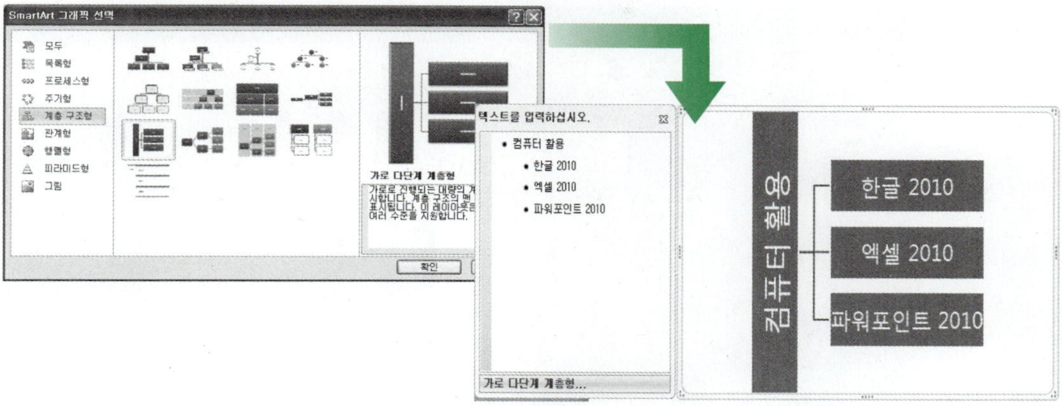

가로 다단계 계층형은 가로로 진행되는 계층정보를 표시하고 맨 위는 세로로 표시된다.

단계 3 리본메뉴의 [디자인] 탭에서 [레이아웃] 그룹의 [자세히] 버튼을 클릭하여 [계층 구조형]으로 레이아웃을 변경한다.

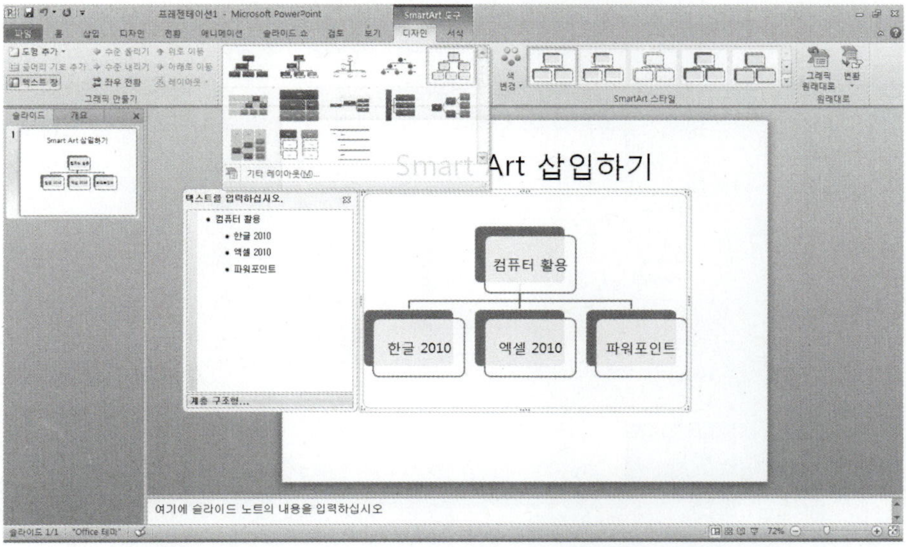

단계 4 리본메뉴의 [디자인] 탭에서 [SmartArt 스타일] 그룹의 [색 변경]을 선택한 후 원하는 색상을 선택한다.

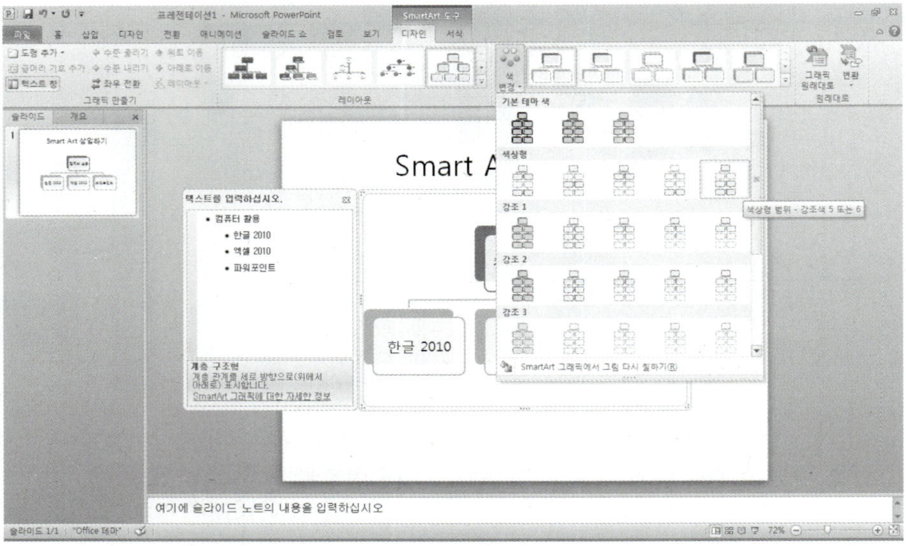

단계 5 리본메뉴의 [그리기도구-서식] 탭에서 [WordArt 스타일] 그룹의 [자세히] 버튼을 클릭하여 원하는 WordArt를 선택한다.

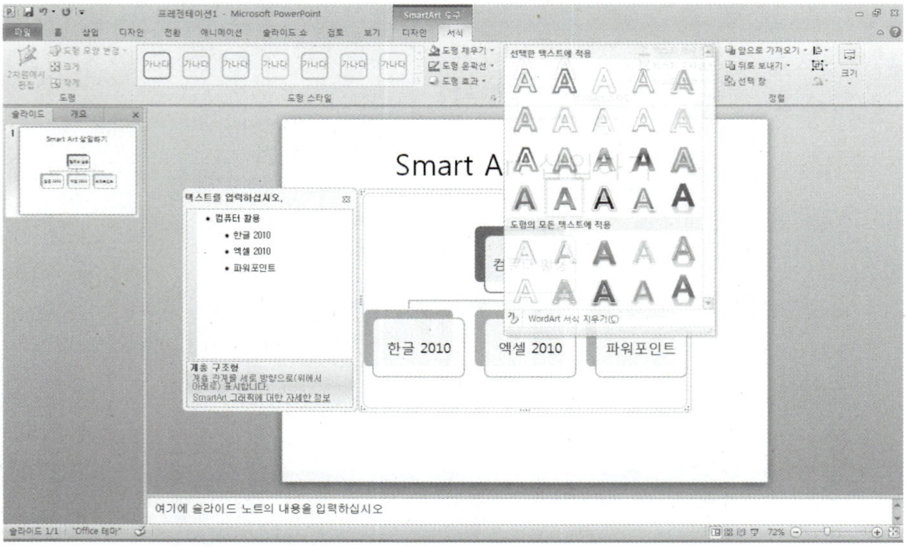

단계 6 SmartArt 스타일이 적용된 슬라이드를 확인한다.

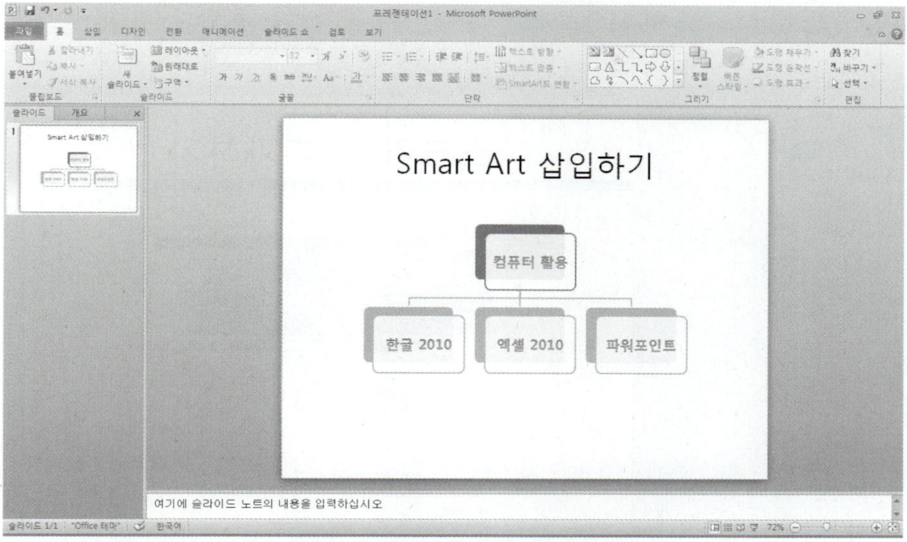

(9) 스크린 샷 삽입하기

스크린 샷은 파워포인트 2010에서 새롭게 추가된 기능으로, 현재 열려있는 창의 전체나 일부를 슬라이드에 삽입할 수 있는 기능이다.

단계 1 리본메뉴의 [삽입]에서 [이미지] 그룹의 [스크린 샷]을 클릭하고 원하는 창을 선택한다.

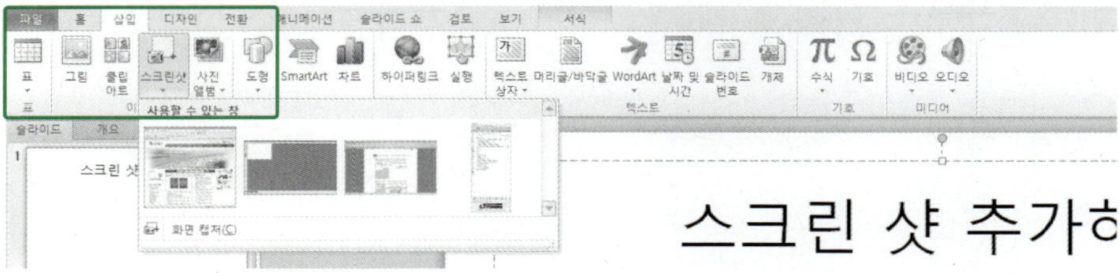

단계 2 슬라이드에서 스크린 샷을 확인한다.

단계 3 원하는 부분만 캡처하기 위해서 리본메뉴의 [삽입] 탭의 [이미지] 그룹의 [스크린 샷]을 클릭한 후, [화면 캡처(C)]를 선택한다.

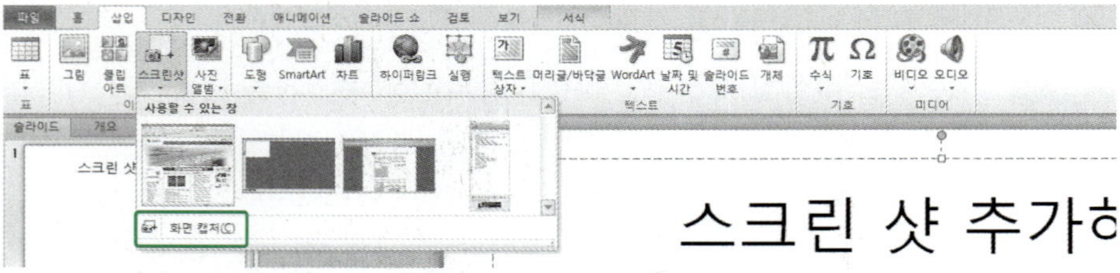

단계 4 원하는 캡처화면이 있는 창에서 캡처할 영역을 드래그하여 선택한다.

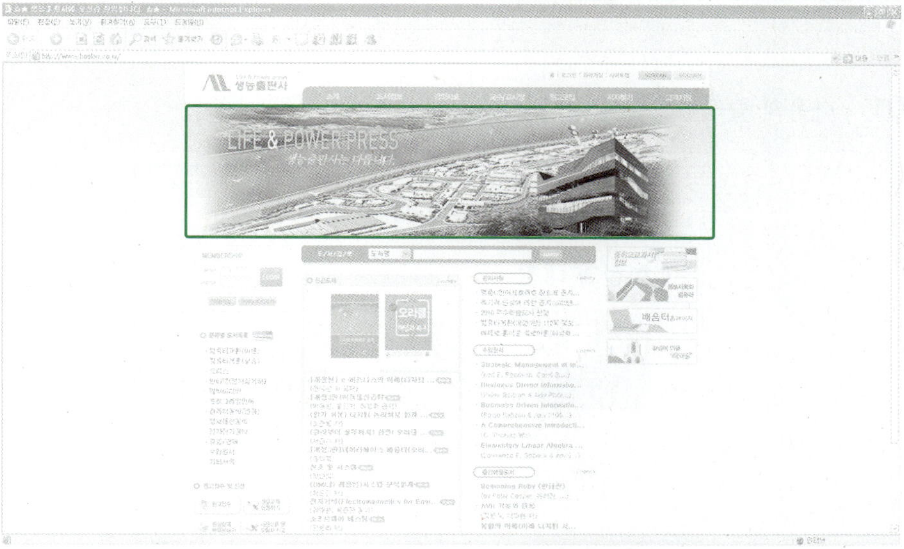

단계 5 다음 슬라이드에서 선택한 캡처화면을 확인한다.

연 습 문 제

01 다음의 슬라이드를 작성하시오.

1) 도형들을 모두 왼쪽으로 90° 회전시키고 그룹을 지정한다.
2) 각 도형들의 색 채우기를 노란색으로 변경한다.
3) 삼각형을 동그라미로 변경한다.

02 기본 도형을 그린 후 원하는 그림과 그라데이션, 질감 효과를 적용하시오.

03 다음 표를 참고하여 아래의 그림과 같은 차트를 만드시오.

	남자	여자		남자	여자
20-24세	187.8	173.7	30-34세	184.3	170.1
25-29세	185.5	172.3	35-39세	182.7	168.2

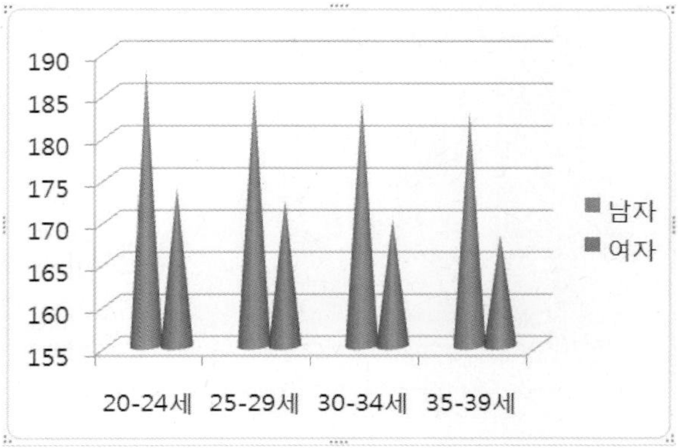

04 원하는 이미지를 사용하여 다음과 같이 사진앨범을 만드시오.

05 Word Art와 Smart Art를 사용하여 아래 그림과 같이 슬라이드를 작성하시오.

CHAPTER

12

강력한 슬라이드 쇼는 애니메이션으로

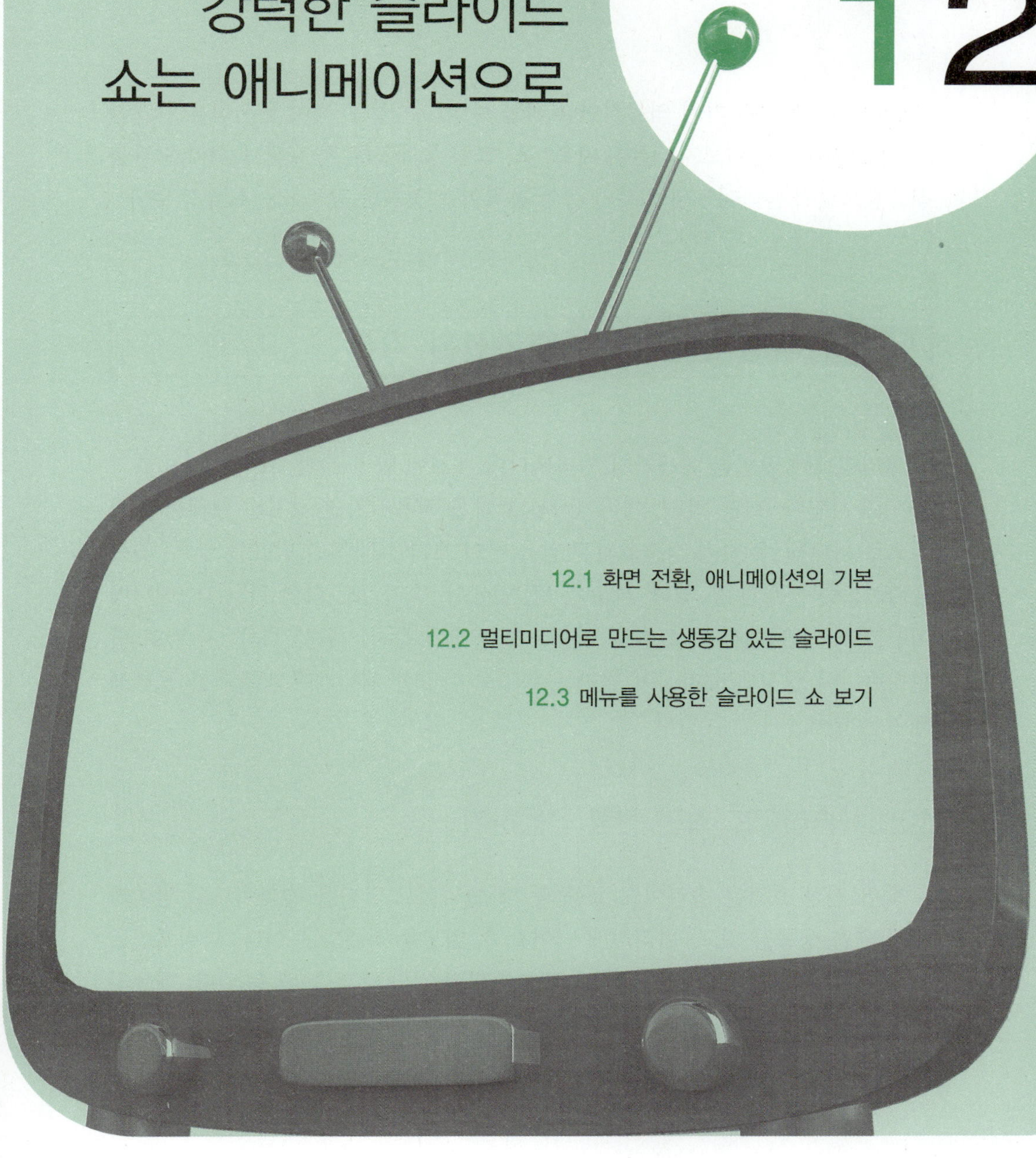

12.1 화면 전환, 애니메이션의 기본

12.2 멀티미디어로 만드는 생동감 있는 슬라이드

12.3 메뉴를 사용한 슬라이드 쇼 보기

12
CHAPTER

강력한 슬라이드 쇼는 애니메이션으로

슬라이드에 여러 가지 역동적인 효과를 주어 청중들로 하여금 시선을 끌게하는 기능에 대해 알아보자. 글자, 차트, 표, 그림 등에 시각적 효과나 소리 효과를 적용함으로써 슬라이드의 일부가 살아 움직이는 것처럼 강조하는 효과가 있다.

12.1 화면 전환, 애니메이션의 기본

슬라이드에 삽입한 여러가지 멀티미디어 개체에 화면 전환, 애니메이션 효과를 적용시킨다. 화면 전환, 애니메이션 효과를 적용시키면 정지된 개체를 역동적으로 나타낼 수 있어 청중들의 관심을 끌어 보다 효과적인 발표를 할 수 있는 슬라이드를 구성할 수 있다. 메뉴의 [전환]에서 [슬라이드 화면 전환]과 [애니메이션]에서 [애니메이션] 그룹을 이용하여 객체에 순서, 시간, 효과, 차트 효과, 멀티미디어 설정에서 자신이 원하는 형태로 다양한 애니메이션 효과를 프레젠테이션에 적용시킬 수 있다.

12.1.1 슬라이드 화면 전환 적용하기

화면 전환 효과는 슬라이드 쇼를 할 때 슬라이드가 다음 슬라이드로 넘어가는 장면을 생동감 있고, 화려하게 넘어갈 수 있도록 하는 기능이다. 파워포인트 2010에서는 이전 버전보다 훨씬 화려해진 화면 전환 효과를 볼 수 있다. 메뉴의 [전환]-[슬라이드 화면 전환]에서 화면 전환 구성표의 목록에서 화면 전환 효과를 선택해서 슬라이드에 적용한다. 화면 전환 구성표는 이전 슬라이드와 현재 슬라이드간의 전환하는 동안 적용할 수 있는 특수 효과(은은한 효과, 화려한 효과, 동적 콘텐츠)를 나타낸다. 예제 슬라이드를 이용하여 다양하고 화려해진 화면 전환 효과를 적용하여 보자.

단계 1 [디자인] 탭의 [배경] 그룹에서 [배경 스타일]-[배경 서식]을 선택한다. 이때 [배경 서식] 대화상자에서 [그림 또는 질감 채우기]를 선택하고 [파일] 버튼을 클릭한다.

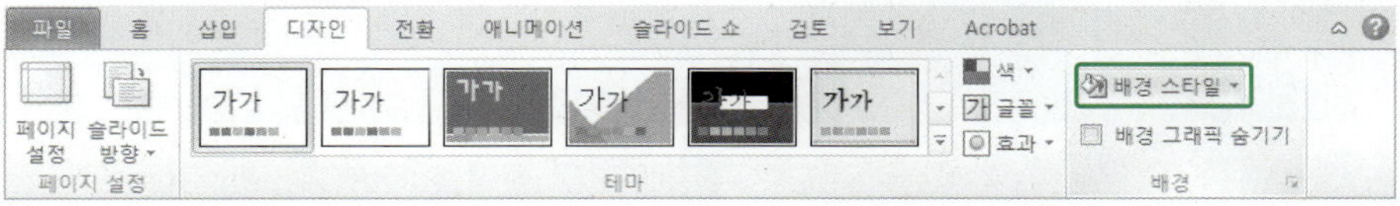

단계 2 [그림 삽입] 대화상자가 나타나면 원하는 이미지를 선택하고 [삽입(S)] 버튼을 클릭한다.

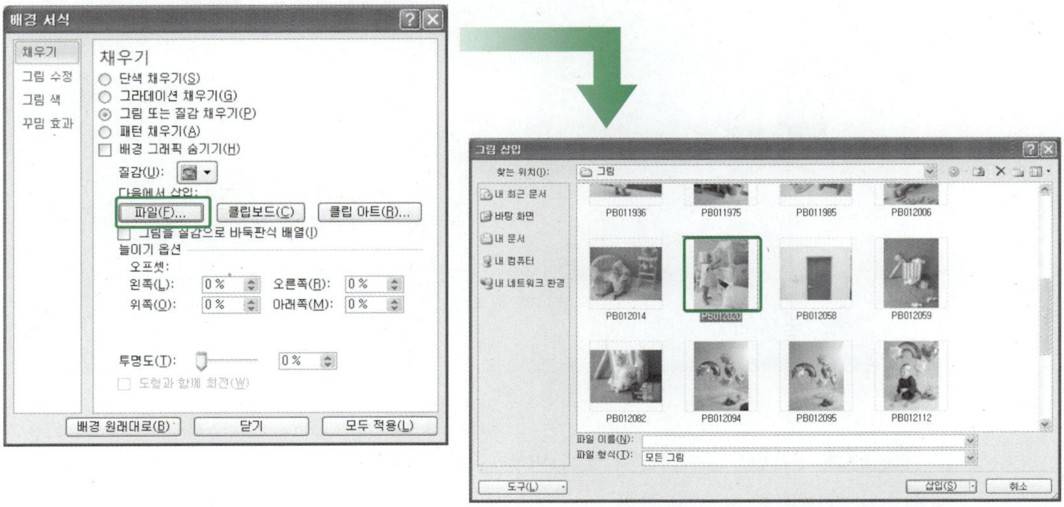

단계 3 두 번째 슬라이드 창에서 [단계 2]와 동일한 방법으로 이미지를 선택하고 현재 슬라이드에 삽입한다.

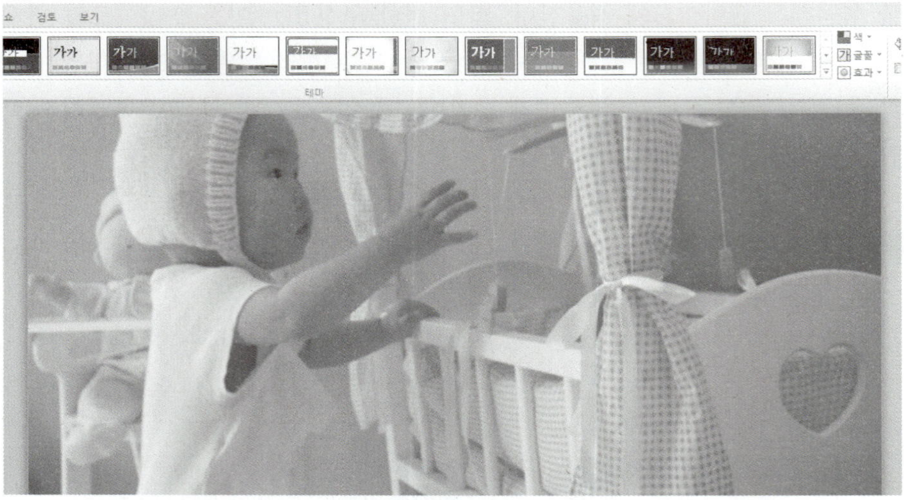

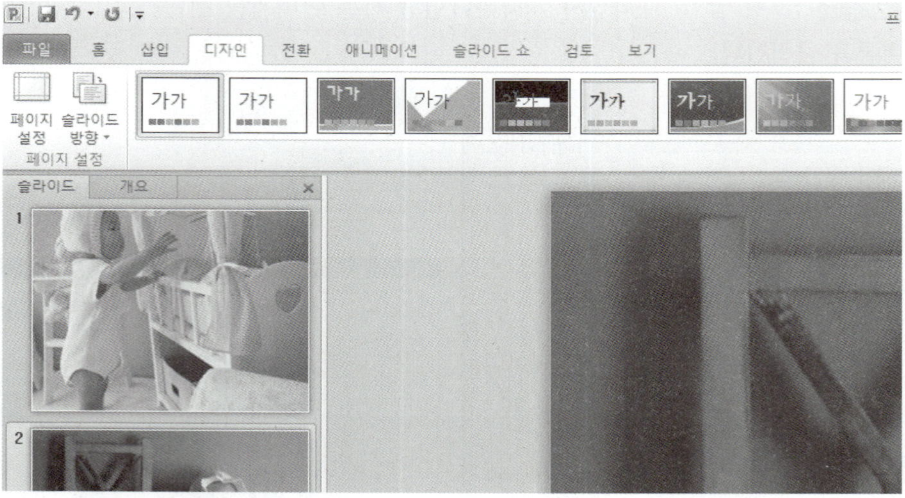

단계 4 [전환] 탭의 [슬라이드 화면 전환] 그룹의 [화려한 효과–갤러리]를 선택하여 화면전환을 적용한다.

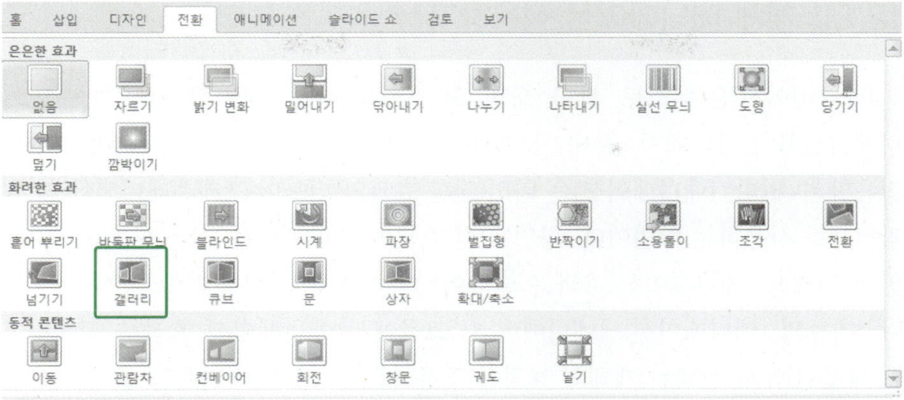

단계 5 슬라이드에서 적용된 화면 전환을 확인한다. 이전 버전보다 훨씬 화려해진 화면 전환 효과를 볼 수 있다.

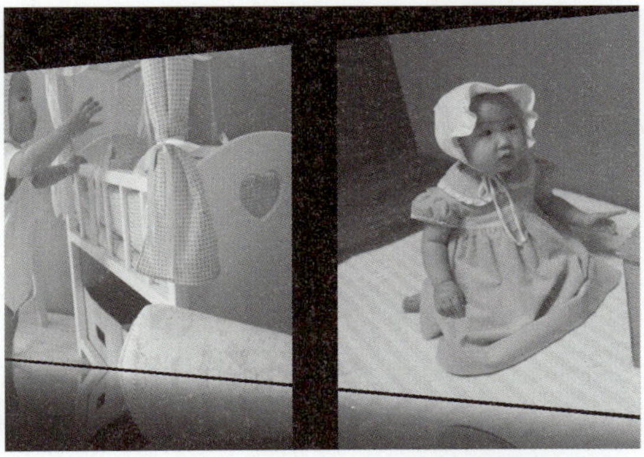

[타이밍] 그룹의 [소리]는 이전 슬라이드와 현재 슬라이드 간의 전환하는 동안 재생할 소리를 선택하는 창이다. [기간]은 이전 슬라이드와 현재 슬라이드 간의 전환하는 동안 적용할 애니메이션의 전환의 길이를 지정하는 창이다. [모두 적용]은 현재 슬라이드에 대한 설정한 전환처럼 프레젠테이션의 모든 슬라이드 간의 전환을 설정하는 창이다. 슬라이드에 화면 전환 구성표의 목록의 애니메이션을 선택한 후에 [미리보기(미리 보기)]를 클릭하면 적용된 애니메이션 효과를 확인해서 볼 수 있다.

12.1.2 개체 애니메이션 적용하기

[애니메이션]은 텍스트, 그림, 도형, 표, SmartArt 그래픽 및 기타 개체를 애니메이션하여 나타내기, 끝내기, 크기 또는 색 변경, 이동 등의 시각적 효과를 적용할 수 있다. [애니메이션]은 화면 전환 효과와 더불어 프레젠테이션할 때 효과적으로 사용하는 방법이다. 화면 전환 효과가 슬라이드간의 이동시 동작 변화인데 비해서, 애니메이션 효과는 슬라이드의 중요한 부분을 강조할 때 사용된다. 메뉴의 [애니메이션]-[애니메이션] 그룹에서 애니메이션 효과를 선택하고 [효과옵션]에서 선택된 개체의 효과를 적용하고 [미리보기] 버튼을 통해 적용된 애니메이션 효과를 확인할 수 있다. 예제 슬라이드를 이용하여 다양한 사용자 지정 애니메이션 효과를 적용하여 보자.

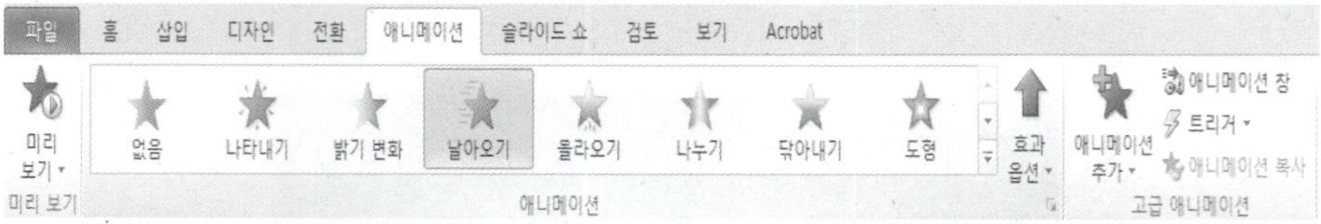

단계 1 메뉴의 [애니메이션]-[고급 애니메이션] 그룹에서 [애니메이션 창]을 선택한다.

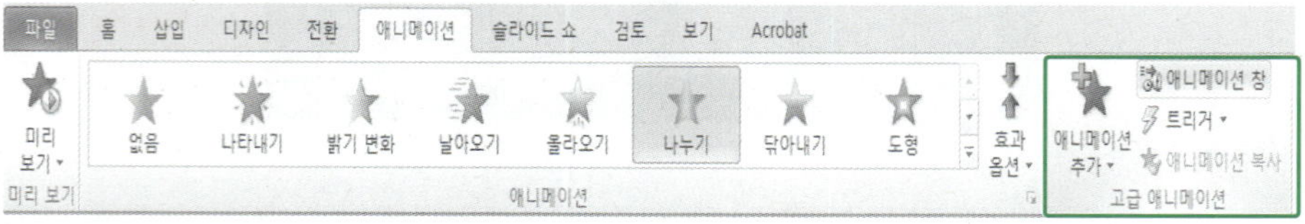

단계 2 화면 오른쪽에 [애니메이션 창]의 작업창이 나타난다.

[애니메이션]은 자신이 원하는 형태로 애니메이션 효과를 지정하고자 할 경우에 사용한다. 여기서 애니메이션 변경, 제거, 재생, 미리보기 등을 할 수 있다.

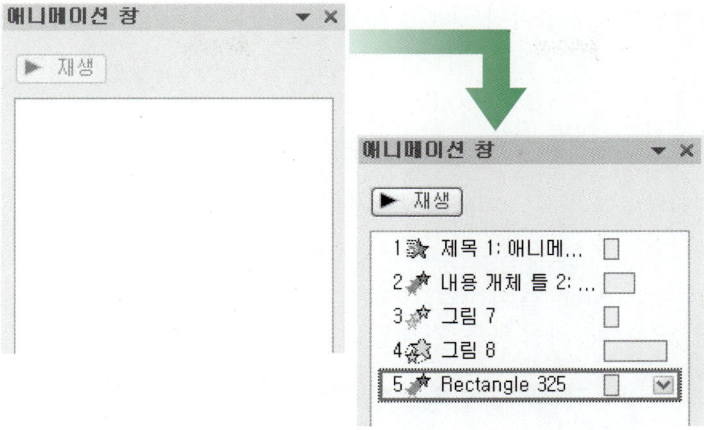

단계 3 개체에 애니메이션 효과를 적용한다.

슬라이드에서 애니메이션을 적용할 개체를 선택하고 [애니메이션] 그룹의 효과를 클릭한다. 첫 번째로 예제 슬라이드 상에서 그림 개체(아이스크림 이미지)에 [나타내기]-[날아오기] 효과를 적용한다. [애니메이션] 그룹에서 [자세히(▽)] 버튼을 클릭하면 다양한 애니메이션 효과를 적용할 수 있다.

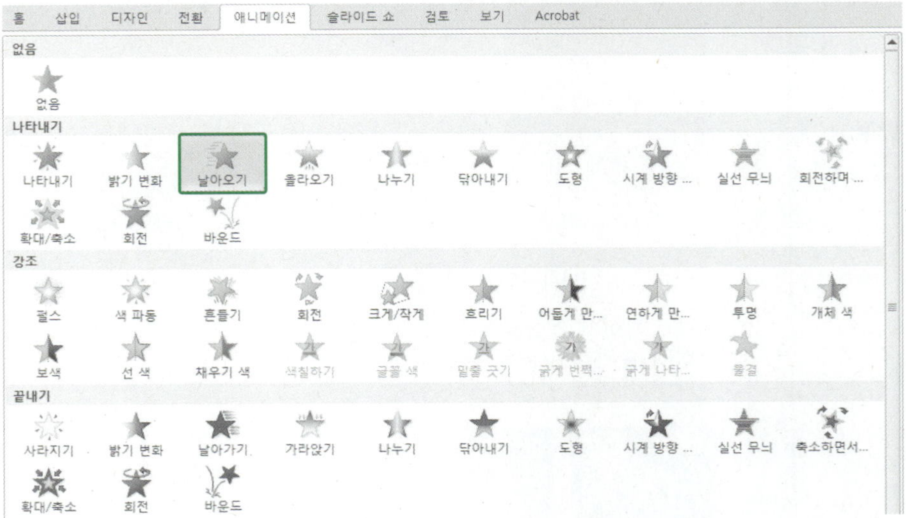

① 메뉴에서 [홈]-[새 슬라이드]에서 제목 및 내용의 슬라이드를 다음과 같이 구성한다.

② [고급 애니메이션] 그룹의 [애니메이션 창]을 클릭하고 적용할 객체를 선택한 후 [애니메이션] 그룹의 애니메이션 효과를 적용한다. 여러 개의 객체에 애니메이션을 적용할 경우 각각의 객체를 선택하고 각각 애니메이션 효과를 적용하면 된다.

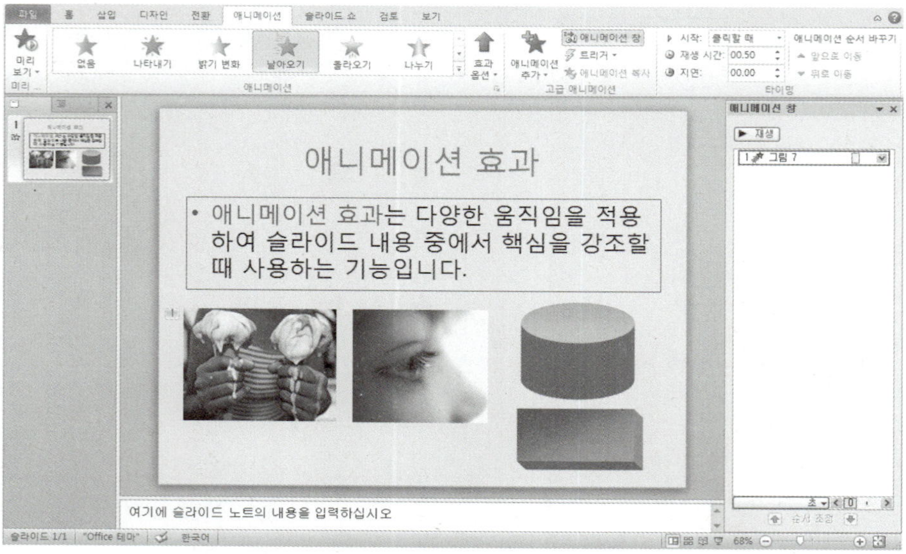

슬라이드에 적용된 애니메이션 효과를 다시 재생할 경우 [애니메이션 창] 작업창에서 [재생(▶ 재생)] 버튼을 클릭한다. 이때 [재생(▶ 재생)] 버튼은 현재 슬라이드에 적용되어 있는 애니메이션 효과를 재생하게 된다. [애니메이션]-[미리보기]에서 [내용 조금 보기(A)(✓ 내용 조금 보기(A))]는 옵션 박스가 체크가 되어 있으면 애니메이션 효과 관련 설정을 변경할 때마다 미리 보기가 된다.

단계 4 [나타내기 효과 변경] 대화상자에서 개체에 다양한 애니메이션 효과를 적용하여 변경한다.

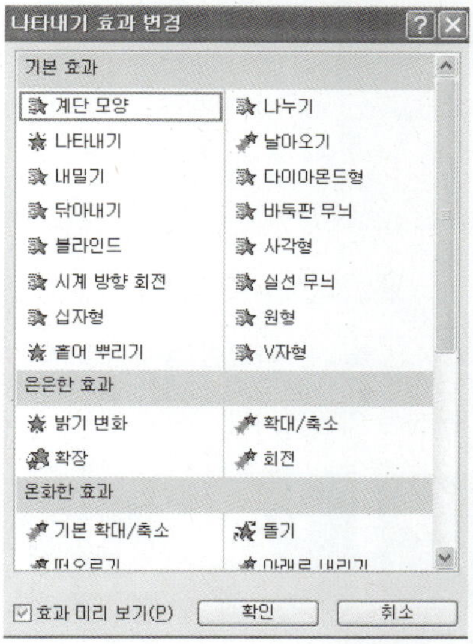

애니메이션 효과가 적용된 개체를 선택한 후 [애니메이션] 그룹의 [자세히(▾)] 버튼을 클릭한 후 [추가 나타내기 효과]를 선택한다. 선택개체(아이스크림 이미지)에 [기본효과]-[바둑판 무늬] 효과를 적용해 보자. 수정된 개체에 [타이밍] 그룹의 [시작](클릭할 때, 이전 효과와 함께, 이전 효과 다음에), [재생 시간](초 값), [지연](초 값)을 지정할 수 있다. 또한 [효과 옵션]에서 방향(옆으로, 아래쪽)을 지정할 수 있다. 예제 개체(아이스크림 이미지)에 "클릭할 때" 시작하고, 방향은 '아래쪽(D)', 재생 시간은 '00.50' 으로 지정한다.

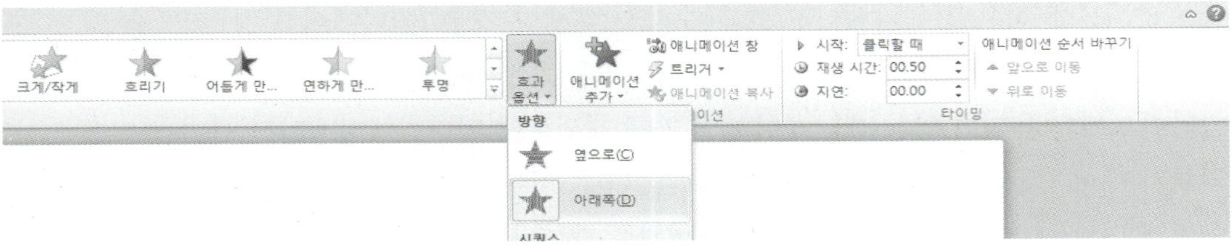

애니메이션 효과를 수정하는 다른 방법은 [애니메이션 창] 작업창에서 효과 적용을 사용한다. 이미 애니메이션 효과가 적용되어 있는 개체를 선택한 후 [효과 옵션]을 클릭한다. 여기서 효과 옵션은 세부적인 옵션을 설정할 수 있는 도구이다.

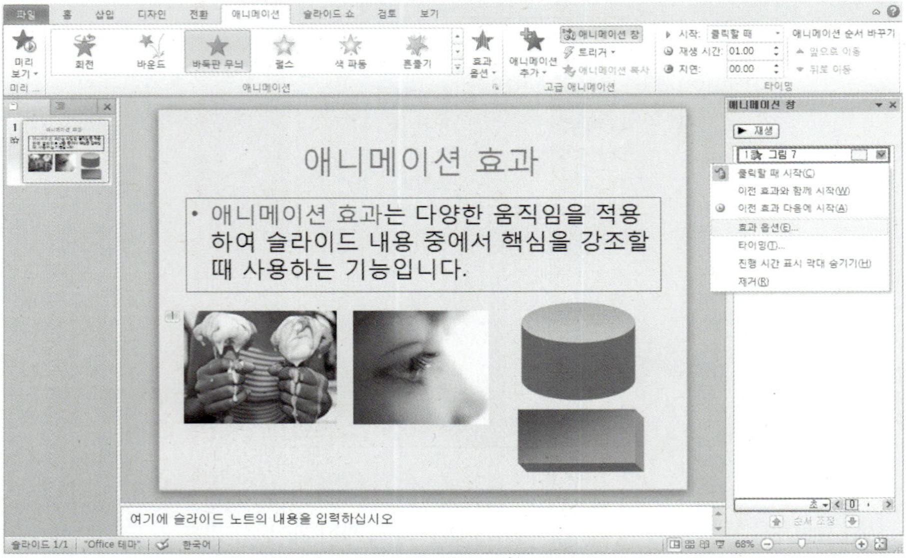

효과 옵션은 개체에 적용한 애니메이션 효과에 대한 다양한 옵션을 수정할 수 있다. 시작은 개체에서 적용한 애니메이션 효과를 언제 실행시킬지를 결정한다. 마우스를 클릭할 때, 이전 효과와 함께 등의 옵션 설정이 가능하다. 속성은 개체에 적용되는 애니메이션 속성을 나타내고 방향이나 양(값)을 선택할 수 있다. 재생 시간은 개체에 적용되는 애니메이션 효과의 길이를 조정한다. 개체의 특성에 따라 길이를 적절히 조절함으로써 보다 효과적인 프레젠테이션을 보일 수 있다.

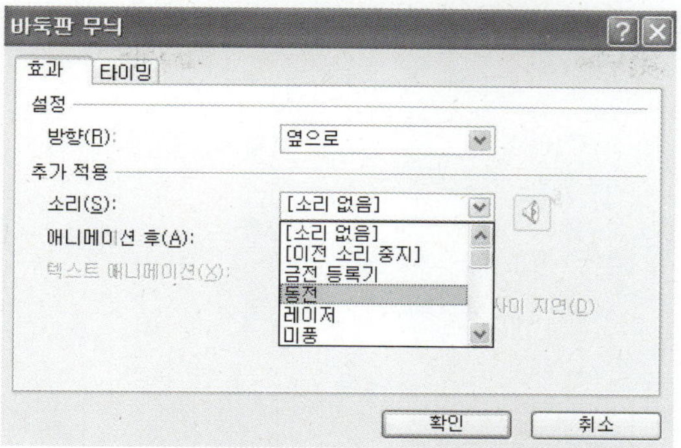

바둑판무늬 효과의 설정 부분에서 '옆으로' 방향을 선택하고 소리는 '동전'으로 변경한다. 애니메이션 적용 후의 효과 또한 변경할 수 있다. 여기서 효과 옵션을 적용할 때 여러 개를 중복하여 적용할 수 있지만 중복 적용하면 어색한 결과가 생길 수도 있다. 반드시 설정 결과를 확인해보고 적용하는 것이 좋다. 대화상자의 이름은 효과 옵션에 따라 달라진다. 해당 개체에 현재 선택되어 있는 애니메이션 효과의 이름이 표시된다.

Tip 다양한 애니메이션 효과

나타내기, 강조, 끝내기, 이동 경로 각각 4가지 애니메이션 효과로 표현하고자 하는 개체에 적용한다.

① 나타내기: 특정 개체를 숨긴 상태에서 표시하는 효과

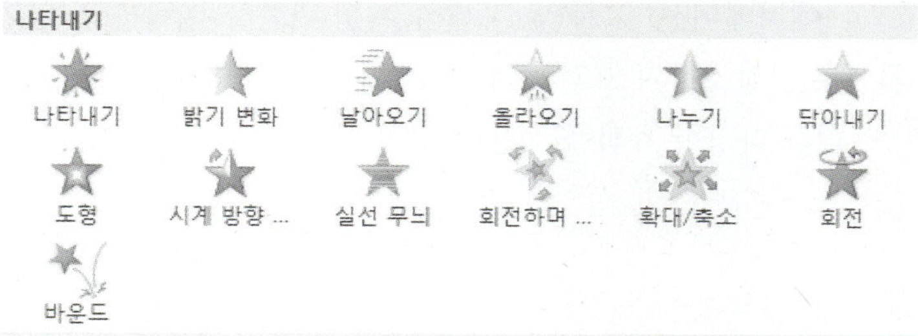

② 강조: 선택한 개체를 강조하기 위한 효과

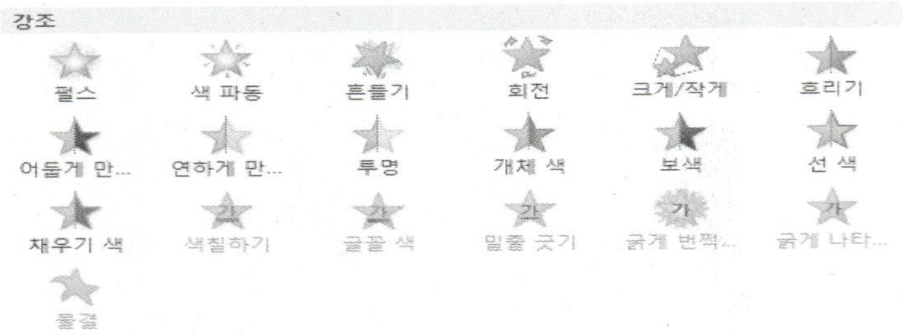

③ 끝내기: 개체를 화면에서 사라지게 하는 효과

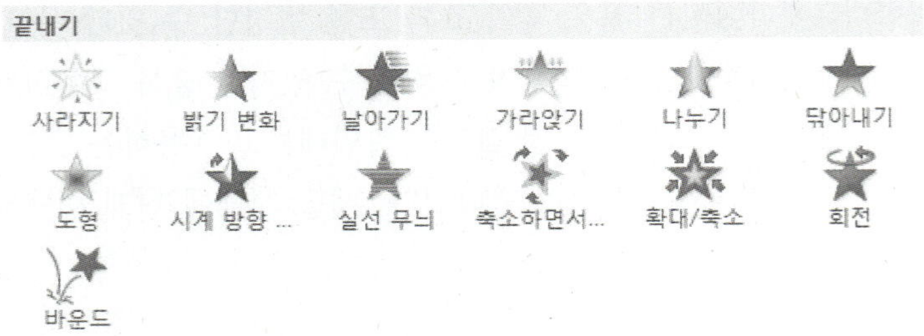

④ 이동 경로: 개체의 이동 방향을 지정하는 효과

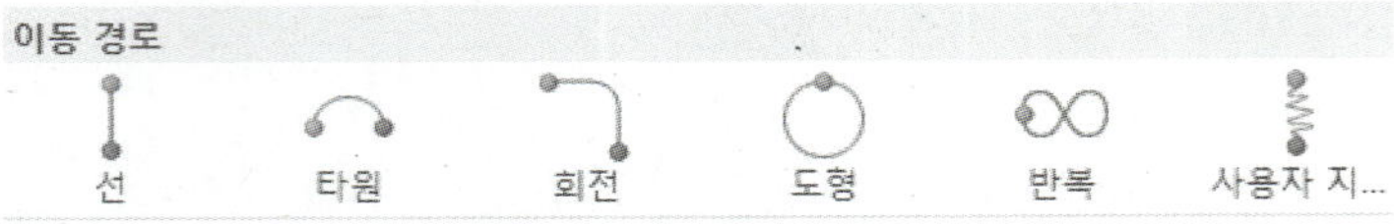

⑤ 기타 효과: [애니메이션] 그룹의 [자세히(▼)] 버튼을 클릭하고 [추가 나타내기 효과], [추가 강조하기 효과], [추가 끝내기 효과], [추가 이동경로 효과]를 클릭하면, 더욱 다양한 효과를 적용할 수 있다.

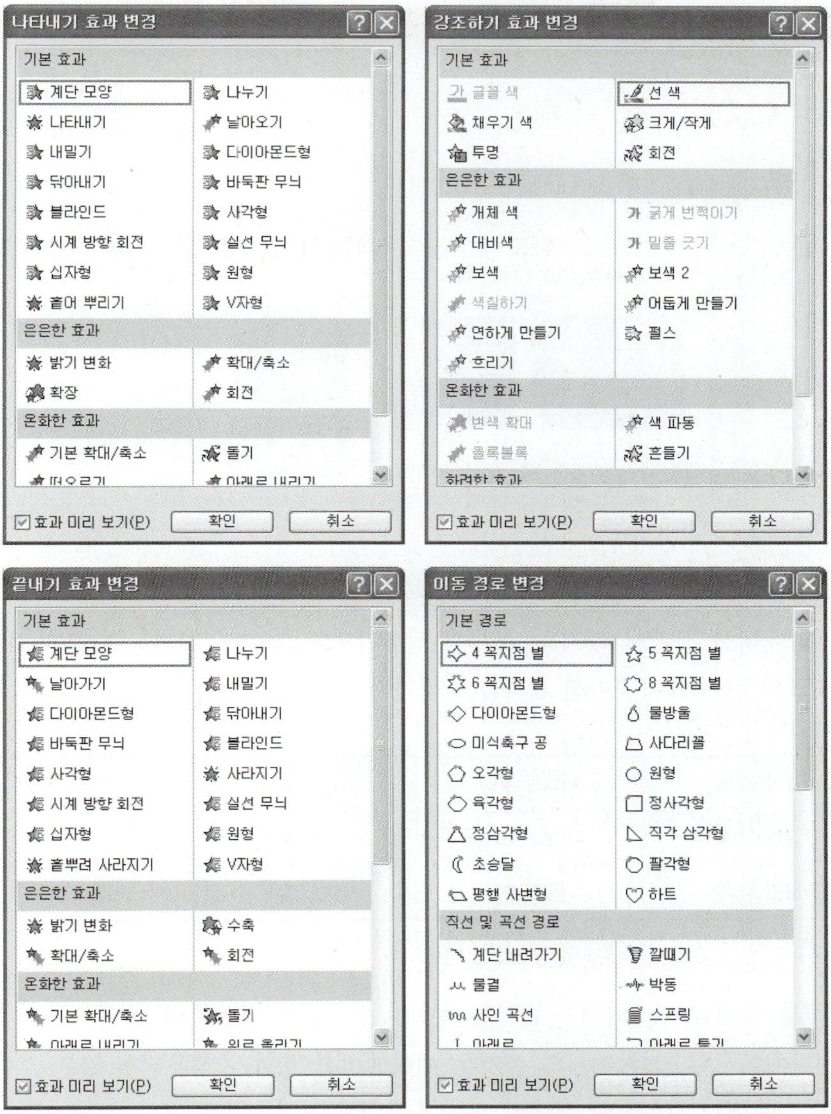

단계 5 개체들에 대한 애니메이션 순서를 정한다.

슬라이드에서 개체를 선택하여 애니메이션 효과를 적용하면 개체 앞에 순서 번호가 매겨진다. 이때 번호는 효과가 적용될 순서 번호이다. 적용 순서는 오른쪽 [애니메이션 창] 작업창에서 위 또는 아래 화살표를 사용하여 조정할 수 있다.

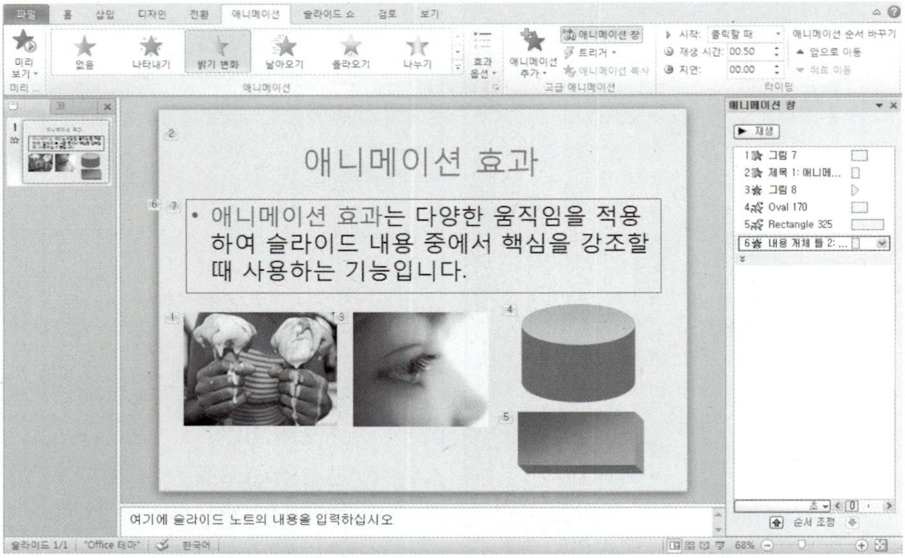

애니메이션 창에서 각각의 객체에 적용할 애니메이션 효과는 다음과 같다. 다음 표와 같이 애니메이션 효과를 지정한다.

1번 객체	바둑판 무늬	4번 객체	바둑판 무늬
2번 객체	다이아몬드형	5번 객체	사각형
3번 객체	블라인드	6번 객체	날아가기

단계 6 개체에 애니메이션 효과를 제거하고 그림을 변경한다.

애니메이션 효과를 제거하는 것은 애니메이션 효과가 적용되어 있는 그림을 선택한 후 애니메이션 창 선택된 개체에 오른쪽 마우스를 클릭한 후 [제거] 버튼을 클릭한다. 예제 개체(아이스크림 이미지)에 적용된 애니메이션 효과를 제거해 보자. 효과를 제거하면 모든 객체의 번호가 자동으로 변경된 것을 알 수 있다.

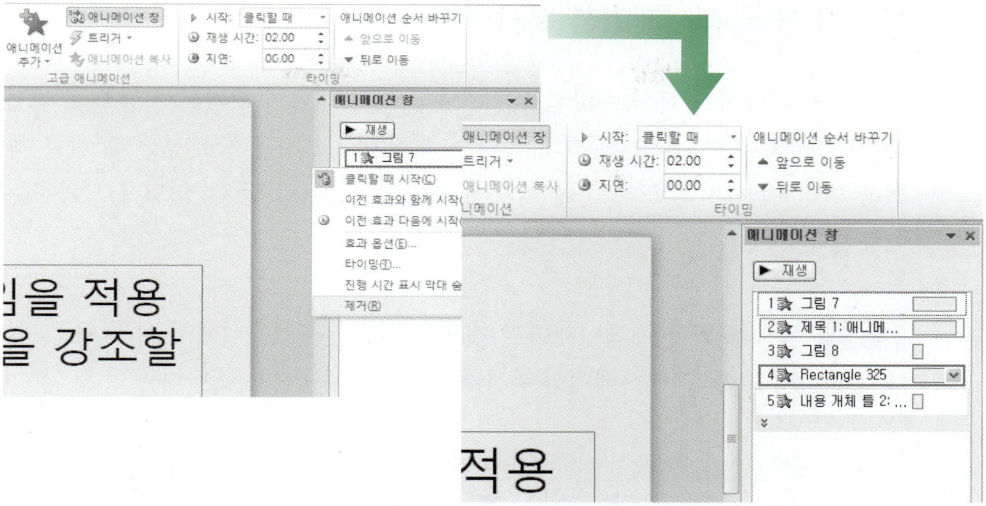

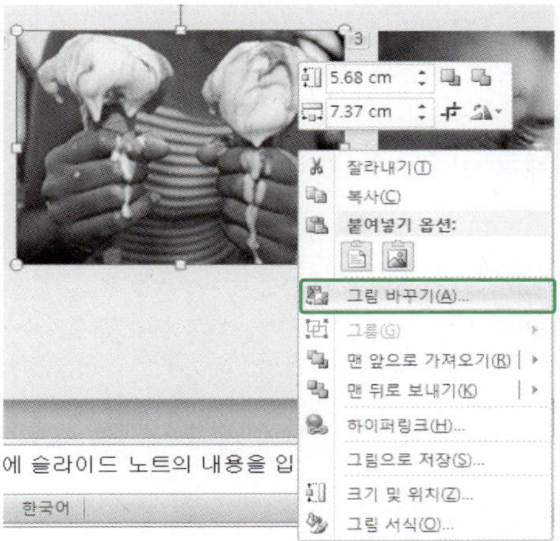

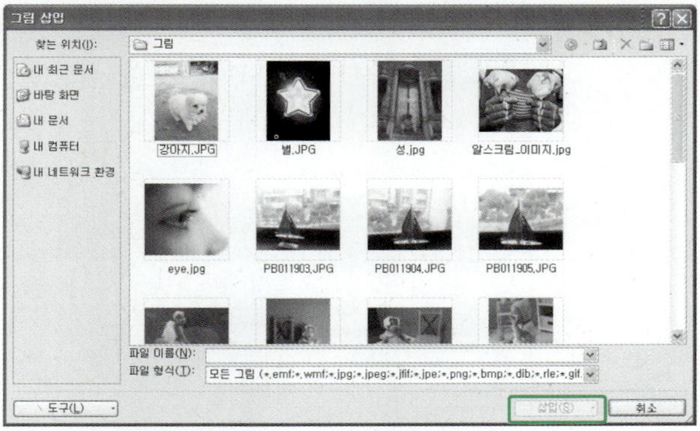

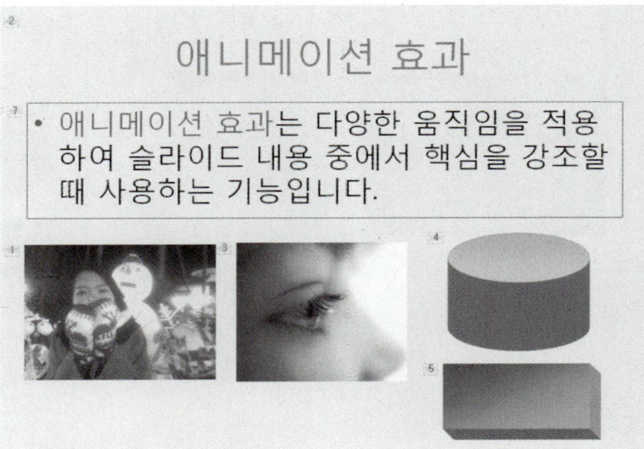

- [그림 삽입] 대화상자에 자신이 원하는 그림을 선택한 후 [삽입] 버튼을 클릭한다. 예제 슬라이드에서 선택한 그림이 변경된 것을 확인할 수 있다.
- 그림 삽입 후 마우스로 드래그하여 슬라이드에 맞게 조정한다.

12.1.3 개체 애니메이션 복사하기

개체 애니메이션 복사는 파워포인트 2010에서 새롭게 추가된 기능으로 이전에 만들어 놓은 애니메이션 효과를 다른 개체에서도 사용하고 싶을 때 같은 작업을 여러 번 하지 않도록 하여 빠르게 애니메이션 작업할 수 있도록 도와주는 기능이다.

단계 1 복사를 원하는 애니메이션 개체를 선택한 후 [애니메이션] 탭의 [고급 애니메이션] 그룹의 [애니메이션 복사(애니메이션 복사)]를 선택한다.

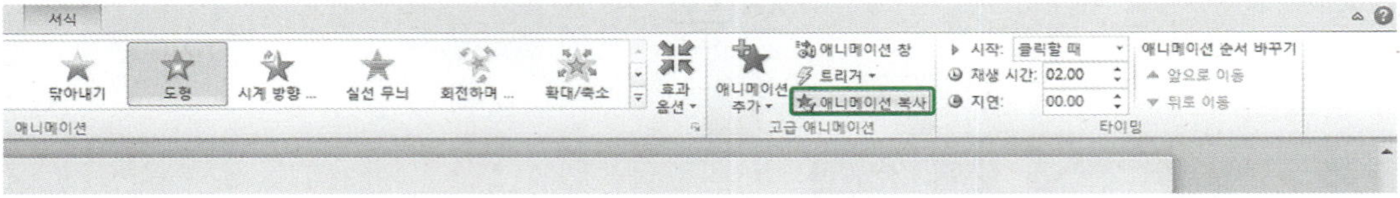

단계 2 복사한 애니메이션을 적용할 개체를 마우스로 클릭한다.

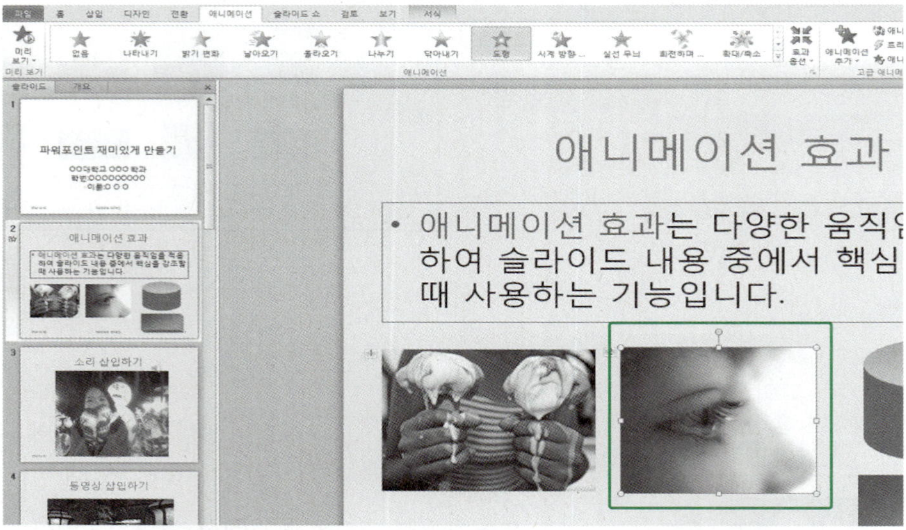

12.1.4 슬라이드 숨기기

슬라이드 숨기기는 슬라이드 쇼를 실행시켰을 때 화면에 나타나지 않게 할 경우 사용한다.

단계 1 [슬라이드 쇼]의 설정 부분에서 [슬라이드 숨기기]를 선택한다.

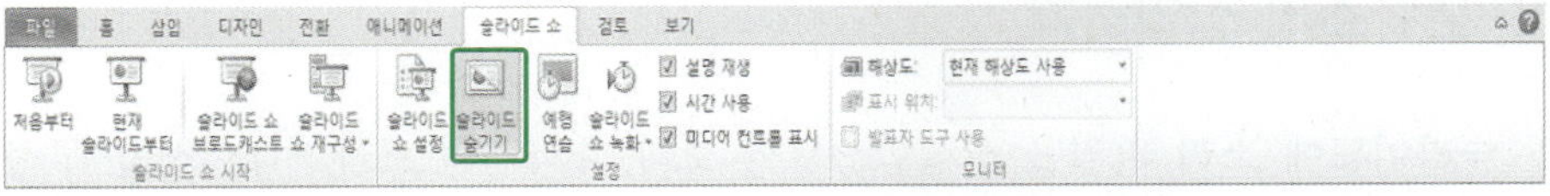

단계 2 여러 슬라이드 보기 화면 상태에서 사용자가 숨길 슬라이드를 선택한 후 [슬라이드 쇼]-[슬라이드 숨기기]를 클릭한다. 이때 기본 슬라이드 보기보다는 [여러 슬라이스 보기( )]에서 슬라이드 숨기기를 하는 것이 선택하기가 쉽다. [슬라이드 숨기기]를 클릭하면 선택된 슬라이드 하단에 슬라이드 숨기기 표시가 나타난다. 예제 슬라이드에서 2번 슬라이드가 숨겨져 있는 슬라이드임을 확인한다.

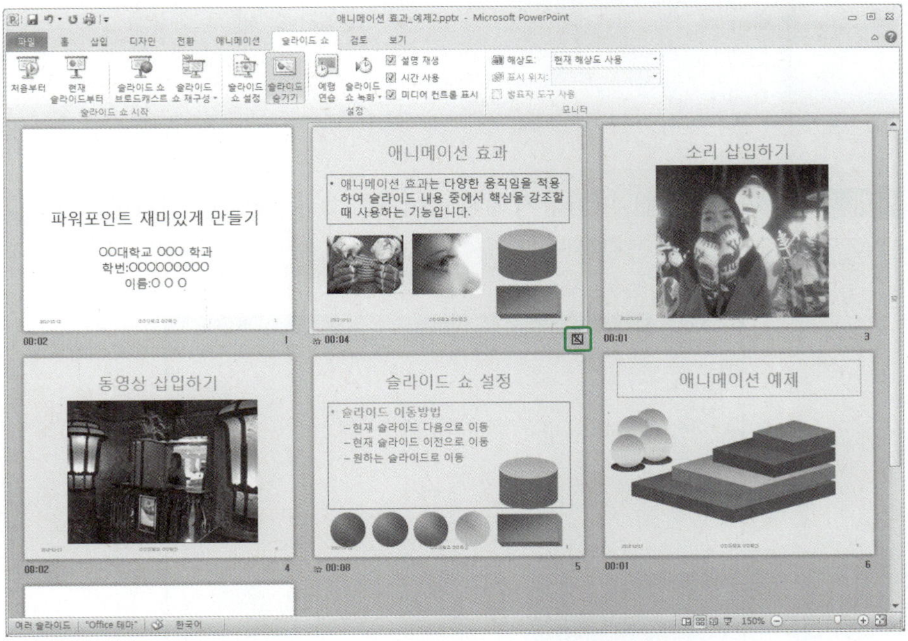

단계 3 [슬라이드 쇼]-[처음부터]를 클릭해서 선택한 슬라이드의 숨기기가 되었는지 확인한다.

12.2 멀티미디어로 만드는 생동감 있는 슬라이드

12.2.1 소리 삽입하기

슬라이드에 소리 파일을 삽입함으로써 보다 효과적인 프레젠테이션을 구성할 수 있다. 기본적으로 시각적인 내용을 이용하여 작성되지만 배경음악이나 효과음을 삽입함으로써 청중의 관심도가 높아지므로 적절하게 사용하는 것이 중요하다. 삽입할 수 있는 소리 파일의 형식은 *.wav, *.mp3, *.mid 등을 비롯한 사운드 파일을 사용할 수 있다.

단계 1 소리를 삽입하고자 하는 슬라이드를 클릭하고 메뉴에서 [삽입] 탭의 [미디어] 그룹에 있는 [오디오]를 선택한다.

단계 2 [오디오 삽입] 대화상자에서 삽입할 소리 파일을 선택하고 [삽입(S)(삽입(S))] 버튼을 클릭한다.

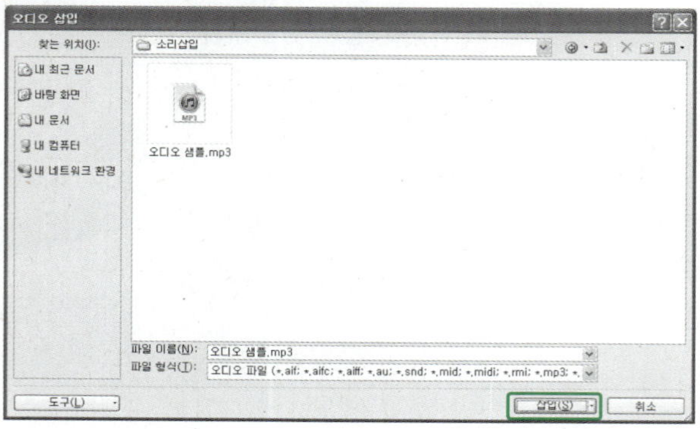

사운드 파일 실행 방법은 사운드 파일이 삽입된 후 메뉴에 오디오 도구인 [서식], [재생]에서 [재생]을 이용하여 변경가능하다. 스피커 아이콘( )을 클릭하여 소리를 실행하려면 '클릭할 때'를 선택한다.

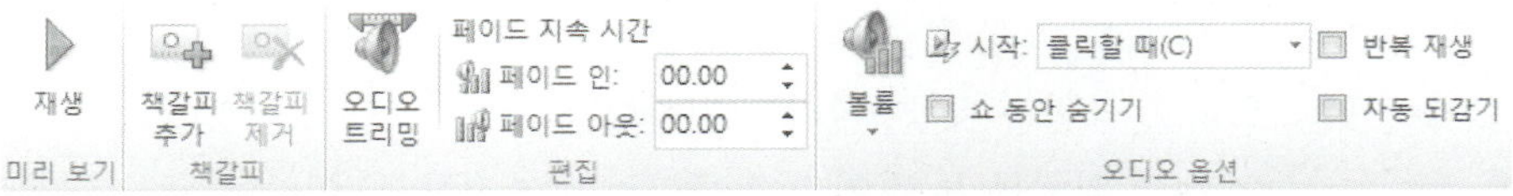

단계 3 슬라이드에 소리 아이콘이 삽입된다. 소리 파일을 실행하기 위해서 슬라이드 쇼를 실행한다. 쇼 보기를 실행하면 슬라이드에서 소리 파일이 실행되는 것을 확인할 수 있다.

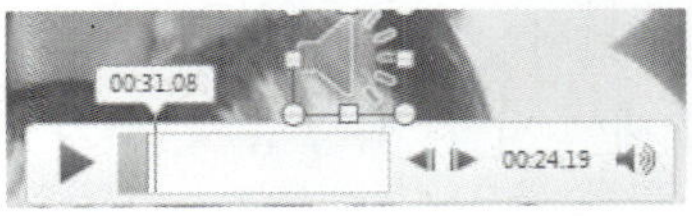

슬라이드의 중앙에 스피커 모양의 아이콘이 생기고 메뉴에 [오디오 도구]가 표시되면서 [서식], [재생]의 내용이 나타난다. 기본적으로 중앙의 스피커 모양

의 아이콘을 가장자리 부분으로 이동하여 사용하면 된다. 슬라이드 안에 삽입된 스피커 아이콘(▶)을 클릭하면 컴퓨터에 연결된 스피커를 통해 해당 소리를 들을 수 있다.

슬라이드에 삽입된 오디오 클립을 이용하여 재생하거나 볼륨을 조절할 수 있다.

① ▶, ⏸ : 오디오 클립을 재생, 일시 정지한다.
② : 재생 위치를 특정 지점에 클릭하여 조절할 수 있다.
③ ◀▶ : 0.25초 간격으로 건너뛸 수 있다.

[오디오 도구-재생]의 [오디오 옵션]에 있는 도구를 사용하여 오디오 재생에 관련된 세부 설정을 할 수 있다.

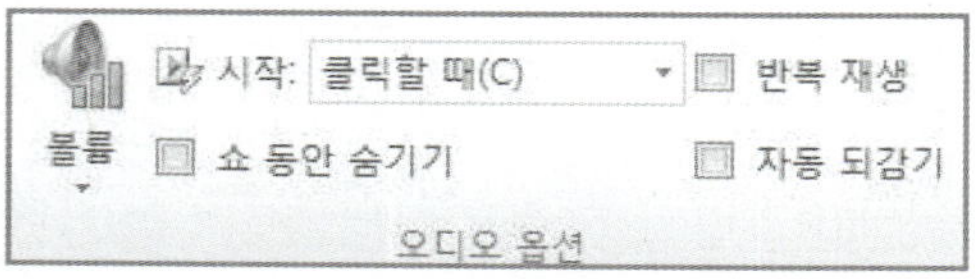

① 볼륨: 낮음, 중간, 높음, 음소거 등의 선택이 가능하다.
② 시작: 소리 삽입된 파일의 재생 방법을 설정한다. 재생방법은 [자동 실행], [클릭하여 실행], [모든 슬라이드에서 실행]이 있다.
③ 쇼 동안 숨기기: 슬라이드 쇼가 진행되는 동안 소리가 안 나게 한다.
④ 반복 재생: 삽입된 소리 파일이 자동으로 반복 실행된다.
⑤ 자동 되감기: 오디오나 비디오 클립을 재생한 후에 되감는다.

단계 4 소리 옵션에 대한 편집을 적용한다.

오디오를 삽입한 슬라이드에서 메뉴의 [애니메이션]-[애니메이션 창]을 클릭하면 작업창에 목록이 나타난다. 해당 개체에 마우스 오른쪽 버튼을 클릭하면 [효과 옵션] 대화상자에서 재생 시작, 재생 중지, 추가 적용을 할 수 있다.

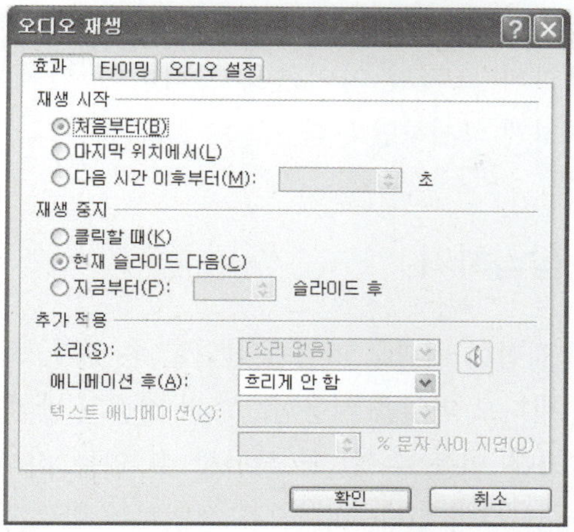

단계 5 오디오 클립에 책갈피를 추가한다.

오디오 클립에 책갈피를 추가하여 원하는 시점을 표시할 수 있다. 책갈피는 애니메이션을 시작하거나 오디오의 특정 위치로 이동하는데 사용한다. 책갈피는 프레젠테이션 도중에 유용하게 사용하며, 책갈피를 사용하면 오디오 클립의 특정 지점을 빠르게 검색할 수 있다.

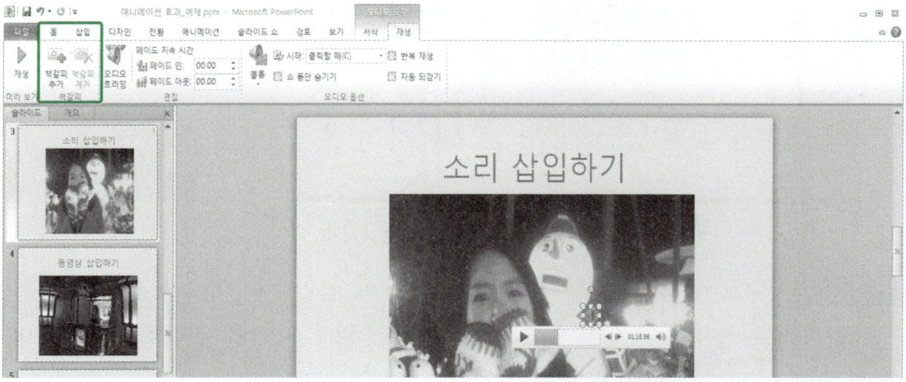

책갈피를 사용하기 위해서 먼저 슬라이드에 삽입된 [재생(▶)] 버튼을 클릭하고 책갈피를 추가할 지점을 지정하고 [중지(❚❚)] 버튼을 클릭한다. 메뉴의 [책갈피 추가( )] 버튼을 클릭하면 재생이 중지된 지점에 책갈피가 추가된다. 삭제를 원하면 책갈피지점을 클릭하고 메뉴의 [책갈피 제거( )] 버튼을 클릭한다.

단계 6 삽입된 소리 파일을 삭제한다.

삽입한 소리 파일의 스피커 아이콘을 클릭하여 선택한 다음 키보드의 〈Delete〉 키로 간단하게 삭제하면 된다.

12.2.2 비디오 삽입하기

슬라이드 내용에 적합한 비디오 파일을 삽입할 수 있다. 조금은 지루할 수 있는 프레젠테이션에 비디오 파일을 사용함으로써 청중의 관심을 끌어 모을 수 있는 현장감 있는 효과를 얻을 수 있다. 삽입할 수 있는 비디오 파일의 형식은 *.avi, *.wmv, *.mov 등이 있다. 비디오를 삽입하는 방법은 소리 삽입하는 방법과 동일하다.

단계 1 동영상을 삽입하고자 하는 슬라이드를 클릭하고 메뉴에서 [삽입] 탭의 [미디어] 그룹에 있는 [비디오]를 선택한다.

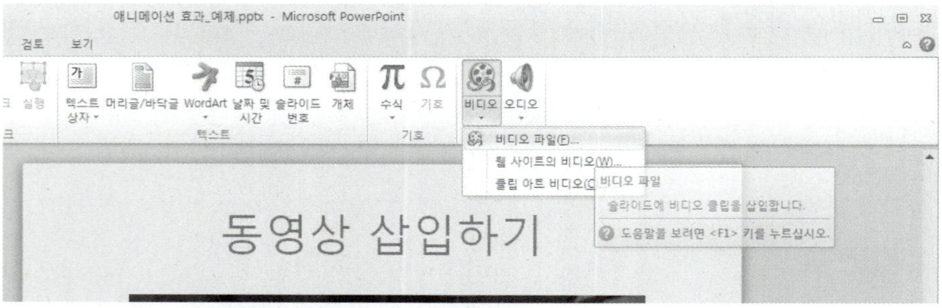

단계 2 [비디오 삽입] 대화상자에서 슬라이드에 삽입할 비디오를 선택한다.

삽입하려는 동영상이 있는 폴더로 이동해서 해당 파일을 선택한다. 이때 파일 형식(T)을 비디오 파일로 선택하고 [삽입(S)] 버튼을 클릭한다.

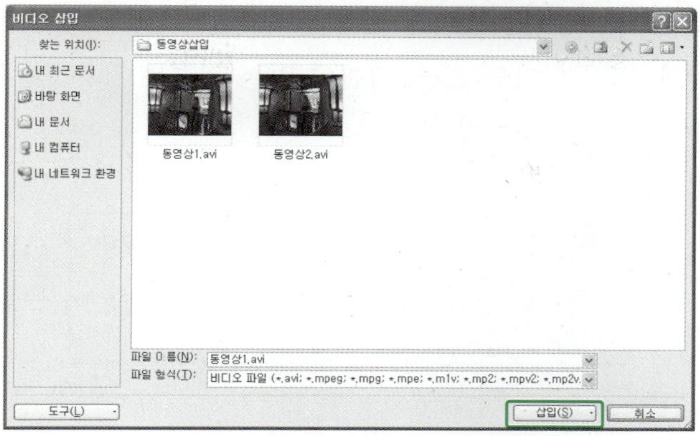

단계 3 비디오 파일 실행 방법은 사운드 파일이 삽입된 후 메뉴에 비디오 도구인 [서식], [재생]에서 [재생]을 이용하여 변경가능하다. 동영상 아이콘을 클릭하여 소리를 실행하려면 '클릭할 때'를 선택한다.

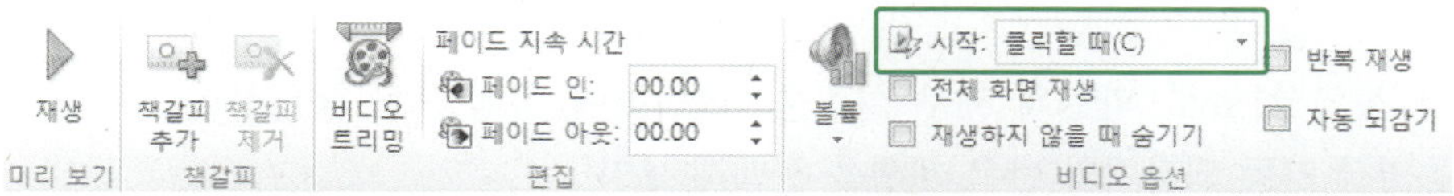

단계 4 슬라이드에 동영상이 삽입되어지며, 미리 보기를 수행하여 확인한다.

선택한 동영상이 삽입되면 그림이 있는 곳으로 마우스를 이용하여 드래그해서 적당한 크기와 위치를 변경한다.

단계 5 비디오 재생에 관련된 세부 설정을 적용한다.

메뉴에서 [재생]의 [비디오 옵션] 그룹에 있는 도구를 사용하여 비디오 재생에 관련된 세부 설정을 할 수 있다.

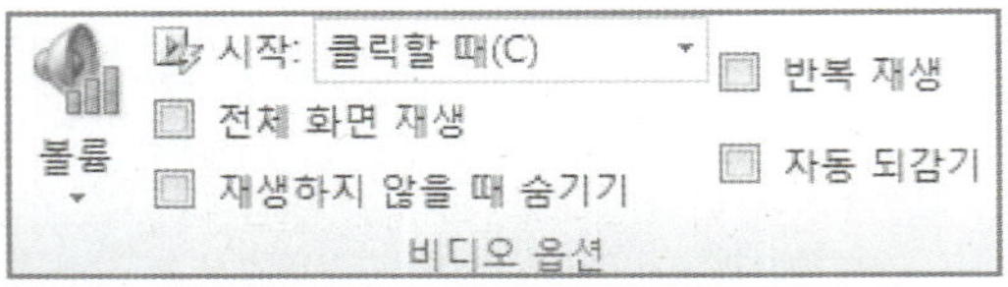

① 볼륨: 낮음, 중간, 높음, 음소거 등에서 선택 가능하다.
② 전체 화면 재생: 동영상 파일을 전체 화면에서 재생한다.
③ 재생하지 않을 때 숨기기: 재생 중이지 않으면 비디오 클립을 숨긴다.
④ 반복 재생: 삽입된 동영상 파일이 자동으로 반복 실행된다.
⑤ 자동 되감기: 동영상 파일을 재생한 후 되감는다.

'동영상1.avi' 파일의 세부 설정을 '클릭하여 실행'으로 동영상을 재생하고 동영상 자동 되감기와 반복 재생을 선택해 보자.

단계 6 비디오 클립에 책갈피를 추가한다.

비디오 클립은 오디오 클립과 동일한 방법으로 책갈피를 추가할 수 있다.

단계 7 비디오 클립에 포스터를 추가한다.

포스터 틀을 추가하면 비디오의 미리보기 이미지가 표시된다. 포스터 틀로 사용할 프레임이 표시될 때까지 비디오를 재생하거나 위치를 조절하고 메뉴의 [서식]-[포스터 틀]을 클릭하고 [현재 틀]을 선택하면 현재 프레임이 비디오의 미리보기 이미지로 설정된다.

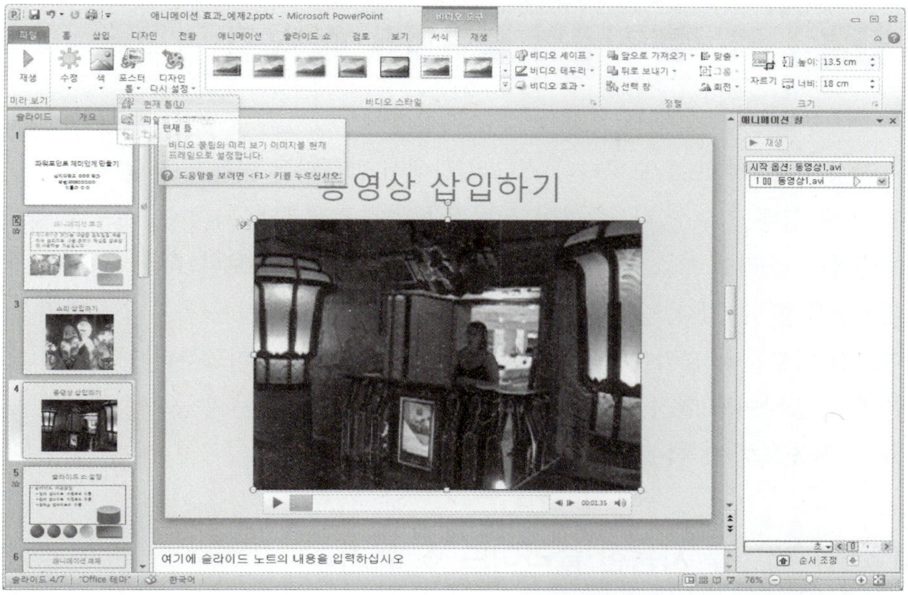

단계 8 삽입된 동영상을 슬라이드 쇼에서 전체 화면으로 실행한다.
슬라이드 쇼를 진행하는 방법은 세 가지 방법이 있다.

① 메뉴에서 [보기]-[슬라이드 쇼]를 선택해서 슬라이드 쇼 보기
② 슬라이드 쇼의 단축키인 〈F5〉를 클릭해서 슬라이드 쇼 보기(가장 빠른 방법)
③ [슬라이드 쇼]-[슬라이드 쇼 시작]에서 [처음부터]를 선택해서 슬라이드 쇼 보기

Tip **실행단추를 이용한 오디오 및 비디오 삽입하기**

리본 메뉴 [홈]-[미디어]에서 오디오와 비디오를 삽입할 수 있지만 실행 버튼을 통해서도 미디어를 삽입할 수 있다. 리본메뉴 [삽입]-[도형]-실행단추를 슬라이드에 삽입-[실행 설정]을 사용하면 다양한 방법으로 미디어를 설정해줄 수 있다.

12.3 메뉴를 사용한 슬라이드 쇼 보기

작성된 슬라이드를 모니터나 스크린 상에서 발표하는 기능으로 몇 가지 방법에 의해 실행할 수 있다. 슬라이드를 청중에게 프레젠테이션하는 것으로 앞서 예행연습, 슬라이드 쇼 설정, 쇼 재구성 등의 작업을 하면 보다 효과적인 프레젠테이션을 할 수 있다. 슬라이드 쇼를 실행할 때 슬라이드를 처음부터 끝까지 보여줄지 일부분의 슬라이드만 진행할지 아니면 현재 슬라이드부터 보여줄지 등을 모두 슬라이드 설정 메뉴에서 할 수 있다. 슬라이드 쇼는 수동으로 진행할 수 있고, 자동으로 반복되게 할 수도 있다.

12.3.1 메뉴를 사용한 슬라이드 쇼 보기

(1) [보기] 메뉴를 사용한 슬라이드 쇼 보기

메뉴에서 [보기]-[슬라이드 쇼]를 선택한다. 현재 작업 중인 슬라이드의 위치와 상관없이 처음부터 슬라이드가 진행된다.

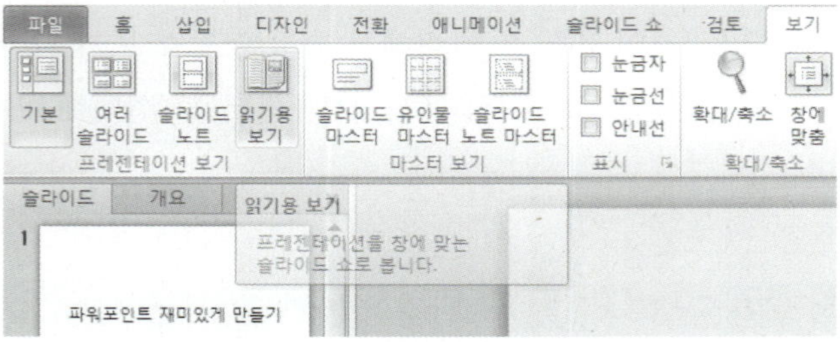

(2) [슬라이드 쇼] 메뉴를 사용한 슬라이드 쇼 보기

[슬라이드 쇼]-[슬라이드 쇼 시작]에서 [처음부터]와 [현재 슬라이드부터]를 선택할 수 있다. [처음부터]를 선택하면 현재 작업 중인 슬라이드의 위치와 상관없이 처음부터 슬라이드 쇼가 진행된다. [현재 슬라이드부터]를 선택하면 현재 작업 중인 슬라이드부터 슬라이드 쇼가 진행된다.

① [처음부터] 슬라이드 쇼 보기

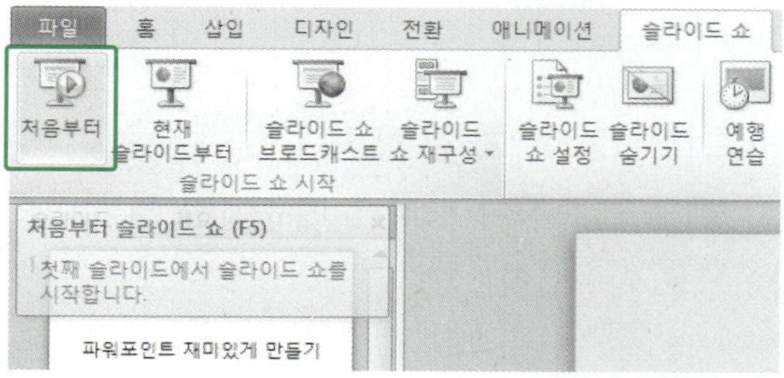

② [현재 슬라이드부터] 슬라이드 쇼 보기

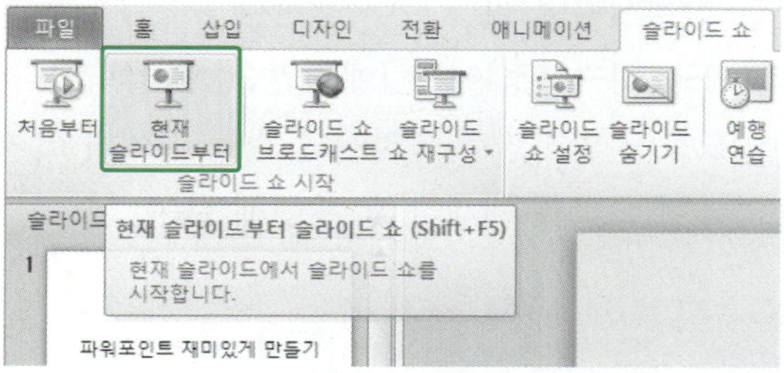

(3) 슬라이드 쇼의 단축키인 키보드의 〈F5〉를 클릭해서 슬라이드 쇼 보기

슬라이드 쇼의 단축키인 〈F5〉를 클릭하는 방법이 가장 빠른 방법이다.

Tip **[슬라이드 쇼 보기] 진행 중 슬라이드 이동 방법**

[슬라이드 쇼 보기] 상태에서 마우스 오른쪽 버튼을 클릭하면 메뉴가 나타난다. 이 메뉴를 사용하여 슬라이드를 이동한다.

① 현재 슬라이드 다음으로 이동하고자 할 때

[슬라이드 쇼 보기] 상태에서 키보드의 〈Space Bar〉, 〈Enter〉, 〈Page Down〉 키를 누른 후 슬라이드로 이동하거나 마우스 오른쪽 버튼을 클릭하여 나타난 메뉴에서 [다음]을 선택한다.

② 현재 슬라이드 이전으로 이동하고자 할 때

마우스 오른쪽 버튼을 클릭하여 나타난 메뉴에서 [이전]을 선택하거나 키보드에서 〈Page Up〉 키를 누른다.

③ 원하는 슬라이드로 이동하고자 할 때

마우스 오른쪽 버튼을 클릭하여 나타난 메뉴에서 [슬라이드로 이동]을 선택하여 원하는 슬라이드로 이동한다.

(4) 슬라이드 쇼 예행연습

프레젠테이션을 시작하기 전에 자신이 작성한 파일을 가지고 예행 연습으로 슬라이드 쇼를 실행시켜 본 다음 그때 기록된 기록 시간을 근거로 차후 해당 파일의 슬라이드 쇼를 진행시키고 싶을 때 사용한다.

메뉴에서 [슬라이드 쇼]-[설정]에서 [예행연습]을 클릭한다. 자신이 원하는 속도로 다음 슬라이드로 전환하면서 슬라이드 쇼를 진행하고, 예전에 설정한 숨겨진 슬라이드가 있다면 숨김을 해제한 후 진행해 보자.

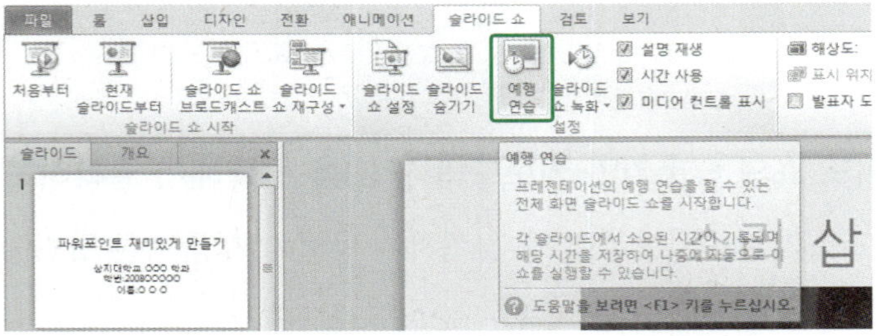

슬라이드 쇼가 끝나고 "슬라이드 쇼에 걸린 시간은 0:00:17입니다. 슬라이드 쇼를 볼 때 새 슬라이드 시간을 사용하시겠습니까?" 대화상자가 나타나면 [예(Y)] 버튼을 클릭한다.

각각의 슬라이드의 하단에 예행 연습시 걸렸던 슬라이드 쇼의 소요 시간이 표시된다.

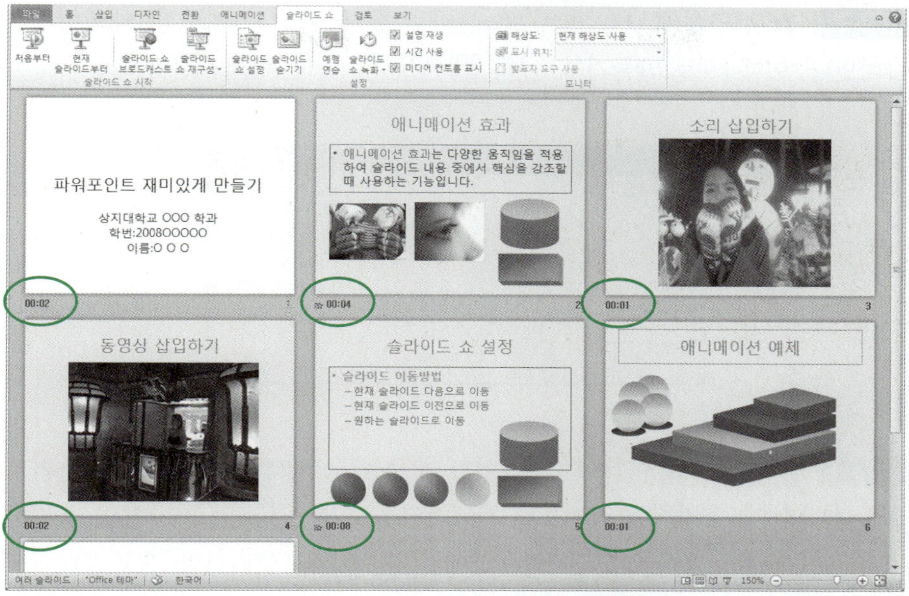

(5) 슬라이드 쇼 재구성

동일한 프레젠테이션의 내용을 공통으로 사용하고 필요한 슬라이드만 선택해서 새로운 슬라이드 쇼를 여러 개로 재구성할 수 있다.

단계 1 메뉴에서 [슬라이드 쇼]에서 [슬라이드 쇼 시작] 그룹에서 [슬라이드 쇼 재구성]을 클릭한다.

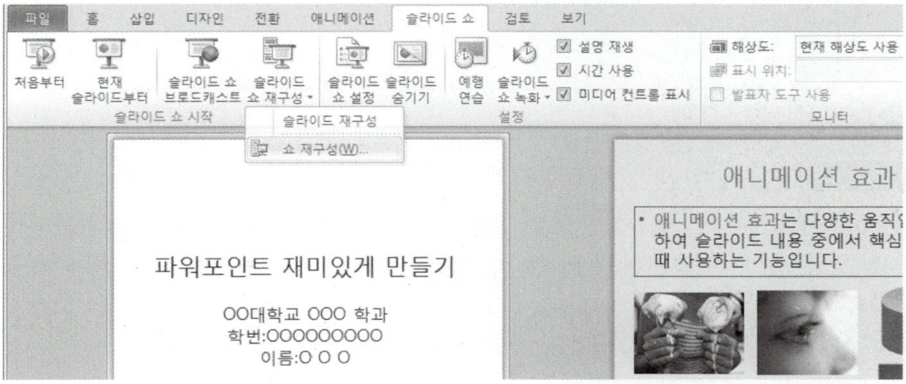

단계 2 [쇼 재구성(W)](쇼 재구성(W)...)을 클릭하면 [쇼 재구성] 대화상자가 나타난다. 이때 [새로 만들기(N)(새로 만들기(N)...)] 버튼을 클릭한다.

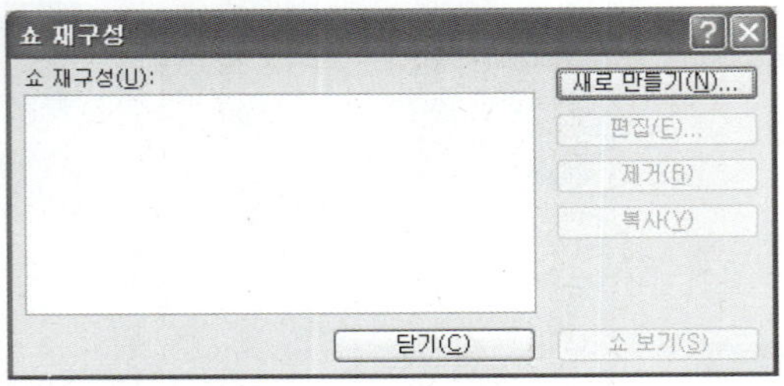

단계 3 슬라이드 쇼 이름에 "슬라이드 재구성"을 입력하고 재구성할 슬라이드를 선택한다. 추가할 슬라이드를 선택하고 [추가(추가(A) >>)] 버튼을 클릭하여 슬라이드 재구성을 하고 [확인(확인)] 버튼을 클릭한다. 프레젠테이션에 있는 슬라이드의 2번, 4번, 6번 슬라이드를 선택하여 슬라이드 재구성을 한다. 재구성한 쇼에 있는 슬라이드 번호는 1번, 2번, 3번으로 되어 있는 것을 확인한다.

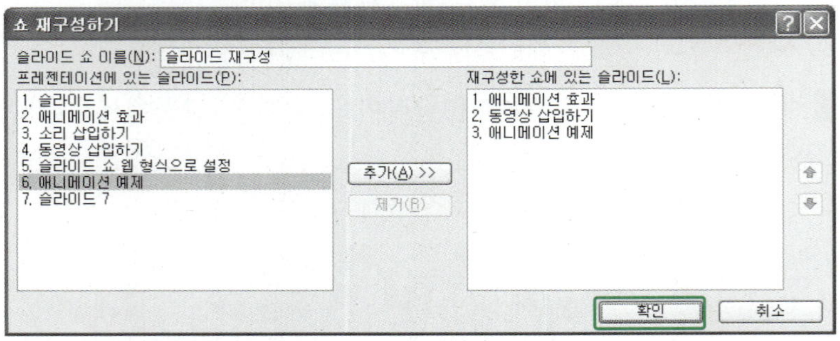

단계 4 [쇼 재구성하기] 대화상자에서 '재구성한 쇼에 있는 슬라이드' 에 구성된 것을 확인한다. '재구성한 쇼에 있는 슬라이드' 를 진행하려면 처음의 문서를 실행해야 한다. 독립적인 슬라이드로 실행하려면 [다른 이름으로 저장]을 사용한다.

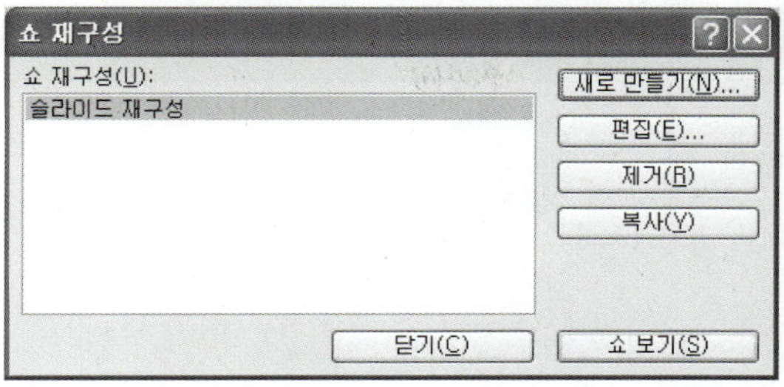

[쇼 재구성] 대화상자에서 슬라이드 재구성을 하기 위한 [쇼 보기(S)(쇼 보기(S))] 버튼을 클릭한다.

단계 5 [슬라이드 쇼]–[슬라이드 쇼 설정]의 [쇼 설정] 대화상자의 슬라이드 표시에서 재구성한 쇼–'슬라이드 재구성'을 선택하고 [확인(확인)] 버튼을 클릭한다. [슬라이드 쇼] 보기를 클릭해서 여러 개의 재구성한 슬라이드가 있다면 해당 슬라이드를 중에 하나를 선택하고 [확인(확인)] 버튼을 클릭한 후 [슬라이드 쇼] 보기를 실행한다.

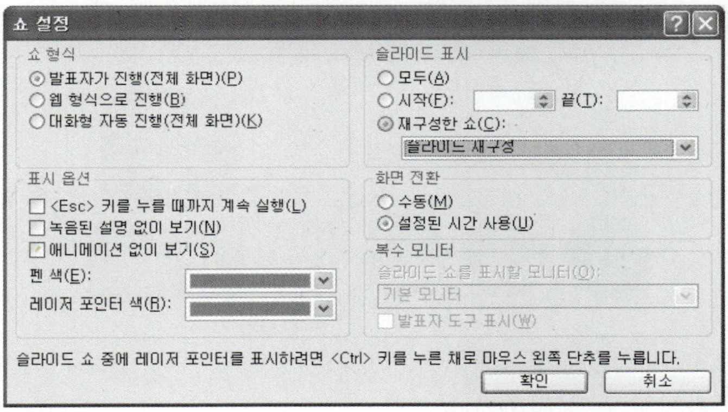

12.3.2 웹 형식으로 슬라이드 쇼 보기

웹 형식으로 슬라이드 쇼 보기를 실행하면 스크롤 막대를 표시하여 슬라이드를 이동할 수 있다.

단계 1 메뉴에서 [홈]–[새 슬라이드]에서 제목 및 내용의 슬라이드로 다음과 같이 구성한다. 슬라이드 아래의 각각의 그림 객체에 [사용자 지정 애니메이션]으로 [효과 적용]을 한다.

객 체	효과 적용	객 체	효과 적용
	나타나기–날아오기		나타나기–사각형
	강조–크게/작게		나타내기–나누기
	강조–회전		나타내기–도형

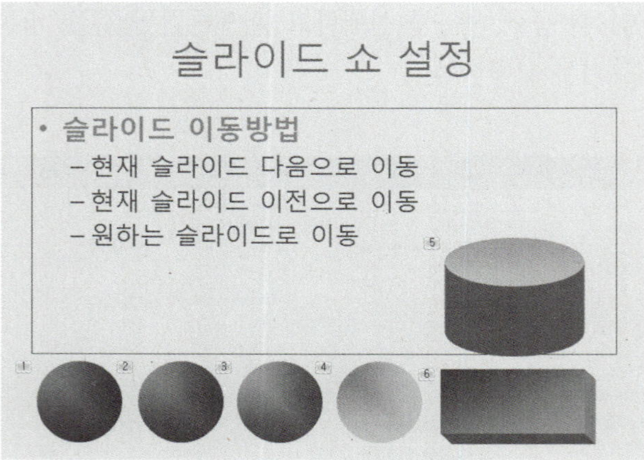

단계 2 슬라이드 쇼 설정하기

웹 형식으로 슬라이드 쇼를 진행하기 위해서는 메뉴의 [슬라이드 쇼]–[설정] 탭에서 [슬라이드 쇼 설정]을 클릭한다.

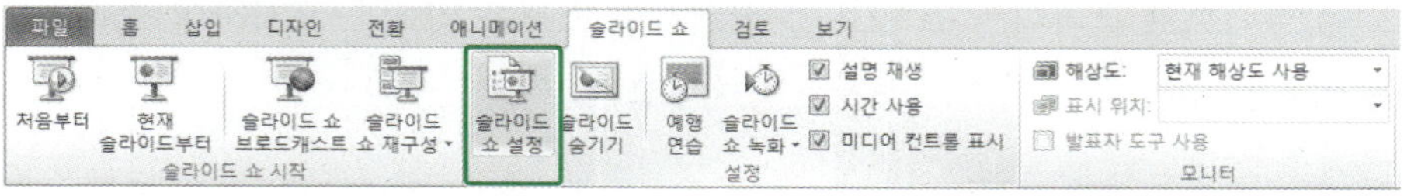

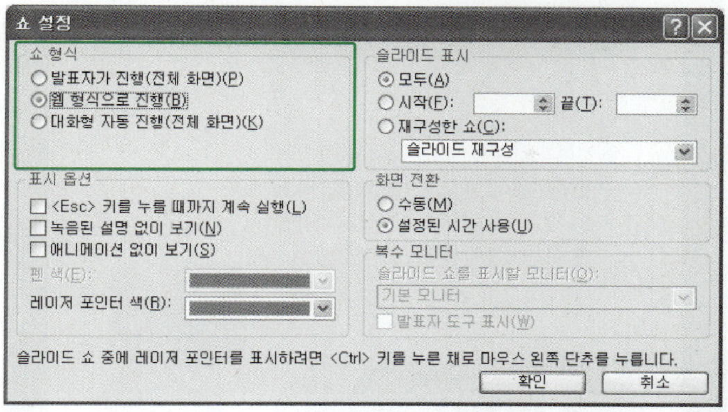

① [쇼 설정]에서 [쇼 형식]-[웹 형식으로 진행]을 선택한다. [쇼 형식]은 발표자가 진행, 웹 형식으로 진행, 대화형 자동 진행으로 구성된다. 발표 내용의 특성에 따라 선택하여 사용하게 된다.

- 발표자가 진행(전체화면): 보편적인 슬라이드 쇼 진행 방법으로 전체화면에서 발표자가 직접 진행하는 방식
- 웹 형식으로 진행: 인트라넷이나 WWW를 통해 소규모로 진행하는 방식
- 대화형 자동 진행(전체화면): 자동 실행을 실행시키기 위해 선택 가능한 슬라이드 쇼 진행 방식

② [쇼 설정]에서 [화면 전환]의 [설정된 시간 사용]으로 지정되어 있으면 시간이 지나간 이후에 자동으로 슬라이드가 넘어가거나 마우스로 클릭하여 슬라이드가 넘어갈 수 있는 상태이다. [수동]은 발표자가 마우스로 클릭해야만 다음 슬라이드로 넘어가게 된다.

③ [쇼 설정]에서 [표시 옵션]의 [〈Esc〉 키를 누를 때까지 계속 실행]은 전시장과 같은 장소에서 프레젠테이션을 할 경우 발표자가 없더라도 실행만 시켜두면 알아서 자동으로 하기 위한 옵션이다.

단계 3 슬라이드 쇼의 단축키인 〈F5〉를 클릭해서 슬라이드 쇼 보기

슬라이드 쇼 보기를 실행하면 스크롤 막대를 표시하여 슬라이드를 이동할 수 있다. 웹 형식으로 설정한 슬라이드에서 스크롤 막대를 움직이는 것은 마우스를 슬라이드에 클릭하여 다음 슬라이드를 넘기는 효과와 동일하다.

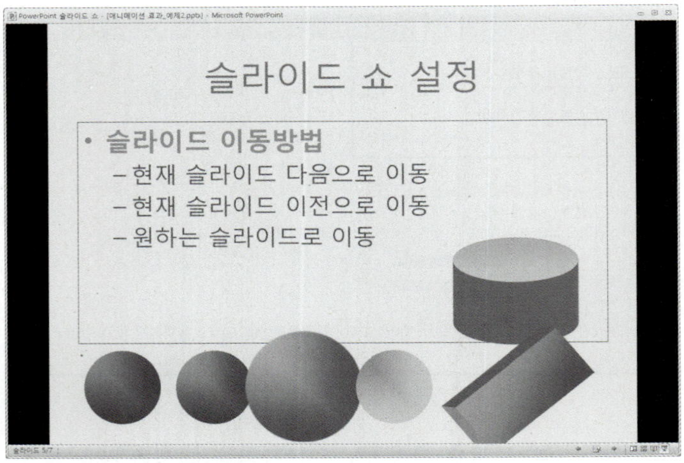

단계 4 슬라이드 쇼 마침

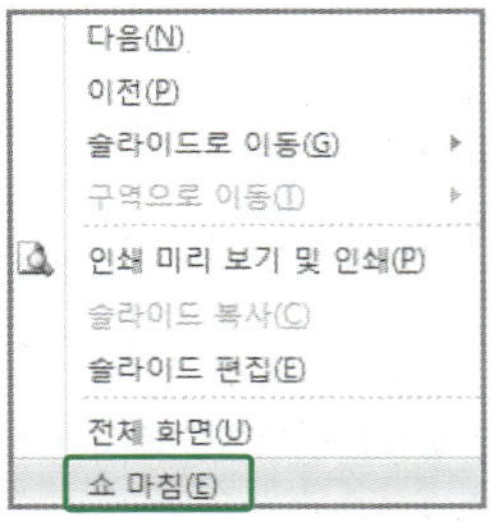

슬라이드 쇼를 종료하려면 키보드의 〈Esc〉 키를 누르거나 메뉴에서 [쇼 마침(E)]을 선택한다. 이때 키보드의 〈Esc〉 키를 선택하는 방법이 가장 빠르게 슬라이드 쇼를 끝내는 방법이다.

12.3.3 실행 파일로 슬라이드 쇼 보기

작성한 파일을 슬라이드 쇼 실행 파일로 저장해 놓기만 하면 윈도우 탐색기에서 해당 파일을 클릭해서 슬라이드 쇼가 바로 실행되도록 한다.

단계 1 메뉴의 [파일]–[저장/보내기]–[파일 형식 변경]–[PowerPoint 쇼]를 선택하면 [다른 이름으로 저장] 대화상자가 나타난다.

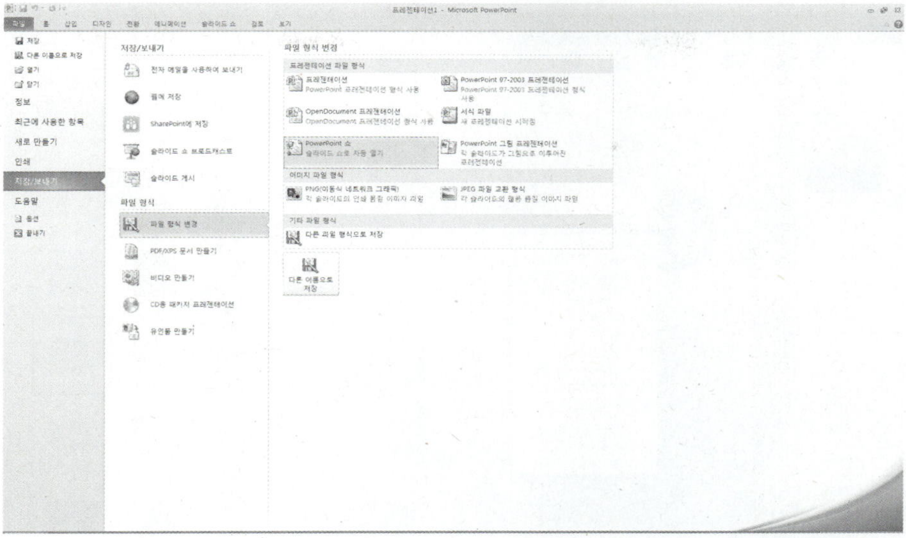

단계 2 [다른 이름으로 저장] 대화상자에서 저장 위치를 지정하고 파일 형식은 'Power Point 쇼' 로, 파일 이름은 '실행파일로 슬라이드 쇼' 로 지정하고 [저장] 버튼을 클릭한다.

단계 3 [파일]-[끝내기]를 선택해 종료한다.

단계 4 윈도우 탐색기에서 저장시켜 놓은 "실행파일로 슬라이드쇼.ppsx" 파일을 클릭하여 실행하면 슬라이드 쇼가 진행된다. 파워포인트 이전 버전에서 실행 파일로 슬라이드 쇼 보기를 할 경우 확장자는 *.pps를 만들어 클릭한다.

12.3.4 슬라이드에 하이퍼링크 연결시키기

단계 1 하이퍼링크를 연결시킬 개체(그림 또는 클립아트 등)를 [삽입]-[클립아트] 메뉴를 이용한다. 이때 개체의 원하는 크기와 위치를 조절한 후, 마우스 오른쪽 버튼을 클릭한다.

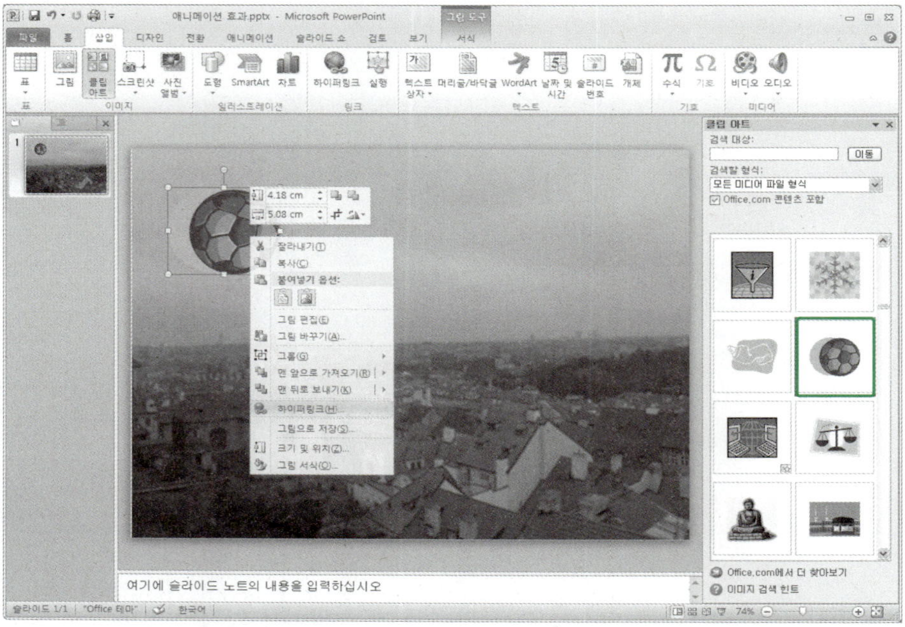

단계 2 [하이퍼링크]를 선택하면 [하이퍼링크 삽입] 대화상자가 나타난다. 이때 주소(E) 부분에 하이퍼링크를 연결시킬 웹페이지의 주소를 입력한다. 여기서 'http://cafe.daum.net/dragonhci' 를 입력한다.

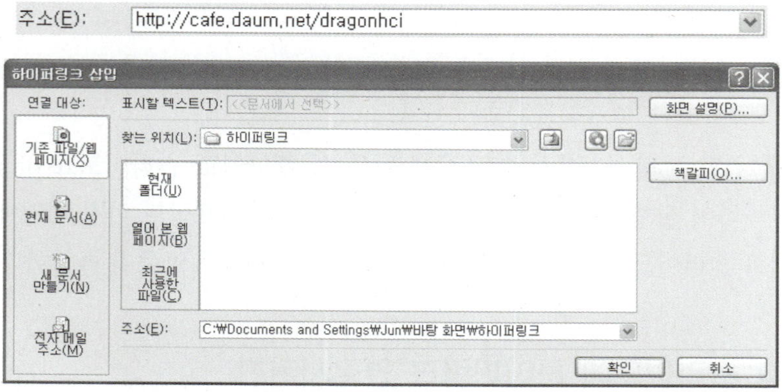

단계 3 슬라이드 쇼 화면에서 클립아트를 클릭하면 연결된 웹페이지로 이동한다.

연 습 문 제

01 슬라이드 쇼의 실행 방법에 대해서 설명하시오.

02 슬라이드 쇼가 진행될 때 마우스를 클릭했을 때 화면 전환이 이루어지는 수동 화면 전환 방법에 대해서 설명하시오.

03 다음 슬라이드를 작성하고 애니메이션을 적용시켜 보자.

① 원 도형 객체를 그림과 같이 만들어서 정렬하고 그룹화를 하시오.

② 애니메이션 효과에서 각각의 사각형 객체를 [나타내기]-[사각형] 효과를 적용하시오.

③ 애니메이션 효과가 적용된 개체의 순서 번호를 바꾸고 속도를 느리게 지정하시오.

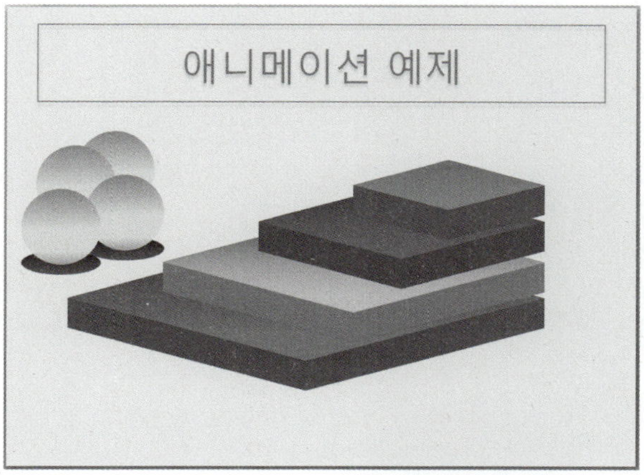

04 유비쿼터스에 관한 주제로 슬라이드를 구성하여 만든 후 각각의 슬라이드마다 화면 전환 효과/애니메이션 효과를 삽입하여 프레젠테이션을 만드시오. (적용한 화면 전환 효과와 애니메이션 효과 리스트는 각각의 슬라이드 노트에 작성하시오.)

05 04번 문제에서 만든 유비쿼터스 관련 프레젠테이션을 2개 이상의 슬라이드 재구성을 하시오.

06 대전화로 자기를 소개하는 동영상을 제작한 후 슬라이드에 삽입해서 자기를 소개하는 프레젠테이션을 만드시오.

CHAPTER

13

파워포인트 마무리 하기

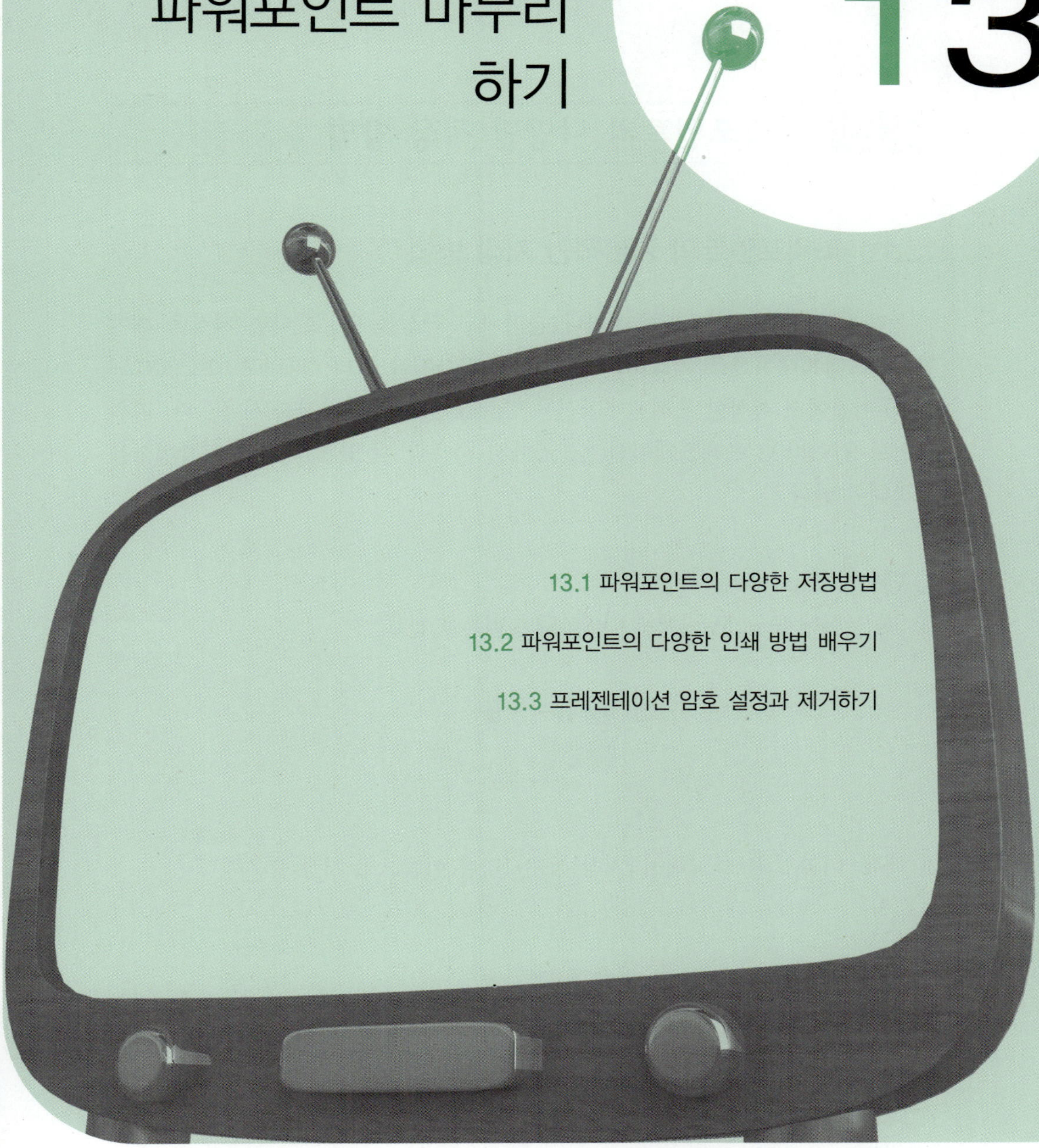

13.1 파워포인트의 다양한 저장방법

13.2 파워포인트의 다양한 인쇄 방법 배우기

13.3 프레젠테이션 암호 설정과 제거하기

13 CHAPTER

파워포인트 마무리하기

13.1 파워포인트의 다양한 저장 방법

13.1.1 파워포인트의 기본적인 저장 방법

프레젠테이션을 작성 도중이거나 슬라이드 작성을 완료했다면 저장을 해야 한다. 프레젠테이션을 저장하는 방법은 여러가지가 있다. 파워포인트 2007-2010 버전에서 작성한 프레젠테이션은 *.pptx 형식의 확장자를 사용한다. 파워포인트 97-2003 프레젠테이션(*.ppt)에서 사용할 수 있게 하려면 저장형식을 변경해야 한다.

① 단축키 〈Ctrl+s〉를 사용
② [빠른 실행 도구 모음]에서 [저장()] 버튼을 클릭

③ 메뉴의 [파일]을 클릭해서 [저장] 또는 [다른 이름으로 저장]을 사용

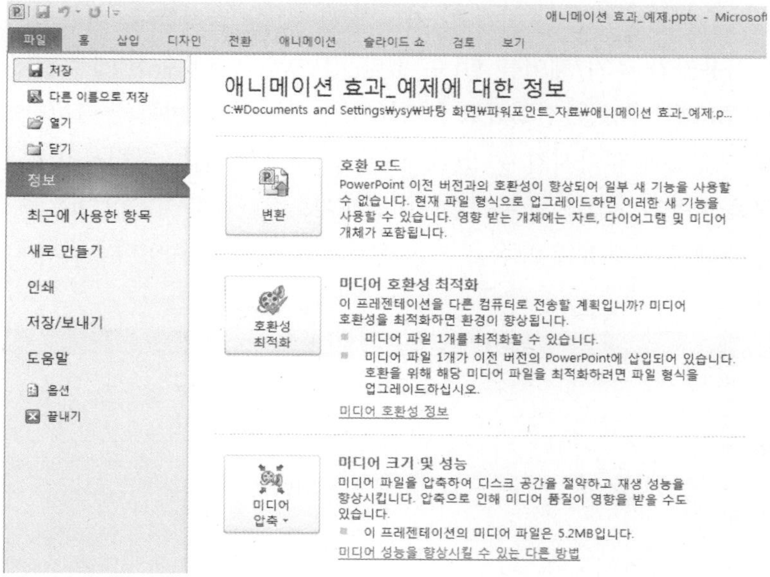

메뉴의 [파일]을 클릭해서 [다른 이름으로 저장]은 새로운 작성 작업을 시작한 후 처음으로 저장 기능을 실행한 경우이다. 컴퓨터에 저장할 위치를 정하고 이름을 입력해서 저장하면 [빠른 실행 도구 모음(▾)]에서 [저장(💾)] 버튼을 클릭해서 변경된 내용만 적용해서 저장하면 된다. [빠른 실행 도구 모음]에 저장(💾) 버튼이 없으면 [빠른 실행 도구 모음 사용자 지정]에서 사용자가 생성할 수도 있고 다른 유용한 기능들을 삽입/제거할 수 있다.

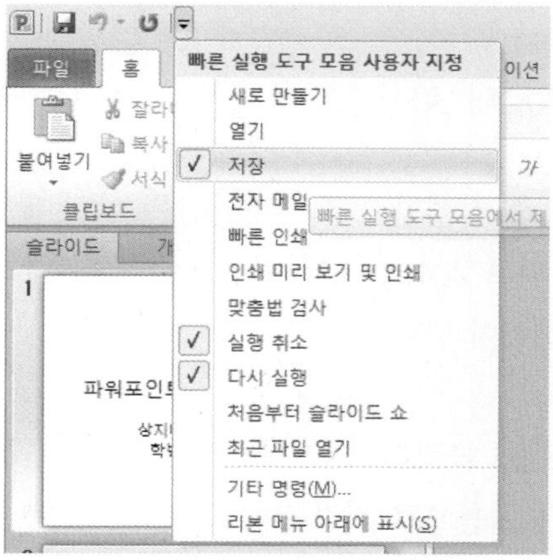

[빠른 실행 도구 모음(▾)]에서 [기타 명령(M)]을 클릭한다. 빠른 실행 도구 모음을 사용자가 추가/제어를 할 수 있다. [PowerPoint 옵션]에서 [사용자 지정]에서 필요한 메뉴를 선택하고 [추가(A)(추가(A) >>)] 버튼을 클릭하여 빠른 실행 도구 모음에 추가시킬 수 있다. 여기서 [배경 서식]을 클릭하고 빠른 실행 도구 모음 사용자 지정으로 추가한다. [원래대로(S)(원래대로(S))] 버튼을 클릭하면 공유된 빠른 실행 도구 모음을 기본 콘텐츠로 복원할 수 있다.

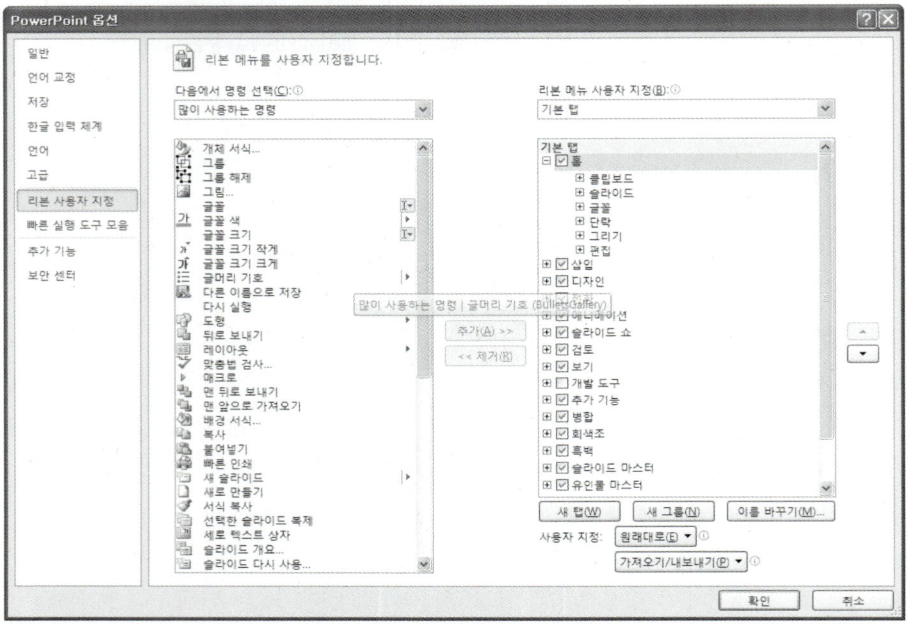

13.1.2 이전 버전에서 사용할 수 있는 형식으로 저장하기

파워포인트 2010으로 작성한 프레젠테이션은 이전 버전의 형식으로 저장할 수 있다. 이는 파워포인트 2010에서만 사용하는 서식과 기능이 있어 반드시 호환성 검사를 해서 저장해야 한다.

단계 1 메뉴의 [파일]을 클릭해서 [저장/보내기]를 [파일 형식 변경]에서 이전 버전을 선택하고 [다른 이름으로 저장]을 클릭한다.

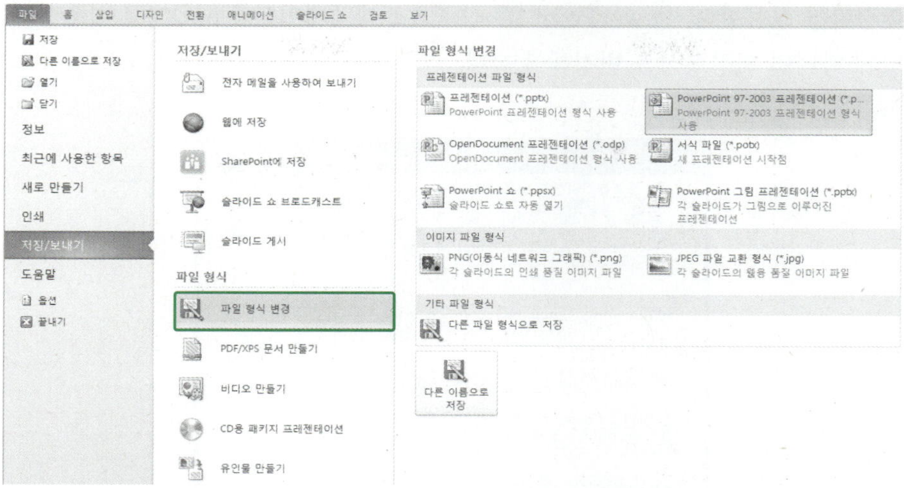

단계 2 [다른 이름으로 저장] 대화상자에서 파일 이름을 "파워포인트_저장방법"으로 입력하고 파일 형식을 PowerPoint 97-2003 프레젠테이션(*.ppt)으로 선택한다.

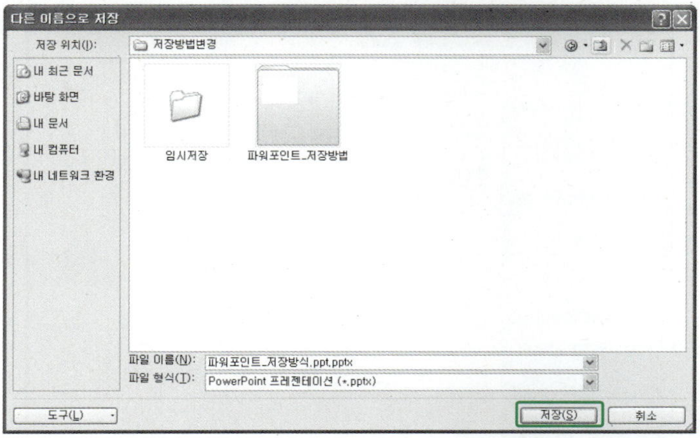

단계 3 Microsoft Office PowerPoint 호환성 검사를 한다.

[Microsoft Office PowerPoint 호환성 검사] 대화상자에서 이전 버전으로 저장을 하려면 [계속(C)]을 클릭하고 [취소]를 클릭하면 이전 버전 형식으로 저장되지 않는다. 파워포인트 2007에서 작성한 프레젠테이션은 *.pptx 형식의

확장자를 사용한다. PowerPoint 97-2003 프레젠테이션(*.ppt)에서 사용할 수 있게 하려면 저장형식을 변경해야 한다.

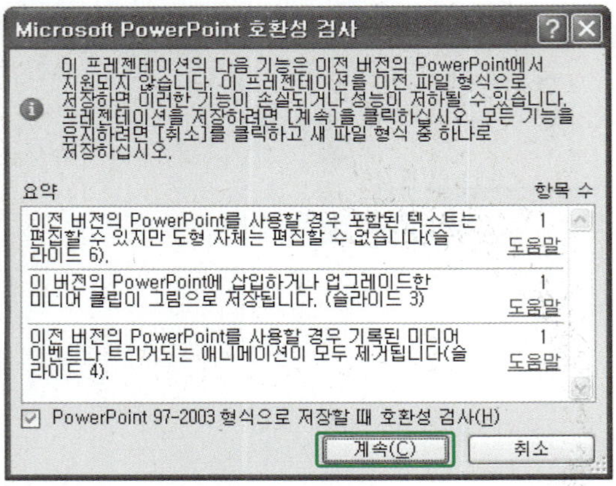

단계 4 윈도우 탐색기에서 저장 확인을 한다.

윈도우 탐색기에서 이전 버전 형식으로 저장된 *.ppt 형식의 파일을 확인한다.

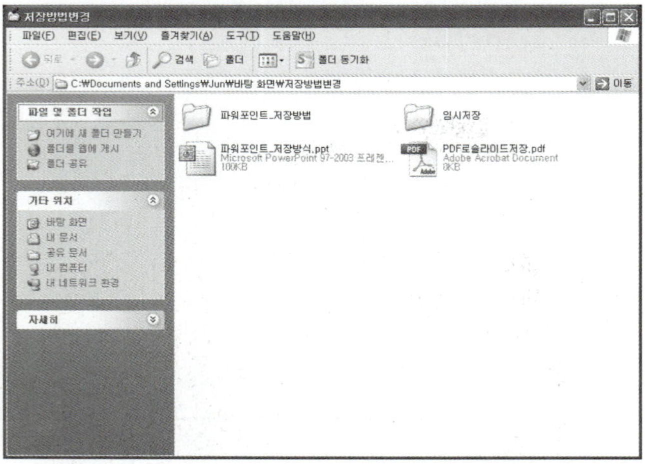

이전 버전으로 저장된 파일을 파워포인트 2010에서 불러오기를 하면 슬라이드 위쪽에 [호환 모드]라는 문구가 생기는 것을 알 수 있다. [호환 모드]로 프레젠테이션 파일을 열 때 파일의 크기가 크면 클수록 로딩 시간이 오래 걸릴 수 있음을 유의해야 한다.

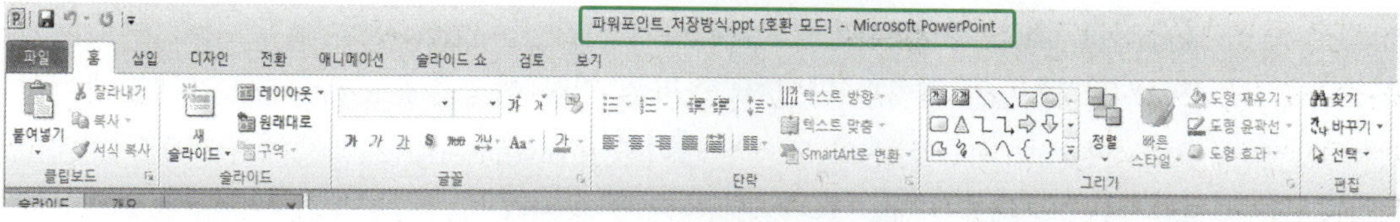

13.1.3 자동 복구 기능

컴퓨터가 정전에 의해 전원이 다운되거나 컴퓨터에 문제가 발생되어 저장하지 않은 상태로 다운되면 작업한 모든 문서를 잃게 된다. 이런 일이 발생되지 않도록 하기 위해서 파워포인트 2010에서는 자동 복구 기능을 제공한다. 한글, 엑셀, 파워포인트 모두 기본적으로 자동 복구 기능을 할 수 있도록 되어있다. 자동 복구 기능을 효율적으로 사용하여 작업한 문서의 내용을 처음부터 작성하는 일이 없도록 한다. 짧은 간격으로 시간을 입력하면 시스템에 문제가 발생하더라도 손상되는 작업의 양이 줄어들게 된다.

단계 1 메뉴의 [파일]을 클릭해서 [옵션]을 선택한다.

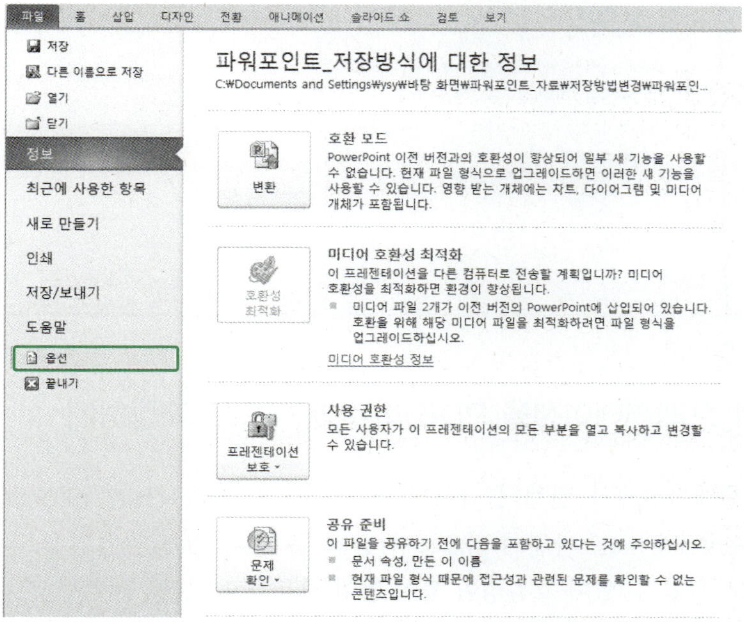

단계 2 [옵션]에서 왼쪽에 [저장]을 선택한 후 파일 저장 형식, 자동 복구 정보 저장 간격, 파일 위치를 확인한다. 파일 저장 형식은 PowerPoint 프레젠테이션, PowerPoint 매크로 사용 프레젠테이션, PowerPoint 프레젠테이션 97-2003을 선택할 수 있다. [자동 복구 정보 저장 간격(☑ 자동 복구 정보 저장 간격(A): 10 분(M))]에서 체크가 되어 있어 현재 자동 복구 기능이 10분 단위로 실행되고 있음을 알 수 있다. 사용자가 자동 복구를 설정할 경우는 시간 간격을 적절히 입력할 수 있다. 여기에 '2'를 입력하면 2분 후 자동 복구로 정보가 저장된다는 것을 의미한다. 이렇게 짧은 간격으로 시간을 입력하면 시스템에 문제가 발생하더라도 손상되는 작업의 양은 줄게 된다.

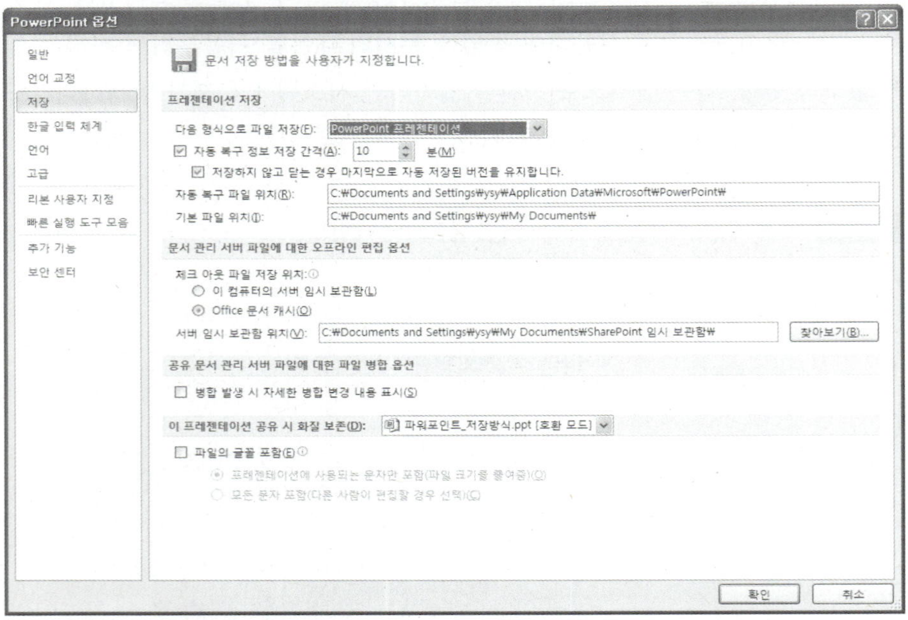

13.1.4 프레젠테이션을 PDF 파일 형식으로 저장하기

프레젠테이션에서 전체 슬라이드 또는 각각의 슬라이드를 PDF(Portable Document Format) 파일 형식으로 저장할 수 있다. PDF 파일은 이기종 시스템에서 사용할 수 있어 호환성이 높아 많이 사용하고 있다. 파워포인트 2010으로 작성한 프레젠테이션 문서를 PDF 파일로 변환하기 위해서는 마이크로소프트 오피스 홈페이지(http://www.microsoft.com/korea/office/)에서 PDF 형식으로 저장하는 기능을 다운로드 받아야 하고, PDF 파일을 열어 보기 위한 Acrobat Reader를 다운로드하여 설치해야 한다.

단계 1 메뉴의 [파일]을 클릭해서 [저장/보내기]-[PDF/XPS 문서 만들기]를 선택한다.

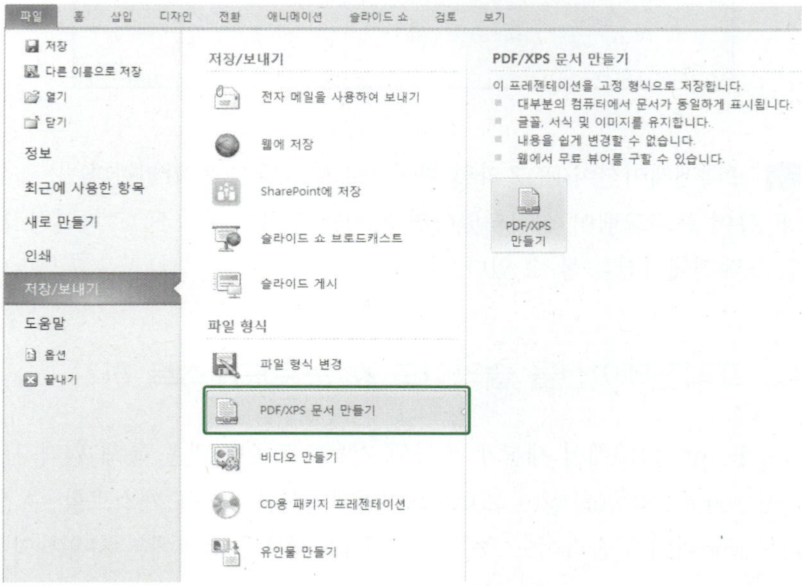

단계 2 [PDF 또는 XPS로 게시] 대화상자에서 파일 이름(N)을 'PDF로슬라이드저장'으로 입력하고 파일 형식(T)에 PDF로 되어 있는 것을 확인하고 [게시(S)(게시(S))] 버튼을 클릭한다.

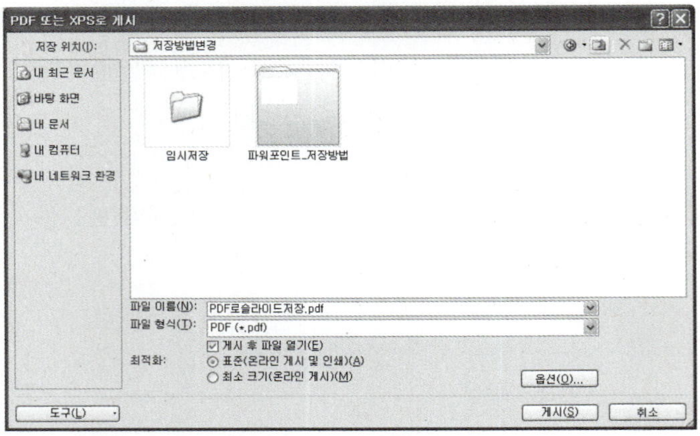

단계 3 프레젠테이션이 PDF 파일 형식으로 변환된 것을 확인한다.

PDF 뷰어 프로그램이 설치되었다면 자신의 컴퓨터에서 PDF 파일형식으로 변환된 프레젠테이션을 볼 수 있다.

13.1.5 프레젠테이션을 슬라이드 쇼 브로드캐스트 하기

PowerPoint 2010에서 새롭게 추가된 기능으로 인터넷을 통해 원격 사용자에게 Microsoft PowerPoint 2010 프레젠테이션을 브로드캐스트할 수 있다. PowerPoint 내에서 슬라이드 쇼를 프레젠테이션하는 동안에는 사용자의 브라우저에 슬라이드 쇼가 표시된다. PowerPoint 2010의 슬라이드 쇼 브로드캐스트 기능을 사용하면 발표자가 인터넷을 통해 어디서나 모든 사람과 슬라이드 쇼를 공유할 수 있다. 브로드캐스트 링크를 보내면 초대한 모든 사람이 자신의 브라우저에서 동기화된 슬라이드 쇼 보기를 보게 된다. 슬라이드 쇼 브로드캐스트를 하기 위해서는 Windows Live ID를 발급받고 로그인해야 한다.

단계 1 Windows Live에서 ID 발급 받기 위해 계정 신청을 한다.

http://login.live.com에 접속해서 [계정 신청] 버튼 클릭하여 가입 절차에 따른다.

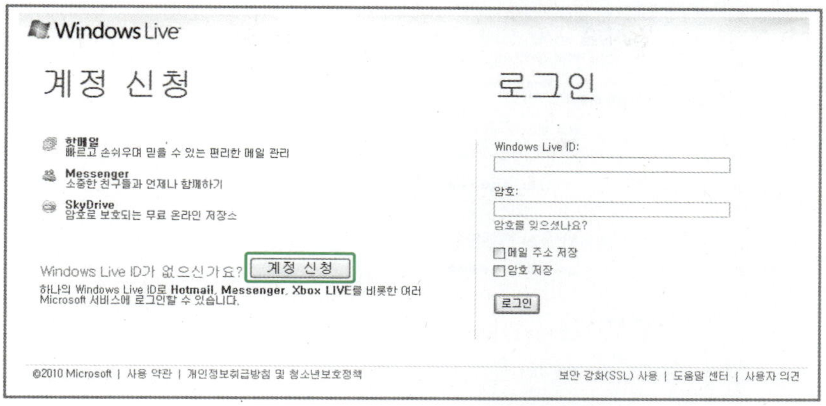

단계 2 메일 주소 선택한다.

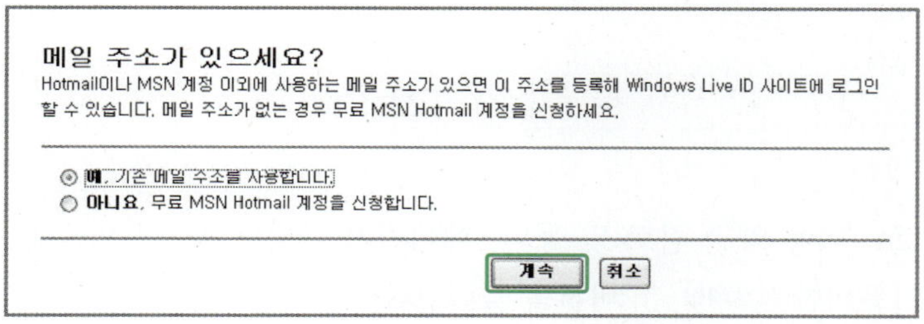

[계정 신청(계정 신청)] 버튼을 클릭하면 '메일 주소가 있으세요?' 라는 선택 항목 페이지에서 [① 예, 기존 메일 주소를 사용합니다. ② 아니요, 무료 MSN Hotmail 계정을 신청합니다.] ①번은 자신이 사용하고 있는 메일 주소를 이용하려면 '예' 를 선택하고 ②번은 MSN Hotmail 계정을 새로 만드는 것이다. 인터넷을 이용하는 사용자라면 자신의 메일 주소를 가지고 있을 것이다. 선택항목에 '예' 를 선택하고 [계속(계속)] 버튼을 클릭한다.

단계 3 가입을 위해 정보를 입력한다.

정보를 입력하는 방법은 자신의 메일 주소를 입력하고 암호를 입력한다. 암호는 문자와 숫자의 조합이 가장 적합하다. 본인 확인 질문을 입력하고, 그림에 나타난 문자를 입력하고 [계속(계속)] 버튼을 클릭한다.

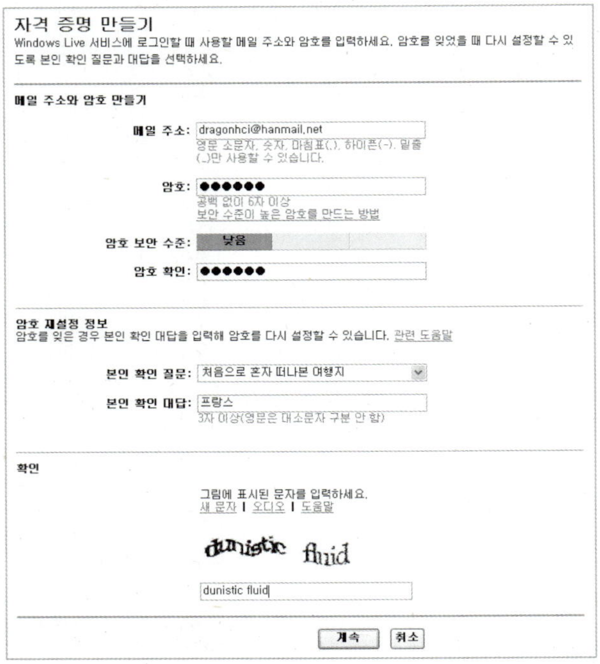

다음으로 '이용 약관 검토 및 동의' 페이지가 나타나면 자신의 e메일 주소를 입력하고 [동의함(동의함)] 버튼을 클릭한다.

단계 4 Windows Live ID 만들기를 완료한다.

[자격 증명이 완료] 페이지에서 [계속(계속)] 버튼을 클릭하여 Windows Live ID 발급을 완료한다.

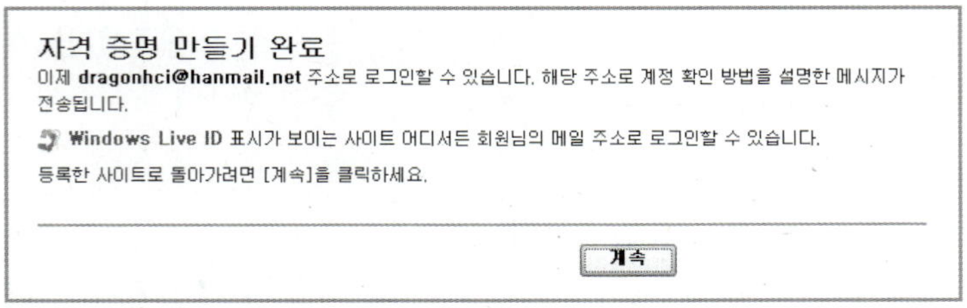

단계 5 등록된 메일 주소로 Windows Live의 메일 확인 메일이 도착했을 것이다. 해당 메일 주소로 로그인해서 'Windows Live ID' 메일을 읽어보면 '다

음 링크를 사용하여 계정을 확인하세요.' 라는 문구 밑에 링크 주소가 있다. 이 주소로 접속하면 이제 Windows Live ID 표시가 보이는 사이트 어디나 로그인 할 수 있다.

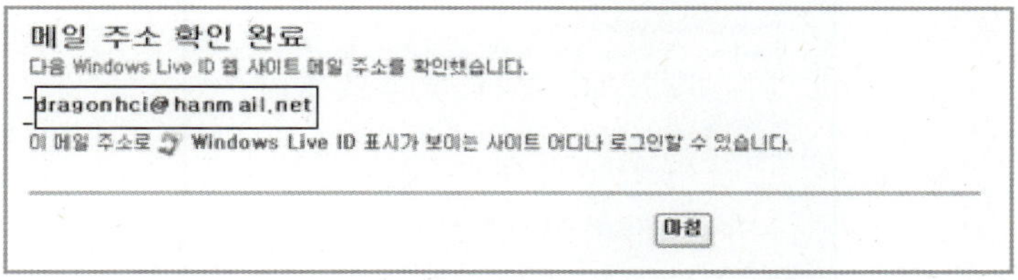

단계 6 ID를 발급받고 메일 주소까지 확인하였다면 해당 프레젠테이션을 슬라이드 쇼 브로드캐스트 한다. 메뉴의 [파일]에서 [저장/보내기]를 선택하여 [슬라이드 쇼 브로드캐스트] 버튼을 클릭한다.

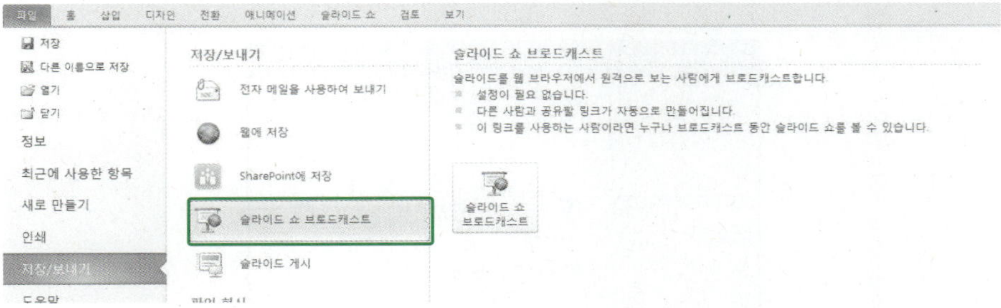

단계 7 [슬라이드 쇼 브로드캐스트] 버튼을 클릭하면 [슬라이드 쇼 브로드캐스트] 대화상자가 나타난다. 이때 [브로드캐스트 시작(S)] 버튼을 클릭한다.

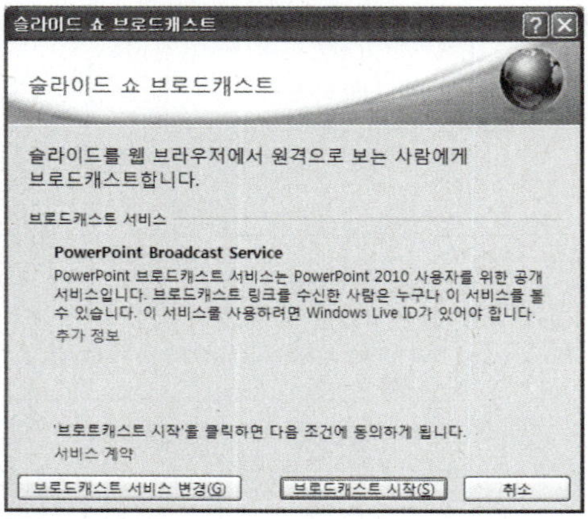

단계 8 '서비스에 연결중'이란 메시지가 나오면서 메일 주소 로그인 창이 나타날 것이다. 발급받은 메일주소를 입력하고 암호를 입력하고 [확인] 버튼을 클릭한다.

단계 9 슬라이드 쇼 브로드캐스트 대화상자에서 [PowerPoint Broadcast Service에 연결 중]이 나오면 브로드캐스트 준비 중이니 잠시 기다린다.

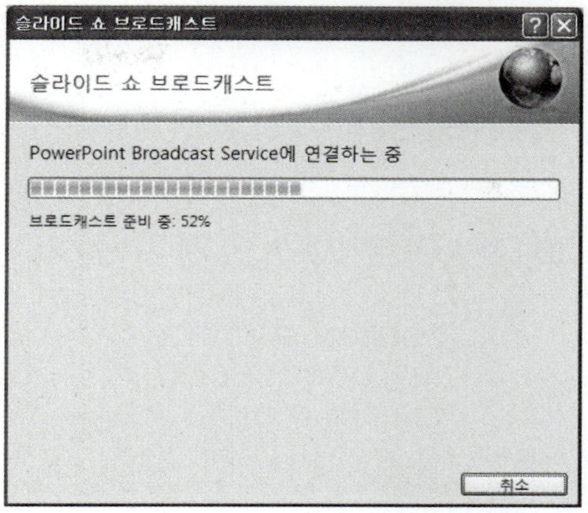

단계 10 브로드캐스트를 위한 고유한 링크주소(URL)가 생성된다. 생성된 링크주소를 원격 청중에게 알려주거나, 이메일로 초대해 슬라이드 쇼를 진행할 수 있다. [슬라이드 쇼 시작(S)(슬라이드 쇼 시작(S))] 버튼을 클릭하면 링크주소로 접속한 청중들에게 슬라이드 쇼가 시작된다.

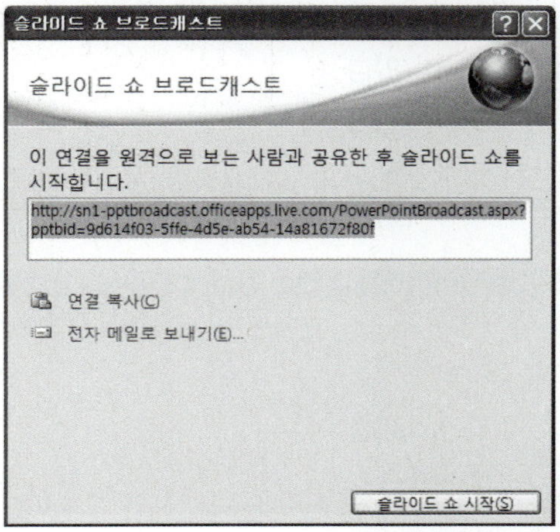

단계 11 이제 슬라이드 쇼를 진행할 수 있다. 청중들이 인터넷 웹브라우저를 이용해 생성된 브로드캐스트 링크주소로 접속하면 지금 진행되고 있는 슬라이드 쇼를 실시간으로 볼 수 있다.

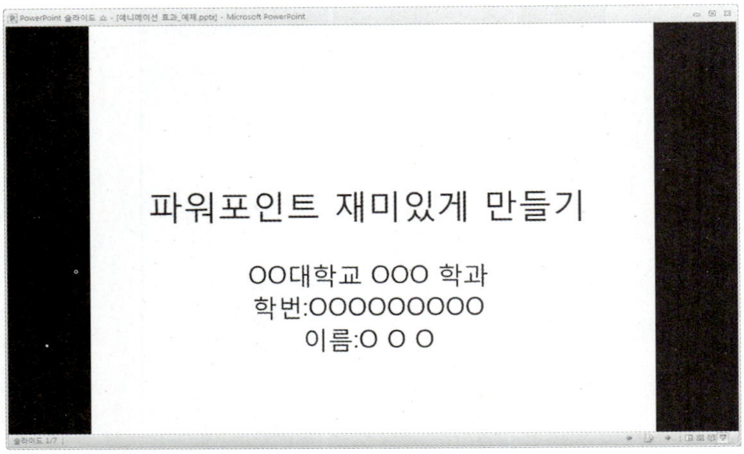

13.1.6 프레젠테이션을 그림 형식으로 저장하기

프레젠테이션에서 전체 슬라이드 또는 각각의 슬라이드를 그림 파일 형식으로 저장할 수 있다. 파일 형식은 JPEG 파일 교환 형식(*.jpg), Graphics Interchange Format(*.gif), PNG 형식(*.png), Tag Image Format(*.tif), 장치 독립적 비트맵(*.bmp)이 있다.

단계 1 슬라이드를 선택하고 메뉴의 [파일]-[다른 이름으로 저장]을 선택한다.

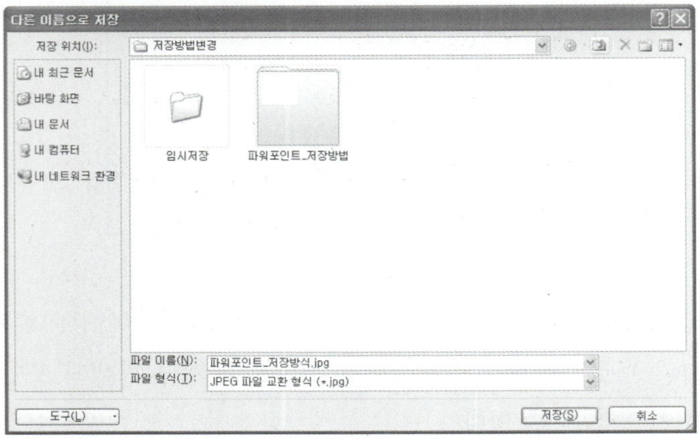

단계 2 [다른 이름으로 저장] 대화상자에서 저장할 위치를 선택한 후 파일 이

름을 "파워포인트_저장방법"으로 입력하고 파일 형식을 JPEG 파일 교환 형식(*.jpg)로 선택하고 [저장(S)(저장(S))] 버튼을 클릭한다.

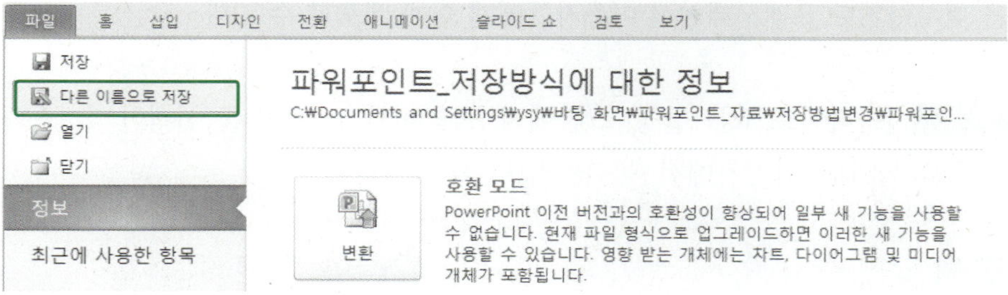

단계 3 모든 슬라이드를 그림 파일로 저장할 것인지 현재 슬라이드만 저장할 것인지를 묻는 대화상자가 나타난다. 여기서 [현재 슬라이드만(C)]을 선택한다.

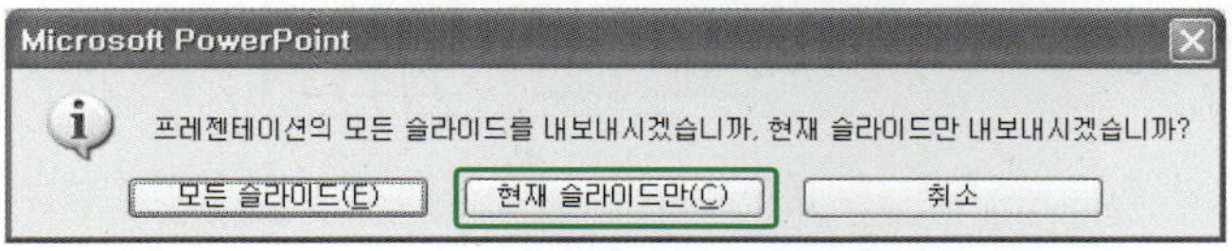

단계 4 윈도우 탐색기에서 저장 확인한다.

윈도우 탐색기에서 JPEG 파일 교환 형식(*.jpg)의 파일을 확인한다.

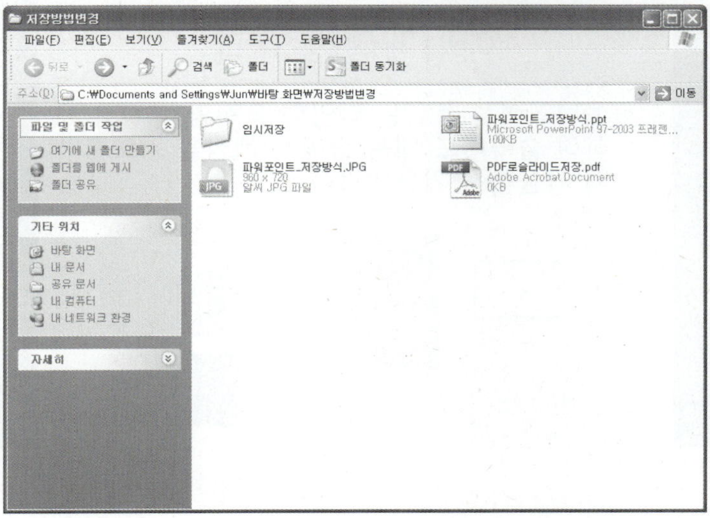

13.1.7 프레젠테이션을 비디오로 저장하기

프레젠테이션을 비디오로 저장하면 프레젠테이션을 웹에 게시하거나, 파일을 첨부하거나 프레젠테이션 이용자들에게 쉽게 배포할 수 있다.

단계 1 [슬라이드 쇼]-[설정] 그룹에서 [슬라이드 쇼 녹화]를 선택한 후 [슬라이드 쇼 녹화] 대화상자에서 [녹화시작(R)]을 클릭한다.

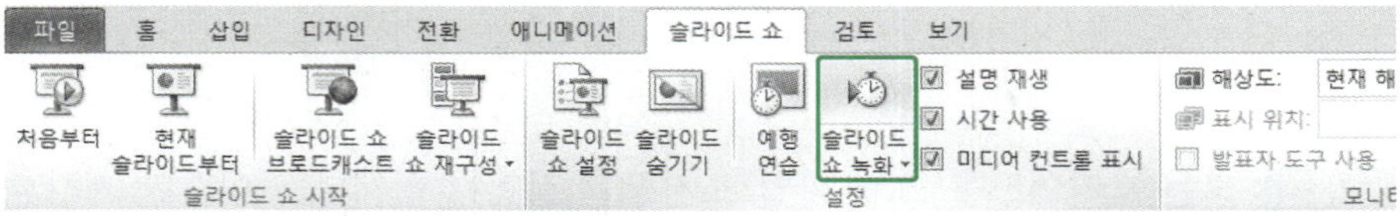

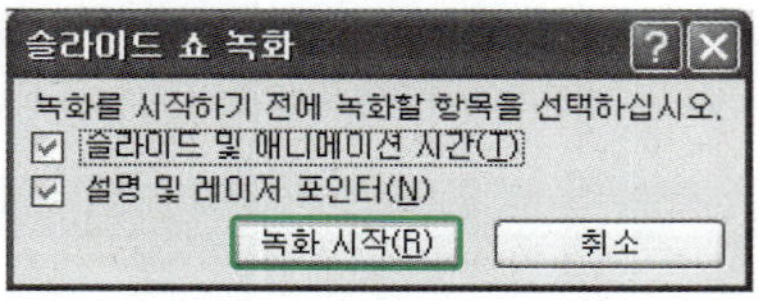

단계 2 [녹화 시작(R)]을 클릭하면 슬라이드 쇼가 시작된다. 슬라이드 쇼를 녹화하고 있는 도중에 키보드의 〈Ctrl〉 키를 누른 상태로 마우스 왼쪽 버튼을 클릭하면 마우스 포인터가 레이저 포인터로 변한다.

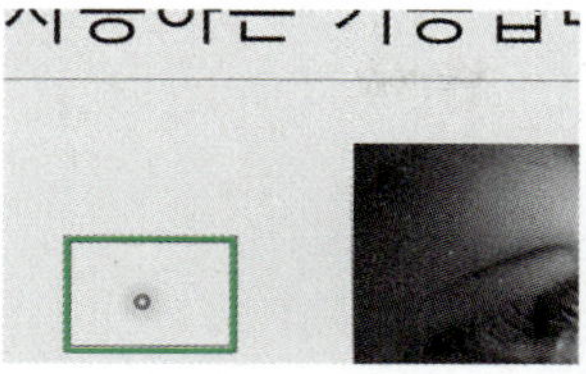

〈레이저 포인터〉

〈녹화 상태 창〉

단계 3 슬라이드 쇼가 종료되면 슬라이드에 오디오 파일이 추가된 것을 확인한다.

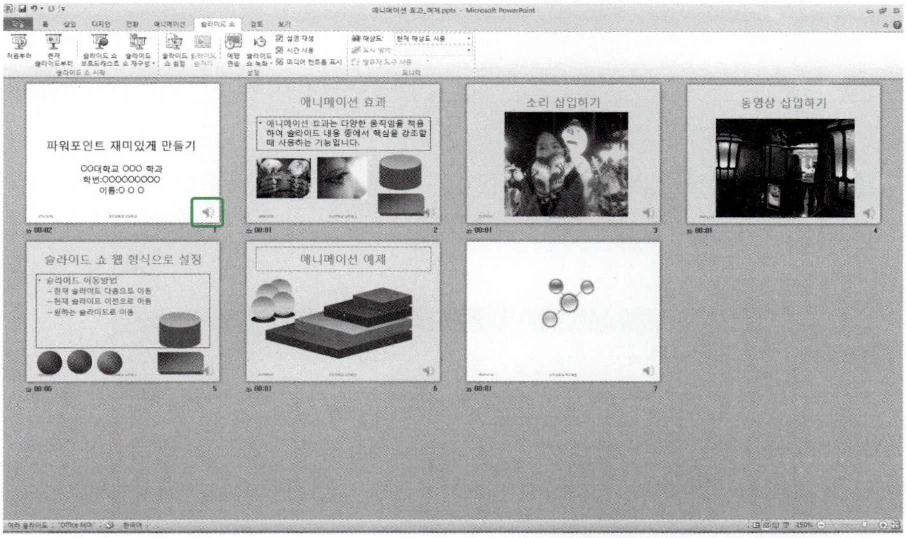

단계 4 녹화된 프레젠테이션을 비디오로 저장하기 위해 [파일]–[저장/보내기]–[비디오 만들기]를 선택한다.

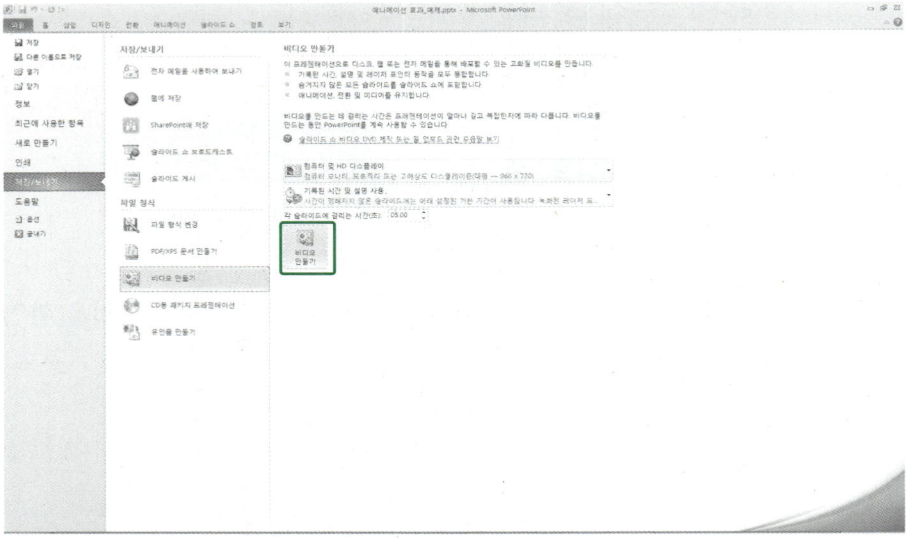

단계 6 [다른 이름으로 저장] 대화상자가 나타나면 원하는 파일 제목을 입력한 후 [저장(S)] 버튼을 클릭한다.

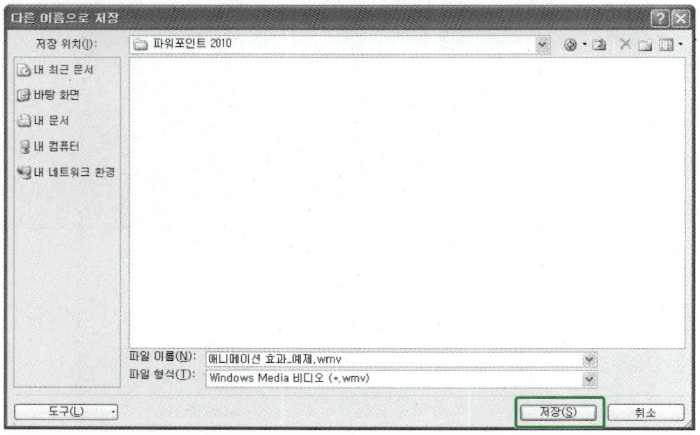

13.2 파워포인트의 다양한 인쇄 방법 배우기

13.2.1 작성한 프레젠테이션 출력하기

자신이 작성한 프레젠테이션의 내용을 프린터로 인쇄할 경우에는 다음과 같이한다. 파워포인트 2010에서는 이전 버전의 인쇄 메뉴인 [인쇄], [빠른 인쇄], [인쇄 미리 보기] 버튼은 사라지고 한 화면에 인쇄설정과 미리보기 기능이 제공된다.

단계 1 슬라이드를 선택하고 [파일]-[인쇄]를 클릭한다.

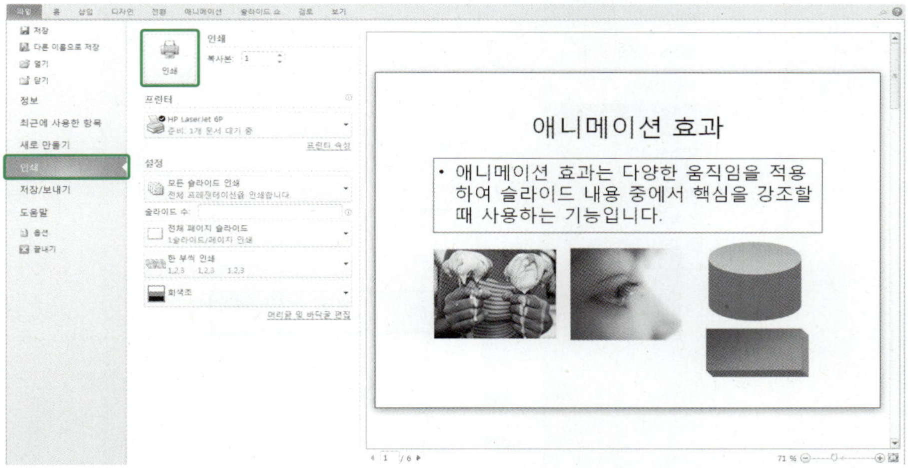

① 인쇄: 프레젠테이션을 인쇄하기 전에 [인쇄] 대화상자에서 인쇄 매수를 설정한 후 [인쇄] 버튼을 누르면 출력이 된다.

② 프린터: 프린터를 변경할 수 있으며, 프린터의 속성 정보를 설정한다. 프린터 설정을 하지 않으면 기본 프린터가 설정된다.

③ 설정: 인쇄할 슬라이드의 범위를 설정할 수 있으며, 인쇄할 페이지의 세부 설정이 가능하다. 이때 컬러, 회색조, 흑백 인쇄 설정도 할 수 있다.

단계 2 [인쇄] 대화상자에서 인쇄할 범위, 인쇄 매수, 인쇄 대상 등 사용자가 원하는 형태로 지정한 후 [인쇄] 버튼을 클릭한다. [인쇄] 대화상자에서 [설정]-[회색조]를 선택하고 인쇄를 하면 컬러 슬라이드의 내용을 흑백 프린터로 인쇄할 경우 어울리는 흑백으로 인쇄한다. 그러나 [설정]-[흑백]을 선택한 후 인쇄하면 일반적인 흑백으로만 인쇄를 하게 된다. 일반적인 경우 컬러로 슬라이드를 구성했으면 자연스러운 흑백 그림을 출력하려면 [흑백]이 아닌 [회색조]를 설정하고 인쇄하면 된다. 텍스트로 구성된 슬라이드의 경우 [설정]-[회색조]나 [설정]-[흑백] 어느 것을 선택해도 차이가 발생하지 않는다.

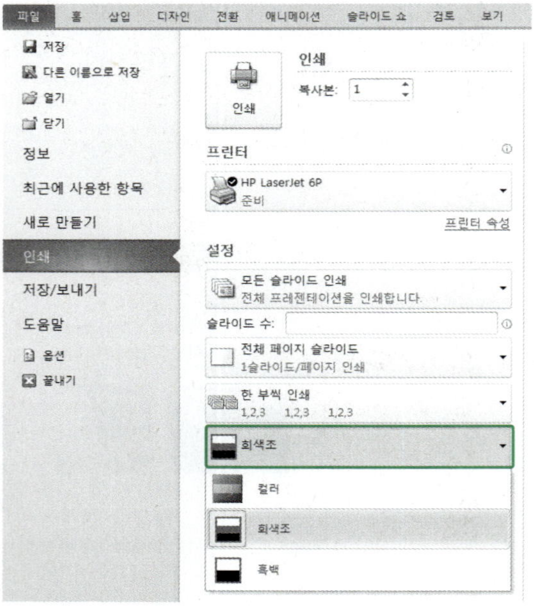

13.2.2 [빠른 실행 도구 모음]에 빠른 인쇄 기능 추가하기

빠른 실행 도구 모음에 인쇄기능을 추가해서 사용하면 항상 표시가 되므로 편하게 작업을 할 수 있다. 메뉴의 [파일]-[인쇄]를 클릭해서 인쇄하는 경우보다 빠르게 인쇄할 수 있다.

단계 1 [파일]-[옵션]에서 [빠른 실행 도구 모음]을 클릭하거나 [빠른 실행 도구 모음]( )에서 [기타 명령]을 클릭한 후 [옵션]에서 [빠른 실행 도구 모음]에서 필요한 메뉴를 선택하고 [추가(A)(추가(A) >>)] 버튼을 클릭하여 빠른 실행 도구 모음에 추가시킬 수 있다.

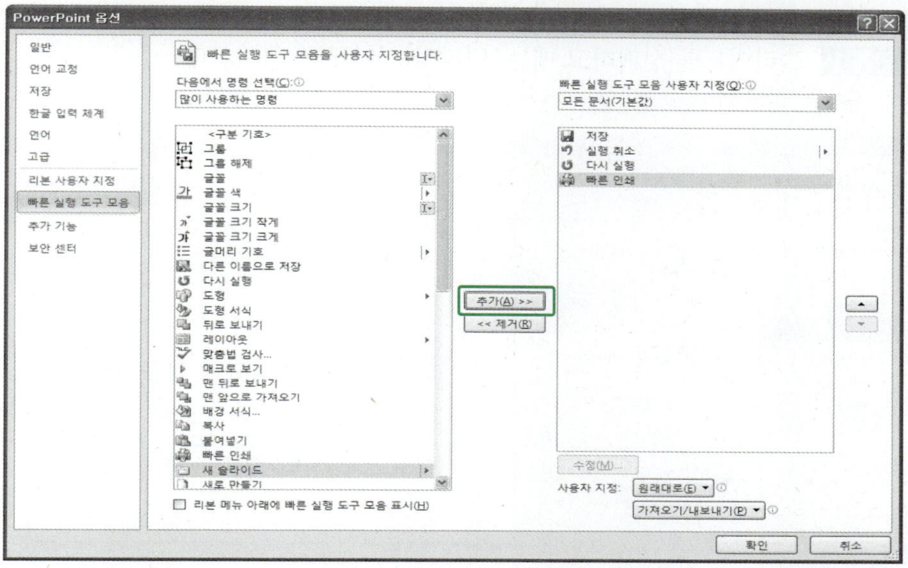

여기서 [빠른 인쇄]를 클릭하고 빠른 실행 도구 모음 사용자 지정으로 추가한다. [원래대로(S)(원래대로(S))] 버튼을 클릭하면 공유된 빠른 실행 도구 모음을 기본 콘텐츠로 복원할 수 있다.

단계 2 [빠른 실행 도구 모음]에 추가된 것을 확인한다.

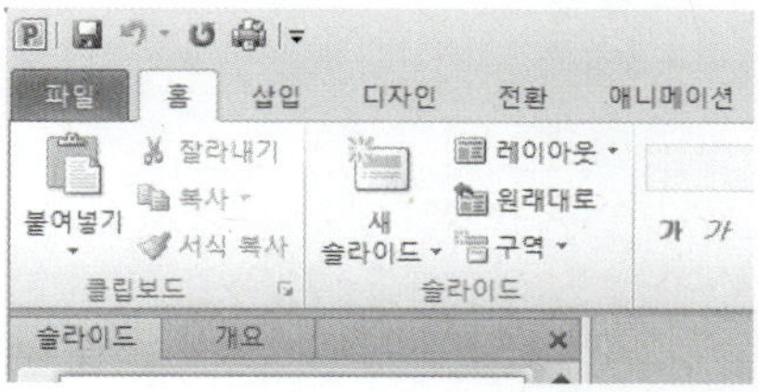

단계 3 [빠른 실행 도구 모음]에서 [인쇄( )] 버튼을 클릭한다. 빠른 인쇄는 [인쇄] 대화상자가 나타나지 않고 바로 인쇄 작업을 진행한다.

13.2.3 인쇄 설정하고 인쇄하기

인쇄하기 전에 인쇄 설정을 통해 사용자가 원하는 설정에 따라 프레젠테이션을 출력할 수 있다.

단계 1 슬라이드를 선택하고 메뉴의 [파일]-[인쇄]를 클릭한다.

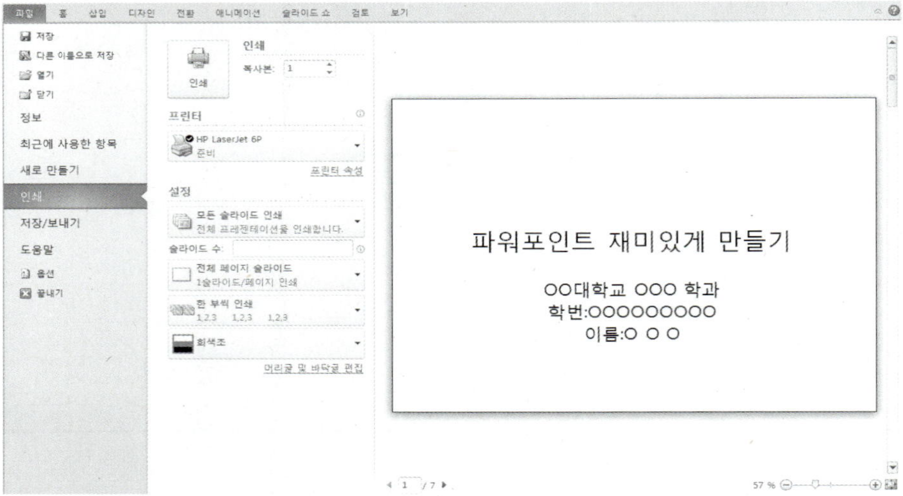

단계 2 인쇄, 복사본, 프린터 속성, 페이지 설정, 머리글 및 바닥글 편집, 페이지 확대 축소 기능이 있다.

단계 3 [인쇄]-[설정]-[머리글 및 바닥글 편집]을 클릭한다.

단계 4 [머리글/바닥글] 대화상자에서 슬라이드에 넣을 내용을 선택하고 [모두 적용(Y)(모두 적용(Y))] 버튼을 클릭한다.

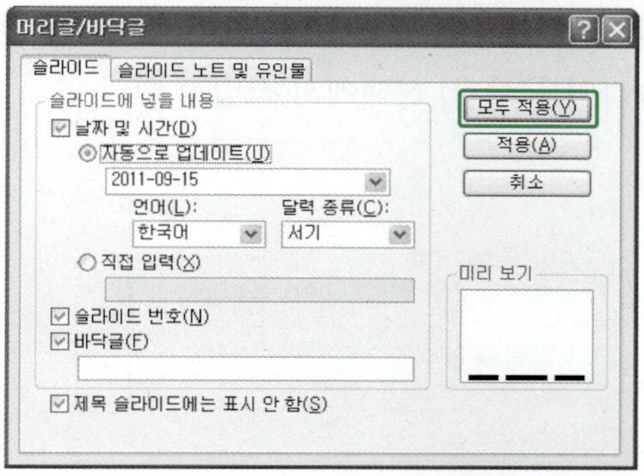

① 작성한 슬라이드 하단에 날짜 및 시간을 입력할 수 있다. 이때 [자동으로 업데이트(U)]와 [직접 입력(X)]하는 방법이 있다. [자동으로 업데이트]는 현재의 날짜와 시간이 자동으로 입력된다. [직접 입력]은 사용자가 입력한 날짜와 시간이 보이게 된다. 입력한 날짜와 시간은 프레젠테이션을 실행하는 시점에 따라 변경되지 않는다.

② [슬라이드 번호(N)]는 첫 번째 슬라이드부터 번호가 입력되도록 하는 것이다.

③ [바닥글(F)]은 소속이나 작성자 이름을 슬라이드 바닥에 입력되도록 하는 것이다.

④ [제목 슬라이드에는 표시 안함(S)]은 머리글/바닥글의 첫 번째 슬라이드에 표시 유무를 나타낸다.

⑤ [모두 적용(Y)]은 모든 슬라이드에 적용되고 [적용]은 현재 슬라이드에만 적용된다.

단계 5 [머리글/바닥글]이 슬라이드에 입력된 날짜, 바닥글, 페이지 번호를 확인한다.

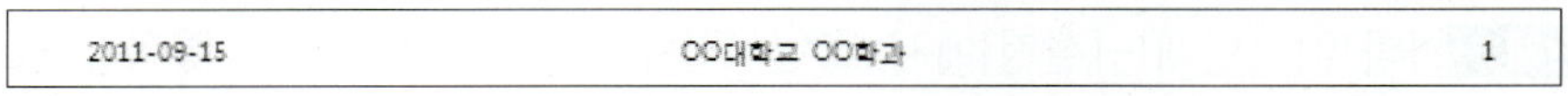

단계 6 [인쇄]-[설정]에서 2번째 항목을 클릭하고 [용지 크기에 맞게 조정]과 [슬라이드 테두리]를 할 수 있다. [용지 크기에 맞게 조정]과 [슬라이드 테두리]는 인쇄 설정에서만 슬라이드에 변화를 주는 기능이다. [인쇄]를 닫고 해당 슬라이드로 돌아가면 수정이 안 되었음을 알 수 있다. 수정이 반드시 필요하면 [인쇄]를 닫고 [기본 슬라이드 보기] 상태에서 작업을 한다.

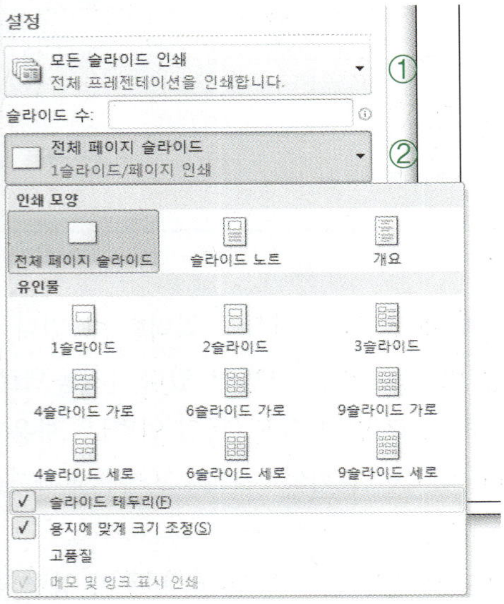

13.2.4 유인물 작성하고 출력하기

작성한 프레젠테이션을 유인물 형식으로 출력이 가능하다. 유인물 형식은 프레젠테이션의 전체적인 내용을 요약한 것이다. 발표자가 청중들에게 프레젠테이션 발표 전에 작성된 유인물을 제공하기도 한다. 청중들은 발표를 들으면서 유인물에 메모를 할 수도 있어 편리하다. 유인물을 인쇄할 때는 한 페이지에 구성할 용지 방향과 슬라이드 수를 정하고 [인쇄]-[설정]에서 ②번 '전체 페이지 슬라이드' 항목을 클릭하고 [유인물]을 선택한다.

단계 1 [파일]-[인쇄]-[설정]에서 ②번 '전체 페이지 슬라이드' 항목을 클릭한다.

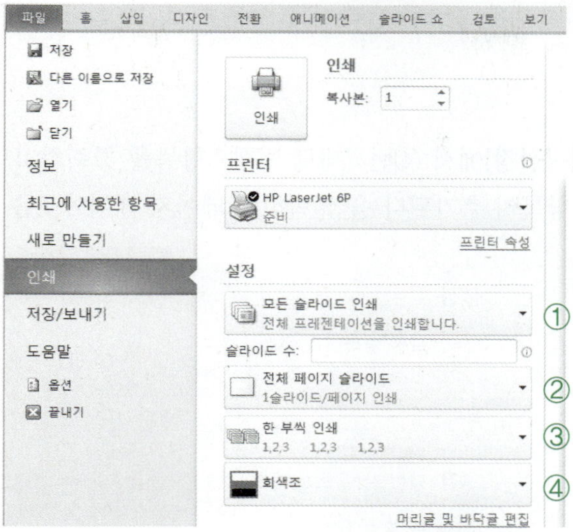

단계 2 [인쇄] 대화상자가 나타나면 [설정]에서 ②번 '전체 페이지 슬라이드' 항목을 클릭하여 [유인물] 항목에 "2슬라이드"를 선택하고 미리보기 화면을 확인한다.

단계 3 미리보기 화면에서 한 페이지에 슬라이드가 2개 나타난 것을 확인할 수 있다. 유인물은 한 페이지에 슬라이드 수를 설정하는 것이다.

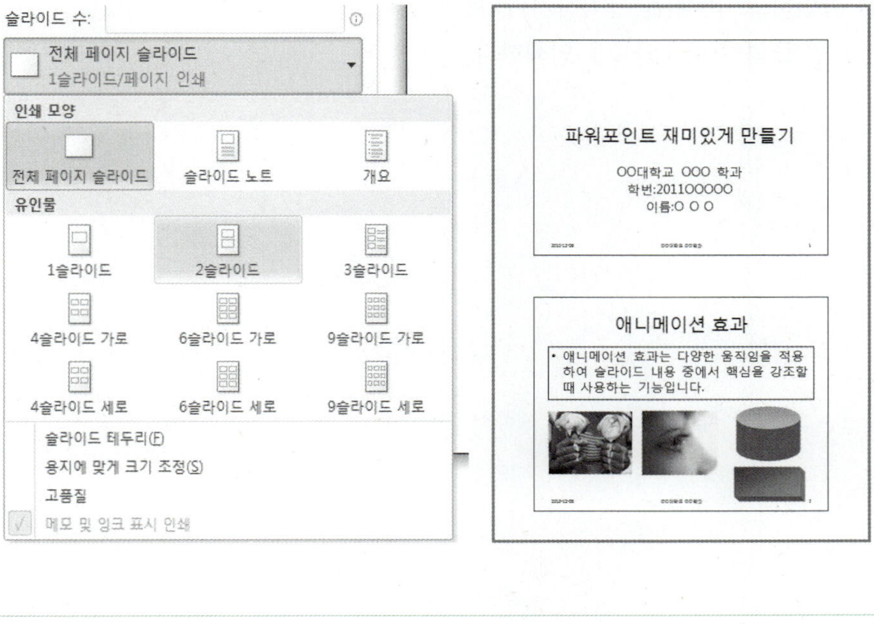

여기서 한 페이지에 포함될 슬라이드 수는 1, 2, 3, 4, 6, 9개에서 선택할 수 있다.

단계 4 [인쇄]–[설정]에서 ④번 '세로 방향' 항목을 클릭하고 용지 방향(유인물을 선택하면 항목이 추가된다)을 클릭하여 페이지 레이아웃을 설정한다.

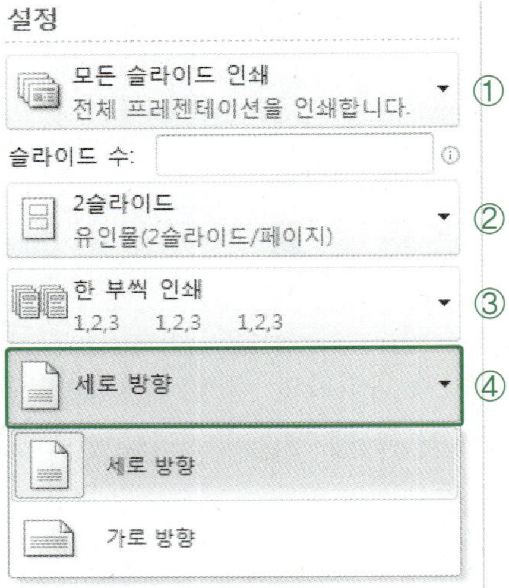

단계 5 유인물 인쇄의 설정을 마친 후 인쇄 대상에 유인물로 선택되어 있는 것을 확인하고 [인쇄]를 클릭하거나 [빠른 실행 도구 모음]에서 [인쇄( )] 버튼이 있으면 클릭하여 유인물을 인쇄한다.

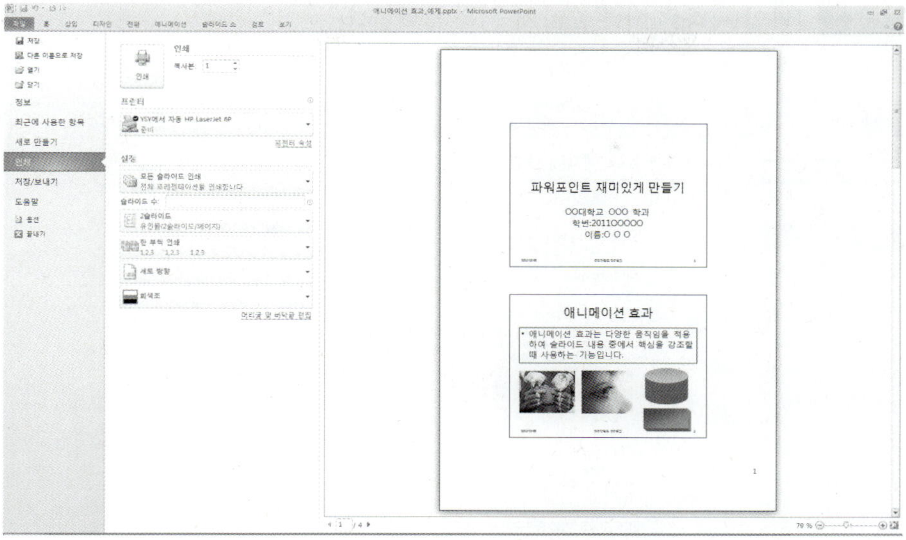

13.3 프레젠테이션 암호 설정과 제거하기

13.3.1 프레젠테이션 암호 설정하기

저장할 프레젠테이션에 열기 암호와 쓰기 암호를 사용하여 슬라이드 내용에 대한 보안을 높일 수 있다.

① 열기 암호: 프레젠테이션을 열기 위한 암호이고 슬라이드 내용을 보호하기 위해 설정할 수 있다.
이때 주의할 점은 암호를 잊어버리면 복구할 수 없다. 암호 및 해당 암호를 사용하는 문서 이름을 목록으로 만들어 안전한 위치에 보관하는 것이 좋다.

② 쓰기 암호: 작성된 프레젠테이션의 슬라이드 내용을 변경하지 못하도록 보호할 수 있다.
보안 기능이 아니라 무단으로 편집할 수 없도록 보호되어 있지만 암호화되어 있지 않다. 악의적인 사용자가 파일을 편집하고 암호를 제거할 수 있다.

단계 1 [파일]-[다른 이름으로 저장]을 클릭한다.

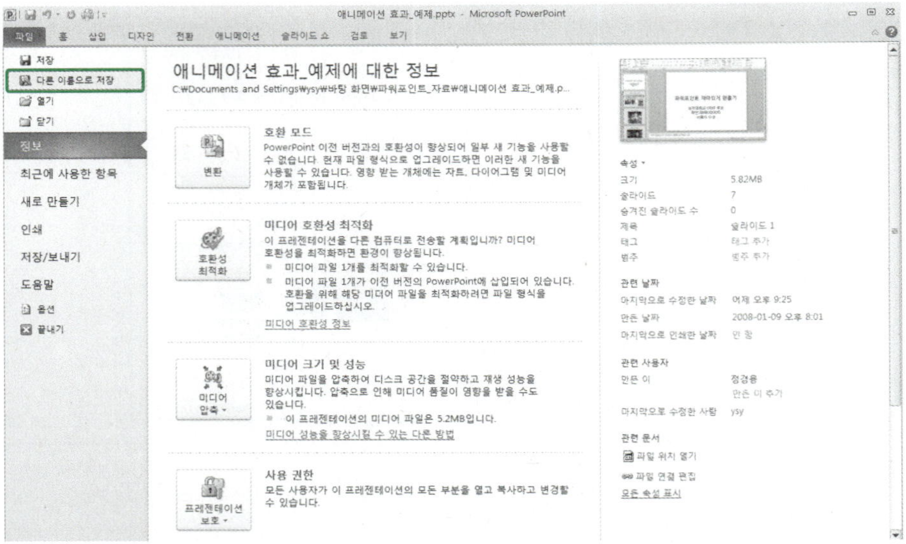

단계 2 [다른 이름으로 저장] 대화상자에서 [도구(L)]-[일반 옵션(G)]을 클릭한다.

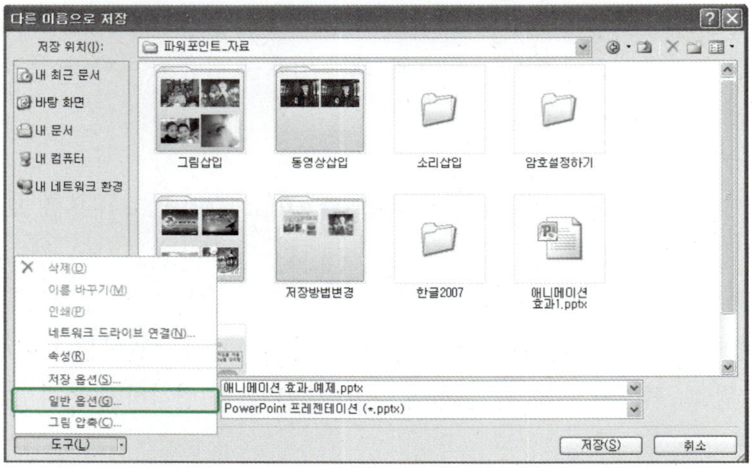

단계 3 [일반 옵션] 대화상자에서 [열기 암호(O)]와 [쓰기 암호(M)] 부분에 암호를 입력한다. 이때 암호는 대/소문자를 구분하여 입력한다.

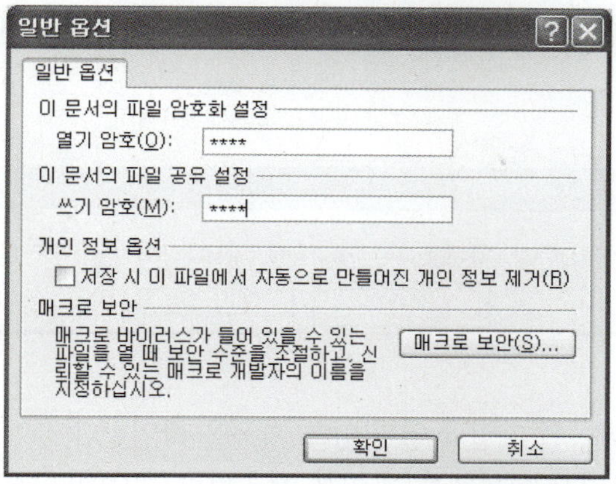

단계 4 [암호 확인] 대화상자의 '열기 암호를 다시 입력하십시오(P)' 부분에서 열기 암호를 다시 입력하여 암호 확인을 한다.

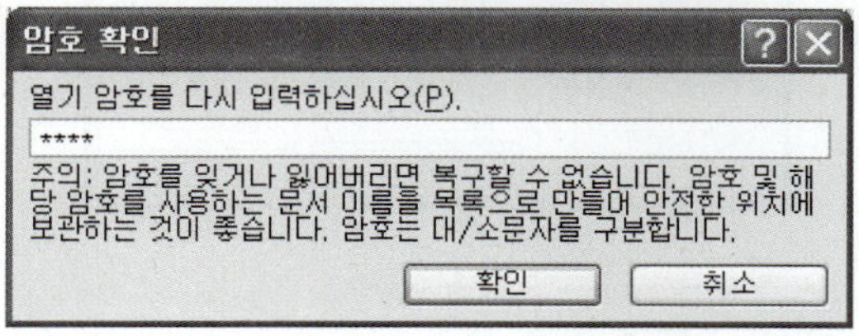

단계 5 [암호 확인] 대화상자의 '쓰기 암호를 다시 입력하십시오(P)' 부분에서 쓰기 암호를 다시 입력하여 암호 확인을 한다.

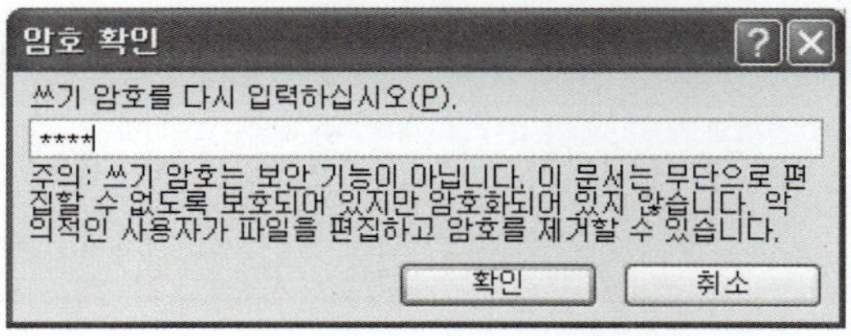

단계 6 [암호 확인] 대화상자에 모두 암호 확인을 하고나서 [저장(S)] 버튼을 클릭한다.

단계 7 기존 파일을 변경할 것인지를 묻는 대화상자에서 [예(Y)] 버튼을 클릭한다.

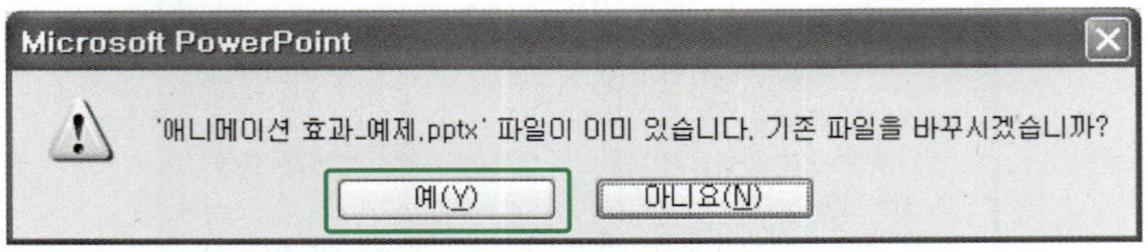

단계 8 프레젠테이션 파일에 열기 암호 기능을 확인한다.

윈도우 탐색기에서 암호화된 파일을 클릭한다. 파워포인트가 실행되고 [암호] 대화상자에서 열기 암호를 입력하고 [확인] 버튼을 클릭한다. 열기 암호와 쓰기 암호는 사용자의 요구에 따라서 별도로 설정해서 사용할 수 있다.

단계 9 프레젠테이션 파일에 쓰기 암호 기능을 확인한다.

열기 암호를 입력했다면 두 번째 [암호] 대화상자에서 쓰기 암호를 입력하고 [확인] 버튼을 클릭한다. 열기 암호와 쓰기 암호가 저장한 암호와 맞으면 프레젠테이션의 내용이 보인다.

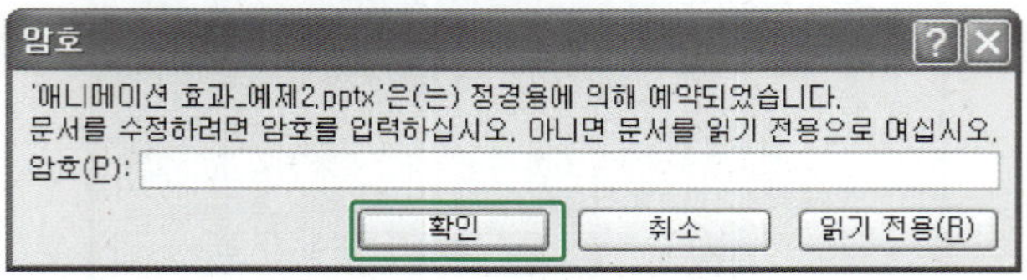

단계 10 사용자가 작성한 프레젠테이션의 내용을 확인한다.

만약 열기 암호와 쓰기 암호가 잘못 입력한 경우 대화상자에 '암호가 정확하지 않습니다.' 라는 메시지가 나오고 [확인] 버튼을 클릭하면 대화상자만 사라지고 비어있는 파워포인트는 계속 실행된다.

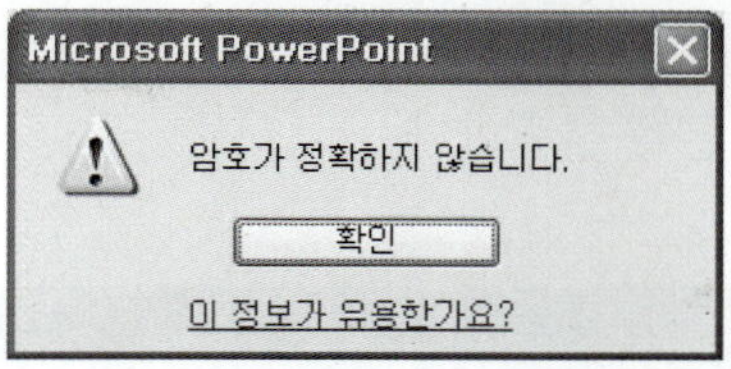

13.3.2 프레젠테이션 암호 제거하기

프레젠테이션에 설정한 [열기 암호]와 [쓰기 암호]를 제거하는 방법에 대해서 알아보자.

단계 1 모든 암호를 입력한 프레젠테이션을 실행하고 [파일]-[다른 이름으로 저장]을 클릭한다.

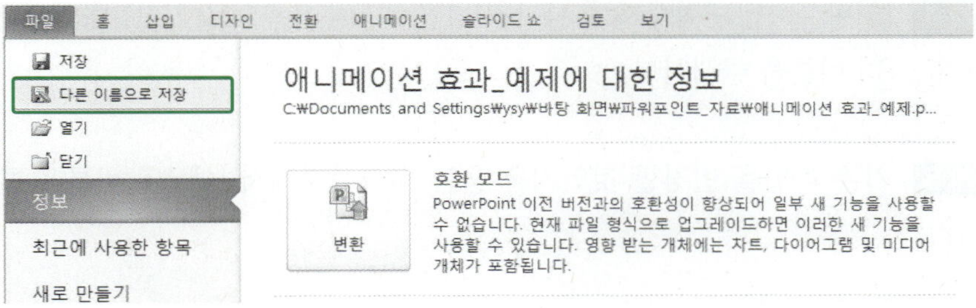

단계 2 [다른 이름으로 저장] 대화상자에서 [도구(L)]-[일반 옵션(G)]을 클릭한다.

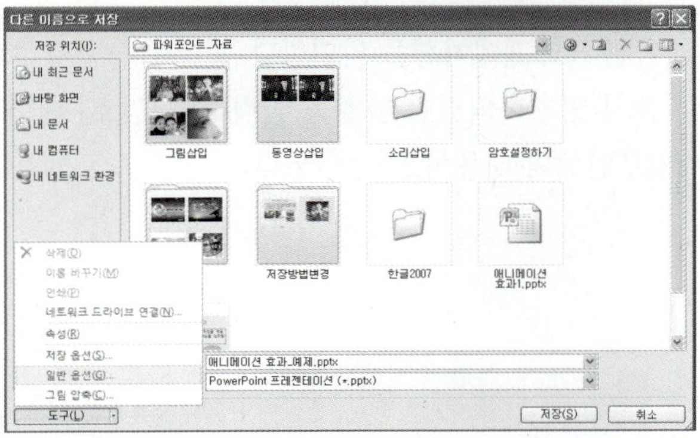

단계 3 [일반 옵션] 대화상자에서 열기 암호 입력란과 쓰기 암호 입력란에 공백을 입력하고 [확인] 버튼을 클릭한다.

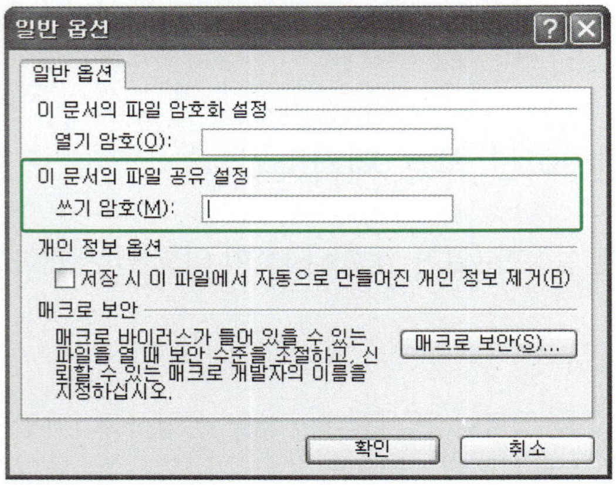

단계 4 [일반 옵션] 대화상자가 사라진 다음 [다른 이름으로 저장] 대화상자에서 [저장(S)] 버튼을 클릭한다.

단계 5 기존 파일을 변경할 것인지를 묻는 대화상자에서 [예(Y)] 버튼을 클릭한다.

단계 6 암호 제거된 프레젠테이션을 확인한다.

윈도우 탐색기에서 암호화되었던 파일을 클릭하면 [암호] 대화상자가 나타나지 않고 바로 파워포인트의 내용이 보이게 된다.

연 습 문 제

01 자신이 소속해 있는 학과(학부)의 홍보 슬라이드를 웹 페이지/웹 보관 파일 형식의 프레젠테이션으로 만들고 유인물 인쇄(6슬라이드, 가로방향)해서 제출하시오.

02 슬라이드를 만들고 다음과 같이 7가지의 저장 형식을 변경하여 다른 이름으로 저장하시오

① 웹 페이지 형식으로 저장하기
② PDF 파일 형식으로 저장하기
③ 그림 파일 형식(Tag Image Format(*.tif))으로 저장하기
④ 이전 버전(파워포인트 97-2003) 형식으로 저장하기
⑤ 웹 보관 파일 형식으로 저장하기
⑥ 프레젠테이션 암호 설정하기
⑦ 프레젠테이션 암호 제거하기

03 자신이 소속해 있는 학과(학부)의 홍보 슬라이드의 프레젠테이션을 웹 페이지 형식으로 저장하여 자신의 개인 홈페이지에 링크를 구성해서 만드시오.

찾 아 보 기

한글 2010

항목	쪽
가운데 정렬	51
각주	26
감추기(Ctrl+N, S)	44
개체 묶기	174
계정 등록하기	189, 191
광고 전단지	147
그리기 개체(J)	163
그리기마당	162, 166
그림	75, 80
그림 넣기	113, 122, 144, 150
그림자	81
글맵시	124
글맵시 만들기	117
글맵시(X)	116
글상자(T)	126, 171
글자 겹치기	185
글자 모양(Alt+L)	17, 92
글자 크기	122
네온	82
다단 설정(U)	105
머리말/꼬리말 달기(Ctrl+N, H)	24
메일 머지 표시 달기(K)	132
메일 머지(Mail Merge)	130
문단 모양(Alt+T)	20, 52
문서마당	68
문서마당 꾸러미	68
문자표	60, 128, 185
문자표 입력	60, 128
미리 보기(V)	38
미주	26
반사	81
번호 모양	43
번호 위치	43
본문과의 배치(J)	109, 144
블로그 계정 관리(M)	188, 189, 191
블로그(Blog)	188
블로그로 올리기(E)	192
새 문서 만들기(Alt+N)	13
새 문서(N)	59
새 번호로 시작	46
선	79
셀 배경 색	112
셀 테두리 굵기	94
셀 테두리 모양	120
셀 테두리 색	94, 121
셀 테두리/배경(B)	61
셀 합치기	87, 111, 141, 149
수식(E)	181
여백/캡션	78
옅은 테두리	82
용지 방향	15, 104
용지 여백	15
용지 종류	15
이력서(한글)	69
인쇄 매수	36
인쇄 방식	36
인쇄 범위	36
인쇄하기(Alt+P)	35
저장 위치(I)	33
저장하기(Alt+S)	32
제본	15

주석 달기(Ctrl+N, N / Ctrl+N, E) 26
줄 간격 92, 123
줄 격자 16
쪽 나누기(Ctrl+Enter) 39
쪽 번호 매기기(Ctrl+N, P) 42
쪽 테두리/배경 29

차트 157
차트 만들기(H) 157

파일 이름(N) 33
파일 형식(T) 33
팸플릿 102
편집 용지(F7) 14
표 만들기(T) 49, 59, 86, 141, 148, 156
표 여백 91
프린터 선택 36

한글을 한자로 바꾸기(F9) 70
한자 단어 등록(Ctrl+Alt+F9) 72
한자 입력(H) 70
한자로 바꾸기(H) 70
현재 쪽만 감추기 45

PDF로 저장하기(K) 34

엑셀 2010

간트 차트 333
고급 필터 360

내림차순 정렬 351

데이터 정렬 228, 350

리본 198

메모 386
메모 삭제 391
메모 숨기기 390
메모 추가 386
메모 편집 388
메모 표시 390
목표값 찾기 373

범례 서식 322
범례 위치 321
보조축 325
부분합 365
블록 지정 208

상대주소 284
셀 병합 223
셀 복사 214
셀 삭제 219
셀 삽입 218
셀 서식 235
셀 위치 207
셀 이동 214
셀 입력 221
셀(CELL) 201
수식 입력줄 201
스파크라인 198
시나리오 관리자 368

열 너비 210
오름차순 정렬 351
워크시트 복사 204
워크시트 삭제 206
워크시트 삽입 205
워크시트 이동 206
워크시트 이름 변경 202
유효성 검사 376
이름상자 201

자동 필터 355
자동합계 248
절대주소 284

조건부 서식 254, 258
조건부 서식 해지 261
중첩 IF 함수 301

차트 꾸미기 343
차트 레이아웃 318
차트 선택 317
차트 스타일 329
차트 제목 319
차트 종류 변경 327
축 옵션 323

피벗 테이블 381

행 높이 209
행/열 삭제 217
행/열 삽입 215
행/열 숨기기 212

AND 조건 360
AND 함수 309
COUNTA 함수 282
COUNTBLINK 함수 282
COUNTIF 함수 282
HLOOKUP 함수 285
IF 함수 299
LEFT 함수 291
MID 함수 294
OR 조건 363
OR 함수 304
RANK 함수 285
RIGHT 함수 298
SUMIFS 함수 288
Today() 함수 233
VLOOKUP 함수 282
[색조] 메뉴를 이용한 조건부 서식 262

파워포인트 2010

개체 애니메이션 복사하기 500
개체 애니메이션 적용하기 490
개체에 그룹 지정과 해제 454
그리기 개체 편집하기 452
그림 삽입하기 463
그림에서 배경 제거하기 464
글머리 기호 변경하기 438
글머리 기호와 번호 매기기 417
글자 서식 변경하기 438
기본 도형 그리기 446
기본 도형 그리기와 서식 적용하기 446

다양한 애니메이션 효과 495
다양한 저장 방법 524
도형 변경하기 447
도형 복사하기 459
도형 이동하기 448
도형 정렬 및 간격 조정하기 460
도형에 서식 적용하기 449
도형의 회전과 대칭 452
디자인 서식 파일 434
디자인 적용하기 434
디자인 제거하기 436

맞춤법 검사하기 423
멀티미디어 개체 삽입하기 462
메뉴 표시줄 401
메뉴를 사용한 슬라이드 쇼 510

배경 스타일 편집하기 437
보기 아이콘 404
비디오 삽입하기 506
빠른 실행 400
빠른 실행 도구 모음 544
빠른 인쇄 기능 추가하기 544

새 슬라이드 만들기 407
새 슬라이드 추가하기 408

선 개체 그리기 443
선 개체 삭제하기 444
선 개체 이동하기 444
선 개체에 서식 적용하기 444
선 그리기와 서식 적용하기 443
소리 삽입하기 502
스크린 샷 삽입하기 479
슬라이드 구성 선택하기 407
슬라이드 노트 마스터 441
슬라이드 노트 인쇄 428
슬라이드 마스터 437
슬라이드 배경에 로고 파일 삽입하기 469
슬라이드 배경에 이미지 삽입하기 467
슬라이드 복제 410
슬라이드 붙여넣기 옵션 411
슬라이드 삭제하기 409
슬라이드 쇼 예행연습 512
슬라이드 쇼 재구성 513
슬라이드 숨기기 501
슬라이드 화면 전환 적용하기 486
슬라이드에 텍스트 입력하기 408
슬라이드에 하이퍼링크 연결시키기 519
실행 파일로 슬라이드 쇼 보기 518

워드아트 삽입하기 471
웹 형식으로 슬라이드 쇼 보기 515
유인물 마스터 440
유인물 인쇄 426
유인물 작성하고 출력하기 548
인쇄 설정하고 인쇄하기 546

자동 복구 기능 529
작성한 프레젠테이션 출력하기 543
정방형 도형 그리기 457
제목 표시줄 401
줄 간격과 정렬하기 419
중심을 기준으로 하는 도형 그리기 458

클립아트 삽입하기 462

텍스트 상자 다루기 412
텍스트 상자 삽입하기 413
텍스트 상자 서식 적용하기 414

파워포인트의 시작과 종료 398
파일 인쇄 425
파일 저장과 열어보기 404
표와 차트 만들기 473
프레젠테이션 암호 설정하기 551
프레젠테이션 암호 제거하기 555
프레젠테이션을 PDF 파일 형식으로 저장하기 530
프레젠테이션을 그림 형식으로 저장하기 538
프레젠테이션을 비디오로 저장하기 540

한자 변환하기 421
화면 전환, 애니메이션의 기본 486

SmartArt 삽입하기 476

저 자 약 력

김성호

■숭실대학교 컴퓨터학과(공학박사)
현재 상지대학교 컴퓨터정보공학부 교수

■주요 경력
- (주)애니큐브 창업 / 부설연구소장
- (주)포도시스템즈 / 개발실장
- (주)한국지오매틱스 / 연구소장
- 숭의여대 겸임교수, 부천대학 겸임교수
- 호서대 게임공학과 시간강사

■관심분야 : 컴퓨터 그래픽스, 컴퓨터 애니메이션, 모션 캡처, 가상현실/증강현실, 컴퓨터 게임, Web3D, 멀티미디어, 지리정보시스템 등

홍석미

■경희대학교 전자계산공학과(공학박사)
현재 상지대학교 컴퓨터정보공학부 겸임교수

■주요 경력
- 경희대학교 외래교수
- 용인대학교 외래교수
- 연세대학교 원주캠퍼스 외래교수

■관심분야 : 기계학습, 데이터마이닝, 에이전트, 정보보호 등

정경용

■인하대학교 컴퓨터정보공학과(공학박사)
현재 상지대학교 컴퓨터정보공학부 교수

■주요 경력
- 에이플러스전자 부설연구소 / 수석연구원
- 소프트웨어진흥원(KIPA/KSI) / 책임
- 가천길대학 컴퓨터소프트웨어과 / 겸임교수
- 한세대학교 IT학부 / 전임강사

■관심분야 : 데이터마이닝, 정보검색, HCI, 감성공학, 모바일, 지능정보시스템 등

컴퓨터 활용 2010 제대로 배우기 (개정판)

김성호 · 홍석미 · 정경용 지음

초 판 발 행 : 2011. 3. 6
제2판 5쇄 : 2018. 2. 28
발 행 인 : 김 승 기
발 행 처 : (주)생능출판사
신 고 번 호 : 제406-2005-000002호
신 고 일 자 : 2005. 1. 21
I S B N : 978-89-7050-786-6

10881
경기도 파주시 광인사길 143
대표전화 : (031)955-0761, FAX : (031)955-0768
홈페이지 : http://www.booksr.co.kr

* 파본 및 잘못된 책은 바꾸어 드립니다.

정가 23,000원